U0901159

纪检监察与反腐廉政法律法规制度全书

（2010年最新案例版）

翟继光　主编

（第一卷）

中国言实出版社

图书在版编目(CIP)数据

纪检监察与反腐廉政法律法规制度全书/翟继光主编.
—北京,中国言实出版社,2009.3
ISBN 978-7-80250-240-6
Ⅰ.纪…
Ⅱ.翟…
Ⅲ.①行政—监察—文件—汇编—中国
②廉政建设—法规—汇编—中国
③中国共产党—纪律—检察—法规—汇编
Ⅳ.D262.6 D922.119

中国版本图书馆 CIP 数据核字(2009)第 022571 号

出版发行 中国言实出版社
地　址:北京市朝阳区北苑路 180 号加利大厦 5 号楼 105 室
邮　编:100101
电　话:64924716(发行部)　64963101(邮　购)
64924880(总编室)　64963107(编辑部)
网　址:www.zgyscbs.cn
E—mail:zgyscbs@263.net
经　销 新华书店
印　刷 北京佳顺印务有限公司
版　次 2009 年 3 月第 1 版　2009 年 3 月第 1 次印刷
2010 年 3 月第 2 版　2010 年 3 月第 2 次印刷
规　格 787 毫米×1092 毫米　1/16　158 印张
字　数 3800 千字
定　价 880.00 元(全四卷)　ISBN 978-7-80250-240-6/D·333

本书编委会

主　编　翟继光（中国政法大学教授）

编委会成员（排名不分先后）

卢培伟（最高人民检察院）

熊晓青（国家税务总局）

伍玉联（湖南省高级人民法院）

陈飞翔（江苏省高级人民法院）

熊　可（北京大学法学院）

前　言

中共中央总书记胡锦涛在 2009 年 1 月 13 日召开的中国共产党第十七届中央纪律检查委员会第三次全体会议上强调，必须坚持不懈地加强领导干部党性修养，使各级领导干部始终保持共产党人的政治本色，发扬党的光荣传统和优良作风，树立和坚持正确的事业观、工作观、政绩观，以优良作风带领广大党员、群众迎难而上、锐意改革、共克时艰。

党的十七大以来，各级党委、总书记讲话中的精神和纪检监察机关围绕中心、服务大局，坚决维护党的纪律，保证中央大政方针贯彻落实，深入推进惩治和预防腐败体系建设，保持惩治腐败强劲势头，坚决纠正损害群众利益的突出问题，坚持深化改革和创新制度，党风廉政建设和反腐败斗争呈现良好发展态势。在新形势下，仍然应当充分认识党风廉政建设和反腐败斗争的长期性、复杂性、艰巨性，毫不动摇地加强党风廉政建设和反腐败斗争，坚持标本兼治、综合治理、惩防并举、注重预防的方针，以党风廉政建设和反腐败斗争的新成效取信于民，为改革发展稳定提供坚强保证。

为了方便广大纪检监察干部以及其他党政机关领导干部更好地执行和遵守纪检监察和反腐廉政方面的法律、法规和制度，我们特组织有关专家编写了本书。

本书收录了 2009 年 12 月 31 日之前发布并仍然有效的纪检监察与反腐廉政方面的主要法律、法规和制度。我们按照相关法律、法规和制度所规范的事项分为 8 编：第一编、纪检监察与反腐倡廉基本法律法规，第二编、预防和治理腐败法律法规，第三编、领导干部廉洁从政法律法规，第四编、查办违法违纪案例程序法律法规，第五编、纠正损害群众利益与执法监察法律法规，第六编、党纪政纪处分与处罚法律法规，第七编、纪检监察机构与工作制度法律法规，第八编、最新纪检监察与反腐廉政法律法规制度。每编之下又细分为若干章，全书分为 36 章。在各章之下，各类法律、法规和制度首先按照重要性进行排列，具有相同重要性的法律、法规和制度则按照时间顺序进行排列。在此基础上，把部分关系密切的法律法规和制度排列在了一起，以便于整体掌握。

由于纪检监察和反腐廉政涉及党和政府工作的各个领域，几乎所有的法律法规都涉及纪检监察和反腐廉政问题，但考虑到读者的实际需要和本书篇幅，我们精选了与纪检监察和反腐廉政关系密切的法律、法规和制度。就总体而言，包括三种情况：一是与党风廉政建设和反腐败斗争直接相关的法律、法规和制度；二是虽有旁的立法主旨，却与党风廉政建设和反腐败斗争密切相关的法规、法规和制度；三是事关国家政治、经济、文化和社会等领域的重要方面，其中又对党和政府机关的行为和职责作出重要界定和规范的法律、法规和制度。由此，纪检监察和反腐廉政日常工作所需依据、参照的基本法律法规基本收入书中。

为反映纪检监察法律法规的最新变化，我们特将2009年度的法律法规以及规范性文件汇编为单独的一本，除相关法律法规以外，我们还新增加了纪检监察与反腐廉政最新司法解释、纪检监察与反腐廉政最新地方法规以及纪检监察与反腐廉政典型案例分析。典型案例分析包括忏悔录与案例分析、典型案例纪实与剖析以及典型案例反思三个部分，收录了近些年发生的典型的纪检监察案例三十余个。本书具有以下特点：第一，从纪检监察和反腐廉政工作的实际需要出发，对相关法律、法规和制度进行了归类和整理，便于广大领导干部学习和执行。第二，本书收录的纪检监察和反腐廉政法律、法规和制度都是现行有效的，已经明令废止和被相关文件所替代的没有收录。我们还特意在本书第30章中收录了《中共中央纪委、监察部关于决定废止一批党风廉政建设和反腐败工作的文件的通知》和《国务院关于废止部分行政法规的决定》两篇，以便于读者在学习贯彻时有更明确的参照。第三，本书收录了最新的法律、法规和制度，不经常使用、不太重要的没有收录，便于广大领导干部较快掌握和领会最新的、最常用的和最重要的法律、法规和制度。

由于时间关系和我们的水平所限，本书难免存在疏漏和不足之处，敬请有关专家、学者和广大读者指正。

编　者

2010年3月

总 目 录

第一编 纪检监察与反腐倡廉基本法律法规

第二编 预防和治理腐败法律法规

第三编 领导干部廉洁从政法律法规

第四编 查办违法违纪案件程序法律法规

第五编　纠正损害群众利益与执法监察法律法规

第六编　党纪政纪处分与处罚法律法规

第七编　纪检监察机构与工作制度法律法规

第八编　最新纪检监察与反腐廉政法律法规制度

目　录

第一编　纪检监察与反腐倡廉基本法律法规

第二编　预防和治理腐败法律法规

第一编

纪检监察与反腐倡廉基本法律法规

第1章　中国共产党党内法规

中国共产党章程

（中国共产党第十七次全国代表大会部分修改，2007年10月21日通过）

总　纲

中国共产党是中国工人阶级的先锋队，同时是中国人民和中华民族的先锋队，是中国特色社会主义事业的领导核心，代表中国先进生产力的发展要求，代表中国先进文化的前进方向，代表中国最广大人民的根本利益。党的最高理想和最终目标是实现共产主义。

中国共产党以马克思列宁主义、毛泽东思想、邓小平理论和“三个代表”重要思想作为自己的行动指南。

马克思列宁主义揭示了人类社会历史发展的规律，它的基本原理是正确的，具有强大的生命力。中国共产党人追求的共产主义最高理想，只有在社会主义社会充分发展和高度发达的基础上才能实现。社会主义制度的发展和完善是一个长期的历史过程。坚持马克思列宁主义的基本原理，走中国人民自愿选择的适合中国国情的道路，中国的社会主义事业必将取得最终的胜利。

以毛泽东同志为主要代表的中国共产党人，把马克思列宁主义的基本原理同中国革命的具体实践结合起来，创立了毛泽东思想。毛泽东思想是马克思列宁主义在中国的运用和发展，是被实践证明了的关于中国革命和建设的正确的理论原则和经验总结，是中国共产党集体智慧的结晶。在毛泽东思想指引下，中国共产党领导全国各族人民，经过长期的反对帝国主义、封建主义、官僚资本主义的革命斗争，取得了新民主主义革命的胜利，建立了人民民主专政的中华人民共和国；建国以后，顺利地进行了社会主义改造，完成了从新民主主义到社会主义的过渡，确立了社会主义基本制度，发展了社会主义的经济、政治和文化。

十一届三中全会以来，以邓小平同志为主要代表的中国共产党人，总结建国以来正反两方面的经验，解放思想，实事求是，实现全党工作中心向经济建设的转移，实行改革开放，开辟了社会主义事业发展的新时期，逐步形成了建设中国特色社会主义的路线、方针、政策，阐明了在中国建设社会主义、巩固和发展社会主义的基本问题，创立了邓小平理论。邓小平理论是马克思列宁主义的基本原理同当代中国实践和时代特征相结合的产物，是毛泽东思想在新的历史条件下的继承和发展，是马克思主义在中国发展的新阶段，是当代中国的马克思主义，是中国共产党集体智慧的结晶，引导着我国社会主义现代化事业不断前进。

十三届四中全会以来，以江泽民同志为主要代表的中国共产党人，在建设中国特色社会主义的实践中，加深了对什么是社会主义、怎样建设社会主义和建设什么样的党、怎样建设党的认识，积累了治党治国新的宝贵经验，形成了“三个代表”重要思想。“三个代表”重要思想是对马克思列宁主义、毛泽东思想、邓小平理论的继承和发展，反映了当代世界和中国的发展变化对党和国家工作的新要求，是加强和改进党的建设、推进我国社会主义自我完善和发展的强大理论武器，是中国共产党集体智慧的结晶，是党必须长期坚持的指导思想。始终做到“三个代表”，是我们党的立党之本、执政之基、力量之源。

十六大以来，党中央坚持以邓小平理论和“三个代表”重要思想为指导，根据新的发展要求，集中全党智慧，提出了以人为本、全面协调可持续发展的科学发展观。科学发展观，是同马克思列宁主义、毛泽东思想、邓小平理论和“三个代表”重要思想既一脉相承又与时俱进的科学理论，是我国经济社会发展的重要指导方针，是发展中国特色社会主义必须坚持和贯彻的重大战略思想。

改革开放以来我们取得一切成绩和进步的根本原因，归结起来就是：开辟了中国特色社会主义道路，形成了中国特色社会主义理论体系。全党同志要倍加珍惜、长期坚持和不断发展党历经艰辛开创的这条道路和这个理论体系，高举中国特色社会主义伟大旗帜，为实现推进现代化建设、完成祖国统一、维护世界和平与促进共同发展这三大历史任务而奋斗。

我国正处于并将长期处于社会主义初级阶段。这是在经济文化落后的中国建设社会主义现代化不可逾越的历史阶段，需要上百年的时间。我国的社会主义建设，必须从我国的国情出发，走中国特色社会主义道路。在现阶段，我国社会的主要矛盾是人民日益增长的物质文化需要同落后的社会生产之间的矛盾。由于国内的因素和国际的影响，阶级斗争还在一定范围内长期存在，在某种条件下还有可能激化，但已经不是主要矛盾。我国社会主义建设的根本任务，是进一步解放生产力，发展生产力，逐步实现社会主义现代化，并且为此而改革生产关系和上层建筑中不适应生产力发展的方面和环节。必须坚持和完善公有制为主体、多种所有制经济共同发展的基本经济制度，坚持和完善按劳分配为主体、多种分配方式并存的分配制度，鼓励一部分地区和一部分人先富起来，逐步消灭贫穷，达到共同富裕，在生产发展和社会财富增长的基础上不断满足人民日益增长的物质文化需要，促进人的全面发展。发展是我们党执政兴国的第一要务。各项工作都要把有利于发展社会主义社会的生产力，有利于增强社会主义国家的综合国力，有利于提高人民的生活水平，作为总的出发点和检验标准，尊重劳动、尊重知识、尊重人才、尊重创造，做到发展为了人民、发展依靠人民、发展成果由人民共享。跨入新世纪，我国进入全面建设小康社会、加快推进社会主义现代化的新的发展阶段。必须按照中国特色社会主义事业总体布局，全面推进经济建设、政治建设、文化建设、社会建设。在新世纪新阶段，经济和社会发展的战略目标是，巩固和发展已经初步达到的小康水平，到建党一百年时，建成惠及十几亿人口的更高水平的小康社会；到建国一百年时，人均国内生产总值达到中等发达国家水平，基本实现现代化。

中国共产党在社会主义初级阶段的基本路线是：领导和团结全国各族人民，以经济建设为中心，坚持四项基本原则，坚持改革开放，自力更生，艰苦创业，为把我国建设成为富强民主文明和谐的社会主义现代化国家而奋斗。

中国共产党在领导社会主义事业中，必须坚持以经济建设为中心，其他各项工作都服从和服务于这个中心。要抓紧时机，加快发展，实施科教兴国战略、人才强国战略和可持续发展战略，充分发挥科学技术作为第一生产力的作用，依靠科技进步，提高劳动者素质，促进国民经济又好又快发展。

坚持社会主义道路、坚持人民民主专政、坚持中国共产党的领导、坚持马克思列宁主义毛泽东思想这四项基本原则，是我们的立国之本。在社会主义现代化建设的整个过程中，必须坚持四项基本原则，反对资产阶级自由化。

坚持改革开放，是我们的强国之路。要从根本上改革束缚生产力发展的经济体制，坚持和完善社会主义市场经济体制；与此相适应，要进行政治体制改革和其他领域的改革。要坚持对外开放的基本国策，吸收和借鉴人类社会创造的一切文明成果。改革开放应当大胆探索，勇于开拓，提高改革决策的科学性，增强改革措施的协调性，在实践中开创新路。

中国共产党领导人民发展社会主义市场经济。毫不动摇地巩固和发展公有制经济，毫不动摇地鼓励、支持、引导非公有制经济发展。发挥市场在资源配置中的基础性作用，建立完善的宏观调控体系。统筹城乡发展、区域发展、经济社会发展、人与自然和谐发展、国内发展和对外开放，调整经济结构，转变经济发展方式。建设社会主义新农村，走中国特色新型工业化道路，建设创新型国家，建设资源节约型、环境友好型社会。

中国共产党领导人民发展社会主义民主政治。坚持党的领导、人民当家作主、依法治国有机统一，走中国特色社会主义政治发展道路，扩大社会主义民主，健全社会主义法制，建设社会主义法治国家，巩固人民民主专政，建设社会主义政治文明。坚持和完善人民代表大会制度、中国共产党领导的多党合作和政治协商制度、民族区域自治制度以及基层群众自治制度。切实保障人民管理国家事务和社会事务、管理经济和文化事业的权利。尊重和保障人权。广开言路，建立健全民主选举、民主决策、民主管理、民主监督的制度和程序。加强国家立法和法律实施工作，实现国家各项工作法治化。

中国共产党领导人民发展社会主义先进文化。建设社会主义精神文明，实行依法治国和以德治国相结合，提高全民族的思想道德素质和科学文化素质，为改革开放和社会主义现代化建设提供强大的思想保证、精神动力和智力支持。坚持马克思主义指导思想，树立中国特色社会主义共同理想，弘扬以爱国主义为核心的民族精神和以改革创新为核心的时代精神，倡导社会主义荣辱观，增强民族自尊、自信和自强精神，抵御资本主义和封建主义腐朽思想的侵蚀，扫除各种社会丑恶现象，努力使我国人民成为有理想、有道德、有文化、有纪律的人民。对党员还要进行共产主义远大理想教育。大力发展教育、科学、文化事业，弘扬民族优秀传统文化，繁荣和发展社会主义文化。

中国共产党领导人民构建社会主义和谐社会。按照民主法治、公平正义、诚信友爱、充满活力、安定有序、人与自然和谐相处的总要求和共同建设、共同享有的原则，以改善民生为重点，解决好人民最关心、最直接、最现实的利益问题，努力形成全体人民各尽其能、各得其所而又和谐相处的局面。严格区分和正确处理敌我矛盾和人民内部矛盾这两类不同性质的矛盾。加强社会治安综合治理，依法坚决打击各种危害国家安全和利益、危害社会稳定和经济发展的犯罪活动和犯罪分子，保持社会长期稳定。

中国共产党坚持对人民解放军和其他人民武装力量的领导，加强人民解放军的建设，切实保证人民解放军履行新世纪新阶段军队历史使命，充分发挥人民解放军在巩固国防、保卫祖国和参加社会主义现代化建设中的作用。

中国共产党维护和发展平等团结互助和谐的社会主义民族关系，积极培养、选拔少数民族干部，帮助少数民族和民族地区发展经济、文化和社会事业，实现各民族共同团结奋斗、共同繁荣发展。全面贯彻党的宗教工作基本方针，团结信教群众为经济社会发展作贡献。

中国共产党同全国各民族工人、农民、知识分子团结在一起，同各民主党派、无党派人士、各民族的爱国力量团结在一起，进一步发展和壮大由全体社会主义劳动者、社会主义事业的建设者、拥护社会主义的爱国者、拥护祖国统一的爱国者组成的最广泛的爱国统一战线。不断加强全国人民包括香港特别行政区同胞、澳门特别行政区同胞、台湾同胞和海外侨胞的团结。按照“一个国家、两种制度”的方针，促进香港、澳门长期繁荣稳定，完成祖国统一大业。

中国共产党坚持独立自主的和平外交政策，坚持和平发展道路，坚持互利共赢的开放战略，统筹国内国际两个大局，积极发展对外关系，努力为我国的改革开放和现代化建设争取有利的国际环境。在国际事务中，维护我国的独立和主权，反对霸权主义和强权政治，维护世界和平，促进人类进步，努力推动建设持久和平、共同繁荣的和谐世界。在互相尊重主权和领土完整、互不侵犯、互不干涉内政、平等互利、和平共处五项原则的基础上，发展我国同世界各国的关系。不断发展我国同周边国家的睦邻友好关系，加强同发展中国家的团结与合作。按照独立自主、完全平等、互相尊重、互不干涉内部事务的原则，发展我党同各国共产党和其他政党的关系。

中国共产党要领导全国各族人民实现社会主义现代化的宏伟目标，必须紧密围绕党的基本路线，加强党的执政能力建设和先进性建设，以改革创新精神全面推进党的建设新的伟大工程。坚持立党为公、执政为民，坚持党要管党、从严治党，发扬党的优良传统和作风，不断提高党的领导水平和执政水平，提高拒腐防变和抵御风险的能力，不断增强党的阶级基础和扩大党的群众基础，不断提高党的创造力、凝聚力、战斗力，使我们党始终走在时代前列，成为领导全国人民沿着中国特色社会主义道路不断前进的坚强核心。党的建设必须坚决实现以下四项基本要求：

第一，坚持党的基本路线。全党要用邓小平理论、“三个代表”重要思想和党的基本路线统一思想，统一行动，深入贯彻落实科学发展观，并且毫不动摇地长期坚持下去。必须把改革开放同四项基本原则统一起来，全面落实党的基本路线，全面执行党在社会主义初级阶段的基本纲领，反对一切“左”的和右的错误倾向，要警惕右，但主要是防止“左”。加强各级领导班子建设，选拔使用在改革开放和社会主义现代化建设中政绩突出、群众信任的干部，培养和造就千百万社会主义事业接班人，从组织上保证党的基本理论、基本路线、基本纲领、基本经验的贯彻落实。

第二，坚持解放思想，实事求是，与时俱进。党的思想路线是一切从实际出发，理论联系实际，实事求是，在实践中检验真理和发展真理。全党必须坚持这条思想路线，弘扬求真务实精神，积极探索，大胆试验，开拓创新，创造性地开展工作，不断研究新情况，总结新经验，解决新问题，在实践中丰富和发展马克思主义，推进马克思主义中国化。

第三，坚持全心全意为人民服务。党除了工人阶级和最广大人民群众的利益，没有自己特殊的利益。党在任何时候都把群众利益放在第一位，同群众同甘共苦，保持最密切的联系，坚持权为民所用、情为民所系、利为民所谋，不允许任何党员脱离群众，凌驾于群众之上。党在自己的工作中实行群众路线，一切为了群众，一切依靠群众，从群众中来，到群众中去，把党的正确主张变为群众的自觉行动。我们党的最大政治优势是密切联系群众，党执政后的最大危险是脱离群众。党风问题、党同人民群众联系问题是关系党生死存亡的问题。党坚持标本兼治、综合治理、惩防并举、注重预防的方针，建立健全惩治和预防腐败体系，坚持不懈地反对腐败，加强党风建设和廉政建设。

第四，坚持民主集中制。民主集中制是民主基础上的集中和集中指导下的民主相结合。它既是党的根本组织原则，也是群众路线在党的生活中的运用。必须充分发扬党内民主，保障党员民主权利，发挥各级党组织和广大党员的积极性创造性。必须实行正确的集中，保证全党的团结统一和行动一致，保证党的决定得到迅速有效的贯彻执行。加强组织性纪律性，在党的纪律面前人人平等。加强对党的领导机关和党员领导干部的监督，不断完善党内监督制度。党在自己的政治生活中正确地开展批评和自我批评，在原则问题上进行思想斗争，坚持真理，修正错误。努力造成又有集中又有民主，又有纪律又有自由，又有统一意志又有个人心情舒畅的生动活泼的政治局面。

党的领导主要是政治、思想和组织的领导。党要适应改革开放和社会主义现代化建设的要求，坚持科学执政、民主执政、依法执政，加强和改善党的领导。党必须按照总揽全局、协调各方的原则，在同级各种组织中发挥领导核心作用。党必须集中精力领导经济建设，组织、协调各方面的力量，同心协力，围绕经济建设开展工作，促进经济社会全面发展。党必须实行民主的科学的决策，制定和执行正确的路线、方针、政策，做好党的组织工作和宣传教育工作，发挥全体党员的先锋模范作用。党必须在宪法和法律的范围内活动。党必须保证国家的立法、司法、行政机关，经济、文化组织和人民团体积极主动地、独立负责地、协调一致地工作。党必须加强对工会、共产主义青年团、妇女联合会等群众组织的领导，充分发挥它们的作用。党必须适应形势的发展和情况的变化，完善领导体制，改进领导方式，增强执政能力。共产党员必须同党外群众亲密合作，共同为建设中国特色社会主义而奋斗。

第一章　党　员

第一条　年满十八岁的中国工人、农民、军人、知识分子和其他社会阶层的先进分子，承认党的纲领和章程，愿意参加党的一个组织并在其中积极工作、执行党的决议和按期交纳党费的，可以申请加入中国共产党。

第二条　中国共产党党员是中国工人阶级的有共产主义觉悟的先锋战士。

中国共产党党员必须全心全意为人民服务，不惜牺牲个人的一切，为实现共产主义奋斗终身。

中国共产党党员永远是劳动人民的普通一员。除了法律和政策规定范围内的个人利益和工作职权以外，所有共产党员都不得谋求任何私利和特权。

第三条　党员必须履行下列义务：

（一）认真学习马克思列宁主义、毛泽东思想、邓小平理论和“三个代表”重要思想，学习科学发展观，学习党的路线、方针、政策和决议，学习党的基本知识，学习科学、文化、法律和业务知识，努力提高为人民服务的本领。

（二）贯彻执行党的基本路线和各项方针、政策，带头参加改革开放和社会主义现代化建设，带动群众为经济发展和社会进步艰苦奋斗，在生产、工作、学习和社会生活中起先锋模范作用。

（三）坚持党和人民的利益高于一切，个人利益服从党和人民的利益，吃苦在前，享受在后，克己奉公，多做贡献。

（四）自觉遵守党的纪律，模范遵守国家的法律法规，严格保守党和国家的秘密，执行党的决定，服从组织分配，积极完成党的任务。

（五）维护党的团结和统一，对党忠诚老实，言行一致，坚决反对一切派别组织和小集团活动，反对阳奉阴违的两面派行为和一切阴谋诡计。

（六）切实开展批评和自我批评，勇于揭露和纠正工作中的缺点、错误，坚决同消极腐败现象作斗争。

（七）密切联系群众，向群众宣传党的主张，遇事同群众商量，及时向党反映群众的意见和要求，维护群众的正当利益。

（八）发扬社会主义新风尚，带头实践社会主义荣辱观，提倡共产主义道德，为了保护国家和人民的利益，在一切困难和危险的时刻挺身而出，英勇斗争，不怕牺牲。

第四条 党员享有下列权利：

（一）参加党的有关会议，阅读党的有关文件，接受党的教育和培训。

（二）在党的会议上和党报党刊上，参加关于党的政策问题的讨论。

（三）对党的工作提出建议和倡议。

（四）在党的会议上有根据地批评党的任何组织和任何党员，向党负责地揭发、检举党的任何组织和任何党员违法乱纪的事实，要求处分违法乱纪的党员，要求罢免或撤换不称职的干部。

（五）行使表决权、选举权，有被选举权。

（六）在党组织讨论决定对党员的党纪处分或作出鉴定时，本人有权参加和进行申辩，其他党员可以为他作证和辩护。

（七）对党的决议和政策如有不同意见，在坚决执行的前提下，可以声明保留，并且可以把自己的意见向党的上级组织直至中央提出。

（八）向党的上级组织直至中央提出请求、申诉和控告，并要求有关组织给以负责的答复。

党的任何一级组织直至中央都无权剥夺党员的上述权利。

第五条 发展党员，必须经过党的支部，坚持个别吸收的原则。

申请入党的人，要填写入党志愿书，要有两名正式党员作介绍人，要经过支部大会通过和上级党组织批准，并且经过预备期的考察，才能成为正式党员。

介绍人要认真了解申请人的思想、品质、经历和工作表现，向他解释党的纲领和党的章程，说明党员的条件、义务和权利，并向党组织作出负责的报告。

党的支部委员会对申请入党的人，要注意征求党内外有关群众的意见，进行严格的审查，认为合格后再提交支部大会讨论。

上级党组织在批准申请人入党以前，要派人同他谈话，作进一步的了解，并帮助他提高对党的认识。

在特殊情况下，党的中央和省、自治区、直辖市委员会可以直接接收党员。

第六条　预备党员必须面向党旗进行入党宣誓。誓词如下：我志愿加入中国共产党，拥护党的纲领，遵守党的章程，履行党员义务，执行党的决定，严守党的纪律，保守党的秘密，对党忠诚，积极工作，为共产主义奋斗终身，随时准备为党和人民牺牲一切，永不叛党。

第七条　预备党员的预备期为一年。党组织对预备党员应当认真教育和考察。

预备党员的义务同正式党员一样。预备党员的权利，除了没有表决权、选举权和被选举权以外，也同正式党员一样。

预备党员预备期满，党的支部应当及时讨论他能否转为正式党员。认真履行党员义务，具备党员条件的，应当按期转为正式党员；需要继续考察和教育的，可以延长预备期，但不能超过一年；不履行党员义务，不具备党员条件的，应当取消预备党员资格。预备党员转为正式党员，或延长预备期，或取消预备党员资格，都应当经支部大会讨论通过和上级党组织批准。

预备党员的预备期，从支部大会通过他为预备党员之日算起。党员的党龄，从预备期满转为正式党员之日算起。

第八条　每个党员，不论职务高低，都必须编入党的一个支部、小组或其他特定组织，参加党的组织生活，接受党内外群众的监督。党员领导干部还必须参加党委、党组的民主生活会。不允许有任何不参加党的组织生活、不接受党内外群众监督的特殊党员。

第九条　党员有退党的自由。党员要求退党，应当经支部大会讨论后宣布除名，并报上级党组织备案。

党员缺乏革命意志，不履行党员义务，不符合党员条件，党的支部应当对他进行教育，要求他限期改正；经教育仍无转变的，应当劝他退党。劝党员退党，应当经支部大会讨论决定，并报上级党组织批准。如被劝告退党的党员坚持不退，应当提交支部大会讨论，决定把他除名，并报上级党组织批准。

党员如果没有正当理由，连续六个月不参加党的组织生活，或不交纳党费，或不做党所分配的工作，就被认为是自行脱党。支部大会应当决定把这样的党员除名，并报上级党组织批准。

第二章　党的组织制度

第十条　党是根据自己的纲领和章程，按照民主集中制组织起来的统一整体。党的民主集中制的基本原则是：

（一）党员个人服从党的组织，少数服从多数，下级组织服从上级组织，全党各个组织和全体党员服从党的全国代表大会和中央委员会。

（二）党的各级领导机关，除它们派出的代表机关和在非党组织中的党组外，都由选举产生。

（三）党的最高领导机关，是党的全国代表大会和它所产生的中央委员会。党的地方各级领导机关，是党的地方各级代表大会和它们所产生的委员会。党的各级委员会向同级的代表大会负责并报告工作。

（四）党的上级组织要经常听取下级组织和党员群众的意见，及时解决他们提出的问题。党的下级组织既要向上级组织请示和报告工作，又要独立负责地解决自己职责范围内的问题。上下级组织之间要互通情报、互相支持和互相监督。党的各级组织要按规定实行党务公开，使党员对党内事务有更多的了解和参与。

（五）党的各级委员会实行集体领导和个人分工负责相结合的制度。凡属重大问题都要按照集体领导、民主集中、个别酝酿、会议决定的原则，由党的委员会集体讨论，作出决定；委员会成员要根据集体的决定和分工，切实履行自己的职责。

（六）党禁止任何形式的个人崇拜。要保证党的领导人的活动处于党和人民的监督之下，同时维护一切代表党和人民利益的领导人的威信。

第十一条 党的各级代表大会的代表和委员会的产生，要体现选举人的意志。选举采用无记名投票的方式。候选人名单要由党组织和选举人充分酝酿讨论。可以直接采用候选人数多于应选人数的差额选举办法进行正式选举。也可以先采用差额选举办法进行预选，产生候选人名单，然后进行正式选举。选举人有了解候选人情况、要求改变候选人、不选任何一个候选人和另选他人的权利。任何组织和个人不得以任何方式强迫选举人选举或不选举某个人。

党的地方各级代表大会和基层代表大会的选举，如果发生违反党章的情况，上一级党的委员会在调查核实后，应作出选举无效和采取相应措施的决定，并报再上一级党的委员会审查批准，正式宣布执行。

党的各级代表大会代表实行任期制。

第十二条 党的中央和地方各级委员会在必要时召集代表会议，讨论和决定需要及时解决的重大问题。代表会议代表的名额和产生办法，由召集代表会议的委员会决定。

第十三条 凡是成立党的新组织，或是撤销党的原有组织，必须由上级党组织决定。

在党的地方各级代表大会和基层代表大会闭会期间，上级党的组织认为有必要时，可以调动或者指派下级党组织的负责人。

党的中央和地方各级委员会可以派出代表机关。

党的中央和省、自治区、直辖市委员会实行巡视制度。

第十四条 党的各级领导机关，对同下级组织有关的重要问题作出决定时，在通常情况下，要征求下级组织的意见。要保证下级组织能够正常行使他们的职权。凡属应由下级组织处理的问题，如无特殊情况，上级领导机关不要干预。

第十五条 有关全国性的重大政策问题，只有党中央有权作出决定，各部门、各地方的党组织可以向中央提出建议，但不得擅自作出决定和对外发表主张。

党的下级组织必须坚决执行上级组织的决定。下级组织如果认为上级组织的决定不符合本地区、本部门的实际情况，可以请求改变；如果上级组织坚持原决定，下级组织必须执行，并不得公开发表不同意见，但有权向再上一级组织报告。

党的各级组织的报刊和其他宣传工具，必须宣传党的路线、方针、政策和决议。

第十六条 党组织讨论决定问题，必须执行少数服从多数的原则。决定重要问题，要进行表决。对于少数人的不同意见，应当认真考虑。如对重要问题发生争论，双方人数接近，除了在紧急情况下必须按多数意见执行外，应当暂缓作出决定，进一步调查研究，交换意见，下次再表决；在特殊情况下，也可将争论情况向上级组织报告，请求裁决。

党员个人代表党组织发表重要主张，如果超出党组织已有决定的范围，必须提交所在的党组织讨论决定，或向上级党组织请示。任何党员不论职务高低，都不能个人决定重大问题；如遇紧急情况，必须由个人作出决定时，事后要迅速向党组织报告。不允许任何领导人实行个人专断和把个人凌驾于组织之上。

第十七条　党的中央、地方和基层组织，都必须重视党的建设，经常讨论和检查党的宣传工作、教育工作、组织工作、纪律检查工作、群众工作、统一战线工作等，注意研究党内外的思想政治状况。

第三章　党的中央组织

第十八条　党的全国代表大会每五年举行一次，由中央委员会召集。中央委员会认为有必要，或者有三分之一以上的省一级组织提出要求，全国代表大会可以提前举行；如无非常情况，不得延期举行。

全国代表大会代表的名额和选举办法，由中央委员会决定。

第十九条　党的全国代表大会的职权是：

（一）听取和审查中央委员会的报告；

（二）听取和审查中央纪律检查委员会的报告；

（三）讨论并决定党的重大问题；

（四）修改党的章程；

（五）选举中央委员会；

（六）选举中央纪律检查委员会。

第二十条　党的全国代表会议的职权是：讨论和决定重大问题；调整和增选中央委员会、中央纪律检查委员会的部分成员。调整和增选中央委员及候补中央委员的数额，不得超过党的全国代表大会选出的中央委员及候补中央委员各自总数的五分之一。

第二十一条　党的中央委员会每届任期五年。全国代表大会如提前或延期举行，它的任期相应地改变。中央委员会委员和候补委员必须有五年以上的党龄。中央委员会委员和候补委员的名额，由全国代表大会决定。中央委员会委员出缺，由中央委员会候补委员按照得票多少依次递补。

中央委员会全体会议由中央政治局召集，每年至少举行一次。中央政治局向中央委员会全体会议报告工作，接受监督。

在全国代表大会闭会期间，中央委员会执行全国代表大会的决议，领导党的全部工作，对外代表中国共产党。

第二十二条　党的中央政治局、中央政治局常务委员会和中央委员会总书记，由中央委员会全体会议选举。中央委员会总书记必须从中央政治局常务委员会委员中产生。

中央政治局和它的常务委员会在中央委员会全体会议闭会期间，行使中央委员会的职权。

中央书记处是中央政治局和它的常务委员会的办事机构；成员由中央政治局常务委员会提名，中央委员会全体会议通过。

中央委员会总书记负责召集中央政治局会议和中央政治局常务委员会会议，并主持中央书记处的工作。

党的中央军事委员会组成人员由中央委员会决定。

每届中央委员会产生的中央领导机构和中央领导人，在下届全国代表大会开会期间，继续主持党的经常工作，直到下届中央委员会产生新的中央领导机构和中央领导人为止。

第二十三条 中国人民解放军的党组织，根据中央委员会的指示进行工作。中央军事委员会的政治工作机关是中国人民解放军总政治部，总政治部负责管理军队中党的工作和政治工作。军队中党的组织体制和机构，由中央军事委员会作出规定。

第四章 党的地方组织

第二十四条 党的省、自治区、直辖市的代表大会，设区的市和自治州的代表大会，县（旗）、自治县、不设区的市和市辖区的代表大会，每五年举行一次。

党的地方各级代表大会由同级党的委员会召集。在特殊情况下，经上一级委员会批准，可以提前或延期举行。

党的地方各级代表大会代表的名额和选举办法，由同级党的委员会决定，并报上一级党的委员会批准。

第二十五条 党的地方各级代表大会的职权是：

（一）听取和审查同级委员会的报告；

（二）听取和审查同级纪律检查委员会的报告；

（三）讨论本地区范围内的重大问题并作出决议；

（四）选举同级党的委员会，选举同级党的纪律检查委员会。

第二十六条 党的省、自治区、直辖市、设区的市和自治州的委员会，每届任期五年。这些委员会的委员和候补委员必须有五年以上的党龄。

党的县（旗）、自治县、不设区的市和市辖区的委员会，每届任期五年。这些委员会的委员和候补委员必须有三年以上的党龄。

党的地方各级代表大会如提前或延期举行，由它选举的委员会的任期相应地改变。

党的地方各级委员会的委员和候补委员的名额，分别由上一级委员会决定。党的地方各级委员会委员出缺，由候补委员按照得票多少依次递补。

党的地方各级委员会全体会议，每年至少召开两次。

党的地方各级委员会在代表大会闭会期间，执行上级党组织的指示和同级党代表大会的决议，领导本地方的工作，定期向上级党的委员会报告工作。

第二十七条 党的地方各级委员会全体会议，选举常务委员会和书记、副书记，并报上级党的委员会批准。党的地方各级委员会的常务委员会，在委员会全体会议闭会期间，行使委员会职权；在下届代表大会开会期间，继续主持经常工作，直到新的常务委员会产生为止。

党的地方各级委员会的常务委员会定期向委员会全体会议报告工作，接受监督。

第二十八条 党的地区委员会和相当于地区委员会的组织，是党的省、自治区委员会在几个县、自治县、市范围内派出的代表机关。它根据省、自治区委员会的授权，领导本地区的工作。

第五章 党的基层组织

第二十九条 企业、农村、机关、学校、科研院所、街道社区、社会组织、人民解放军连队和其他基层单位，凡是有正式党员三人以上的，都应当成立党的基层组织。

党的基层组织，根据工作需要和党员人数，经上级党组织批准，分别设立党的基层委员会、总支部委员会、支部委员会。基层委员会由党员大会或代表大会选举产生，总支部委员会和支部委员会由党员大会选举产生，提出委员候选人要广泛征求党员和群众的意见。

第三十条　党的基层委员会每届任期三年至五年，总支部委员会、支部委员会每届任期两年或三年。基层委员会、总支部委员会、支部委员会的书记、副书记选举产生后，应报上级党组织批准。

第三十一条　党的基层组织是党在社会基层组织中的战斗堡垒，是党的全部工作和战斗力的基础。它的基本任务是：

（一）宣传和执行党的路线、方针、政策，宣传和执行党中央、上级组织和本组织的决议，充分发挥党员的先锋模范作用，团结、组织党内外的干部和群众，努力完成本单位所担负的任务。

（二）组织党员认真学习马克思列宁主义、毛泽东思想、邓小平理论和“三个代表”重要思想，学习科学发展观，学习党的路线、方针、政策和决议，学习党的基本知识，学习科学、文化、法律和业务知识。

（三）对党员进行教育、管理、监督和服务，提高党员素质，增强党性，严格党的组织生活，开展批评和自我批评，维护和执行党的纪律，监督党员切实履行义务，保障党员的权利不受侵犯。加强和改进流动党员管理。

（四）密切联系群众，经常了解群众对党员、党的工作的批评和意见，维护群众的正当权利和利益，做好群众的思想政治工作。

（五）充分发挥党员和群众的积极性创造性，发现、培养和推荐他们中间的优秀人才，鼓励和支持他们在改革开放和社会主义现代化建设中贡献自己的聪明才智。

（六）对要求入党的积极分子进行教育和培养，做好经常性的发展党员工作，重视在生产、工作第一线和青年中发展党员。

（七）监督党员干部和其他任何工作人员严格遵守国法政纪，严格遵守国家的财政经济法规和人事制度，不得侵占国家、集体和群众的利益。

（八）教育党员和群众自觉抵制不良倾向，坚决同各种违法犯罪行为作斗争。

第三十二条　街道、乡、镇党的基层委员会和村、社区党组织，领导本地区的工作，支持和保证行政组织、经济组织和群众自治组织充分行使职权。

国有企业和集体企业中党的基层组织，发挥政治核心作用，围绕企业生产经营开展工作。保证监督党和国家的方针、政策在本企业的贯彻执行；支持股东会、董事会、监事会和经理（厂长）依法行使职权；全心全意依靠职工群众，支持职工代表大会开展工作；参与企业重大问题的决策；加强党组织的自身建设，领导思想政治工作、精神文明建设和工会、共青团等群众组织。

非公有制经济组织中党的基层组织，贯彻党的方针政策，引导和监督企业遵守国家的法律法规，领导工会、共青团等群众组织，团结凝聚职工群众，维护各方的合法权益，促进企业健康发展。

实行行政领导人负责制的事业单位中党的基层组织，发挥政治核心作用。实行党委领导下的行政领导人负责制的事业单位中党的基层组织，对重大问题进行讨论和作出决定，同时保证行政领导人充分行使自己的职权。

各级党和国家机关中党的基层组织，协助行政负责人完成任务，改进工作，对包括行政负责人在内的每个党员进行监督，不领导本单位的业务工作。

第六章　党的干部

第三十三条　党的干部是党的事业的骨干，是人民的公仆。党按照德才兼备的原则选拔干部，坚持任人唯贤，反对任人唯亲，努力实现干部队伍的革命化、年轻化、知识化、专业化。

党重视教育、培训、选拔和考核干部，特别是培养、选拔优秀年轻干部。积极推进干部制度改革。

党重视培养、选拔女干部和少数民族干部。

第三十四条　党的各级领导干部必须模范地履行本章程第三条所规定的党员的各项义务，并且必须具备以下的基本条件：

（一）具有履行职责所需要的马克思列宁主义、毛泽东思想、邓小平理论的水平，认真实践“三个代表”重要思想，带头贯彻落实科学发展观，努力用马克思主义的立场、观点、方法分析和解决实际问题，坚持讲学习、讲政治、讲正气，经得起各种风浪的考验。

（二）具有共产主义远大理想和中国特色社会主义坚定信念，坚决执行党的基本路线和各项方针、政策，立志改革开放，献身现代化事业，在社会主义建设中艰苦创业，树立正确政绩观，做出经得起实践、人民、历史检验的实绩。

（三）坚持解放思想，实事求是，与时俱进，开拓创新，认真调查研究，能够把党的方针、政策同本地区、本部门的实际相结合，卓有成效地开展工作，讲实话，办实事，求实效，反对形式主义。

（四）有强烈的革命事业心和政治责任感，有实践经验，有胜任领导工作的组织能力、文化水平和专业知识。

（五）正确行使人民赋予的权力，依法办事，清正廉洁，勤政为民，以身作则，艰苦朴素，密切联系群众，坚持党的群众路线，自觉地接受党和群众的批评和监督，加强道德修养，做到自重、自省、自警、自励，反对官僚主义，反对任何滥用职权、谋求私利的不正之风。

（六）坚持和维护党的民主集中制，有民主作风，有全局观念，善于团结同志，包括团结同自己有不同意见的同志一道工作。

第三十五条　党员干部要善于同党外干部合作共事，尊重他们，虚心学习他们的长处。

党的各级组织要善于发现和推荐有真才实学的党外干部担任领导工作，保证他们有职有权，充分发挥他们的作用。

第三十六条　党的各级领导干部，无论是由民主选举产生的，或是由领导机关任命的，他们的职务都不是终身的，都可以变动或解除。

年龄和健康状况不适宜于继续担任工作的干部，应当按照国家的规定退、离休。

第七章 党的纪律

第三十七条 党的纪律是党的各级组织和全体党员必须遵守的行为规则，是维护党的团结统一、完成党的任务的保证。党组织必须严格执行和维护党的纪律，共产党员必须自觉接受党的纪律的约束。

第三十八条 党组织对违犯党的纪律的党员，应当本着惩前毖后、治病救人的精神，按照错误性质和情节轻重，给以批评教育直至纪律处分。

严重触犯刑律的党员必须开除党籍。

党内严格禁止用违反党章和国家法律的手段对待党员，严格禁止打击报复和诬告陷害。违反这些规定的组织或个人必须受到党的纪律和国家法律的追究。

第三十九条 党的纪律处分有五种：警告、严重警告、撤销党内职务、留党察看、开除党籍。

留党察看最长不超过两年。党员在留党察看期间没有表决权、选举权和被选举权。党员经过留党察看，确已改正错误的，应当恢复其党员的权利；坚持错误不改的，应当开除党籍。

开除党籍是党内的最高处分。各级党组织在决定或批准开除党员党籍的时候，应当全面研究有关的材料和意见，采取十分慎重的态度。

第四十条 对党员的纪律处分，必须经过支部大会讨论决定，报党的基层委员会批准；如果涉及的问题比较重要或复杂，或给党员以开除党籍的处分，应分别不同情况，报县级或县级以上党的纪律检查委员会审查批准。在特殊情况下，县级和县级以上各级党的委员会和纪律检查委员会有权直接决定给党员以纪律处分。

对党的中央委员会和地方各级委员会的委员、候补委员，给以撤销党内职务、留党察看或开除党籍的处分，必须由本人所在的委员会全体会议三分之二以上的多数决定。在特殊情况下，可以先由中央政治局和地方各级委员会常务委员会作出处理决定，待召开委员会全体会议时予以追认。对地方各级委员会委员和候补委员的上述处分，必须经过上级党的委员会批准。

严重触犯刑律的中央委员会委员、候补委员，由中央政治局决定开除其党籍；严重触犯刑律的地方各级委员会委员、候补委员，由同级委员会常务委员会决定开除其党籍。

第四十一条 党组织对党员作出处分决定，应当实事求是地查清事实。处分决定所依据的事实材料和处分决定必须同本人见面，听取本人说明情况和申辩。如果本人对处分决定不服，可以提出申诉，有关党组织必须负责处理或者迅速转递，不得扣压。对于确属坚持错误意见和无理要求的人，要给以批评教育。

第四十二条 党组织如果在维护党的纪律方面失职，必须受到追究。

对于严重违犯党的纪律、本身又不能纠正的党组织，上一级党的委员会在查明核实后，应根据情节严重的程度，作出进行改组或予以解散的决定，并报再上一级党的委员会审查批准，正式宣布执行。

第八章 党的纪律检查机关

第四十三条 党的中央纪律检查委员会在党的中央委员会领导下进行工作。党的地方各级纪律检查委员会和基层纪律检查委员会在同级党的委员会和上级纪律检查委员会双重领导下进行工作。

党的各级纪律检查委员会每届任期和同级党的委员会相同。

党的中央纪律检查委员会全体会议，选举常务委员会和书记、副书记，并报党的中央委员会批准。党的地方各级纪律检查委员会全体会议，选举常务委员会和书记、副书记，并由同级党的委员会通过，报上级党的委员会批准。党的基层委员会是设立纪律检查委员会，还是设立纪律检查委员，由它的上一级党组织根据具体情况决定。党的总支部委员会和支部委员会设纪律检查委员。

党的中央纪律检查委员会根据工作需要，可以向中央一级党和国家机关派驻党的纪律检查组或纪律检查员。纪律检查组组长或纪律检查员可以列席该机关党的领导组织的有关会议。他们的工作必须受到该机关党的领导组织的支持。

第四十四条 党的各级纪律检查委员会的主要任务是：维护党的章程和其他党内法规，检查党的路线、方针、政策和决议的执行情况，协助党的委员会加强党风建设和组织协调反腐败工作。

各级纪律检查委员会要经常对党员进行遵守纪律的教育，作出关于维护党纪的决定；对党员领导干部行使权力进行监督；检查和处理党的组织和党员违反党的章程和其他党内法规的比较重要或复杂的案件，决定或取消对这些案件中的党员的处分；受理党员的控告和申诉；保障党员的权利。

各级纪律检查委员会要把处理特别重要或复杂的案件中的问题和处理的结果，向同级党的委员会报告。党的地方各级纪律检查委员会和基层纪律检查委员会要同时向上级纪律检查委员会报告。

各级纪律检查委员会发现同级党的委员会委员有违犯党的纪律的行为，可以先进行初步核实，如果需要立案检查的，应当报同级党的委员会批准，涉及常务委员的，经报告同级党的委员会后报上一级纪律检查委员会批准。

第四十五条 上级纪律检查委员会有权检查下级纪律检查委员会的工作，并且有权批准和改变下级纪律检查委员会对于案件所作的决定。如果所要改变的该下级纪律检查委员会的决定，已经得到它的同级党的委员会的批准，这种改变必须经过它的上一级党的委员会批准。

党的地方各级纪律检查委员会和基层纪律检查委员会如果对同级党的委员会处理案件的决定有不同意见，可以请求上一级纪律检查委员会予以复查；如果发现同级党的委员会或它的成员有违犯党的纪律的情况，在同级党的委员会不给予解决或不给予正确解决的时候，有权向上级纪律检查委员会提出申诉，请求协助处理。

第九章 党　组

第四十六条 在中央和地方国家机关、人民团体、经济组织、文化组织和其他非党组织的领导机关中，可以成立党组。党组发挥领导核心作用。党组的任务，主要是负责贯彻执行党的路线、方针、政策；讨论和决定本单位的重大问题；做好干部管理工作；团结党外干部和群众，完成党和国家交给的任务；指导机关和直属单位党组织的工作。

第四十七条 党组的成员，由批准成立党组的党组织决定。党组设书记，必要时还可以设副书记。

党组必须服从批准它成立的党组织领导。

第四十八条　对下属单位实行集中统一领导的国家工作部门可以建立党委，党委的产生办法、职权和工作任务，由中央另行规定。

第十章　党和共产主义青年团的关系

第四十九条　中国共产主义青年团是中国共产党领导的先进青年的群众组织，是广大青年在实践中学习中国特色社会主义和共产主义的学校，是党的助手和后备军。共青团中央委员会受党中央委员会领导。共青团的地方各级组织受同级党的委员会领导，同时受共青团上级组织领导。

第五十条　党的各级委员会要加强对共青团的领导，注意团的干部的选拔和培训。党要坚决支持共青团根据广大青年的特点和需要，生动活泼地、富于创造性地进行工作，充分发挥团的突击队作用和联系广大青年的桥梁作用。

团的县级和县级以下各级委员会书记，企业事业单位的团委员会书记，是党员的，可以列席同级党的委员会和常务委员会的会议。

第十一章　党徽党旗

第五十一条　中国共产党党徽为镰刀和锤头组成的图案。

第五十二条　中国共产党党旗为旗面缀有金黄色党徽图案的红旗。

第五十三条　中国共产党的党徽党旗是中国共产党的象征和标志。党的各级组织和每一个党员都要维护党徽党旗的尊严。要按照规定制作和使用党徽党旗。

中国共产党党员领导干部廉洁从政若干准则(试行)

(中发[1997]9号　1997年3月28日)

执政党的党风关系党的生死存亡。党员领导干部廉洁从政是新时期从严治党、端正党风的重要前提，是贯彻落实党的路线、方针、政策，促进改革开放和经济建设，维护政治、社会稳定的重要保证。保证党员领导干部廉洁从政，要立足于教育，着眼于防范，筑起思想道德防线。党员领导干部必须在党员和人民群众中发挥表率作用，自重、自省、自警、自励；必须坚定共产主义信念，身体力行共产主义道德；必须清正廉洁，艰苦奋斗，全心全意为人民服务。为进一步促进党员领导干部廉洁从政，根据《中国共产党章程》，结合近几年中央作出的领导干部廉洁自律的若干规定，制定《中国共产党党员领导干部廉洁从政若干准则（试行)》。

第一章　廉洁从政行为规范

第一条　党员领导干部要廉洁奉公，忠于职守。禁止利用职权和职务上的影响谋取不正当利益。不准有下列行为：

（一）索取管理、服务对象的钱物；

（二）接受可能影响公正执行公务的礼物馈赠和宴请；

（三）在公务活动中接受礼金和各种有价证券；

（四）接受下属单位和其他企业、事业单位或者个人赠送的信用卡及其他支付凭证；

（五）以虚报、谎报等手段获取荣誉、职称及其他利益；

（六）用公款公物操办婚丧喜庆事宜和借机敛财。

第二条　党员领导干部要严防商品交换原则侵入党的政治生活和国家机关的政务活动。禁止私自从事营利活动。不准有下列行为：

（一）个人经商、办企业；

（二）违反规定在经济实体中兼职或者兼职取酬，以及从事有偿中介活动；

（三）违反规定买卖股票；

（四）个人在国（境）外注册公司或者投资入股。

第三条　党员领导干部要遵守公共财物管理和使用的规定。禁止假公济私、化公为私。不准有下列行为：

（一）用公款报销或者用本单位的信用卡支付应由个人负担的费用；

（二）借用公款逾期不还；

（三）公费出国（境）旅游或者变相出国（境）旅游；

（四）用公款参与高消费娱乐活动和获取各种形式的俱乐部会员资格；

（五）以个人名义存储公款。

第四条　党员领导干部要遵守组织人事纪律，严格按照干部选拔任用工作的制度办事。禁止借选拔任用干部之机谋取私利。不准有下列行为：

（一）采取不正当手段为本人谋取职位；

（二）泄露酝酿讨论干部任免的情况；

（三）在工作调动、机构变动时，突击提拔干部，或者在调离后干预原地区、原单位的干部选拔任用；

（四）在干部考察工作中隐瞒或者歪曲事实真相；

（五）在干部选拔任用工作中封官许愿，打击报复，营私舞弊。

第五条　党员领导干部对涉及与配偶、子女、其他亲友及身边工作人员有利害关系的事项，应当奉公守法。禁止利用职权和职务上的影响为亲友及身边工作人员谋取利益。不准有下列行为：

（一）要求或者指使提拔配偶、子女、其他亲友及身边工作人员；

（二）用公款支付配偶、子女及其他亲友学习、培训的费用；

（三）为配偶、子女及其他亲友出国（境）旅游、探亲、留学向国（境）外个人或者组织索取资助；

（四）妨碍涉及配偶、子女、其他亲友及身边工作人员案件的调查处理；

（五）为配偶、子女及其他亲友经商、办企业提供便利和优惠条件。省（部）级以上领导干部的配偶、子女及其配偶，不准在该领导干部管辖的地区及管辖的业务范围个人经商办企业和在外商独资企业任职。

第六条　党员领导干部要艰苦奋斗，勤俭节约。禁止讲排场、比阔气、挥霍公款、铺张浪费。不准有下列行为：

（一）在国内公务活动中接受超过规定标准的接待；

（二）违反规定用公款装修、购买住房；

（三）擅自用公款包租或者占用客房供个人使用；

（四）违反规定配备、使用小汽车；

（五）擅自用公款配备、使用通信工具。

第二章　实施与监督

第七条　各级党委（党组）负责本准则的贯彻实施。党员领导干部要以身作则，模范遵守本准则，同时抓好主管地区、部门和单位的贯彻实施。党的纪律检查机关协助同级党委（党组）抓好本准则的落实，并负责对实施情况进行监督检查。

第八条　贯彻实施本准则，要发挥民主党派、人民团体、人民群众和新闻舆论的监督作用。

第九条　党员领导干部参加民主生活会，要对照本准则进行检查，认真开展批评和自我批评。

第十条　党员领导干部组织实施和执行本准则的情况，应列入干部考核的重要内容，考核结果作为对其任免、奖惩的重要依据。

第十一条　党员领导干部违反本准则的，依照有关规定给予批评教育、组织处理或者纪律处分。

第三章　附　则

第十二条　本准则适用于党的机关、人大机关、行政机关、政协机关、审判机关、检察机关中县（处）级以上党员领导干部；人民团体、事业单位中相当于县（处）级以上党员领导干部；国有大型、特大型企业中层以上党员领导干部，国有中型企业党员领导干部，实行公司制的大中型企业中由国有股权代表出任或者由国有投资主体委派（包括招聘）的党员领导干部、选举产生并经主管部门批准的党员领导干部、企业党组织的领导干部。县（市）直属机关的科级党员领导干部，乡（镇）党员领导干部，基层站所的党员负责人参照执行本准则。

第十三条 本准则由中共中央纪律检查委员会负责解释。

第十四条 本准则自发布之日起施行。

《中国共产党党员领导干部廉洁从政若干准则（试行）》实施办法

（中纪发［1997］5号　1997年9月3日）

第一章　总　则

第一条　为贯彻实施《中国共产党党员领导干部廉洁从政若干准则（试行）》（以下简称《廉政准则》），正确处理违反《廉政准则》的行为，制定本实施办法。

第二条　党员领导干部对违反《廉政准则》的行为，应当主动检查纠正。能够主动检查纠正，情节较轻的，可以不予处分或者免予处分，但应给予批评教育；情节较重的，从轻或者减轻处分。不主动检查纠正的，依照本实施办法处理。

第三条　《廉政准则》的适用范围，包括已到退（离）休年龄尚未办理退（离）休手续，以及已办退（离）休手续但返聘后又担任相应领导职务的党员领导干部。

国有小型企业的党员领导干部，参照执行《廉政准则》。

第二章　廉洁从政行为规范

第一节　禁止利用职权和职务上的影响谋取不正当利益

第四条　《廉政准则》第一条第一项所称“管理、服务对象”，是指行政机关的工作对象、司法机关和执纪机关查处的案件当事人、组织（人事）部门的工作对象以及其他领导干部所在部门和单位法定职责范围内管理和服务的对象。

利用职权和职务上的影响，索取管理、服务对象钱物的，依照《中国共产党纪律处分条例（试行）》（以下简称《纪律处分条例》）第六十一条的规定处理。

对变相索要物品或者索要物品后象征性地付少量钱款的行为，依照《纪律处分条例》第五十九条的规定处理。

第五条　《廉政准则》第一条第二项所称“接受可能影响公正执行公务的礼物馈赠和宴请”，是指接受管理和服务对象及其亲属的礼物馈赠和宴请。

接受可能影响公正执行公务的礼物馈赠的，所接受的礼物应当一律登记、交公。不登记、交公的，依照《纪律处分条例》第六十三条的规定处理。

接受可能影响公正执行公务的宴请的，依照《纪律处分条例》第八十五条的规定处理。用公款宴请的，宴请费用由宴请者和受请者个人负担。

第六条　《廉政准则》第一条第三项所称“公务活动”，包括国内公务活动和对外公务活动。

《廉政准则》第一条第三项所称“在公务活动中接受礼金和各种有价证券”，包括接受用公款以各种名义赠送的礼金和各种有价证券，以及接受个人赠送的可能影响公正执行公务的礼金和各种有价证券。

在公务活动中接受礼金和各种有价证券的，所接受的礼金、有价证券，一律登记、交公。不登记、交公的，依照《纪律处分条例》第六十三条的规定处理。

第七条 《廉政准则》第一条第四项所称“其他支付凭证”包括支票、本票、汇票及各种有价识别磁卡等支付凭证。

利用职权和职务上的影响，接受下属单位和其他企业、事业单位或者个人赠送的信用卡及其他支付凭证的，依照《纪律处分条例》

第六十三条的规定处理。所接受的信用卡及其他支付凭证应当退还或者上缴，已经支付的费用由个人负担。

第八条 以虚报、谎报等手段获取荣誉的，依照《纪律处分条例》第一百二十七条的规定处理；以虚报、谎报等手段获取职称的，依照《纪律处分条例》第五十一条的规定处理。所获取的荣誉、职称及其他利益予以取消或者纠正。

第九条 《廉政准则》第一条第六项所称“喜庆事宜”，包括本人及家庭成员职务升迁、过生日、迁新居等喜庆事宜。

用公款公物操办婚丧喜庆事宜和借机敛财的，依照《纪律处分条例》第一百二十八条的规定处理。所用公款公物应当退赔。

第二节 禁止私自从事营利活动

第十条 《廉政准则》第二条第一项所称“个人经商办企业”，是指个人独资经商办企业，与他人合资、合股、合作、合伙经商办企业，私自以承包、租赁、受聘等方式经商办企业。个人经商办企业的，依照《纪律处分条例》第八十八条的规定处理。

第十一条 《廉政准则》第二条第二项所称“经济实体”，包括各种企业、公司、营利性的事业单位和民办学校、医院、文艺团体等民办非企业单位。

《廉政准则》第二条第二项所称“违反规定”，是指违反1993年10月5日《中共中央、国务院关于反腐败斗争近期抓好几项工作的决定》等中共中央、国务院及中共中央办公厅、国务院办公厅制定的有关规定。

违反规定在经济实体中兼职（包括名誉职务）或者兼职取酬的，依照《纪律处分条例》第八十九条的规定处理，并应当辞去一方职务，所领取的报酬（包括各种经济利益）应当上缴。

党和国家机关、人民团体中的县（处）级以上党员领导干部从事有偿中介活动的，依照《纪律处分条例》第八十八条的规定处理。国有企业、事业单位的党员领导干部个人从事有偿中介活动的，比照《纪律处分条例》第八十八条的规定处理。所收取的钱物应当上缴。

第十二条 《廉政准则》第二条第三项所称“违反规定”，是指违反1993年10月5日《中共中央、国务院关于反腐败斗争近期抓好几项工作的决定》，1993年4月22日国务院发布的《股票发行与交易管理暂行条例》，1993年4月3日《国务院办公厅转发国家体改委等部门〈关于立即制止发行内部职工股不规范做法意见〉的紧急通知》以及国务院有关部门，各省、自治区、直辖市制定的有关规定。

党和国家机关、人民团体以及具有行政管理职能的企业、具有行政管理职能的事业单位的县（处）级以上党员领导干部买卖股票的，依照《纪律处分条例》第九十一条的规定处理。所持有的股票，依照《股票发行与交易管理暂行条例》的规定处理。

党和国家机关、人民团体、事业单位以及具有行政管理职能的企业的县（处）级以上党员领导干部购买企业内部职工股的，或者《廉政准则》第十二条所列企业党员领导干部购买所在企业以外的其他企业内部职工股的，依照《纪律处分条例》第九十一条的规定处理。所持有的企业内部职工股，依照《国务院办公厅转发国家体改委等部门〈关于立即制止发行内部职工股不规范做法意见〉的紧急通知》的规定处理。

第十三条　个人在国（境）外注册公司或者投资入股的，依照《纪律处分条例》第八十八条的规定处理，并责令纠正。

擅自以个人名义用公款在国（境）外注册公司或者投资入股，构成贪污的，依照《纪律处分条例》第五十七条的规定处理；构成挪用的，依照《纪律处分条例》第八十条的规定处理。

第三节　禁止假公济私、化公为私

第十四条　利用自己主管、管理、经手公共财物的权力及其便利条件，用公款报销或者用本单位的信用卡支付应由个人负担的费用的，依照《纪律处分条例》第五十七条的规定处理。

利用职务上的便利，为他人谋取利益，由他人用公款报销应由个人负担的费用的，依照《纪律处分条例》第六十一条第一款的规定处理。

除本条第一款、第二款所列行为之外，利用职务或者工作上的便利，用公款报销或者用本单位的信用卡支付应由个人负担的费用的，依照《纪律处分条例》第五十九条的规定处理。

第十五条　借用公款逾期不还，情节严重的，依照《纪律处分条例》第八十二条第一款的规定处理，并追还所欠公款。

借用公款供个人进行营利活动或者非法活动的，依照《纪律处分条例》第八十二条第二款、第三款的规定处理。所借用的公款应当立即归还并按银行同期贷款利率付息，所获利润和其他非法所得，责令上缴。

第十六条　公费出国（境）旅游或者变相出国（境）旅游的，依照《纪律处分条例》第八十六条的规定处理。旅游费用由个人负担。

第十七条　《廉政准则》第三条第四项所称“高消费娱乐活动”，包括营业性的歌厅、舞厅、夜总会和高尔夫球等娱乐活动。

用公款参与高消费娱乐活动和获取各种形式的俱乐部会员资格的，依照《纪律处分条例》第八十六条的规定处理。所用公款由个人负担。国有企业党员领导干部在业务招待中用公款参与高消费娱乐活动，未违反业务招待费使用规定的除外。

第十八条　本人或者指使他人以私人名义存储公款的，依照《纪律处分条例》第一百条的规定处理。

第四节　禁止借选拔任用干部之机谋取私利

第十九条　采取不正当手段为本人谋取职位的，依照《中共中央办公厅关于对违反〈党政领导干部选拔任用工作暂行条例〉行为的处理规定》（以下简称《处理规定》）第十五条的规定处理。

第二十条　泄露酝酿讨论干部任免情况的，依照《处理规定》第八条的规定处理。

第二十一条　在工作调动、机构变动时，突击提拔干部，或者在调离后干预原地区、原单位的干部选拔任用的，依照《处理规定》第九条的规定处理。

第二十二条 在干部考察工作中隐瞒或者歪曲事实真相的，依照《处理规定》第十一条的规定处理。

第二十三条 在干部选拔任用工作中打击报复或者营私舞弊的，依照《处理规定》第十二条的规定处理。

第二十四条 在干部选拔任用工作中封官许愿的，依照《处理规定》第十三条的规定处理。

第二十五条 违反《廉政准则》第四条和第五条第一项的规定，所作出的干部任免决定依照《处理规定》第二条的规定处理。

第五节 禁止利用职权和职务上的影响为亲友及身边工作人员谋取利益

第二十六条 要求或者指使提拔配偶、子女、其他亲友及身边工作人员的，依照《处理规定》第七条的规定处理。

第二十七条 利用自己主管、管理、经手公共财物的权力及其便利条件，用公款支付配偶、子女及其他亲友学习、培训费用的，依照《纪律处分条例》第五十七条的规定处理。

利用职务上的便利，为他人谋取利益，由他人用公款支付配偶、子女及其他亲友学习、培训费用的，依照《纪律处分条例》第六十一条第一款的规定处理。

除本条第一款、第二款所列行为之外，利用职务或者工作上的便利，用公款支付配偶、子女及其他亲友学习、培训费用的，依照《纪律处分条例》第五十九条的规定处理。

第二十八条 利用职权和职务上的影响，为配偶、子女及其他亲友出国（境）旅游、探亲、留学向国（境）外个人或者组织索取资助的，依照《纪律处分条例》第六十一条第一款、第二款的规定处理。

第二十九条 妨碍涉及配偶、子女、其他亲友及身边工作人员案件调查处理的，依照《纪律处分条例》第一百四十六条的规定处理。

第三十条 为配偶、子女及其他亲友经商、办企业提供便利和优惠条件的，依照《纪律处分条例》第八十八条的规定处理。对其配偶、子女及其他亲友获取的经济利益依法予以处理。

第三十一条 《廉政准则》第五条第二款所称“个人经商办企业”，除包括本实施办法第十条第一款规定的外，还包括在国（境）外注册公司回国（境）内经商。

《廉政准则》第五条第二款所称“在外商独资企业任职”，是指受聘于外商独资企业或者外商独资企业驻国（境）内的办事机构。

省（部）级以上领导干部的配偶、子女及其配偶，在该领导干部管辖的地区及管辖的业务范围个人经商办企业和在外商独资企业任职的，领导干部应要求其配偶、子女及其配偶限期纠正。拒不纠正的，领导干部应当辞去现任职务或者由组织上调整其职务，并比照《纪律处分条例》第八十八条的规定处理。

第六节 禁止讲排场、比阔气、挥霍公款、铺张浪费

第三十二条 在国内公务活动中接受超过规定标准接待的，依照《纪律处分条例》第八十六条的规定处理。

第三十三条　《廉政准则》第六条第二项所称“违反规定”，是指违反1989年12月19日《国务院机关事务管理局关于中央国家机关部级干部宿舍修缮标准的规定》以及国务院及其有关部门，各省、自治区、直辖市制定的有关规定。

违反规定用公款装修、购买住房的，依照《纪律处分条例》第八十三条的规定处理。超过规定标准的装修费用，由个人负担。所购买的住房依照国家关于住房制度改革的规定处理。

第三十四条　擅自用公款包租或者占用客房供个人使用的，依照《纪律处分条例》第八十六条的规定处理。所用公款由个人负担，所包租、占用的客房立即退出。

第三十五条　《廉政准则》第六条第四项所称“违反规定”，是指违反1994年9月5日《中共中央办公厅、国务院办公厅关于党政机关汽车配备和使用管理的规定》以及中共中央、国务院，中共中央办公厅、国务院办公厅，国务院有关部门，各省、自治区、直辖市制定的有关规定。

违反规定配备、使用小汽车的，依照《纪律处分条例》第八十四条和《中共中央纪律检查委员会关于党政机关县（处）级以上党员领导干部违反廉洁自律规定购买、更换小汽车行为的党纪处理办法》的规定处理。

第三十六条　擅自用公款配备、使用通信工具的，依照《纪律处分条例》第八十六条的规定处理。通信工具应当上缴。

第三章　附　则

第三十七条　本实施办法由中共中央纪律检查委员会负责解释。

第三十八条　本实施办法自发布之日起施行。

《廉政准则》发布后，本实施办法发布前，违反《廉政准则》行为尚未处理的，也适用本实施办法。

列于本实施办法附件一的规定，已纳入《廉政准则》和本实施办法，自本实施办法施行之日起，予以废止。

列于本实施办法附件二的规定，予以保留，继续有效。

附件一：

下列规定已纳入《廉政准则》和本实施办法，自本实施办法施行之日起，予以废止：

1. 中共中央纪律检查委员会、中共中央组织部、监察部关于党政机关县（处）级以上领导干部廉洁自律“五条规定”的实施意见（中纪发［1993］11号）

2. 中共中央纪律检查委员会关于党政机关县（处）级以上干部违反廉洁自律“五条规定”行为的党纪处理办法（中纪发［1993］17号）

3. 中共中央纪律检查委员会关于中央纪委三次全会重申和提出的党政机关县（处）级以上领导干部廉洁自律“五条规定”的实施意见（中纪发［1994］5号）

4. 中共中央纪律检查委员会关于党政机关县（处）级以上领导干部廉洁自律补充规定的实施和处理意见（中纪发［1995］5号）

附件二：

下列规定予以保留，继续有效：

1.《中共中央纪律检查委员会关于党政机关县（处）级以上党员领导干部违反廉洁自律规定购买、更换小汽车行为的党纪处理办法》（中纪发［1996］15号）

2.《中共中央纪律检查委员会关于国有企业领导干部廉洁自律“四条规定”的实施和处理意见》（中纪发［1995］7号），但其中与《廉政准则》及其《实施办法》、《纪律处分条例》有抵触的，应以《廉政准则》及其《实施办法》、《纪律处分条例》的规定为准。

关于对《中国共产党党员领导干部廉洁从政若干准则（试行）》第五条第二款的补充规定

（中纪发［1998］3号　1998年3月3日）

《中国共产党党员领导干部廉洁从政若干准则（试行）》明确禁止省（部）级以上领导干部的配偶、子女及其配偶在该领导干部管辖的地区及管辖的业务范围的外商独资企业任职。但据反映，有的省（部）级以上领导干部的配偶、子女及其配偶在该领导干部管辖的地区及管辖的业务范围的中外合资企业中担任外方代理人，干部、群众对此反映强烈，影响领导干部威信，损害党的形象，而且容易发生权钱交易的腐败行为。为从制度上预防领导干部的配偶、子女及其配偶，凭借领导干部的权力和影响谋取私利，经党中央批准，现对《中国共产党党员领导干部廉洁从政若干准则（试行）》第五条第二款补充规定如下：

省（部）级以上领导干部的配偶、子女及其配偶，不准在该领导干部管辖的地区及管辖的业务范围的中外合资企业中接受外方委派或者推荐出任董事长、副董事长、董事及总经理、副总经理等高级职位。如有违反，依照《〈中国共产党党员领导干部廉洁从政若干准则（试行）〉实施办法》第三十一条第三款的规定处理。

中国共产党党内监督条例（试行）

（中发［2003］17号　2003年12月31日）

第一章　总　则

第一条　为加强党内监督，发展党内民主，维护党的团结统一，提高党的领导水平和执政水平，增强拒腐防变和抵御风险能力，坚持党的先进性，始终做到立党为公、执政为民，根据《中国共产党章程》，制定本条例。

第二条　党内监督以马克思列宁主义、毛泽东思想、邓小平理论和“三个代表”重要思想为指导，坚持解放思想、实事求是、与时俱进，坚持民主集中制和党要管党、从严治党的方针。

第三条　党内监督的重点对象是党的各级领导机关和领导干部，特别是各级领导班子主要负责人。

第四条　党内监督的重点内容是：

（一）遵守党的章程和其他党内法规，维护中央权威，贯彻执行党的路线、方针、政策和上级党组织决议、决定及工作部署的情况；

（二）遵守宪法、法律，坚持依法执政的情况；

（三）贯彻执行民主集中制的情况；

（四）保障党员权利的情况；

（五）在干部选拔任用工作中执行党和国家有关规定的情况；

（六）密切联系群众，实现、维护、发展人民群众根本利益的情况；

（七）廉洁自律和抓党风廉政建设的情况。

第五条　党内监督要与党外监督相结合。党的各级组织和党员领导干部，应当自觉接受并正确对待党和人民群众的监督。

第二章　监督职责

第六条　党的各级委员会在党内监督方面履行下列职责：

（一）领导党内监督工作，明确同级纪委和党委工作部门、直属机构、派出机关以及相当于这一级别的党组（党委）在党内监督方面的任务和要求；

（二）制定贯彻上级党组织和同级党的代表大会关于加强党内监督工作决议、决定的措施，研究解决党内监督工作中的重要问题；

（三）对党委常委、委员，同级纪委和党委工作部门、直属机构、派出机关以及相当于这一级别的党组（党委）的领导班子及其成员进行监督；

（四）对下一级党组织及其领导班子，特别是主要负责人进行监督；

（五）党的地方各级委员会和基层委员会监督上级党委、纪委的工作，提出意见和建议。

党的中央和地方各级委员会派出的工作委员会，按照有关规定对所属党组织和党员领导干部进行监督。

第七条　党的各级委员会委员在党内监督方面的责任：

（一）对所在委员会、同级纪委和党委工作部门、直属机构、派出机关以及相当于这一级别的党组（党委）的工作进行监督；

（二）对所在委员会、同级纪委的常委、委员和党委工作部门、直属机构、派出机关以及相当于这一级别的党组（党委）的负责人进行监督；

（三）党的地方各级委员会委员和基层委员会委员，对本条第（一）、（二）项所列党组织和党员领导干部的问题和意见，署真实姓名以书面形式或其他形式向党委常委会、同级纪委常委会提出或向上一级党委、纪委反映；

（四）中央委员对中央政治局委员、常委的意见，署真实姓名以书面形式或其他形式向中央政治局常委会或中央纪委常委会反映。

对委员署真实姓名反映的问题、意见和建议，有关部门或人员应当及时转达，不得扣压；有关党组织应当及时研究、处理并以适当方式答复。

第八条　党的各级纪律检查委员会是党内监督的专门机关。中央纪委在中央委员会领导下，党的地方各级纪委和基层纪委在同级党委和上级纪委领导下，在党内监督方面履行下列职责：

（一）协助同级党的委员会组织协调党内监督工作，组织开展对党内监督工作的督促检查；

（二）对党员领导干部履行职责和行使权力情况进行监督；

（三）检查和处理党的组织和党员违反党的章程和其他党内法规的比较重要或复杂的案件；

（四）向同级党委和上一级纪委报告党内监督工作情况，提出建议，依照权限组织起草、制定有关规定和制度，作出关于维护党纪的决定；

（五）受理对党组织和党员违犯党纪行为的检举和党员的控告、申诉，保障党员的权利。

党的中央纪律检查委员会和地方各级纪律检查委员会派出的纪律检查工作委员会，按照有关规定履行监督职责。

纪委对派驻纪检组实行统一管理。派驻纪检组按照有关规定对驻在部门的党组织和党员领导干部进行监督。

党的地方和部门纪委、党组纪检组可以直接向上级纪委报告本地区、本系统、本单位发生的重大问题。

第九条　党的各级纪律检查委员会委员在党内监督方面的责任：

（一）对所在委员会及其派驻机构、派出的巡视机构的工作进行监督；

（二）对所在委员会常委、委员和派驻机构、派出的巡视机构的负责人进行监督；

（三）党的地方各级纪委委员和基层纪委委员，对本条第（一）、（二）项所列纪检机关（机构）和党员领导干部的问题和意见，署真实姓名以书面形式或其他形式向纪委常委会、同级党委提出或反映，对所在委员会委员、常委的意见还可以向上一级党委和纪委反映；

（四）中央纪委委员对中央纪委常委的意见，署真实姓名以书面形式或其他形式向中央纪委常委会或中央政治局常委会反映。

对委员署真实姓名反映的问题、意见和建议，有关部门、机构或人员应当及时转达，不得扣压；有关党组织应当及时研究、处理并以适当方式答复。

第十条 党员在党内监督方面的责任和权利：

（一）及时向党组织反映群众的意见和要求，维护群众的正当利益；

（二）对党的决议和政策如有不同意见，在坚决执行的前提下，可以在党的会议上或向党的组织提出保留，并且可以把自己的意见向党的上级组织直至中央反映，但不得公开发表同中央决定相反的意见；

（三）在党的会议上有根据地批评党的任何组织和任何党员，勇于揭露和纠正工作中的缺点、错误；

（四）检举党的任何组织和任何党员违纪违法的事实，同消极腐败现象作斗争；

（五）参加党组织开展的评议党员领导干部活动，发表意见。

第十一条 党的各级代表大会代表在代表大会闭会期间，除履行党员的监督责任和享有党员的监督权利外，按照有关规定对其选举产生的党的委员会、纪律检查委员会及其成员进行监督，反映所在选举单位党员的意见和建议。

第三章 监督制度

第一节 集体领导和分工负责

第十二条 党的各级委员会实行集体领导和个人分工负责相结合的制度。凡属方针政策性的大事，凡属全局性的问题，凡属重要干部的推荐、任免和奖惩，都要按照集体领导、民主集中、个别酝酿、会议决定的原则，由党的委员会集体讨论作出决定。党的委员会成员要根据集体的决定和分工，切实履行自己的职责；同时要关心全局工作，积极参与集体领导。

党的各级领导班子主要负责人应当带头执行民主集中制，支持领导班子成员在职责范围内独立负责地开展工作。领导班子成员要互相信任，互相支持，维护和增强领导班子的团结。

第十三条 党的各级领导班子应当制定、完善并严格执行议事规则，保证决策科学、民主。

按照议事规则应当由集体讨论决定的事项，必须列入会议议程。

党的各级领导班子讨论决定事项，应当充分发表意见，对于少数人的不同意见，应当认真考虑。各种意见和主要理由应当如实记录。讨论干部任免事项，还应当如实记录推荐、考察、酝酿、讨论决定的情况。领导班子成员个人向党组织推荐领导干部人选，必须负责地写出推荐材料并署名。

党的各级领导班子决定重要事项，应当进行表决。表决采用口头、举手、无记名或记名投票等方式。表决结果和表决方式应当记录在案。

第十四条 对于应当经集体讨论决定的事项而未经集体讨论，也未征求其他成员意见，由个人或少数人决定的，除遇紧急情况外，应当区别情况追究主要责任人的责任。

党的各级领导班子成员不遵守、不执行集体的决定，或未能按照集体的决定和分工履行自己的职责，给工作造成损失的，应当追究责任。

第二节　重要情况通报和报告

第十五条　中央委员会作出的决议、决定和中央政治局会议的内容，根据需要以适当方式在一定范围通报或向全党通报。

地方各级党的委员会全体会议作出的决议、决定，一般应当向下属党组织和党员通报，根据实际情况，以适当方式向社会公开。地方各级党委常委会会议的内容和本地区的重要情况，根据需要以适当方式在一定范围通报或向本地区的党组织和党员通报。

第十六条　党的各级委员会、纪律检查委员会在同级党的代表大会闭会期间，根据需要将有关决策、重要情况向本次党的代表大会代表通报。

第十七条　党组织对于本地区、本系统、本单位事关全局和社会稳定的重要情况以及重大问题，应当按照规定时限和程序向上级党组织报告或请示。同时，地方各级党委应当在职权范围内发挥总揽全局、协调各方的作用，支持政府和有关方面独立负责地处理好有关问题。

对隐瞒不报、不如实报告、干扰和阻挠如实报告或不按时报告、请示的，追究有关负责人的责任。

对下级请示不及时答复、批复或对下级报告中反映的问题在职责范围内不及时处置，造成严重后果的，追究有关责任人的责任。

第十八条　各级党员领导干部应当向党组织如实报告个人重大事项，自觉接受监督。个人重大事项的具体内容，另行规定。

第三节　述职述廉

第十九条　中央政治局向中央委员会全体会议报告工作。

中央纪委常委会向中央纪委全体会议报告工作。

地方各级党委常委会、纪委常委会分别向委员会全体会议每年报告工作一次。

设常委会的基层党组织的党委常委会、纪委常委会分别向委员会全体会议每年报告工作一次。

第二十条　中央各部门、直属机构、派出机关以及相当于这一级别的党组（党委），地方各级党委、纪委和党委工作部门、直属机构、派出机关以及相当于这一级别的党组（党委）的领导班子成员，分别在届中和换届前一年在规定范围述职述廉一次。

基层党委、纪委，党总支、党支部负责人，每年在规定范围述职述廉一次。述职述廉时可以邀请群众代表参加会议。

在届中和换届前的述职述廉后，上一级党组织应当结合当年的年度考核组织民主评议或民主测评。

第四节　民主生活会

第二十一条　党组织应当坚持和健全党员领导干部民主生活会制度，按照规定开好民主生活会。通过民主生活会，统一思想，改进作风，加强监督，增进团结，提高依靠自身力量解决问题和矛盾的能力。

县以上党和国家机关党员领导干部应当按照规定参加双重组织生活会。

第二十二条　领导班子召开民主生活会要切实保证质量。民主生活会的主题应当按照上级党组织的要求、针对党性党风方面存在的突出问题确定。

领导班子成员在民主生活会上，应当针对自身存在的廉洁自律方面的问题以及党员、群众、领导班子其他成员和下级党组织提出的意见，负责任地作出检查或说明，积极开展批评和自我批评。

领导班子主要负责人对开好民主生活会负责，并承担制定和落实领导班子整改措施的领导责任。

第二十三条 党员、群众和下级党组织对领导班子及其成员的意见、民主生活会情况和整改措施，应当按照规定如实上报，并将民主生活会情况和整改措施及时在一定范围通报。

党员有权了解本人所提意见和建议的处理结果。

第二十四条 上级党组织应当加强对下级领导班子民主生活会的指导和监督。发现下级领导班子民主生活会主题不符合要求，应当提出明确意见，必要时可以直接确定；认为下级领导班子民主生活会不符合规定要求，可以责令重新召开。

中央纪委、中央组织部和中央直属机关工委、中央国家机关工委领导班子成员，除参加所在领导班子民主生活会外，每人每年应当参加一个以上省部级领导班子的民主生活会，了解情况。

地方各级党委、纪委和党委组织部门领导班子成员，除参加所在领导班子民主生活会外，每人每年应当参加一个以上下一级领导班子的民主生活会，了解情况。

第五节　信访处理

第二十五条 各级党委、纪委通过信访处理，对下级党组织和领导干部实施监督，及时研究来信来访中提出的重要问题。对重要信访事项的办理，应当督促检查，直至妥善处理。

第二十六条 凡向党组织检举党员或下级党组织严重违纪违法问题的以及党员控告侵害自己合法权益行为的，党组织应当按照有关规定及时调查处理。党员署真实姓名检举的，应当视情况将处理结果告知该党员，听取其意见。

第六节　巡　视

第二十七条 中央和省、自治区、直辖市党委建立巡视制度，按照有关规定对下级党组织领导班子及其成员进行监督。

第二十八条 巡视工作的主要任务是：

（一）了解贯彻落实“三个代表”重要思想和执行党的路线、方针、政策、决议、决定和工作部署的情况，执行民主集中制的情况，落实党风廉政建设责任制和廉政勤政的情况，领导干部选拔任用的情况，处理改革发展稳定的情况，中央要求巡视的其他事项；

（二）向派出巡视组的党组织报告巡视工作中了解到的情况，提出意见和建议。

第二十九条 巡视组可以根据巡视工作需要列席所巡视地方的党组织的有关会议，查阅有关文件、资料，召开座谈会，与有关人员谈话，了解和研究群众来信来访中反映的有关领导干部的重要问题。

巡视组不处理所巡视地方的具体问题。

第七节　谈话和诫勉

第三十条 各级党委、纪委领导班子成员和党委组织部门负责人，应当不定期与党委工作部门、直属机构、派出机关以及相当于这一级别的党组（党委）和下级党组织领导班子主要负责人谈话，主要了解该地区、该系统、该单位落实“三个代表”重要思想、执行党的路线方针政策、坚持民主集中制、实施党内监督的情况和领导班子及其成员廉政勤政的情况，提出建议和要求。

第三十一条　党委（党组）或组织（人事）部门对领导干部进行任职谈话，应当把贯彻执行民主集中制、廉政勤政方面的要求和存在的问题作为重要内容。

第三十二条　发现领导干部在政治思想、履行职责、工作作风、道德品质、廉政勤政等方面的苗头性问题，党委（党组）、纪委和党委组织部门应当按照干部管理权限及时对其进行诫勉谈话。对该领导干部提出的诫勉要求和该领导干部的说明及表态，应当作书面记录，经本人核实后，由组织（人事）部门或纪律检查机关留存。

第八节　舆论监督

第三十三条　在党的领导下，新闻媒体要按照有关规定和程序，通过内部反映或公开报道，发挥舆论监督的作用。党的各级组织和党员领导干部应当重视和支持舆论监督，听取意见，推动和改进工作。

第三十四条　新闻媒体应当坚持党性原则，遵守新闻纪律和职业道德，把握舆论监督的正确导向，注重舆论监督的社会效果。

第九节　询问和质询

第三十五条　党的地方各级委员会委员，有权对党的委员会全体会议决议、决定执行中存在的问题提出询问或质询。

党的地方各级纪律检查委员会委员，有权对纪律检查委员会全体会议决议、决定执行中存在的问题提出询问或质询。

第三十六条　询问可口头提出，也可以书面形式署真实姓名提出。有关部门应当作出说明。

第三十七条　询问人在对有关部门所作的说明不满意的情况下，可以书面形式署真实姓名对同一问题提出质询。有关部门应当作出书面解释或答复。

对质询中发现的问题，有关党组织应当及时研究处理。质询人利用质询故意刁难、无理纠缠的，给予批评教育；情节严重的，追究责任。

第十节　罢免或撤换要求及处理

第三十八条　党的地方各级委员会委员，有权向上级党组织提出要求罢免或撤换所在委员会和同级纪委中不称职的委员、常委。党的地方各级纪律检查委员会委员，有权向上级党组织提出要求罢免或撤换所在委员会不称职的委员、常委。

受理罢免或撤换要求的党组织应当认真研究处理。

第三十九条　罢免或撤换要求应当以书面形式署真实姓名提出，并有根据地陈述理由。

提出罢免或撤换要求应当严肃慎重。对于没有列举具体事例，不负责任地提出罢免或撤换要求的，给予批评教育；对于捏造事实陷害他人的，依纪依法追究责任。

第四章　监督保障

第四十条　各级党委、纪委应当按照本条例规定切实履行监督职责，发挥监督作用。

党员和党员领导干部应当正确履行职责，自觉接受监督。

对违反本条例规定，不履行或不正确履行党内监督职责、不遵守党内监督制度的，视情节追究责任，严肃处理。

第四十一条 各级党组织应当认真贯彻党风廉政建设责任制，加强思想政治教育，健全工作制度，有效防范各种违纪行为的发生。对党组织和党员反映的问题，应当认真处理。

第四十二条 鼓励、支持、保护党组织和党员领导干部、党员、党的代表大会代表在党内监督中发挥积极作用。对署真实姓名反映问题或检举、控告违纪违法行为的，党组织和有关人员应当为其保密；对泄露的要追究责任。对检举、控告党员或党组织严重违纪违法问题经查证属实的，给予表扬或奖励。对打击报复监督者的，对以监督为名侮辱、诽谤、诬陷他人的，以及在监督中有其他违纪违法行为的，依纪依法严肃处理。

第四十三条 党组织发现违反本条例的行为或接到检举、控告，认为需要查明事实、纠正错误、追究责任的，按照职责和权限，及时调查处理。

经过调查，需要追究党组织责任的，责令其纠正错误或给予通报批评，情节严重的依照有关规定处理；需要追究党员责任的，依照有关规定给予批评教育、组织处理或党纪处分；没有发现被调查的党组织或党员有违反规定行为的，应当作出书面结论，消除影响。

第四十四条 党员、党组织对处理决定不服的，可以向作出处理决定的党组织申诉。有关党组织应当认真复议、复查，并作出结论。如仍有意见，可以向上级党组织直至中央申诉。

申诉期间，不影响处理决定的执行。

第五章 附 则

第四十五条 中国人民解放军和中国人民武装警察部队的党组织实施党内监督的规定，由中央军委参照本条例制定。

第四十六条 本条例由中央纪委商中央组织部解释。

第四十七条 本条例自发布之日起施行。

中国共产党党员权利保障条例

（中发〔2004〕19号　2004年9月22日）

第一章　总　则

第一条　为了发展党内民主，健全党内生活，坚持民主集中制原则，增强党的生机活力，保障党员权利的正常行使和不受侵犯，根据《中国共产党章程》，制定本条例。

第二条　党员享有的党章规定的各项权利必须受到尊重和保护，党的任何一级组织、任何党员都无权剥夺。

第三条　坚持在党的纪律面前人人平等，不允许任何党员享有特权。

第四条　坚持权利与义务相统一。党员应当正确行使党章规定的各项权利，并在宪法和法律的范围内活动，同时必须履行党章规定的义务，不得侵犯其他党员的权利。

第五条　对任何侵犯党员权利的行为，都应当予以追究；情节严重的，必须给予党纪处分。对侵犯党员权利行为的认定和处理，应当以事实为根据，以党章和其他党内法规为准绳。

第二章　党员权利

第六条　党员有权参加党小组会、支部大会、党员大会以及与其担任的党内职务和代表资格相应的会议。党员因故不能到会的，应当履行请假手续。

党员有权阅读按照规定可以阅读的党内文件。

党员有权提出接受教育和培训的要求。党员接受教育和培训应当服从组织安排。

第七条　党员有权在党的会议上参加关于党的政策和理论问题的讨论，并充分发表自己的意见。

党员有权在党报党刊上参加党的中央和地方组织组织的关于党的政策和理论问题的讨论。

党员在讨论党的政策和理论问题的过程中，应当自觉同党中央保持高度一致，不得公开发表与党的基本理论、基本路线、基本纲领和基本经验相违背的观点和意见。

第八条　党员有权以口头或者书面方式对本地区、本部门、本单位的党组织、上级党组织直至中央的各方面工作提出建议和倡议。

第九条　党员有权在党的会议上以口头或者书面方式有根据地批评党的任何组织和任何党员。党员以书面方式提出的批评意见应当按照规定送被批评者或者有关党组织。

党员有权向党组织负责地揭发、检举党的任何组织和任何党员的违法违纪事实；有权向所在党组织或者上级党组织提出处分有违法违纪行为党员的要求。

党员有权向所在党组织或者上级党组织提出罢免或者撤换不称职党员领导干部职务的要求。

党员在进行批评、揭发、检举以及提出处分或者罢免、撤换要求时，要按照组织原则，符合有关程序，不得随意扩散、传播，不得夸大和歪曲事实，更不得捏造事实、诬告陷害。

第十条 党员有权在党组织讨论决定问题时按照规定参加表决。表决时可以表示赞成、不赞成或者弃权。

每个正式党员都享有选举权和被选举权（受留党察看处分的党员除外）。参加选举的党员有权了解候选人情况、要求改变候选人、不选任何一个候选人和另选他人。

党员有权经过规定程序成为候选人和当选。

第十一条 在党组织讨论决定对党员的党纪处分或者作出鉴定时，本人有权参加和进行申辩，其他党员可以为其作证和辩护。

申辩、作证和辩护必须实事求是。

第十二条 党员对党的决议和政策如有不同意见，在坚决执行的前提下，可以在党的会议上或者向党组织声明保留，并且可以把自己的意见向党的上级组织直至中央反映。党员不得公开发表同中央决定相反的意见。

第十三条 党员在政治、工作、学习等方面遇到重要问题需要党组织帮助解决的，有权向本人所在党组织、上级党组织直至中央提出请求。

党员对于党组织给予本人的处分、鉴定、审查结论或者其他处理不服的，有权向本人所在党组织、上级党组织直至中央提出申诉；党员认为党组织给予其他党员的处分、鉴定、审查结论或者其他处理不当的，有权逐级向党组织直至中央提出意见。

党员的合法权益受到党组织或者其他党员侵害时，有权向本人所在党组织、上级党组织直至中央提出控告。

党员有权要求有关党组织对其提出的请求、申诉和控告给予负责的答复。

第三章 保障措施

第十四条 党组织应当按照规定召开有关会议，并创造条件保障党员参加其有权参加的各种会议。会议的组织、召集者要将会议的召开时间、议题等适时通知应到会党员。

第十五条 党组织应当为党员提供阅读党内有关文件的必要条件。党员因缺乏阅读能力或者其他原因无法直接阅读文件的，党组织要按照规定向其传达文件精神。

第十六条 党组织应当采取多种形式有计划地对党员进行教育和培训，提高党员素质。

第十七条 党的代表大会、代表会议和党的委员会全体会议以及其他重要会议召开后，党组织要按照规定将会议内容和精神向党员传达、通报。

党组织作出的决议、决定，按照规定及时向党员通报。

第十八条 下级党组织应当根据上级党组织的安排，积极组织和引导党员参加党的政策和理论问题的讨论，讨论的时间、方式和内容要以适当方式告知党员，以便党员参加。党的地方组织、基层组织应当认真组织党员对本地区、本部门、本单位贯彻落实党的政策的有关问题进行讨论。

党组织要支持和鼓励党员对党的工作提出建议和倡议。对于党员的建议和倡议，党组织应当认真听取、研究，合理的应当采纳；对改进工作有重大帮助的，应对提出建议和倡议的党员给予表扬或者奖励。

党组织要认真听取各种不同意见。对于持有不同意见的党员，只要本人坚决执行党的决议和政策，就不得对其歧视或者进行追究；对于持有错误意见的党员，应当对其进行帮助、教育。

第十九条　党组织应当鼓励党员在党内开展批评和自我批评，支持和保护党员同各种违法违纪行为和不正之风作斗争。对于党员的批评、揭发、检举、控告以及提出的有关处分和罢免、撤换要求，党组织要按照规定及时处理。

党组织要建立健全保护揭发、检举人权益的制度。对揭发、检举人以及揭发、检举的内容必须严格保密，严禁将检举、控告材料转给被检举、被控告的组织和人员；严禁对揭发、检举人和控告人歧视、刁难、压制，严禁各种形式的打击报复。

党组织对于署真实姓名的揭发、检举人，应以适当方式回访或者回函并告知其处理结果；对揭发、检举严重违法违纪问题经查证属实的，给予表扬或者奖励。

党组织对于不负责地揭发、检举、控告以及提出处分和罢免、撤换要求的，给予批评教育；对于捏造事实、诬告陷害他人的，依纪依法严肃处理。对于受到错告或者诬告的党员，应当澄清事实，并在一定范围内公布。

第二十条　党组织讨论决定问题，必须执行少数服从多数的原则。决定重要问题，要进行表决。根据不同情况，表决可以采取口头、举手和投票等方式，表决结果和表决方式应记录在案。对不同意见要如实记录。

重要问题主要是指：涉及党的路线、方针、政策的事项；重大工作任务的部署；按干部管理规定应该由集体讨论决定的干部推荐、任免、调动和奖惩；涉及人民群众生产、生活等切身利益的问题；发展新党员；上级党组织规定应当集体讨论决定的其他问题。

党组织作出重要决议、决定前，应当以适当方式在一定范围内征询党员意见。对于多数党员有不同意见或者存在重大分歧的，暂缓作出决定，进一步调查研究，交换意见，提交下次会议表决。

党的委员会及其组织部门、党的纪律检查委员会对下级党组织的表决情况进行监督检查，对于没有按照规定进行表决的，应当予以纠正。

第二十一条　党组织进行选举时，应当充分体现选举人的意志。选举采用无记名投票的方式。候选人名单要由党组织和选举人充分酝酿讨论，对候选人的情况应向选举人作介绍。对候选人可以投赞成票、可以投不赞成票，也可以弃权。投不赞成票者可以另选他人。

党的任何组织和任何党员不得以任何方式妨碍党员在党内自主行使选举权和被选举权，不得阻挠有选举权和被选举权的人到场，不得强迫选举人选举或者不选举某个人，不得搞非组织活动妨碍选举，不得以任何方式追查选举人的投票意向。

第二十二条　党组织对党员作出处分决定所依据的事实材料和处分决定必须同本人见面，听取本人说明情况和申辩。对于党员的申辩及其他党员为其所作的证明和辩护，有关党组织要认真听取、如实记录，并进一步核实，采纳其合理意见；不予采纳的，要向本人说明理由。党员实事求是的申辩、作证和辩护，应当受到保护。

处分决定应当写明党员享有的申诉权以及受理申诉的组织等内容并由受处分党员签署意见。本人对处分决定有不同意见的，可以提出申诉；拒不签署意见或者因其他原因不能签署意见的，党组织要在处分决定上注明。

第二十三条 对于受到党纪处分的党员，党组织要帮助其正确认识和改正错误。对于受到留党察看处分的党员，留党察看期间确已改正错误的，期满后应当恢复其党员权利；坚持错误不改或者又发现其他应受党纪处分的错误的，应当开除其党籍。

第二十四条 党组织要认真处理党员的申诉。对于党员的申诉，有关党组织要按照规定进行复议、复查，不得扣压。上级党组织认为必要时，可以直接或者指定有关党组织进行复议、复查。

经复议、复查或者审查决定，对于全部或者部分纠正的案件，重新作出的决定应当在一定范围内宣布。对于处理正确而本人拒不接受的，给予批评教育；对于无正当理由反复申诉的，有关党组织应当正式通知本人不再受理并在适当范围内宣布。

党员对于党组织给予其他党员的处分、鉴定、审查结论或者其他处理提出的意见，有关党组织应认真研究处理。

第二十五条 党组织对涉嫌违纪党员的检查和处理，必须既坚决又慎重，严格遵守有关规定，依纪依法进行。

建立执纪过错或者错案责任追究制。对于在执纪过程中有违纪行为或者其他过错的，应当批评纠正；情节严重的，应当追究有关责任者的责任。

第二十六条 党组织对于党员提出的请求，要及时受理。根据具体问题，有的要及时解决，有的要说明情况，有的要进行说服教育。

第二十七条 企业、农村和街道、社区等党的基层组织应注意维护流动党员的民主权利，保障其正常行使。

第二十八条 对于确有实际困难的党员，其所在基层党组织或者上级党组织可以给予适当帮助并鼓励党员之间开展互助，为党员正常行使权利创造条件。

第四章 责任追究

第二十九条 党的各级组织应当严格执行党员权利保障方面的方针、政策和党内法规，贯彻落实上级党组织和同级党的代表大会关于党员权利保障方面的决议、决定；明确同级纪委和党委工作部门、直属机构、派出机关以及相当于这一级别的党组（党委）在党员权利保障方面的任务和要求；督促下级党组织和党的领导干部切实履行党员权利保障方面的职责，宣传党员权利保障方面的方针、政策和党内法规，教育和引导广大党员正确行使权利。

第三十条 党的各级纪律检查机关在同级党委和上级纪委领导下，做好党员权利保障工作，受理有关党员权利保障方面的检举、控告和申诉，检查和处理侵犯党员权利方面的案件，对党的领导干部和下级党组织履行党员权利保障职责的情况进行监督检查。

第三十一条 党的组织、宣传等工作部门要按照党章和其他党内法规的规定以及上级党组织的要求，结合自身职能和实际工作，抓好党员权利保障工作的落实；研究解决职责范围内党员权利保障方面的重要问题，向同级党组织提出贯彻落实党员权利保障方面的意见和措施，为保障党员权利的正常行使创造条件、提供服务。

第三十二条 党的各级领导干部应模范遵守和严格执行党员权利保障方面的规定；充分尊重和关心党员权利，重视处理和解决党员权利保障方面的实际问题；采取切实措施抓好本地区、本部门、本单位党员权利保障工作的落实。

第三十三条　保障党员权利是党的各级组织和各级领导干部的重要职责。对于在保障党员权利方面失职、渎职的，按照规定追究有关责任者的责任。

第三十四条　对侵犯党员权利行为的处理是保障党员权利的重要环节。对于有侵犯党员权利行为的党员，其所在党组织或者上级党组织可以采取责令停止侵权行为、责令赔礼道歉、责令作出检查、诫勉谈话、通报批评等方式给予处理；情节较重的，按照规定给予党纪处分。

对于有侵犯党员权利行为的党组织，上级党组织应当对有关责任者进行批评教育；情节严重的，按照规定追究有关责任者的责任。

本条第一款规定的处理方式可以独立使用，也可以合并使用或者与党纪处分合并使用。

第三十五条　对于因侵犯党员权利受到党纪追究的党员或者在保障党员权利方面失职、渎职受到党纪追究的党的领导干部，需要给予行政处分或者其他纪律处分的，作出或者批准作出处理决定的党组织应当向监察机关或者其他有关机关、组织提出建议；涉嫌犯罪的，由司法机关处理。

第五章　附　则

第三十六条　各省、自治区、直辖市党委，可以根据本条例，结合各自工作的实际情况，制定实施细则，并报中央备案。

中央军委可以根据本条例，结合中国人民解放军和中国人民武装警察部队的实际情况，制定实施细则或者补充规定。

第三十七条　本条例由中央纪委商中央组织部解释。

第三十八条　本条例自发布之日起施行。《中国共产党党员权利保障条例（试行）》同时废止。

党政领导干部选拔任用工作监督检查办法（试行）

（中办发［2003］17号　2003年6月19日）

第一章　总　则

第一条　为加强和规范对党政领导干部选拔任用工作的监督检查，根据《党政领导干部选拔任用工作条例》（以下简称《干部任用条例》）的有关规定，制定本办法。

第二条　党政领导干部选拔任用工作的监督检查，以邓小平理论和“三个代表”重要思想为指导，坚持党要管党、从严治党的方针，加强对党政领导干部选拔任用工作全过程的监督，坚决防止和纠正选人用人上的不正之风，保证党的干部路线、方针、政策全面正确地贯彻执行。

第三条　党政领导干部选拔任用工作的监督检查遵循下列原则：

（一）党委（党组）领导、分级负责；

（二）实事求是、客观公正；

（三）发扬民主、群众参与；

（四）预防为主、违规必纠。

第四条　党委（党组）及其组织（人事）部门对党政领导干部选拔任用工作的情况进行监督检查，受理有关党政领导干部选拔任用工作的举报、申诉，制止、纠正违反党政领导干部选拔任用工作有关规定的行为，并对有关责任人作出处理或者提出处理意见。组织（人事）部门干部监督机构具体负责党政领导干部选拔任用工作监督检查的组织实施。

第五条　纪检机关（监察部门）按照有关规定对党政领导干部选拔任用工作进行监督检查。

第二章　监督检查的对象和内容

第六条　监督检查的对象是《干部任用条例》适用和参照范围内的党委（党组）；党政领导干部特别是主要领导成员。

第七条　监督检查的主要内容：

（一）学习宣传《干部任用条例》的情况；

（二）坚持选拔任用党政领导干部的原则、基本条件，遵守任职资格规定的情况；

（三）执行党政领导干部选拔任用工作程序，重点是民主推荐、组织考察、讨论决定的情况；

（四）执行公开选拔和竞争上岗规定的情况；

（五）执行干部交流、回避和免职、辞职、降职等制度的情况；

（六）遵守党政领导干部选拔任用工作纪律的情况；

（七）对党政领导干部选拔任用工作开展监督检查的情况；

（八）对群众反映的有关党政领导干部选拔任用方面问题调查处理的情况；

（九）其他需要监督检查的情况。

第三章　检查的方式

第八条　对党政领导干部选拔任用工作的检查，实行上级检查与本级自查自纠相结合，定期检查与不定期抽查相结合。

实行干部双重管理的单位，以主管方为主进行检查，协管方配合。

第九条　党委（党组）每年对党政领导干部选拔任用工作进行一次自查，形成专题报告，于次年第一季度报上一级党委（党组）及其组织（人事）部门，重要情况随时报告。对下级党委（党组）的党政领导干部选拔任用工作，应当定期进行集中检查，必要时进行抽查。

第十条　检查的方法步骤：

（一）拟定方案，组织检查组并进行培训；

（二）向被检查的党委（党组）说明检查的目的、要求、内容和程序，并在一定范围内发布检查公告；

（三）听取被检查党委（党组）的汇报；

（四）在一定范围对党委（党组）的干部选拔任用工作情况进行民主评议；

（五）采取个别谈话、召开座谈会、走访有关部门、问卷调查等方式，广泛深入了解情况；

（六）查阅材料，包括党委（党组）及其组织（人事）部门研究干部任免事项的会议原始记录，干部民主推荐、考察、呈报任免等有关材料，以及调查处理群众反映有关问题的材料；

（七）向被检查的党委（党组）反馈检查情况，肯定成绩，指出问题，提出加强和改进党政领导干部选拔任用工作的意见和建议；

（八）检查组向派出机关汇报检查情况并写出专题报告。

第十一条　党委（党组）根据检查情况，对下级党委（党组）、党政领导干部特别是主要领导成员执行《干部任用条例》情况进行综合分析。对认真执行的，在适当范围内通报表扬；对执行不认真的，提出批评，督促其改正；对存在突出问题的，依据有关规定作出处理。

第四章　日常监督

第十二条　党委（党组）负责本地区、本部门党政领导干部选拔任用工作的日常监督，主要领导成员是第一责任人。同时，加强上级监督和群众监督，发挥舆论监督的作用。

第十三条　强化领导班子内部监督。

（一）党委（党组）研究干部任免事项，要严格执行《干部任用条例》的有关规定。主要领导成员应当充分发扬民主，认真听取大家的意见；其他成员应当充分发表意见，发现不符合规定的情况，应及时提醒或者要求纠正，必要时可直接向上级党组织反映。

（二）党委（党组）民主生活会要把执行《干部任用条例》情况作为一项重要内容，认真对照检查，发现问题及时纠正。

第十四条 地方党委常委会向同级党的委员会全体会议报告工作时，应当将党政领导干部选拔任用工作情况作为一项内容，接受同级党的委员会全体会议的监督。

第十五条 建立健全党政领导干部选拔任用工作有关事项报告制度。

（一）在机构变动或主要领导成员已经明确即将调动时，不得突击提拔、调整干部。确因工作需要提拔、调整干部的，应当向上一级组织（人事）部门报告，经同意后方可研究决定。

（二）党委（党组）研究任用干部，凡在重要问题上有争议的，属于破格提拔的，超过任职年龄需继续留任的和领导干部的配偶、子女在领导干部所在单位（系统）提拔的，在作出决定前，应当征求上一级组织（人事）部门的意见。

第十六条 坚持和完善组织（人事）部门与纪检机关（监察部门）等有关单位的联席会议制度，就加强党政领导干部选拔任用工作的监督，沟通信息，交流情况，研究提出意见和建议。

第十七条 纪检机关和组织部门联合派出的巡视组，发现党政领导干部选拔任用工作中的问题，应及时向派出单位报告。

第十八条 加强组织（人事）部门干部选拔任用工作的内部监督。组织（人事）部门要进一步健全决策、执行、监督、咨询系统，逐步形成科学分工、相互配合、合理制约、高效运行的工作机制。

第十九条 加强群众监督，发挥舆论监督的作用。加强举报受理工作，对群众反映的问题，要认真调查核实。利用新闻媒体，广泛宣传党的干部路线、方针、政策，以及执行《干部任用条例》的先进典型和经验，揭露和批评违反《干部任用条例》的现象。

第二十条 加强干部监督的信息工作。进一步拓宽监督渠道，扩大信息来源，逐步建立覆盖面广、反应灵敏的干部监督信息网络。

第五章 调查核实

第二十一条 调查核实违反《干部任用条例》的问题，原则上按照干部管理权限，实行分级负责。

第二十二条 纪检机关（监察部门）和组织（人事）部门要加强对违反《干部任用条例》问题的调查和处理工作。

（一）对于在监督检查中发现的或群众举报的严重违反《干部任用条例》的行为，组织（人事）部门要认真调查核实，必要时可与纪检机关（监察部门）组成联合调查组进行调查，并提出处理意见或建议。

（二）对于严重违反《干部任用条例》行为的责任人，纪检机关（监察部门）应当立案查处。

（三）纪检机关（监察部门）在查办案件等工作中发现有关违反《干部任用条例》的问题，应当适时与组织（人事）部门沟通情况。

第二十三条 党委（党组）及其组织（人事）部门对责成下级党委（党组）及其组织（人事）部门调查处理的有关违反《干部任用条例》的问题，要加强督促检查，及时掌握情况。

（一）有关地方和部门对上级党委（党组）及其组织（人事）部门批转调查核实并要

求报告结果的查核件，要及时报告结果，三个月内不能报告的，应当说明理由和查核进展情况。

（二）党委（党组）及其组织（人事）部门必要时可派出督促检查组，对责成有关地方和部门查核的重要问题进行督查。

第二十四条　落实党政领导干部选拔任用工作责任追究制度。对违反《干部任用条例》选拔任用干部、用人失察失误造成严重后果的责任人员，按照违反《干部任用条例》行为的处理规定进行处理。

第二十五条　纪检机关（监察部门）和组织（人事）部门对违反《干部任用条例》的案件，要认真剖析，总结教训。典型案例可进行通报。

第六章　纪律和责任

第二十六条　党委（党组）及其组织（人事）部门派出的检查组，要坚持原则，实事求是，深入细致，如实反映检查情况。检查组成员要公道正派，保守秘密，廉洁自律。对违反纪律的，要按有关规定追究责任。

第二十七条　接受检查的党委（党组），要如实报告党政领导干部选拔任用工作的情况，提供有关材料。凡弄虚作假以及对检查组成员打击报复的，依据有关规定严肃处理。

第二十八条　实行党政领导干部选拔任用工作监督责任制。党委（党组）要加强对干部选拔任用工作的领导和监督。凡本地区、本部门不认真执行《干部任用条例》，用人上的不正之风严重、干部群众反映强烈以及对违反组织人事纪律的行为查处不力的，应当追究有关党委（党组）主要领导成员、分管领导成员和其他有关人员的责任。

第七章　附　则

第二十九条　本办法由中共中央组织部负责解释。

第三十条　本办法自发布之日起施行。

关于纪委协助党委组织协调反腐败工作的规定（试行）

（中纪发［2005］10号　2005年7月26日）

第一章　总　则

第一条　为了切实保障纪委履行协助党委组织协调反腐败工作的职责，充分发挥有关部门在反腐败工作中的职能作用，形成反腐败合力，促进反腐败工作深入开展，根据《中国共产党章程》和其他有关党内法规，制定本规定。

第二条　纪委协助党委组织协调反腐败工作（以下简称组织协调工作），是指纪委在同级党委的领导下，按照同级党委和上级纪委的总体部署和要求，协助同级党委研究、部署、协调、督促检查反腐败各项工作。

第三条　纪委开展组织协调工作，应当坚持党要管党、从严治党，坚持标本兼治、综合治理、惩防并举、注重预防，坚持依照党内法规和国家法律，各司其职。

第二章　组织协调的主要任务

第四条　贯彻落实《建立健全教育、制度、监督并重的惩治和预防腐败体系实施纲要》，围绕领导干部廉洁从政，纠正损害群众利益的不正之风，查办违纪违法案件，从源头上预防和治理腐败等开展工作。

第五条　根据同级党委的要求和实际情况，研究反腐败工作的重要问题，及时向同级党委提出意见和建议。

第六条　根据同级党委和上级纪委关于反腐败工作的总体部署和要求，按照有关部门的职责进行任务分解，明确责任，提出要求，组织落实。

第七条　加强与各方面的联系和沟通，协调有关部门的关系，解决工作中的矛盾和问题。

第八条　对有关部门承担的反腐败任务落实情况进行督促检查。

第三章　组织协调的程序

第九条　纪委进行组织协调工作应当遵循以下步骤：

（一）确定需要组织协调的事项；

（二）召集有关部门研究、制定实施方案；

（三）组织实施；

（四）督促检查有关部门承担任务的进展情况；

（五）要求有关部门书面报告承担任务的落实情况；

（六）向党委报告组织协调事项完成情况。

第十条　纪委组织协调的事项除同级党委和上级纪委交办的以外，根据需要，由纪委常委会或者纪委分管领导确定；纪委认为重要的组织协调事项，应当报同级党委或者党委主要负责人批准并报上一级纪委备案。

有关部门认为需要纪委组织协调的事项，可以向纪委提出建议，由纪委决定或者由纪委报党委决定。

第十一条　经纪委组织协调确定的事项，应当以实施意见、工作安排意见、会议纪要等书面形式交有关部门实施；在查办案件中，因紧急或者保密等特殊情况，经纪委分管办案工作的领导同意，也可以采取当面通知或者电话通知等方式向有关部门提出，但应当作好记录，留案备查，事后应当及时补办相关手续。

实施意见、工作安排意见、会议纪要等文件的内容应当包括：部署或确定的事项、牵头部门和参与部门、工作任务分工和要求等。

第十二条　纪委对有关部门承担的反腐败任务落实情况的督促检查，可以采取听取汇报、按规定调阅有关材料、听取有关人员意见、实地了解情况、要求书面报告等方式定期或者不定期进行。对在督促检查中发现的问题，纪委应当采取相应措施帮助解决或者及时纠正，重要问题应当及时向党委报告。

第十三条　有关部门在落实所承担的反腐败任务中遇到的问题，应当及时向纪委报告。纪委应当根据情况，采取相应措施，必要时可以召开由有关部门参加的协调会议加以解决；经协调不能取得一致意见的，由纪委提请党委决定。

第四章　组织协调的保障

第十四条　党委应当加强对纪委组织协调工作的领导，明确任务和要求，支持纪委履行组织协调职责。

第十五条　纪委应当依照党内法规和国家法律开展组织协调工作，正确处理与有关部门在反腐败工作中的关系，支持、配合有关部门的工作，保证反腐败各项任务的落实。

第十六条　有关部门应当支持、配合纪委履行组织协调职责，对经纪委组织协调确定的任务和要求，应当依照法定职责和程序各司其职，各负其责，加强协作配合，并接受纪委的督促检查。

第十七条　有关部门党政领导班子和领导干部应当按照《关于实行党风廉政建设责任制的规定》，对本部门承担的反腐败任务切实负起领导责任，并组织实施。

第十八条　巡视工作机构应当把纪委组织协调事项落实情况作为巡视工作的一项重要内容，加强监督。

第十九条　违反本规定不履行或者不正确履行职责的，由党委或者纪委对责任人给予批评教育或者予以组织处理，并责令限期改正；情节严重或者造成严重后果的，依纪依法追究纪律责任，涉嫌犯罪的，移送司法机关依法处理。

第五章　附　则

第二十条　各省、自治区、直辖市党委，国务院国有资产监督管理委员会党委，中国银行业监督管理委员会、中国证券监督管理委员会、中国保险监督管理委员会以及其他实行垂直管理部门的党委（党组），可以根据本规定，结合各自工作的实际情况，制定实施办法，报中共中央纪律检查委员会备案。

中国人民解放军和中国人民武装警察部队的纪委协助党委组织协调反腐败工作的规

定，由中央军委参照本规定制定。

第二十一条 本规定由中共中央纪律检查委员会负责解释。

第二十二条 本规定自发布之日起施行。

关于党内政治生活的若干准则

（1980年2月29日中国共产党第十一届中央委员会第五次全体会议通过）

党的十一届三中全会决定将全党工作的着重点转移到社会主义现代化建设上来。在新的历史时期，必须认真维护党规党法，切实搞好党风，加强和改善党的领导，在全党和全国范围内造成一个既有民主又有集中，既有自由又有纪律，既有个人心情舒畅、生动活泼又有统一意志、安定团结的政治局面。只有这样，才能充分发挥广大党员的革命热情和工作积极性，团结全党和全国各族人民胜利实现社会主义四个现代化的伟大任务。

我们党在长期的革命斗争中，特别是经过延安整风运动和党的第七次代表大会，全面总结了处理党内关系的正反两方面的经验，逐步形成了以实事求是、理论联系实际、党员和领导密切联系群众、开展批评与自我批评，坚持民主集中制为主要内容的党内政治生活准则。全党同志遵循这些准则，空前团结，步调一致，取得了抗日战争和解放战争的胜利。

全国解放以后，在社会主义革命和建设中，广大党员基本上坚持了党的好传统好作风。但是，由于革命斗争胜利和党在全国处于执政党地位而在一部分同志中产生的骄傲自满情绪，由于党和国家的民主集中制不够健全，由于封建阶级和资产阶级思想的影响，党内脱离实际、脱离群众、主观主义、官僚主义、独断专行、特权思想等不良倾向有所发展，同时在党内斗争的指导上发生了一些缺点和错误，党内正常的政治生活在一定程度上受到损害。特别是在文化大革命期间，林彪、“四人帮”出于篡党夺权的需要，利用当时党所犯的严重错误，大搞封建法西斯主义、无政府主义和派性分裂活动，肆意践踏党规党法，取消党的领导，使党的组织，党员的党性观念，党的优良传统和作风，都遭到了极其严重的破坏。粉碎“四人帮”以来，党中央大力整顿党风党纪，党的优良传统和作风已经有所恢复。但是，治愈林彪、“四人帮”给党造成的创伤，还需要进行广泛深入的教育和艰巨复杂的斗争。为了全面恢复和进一步发扬党的优良传统和作风，健全党的民主生活，维护党的集中统一，增强党的团结，巩固党的组织和纪律，提高党的战斗力，中央根据目前党的状况，向全党重申党内政治生活的下列准则。

一、坚持党的政治路线和思想路线

坚持党的政治路线和思想路线，是党内政治生活准则中最根本的一条。党中央所提出的政治路线，其基本内容是，团结全国各族人民，自力更生，艰苦奋斗，逐步实现工业、农业、国防和科学技术现代化，把我国建设成为高度文明、高度民主的社会主义国家。这是一条反映全国人民最高利益的马克思列宁主义的路线，全党同志必须坚决贯彻执行。

思想路线是党制定和执行政治路线的基础。党的思想路线要求坚持社会主义道路，坚持无产阶级专政，坚持党的领导，坚持马列主义、毛泽东思想。我们党一贯倡导的辩证唯物主义的思想方法和工作方法，其根本点就是一切从实际出发，理论联系实际，实事求是。林彪、“四人帮”长期歪曲、篡改马列主义、毛泽东思想，违反它的精神实质，离开实践标准，把毛泽东同志所说的每句话都当作真理，都当作法律和教条，严重地束缚了人们的思想。所以必须强调破除迷信，解放思想，以实践作为检验真理的唯一标准，认真研究新情况，解决新问题。只有这样，才能发展马列主义、毛泽东思想，才是真正捍卫和高举马列主义、毛泽东思想的伟大旗帜。

坚持正确的政治路线和思想路线，必须反对两种错误的思想倾向。

一是要反对思想僵化，反对一切从本本出发。那种本本上有的不许改，本本上没有的不许说、不许做的思想，是一种反马克思主义的思想，是执行党的政治路线的巨大障碍。我们看形势、想问题、办事情，一定要从客观实际出发，一定要把马列主义的基本原理同当前的国内外形势发展结合起来；同社会主义现代化建设的具体实践结合起来，一定要把党的路线、方针、政策同本地区、本单位的具体情况结合起来，进行实事求是的研究，以解决当前革命斗争和现代化建设过程中的各种理论和实际问题。

二是要反对和批判否定社会主义道路，否定无产阶级专政，否定党的领导，否定马列主义、毛泽东思想的错误观点和修正主义思潮。社会主义是中国走向繁荣富强的唯一正确的道路；无产阶级专政是社会主义革命和建设胜利的保障；党是领导全国人民实现四个现代化的核心力量；马列主义、毛泽东思想是指导我们进行革命和建设的理论基础。在实现四个现代化的斗争中，必须始终坚持这四项基本原则。

党的各级组织、各部门、每一个共产党员，都要自觉地、坚定不移地执行党的政治路线和思想路线。对党的路线和党的领导采取对抗、消极抵制或阳奉阴违的两面派态度，是党的纪律所不容许的。

二、坚持集体领导，反对个人专断

集体领导是党的领导的最高原则之一。从中央到基层的各级党的委员会，都要按照这一原则实行集体领导和个人分工负责相结合的制度。凡是涉及党的路线、方针、政策的大事，重大工作任务的部署，干部的重要任免、调动和处理，群众利益方面的重要问题，以及上级领导机关规定应由党委集体决定的问题，应该根据情况分别提交党的委员会、常委会或书记处、党组集体讨论决定，而不得由个人专断。

在任何情况下，都不许用其他形式的组织取代党委会及其常委会的领导。党委成立的研究处理任何专题的组织，必须在党委领导之下进行工作，不得代替党委，更不得凌驾于党委之上。

在党委会内，决定问题要严格遵守少数服从多数的原则。书记和委员不是上下级关系，书记是党的委员会中平等的一员。书记或第一书记要善于集中大家的意见，不允许搞“一言堂”、家长制。

各个领导成员之间，要互相支持、互相谅解、善于合作。大家都要自觉地维护党委集体领导的威信。在开展批评和自我批评的时候，既要坚持原则，又要与人为善。

党委会讨论重大问题，要让大家畅所欲言，各抒己见。讨论中发生了分歧，既要认真考虑少数人的意见，又不可议而不决，耽误工作。

坚持集体领导，并不是降低和否定个人的作用，集体领导必须和个人分工负责相结合。要明确地规定每个领导成员所负的具体责任，做到事事有人管，人人有专责，不要事无巨细统统拿到党委会上讨论。

在分工负责中，书记或第一书记担负着组织党委的活动和处理日常工作的主要责任。不应借口集体领导而降低和抹煞书记或第一书记在党委会中的重要作用。

要按照马克思主义的原则，正确认识和处理领袖、政党、阶级和群众的关系。对领导人的宣传要实事求是，禁止无原则的歌功颂德。不许用剥削阶级的阿谀之词称颂无产阶级的领导人，不许歪曲历史和捏造事实来宣扬领导人的功绩。禁止给领导人祝寿、送礼、发致敬函电。对活着的人不许设纪念馆，对已故的领袖们不应多设纪念馆。禁止用党的领导人的名字作街名、地名、企业和学校的名字。除外事活动外，禁止在领导人外出时组织迎送，张贴标语，敲锣打鼓，举行宴会。

三、维护党的集中统一，严格遵守党的纪律

民主集中制是党的根本组织原则。林彪、“四人帮”搞极左路线和无政府主义，既破坏了民主，又破坏了集中；既破坏了自由，又破坏了纪律。这种无政府主义流毒，至今没有肃清。因此，必须严肃地重申“个人服从组织，少数服从多数，下级服从上级，全党服从中央”的原则。每个党员要把维护党的集中统一，严格遵守党的纪律，作为自己言论和行动的准则。

每个共产党员特别是各级党委的成员，都必须坚决执行党委的决定。如果有不同意见，可以保留，或者向上一级党委提出声明，但在上级或本级党委改变决定以前，除了执行决定会立即引起严重后果的非常紧急的情况之外，必须无条件地执行原来的决定。

必须反对和防止分散主义。全党服从中央，是维护党的集中统一的首要条件，是贯彻执行党的路线、方针、政策的根本保证。任何部门、任何下级组织和党员，对党的决定采取各行其是、各自为政的态度，合意的就执行，不合意的就不执行，公开地或者变相地进行抵制，以至擅自推翻，都是严重违反党纪的行为。

对于关系党和国家的根本利益和全局的重大政治性的理论和政策问题，有不同看法，可以在党内适当的场合进行讨论。但是，在什么时候、用什么方式在报刊上进行讨论，应由中央决定。党的报刊必须无条件地宣传党的路线、方针、政策和政治观点。对于中央已经作出决定的这种有重大政治性的理论和政策问题，党员如有意见，可以经过一定的组织程序提出，但是绝对不允许在报刊、广播的公开宣传中发表同中央的决定相反的言论；也不得在群众中散布与党的路线、方针、政策和决议相反的意见。这是党的纪律。

每个共产党员和党的干部，都必须按照党的利益高于一切的原则来处理个人问题，自觉地服从党组织对自己工作的分配、调动和安排。如果认为对自己的工作分配不适当，可以提出意见，但经过党组织考虑作出最后决定时，必须服从。

每个党员都必须严守党和国家的机密，并同泄露党和国家机密的现象作坚决的斗争。一切党员看文件，听传达，参加党的会议，都要严格遵守保密纪律，严禁把党的秘密泄漏给家属、亲友和其他不应该知道这种秘密的人。必须注意内外有别，凡属党内不许对外公开的事情，不准向党外传布。

共产党员特别是各级领导干部必须成为遵守国家法规，遵守劳动纪律、工作纪律，遵守共产主义道德的模范。

共产党员无论何时何事，必须顾全党的、国家的和人民的大局，并且用这种顾全大局的精神教育群众。这是共产党员革命觉悟的重要表现，也是巩固全国安定团结的重要保

证。少数人闹事，党员必须按照党的政策向他们进行宣传解释，慎重处理，使事态平息；对他们提出的某些合理要求，要说服和帮助他们通过正常的途径解决。共产党员在任何情况下，都不得怂恿、支持和参加闹事。

四、坚持党性，根绝派性

党是无产阶级的先进分子所组成的统一的战斗的集体，必须坚持党在马列主义、毛泽东思想原则基础上的团结，反对破坏党的团结统一的任何形式的派性和派别活动。

在党内组织秘密集团是分裂党和颠覆党的犯罪行为。共产党员绝对不允许参加反对党的秘密组织和秘密活动。各级党的组织和每个共产党员，都要从林彪、“四人帮”煽动派性，组织秘密集团，阴谋篡党夺权的反革命事件中吸取教训，提高警惕，坚决防止这类事件的重演。

派性同无产阶级的党性是根本不相容的。搞小派别，结帮营私，是剥削阶级极端个人主义和无政府主义的表现，是封建阶级和小生产者的行帮思想在党内的反映。

一部分党员如果背着党有组织地进行与党的路线、决议相背离的活动，就是派性活动。进行派性活动，必然会阻碍党的路线、方针、政策的贯彻执行，破坏安定团结的政治局面，如果不加以坚决制止而任其发展，就会导致党的分裂。目前党内虽然已经不存在公开的派别集团，但有些受林彪、“四人帮”影响较深的干部和党员仍然有派性，甚至仍在进行派性活动；在一些地区、部门和单位，“明无山头暗有礁”，派性的“幽灵”不散，派性分子经常抵制党的方针政策和上级决议的执行。

各级党组织和每个共产党员一定要坚持党性，为根绝派性进行不懈的斗争。对于坚持派性屡教不改的人，一定要给予严肃的纪律处分。不应该让这样的人进领导班子，已在领导岗位上的一定要撤下来。

党的干部特别是领导干部，在处理党内关系方面要实行“五湖四海”的原则，这就是说，要团结一切忠实于党的利益的同志，团结大多数。共产党员一定要有共产主义者的伟大胸襟，严以律己，宽以待人。在处理同志的关系上，只问他是否坚决执行党的路线，遵守党的纪律，不应因为私怨而耿耿于怀，排挤打击，不应由于亲疏而有不同的对待。绝对禁止搞宗派活动，搞小圈子；不允许拉拢一部分人，排斥一部分人；抬一部分人，压一部分人。不要纠缠历史旧帐。

在党和群众的关系上，同样要防止和反对宗派主义倾向。共产党员在人民群众中是少数，必须把亿万群众团结在党的周围，同心同德地为实现四化而奋斗。共产党员必须在群众中起模范作用，吃苦在前，享受在后，满腔热情地团结非党同志一道工作。

在干部工作中要坚持正派的公道的作风，坚持任人唯贤，反对任人唯亲。严禁以派性划线，严禁利用职权在党内拉私人关系，培植私人势力。共产党员应该忠于党的组织和党的原则，不应该效忠于某个人。任何人不得把党的干部当做私有财产，不得把上下级关系变成人身依附关系。

五、要讲真话，言行一致

忠于党和人民的事业，说老实话，做老实事，当老实人，光明磊落，表里如一，是共产党人应有的品质。全党同志一定要努力肃清林彪、“四人帮”横行时期造成的假话盛行的歪风邪气，恢复和发扬党一贯倡导的讲真话，不讲假话，言行一致的优良作风。

共产党员要忠诚坦白，对党组织不隐瞒自己的错误和自己的思想、观点。对人对事要开诚布公，有什么意见，有什么批评，摆在桌面上。不要会上不说，会下乱说；不要当面一套，背面一套；不要口是心非，阳奉阴违。

要坚决反对拉拉扯扯，吹吹拍拍，看领导眼色说话办事，拿原则做交易，投机钻营，向党伸手要名誉地位的官僚政客作风和市侩行为。

共产党员无论何时何地、对人对己都要尊重事实，按照事物的本来面貌如实地向党反映情况。不可看领导需要什么就提供什么，报喜不报忧，更不许可弄虚作假，骗取信任、荣誉和奖励。不准以任何理由和任何名义纵容、暗示、诱使、命令或强迫下级说假话。凡是弄虚作假给党和人民的利益造成重大损失的；凡是说假话骗取了荣誉地位的；凡是用说假话来掩饰严重过失或达到其他个人目的的；凡是纵容或诱迫下级说假话的，都必须绳以党纪。对于那些不怕打击报复，敢于为保卫党和人民的利益说真话的人，应该给以表扬。

各级党的领导机关和领导干部要做实事求是的模范。在工作中，各种不同意见都要听，成绩、缺点都要了解。要鼓励下级同志讲心里话，反映真实情况。要努力造成和保持让人当面提意见包括尖锐意见而进行从容讨论的气氛。

六、发扬党内民主，正确对待不同意见

发扬党内民主，首先要允许党员发表不同的意见，对问题进行充分的讨论，真正做到知无不言，言无不尽。只要不反对党的基本政治立场，不搞阴谋诡计，不在群众中进行派性分裂活动，不在群众中散布违反党的路线、方针、政策的言论，不泄漏党和国家的秘密，由于认识错误而讲错了话或者写了有错误的文章，不得认为是违反了党纪而给予处分。要严格实行不抓辫子、不扣帽子、不打棍子的“三不主义”。所谓不抓辫子、不扣帽子、不打棍子，就是禁止任意夸大一个人的错误，罗织成为罪状，并给予政治上、组织上的打击甚至迫害。

要纠正一部分领导干部中缺乏民主精神，听不得批评意见，甚至压制批评的家长作风。对于任何党员提出的批评和意见，只要是正确的，都应该采纳和接受。如果确有错误，只能实事求是地指出来，不允许追查所谓动机和背景。

必须注意区别：反对某个同志的某个意见，不等于反对这个同志，反对某个领导机关的某个同志，不等于反对这个组织，不等于反领导，更不等于反党。

领导干部利用职权对同志挟嫌报复、打击陷害，用“穿小鞋”、“装材料”的办法和任意加上“反党”、“反领导”、“恶毒攻击”、“犯路线错误”等罪名整人，是违反党内民主制度和违反革命道德品质的行为。对敢于坚持真理的同志妄加反革命的罪名，乱用专政手段，进行残酷迫害，这是严重违法的罪行，必须受到党纪国法的严惩。

党内在思想上理论上有不同认识、有争论是正常的。对待思想上理论上的是非，只能采取摆事实、讲道理、民主讨论的办法求得解决，决不能采取压服的办法。有些思想理论是非一时解决不了的，除了具有重大政治性的和迫切现实性的问题以外，不要匆忙作结论，留待以后进一步研究和经过实践来解决。

把思想认识问题任意扣上“砍旗”、“毒草”、“资产阶级”、“修正主义”种种政治帽子，任意说成是敌我性质的政治问题，不仅破坏党内正常的政治生活，造成思想僵化，而且易于被反党野心家所利用，破坏社会主义国家的民主秩序。这种做法必须制止。

七、保障党员的权利不受侵犯

各级党组织必须切实保障党员的各项权利。侵犯党员权利的行为，是严重违反党纪的。

党员有权在党的会议上和党的报刊上参加关于党的政策的制定和实施问题的讨论，有权在党的会议上对党的任何组织和个人提出批评。党员对党的方针、政策、决议有不同意见，可以在党的会议上提出，也可以向各级党组织直至中央作口头或书面的报告。党组织应当欢迎党员群众的批评和建议，并且鼓励党员为了推进社会主义事业提出创造性的见解和主张。

对于犯了严重错误拒不改正或不称职的干部，党员有权建议罢免或调换。

党员对党组织关于他本人或其他人的处理，有权在党的会议上、或向上级组织直至中央提出声明、申诉、控告和辩护。党组织对党员的声明、申诉、控告和辩护必须及时处理或转递，不得扣压，承办单位不得推诿。申诉和控告信不许转给被控告人处理。不许对申诉人或控告人进行打击报复。控告人和被控告人都不允许诬陷他人，对诬陷他人者，要按党纪国法严肃处理。

党组织对党员的鉴定、结论和处分决定，必须同本人见面。在通过处分决定的时候，如无特殊情况，应通知本人出席会议。党组织要认真听取和考虑本人的意见。如本人有不同的意见，应将组织决定和本人意见一并报上级党组织审定。

八、选举要充分体现选举人的意志

党内真正实行民主选举，才有可能建立起在党员和群众中有威信的强有力的领导班子。

各级党组织应按照党章规定，定期召开党员大会和代表大会。党的各级委员会要按期改选。每届代表和委员，应有一定数量的更新。选举要充分发扬民主，真正体现选举人的意志，候选人名单要由党员或代表通过充分酝酿讨论提出。选举应实行候选人多于应选人的差额选举办法，或者先采用差额选举办法产生候选人作为预选，然后进行正式选举。党员数量少的单位，可不实行差额选举或实行预选。候选人的基本情况要向选举人介绍清楚。选举一律用无记名投票。

选举人要注意把那些坚决拥护和执行党的政治路线和思想路线，大公无私，严守法纪，坚持党性，有强烈的革命事业心和政治责任心，有一定的专业知识和专业能力的干部选进领导班子。还要特别注意选举符合上述条件的中青年干部。

不得规定必须选举或不选举某个人。个别有特殊情况的人，需要由组织上推荐选入的，也必须确实取得多数选举人的同意。要坚决反对和防止侵犯党员选举权利，使选举流于形式，妨碍选举人体现自己意志的现象。

在各级党的代表大会闭会期间，上级党委可以根据工作需要，任免、调动下级党委的负责人。

凡是需要整顿，暂不具备民主选举条件的单位，经上级党组织批准，可暂缓举行选举，其领导人由上级指派。

九、同错误倾向和坏人坏事作斗争

为了端正党风，巩固无产阶级专政，树立良好的社会风尚，团结全体人民同心同德搞好四化，必须同错误倾向和坏人坏事作斗争。

各级党组织要充分发挥战斗堡垒作用，率领党员和群众，坚决揭露和打击反革命分子、贪污盗窃分子、刑事犯罪分子和严重违法乱纪分子。

对于派性、无政府主义、极端个人主义和官僚主义、特殊化等错误倾向，要进行严肃的批评和斗争。

对社会上的歪风邪气、错误的和反动的思潮，必须进行批判和斗争。

对于错误倾向和坏人坏事，采取明哲保身的自由主义态度，不制止，不争辩，不斗争，躲闪回避，就是放弃了共产党员的战斗责任，就是缺乏党性的表现。

共产党员特别是各级领导干部在同错误倾向和坏人坏事作斗争中，要有大无畏的革命精神，敢于挺身而出，不怕得罪人，不怕撕破脸皮，不怕受到打击迫害。只有这样，才能使错误倾向得到克服和纠正，使犯错误的人得到挽救，使坏人受到应有的制裁。

十、正确对待犯错误的同志

在党内斗争中，对犯错误的同志，采取“惩前毖后，治病救人”、“团结——批评——团结”的方针，达到既弄清思想、又团结同志的目的，是我们党的优良传统。对于一切犯错误的同志，要历史地全面地评价他们的功过是非，不要一犯错误就全盘否定；也不要纠缠历史上发生过而已经查清的问题和历史上犯过而已经纠正了的错误。要在弄清事实的基础上，具体分析他们所犯错误的性质和程度，以热情的同志式的态度，帮助他们认识犯错误的原因，指出改正的办法，启发他们做必要的检查。要相信犯错误的同志大多数是可以改正的，要给他们改正错误、继续为党工作的条件。

在分析一个同志所犯错误的时候，首先必须严格分清两类不同性质的矛盾。不可把工作中的一般错误或思想认识上的错误说成是政治错误，不可把一般的政治错误说成是路线错误，也不可把犯了路线错误、但仍属于党内斗争性质的问题，同属于企图颠覆党、颠覆社会主义国家的反革命性质的问题混淆起来。企图颠覆党、颠覆社会主义国家的阴谋家、野心家、反革命两面派，同党和人民的矛盾属于敌我矛盾。这种人是极少数。要把跟着上级或主要领导人犯了路线错误的人，同参与篡党夺权阴谋活动的人加以区别。

党内斗争，不许实行残酷斗争、无情打击。对犯错误的同志进行批评是完全必要的，但是不可采取一哄而起的围攻、不让本人辩解、也不让其他同志发表不同意见的“斗争会”方式，因为这种方式实际上是以势压人，而不是以理服人。党内不准用超越党的纪律或违犯国家法律的手段对待党员。要绝对禁止采用林彪、“四人帮”的封建法西斯手段解决党内问题。严禁所谓揪斗，严禁人身侮辱和人身迫害，严禁诱供逼供。

对人的处理应十分慎重。敌我矛盾和人民内部矛盾一时分不清的，先按人民内部矛盾处理。凡涉及定敌我矛盾、开除党籍、提交司法机关处理的，更要慎重。任何情况下都不允许株连无辜的家属和亲友。

建国以来的冤案、假案、错案，不管是哪一级组织、哪一个领导人定的和批的，都要实事求是地纠正过来，一切不实之词必须推倒。

犯了错误的同志，应该诚恳地接受党组织和同志们的批评教育和纪律处分。要吸取教训，认真改正，更好地为党工作。对于确实犯有严重错误、拒不承认而又坚持无理取闹的人，要加重处分。

十一、接受党和群众的监督，不准搞特权

各级领导干部都是人民的公仆，只有勤勤恳恳为人民服务的义务，没有在政治上、生活上搞特殊化的权利。按照工作需要，对领导人提供某些合理的便利条件并保证他们的安全是必要的，但绝不允许违反制度搞特殊化。

在我们的国家中，人们只有分工的不同，没有尊卑贵贱的分别。谁也不是低人一等的奴隶或高人一等的贵族。那种认为自己的权力可以不受任何限制的思想，就是腐朽的封建特权思想，这种思想必须受到批判和纠正。共产党员和干部应该把谋求特权和私利看成是极大的耻辱。

必须坚持在真理面前人人平等，在党纪国法面前人人平等的原则。党内决不容许有不受党纪国法约束或凌驾于党组织之上的特殊党员。决不允许共产党员利用职权谋取私利。

任何领导干部都不允许超越党组织所赋予自己的权限，侵犯集体的权限和别人的权限。所有的党员都是平等的同志和战友，党的领导干部要以平等的态度待人，不能以为自己讲的话不管正确与否，别人都得服从，更不能摆官架子，动辄训人、骂人。由于上级领导人员的缺点和错误，使下级的工作出了问题，上级要主动给下级承担责任，首先作自我批评。

各级领导干部必须保持和发扬我党艰苦奋斗，与群众同甘共苦的光荣传统。要坚决克服一部分领导干部中为自己和家属谋求特殊待遇的恶劣倾向。禁止领导人违反财经纪律，任意批钱批物。禁止利用职权为家属亲友在升学、转学、晋级、就业、出国等方面谋求特殊照顾。禁止违反规定动用公款请客送礼。禁止违反规定动用公款为领导人修建个人住宅。禁止公私不分，假公济私，用各种借口或巧立名目侵占、挥霍国家和集体的财物。

党的各级领导人员必须自觉地严格遵守关于生活待遇的规定，同时加强对子女的教育。如果违反了有关规定，经过批评教育仍不改正的，必须给予党的纪律处分。

任何领导干部，不得违反党的干部标准和组织原则，将自己的亲属提拔到领导岗位上来；不得让他们超越职权干预党和国家的工作；不应把他们安排在自己身边的要害岗位上。

为了保持党和广大人民群众的密切联系，防止党的领导干部和党员由人民的公仆变成骑在人民头上的老爷，必须采取自下而上和自上而下相结合、党内和党外相结合的方法，加强党组织和群众对党的领导干部和党员的监督。要监督他们是不是认真学习和贯彻执行党的路线、方针、政策，是不是遵守党纪国法，是不是坚持党的优良传统和作风，是不是搞特权，是不是在生产、工作、学习和对敌斗争中起模范作用，是不是密切联系群众和为人民谋利益。要表扬那些党悟高、党性强、表现好的同志，批评教育表现差的同志。

要在充分走群众路线的基础上，建立和完善对干部的考试、考核、奖惩、轮换、退休、罢免等一整套制度。通过实行这些制度，真正做到功过分明，赏罚分明，鼓励先进，激励后进。

各级领导干部要定期听取所在单位的党员和群众的意见和评论。各级党组织要重视群众来信来访中对领导干部、党员的批评和意见。党组织要将党员和群众的评论、批评和意见经核实后报送上级党委，作为考核干部的一个重要依据。

每个党员不论职务高低，都必须编入党的一个组织，参加组织生活。各级党委或常委都应定期召开民主生活会，交流思想，开展批评和自我批评。

十二、努力学习，做到又红又专

四个现代化建设的艰巨任务，需要培养和造就一支宏大的坚持社会主义道路的具有专业知识的干部队伍，同时要把适合于这个要求的中年和青年干部（包括党员和非党员）大胆地提拔到领导岗位上来，让他们在工作中发挥长处，弥补短处。这是摆在全党面前一项迫切、重大的政治任务。

共产党员必须成为实现四个现代化的先锋战士，努力做到又红又专。“红”就是具有坚定正确的政治方向，坚持四项基本原则；“专”就是学习和掌握现代化建设的专业知识，成为本职工作的内行和能手。专不等于红，但红必须专。一个共产党员不认真学习专业知识，在本职工作上长期当外行，不能对四化建设做出真正的贡献，他的所谓政治觉悟和先进性就是空谈。为了改善和加强党对现代化建设的领导，必须大大提高全体党员的文化、科学技术和业务水平。每个共产党员特别是各级领导干部，一定要以高度的革命进取精神，顽强刻苦地学习和掌握专业知识，必须成为本职工作的内行。干那一行就必须精通那一行。满足于一般化的领导，甚至长期安于当外行，不学无术，违反客观规律，搞瞎指挥，必然会给现代化建设带来严重损害。这样的人，经过批评教育，仍然不能改正的，要从领导岗位上撤换下来。

每个共产党员都必须以无产阶级先锋战士的标准，严格要求自己，努力学习和领会马列主义、毛泽东思想，不断提高觉悟程度和进行现代化建设的本领，以求对四化建设做出更大的贡献。某些党员和领导干部，革命意志衰退，不努力学习，不积极工作，不能在生产、工作、学习以及对敌斗争中起先锋模范作用，他们的行为不符合共产党员的光荣称号，损害了党在群众中的威信。对于这样的同志，必须进行严肃的教育和批评。经过长期教育不能改正的，不具备或者丧失了共产党员条件的人，应该劝其退党。

《关于党内政治生活的若干准则》是党的重要法规，全体党员要认真学习，自觉遵守，要对照《准则》的规定，认真检查自己的工作和作风。党的各级领导机关和领导干部要带头执行。任何党员如果有违反本准则的行为，要进行批评教育，情节严重的必须按照党的纪律给予处分，直至开除党籍。

各级党委和党的纪律检查委员会要定期检查本准则的执行情况，由纪律检查委员会向党的代表大会或党的委员会提出报告。全党同志一定要振奋革命精神，彻底肃清林彪、“四人帮”的流毒，排除各种干扰和阻力，把维护党规党法，切实搞好党风这件关系到四个现代化的成败，关系到党和国家前途和命运的大事做好，使我们党成为更加团结一致，更加朝气蓬勃，更加具有战斗力的无产阶级先锋队组织。

（注：党的政治路线的表述，根据1983年11月12日中共中央办公厅对《关于党内政治生活的若干准则》中党的政治路线的表述进行修改的通知，按照党的十二大通过的《中国共产党章程》总纲部分关于党在现阶段总任务的规定，作了修改。）

中国共产党基层组织选举工作暂行条例

（中发〔1990〕8号 1990年6月27日）

第一章 总 则

第一条 为健全党的民主集中制，完善党内选举制度，根据《中国共产党章程》，制定本条例。

第二条 本条例所称的党的基层组织，是指工厂、商店、学校、机关、街道、合作社、农场、乡、镇、村和其他基层单位党的委员会。总支部委员会、支部委员会，包括基层委员会经批准设立的纪律检查委员会。

第三条 党的基层组织设立的委员会任期届满应按期进行换届选举。如需延期或提前进行换届选举，应报上级党组织批准。延长期限一般不超过一年。

第四条 党的基层组织设立的委员会由党员大会选举产生。党员人数在五百名以上或所辖党组织驻地分散的，经上级党组织批准，可以召开党员代表大会进行选举。

第五条 正式党员有表决权、选举权、被选举权。受留党察看处分的党员在留党察看期间没有表决权、选举权和被选举权；预备党员没有表决权、选举权和被选举权。

第六条 选举应尊重和保障党员的民主权利，充分发扬民主，体现选举人的意志。任何组织和个人不得以任何方式强迫选举人选举或不选举某个人。

第二章 代表的选举

第七条 党员代表大会的代表应能反映本选举单位的意见，代表党员的意志。

代表的名额一般为一百名至二百名，最多不超过三百名。其具体名额由召集代表大会的党组织按照有利于党员了解和直接参与党内事务，有利于讨论决定问题的原则确定，报上级党组织批准。

代表名额的分配根据党员人数和代表具有广泛性的原则确定。

第八条 代表候选人数应多于应选人数的百分之二十。

第九条 代表候选人由选举单位组织全体党员酝酿提名，根据多数人的意见确定，提交党员大会或党员代表大会进行选举。

第十条 上届党的委员会成立代表资格审查小组，负责对代表的产生程序和资格进行审查。

代表的产生不符合规定程序的，应责成原选举单位重新进行选举；代表不具备资格的，应责成原选举单位撤换。

代表资格审查小组应向党员代表大会预备会议报告审查情况、经审查通过后的代表，获得正式资格。

第三章　委员会的选举

第十一条　党的基层组织设立的委员会委员候选人。按照德才兼备和班子结构合理的原则提名。

第十二条　委员候选人的差额为应选人数的百分之二十。

第十三条　党的总支部委员会、支部委员会委员候选人，由上届委员会根据多数党员的意见确定，在党员大会上进行选举。

第十四条　党的基层委员会和经批准设立的纪律检查委员会委员的产生：

召开党员大会的，由上届党的委员会根据所辖多数党组织的意见提出候选人，报上级党组织审查同意后，提交党员大会进行选举。

召开党员代表大会的，由上届党的委员会根据所辖多数党组织的意见提出候选人，报上级党组织审查同意后，提请大会主席团

讨论通过，由大会主席团提交各代表团（组）酝酿讨论，根据多数代表的意见确定候选人，提交党员代表大会进行选举。

第十五条　委员会委员在任期内出缺，应召开党员大会或党员代表大会补选。

上级党的组织认为有必要时，可以调动或者指派下级党组织的负责人。

第十六条　党的基层组织设立的委员会的书记、副书记的产生，由上届委员会提出候选人，报上级党组织审查同意后，在委员全体会议上进行选举。

不设委员会的党支部书记、副书记的产生，由全体党员充分酝酿，提出候选人，报上级党组织审查同意后，在党员大会上进行选举。

第十七条　经批准设立常务委员会的党的基层委员会的常委候选人，由上届委员会按照比应选人数多一至二人的差额提出，报上级党组织审查同意后，在委员会全体会议上进行选举。

第十八条　选出的委员，报上级党组织备案；常委、书记、副书记，报上级党组织批准。纪律检查委员会选出的书记、副书记，经同级党的委员会通过后，报上级党组织批准。

第四章　选举的实施

第十九条　进行选举时，有选举权的到会人数超过应到会人数的五分之四，会议有效。

第二十条　召开党员大会进行选举，由上届委员会主持。不设委员会的党支部进行选举，由上届支部书记主持。

召开党员代表大会进行选举，由大会主席团主持。大会主席团成员由上届党的委员会或各代表团（组）从代表中提名，经全体代表酝酿讨论，提交代表大会预备会议表决通过。

委员会第一次全体会议选举常委、书记、副书记，召开党员代表大会的，由大会主席团指定一名新选出的委员主持；召开党员大会的，由上届委员会推荐一名新当选的委员主持。

第二十一条　选举前，选举单位的党组织或大会主席团应将候选人的简历、工作实绩

和主要优缺点向选举人作出实事求是的介绍，对选举人提出的询问应作出负责的答复。根据选举人的要求，可以组织候选人与选举人见面，由候选人作自我介绍，回答选举人提出的问题。

第一十一条 选举设监票人，负责对选举全过程进行监督。

党员大会或党员代表大会选举的监票人由全体党员或各代表团（组）从不是候选人的党员或代表中推选，经党员大会或党员代表大会表决通过。

委员会选举的监票人从不是书记、副书记、常委候选人的委员中推选，经全体委员表决通过。

第二十三条 选举设计票人。计票人在监票人监督下进行工作。

第二十四条 选举一律采用无记名投票的方式。选票上的候选人名单以姓氏笔划为序排列。

选举人不能写选票的，可由本人委托非候选人接选举人的意志代写。因故未出席会议的党员或党员代表不能委托他人代为投票。

第二十五条 选举人对候选人可以投赞成票或不赞成票，也可以弃权。按不赞成票者可以另选他人。

第二十六条 投票结束后，监票人、计票人应将投票人数和票数加以核对，作出记录，由监票人签字并公布候选人的得票数字；由会议主持人宣布当选人名单。

第二十七条 选举收回的选票，少于投票人数，选举有效；多于投票人数，选举无效，应重新选举。

每一选票所选人数少于规定应选人数的为有效票，多于规定应选人数的为无效票。

第二十八条 实行差额预选时，赞成票超过实到会有选举权的人数半数的，方可列为候选人。

第二十九条 进行正式选举时，被选举人获得的赞成票超过实到会有选举权的人数的一半，始得当选。

当选人多于应选名额时，以得票多的当选。如遇票数相等不能确定当选人时，应就票数相等的被选举人重新投票，得票多的当选。

当选人少于应选名额时，对不足的名额另行选举。如果接近应选名额，也可以减少名额，不再进行选举。

第五章　监督和处分

第三十条 本条例由上级党的委员会和纪律检查委员会负责监督实施。

第三十一条 在选举中，凡有违反党章和本条例规定行为的，必须认真查处，根据问题的性质和情节轻重，给予有关党组织、党员批评教育，直至给予组织处理。

第六章　附　则

第三十二条 选举单位应根据本条例制定选举工作细则，经党员大会或党员代表大会讨论通过后执行。

第三十三条 中国人民解放军党的基层组织的选举，由中央军委根据本条例的精神制定相应的规定。

第三十四条　本条例由中共中央组织部负责解释。

第三十五条　本条例自发布之日起施行。过去有关党的基层组织选举工作的规定、办法与本条例不一致的，按本条例执行。

中国共产党地方组织选举工作条例

（中发［1994］3号　1994年1月26日）

第一章　总　则

第一条　为健全党的民主集中制，完善党内选举制度，加强党的地方组织建设，根据《中国共产党章程》制定本条例。

第二条　本条例适用于党的省、自治区、直辖市，设区的市、自治州，县（旗）、自治县、不设区的市、市辖区的代表大会及其委员会和纪律检查委员会全体会议的选举工作。

第三条　党的地方各级组织任期届满，应按期进行换届选举。如需延期或提前换届选举，应经上级党的委员会批准。延长期限不得超过一年。

第四条　党的地方各级代表大会代表，委员会委员、候补委员、常务委员会委员，纪律检查委员会委员、常务委员会委员实行差额选举。

党的地方各级委员会和纪律检查委员会书记、副书记实行等额选举。

第五条　选举应充分发扬民主，尊重和保障选举人的民主权利，体现选举人的意志。任何组织和个人不得以任何方式强迫选举人选举或不选举某个人。

第六条　选举采用无记名投票方式。

第七条　选举可以直接采用候选人数多于应选人数的差额选举办法进行正式选举；也可以先采用差额选举办法进行预选，产生候选人名单，然后进行正式选举。

第二章　代表的产生

第八条　代表应是共产党员中的优秀分子，能够认真贯彻执行党的基本路线和方针、政策，按党性原则办事，严守党的纪律，有一定的议事能力。

第九条　党的地方各级代表大会的代表名额，由召开代表大会的党的委员会全体会议，按照有利于充分发扬党内民主、有利于讨论决定问题和代表具有广泛性的原则确定。

党的省、自治区、直辖市代表大会代表名额，一般为四百至八百名。

设区的市、自治州代表大会代表名额，一般为三百至五百名。

县（旗）、自治县、不设区的市和市辖区代表大会代表名额，一般为二百至四百名。

党员和所辖党组织较多或较少的，可以适当增加或减少代表名额。

第十条　代表名额的分配由召开代表大会的党的委员会按照所辖党组织的数量、党员人数和工作需要确定。

第十一条　党的地方各级代表大会代表中应有各级领导干部、各类专业技术人员、各条战线先进模范人物、解放军、武警部队等各方面的代表。代表构成的指导性比例由召开代表大会的党的委员会根据实际情况确定。妇女代表和少数民族代表所占比例一般不少于本地区妇女、少数民族党员占党员总数的比例。党的省、自治区、直辖市代表大会代表中各类专业技术人员和各条战线的先进模范人物占代表总数的比例一般不少于百分之二十五。

第十二条　党的地方各级代表大会代表候选人的差额比例，不少于百分之二十。

第十三条　代表产生的程序：

（一）选举单位按照分配的名额，采用自下而上的方式提名，经过充分酝酿协商，根据多数党组织或多数党员的意见提出代表候选人初步人选；

（二）选举单位对候选人初步人选进行考察；

（三）选举单位召开党的委员会全体会议确定代表候选人预备人选，报召开代表大会的党的委员会审查；

（四）选举单位召开党员大会或代表大会或代表会议，对候选人预备人选进行充分酝酿，根据多数选举人的意见确定候选人，进行选举，选出的代表报召开代表大会的党的委员会审批。

第十四条　党的地方各级委员会在代表大会召开前，负责对代表的产生程序和代表资格进行初步审查。代表大会成立的代表资格审查委员会在听取党的委员会的审查情况报告后，提出代表资格审查报告。经大会或大会主席团通过的代表，获得正式资格。

第三章　委员会委员的产生

第十五条　党的地方各级委员会委员、候补委员和纪律检查委员会委员候选人的提名，必须贯彻干部队伍革命化、年轻化、知识化、专业化方针，坚持德才兼备的原则和结构合理的要求。

第十六条　党的地方各级委员会候补委员人数，一般不少于委员、候补委员总数的百分之十五。

第十七条　党的地方各级委员会委员、候补委员和纪律检查委员会委员候选人的差额比例，不少于百分之十。

第十八条　党的地方各级委员会委员、候补委员和纪律检查委员会委员产生的程序：

（一）党的委员会全体会议确定下届委员会、纪律检查委员会组成的原则；

（二）常务委员会负责组织同级党政机关、群众组织和下一级党政机关中的党员领导干部酝酿推荐，在广泛听取意见的基础上，提出候选人初步人选；

（三）党委组织部对初步人选进行考察；

（四）常务委员会根据考察情况确定候选人预备人选，报上级党的委员会审批；

（五）大会主席团审议候选人预备人选，提请各代表团充分酝酿，根据多数选举人的意见确定候选人，由大会进行选举。

第十九条　党的地方各级委员会委员、候补委员一般应分别选举，先选举委员，再选举候补委员。委员候选人落选后，可以作候补委员候选人。也可以实行委员、候补委员一并选举，在获得赞成票超过半数的候选人中，依得票多少，先取足委员，再取足候补委员。

第四章　常务委员会委员和书记、副书记的产生

第二十条　党的地方各级委员会和纪律检查委员会常务委员会委员候选人数，应分别

多于应选人数一至二人。

第二十一条 党的地方各级委员会和纪律检查委员会常务委员会委员和书记、副书记产生的程序：

（一）常务委员会提出候选人预备人选，报上级党的委员会审批；

（二）新选举产生的党的委员会和纪律检查委员会分别召开全体会议，对候选人预备人选进行充分酝酿，根据多数委员的意见确定候选人；

（三）党的委员会和纪律检查委员会全体会议进行选举时，先选举常务委员会委员，再选举书记、副书记。

第二十二条 党的纪律检查委员会选举产生的常务委员会委员和书记、副书记，需经同级党的委员会全体会议通过。

第五章 呈报审批

第二十三条 召开代表大会的请示，党的省、自治区、直辖市委员会一般于召开代表大会四个月前报中央委员会审批；其他党的地方委员会一般于召开代表大会两个月前报上一级党的委员会审批。请示的内容包括：代表大会召开的时间和大会议程；代表名额、差额比例，代表构成的指导性比例；党的委员会委员、候补委员和常务委员会委员名额、差额比例，书记、副书记名额；纪律检查委员会委员和常务委员会委员名额、差额比例，书记、副书记名额；选举办法。

第二十四条 党的委员会委员、候补委员，常务委员会委员和书记、副书记候选人预备人选；纪律检查委员会委员，常务委员会委员和书记、副书记候选人预备人选，一般于召开代表大会一个月前报上一级党的委员会审批。

第二十五条 当选的党的委员会委员、候补委员，纪律检查委员会委员，报上一级党的委员会备案；

当选的党的委员会常务委员会委员和书记、副书记，纪律检查委员会常务委员和书记、副书记，报上一级党的委员会审批。

第六章 选举的实施

第二十六条 参加选举的人数超过应到会人数的半数，方能进行选举。

第二十七条 代表大会选举工作中的重大问题，由大会主席团集体讨论决定。

代表大会的选举工作由主席团常务委员会主持。

大会主席团成员由党的委员会或各代表团从代表中提名，经大会预备会议表决通过。主席团常务委员会委员由党的委员会提名，经主席团会议表决通过。

第二十八条 党的地方各级委员会、纪律检查委员会第一次全体会议的选举，由大会主席团各委托一名新当选的委员主持。

第二十九条 代表大会主席团或选举单位党组织应实事求是地向选举人介绍候选人的有关情况，并对选举人提出的询问作出负责的答复。

第三十条 代表大会选举设总监票人一名，必要时也可以设副总监票人一名；设监票人若干名。监票人由各代表团从不是候选人的选举人中推荐，总监票人、副总监票人由大会主席团常务委员会从监票人中提名，经主席团或大会表决通过。

党的委员会和纪律检查委员会第一次全体会议的选举设监票人若干名。监票人由会议主持人从不是候选人的委员中提名，经选举人表决通过。

第三十一条　选举设计票人若干名。计票人由大会秘书长或委员会第一次会议的主持人指定，在监票人的监督下工作。

第三十二条　代表、委员、候补委员、常务委员会委员候选人按姓氏笔划排列，书记、副书记候选人按上级党委批准的顺序排列。

第三十三条　选举人不能写选票的，可由本人委托他人按选举人的意志代写。

因故未出席会议的选举人，不能委托他人代为投票。

第三十四条　选举人对候选人可以投赞成票，可以投不赞成票，也可以弃权。投不赞成票者可以另选他人。

第三十五条　选举收回的票数，等于或少于发出的票数，选举有效；多于发出的票数，选举无效，应重新选举。

每张选票所选的人数，等于或少于规定应选人数的为有效票，多于规定应选人数的为无效票。

第三十六条　差额预选时，可以集中投票，也可以分代表团投票，由大会统一计票。

第三十七条　正式选举时，被选举人获得赞成票超过应到会有选举权人数半数的，始得当选。获得赞成票超过半数的被选举人数多于应选名额时，以得票多少为序，至取足应选名额为止；如遇票数相等不能确定当选人时，一般应就票数相等的被选举人重新投票，得票多的当选。获得赞成票超过半数的被选举人数少于应选名额时，不足的名额可以从未当选的得票多的被选举人中重新选举；如果接近应选名额，经半数以上选举人同意，也可以不再选举。

预选时，获得赞成票超过应到会有选举权人数半数的候选人，才能列为正式候选人；确定正式候选人，原则上按得票多少为序。如遇票数相等不能确定当选人或获得赞成票超过半数的被选举人少于、接近应选名额时，按正式选举时的相应办法处理。

第三十八条　被选举人得票情况，预选时，由总监票人向大会主席团报告；正式选举时，由总监票人向选举人报告，当选人名单由会议主持人向选举人宣布。

第三十九条　当选的党代表大会代表，党的委员会委员，纪律检查委员会委员，其名单按姓氏笔划排列；

当选的党的委员会候补委员，其名单按得票多少排列，得票相等的按姓氏笔划排列；

当选的党的委员会和纪律检查委员会常务委员会委员、书记、副书记，其名单按上级党的委员会批准的顺序排列。

第七章　监督和处分

第四十条　本条例由党的中央委员会和地方各级委员会、纪律检查委员会负责监督实施。

第四十一条　党的地方各级代表大会的选举，如果发生违反党章的情况，上一级党的委员会在调查核实后，应作出选举无效和采取相应措施的决定，并报再上一级党的委员会审查批准，正式宣布执行。

第四十二条　凡违反本条例规定，妨害选举人行使民主权利，或对检举选举中违纪行为的人进行压制、打击报复的，应根据问题的性质和情节轻重，对有关党组织或党员进行批评教育或给予党的纪律处分。

第八章　附　则

第四十三条　党的地方各级组织的选举，应根据本条例制定具体选举办法，经半数以上应到会选举人同意后实施。

第四十四条　民族自治地方党组织执行本条例需要采取某些变通办法的，应报上级党组织批准。

第四十五条　本条例由中共中央组织部负责解释。

第四十六条　本条例自发布之日起实施。过去有关党的地方组织选举工作的规定与本条例不一致的，按本条例执行。

中国共产党地方委员会工作条例（试行）

（中发［1996］6号 1996年4月5日）

第一章 总 则

第一条 为坚持和健全党的民主集中制，加强和改进党的地方委员会的领导，根据《中国共产党章程》，制定本条例。

第二条 本条例适用于党的省、自治区、直辖市，设区的市、自治州，县（旗）、自治县、不设区的市、市辖区委员会全体会议（简称全委会）及其常务委员会（简称常委会）。

第三条 党的地方各级委员会是本地区的领导核心。

党的地方各级委员会要贯彻执行党的路线、方针、政策和国家的法律、法规，对本地区的政治、经济、文化和社会发展等各方面工作实行全面领导。

第四条 党的地方各级委员会实行领导应遵循以下原则：

坚持以马克思列宁主义、毛泽东思想和邓小平建设有中国特色社会主义理论为指导，全面贯彻执行党的基本路线和基本方针；

坚持解放思想、实事求是，结合本地区实际贯彻党的路线、方针、政策和上级组织的指示、决定；

坚持全心全意为人民服务，实行一切为了群众，一切依靠群众，从群众中来、到群众中去的群众路线；

坚持民主集中制，实行集体领导与个人分工负责相结合的制度；

坚持在宪法和法律的范围内活动。

第五条 党的地方各级委员会的领导主要是：

对本地区的重大问题作出决策；

通过法定程序使党组织的主张成为本地区的法规或政令；

向地方国家机关推荐重要干部；

在地方国家机关、人民团体、经济组织、文化组织和其他非党组织的领导机关中成立党组；

组织、协调本地区立法、司法、行政机关，经济、文化组织和人民团体积极主动地、独立负责地工作；

动员、组织所属党组织和广大党员，团结带领群众实现党的任务。

第二章 职 责

第六条 全委会在党代表大会闭会期间是同级党组织的领导机关，执行上级党组织的指示和同级党代表大会的决议，领导本地区的工作。其职责是：

（一）对本地区经济建设、社会发展、党的自身建设及其他涉及全局性的重大问题作出决策。

（二）制定贯彻执行上级党组织和同级党代表大会决议、决定的措施。

（三）听取和审议常委会的工作报告，对常委会及其成员的工作进行监督和评议。

（四）决定召开党代表大会或党代表会议。

（五）选举常委会和书记、副书记。

通过同级党的纪律检查委员会全体会议选举产生的常委会和书记、副书记。

（六）对常委会提请决定的问题或必须由全委会决定的其他重要问题作出决策。

第七条 常委会在全委会闭会期间，行使委员会职权，执行上级党组织的指示和全委会的决议，主持经常工作。其职责是：

（一）召集全委会，向全委会负责并报告工作；对本条例第六条规定应由全委会决定的事项事先进行审议和提出意见。

（二）组织实施上级党组织的指示和全委会的决议。

（三）对本地区经济建设、社会发展、党的自身建设等方面经常工作中的重要问题作出决定。

（四）对同级地方国家机关、人民团体、经济组织、文化组织和其他非党组织的领导机关中的党组请示的问题作出决定。

（五）按照干部管理权限和规定的程序，负责推荐、提名、任免干部；负责教育和监督干部。

调动或指派下一级党组织的负责人，其数额在下一级党的委员会任期内一般不得超过常委会委员职数的二分之一。

（六）以党的委员会名义向上级党组织请示、报告工作，向所属党组织发布指示、通知、通报，制定以党的委员会名义发出的其他重要文件。

（七）对必须由常委会决定的其他重要问题作出决定。

第三章 组织原则

第八条 党的地方各级委员会及其成员，必须遵守党员个人服从党的组织，少数服从多数，下级组织服从上级组织，全党各个组织和全体党员服从党的全国代表大会和中央委员会的基本原则，维护党的集中统一。

党的地方各级委员会必须贯彻执行中央和上级组织的决定。下级组织如果认为上级组织的决定不符合中央精神或本地区的实际情况，可以请求改变；如果上级组织坚持原决定，下级组织必须执行，并不得公开发表不同意见，同时可向再上一级组织报告。

党的地方各级委员会每年必须向上级组织作一次全面工作情况报告。执行中央和上级组织某项重要决定的情况要进行专题报告。遇有突发性重大问题应及时请示报告。

第九条 党的地方各级委员会要保证下级组织能够正常行使职权，支持下级组织积极主动、创造性地开展工作。凡属应由下级组织处理的问题，如无特殊情况，上级组织不要干预。

党的地方各级委员会在对同下级组织有关的重要问题作出决定时，通常情况下应征求下级组织的意见。需要下级组织了解的重要情况和重大问题，应及时向下级组织通报。

第十条 党的地方各级委员会实行集体领导和个人分工负责相结合的制度。凡属全委会或常委会职责范围内决定的问题，必须由集体讨论决定。任何个人或少数人无权决定重大问题。委员在集体讨论决定问题时，应畅所欲言，充分发表个人的意见。委员个人对集体作出的决定如有不同意见，在坚决执行的前提下，可以保留意见，也可以向上级组织报告。

常委会委员要有明确的分工。每个委员对分管的工作要敢于负责，切实履行职责；对于不属于自己分管的工作也要关心，主动提出意见和建议。

第十一条　党的地方各级委员会决定重要问题，应充分酝酿讨论，然后进行表决。对于少数人的不同意见，应当认真考虑。如对重要问题发生争论，双方人数接近，除在紧急情况下必须按多数意见执行外，应当暂缓作出决定，进一步调查研究，交换意见，下次再表决；在特殊情况下，也可将争论情况向上级组织报告，请求裁决。

第十二条　党的地方各级委员会书记负责组织常委会活动，协调常委会委员的工作。书记应带头执行民主集中制，充分发扬党内民主，善于集中正确意见，自觉接受委员的监督。

常委会委员应支持书记的工作，接受书记对自己工作的检查、督促。

常委会委员应自觉维护常委会内部的团结，互相信任，互相谅解，互相支持，互相帮助，互相监督。

第十三条　党的地方各级委员会委员对应该保密的会议内容和讨论情况，必须严守秘密，不得泄露。

第十四条　常委会委员在本地区调查研究、检查指导工作或参加其他活动时，可以发表指导工作的个人意见。个人意见必须符合党的委员会集体决定的精神。凡代表党的委员会发表的重要讲话和重要文章，应经过常委会讨论。

第四章　议事和决策

第一节　全委会

第十五条　全委会每年至少召开两次，遇有重要情况可随时召开。

第十六条　全委会的议题由常委会确定。会议议题确定前，一般应征询委员的意见。

全委会召开的时间、议题，一般应在会议召开5天前通知到各委员，会议有关材料一般应同时送达。

第十七条　全委会必须有三分之二以上委员到会方能举行。

委员因故不能参加会议，应在会前请假，其意见可用书面形式表达。

根据工作需要，常委会可确定有关人员列席全委会。

第十八条　全委会进行表决时，以赞成票超过应到会委员人数的半数为通过。未到会委员的书面意见不能计入票数。

表决可根据讨论事项的不同内容，分别采取举手、无记名投票、记名投票或其他方式。

会议决定多个事项的，应逐项表决。

对党的委员会委员、候补委员作出撤销党内职务、留党察看或开除党籍的处分决定，必须由全委会三分之二以上委员同意，并经上级党的委员会批准。在特殊情况下，可以先由常委会作出处理决定，待召开全委会时予以追认。

第二节　常委会

第十九条　常委会会议一般每月召开两次，如遇重要情况可随时召开。

常委会会议由书记召集并主持。书记不能参加会议时，可委托副书记召集并主持。

第二十条　常委会会议的议题由书记确定，或由书记委托副书记确定。

常委会会议的召开时间、议题，一般应在会议召开 2 天前通知到各委员，会议有关材料一般应同时送达。

第二十一条　常委会会议必须有半数以上委员到会方能举行。讨论干部问题时，应有三分之二以上委员到会方能举行。

委员因故不能参加会议，应在会前请假，其意见可用书面形式表达。

根据工作需要，常委会会议主持人可确定有关人员列席常委会会议。

第二十二条　常委会会议进行表决时，赞成票超过应到会委员人数的半数为通过。未到会委员的书面意见不能计入票数。

表决可根据讨论事项的不同内容，分别采取口头、举手、无记名投票或记名投票方式。

会议决定多个事项的，应逐项表决。

推荐、提名干部和决定干部任免、奖惩事项，应逐个表决。

第二十三条　常委会会议应有专人记录，决定事项应编发会议纪要。

第二十四条　经常委会会议讨论通过的、以党的委员会名义上报或者下发的文件，由书记或书记委托副书记签发。

第二十五条　对重大突发事件和紧急情况，来不及召开常委会的，书记或副书记或常委会委员可临机处置，事后应及时向常委会报告。

第三节　书记办公会

第二十六条　书记办公会可根据工作需要召开。

书记办公会不是一级决策机构，不得决定重大问题。

第二十七条　书记办公会议事范围：

（一）酝酿需要提交常委会议讨论决定的问题。

（二）对常委会决定事项的组织实施进行协调。

（三）交流日常工作情况。

第四节　重大问题决策

第二十八条　全委会和常委会必须实行民主的科学的决策。对重大问题的决策，一般应经过下列程序：

（一）在调查研究的基础上提出方案，有的问题应提出两个以上可供比较的方案。

（二）方案提出后，一般应征求下级党组织的意见，有的应听取本地区人大、政协、人民团体的意见，有的应组织专家、学者进行分析论证，作出评估。

（三）召开全委会或常委会充分讨论，进行表决。

第二十九条　全委会作出的决策，由常委会负责组织实施。常委会作出的决策，由常委会委员分工负责组织实施。

决策实施中，应加强督促检查和信息反馈。对决策进行重大调整或变更，应由作出该决策的全委会或常委会决定。

第五章 思想作风和工作作风

第三十条 党的地方各级委员会委员，必须认真学习马克思列宁主义、毛泽东思想、邓小平建设有中国特色社会主义理论和党的路线、方针、政策及决议，努力用马克思主义的立场、观点、方法分析和解决实际问题。

常委会应坚持和健全学习制度。学习时间、内容、方法根据实际情况确定。

第三十一条 党的地方各级委员会委员，必须坚持解放思想，实事求是，一切从实际出发，讲真话，办实事，求实效。

第三十二条 党的地方各级委员会委员，必须清正廉洁，勤政为民，以身作则，公道正派，艰苦朴素。

第三十三条 党的地方各级委员会委员，必须密切联系群众，经常深入基层调查研究。下基层工作和调查研究的时间，省级和省辖市级常委会委员全年不得少于 2 个月；县级常委会委员全年不得少于 3 个月。下基层工作和调查研究要轻车简从。

常委会委员应坚持基层工作联系点制度。

第三十四条 常委会委员必须参加双重组织生活，认真开展批评和自我批评。

第三十五条 党的地方各级委员会应当集中精力议大事、抓大事，精简不必要的会议和文件。常委会委员应减少事务性活动和应酬活动，提高工作效率和质量。

第六章 监督和处分

第三十六条 全委会、常委会及其成员执行本条例的情况，应当受到监督。

（一）党的地方各级委员会应向同级代表大会报告执行本条例的情况，接受审议。

（二）常委会应定期向全委会报告执行本条例的情况，接受审议。审议情况要报告上一级党的委员会。

（三）党的地方各级纪律检查委员会，对同级党的委员会和下级党的委员会及其成员执行本条例的情况，应当进行监督。

（四）常委会应将检查执行本条例的情况列入民主生活会议题，每年至少检查一次。

（五）全委会和常委会及其成员执行本条例的情况，应当接受党员、群众和舆论监督。

第三十七条 对违反本条例的行为，应依照有关规定和程序给予处理：

（一）党的地方各级委员会及其成员不履行职责或不按组织原则办事的，应当批评纠正，造成损失的，必须追究责任。

（二）党的地方各级委员会及其成员违反议事规则和决策程序的，应当批评纠正，造成重大损失的，必须给予党的纪律处分。

（三）党的地方各级委员会委员、候补委员泄露应该保密的会议内容和讨论情况的，应当批评教育，情节严重的，必须给予党的纪律处分。

（四）对执纪和批评、检举、控告人员进行刁难或打击报复的，应当批评教育，情节严重的，必须给予党的纪律处分。

（五）对违反本条例的其他行为，应当批评纠正，情节严重的，必须给予党的纪律处分。

第七章　附　则

第三十八条　党的地区委员会和相当于地区委员会的组织，可参照执行本条例。

第三十九条　本条例由中央组织部负责解释。

第四十条　本条例自下发之日起实施。过去有关党的地方委员会工作的规定与本条例不一致的，按本条例执行。

关于中国共产党党费收缴、使用和管理的规定

（中组发［2008］3号　2008年2月4日）

按照党章规定向党组织交纳党费，是共产党员必须具备的起码条件，是党员对党组织应尽的义务。党费收缴、使用和管理，是党的基层组织建设和党员队伍建设中的一项重要工作。为了适应形势发展的要求，进一步加强和改进党费收缴、使用、管理工作，现作如下规定。

一、党费收缴

第一条　按月领取工资的党员，每月以工资总额中相对固定的、经常性的工资收入（税后）为计算基数，按规定比例交纳党费。

工资总额中相对固定的、经常性的工资收入包括：机关工作人员（不含工人）的职务工资、级别工资、津贴补贴；事业单位工作人员的岗位工资、薪级工资、绩效工资、津贴补贴；机关工人的岗位工资、技术等级（职务）工资、津贴补贴；企业人员工资收入中的固定部分（基本工资、岗位工资）和活的部分（奖金）。

第二条　党员交纳党费的比例为：每月工资收入（税后）在3000元以下（含3000元）者，交纳月工资收入的0.5%；3000元以上至5000元（含5000元）者，交纳1%；5000元以上至10000元（含10000元）者，交纳1.5%；10000元以上者，交纳2%。

第三条　实行年薪制人员中的党员，每月以当月实际领取的薪酬收入为计算基数，参照第一条、第二条规定交纳党费。

第四条　不按月取得收入的个体经营者等人员中的党员，每月以个人上季度月平均纯收入为计算基数，参照第一条、第二条规定交纳党费。

第五条　离退休干部、职工中的党员，每月以实际领取的离退休费总额或养老金总额为计算基数，5000元以下（含5000元）的按0.5%交纳党费，5000元以上的按1%交纳党费。

第六条　农民党员每月交纳党费0.2元—1元。学生党员、下岗失业的党员、依靠抚恤或救济生活的党员、领取当地最低生活保障金的党员，每月交纳党费0.2元。

第七条　交纳党费确有困难的党员，经党支部研究，报上一级党委批准后，可以少交或免交党费。

第八条　预备党员从支部大会通过其为预备党员之日起交纳党费。

第九条　党员一般应当向其正式组织关系所在的党支部交纳党费。持《中国共产党流动党员活动证》的党员，外出期间可以持证向流入地党组织交纳党费。

第十条　党员工资收入发生变化后，从按新工资标准领取工资的当月起，以新的工资收入为基数，按照规定比例交纳党费。

第十一条　党员自愿多交党费不限。自愿一次多交纳1000元以上的党费，全部上缴中央。具体办法是：由所在基层党委代收，并提供该党员的简要情况，通过省、自治区、

直辖市党委组织部，中央直属机关工委、中央国家机关工委组织部，国务院国资委党委、中央各金融机构党委组织部，铁道部政治部、民航总局党委组织部，解放军总政治部组织部转交中央组织部。中央组织部给本人出具收据。

第十二条 党员应当增强党员意识，主动按月交纳党费。遇到特殊情况，经党支部同意，可以每季度交纳一次党费，也可以委托其亲属或者其他党员代为交纳或者补交党费。补交党费的时间一般不得超过 6 个月。

第十三条 对不按照规定交纳党费的党员，其所在党组织应及时对其进行批评教育，限期改正。对无正当理由，连续 6 个月不交纳党费的党员，按自行脱党处理。

第十四条 党组织应当按照规定收缴党员党费，不得垫交或扣缴党员党费，不得要求党员交纳规定以外的各种名目的“特殊党费”。

第十五条 各省、自治区、直辖市党委，中央直属机关工委，中央国家机关工委，国务院国资委党委，中央各金融机构党委，铁道部政治部，民航总局党委和解放军总政治部，每年按全年党员实交党费总数的 5%上缴中央。上缴中央的党费应当于次年 4 月底前汇入中央组织部党费账户，不得少缴或拖延。

第十六条 铁路、民航系统党的关系在地方的党委，每年按照全年党员实交党费总数的 10%向所在地方党委上缴党费。中国人民银行的地市级分支机构和中央其他金融机构的省级分支机构党委，每年按本地本系统党员全年实交党费总数的 5%向所在地方党委上缴党费，其他派出机构和下属单位党委不再向地方党委上缴党费。

二、党费使用

第十七条 使用党费应当坚持统筹安排、量入为出、收支平衡、略有结余的原则。

第十八条 使用党费要向农村、街道社区和其他有困难的基层党组织倾斜。

第十九条 党费必须用于党的活动，主要作为党员教育经费的补充，其具体使用范围包括：(1) 培训党员；(2) 订阅或购买用于开展党员教育的报刊、资料、音像制品和设备；(3) 表彰先进基层党组织、优秀共产党员和优秀党务工作者；(4) 补助生活困难的党员；(5) 补助遭受严重自然灾害的党员和修缮因灾受损的基层党员教育设施。

第二十条 使用和下拨党费，必须集体讨论决定，不得个人或者少数人说了算。

第二十一条 请求下拨党费的请示，应当向上一级党组织提出，不得越级申请。上级党组织下拨的党费，必须专款专用，不得挪作他用。

三、党费管理

第二十二条 党费由党委组织部门代党委统一管理。党费的具体管理工作由各级党委组织部门承担党员教育管理职能的内设机构承办。

第二十三条 党费的具体财务工作由各级党委组织部门内设的财务机构或者同级党委的财务机构代办。必须指定专人负责，实行会计、出纳分设。党费会计核算和会计档案管理，参照财政部制定的《行政单位会计制度》执行。

第二十四条 党费应当以党委或党委组织部门的名义单独设立银行账户，必须存入中国工商银行、中国农业银行、中国银行、中国建设银行、交通银行、中国邮政储蓄银行，不得存入其它银行或者非银行金融机构。党费利息是党费收入的一部分，不得挪作他用。

依法保障党费安全，不得利用党费账户从事经济活动，不得将党费用于购买国债以外的投资。

第二十五条　党委组织部门要加强对党费管理工作人员的培训，提高其政治素质和业务水平。党费管理工作人员，必须先培训，后上岗。党费管理工作人员变动时，要严格按照党费管理的有关规定和财务制度办好交接手续。

第二十六条　党费收缴、使用和管理的情况要作为党务公开的一项重要内容。党的基层委员会和各级地方委员会应当在党员大会或者党的代表大会上，向大会报告（或书面报告）党费收缴、使用和管理情况，接受党员或者党的代表大会代表的审议和监督。各级地方党委组织部门应当每年向同级党委和上级党委组织部门报告党费收缴、使用和管理情况，同时向下级党组织通报。党支部应当每年向党员公布一次党费收缴情况。

第二十七条　党的地方委员会和基层委员会可以留存党费。具体留存单位和留存比例，由各省、自治区、直辖市党委，中央直属机关工委，中央国家机关工委，国务院国资委党委，中央各金融机构党委，铁道部政治部，民航总局党委，解放军总政治部，根据实际情况和工作需要确定，留存比例应当向基层倾斜。

第二十八条　各省、自治区、直辖市党委组织部，中央直属机关工委、中央国家机关工委组织部，国务院国资委党委、中央各金融机构党委组织部，铁道部政治部、民航总局党委组织部，解放军总政治部组织部，每年4月底前就上年度党费收缴、使用和管理情况向中央组织部提交书面报告。报告内容是：上年度党费收缴、使用和结存的数额；党费开支的主要项目；党费收缴、使用和管理工作中的经验、做法、存在的问题及改进的意见和建议等。

第二十九条　各级党委组织部门每年要检查一次党费收缴、使用和管理的情况，总结经验，发现问题，及时纠正。

第三十条　对违反党费收缴、使用和管理规定的，依据《中国共产党纪律处分条例》及有关规定严肃查处，触犯刑律的依法处理。

第三十一条　中国人民解放军和中国人民武装警察部队中的党组织收缴、使用和管理党费的办法，由解放军总政治部参照本规定制定。

第三十二条　本规定自2008年4月1日起施行，过去规定与本规定不一致的，以本规定为准。

第三十三条　本规定由中央组织部负责解释。

中国共产党全国代表大会和地方各级代表大会代表任期制暂行条例

（中发［2008］8号　2008年7月17日）

第一章　总　则

第一条　为发挥党代表大会代表作用，坚持和完善党代表大会制度，推进党内民主建设，提高党的执政能力，保持党的先进性，根据《中国共产党章程》和党内有关规定，制定本条例。

第二条　本条例适用于党的全国代表大会代表，党的省、自治区、直辖市代表大会代表，设区的市和自治州代表大会代表，县（旗）、自治县、不设区的市和市辖区代表大会代表。

第三条　党代表大会代表按照党内选举的有关规定选举产生。严格代表资格审查，保证代表的先进性。

第四条　实行党代表大会代表任期制。党代表大会代表每届任期与同级党代表大会当届届期相同。如下一届党代表大会提前或者延期举行，其代表任期相应地改变。代表在党代表大会召开和闭会期间，享有代表资格，行使代表权利，履行代表职责，发挥代表作用。

第二章　党代表大会代表的权利与职责

第五条　党代表大会代表要认真学习宣传贯彻党的理论和路线方针政策，认真学习宣传贯彻党代表大会精神，模范遵守党的章程、党内各项规定和国家法律法规，维护党的团结和统一，密切联系党员和群众，在生产、工作、学习和社会生活中发挥表率作用，认真行使职权，自觉接受党员和群众的监督，不得利用代表身份谋求任何私利和特权。

第六条　党代表大会代表有下列权利与职责：

（一）在同级党代表大会召开期间参与听取和审查党的委员会、纪律检查委员会的报告；

（二）在同级党代表大会召开期间参与讨论和决定有关重大问题；

（三）在同级党代表大会上行使表决权、选举权，有被选举权；

（四）了解同级党的委员会、纪律检查委员会以及所在选举单位党组织贯彻执行党的决议、决定的情况；

（五）向同级党代表大会或者同级党的委员会就经济建设、政治建设、文化建设、社会建设和党的建设的重大问题提出意见和建议；

（六）对同级党的委员会、纪律检查委员会及其成员进行监督；

（七）参加同级党代表大会或者同级党的委员会组织的活动；

（八）受同级党代表大会或者同级党的委员会的委托，完成有关工作。

第三章　党代表大会代表开展工作的方式

第七条　党代表大会代表履行代表职责，主要是参加同级党代表大会和同级党的委员会组织的活动。

第八条　党代表大会召开期间，党代表大会代表联名可以向大会提出属于同级党代表大会职权范围内的提案。提案应当有案由、案据和方案。提出提案的代表可以要求撤回提案。

第九条　党代表大会闭会期间，党代表大会代表可以由个人或者以联名的方式，采用书面形式向同级党的委员会提出属于同级党代表大会和党的委员会职权范围内的提议；可以通过参加座谈、列席会议等方式，对本地区经济社会发展、党的建设等重大决策和党内重要文件的制定，提出意见和建议。

第十条　党代表大会代表受同级党代表大会和党的委员会的委托，可以在本地区对涉及同级党代表大会和党的委员会职权范围内的有关重大决策、重要事项进行调查研究。

第十一条　党代表大会代表应当采取适当方式，与基层党员和群众加强联系，了解党的决议、决定在执行过程中遇到的问题，反映基层单位党员和群众的意见和建议。

第十二条　党代表大会代表应邀可以列席同级党的委员会全体会议等会议，发表意见。

第十三条　党代表大会代表根据同级党的委员会安排，可以参加对本地区重要干部的民主推荐和对同级党的委员会、纪律检查委员会领导班子及其成员的民主评议，参加对同级党的委员会常务委员会工作的评议。

第四章　党代表大会代表履行职责的保障

第十四条　县级以上党的委员会委员、纪律检查委员会委员应当采取适当方式与同级党代表大会代表加强联系。

党的各级委员会领导班子成员到基层检查工作和调查研究，应当注意听取党代表大会代表的意见。

第十五条　党的各级委员会应当有计划地组织同级党代表大会代表参加学习培训，增强其代表意识，提高其履行代表职责的能力。

第十六条　党代表大会代表参加同级党代表大会和党的委员会安排的活动，代表所在单位应当给予时间保障。

第十七条　党的各级委员会要为党代表大会代表按照其安排开展工作提供必要的经费。

无固定工资收入的代表按照同级党的委员会安排开展工作，根据实际情况由同级党的委员会负责给予适当补贴。

第十八条　党的各级委员会对同级党代表大会代表提出的提案和提议，应当责成有关党组织或者有关部门、单位研究办理并负责答复。

第十九条　党的各级委员会应当建立党代表大会代表联络工作机构，负责代表联络服务工作。

第二十条　为便于党代表大会代表开展工作，党代表大会可以为同级代表制发代表证。

第二十一条 党的各级委员会要保障代表的知情权，按照党内有关规定，采取适当方式向同级党代表大会代表通报党的决议、决定贯彻落实情况及党内其他重要情况。

第二十二条 党的各级代表大会召开前，党的委员会应当征求同级本届党代表大会代表和同级下一届党代表大会代表对党的委员会、纪律检查委员会报告稿的意见。

党的各级委员会召开全体会议前，可以就会议有关事项征求同级党代表大会有关代表的意见。

党的各级委员会可以根据工作需要，邀请有关代表列席同级党的委员会全体会议。

第二十三条 党代表大会代表所在党组织、所在选举单位的党员，可以通过一定方式，向代表反映情况并了解代表开展工作的情况。

第二十四条 各级党组织必须尊重和保障党代表大会代表的权利。

对有义务协助代表开展工作而拒绝履行义务的党组织和党员，同级党的委员会应当予以批评教育。

对妨碍代表开展工作或者对代表开展工作进行打击报复的，按照有关规定追究相关责任人的责任。

第五章　党代表大会代表资格的终止和停止

第二十五条 党代表大会代表在任期内，有下列情形之一的，其代表资格终止：

（一）受留党察看以上处分的；

（二）被停止党籍，或者丧失中华人民共和国国籍的；

（三）辞去代表职务被接受的。

第二十六条 党的地方各级代表大会代表因组织关系迁出或者工作需要等原因调离同级党代表大会所属范围的，停止执行代表职务。

第二十七条 因其他原因需要终止代表资格或者停止执行党代表大会代表职务的，按照本章上述规定处理。

第二十八条 党代表大会代表资格终止，由所在选举单位或者基层党组织提出，由同级党代表大会选举产生的党的委员会决定，报上级党的委员会备案。

党的全国代表大会代表资格的终止，由党的中央委员会决定。

第六章　附　则

第二十九条 党的基层代表大会代表参照本条例有关规定执行。

第三十条 省、自治区、直辖市党的委员会可以根据本条例，结合各地实际，制定党代表大会代表任期制的具体实施办法，并报中央备案。

第三十一条 中国人民解放军和中国人民武装警察部队实行党代表大会代表任期制工作，由中央军委根据本条例制定实施办法。

第三十二条 本条例由中共中央组织部负责解释。

第三十三条 本条例自发布之日起施行。

中共中央关于推进农村改革发展若干重大问题的决定

（2008年10月12日中国共产党第十七届中央委员会第三次全体会议通过）

中国共产党第十七届中央委员会第三次全体会议全面分析了形势和任务，认为在改革开放三十周年之际，系统回顾总结我国农村改革发展的光辉历程和宝贵经验，进一步统一全党全社会认识，加快推进社会主义新农村建设，大力推动城乡统筹发展，对于全面贯彻党的十七大精神，深入贯彻落实科学发展观，夺取全面建设小康社会新胜利、开创中国特色社会主义事业新局面，具有重大而深远的意义。全会研究了新形势下推进农村改革发展的若干重大问题，作出如下决定。

一、新形势下推进农村改革发展的重大意义

农业、农村、农民问题关系党和国家事业发展全局。在革命、建设、改革各个历史时期，我们党坚持把马克思主义基本原理同我国具体实际相结合，始终高度重视、认真对待、着力解决农业、农村、农民问题，成功开辟了新民主主义革命胜利道路和社会主义事业发展道路。

一九七八年，党的十一届三中全会作出把党和国家工作中心转移到经济建设上来、实行改革开放的历史性决策。我们党全面把握国内外发展大局，尊重农民首创精神，率先在农村发起改革，并以磅礴之势推向全国，领导人民谱写了改革发展的壮丽史诗。在波澜壮阔的改革开放进程中，我们党坚持以马克思列宁主义、毛泽东思想、邓小平理论和“三个代表”重要思想为指导，深入贯彻落实科学发展观，解放思想、实事求是、与时俱进，不断推进农村改革发展，使我国农村发生了翻天覆地的巨大变化。废除人民公社，确立以家庭承包经营为基础、统分结合的双层经营体制，全面放开农产品市场，取消农业税，对农民实行直接补贴，初步形成了适合我国国情和社会生产力发展要求的农村经济体制；粮食生产不断跃上新台阶，农产品供应日益丰富，农民收入大幅增加，扶贫开发成效显著，依靠自己力量稳定解决了十三亿人口吃饭问题；乡镇企业异军突起，小城镇蓬勃发展，农村市场兴旺繁荣，农村劳动力大规模转移就业，亿万农民工成为产业工人重要组成部分，中国特色工业化、城镇化、农业现代化加快推进，切实巩固了新时期工农联盟；农村社会主义民主政治建设和精神文明建设不断加强，社会事业加速发展，显著提高了广大农民思想道德素质、科学文化素质和健康素质；农村党的建设不断加强，以村党组织为核心的村级组织配套建设全面推进，有效夯实了党在农村的执政基础。农村改革发展的伟大实践，极大调动了亿万农民积极性，极大解放和发展了农村社会生产力，极大改善了广大农民物质文化生活。更为重要的是，农村改革发展的伟大实践，为建立和完善我国社会主义初级阶段基本经济制度和社会主义市场经济体制进行了创造性探索，为实现人民生活从温饱不足到总体小康的历史性跨越、推进社会主义现代化作出了巨大贡献，为战胜各种困难和风险、保持社会大局稳定奠定了坚实基础，为成功开辟中国特色社会主义道路、形成中国特色社会主义理论体系积累了宝贵经验。

实践充分证明，只有坚持把解决好农业、农村、农民问题作为全党工作重中之重，坚持农业基础地位，坚持社会主义市场经济改革方向，坚持走中国特色农业现代化道路，坚持保障农民物质利益和民主权利，才能不断解放和发展农村社会生产力，推动农村经济社会全面发展。

当前，国际形势继续发生深刻变化，我国改革发展进入关键阶段。我们要抓住和用好重要战略机遇期，胜利实现全面建设小康社会的宏伟目标，加快推进社会主义现代化，就要更加自觉地把继续解放思想落实到坚持改革开放、推动科学发展、促进社会和谐上来，毫不动摇地推进农村改革发展。继续解放思想，必须结合农村改革发展这个伟大实践，大胆探索、勇于开拓，以新的理念和思路破解农村发展难题，为推动党的理论创新、实践创新提供不竭源泉。坚持改革开放，必须把握农村改革这个重点，在统筹城乡改革上取得重大突破，给农村发展注入新的动力，为整个经济社会发展增添新的活力。推动科学发展，必须加强农业发展这个基础，确保国家粮食安全和主要农产品有效供给，促进农业增产、农民增收、农村繁荣，为经济社会全面协调可持续发展提供有力支撑。促进社会和谐，必须抓住农村稳定这个大局，完善农村社会管理，促进社会公平正义，保证农民安居乐业，为实现国家长治久安打下坚实基础。

我国农村正在发生新的变革，我国农业参与国际合作和竞争正面临新的局面，推进农村改革发展具备许多有利条件，也面对不少困难和挑战，特别是城乡二元结构造成的深层次矛盾突出。农村经济体制尚不完善，农业生产经营组织化程度低，农产品市场体系、农业社会化服务体系、国家农业支持保护体系不健全，构建城乡经济社会发展一体化体制机制要求紧迫；农业发展方式依然粗放，农业基础设施和技术装备落后，耕地大量减少，人口资源环境约束增强，气候变化影响加剧，自然灾害频发，国际粮食供求矛盾突出，保障国家粮食安全和主要农产品供求平衡压力增大；农村社会事业和公共服务水平较低，区域发展和城乡居民收入差距扩大，改变农村落后面貌任务艰巨；农村社会利益格局深刻变化，一些地方农村基层组织软弱涣散，加强农村民主法制建设、基层组织建设、社会管理任务繁重。总之，农业基础仍然薄弱，最需要加强；农村发展仍然滞后，最需要扶持；农民增收仍然困难，最需要加快。我们必须居安思危、加倍努力，不断巩固和发展农村好形势。

全党必须深刻认识到，农业是安天下、稳民心的战略产业，没有农业现代化就没有国家现代化，没有农村繁荣稳定就没有全国繁荣稳定，没有农民全面小康就没有全国人民全面小康。我国总体上已进入以工促农、以城带乡的发展阶段，进入加快改造传统农业、走中国特色农业现代化道路的关键时刻，进入着力破除城乡二元结构、形成城乡经济社会发展一体化新格局的重要时期。我们要牢牢把握我国社会主义初级阶段的基本国情和当前发展的阶段性特征，适应农村改革发展新形势，顺应亿万农民过上美好生活新期待，抓住时机、乘势而上，努力开辟中国特色农业现代化的广阔道路，奋力开创社会主义新农村建设的崭新局面。

二、推进农村改革发展的指导思想、目标任务、重大原则

新形势下推进农村改革发展，要全面贯彻党的十七大精神，高举中国特色社会主义伟大旗帜，以邓小平理论和“三个代表”重要思想为指导，深入贯彻落实科学发展观，把建设社会主义新农村作为战略任务，把走中国特色农业现代化道路作为基本方向，把加快形成城乡经济社会发展一体化新格局作为根本要求，坚持工业反哺农业、城市支持农村和多予少取放活方针，创新体制机制，加强农业基础，增加农民收入，保障农民权益，促进农村和谐，充分调动广大农民的积极性、主动性、创造性，推动农村经济社会又好又快发展。

根据党的十七大提出的实现全面建设小康社会奋斗目标的新要求和建设生产发展、生活宽裕、乡风文明、村容整洁、管理民主的社会主义新农村要求，到二〇二〇年，农村改革发展基本目标任务是：农村经济体制更加健全，城乡经济社会发展一体化体制机制基本建立；现代农业建设取得显著进展，农业综合生产能力明显提高，国家粮食安全和主要农产品供给得到有效保障；农民人均纯收入比二〇〇八年翻一番，消费水平大幅提升，绝对贫困现象基本消除；农村基层组织建设进一步加强，村民自治制度更加完善，农民民主权利得到切实保障；城乡基本公共服务均等化明显推进，农村文化进一步繁荣，农民基本文化权益得到更好落实，农村人人享有接受良好教育的机会，农村基本生活保障、基本医疗卫生制度更加健全，农村社会管理体系进一步完善；资源节约型、环境友好型农业生产体系基本形成，农村人居和生态环境明显改善，可持续发展能力不断增强。

实现上述目标任务，要遵循以下重大原则。

——必须巩固和加强农业基础地位，始终把解决好十几亿人口吃饭问题作为治国安邦的头等大事。坚持立足国内实现粮食基本自给方针，加大国家对农业支持保护力度，深入实施科教兴农战略，加快现代农业建设，实现农业全面稳定发展，为推动经济发展、促进社会和谐、维护国家安全奠定坚实基础。

——必须切实保障农民权益，始终把实现好、维护好、发展好广大农民根本利益作为农村一切工作的出发点和落脚点。坚持以人为本，尊重农民意愿，着力解决农民最关心最直接最现实的利益问题，保障农民政治、经济、文化、社会权益，提高农民综合素质，促进农民全面发展，充分发挥农民主体作用和首创精神，紧紧依靠亿万农民建设社会主义新农村。

——必须不断解放和发展农村社会生产力，始终把改革创新作为农村发展的根本动力。坚持不懈推进农村改革和制度创新，提高改革决策的科学性，增强改革措施的协调性，充分发挥市场在资源配置中的基础性作用，加强和改善国家对农业农村发展的调控和引导，健全符合社会主义市场经济要求的农村经济体制，调整不适应农村社会生产力发展要求的生产关系和上层建筑，使农村经济社会发展充满活力。

——必须统筹城乡经济社会发展，始终把着力构建新型工农、城乡关系作为加快推进现代化的重大战略。统筹工业化、城镇化、农业现代化建设，加快建立健全以工促农、以城带乡长效机制，调整国民收入分配格局，巩固和完善强农惠农政策，把国家基础设施建设和社会事业发展重点放在农村，推进城乡基本公共服务均等化，实现城乡、区域协调发展，使广大农民平等参与现代化进程、共享改革发展成果。

——必须坚持党管农村工作，始终把加强和改善党对农村工作的领导作为推进农村改革发展的政治保证。坚持一切从实际出发，坚持党在农村的基本政策，加强农村基层组织和基层政权建设，完善党管农村工作体制机制和方式方法，保持党同农民群众的血肉联系，巩固党在农村的执政基础，形成推进农村改革发展强大合力。

三、大力推进改革创新，加强农村制度建设

实现农村发展战略目标，推进中国特色农业现代化，必须按照统筹城乡发展要求，抓紧在农村体制改革关键环节上取得突破，进一步放开搞活农村经济，优化农村发展外部环境，强化农村发展制度保障。

（一）稳定和完善农村基本经营制度。以家庭承包经营为基础、统分结合的双层经营体制，是适应社会主义市场经济体制、符合农业生产特点的农村基本经营制度，是党的农村政策的基石，必须毫不动摇地坚持。赋予农民更加充分而有保障的土地承包经营权，现有土地承包关系要保持稳定并长久不变。推进农业经营体制机制创新，加快农业经营方式转变。家庭经营要向采用先进科技和生产手段的方向转变，增加技术、资本等生产要素投入，着力提高集约化水平；统一经营要向发展农户联合与合作，形成多元化、多层次、多形式经营服务体系的方向转变，发展集体经济、增强集体组织服务功能，培育农民新型合作组织，发展各种农业社会化服务组织，鼓励龙头企业与农民建立紧密型利益联结机制，着力提高组织化程度。按照服务农民、进退自由、权利平等、管理民主的要求，扶持农民专业合作社加快发展，使之成为引领农民参与国内外市场竞争的现代农业经营组织。全面推进集体林权制度改革，扩大国有林场和重点国有林区林权制度改革试点。推进国有农场体制改革。稳定和完善草原承包经营制度。

（二）健全严格规范的农村土地管理制度。土地制度是农村的基础制度。按照产权明晰、用途管制、节约集约、严格管理的原则，进一步完善农村土地管理制度。坚持最严格的耕地保护制度，层层落实责任，坚决守住十八亿亩耕地红线。划定永久基本农田，建立保护补偿机制，确保基本农田总量不减少、用途不改变、质量有提高。继续推进土地整理复垦开发，耕地实行先补后占，不得跨省区市进行占补平衡。搞好农村土地确权、登记、颁证工作。完善土地承包经营权权能，依法保障农民对承包土地的占有、使用、收益等权利。加强土地承包经营权流转管理和服务，建立健全土地承包经营权流转市场，按照依法自愿有偿原则，允许农民以转包、出租、互换、转让、股份合作等形式流转土地承包经营权，发展多种形式的适度规模经营。有条件的地方可以发展专业大户、家庭农场、农民专业合作社等规模经营主体。土地承包经营权流转，不得改变土地集体所有性质，不得改变土地用途，不得损害农民土地承包权益。实行最严格的节约用地制度，从严控制城乡建设用地总规模。完善农村宅基地制度，严格宅基地管理，依法保障农户宅基地用益物权。农村宅基地和村庄整理所节约的土地，首先要复垦为耕地，调剂为建设用地的必须符合土地利用规划、纳入年度建设用地计划，并优先满足集体建设用地。改革征地制度，严格界定公益性和经营性建设用地，逐步缩小征地范围，完善征地补偿机制。依法征收农村集体土地，按照同地同价原则及时足额给农村集体组织和农民合理补偿，解决好被征地农民就业、住房、社会保障。在土地利用规划确定的城镇建设用地范围外，经批准占用农村集体土地建设非公益性项目，允许农民依法通过多种方式参与开发经营并保障农民合法权益。逐步建立城乡统一的建设用地市场，对依法取得的农村集体经营性建设用地，必须通过统一有形的土地市场、以公开规范的方式转让土地使用权，在符合规划的前提下与国有土地享有平等权益。抓紧完善相关法律法规和配套政策，规范推进农村土地管理制度改革。

（三）完善农业支持保护制度。健全农业投入保障制度，调整财政支出、固定资产投

资、信贷投放结构，保证各级财政对农业投入增长幅度高于经常性收入增长幅度，大幅度增加国家对农村基础设施建设和社会事业发展的投入，大幅度提高政府土地出让收益、耕地占用税新增收入用于农业的比例，大幅度增加对中西部地区农村公益性建设项目的投入。国家在中西部地区安排的病险水库除险加固、生态建设等公益性建设项目，逐步取消县及县以下资金配套。拓宽农业投入来源渠道，整合投资项目，加强投资监管，提高资金使用效益。健全农业补贴制度，扩大范围，提高标准，完善办法，特别要支持增粮增收，逐年较大幅度增加农民种粮补贴。完善与农业生产资料价格上涨挂钩的农资综合补贴动态调整机制。健全农产品价格保护制度，完善农产品市场调控体系，稳步提高粮食最低收购价，改善其他主要农产品价格保护办法，充实主要农产品储备，优化农产品进出口和吞吐调节机制，保持农产品价格合理水平。完善粮食等主要农产品价格形成机制，理顺比价关系，充分发挥市场价格对增产增收的促进作用。健全农业生态环境补偿制度，形成有利于保护耕地、水域、森林、草原、湿地等自然资源和农业物种资源的激励机制。

（四）建立现代农村金融制度。农村金融是现代农村经济的核心。创新农村金融体制，放宽农村金融准入政策，加快建立商业性金融、合作性金融、政策性金融相结合，资本充足、功能健全、服务完善、运行安全的农村金融体系。加大对农村金融政策支持力度，拓宽融资渠道，综合运用财税杠杆和货币政策工具，定向实行税收减免和费用补贴，引导更多信贷资金和社会资金投向农村。各类金融机构都要积极支持农村改革发展。坚持农业银行为农服务的方向，强化职能、落实责任，稳定和发展农村服务网络。拓展农业发展银行支农领域，加大政策性金融对农业开发和农村基础设施建设中长期信贷支持。扩大邮政储蓄银行涉农业务范围。县域内银行业金融机构新吸收的存款，主要用于当地发放贷款。改善农村信用社法人治理结构，保持县（市）社法人地位稳定，发挥为农民服务主力军作用。规范发展多种形式的新型农村金融机构和以服务农村为主的地区性中小银行。加强监管，大力发展小额信贷，鼓励发展适合农村特点和需要的各种微型金融服务。允许农村小型金融组织从金融机构融入资金。允许有条件的农民专业合作社开展信用合作。规范和引导民间借贷健康发展。加快农村信用体系建设。建立政府扶持、多方参与、市场运作的农村信贷担保机制。扩大农村有效担保物范围。发展农村保险事业，健全政策性农业保险制度，加快建立农业再保险和巨灾风险分散机制。加强农产品期货市场建设。

（五）建立促进城乡经济社会发展一体化制度。尽快在城乡规划、产业布局、基础设施建设、公共服务一体化等方面取得突破，促进公共资源在城乡之间均衡配置、生产要素在城乡之间自由流动，推动城乡经济社会发展融合。统筹土地利用和城乡规划，合理安排市县域城镇建设、农田保护、产业聚集、村落分布、生态涵养等空间布局。统筹城乡产业发展，优化农村产业结构，发展农村服务业和乡镇企业，引导城市资金、技术、人才、管理等生产要素向农村流动。统筹城乡基础设施建设和公共服务，全面提高财政保障农村公共事业水平，逐步建立城乡统一的公共服务制度。统筹城乡劳动就业，加快建立城乡统一的人力资源市场，引导农民有序外出就业，鼓励农民就近转移就业，扶持农民工返乡创业。加强农民工权益保护，逐步实现农民工劳动报酬、子女就学、公共卫生、住房租购等与城镇居民享有同等待遇，改善农民工劳动条件，保障生产安全，扩大农民工工伤、医疗、养老保险覆盖面，尽快制定和实施农民工养老保险关系转移接续办法。统筹城乡社会管理，推进户籍制度改革，放宽中小城市落户条件，使在城镇稳定就业和居住的农民有序转变为城镇居民。推动流动人口服务和管理体制创新。扩大县域发展自主权，增加对县的一般性转移支付、促进财力与事权相匹配，增强县域经济活力和实力。推进省直接管理县（市）财政体制改革，优先将农业大县纳入改革范围。有条件的地方可依法探索省直接管理县（市）的体制。坚持走中国特色城镇化道路，发挥好大中城市对农村的辐射带动作用，依法赋予经济发展快、人口吸纳能力强的小城镇相应行政管理权限，促进大中小城市和小城镇协调发展，形成城镇化和新农村建设互促共进机制。积极推进统筹城乡综合配套改革试验。

（六）健全农村民主管理制度。坚持党的领导、人民当家作主、依法治国有机统一，发展农村基层民主，以扩大有序参与、推进信息公开、健全议事协商、强化权力监督为重点，加强基层政权建设，扩大村民自治范围，保障农民享有更多更切实的民主权利。逐步实行城乡按相同人口比例选举人大代表，扩大农民在县乡人大代表中的比例，密切人大代表同农民的联系。继续推进农村综合改革，二○一二年基本完成乡镇机构改革任务，着力增强乡镇政府社会管理和公共服务职能。完善与农民政治参与积极性不断提高相适应的乡镇治理机制，实行政务公开，依法保障农民知情权、参与权、表达权、监督权。健全村党组织领导的充满活力的村民自治机制，深入开展以直接选举、公正有序为基本要求的民主选举实践，以村民会议、村民代表会议、村民议事为主要形式的民主决策实践，以自我教育、自我管理、自我服务为主要目的的民主管理实践，以村务公开、财务监督、群众评议为主要内容的民主监督实践，推进村民自治制度化、规范化、程序化。加强农村法制建设，完善涉农法律法规，增强依法行政能力，强化涉农执法监督和司法保护。加强农村法制宣传教育，搞好法律服务，提高农民法律意识，推进农村依法治理。培育农村服务性、公益性、互助性社会组织，完善社会自治功能。采取多种措施增强基层财力，逐步解决一些行政村运转困难问题，积极稳妥化解乡村债务。继续做好农民负担监督管理工作，完善村民一事一议筹资筹劳办法，健全农村公益事业建设机制。

四、积极发展现代农业，提高农业综合生产能力

发展现代农业，必须按照高产、优质、高效、生态、安全的要求，加快转变农业发展方式，推进农业科技进步和创新，加强农业物质技术装备，健全农业产业体系，提高土地产出率、资源利用率、劳动生产率，增强农业抗风险能力、国际竞争能力、可持续发展能力。要明确目标、制定规划、加大投入，集中力量办好关系全局、影响长远的大事。

（一）确保国家粮食安全。粮食安全任何时候都不能放松，必须长抓不懈。加快构建供给稳定、储备充足、调控有力、运转高效的粮食安全保障体系。把发展粮食生产放在现代农业建设的首位，稳定播种面积，优化品种结构，提高单产水平，不断增强综合生产能力。各地区都要明确和落实粮食发展目标，强化扶持政策，落实储备任务，分担国家粮食安全责任。抓紧实施粮食战略工程，推进国家粮食核心产区和后备产区建设，加快落实全国新增千亿斤粮食生产能力建设规划，以县为单位集中投入、整体开发，今年起组织实施。支持粮食生产的政策措施向主产区倾斜，建立主产区利益补偿制度，加大对产粮大县财政奖励和粮食产业建设项目扶持力度，加快实现粮食增产、农民增收、财力增强相协调，充分调动农民种粮、地方抓粮的积极性。完善粮食风险基金政策，逐步取消主产区资金配套。产销平衡区和主销区要加强产粮大县建设，确保区域内粮田面积不减少、粮食自给水平不下降。坚持放开市场，积极搞活流通，完善产销衔接。提高全社会节粮意识，强化从生产到消费全过程节粮措施。加强粮食领域国际交流合作，为改善全球粮食供给作出贡献。

（二）推进农业结构战略性调整。以市场需求为导向、科技创新为手段、质量效益为目标，构建现代农业产业体系。搞好产业布局规划，科学确定区域农业发展重点，形成优势突出和特色鲜明的产业带，引导加工、流通、储运设施建设向优势产区聚集。采取有力措施支持发展油料生产，提高食用植物油自给水平。鼓励和支持优势产区集中发展棉花、糖料、马铃薯等大宗产品，推进蔬菜、水果、茶叶、花卉等园艺产品集约化、设施化生产，因地制宜发展特色产业和乡村旅游业。加快发展畜牧业，支持规模化饲养，加强品种改良和疫病防控。推进水产健康养殖，扶持和壮大远洋渔业。发展林业产业，繁荣山区经济。发展农业产业化经营，促进农产品加工业结构升级，扶持壮大龙头企业，培育知名品牌。强化主要农产品生产大县财政奖励政策，完善农产品加工业发展税收支持政策。加强农业标准化和农产品质量安全工作，严格产地环境、投入品使用、生产过程、产品质量全程监控，切实落实农产品生产、收购、储运、加工、销售各环节的质量安全监管责任，杜绝不合格产品进入市场。支持发展绿色食品和有机食品，加大农产品注册商标和地理标志保护力度。加强海峡两岸农业合作。

（三）加快农业科技创新。农业发展的根本出路在科技进步。顺应世界科技发展潮流，着眼于建设现代农业，大力推进农业科技自主创新，加强原始创新、集成创新和引进消化吸收再创新，不断促进农业技术集成化、劳动过程机械化、生产经营信息化。加大农业科技投入，建立农业科技创新基金，支持农业基础性、前沿性科学研究，力争在关键领域和核心技术上实现重大突破。加强农业技术研发和集成，重点支持生物技术、良种培育、丰产栽培、农业节水、疫病防控、防灾减灾等领域科技创新，实施转基因生物新品种培育科技重大专项，尽快获得一批具有重要应用价值的优良品种。适应农业规模化、精准化、设施化等要求，加快开发多功能、智能化、经济型农业装备设施，重点在田间作业、设施栽培、健康养殖、精深加工、储运保鲜等环节取得新进展。推进农业信息服务技术发展，重点开发信息采集、精准作业和管理信息、农村远程数字化和可视化、气象预测预报和灾害预警等技术。深化科技体制改革，加快农业科技创新体系和现代农业产业技术体系建设，加强对公益性农业科研机构和农业院校的支持。依托重大农业科研项目、重点学科、科研基地，加强农业科技创新团队建设，培育农业科技高层次人才特别是领军人才。稳定和壮大农业科技人才队伍，加强农业技术推广普及，开展农民技术培训。加快农业科技成果转化，促进产学研、农科教结合，支持高等学校、科研院所同农民专业合作社、龙头企业、农户开展多种形式技术合作。继续办好国家农业高新技术产业示范区。发挥国有农场运用先进技术和建设现代农业的示范作用。

（四）加强农业基础设施建设。以农田水利为重点的农业基础设施是现代农业的重要物质条件。大规模实施土地整治，搞好规划、统筹安排、连片推进，加快中低产田改造，鼓励农民开展土壤改良，推广测土配方施肥和保护性耕作，提高耕地质量，大幅度增加高产稳产农田比重。搞好水利基础设施建设，加强大江大河大湖治理，集中建成一批大中型水利骨干工程，加快大中型灌区、排灌泵站配套改造、水源工程建设，力争二〇二〇年基本完成大型灌区续建配套和节水改造任务。加快病险水库除险加固，确保二〇一〇年底完成大中型和重点小型水库除险加固任务。创新投资机制，采取以奖代补等形式，鼓励和支持农民广泛开展小型农田水利设施、小流域综合治理等项目建设。推广节水灌溉，搞好旱作农业示范工程。支持农用工业发展，加快推进农业机械化。按照现代化水平高、覆盖范围广的要求，加强良种繁育体系和农产品批发市场网络建设，加快建设现代粮食物流体系和鲜活农产品冷链物流系统。

（五）建立新型农业社会化服务体系。建设覆盖全程、综合配套、便捷高效的社会化服务体系，是发展现代农业的必然要求。加快构建以公共服务机构为依托、合作经济组织为基础、龙头企业为骨干、其他社会力量为补充，公益性服务和经营性服务相结合、专项服务和综合服务相协调的新型农业社会化服务体系。加强农业公共服务能力建设，创新管理体制，提高人员素质，力争三年内在全国普遍健全乡镇或区域性农业技术推广、动植物疫病防控、农产品质量监管等公共服务机构，逐步建立村级服务站点。支持供销合作社、农民专业合作社、专业服务公司、专业技术协会、农民经纪人、龙头企业等提供多种形式的生产经营服务。开拓农村市场，推进农村流通现代化。健全农产品市场体系，完善农业信息收集和发布制度，发展农产品现代流通方式，减免运销环节收费，长期实行绿色通道政策，加快形成流通成本低、运行效率高的农产品营销网络。保障农用生产资料供应，整顿和规范农村市场秩序，严厉惩治坑农害农行为。

（六）促进农业可持续发展。按照建设生态文明的要求，发展节约型农业、循环农业、生态农业，加强生态环境保护。继续推进林业重点工程建设，延长天然林保护工程实施期限，完善政策、巩固退耕还林成果，开展植树造林，提高森林覆盖率。实施草原建设和保护工程，推进退牧还草，发展灌溉草场，恢复草原生态植被。强化水资源保护。加强水生生物资源养护，加大增殖放流力度。推进重点流域和区域水土流失综合防治，加快荒漠化石漠化治理，加强自然保护区建设。保护珍稀物种和种质资源，防范外来动植物疫病和有害物种入侵。多渠道筹集森林、草原、水土保持等生态效益补偿资金，逐步提高补偿标准。积极培育以非粮油作物为原料的生物质产业，推进农林副产品和废弃物能源化、资源化利用。推广节能减排技术，加强农村工业、生活污染和农业面源污染防治。

（七）扩大农业对外开放。坚持“引进来”和“走出去”相结合，提高统筹利用国际国内两个市场、两种资源能力，拓展农业对外开放广度和深度。按照鼓励出口劳动密集型和技术密集型产品、适度进口结构性短缺产品的原则，完善农产品进出口战略规划和调控机制，加强国际市场研究和信息服务。强化农产品进出口检验检疫和监管，提高出口优势产品附加值和质量安全水平。引导外商投资发展现代农业。健全符合世界贸易组织规则的外商经营农产品和农业生产资料准入制度，建立外资并购境内涉农企业安全审查机制。统筹开展对外农业合作，培育农业跨国经营企业，逐步建立农产品国际产销加工储运体系。积极参与国际农产品贸易规则和标准制定，促进形成公平合理的贸易秩序。

五、加快发展农村公共事业，促进农村社会全面进步

建设社会主义新农村，形成城乡经济社会发展一体化新格局，必须扩大公共财政覆盖农村范围，发展农村公共事业，使广大农民学有所教、劳有所得、病有所医、老有所养、住有所居。

（一）繁荣发展农村文化。社会主义文化建设是社会主义新农村建设的重要内容和重要保证。坚持用社会主义先进文化占领农村阵地，满足农民日益增长的精神文化需求，提高农民思想道德素质。扎实开展社会主义核心价值体系建设，坚持用中国特色社会主义理论体系武装农村党员、教育农民群众，引导农民牢固树立爱国主义、集体主义、社会主义思想。推进广播电视村村通、文化信息资源共享、乡镇综合文化站和村文化室建设、农村电影放映、农家书屋等重点文化惠民工程，建立稳定的农村文化投入保障机制，尽快形成完备的农村公共文化服务体系。扶持农村题材文化产品创作生产，开展农民乐于参与、便于参与的文化活动，建立文化科技卫生“三下乡”长效机制，支持农民兴办演出团体和其他文化团体，引导城市文化机构到农村拓展服务。重视丰富农民工文化生活，帮助他们提高素质。广泛开展文明村镇、文明集市、文明户、志愿服务等群众性精神文明创建活动，倡导农民崇尚科学、诚信守法、抵制迷信、移风易俗，遵守公民基本道德规范，养成健康文明生活方式，形成男女平等、尊老爱幼、邻里和睦、勤劳致富、扶贫济困的社会风尚。加强农村文物、非物质文化遗产、历史文化名镇名村保护。发展农村体育事业，开展农民健身活动。

（二）大力办好农村教育事业。发展农村教育，促进教育公平，提高农民科学文化素质，培育有文化、懂技术、会经营的新型农民。巩固农村义务教育普及成果，提高义务教育质量，完善义务教育免费政策和经费保障机制，保障经济困难家庭儿童、留守儿童特别是女童平等就学、完成学业，改善农村学生营养状况，促进城乡义务教育均衡发展。加快普及农村高中阶段教育，重点加快发展农村中等职业教育并逐步实行免费。健全县域职业教育培训网络，加强农民技能培训，广泛培养农村实用人才。大力扶持贫困地区、民族地区农村教育。增强高校为农输送人才和服务能力，办好涉农学科专业，鼓励人才到农村第一线工作，对到农村履行服务期的毕业生代偿学费和助学贷款，在研究生招录和教师选聘时优先。保障和改善农村教师工资待遇和工作条件，健全农村教师培养培训制度，提高教师素质。健全城乡教师交流机制，继续选派城市教师下乡支教。发展农村学前教育、特殊教育、继续教育。加强远程教育，及时把优质教育资源送到农村。

（三）促进农村医疗卫生事业发展。基本医疗卫生服务关系广大农民幸福安康，必须尽快惠及全体农民。巩固和发展新型农村合作医疗制度，提高筹资标准和财政补助水平，坚持大病住院保障为主、兼顾门诊医疗保障。完善农村医疗救助制度。坚持政府主导，整合城乡卫生资源，建立健全农村三级医疗卫生服务网络，重点办好县级医院并在每个乡镇办好一所卫生院，支持村卫生室建设，向农民提供安全价廉的基本医疗服务。加强农村卫生人才队伍建设，定向免费培养培训农村卫生人才，妥善解决乡村医生补贴，完善城市医师支援农村制度。坚持预防为主，扩大农村免费公共卫生服务和免费免疫范围，加大地方病、传染病及人畜共患病防治力度。加强农村药品配送和监管。积极发展中医药和民族医药服务。广泛开展爱国卫生运动，重视健康教育。加强农村妇幼保健，逐步推行住院分娩补助政策。坚持计划生育的基本国策，推进优生优育，稳定农村低生育水平，完善和落实计划生育奖励扶助制度，有效治理出生人口性别比偏高问题。

（四）健全农村社会保障体系。贯彻广覆盖、保基本、多层次、可持续原则，加快健全农村社会保障体系。按照个人缴费、集体补助、政府补贴相结合的要求，建立新型农村社会养老保险制度。创造条件探索城乡养老保险制度有效衔接办法。做好被征地农民社会保障，做到先保后征，使被征地农民基本生活长期有保障。完善农村最低生活保障制度，加大中央和省级财政补助力度，做到应保尽保，不断提高保障标准和补助水平。全面落实农村五保供养政策，确保供养水平达到当地村民平均生活水平。完善农村受灾群众救助制度。落实好军烈属和伤残病退伍军人等优抚政策。发展以扶老、助残、救孤、济困、赈灾为重点的社会福利和慈善事业。发展农村老龄服务。加强农村残疾预防和残疾人康复工作，促进农村残疾人事业发展。

（五）加强农村基础设施和环境建设。把农村建设成为广大农民的美好家园，必须切实改善农民生产生活条件。科学制定乡镇村庄建设规划。加快农村饮水安全工程建设，五年内解决农村饮水安全问题。加强农村公路建设，确保“十一五”期末基本实现乡镇通油（水泥）路，进而普遍实现行政村通油（水泥）路，逐步形成城乡公交资源相互衔接、方便快捷的客运网络。推进农村能源建设，扩大电网供电人口覆盖率，推广沼气、秸秆利用、小水电、风能、太阳能等可再生能源技术，形成清洁、经济的农村能源体系。实施农村清洁工程，加快改水、改厨、改厕、改圈，开展垃圾集中处理，不断改善农村卫生条件和人居环境。推进广电网、电信网、互联网“三网融合”，积极发挥信息化为农服务作用。发展农村邮政服务。健全农村公共设施维护机制，提高综合利用效能。

（六）推进农村扶贫开发。搞好新阶段扶贫开发，对确保全体人民共享改革发展成果具有重大意义，必须作为长期历史任务持之以恒抓紧抓好。完善国家扶贫战略和政策体系，坚持开发式扶贫方针，实现农村最低生活保障制度和扶贫开发政策有效衔接。实行新的扶贫标准，对农村低收入人口全面实施扶贫政策，把尽快稳定解决扶贫对象温饱并实现脱贫致富作为新阶段扶贫开发的首要任务。重点提高农村贫困人口自我发展能力，对没有劳动力或劳动能力丧失的贫困人口实行社会救助。加大对革命老区、民族地区、边疆地区、贫困地区发展扶持力度。继续开展党政机关定点扶贫和东西扶贫协作，充分发挥企业、学校、科研院所、军队和社会各界在扶贫开发中的积极作用。加强反贫困领域国际交流合作。

（七）加强农村防灾减灾能力建设。我国农村自然灾害多、受灾地域广、防灾抗灾力量弱，必须切实加强农村防灾减灾工作。加强灾害性天气、地质灾害、地震监测预警，提高监测水平，完善处置预案，加强专业力量建设，提高应急救援能力，宣传普及防灾减灾知识，提高灾害处置能力和农民避灾自救能力。加强防洪排涝抗旱设施和监测预警能力建设，加快农村危房改造，提高农村道路、供电、供水、通信设施抗灾保障能力，提高农村学校、医院等公共设施建筑质量，落实安全标准和责任。全力做好汶川地震灾区农村恢复重建工作，加大投入，对口支援，发动群众，加快受灾农户住房重建，搞好农业生产设施重建，尽早恢复农业生产和农村经济。采取综合措施，促进灾区生态环境尽快修复并不断改善。

（八）强化农村社会管理。坚持服务农民、依靠农民，完善农村社会管理体制机制，加强农村社区建设，保持农村社会和谐稳定。健全党和政府主导的维护农民权益机制，拓宽农村社情民意表达渠道，做好农村信访工作，加强人民调解，及时排查化解矛盾纠纷。农村广大干部要进村入户做好下访工作，切实把矛盾和问题解决在基层、化解在萌芽状态。深入开展平安创建活动，加强农村政法工作，推进农村警务建设，实行群防群治，搞好社会治安综合治理。建立健全农村应急管理体制，提高危机处置能力。巩固和发展平等团结互助和谐的社会主义民族关系。全面贯彻党的宗教工作基本方针，依法管理宗教事务。反对和制止利用宗教、宗族势力干预农村公共事务，坚决取缔邪教组织，严厉打击黑恶势力。

六、加强和改善党的领导，为推进农村改革发展提供坚强政治保证

推进农村改革发展，关键在党。要把党的执政能力建设和先进性建设作为主线，以改革创新精神全面推进农村党的建设，认真开展深入学习实践科学发展观活动，增强各级党组织的创造力、凝聚力、战斗力，不断提高党领导农村工作水平。

（一）完善党领导农村工作体制机制。强化党委统一领导、党政齐抓共管、农村工作综合部门组织协调、有关部门各负其责的农村工作领导体制和工作机制。各级党委和政府要坚持把农村工作摆上重要议事日程，在政策制定、工作部署、财力投放、干部配备上切实体现全党工作重中之重的战略思想，加强对农村改革发展理论和实践问题的调查研究，坚持因地制宜、分类指导，创造性地开展工作。党委和政府主要领导要亲自抓农村工作，省市县党委要有负责同志分管农村工作，县（市）党委要把工作重心和主要精力放在农村工作上。加强党委农村工作综合部门建设，建立职能明确、权责一致、运转协调的农业行政管理体制。注重选好配强县乡党政领导班子特别是主要负责人。坚持和完善“米袋子”省长负责制、“菜篮子”市长负责制。完善体现科学发展观和正确政绩观要求的干部考核评价体系，把粮食生产、农民增收、耕地保护、环境治理、和谐稳定作为考核地方特别是县（市）领导班子绩效的重要内容。支持人大、政协履行职能，发挥民主党派、人民团体和社会组织积极作用，共同推进农村改革发展。

（二）加强农村基层组织建设。党的农村基层组织是党在农村工作的基础。以领导班子建设为重点、健全党组织为保证、三级联创活动为载体，把党组织建设成为推动科学发展、带领农民致富、密切联系群众、维护农村稳定的坚强领导核心。改革和完善农村基层组织领导班子选举办法，抓好以村党组织为核心的村级组织配套建设，领导和支持村委会、集体经济组织、共青团、妇代会、民兵等组织和乡镇企业工会组织依照法律法规和章程开展工作。创新农村党的基层组织设置形式，推广在农村社区、农民专业合作社、专业协会和产业链上建立党组织的做法。加强农民工中党的工作。健全城乡党的基层组织互帮互助机制，构建城乡统筹的基层党建新格局。抓紧村级组织活动场所建设，两年内覆盖全部行政村。

（三）加强农村基层干部队伍建设。建设一支守信念、讲奉献、有本领、重品行的农村基层干部队伍，对做好农村工作至关重要。着力拓宽农村基层干部来源，提高他们的素质，解除他们的后顾之忧，调动他们的工作积极性。注重从农村致富能手、退伍军人、外出务工返乡农民中选拔村干部。引导高校毕业生到村任职，实施一村一名大学生计划。鼓励党政机关和企事业单位优秀年轻干部到村帮助工作。加大从优秀村干部中考录乡镇公务员和选任乡镇领导干部力度。探索村党组织书记跨村任职。通过财政转移支付和党费补助等途径，形成农村基层组织建设、村干部报酬和养老保险、党员干部培训资金保障机制。整合培训资源，广泛培训农村基层干部，增强他们带领农民建设社会主义新农村的本领。扎实推进农村党员干部现代远程教育，两年内实现全国乡村网络基本覆盖。

（四）加强农村党员队伍建设。巩固和发展先进性教育活动成果，做好发展党员工作，改进党员教育管理，增强党员意识，建设高素质农村党员队伍。扩大党内基层民主，尊重党员主体地位，保证党员按照党章规定履行义务、行使权利。组织农村党员学习党的理论和路线方针政策、法律法规、实用技术。广泛开展党员设岗定责、依岗承诺、创先争优等活动。关心爱护党员，建立健全党内激励、关怀、帮扶机制，增强党组织的亲和力。加强和改进流动党员管理，建立健全城乡一体党员动态管理机制。加大在优秀青年农民中发展党员力度。探索发展党员新机制，不断提高发展党员质量。

（五）加强农村党风廉政建设。大力发扬党的优良传统和作风，密切党群干群关系，是做好农村改革发展工作的重要保证。坚持教育、制度、监督、改革、纠风、惩治相结合，推进农村惩治和预防腐败体系建设。以树立理想信念和加强思想道德建设为基础，深入开展反腐倡廉教育，弘扬求真务实、公道正派、艰苦奋斗的作风，筑牢党员、干部服务群众、廉洁自律的思想基础。以规范和制约权力运行为核心，全面推进政务公开、村务公开、党务公开，健全农村集体资金、资产、资源管理制度，做到用制度管权、管事、管人。以维护农民权益为重点，围绕党的农村政策落实情况加强监督检查，切实纠正损害农民利益的突出问题，严肃查处涉农违纪违法案件。广大党员、干部要坚持权为民所用、情为民所系、利为民所谋，关心群众疾苦，倾听群众呼声，集中群众智慧，讲实话、办实事、求实效，坚决反对形式主义、官僚主义，努力创造实实在在的业绩。

实现全面建设小康社会的宏伟目标，最艰巨最繁重的任务在农村，最广泛最深厚的基础也在农村。全党同志要紧密团结在以胡锦涛同志为总书记的党中央周围，锐意改革，加快发展，在推进中国特色社会主义伟大事业进程中努力开创农村工作新局面！

中国共产党党和国家机关基层组织工作条例

（中发［1998］5号 1998年3月30日）

第一章 总 则

第一条 为了加强、改进党和国家机关党的工作，充分发挥机关基层党组织（以下简称机关党组织）的作用，根据《中国共产党章程》和党内有关规定，结合机关工作实际，制定本条例。

第二条 机关党组织以马克思列宁主义、毛泽东思想、邓小平理论为指导，紧紧围绕党的基本路线，结合本部门的工作任务和特点，加强党的思想、组织和作风建设，加强党内监督，坚持从严治党，充分发挥党的思想政治优势、组织优势和密切联系群众的优势，促进本部门各项工作任务的完成，为改革开放和社会主义现代化建设服务。

第三条 机关党组织协助行政负责人完成任务，改进工作，对包括行政负责人在内的每个党员进行监督。

第四条 机关党组织在上级党的委员会或党的机关工作委员会领导下工作，同时接受本部门党组的指导。

第二章 党组织的设置

第五条 机关党员100人以上的，设立党的基层委员会。党员不足100人的，因工作需要，经上级党组织批准，也可以设立党的基层委员会。党的基层委员会由党员大会或者党员代表大会选举产生。地级以上机关党的基层委员会，每届任期4年；县级机关党的基层委员会，每届任期3年。

第六条 机关党员50人以上的，设立党的总支部委员会。党员不足50人的，因工作需要，经上级党组织批准，也可以设立党的总支部委员会。党的总支部委员会由党员大会选举产生，每届任期3年。

第七条 机关正式党员3人以上的，成立党的支部。党员7人以上的党的支部，设立支部委员会，支部委员会由党员大会选举产生；党员不足7人的党的支部，不设支部委员会，由党员大会选举支部书记1人，必要时增选副书记1人。党的支部委员会和不设支部委员会的支部书记、副书记，每届任期2年。

第八条 机关党的基层委员会、总支部委员会、支部委员会书记、副书记通过选举产生，报上级党组织批准。

书记一般应由本部门党员行政负责人兼任，也可以由同级党员干部专任。党员人数和直属单位较多的机关党的基层委员会，设专职副书记。专职书记、副书记在任期内调动，应事先征得上级机关党组织的同意。

第九条 设立机关党的基层委员会的部门，一般应设立机关党的纪律检查委员会。不设机关党的纪律检查委员会的部门，机关党的基层委员会中应设立纪律检查委员。

第十条 机关党组织根据工作需要，本着精干、高效和有利于加强党的工作的原则，设置办事机构，配备必要的工作人员。

机关党组织的活动经费，列入行政经费预算。

第三章 党组织的职责

第十一条 机关党的基层委员会（含不设党的基层委员会的总支部委员会、支部委员会）的主要职责是：

（一）宣传和执行党的路线、方针、政策，宣传和执行党中央、上级组织和本组织的决议，发挥党组织的战斗堡垒作用和党员的先锋模范作用，支持和协助行政负责人完成本单位所担负的任务。

（二）组织党员认真学习马克思列宁主义、毛泽东思想、邓小平理论和党的路线、方针、政策以及决议，学习科学、文化和业务知识。

（三）对党员进行严格管理，督促党员履行义务，保障党员的权利不受侵犯。

（四）对党员进行监督，严格执行党的纪律，加强党风廉政建设，坚决同腐败现象作斗争。

（五）做好机关工作人员的思想政治工作，推进机关社会主义精神文明建设；了解、反映群众的意见，维护群众的正当权益，帮助群众解决实际困难。

（六）对入党积极分子进行教育、培养和考察，做好发展党员工作。

（七）协助党组（党委）管理机关党组织和群众组织的干部；配合干部人事部门对机关行政领导干部进行考核和民主评议；对机关行政干部的任免、调动和奖惩提出意见和建议。

（八）领导机关工会、共青团、妇委会等群众组织，支持这些组织依照各自的章程独立负责地开展工作。

（九）按照党组织的隶属关系，领导直属单位党的工作。

第十二条 机关党的纪律检查委员会的主要职责是：

（一）维护党的章程和其他党内法规，对党员进行遵纪守法教育。

（二）检查党组织和党员贯彻执行党的路线、方针、政策和决议的情况。

（三）协助机关党的基层委员会加强党风廉政建设。

（四）检查、处理党组织和党员违反党的章程和其他党内法规的案件，按照有关规定，决定或取消对这些案件中的党员的处分。

（五）受理党员的控告和申诉。

第四章 党员的教育、管理和发展

第十三条 机关党组织应对党员进行马克思列宁主义、毛泽东思想、邓小平理论的教育，党的基本路线和党的基本知识教育，组织、引导党员努力学习和掌握社会主义市场经济知识、科学文化知识、法律知识和各种业务知识，使党员不断增强党性，提高素质。

第十四条 严格党的组织生活，增强党内生活的原则性，健全党内生活制度。按期召开民主生活会，认真开展批评与自我批评。经常分析党内思想状况，加强党员思想教育。认真开展民主评议党员工作，表彰优秀党员，严肃处置不合格党员。

第十五条　严格按照坚持标准、保证质量、改善结构、慎重发展的方针和有关规定发展党员。

第五章　党内监督

第十六条　机关党内监督的目的是：保证党员认真执行党的路线、方针、政策和国家的法律、法规，维护党的团结和统一，维护和执行党的纪律，保持党的先进性和纯洁性，增强党组织的凝聚力和战斗力。

第十七条　机关党组织对党员特别是党员领导干部监督的主要内容是：

（一）能否执行党的基本路线和各项方针、政策，执行党中央、上级组织和本组织的决议，与党中央保持一致，维护党中央的权威。

（二）能否参加所在党的支部的组织生活，履行党员义务，完成党组织分配的工作任务。

（三）能否贯彻党的民主集中制，实行民主科学决策。

（四）能否坚持实事求是，认真调查研究，讲实话，办实事，求实效。

（五）能否尽职尽责，努力工作，密切联系群众，全心全意为人民服务，正确行使人民赋予的权力。

（六）能否坚持干部队伍革命化、年轻化、知识化、专业化的方针和德才兼备的原则以及有关规定，做好干部工作。

（七）能否廉洁自律，模范遵纪守法，严格按照制度办事，遵守职业道德和社会公德。

（八）能否坚持原则，敢于同各种错误倾向和违纪违法行为作斗争。

第十八条　机关党组织实施监督的主要方法是：

（一）定期检查党员参加组织生活的情况，并向全体党员通报；党员领导干部参加所在党的支部组织生活的情况，应向上级党组织报告。

（二）督促定期开好党员领导干部民主生活会。会前，收集党员、群众对党员领导干部的意见，如实转告本人或者在会上报告；会后，监督党员领导干部根据党内外群众提出的主要意见进行整改，并将执行民主生活会制度、开展批评与自我批评的情况和生活会上反映出的主要问题，如实向上级党组织报告。

（三）不是部门党组（党委）成员的机关党组织专职书记或者副书记，列席本部门党员领导干部民主生活会和党组（党委）以及行政负责人召开的有关会议。

（四）了解并掌握机关党员以及领导干部的思想、作风和工作情况，及时向本部门党组（党委）反映。对于群众意见较大的党员干部，要及时谈话提醒。揭露和按照有关规定查处党组织和党员的违纪行为。

（五）每年至少召开一次机关党员干部大会，听取本部门行政负责人通报主要工作情况。

（六）做好群众来信来访工作。

（七）如实向上级党组织反映本部门党员领导干部的思想、作风和工作情况。

第六章　思想政治工作

第十九条　机关党组织要围绕党和国家的重要工作部署以及本部门的业务工作，针对机关工作人员思想情况，做好思想政治工作。

第二十条 机关党组织在思想政治工作方面的职责是：

（一）加强机关以及直属单位领导班子和领导干部的思想政治建设。

（二）对机关工作人员进行思想政治教育。针对机关工作人员的思想政治状况，做好经常性的思想政治工作。

（三）指导机关工会、共青团、妇委会等群众组织根据各自的特点开展思想政治工作。

（四）定期向部门党组（党委）和行政负责人汇报机关思想政治工作情况，提出改进工作的意见和建议。

第二十一条 机关党组织应对机关工作人员进行党的基本理论、基本路线和方针政策教育，形势和任务教育，职业道德教育，帮助机关工作人员树立正确的世界观、人生观、价值观，增强全局观念、法制观念和服务意识，转变工作作风，更好地为基层服务，为群众服务。

第二十二条 思想政治工作要联系实际，与解决实际问题相结合。思想政治工作要区别不同对象，采取多种方式，增强工作实效。党员行政领导干部要重视并带头做好思想政治工作。

第七章 党务工作人员队伍建设

第二十三条 机关专职党务工作人员的配备，一般占机关工作人员总数的1—2%；机关工作人员较少或者直属单位和人员较多的部门，可以适当增加比例。机关专职党务工作人员的编制，列入机关行政编制。兼职的党务工作人员，要认真负责地做好党务工作。

第二十四条 机关党务工作人员应具备的基本条件是：党性强，作风正，有一定的马克思主义理论水平和党务工作知识，熟悉本部门的业务工作情况，得到群众信任，工作能力较强，具有敬业、奉献精神。

第二十五条 对机关党务工作人员进行培训，全面提高他们的政治和业务素质。培训要理论联系实际，讲求实效。

第二十六条 本着有利于优化结构、增强活力、相对稳定、合理流动的原则，有组织、有计划地安排党务工作人员与行政、业务工作人员之间的双向交流。

第八章 对机关党的基层组织工作的领导和指导

第二十七条 在中央直属机关、中央国家机关和省、自治区、直辖市直属机关分别设立党的机关工作委员会，领导直属机关党的工作。同时，设立党的纪律检查工作委员会，在上级党的纪律检查委员会和党的机关工作委员会的领导下，领导直属机关党的纪律检查工作。

省、自治区所辖的市和直辖市的区根据工作需要，也可以设立党的机关工作委员会和党的纪律检查工作委员会。

第二十八条 部门党组指导机关党组织工作的主要方法是：

（一）把机关党的工作列入党组工作议程，定期讨论、研究，提出指导性意见，发挥机关党组织在完成本部门各项任务中的协助和监督作用。

（二）通过机关党组织了解机关工作人员的思想情况，以及对重要决策和领导干部廉洁自律等方面的反映和意见。支持机关党组织对党员特别是党员领导干部进行监督。

（三）加强机关党组织领导班子和党务工作人员队伍建设。按照有关规定，解决机关党组织的工作机构设置、人员编制、经费等问题。

（四）党组成员以身作则，支持并积极参加机关党的活动，发挥表率作用。

第二十九条　各级地方党委、机关工委和部门党组（党委）要建立机关党的工作责任制，加强对机关党的工作的领导和指导。地方党委、部门党组（党委）主要负责同志要带头做好机关党的工作。

第九章　附　则

第三十条　本条例适用于县以上各级党的机关、人大机关、行政机关、政协机关、审判机关、检察机关以及人民团体机关的党组织。

第三十一条　中共中央直属机关工作委员会、中共中央国家机关工作委员会和省、自治区、直辖市党的委员会可以根据本条例，结合实际制定实施办法。

第三十二条　本条例由中共中央组织部负责解释。

第三十三条　本条例自下发之日起施行。

中国共产党农村基层组织工作条例

（中发［1999］5号 1999年2月13日）

第一章 总 则

第一条 为了加强和改进党的农村基层组织建设，加强和改善党对农村工作的领导，推动农村经济发展和社会进步，保证党在农村改革和发展目标的实现，根据《中国共产党章程》制定本条例。

第二条 乡镇党的委员会（以下简称乡镇党委）和村党支部（含总支、党委，下同）是党在农村的基层组织，是党在农村全部工作和战斗力的基础，是乡镇、村各种组织和各项工作的领导核心。

第三条 党的农村基层组织必须以马克思列宁主义、毛泽东思想、邓小平理论为指导，贯彻党的路线方针政策，坚持党要管党和从严治党，努力成为团结带领群众建设有中国特色社会主义新农村的坚强战斗堡垒。

第二章 组织设置

第四条 乡镇应当设立党的基层委员会。乡镇党委由党员大会或者党员代表大会选举产生。

第五条 有正式党员3名以上的村，应当成立党支部；不足3名的，可与邻近村联合成立党支部。党员人数超过50名的村，或党员人数虽不足50名，但村办企业具备成立党支部条件的村，因工作需要，可以成立党的总支部。党员人数100名以上的村，根据工作需要，经县级地方党委批准，可以成立党的基层委员会；村党委受乡镇党委领导。

村党支部、总支部和党的基层委员会由党员大会选举产生。

第六条 县以上有关部门驻乡镇的单位，应当根据党员人数和工作需要建立党的基层组织。这些党组织，除中央另有规定的以外，受乡镇党委领导。

第七条 乡镇工作机构设置和人员配备，应当坚持精干高效，加强服务，密切联系群众的原则，严格执行上级的有关规定。村干部误工补贴人数和标准的确定，应当从实际出发，从严掌握。

第三章 职责任务

第八条 乡镇党委的主要职责是：

（一）贯彻执行党的路线方针政策和上级党组织及本乡镇党员代表大会（党员大会）的决议。

（二）讨论决定本乡镇经济建设和社会发展中的重大问题。需由乡镇政权机关或集体经济组织决定的问题，由乡镇政权机关或集体经济组织依照法律和有关规定作出决定。

（三）领导乡镇政权机关和群众组织，支持和保证这些机关和组织依照国家法律法规及各自章程充分行使职权。

（四）加强乡镇党委自身建设和以党支部为核心的村级组织建设。

（五）按照干部管理权限，负责对干部的教育、培养、选拔和监督工作。协助管理上级有关部门驻乡镇单位的干部。

（六）领导本乡镇的社会主义民主法制建设和精神文明建设，做好社会治安综合治理及计划生育工作。

第九条　村党支部的主要职责是：

（一）贯彻执行党的路线方针政策和上级党组织及本村党员大会的决议。

（二）讨论决定本村经济建设和社会发展中的重要问题。需由村民委员会、村民会议或集体经济组织决定的事情，由村民委员会、村民会议或集体经济组织依照法律和有关规定作出决定。

（三）领导和推进村级民主选举、民主决策、民主管理、民主监督，支持和保障村民依法开展自治活动。领导村民委员会、村集体经济组织和共青团、妇代会、民兵等群众组织，支持和保证这些组织依照国家法律法规及各自章程充分行使职权。

（四）搞好支部委员会的自身建设，对党员进行教育、管理和监督。

负责对要求入党的积极分子进行教育和培养，做好发展党员工作。

（五）负责村、组干部和村办企业管理人员的教育管理和监督。

（六）搞好本村的社会主义精神文明建设和社会治安、计划生育工作。

第十条　党员人数较多的村党支部，可以划分若干党小组。党小组在支部委员会领导下开展工作，组织党员学习和参加组织生活，检查党员履行义务、行使权利和执行支部委员会、党员大会决议的情况，反映党员、群众的意见和要求。

第四章　经济建设

第十一条　党的农村基层组织应当加强对经济工作的领导，坚持以经济建设为中心，深化农村改革，发展农村经济，增加农民收入，减轻农民负担，提高农民生活水平。

（一）坚持以公有制为主体、多种所有制经济共同发展的基本经济制度，以家庭承包经营为基础、统分结合的经营制度，以劳动所得为主和按生产要素分配相结合的分配制度。

（二）稳定发展粮食生产，积极发展多种经营和乡镇企业。发展多种经营要同支持和促进粮食生产相结合。发展乡镇企业要从实际出发，同促进农副产品流通和建设小城镇相结合。

（三）加强以水利为重点的农业基本建设，改善农业生态环境，实现农业可持续发展。

（四）领导制定本地经济发展规划，组织、动员各方面力量保证规划实施。

村党支部领导和支持集体经济组织管理集体资产，协调利益关系，组织生产服务和集体资源开发，逐步壮大集体经济实力。

（五）组织党员、群众学习农业科学技术知识，应用科技发展经济。

第五章　精神文明建设

第十二条　党的农村基层组织应当制定社会主义精神文明建设规划，保证社会主义物质文明建设和精神文明建设协调发展，促进农村经济和社会的全面进步。

第十三条 对群众进行爱国主义、集体主义和社会主义教育，党的基本路线和方针政策教育，思想道德和民主法制教育，引导农民正确处理国家、集体、个人三者之间的利益关系，培养有理想、有道德、有文化、有纪律的新型农民。

第十四条 搞好村镇规划，改善村镇面貌，创造文明卫生的生活环境；加强农村文化设施建设，开展健康有益的文体活动；改善办学条件，普及义务教育；开展创建文明村镇、文明户活动，破除封建迷信，移风易俗，树立社会主义新风尚。

第十五条 加强思想政治工作。宣传好人好事，弘扬正气。了解群众的思想状况，帮助解决群众的实际困难，及时疏导和化解人民内部矛盾，保持农村社会稳定。

第六章 干部队伍和领导班子建设

第十六条 不断提高农村基层干部队伍的素质。农村基层干部要认真学习马克思列宁主义、毛泽东思想特别是邓小平理论，坚决贯彻党的基本路线和党在农村的方针政策，坚持全心全意为人民服务的根本宗旨，增强带领群众发展经济、搞好两个文明建设的本领。

第十七条 加强农村基层干部队伍的思想作风建设。坚持实事求是，不准虚假浮夸；坚持依法办事，不准违法乱纪；坚持艰苦奋斗，不准奢侈浪费；坚持说服教育，不准强迫命令；坚持廉洁奉公，不准以权谋私。

第十八条 党的农村基层组织的领导班子，应当由认真贯彻执行党的路线方针政策，清正廉洁，公道正派，群众拥护，能够带领群众完成各项任务的党员组成。乡镇党委书记还应具有一定的理论和政策水平，较强的组织协调能力，熟悉党务工作和农村工作。村党支部书记还应具备一定的政策水平，善于做群众工作。

应当重视培养选拔优秀年轻干部，改善领导班子的结构。

第十九条 领导班子应当贯彻党的思想路线。反映情况，安排工作，决定问题，必须实事求是，一切从实际出发，说实话、办实事、求实效。

第二十条 领导班子应当贯彻党的群众路线。决定重大事情要同群众商量，布置工作任务要向群众讲清道理；经常听取群众意见，不断改进工作；关心群众生活，维护群众的合法权益，切实减轻群众负担。

第二十一条 领导班子应当贯彻党的民主集中制。坚持集体领导和个人分工负责相结合的制度。凡属重要问题，必须经过集体讨论决定，不允许个人或者少数人说了算。书记要敢于负责，有民主作风，善于发挥每个委员的作用。委员要积极参与和维护集体领导，主动做好分工负责的工作。

第二十二条 乡镇党委和村党支部委员会每半年召开一次以开展批评与自我批评为主要内容的组织生活会，接受党员和群众的监督。

第七章 党员队伍建设

第二十三条 农村党员应当在社会主义物质文明和精神文明建设中发挥先锋模范作用，带头执行党和国家的各项政策，带领群众共同致富。

第二十四条 党的农村基层组织应当组织党员学习马克思列宁主义、毛泽东思想特别是邓小平理论，学习党的基本知识和科学文化知识、社会主义市场经济知识、法律法规知识。

党员教育应当坚持理论联系实际，适合农村特点，贴近党员思想，采取多种形式。发挥乡镇党校、党员活动室和党员电化教育的作用。

乡镇党委每年应当对党员分期分批进行集中培训一次。

第二十五条　严格党的组织生活。村党支部每月应当开展一次党员活动，包括学习党的文件，上党课，召开组织生活会等。

第二十六条　坚持和完善民主评议党员制度。对优秀党员，要进行表彰；对不合格党员，要依照有关规定，分别采取教育帮助、限期改正、劝其退党、党内除名等方式进行严肃处置。

第二十七条　尊重和保障党员的各项权利，教育和监督党员履行义务。要使党员对党内事务有更多的了解和参与。要组织开展党员联系户等活动，给党员分配适当的社会工作和群众工作，为党员发挥作用创造条件。

第二十八条　加强和改进对外出党员的教育和管理。对外来党员，有关党组织应当及时将他们编入党的支部和小组，组织他们参加党的活动。

第二十九条　严格执行党的纪律。经常向党员进行遵纪守法教育。党员违犯党的纪律，应当及时严肃查处。处分党员必须按照党章和有关规定进行。对受到党的纪律处分的，要加强教育，帮助他们改正错误。

第三十条　按照坚持标准、保证质量、改善结构、慎重发展的方针和有关规定，做好发展党员工作。注意吸收优秀青年、妇女入党。

村级党组织发展党员必须经过乡镇党委审批。

第八章　附　则

第三十一条　省、自治区、直辖市党委可以根据本条例，结合本地区情况制定实施细则。

第三十二条　本条例由县（市）党委负责实施。

第三十三条　本条例由中共中央组织部负责解释。

第三十四条　本条例自发布之日起施行。

中国共产党发展党员工作细则（试行）

（中组发［1990］3号　1990年8月1日）

第一章　总　则

第一条　中国共产党是中国工人阶级的先锋队。为了切实保证新发展的党员质量，保持党组织的先进性和纯洁性，提高党的战斗力，依据《中国共产党章程》的规定，制订本细则。

第二条　党的基层组织要把吸收具有共产主义觉悟的先进分子入党，作为一项经常性的重要工作。

第三条　发展党员工作，要从贯彻党的基本路线的要求出发，坚持标准，保证质量，有领导、有计划地进行。

第四条　发展党员必须坚持入党自愿的原则和个别吸收的原则，成熟一个，发展一个。禁止突击发展，反对关门主义。

第二章　对要求入党的积极分子的培养教育

第五条　党组织要通过宣传党的政治主张和深入细致的思想政治工作，提高党外群众对党的认识，不断扩大要求入党的积极分子队伍。

第六条　党组织要对要求入党的积极分子进行马克思列宁主义、毛泽东思想基本理论的教育，党的基本知识和党的基本路线的教育，以及党的优良传统和作风的教育，使他们懂得党的性质、纲领、指导思想、宗旨、任务、组织原则和纪律，懂得党员的义务和权利，帮助他们端正入党动机，确立为共产主义事业奋斗终身的信念。

第七条　党组织要指定一至两名正式党员做要求入党的积极分子的培养联系人，并采取吸收他们听党课、参加党内有关活动，给他们分配一定的社会工作，以及定期培训等方法，对他们进行培养和教育。

第八条　党支部每半年要对要求入党的积极分子进行一次考察。基层党委每年要对要求入党的积极分子队伍的状况作一次分析。针对存在的问题，采取改进的措施。

要求入党的积极分子调动工作时，调出单位党组织应将培养、教育的有关材料，转给调入单位党组织。

第九条　要求入党的积极分子经过一年以上培养教育后，在听取党小组、培养联系人和党内外群众意见的基础上，经支委会（不设支委会的支部大会）讨论同意，可列为发展对象。

第十条　党组织要对要求入党的积极分子的本人历史和政治表现进行了解。确定为发展对象后，要进行政治审查。政治审查的主要内容是：对党的路线、方针、政策的态度；本人的政治历史和在重大政治斗争中的表现；直系亲属和与本人关系密切的主要社会关系的政治情况。政治审查要形成综合性的政审材料。

政治审查的基本方法是：同本人谈话、查阅有关档案材料、找有关单位和人员了解，以及必要的函调或外调。在听取本人介绍和查阅有关材料后，情况清楚的可不再函调或外调。

凡没有经过政治审查的，不能发展入党。

第十一条　基层党委要对发展对象进行短期集中培训。时间一般为五至七天（或不少于四十个学时）。主要学习《中国共产党章程》、《关于党内政治生活的若干准则》等文件。中央组织部组织局编写的《入党教材》，可作为学习辅导材料。

因客观原因不能集中进行培训的，党组织应安排他们学习指定的文件，并搞好辅导。

没有经过培训的，除个别特殊情况外，不能发展入党。

第三章　预备党员的接收

第十二条　接收预备党员必须严格按照党章规定的程序办理。

第十三条　申请入党的人要有两名正式党员作介绍人。入党介绍人一般由培养联系人担任，也可由发展对象自己约请，或由党组织指定。

受留党察看处分尚未恢复党员权利或尚在缓期登记期间的党员，不能做入党介绍人。

第十四条　入党介绍人的主要任务是：

1. 向被介绍人解释党的纲领、章程，说明党员的条件、义务和权利。认真了解被介绍人的入党动机、政治觉悟、思想品质、本职工作表现、经历等情况，如实向党组织汇报。

2. 指导被介绍人填写《入党志愿书》，并认真填写自己的意见。向支部大会负责地介绍被介绍人的情况。

3. 被介绍人批准为预备党员以后，继续对他进行教育帮助。

第十五条　发展对象填写《入党志愿书》，须经上级党组织同意。支委会要对发展对象填写的《入党志愿书》和有关情况进行严格审查，经集体讨论认为合格后，再提交支部大会讨论。

第十六条　在接收预备党员的支部大会上，申请人应汇报对党的认识、入党动机、本人履历，以及需向党组织说明的问题。支委会要向大会报告对申请人审议的情况。与会党员要对申请人能否入党进行充分的讨论，并采取举手或无记名投票的方式进行表决。赞成人数超过应到会有表决权的正式党员的半数，才能通过接收预备党员的决议。因故不能到会的党员正式向支部提出书面意见的，应统计在票数内。

支部大会讨论两个以上的人入党时，必须逐个讨论和表决。

第十七条　党支部要及时将支部大会决议填写在《入党志愿书》上，连同本人入党申请书、政审材料、培养教育和考察的材料，报上级党委审批。

第十八条　预备党员必须由党委（工委，下同）审批。

党总支不能审批预备党员，但要对支部大会通过接收的预备党员进行审议。县以上党委直接领导的独立单位的党总支和大型厂矿企业、大专院校直属的分厂、分校党总支，经县以上党委授权，可以审批党员（需注明是授权的）。

临时党支部、临时党委无权接收、审批预备党员。党组不能审批预备党员。

第十九条　党委审批前，要指派专人（党委委员或组织员）对《入党志愿书》和有关材料进行审查，广泛听取党内外群众的意见，并同申请人进行谈话，作进一步的考察。谈话人应将谈话的情况和自己对申请人能否入党的意见，如实填写在《入党志愿书》上，并向党委汇报。

第二十条 党委审批预备党员，必须集体讨论、表决决定。

党委主要审议申请人是否具备党员条件，入党手续是否完备。申请人符合党员条件、入党手续完备的，可批准其为预备党员。党委审批的意见要填写在《入党志愿书》上，注明预备期的起止时间，并通知报批的党支部。党支部应及时通知本人并在党员大会上宣布。对未被批准入党的，也要通知党支部和本人，做好思想工作。

党委会审批两个以上的人入党时，应逐个审议和表决。

第二十一条 党委对党支部上报的接收预备党员的决议，必须在三个月内审批。如遇特殊情况可适当延长审批时间，但不得超过六个月。凡无故超过规定时间而未予审批的，应追究有关人员的责任。

第四章 预备党员的教育、考察和转正

第二十二条 党组织应及时将上级党委批准的预备党员编入党支部和党小组。通过党的组织生活和实际工作锻炼，对他们继续进行教育和考察。

第二十三条 预备党员必须面对党旗进行宣誓。入党宣誓仪式，一般由基层党委或党支部（党总支）组织进行。上级党组织应派人参加由党支部举行的宣誓仪式。

第二十四条 党组织要通过听取本人汇报、个别谈心、集中培训等方式，对预备党员进行教育和考察。党支部每季度要讨论一次，发现问题要及时同本人谈话。

预备党员调动工作时，调出单位党组织应将教育、考察的情况，认真负责地介绍给调入单位党组织。

第二十五条 预备党员预备期满后，党支部应按时讨论其能否转为正式党员。具备党员条件的，按期转正；不完全具备条件、需进一步教育和考察的，可延长一次预备期，延长时间不能少于半年，最长不超过一年；不具备党员条件的，应取消其预备党员资格。

按期转正，延长预备期，取消预备党员资格，都必须经支部大会讨论通过并报上级党委批准。

第二十六条 预备党员转正的手续是：本人提出书面转正申请；党小组提出意见；党支部征求党内外群众的意见；支委会审查；支部大会讨论、表决通过；报上级党委审批。

第二十七条 党委对党支部上报的预备党员转正的决议，应在三个月内讨论审批。审批结果应及时通知党支部。党支部书记要与本人谈话，并将审批结果在党员大会上宣布。

第二十八条 预备党员转正后，应将其《入党志愿书》、入党和转正申请书、自传、政审材料、教育考察的材料，交党委存入本人人事档案。无人事档案的，建立党员档案，由所在党委保存。

第五章 发展党员工作的领导和纪律

第二十九条 各级党委必须把发展党员工作列入重要议事日程，切实加强领导。对发展党员工作的情况，地（市）、县委每半年要检查一次，省、自治区、直辖市党委每年要检查一次。检查的结果要及时上报，并向下通报。

第三十条　各级党委组织部每年要向党委和上级党委的组织部门报告发展党员工作情况和发展党员工作计划。要如实反映带有倾向性的问题和对违反党章规定现象的查处情况。

第三十一条　县以上党委和组织部门要重视对组织员的选拔、配备和培训，充分发挥他们在发展党员工作中的作用。

第三十二条　各级党组织对发展党员工作中出现的违纪问题，一定要严肃查处。违反党章规定而被吸收入党的，不予承认，并在支部大会上公布。上级党组织要对有关责任者批评教育，违犯党纪的应给予必要的纪律处分。

第六章　附　则

第三十三条　本细则自 1990 年 9 月 1 日起试行。过去有关发展党员工作的规定和解释，凡与本细则不一致的，均以本细则规定为准。

中共中央关于加强党同人民群众联系的决定

（1990年3月12日中国共产党第十三届中央委员会第六次全体会议通过）

（一）人民群众是我们党的力量源泉和胜利之本。能否始终保持和发展同人民群众的血肉联系，直接关系到党和国家的盛衰兴亡。

中国共产党是马克思列宁主义、毛泽东思想武装起来的全心全意为人民服务的工人阶级先锋队。我们党的性质、宗旨和指导思想，决定了党必须把为人民谋利益作为自己全部活动的出发点和归宿。党在长期斗争中创造和发展起来的一切为了群众，一切依靠群众，从群众中来到群众中去的群众路线，是实现党的思想路线、政治路线、组织路线的根本工作路线，是中国共产党的优良传统和政治优势。历史经验反复证明，什么时候党的群众路线执行得好，党群关系密切，我们的事业就顺利发展；什么时候党的群众路线执行得不好，党群关系受到损害，我们的事业就遭受挫折。我们党执政以后，有了更多更好的为人民服务的条件。由于地位的变化，现在又实行改革开放，发展商品经济，如果不能正确地运用权力，如果不能自觉抵制资产阶级和其他剥削阶级腐朽思想的侵蚀，就会滋长脱离群众的危险。全党同志必须时刻警惕这种危险，经受住执政和改革开放的考验，努力保持和发展党同群众的密切联系。

现在，我们党和国家正处在一个历史发展的关键时期。我们要更好地贯彻执行党的基本路线，推进社会主义现代化建设，深化经济、政治体制改革，扩大对外开放，实现到本世纪末国民生产总值再翻一番的战略目标，巩固和完善社会主义制度，挫败国内外反共反社会主义势力的和平演变活动，任务十分繁重艰巨。党只有支持和领导人民群众当家作主，行使管理国家事务和社会事务的权利，充分发挥历史主动精神，才能胜利完成这些任务。我们党同群众的关系、干部同群众的关系总的说是好的。但是，这些年来在一些党员干部中也滋长了官僚主义、主观主义、形式主义、个人主义和以权谋私等腐败现象，有的发展到相当严重的地步。我们必须坚决克服各种脱离群众的弊病，大力加强党风建设，进一步密切党同群众的联系，增强党的凝聚力和战斗力，团结一切可以团结的力量共同奋斗，这对于实现党所肩负的历史任务，具有重大而深远的意义。

（二）我们党要密切同人民群众的联系，领导人民群众胜利前进，首要的问题是必须保证决策和决策的执行符合人民的利益。

十一届三中全会以来，我们党制定并执行了一条建设有中国特色的社会主义的路线和一系列重大方针政策，国家实力大为增强，人民生活明显改善，广大群众基本上是满意的。但在具体工作指导和某些具体政策措施上，也有缺点和失误。积多年正反两方面的经验，要保证决策正确，执行有效，必须坚持从群众中来到群众中去，建立和健全民主的、科学的决策和执行程序。

（1）制定政策措施，拟制工作计划，决定重大事项，务必以马克思主义为指导，走群众路线，充分调查研究，广泛听取各方面意见，反复比较、鉴别和论证。有的重大决策在实施前还需要经过试点。

（2）党委在决策过程中要严格执行民主集中制原则，充分发扬民主，认真倾听不同意见，在民主讨论的基础上实行正确的集中。重大问题的决定，要实行表决。个人有不同意见，允许保留，但必须服从和执行集体的决定。

（3）决策作出之后，领导机关和领导干部要结合实际情况带头贯彻执行，绝不能政出多门，各行其是。有关国家事务的重大决策，要经过人大和政府通过法律程序变成国家意志，党组织和党员都要严格依法办事。在决策执行中，要紧紧依靠群众，并不断接受实践的检验，及时总结经验，补充完善，纠正偏差，防止酿成大错误。遇有重大问题，应提出处理意见，及时向上报告。

要重视和加强决策研究、决策咨询机构的工作，发挥它们的参谋作用。

（三）各级领导干部必须经常深入基层，深入群众，扎扎实实工作，把党的路线、方针、政策落到实处。

正确的认识只能来源于群众的实践，正确的决策只有变成群众的自觉行动才能实现。现在，有的领导干部高高在上，满足于发号施令，工作漂浮，不务实事；有的对党的决定敷衍应付，做表面文章；有的弄虚作假，报喜不报忧，听喜不听忧；有的精神不振，无所用心，不去了解基层情况，不关心群众的疾苦。这些不良作风，严重脱离群众，贻误党的事业，必须痛下决心加以改变。

（1）领导要坚持一般号召与个别指导结合、点面结合的工作方法。每年要拿出一定的时间，蹲点调查，解剖“麻雀”，从群众中汲取智慧和营养，推动面上的工作。要及时发现先进人物和先进典型，总结群众在现代化建设和改革开放中创造的新鲜经验，教育、鼓舞、引导群众前进。

（2）县以上机关要根据各自的工作特点和实际需要，组织在职干部采取专题调查、解决突出问题、挂职锻炼等多种形式轮流下基层，并制定计划，形成制度，长期坚持。领导干部每年下基层的时间，由各地区、各部门根据实际情况确定，要特别注意到艰苦的地方、困难的地方和问题多的地方去。大中型企业领导干部，要经常下车间、班组和职工宿舍了解情况，听取生产第一线职工群众的意见，采纳他们的合理化建议。

（3）干部下基层，务必讲求实效，切忌形式主义。要真正和群众打成一片，以平等态度对待群众，甘当小学生，不许妄自尊大；深入了解真实情况，如实向上反映，不许弄虚作假；遇事同当地干部群众商量，多办实事，关心群众疾苦；宣传党的政策，做思想政治工作；适当参加生产劳动；不许用公款吃喝，不许收受礼物，不许增加基层和群众的负担。党组织要教育下基层的干部自觉遵守这些规定，并进行检查监督，对做得好的要表扬，对违反的要批评，情节严重的要严肃处理。

（4）对严重脱离群众，给工作造成重大损失，引起群众强烈不满的领导干部，要就地免职或给予纪律处分。

（四）从中央到地方，各级党委都要在深化政治体制改革中，推进社会主义民主和法制建设，积极疏通和拓宽党同人民群众联系的渠道。

（1）人民代表大会制度是我国的根本政治制度。党要加强在人民代表大会中的工作，进一步发挥人大作为权力机关的作用，加强人大及其常委会的立法和监督职能。人大中的党组织和人大代表中的党员，要密切联系非党代表和广大群众，经常了解他们的意见和要求。

（2）加强共产党领导的多党合作和政治协商制度的建设，密切同各民主党派和各族各界人士的联系，坚持重大问题同他们协商，切实保障民主党派成员和无党派人士参政议政和进行民主监督的权利。

（3）充分发挥工会、共青团、妇联和其它群众团体在加强党同群众联系中的桥梁、纽带作用，经常听取它们的情况反映和建议。

（4）努力开辟和创造联系群众的新渠道、新形式，以利更加广泛、深入、及时地听取群众的意见、要求和批评。

（5）鼓励群众反映真实情况。对正确的意见要虚心接受和采纳，能解决的问题要及时解决，对不同的意见要认真考虑，做不到的要据实说明，对不正确的意见也要作出解释并加以引导。不允许对群众的意见采取听而不闻、视而不见、文过饰非、敷衍塞责等错误态度，更不允许压制批评、打击报复。

（6）领导干部要在工人、农民、知识分子和其他群众中结交一些敢于反映真实情况的朋友。通过他们，可以听到群众的心里话，听到基层干部的呼声，发现处于萌芽状态的问题。

（五）坚定不移地加强廉政建设，继续发扬艰苦奋斗精神，克服党内存在的消极腐败现象。这是改善党群关系，保证我们事业立于不败之地的战略措施。

我们党的大多数干部是廉洁奉公、勤政为民的。在反对腐败问题上，党同人民群众是站在一起的。我们在这方面已经做了不少工作，取得了成效，但问题还不少，有的还很严重，不能丝毫懈怠。在改革开放、发展商品经济的条件下，共产党员更加需要自觉保持清正廉洁，坚决反对腐败行为。如果听任腐败现象蔓延，党就有走向自我毁灭的危险。

今明两年，一定要在以下几个方面切实抓出成效：

（1）继续认真落实党中央、国务院《关于近期做几件群众关心的事的决定》和各地区、各部门作出的有关规定，已经做到的要坚持下去，没有做到的要抓紧做到，再犯的要加重处理。

（2）各级党委要支持纪检机关、监察部门经常检查党员干部和党员遵纪守法的情况，严肃处理利用职权敲诈勒索、索贿受贿、贪污盗窃、私分公款公物，以及党政机关党员干部违法违纪建私房等问题。查明事实后，要区分不同情况，给予经济处罚，纪律处分，触犯刑律的要交由司法部门依法惩处。所有从事纪检、监察、公安、审判、检察等工作的共产党员，必须秉公执纪执法，严禁徇私枉法。

（3）继续抓紧查处大案要案。群众反映强烈的案件，应公布处理结果。任何人都不得利用职权干扰查处工作。

（4）各级经济管理部门、监督部门、公用事业部门和政法部门的党组织，要同行政领导一起，大力加强行业廉政建设和职业道德教育。要采用领导与群众相结合的办法，坚决刹住行业不正之风，认真解决乱收费、乱摊派、乱罚款问题。要支持行政机关和公用事业部门在直接同群众利益相关的问题上，继续推行公开办事章程、公开办事结果、加强群众监督的制度。同时建立健全内部制约机制，堵塞漏洞。

（5）提拔和任用干部，必须严格按党的原则和规定程序办理，广泛听取群众意见。违反中央规定，任人唯亲，结帮营私，搞不正之风的，要坚决查处，并追究有关领导的责任。要抓紧建立领导干部交流制度和回避制度，并严格执行。

加强廉政建设，从中央到地方，各级领导干部都要严于律己，一级带一级，一级抓一级。各省、自治区、直辖市党委和中央各部委、中央国家机关各部委党组，要对本地区、本部门党内存在的腐败现象，在充分调查了解的基础上，作出如实的估计和分析，提出解决的步骤、办法和措施。各地区、各部门今年底要将克服腐败现象的进展情况向中央作一次专门报告。党的各级纪律检查委员会、各级党委组织部要会同国家各级监察部门，具体负责督促检查。

（六）对各级领导机关和领导干部必须加强监督。要建立和完善党内监督与党外监督，自上而下的监督与自下而上的监督的制度。

各级党组织和党的所有干部都要接受监督。领导层次和领导职位越高的越要自觉接受监督，绝不允许有特殊党员。

（1）建议全国人大常委会拟定实行工作监督和法律监督的监督法，国务院制定行政监督法规。中央纪律检查委员会要会同中央组织部拟定党内监督条例。

（2）各级党组织要十分重视群众来信来访。对于群众反映的情况，要认真研究分析，区别情况，正确处理。需要查处的，应提交或责成有关机关查证核实处理。凡涉及领导干部的重要案件，要按照干部管理权限和有关规定，由相应机关负责查办，严禁压置不理、层层照转、互相推诿、不了了之。

（3）县以上党员领导干部，要自觉执行过双重组织生活的规定。领导干部在民主生活会上，要坚持原则，认真开展批评与自我批评，互相帮助，互相监督。要坚持和完善民主评议领导干部的制度。

（4）充分发挥舆论监督的作用。对于违背党的路线、方针、政策和违反国家法律的行为，对于严重侵犯群众利益的现象，党委要支持舆论机关按照有关规定予以揭露和批评。党报要及时准确地反映群众的意见和要求，正确引导社会舆论。

（5）中央和各省、自治区、直辖市党委，可根据需要向各地、各部门派出巡视工作小组，授以必要的权力，对有关问题进行督促检查，直接向中央和省、区、市党委报告情况。这项工作，可吸收有经验、有威望的老同志参加。

（七）党的基层组织和广大党员，都要联系群众，宣传群众，组织群众，充分发挥战斗堡垒作用和先锋模范作用。

党的路线、方针、政策最终要通过基层党组织和党员在群众中的工作贯彻落实。所有基层党组织和党员，都要带头执行党的路线、方针、政策和国家的法律。无论做什么事，都要向群众进行正确的宣传解释，使群众真正理解它的意义、做法以及同自己利益的关系，齐心协力去办。要关心群众的生活和进步，做好群众的思想政治工作。共产党员要吃苦在前，享受在后。遇到损害群众利益的现象要挺身而出，坚决斗争。当个人和小团体的利益同国家和人民利益发生矛盾时，要自觉服从国家和人民的利益。

企业党组织要同行政领导一起，把全心全意依靠工人阶级的方针落到实处，尊重职工的主人翁地位，维护职工的民主权利，支持职代会依法行使各项职权，充分发挥职代会参与企业决策、管理和监督干部的作用，充分发挥职工在发展生产、加强管理和合理分配中的作用。农村党组织要积极带领群众勤劳致富、共同致富，坚持和完善联产承包责任制，发展服务体系，壮大集体经济，建设社会主义新农村。学校党组织要依靠和团结广大教职员工，认真贯彻执行党的教育方针，坚持把德育放在首位，努力培养有理想、有道德、有文化、有纪律的新人。各地基层党组织联系群众的好经验、好形式，要总结推广，不断完善，并针对现实生活提出的新课题，创造新的经验。

党的基层组织担负着繁重的任务，大多数是有战斗力的。十年来建设和改革的巨大成绩，是与基层党组织的辛勤工作分不开的。领导机关要面向基层，为基层着想，为基层服务。目前，农村、工厂、商店、街道、学校都有一些基层党组织软弱涣散，有的瘫痪半瘫痪，不能发挥应有作用，上级党组织要摸清情况，找准原因，采取有力措施，抓紧进行整顿，帮助改变面貌。

（八）在党内普遍深入地进行马克思主义群众观点和党的群众路线的再教育。

群众观点是马克思主义的基本观点。共产党员如何对待群众，是一个根本的立场问题，世界观问题，党性问题。要通过教育，使广大党员特别是各级领导干部懂得，历史活动是群众的事业，生机勃勃的创造性的社会主义是由人民群众自己创立的。要牢固树立人民群众是历史创造者的观点，向人民群众学习的观点，全心全意为人民服务的观点，干部的权力是人民赋予的观点，对党负责与对人民负责相一致的观点，党要依靠群众又要教育和引导群众前进的观点。这些重要观点，近几年来，有的被搞乱了，有的在一些党员干部中淡漠了。用这些观点武装全党同志，划清历史唯物主义和历史唯心主义的界限，是贯彻本决定各项内容，完成党的各项任务的思想保证。

各级党委要把进行马克思主义群众观点和党的群众路线的教育，同坚持四项基本原则、反对资产阶级自由化的教育结合起来，列入党员教育、干部培训和理论学习的规划。各级党校、干校要把这项教育作为重要课程列入教学计划。县以上领导干部要联系自己的思想和工作，有针对性地选学马列主义、毛泽东思想的有关内容和邓小平等同志的有关著作，学习党章和《关于党内政治生活的若干准则》等中央文件。要坚持理论联系实际的学风，把学习与实践结合起来，增强党性锻炼，改造世界观。坚持不懈地抓好这项工作，才有利于保证各级领导权真正掌握在忠于马克思主义、全心全意为人民服务、密切联系群众的人手里。

全体共产党员和党员干部，都要带头学习雷锋，一切为群众着想，做人民的公仆。

电视、广播、报刊要多宣传群众，充分反映广大工人、农民、知识分子、解放军指战员的创造性劳动、先进思想和模范事迹。领导同志的一般性活动和一般性工作会议，不作公开报道。

（九）各级党委要组织广大党员用整风精神学习和贯彻执行这个决定。

各地区、各部门都要根据各自的实际情况，制定贯彻本决定的细则和措施，认真实施。要力争今明两年在密切党群关系方面取得明显进步，实实在在地解决群众最关心而又有条件解决的问题。从今年起，每年年终总结工作，都要结合检查党群关系、干群关系中存在的问题，研究解决办法，开展批评与自我批评，考评干部，以利于不断改进领导作风和工作作风。我们的目标仍然是逐步造成又有集中又有民主，又有纪律又有自由，又有统一意志、又有个人心情舒畅、生动活泼的政治局面。

第2章 国家法律法规

中华人民共和国审计法

（1994年8月31日第八届全国人民代表大会常务委员会第九次会议通过 根据2006年2月28日第十届全国人民代表大会常务委员会第二十次会议《关于修改〈中华人民共和国审计法〉的决定》修正）

第一章 总 则

第一条 为了加强国家的审计监督，维护国家财政经济秩序，提高财政资金使用效益，促进廉政建设，保障国民经济和社会健康发展，根据宪法，制定本法。

第二条 国家实行审计监督制度。国务院和县级以上地方人民政府设立审计机关。

国务院各部门和地方各级人民政府及其各部门的财政收支，国有的金融机构和企业事业组织的财务收支，以及其他依照本法规定应当接受审计的财政收支、财务收支，依照本法规定接受审计监督。

审计机关对前款所列财政收支或者财务收支的真实、合法和效益，依法进行审计监督。

第三条 审计机关依照法律规定的职权和程序，进行审计监督。

审计机关依据有关财政收支、财务收支的法律、法规和国家其他有关规定进行审计评价，在法定职权范围内作出审计决定。

第四条 国务院和县级以上地方人民政府应当每年向本级人民代表大会常务委员会提出审计机关对预算执行和其他财政收支的审计工作报告。审计工作报告应当重点报告对预算执行的审计情况。必要时，人民代表大会常务委员会可以对审计工作报告作出决议。

国务院和县级以上地方人民政府应当将审计工作报告中指出的问题的纠正情况和处理结果向本级人民代表大会常务委员会报告。

第五条 审计机关依照法律规定独立行使审计监督权，不受其他行政机关、社会团体和个人的干涉。

第六条 审计机关和审计人员办理审计事项，应当客观公正，实事求是，廉洁奉公，保守秘密。

第二章 审计机关和审计人员

第七条 国务院设立审计署，在国务院总理领导下，主管全国的审计工作。审计长是审计署的行政首长。

第八条 省、自治区、直辖市、设区的市、自治州、县、自治县、不设区的市、市辖区的人民政府的审计机关，分别在省长、自治区主席、市长、州长、县长、区长和上一级审计机关的领导下，负责本行政区域内的审计工作。

第九条 地方各级审计机关对本级人民政府和上一级审计机关负责并报告工作，审计业务以上级审计机关领导为主。

第十条 审计机关根据工作需要，经本级人民政府批准，可以在其审计管辖范围内设立派出机构。

派出机构根据审计机关的授权，依法进行审计工作。

第十一条 审计机关履行职责所必需的经费，应当列入财政预算，由本级人民政府予以保证。

第十二条 审计人员应当具备与其从事的审计工作相适应的专业知识和业务能力。

第十三条 审计人员办理审计事项，与被审计单位或者审计事项有利害关系的，应当回避。

第十四条 审计人员对其在执行职务中知悉的国家秘密和被审计单位的商业秘密，负有保密的义务。

第十五条 审计人员依法执行职务，受法律保护。

任何组织和个人不得拒绝、阻碍审计人员依法执行职务，不得打击报复审计人员。

审计机关负责人依照法定程序任免。审计机关负责人没有违法失职或者其他不符合任职条件的情况的，不得随意撤换。

地方各级审计机关负责人的任免，应当事先征求上一级审计机关的意见。

第三章 审计机关职责

第十六条 审计机关对本级各部门（含直属单位）和下级政府预算的执行情况和决算以及其他财政收支情况，进行审计监督。

第十七条 审计署在国务院总理领导下，对中央预算执行情况和其他财政收支情况进行审计监督，向国务院总理提出审计结果报告。

地方各级审计机关分别在省长、自治区主席、市长、州长、县长、区长和上一级审计机关的领导下，对本级预算执行情况和其他财政收支情况进行审计监督，向本级人民政府和上一级审计机关提出审计结果报告。

第十八条 审计署对中央银行的财务收支，进行审计监督。

审计机关对国有金融机构的资产、负债、损益，进行审计监督。

第十九条 审计机关对国家的事业组织和使用财政资金的其他事业组织的财务收支，进行审计监督。

第二十条 审计机关对国有企业的资产、负债、损益，进行审计监督。

第二十一条 对国有资本占控股地位或者主导地位的企业、金融机构的审计监督，由国务院规定。

第二十二条 审计机关对政府投资和以政府投资为主的建设项目的预算执行情况和决算，进行审计监督。

第二十三条 审计机关对政府部门管理的和其他单位受政府委托管理的社会保障基金、社会捐赠资金以及其他有关基金、资金的财务收支，进行审计监督。

第二十四条　审计机关对国际组织和外国政府援助、贷款项目的财务收支，进行审计监督。

第二十五条　审计机关按照国家有关规定，对国家机关和依法属于审计机关审计监督对象的其他单位的主要负责人，在任职期间对本地区、本部门或者本单位的财政收支、财务收支以及有关经济活动应负经济责任的履行情况，进行审计监督。

第二十六条　除本法规定的审计事项外，审计机关对其他法律、行政法规规定应当由审计机关进行审计的事项，依照本法和有关法律、行政法规的规定进行审计监督。

第二十七条　审计机关有权对与国家财政收支有关的特定事项，向有关地方、部门、单位进行专项审计调查，并向本级人民政府和上一级审计机关报告审计调查结果。

第二十八条　审计机关根据被审计单位的财政、财务隶属关系或者国有资产监督管理关系，确定审计管辖范围。

审计机关之间对审计管辖范围有争议的，由其共同的上级审计机关确定。

上级审计机关可以将其审计管辖范围内的本法第十八条第二款至第二十五条规定的审计事项，授权下级审计机关进行审计；上级审计机关对下级审计机关审计管辖范围内的重大审计事项，可以直接进行审计，但是应当防止不必要的重复审计。

第二十九条　依法属于审计机关审计监督对象的单位，应当按照国家有关规定建立健全内部审计制度；其内部审计工作应当接受审计机关的业务指导和监督。

第三十条　社会审计机构审计的单位依法属于审计机关审计监督对象的，审计机关按照国务院的规定，有权对该社会审计机构出具的相关审计报告进行核查。

第四章　审计机关权限

第三十一条　审计机关有权要求被审计单位按照审计机关的规定提供预算或者财务收支计划、预算执行情况、决算、财务会计报告，运用电子计算机储存、处理的财政收支、财务收支电子数据和必要的电子计算机技术文档，在金融机构开立账户的情况，社会审计机构出具的审计报告，以及其他与财政收支或者财务收支有关的资料，被审计单位不得拒绝、拖延、谎报。

被审计单位负责人对本单位提供的财务会计资料的真实性和完整性负责。

第三十二条　审计机关进行审计时，有权检查被审计单位的会计凭证、会计账簿、财务会计报告和运用电子计算机管理财政收支、财务收支电子数据的系统，以及其他与财政收支、财务收支有关的资料和资产，被审计单位不得拒绝。

第三十三条　审计机关进行审计时，有权就审计事项的有关问题向有关单位和个人进行调查，并取得有关证明材料。有关单位和个人应当支持、协助审计机关工作，如实向审计机关反映情况，提供有关证明材料。

审计机关经县级以上人民政府审计机关负责人批准，有权查询被审计单位在金融机构的账户。

审计机关有证据证明被审计单位以个人名义存储公款的，经县级以上人民政府审计机关主要负责人批准，有权查询被审计单位以个人名义在金融机构的存款。

第三十四条　审计机关进行审计时，被审计单位不得转移、隐匿、篡改、毁弃会计凭证、会计账簿、财务会计报告以及其他与财政收支或者财务收支有关的资料，不得转移、隐匿所持有的违反国家规定取得的资产。

审计机关对被审计单位违反前款规定的行为，有权予以制止；必要时，经县级以上人民政府审计机关负责人批准，有权封存有关资料和违反国家规定取得的资产；对其中在金融机构的有关存款需要予以冻结的，应当向人民法院提出申请。

审计机关对被审计单位正在进行的违反国家规定的财政收支、财务收支行为，有权予以制止；制止无效的，经县级以上人民政府审计机关负责人批准，通知财政部门和有关主管部门暂停拨付与违反国家规定的财政收支、财务收支行为直接有关的款项，已经拨付的，暂停使用。

审计机关采取前两款规定的措施不得影响被审计单位合法的业务活动和生产经营活动。

第三十五条 审计机关认为被审计单位所执行的上级主管部门有关财政收支、财务收支的规定与法律、行政法规相抵触的，应当建议有关主管部门纠正；有关主管部门不予纠正的，审计机关应当提请有权处理的机关依法处理。

第三十六条 审计机关可以向政府有关部门通报或者向社会公布审计结果。

审计机关通报或者公布审计结果，应当依法保守国家秘密和被审计单位的商业秘密，遵守国务院的有关规定。

第三十七条 审计机关履行审计监督职责，可以提请公安、监察、财政、税务、海关、价格、工商行政管理等机关予以协助。

第五章 审计程序

第三十八条 审计机关根据审计项目计划确定的审计事项组成审计组，并应当在实施审计三日前，向被审计单位送达审计通知书；遇有特殊情况，经本级人民政府批准，审计机关可以直接持审计通知书实施审计。

被审计单位应当配合审计机关的工作，并提供必要的工作条件。

审计机关应当提高审计工作效率。

第三十九条 审计人员通过审查会计凭证、会计账簿、财务会计报告，查阅与审计事项有关的文件、资料，检查现金、实物、有价证券，向有关单位和个人调查等方式进行审计，并取得证明材料。

审计人员向有关单位和个人进行调查时，应当出示审计人员的工作证件和审计通知书副本。

第四十条 审计组对审计事项实施审计后，应当向审计机关提出审计组的审计报告。审计组的审计报告报送审计机关前，应当征求被审计对象的意见。被审计对象应当自接到审计组的审计报告之日起十日内，将其书面意见送交审计组。审计组应当将被审计对象的书面意见一并报送审计机关。

第四十一条 审计机关按照审计署规定的程序对审计组的审计报告进行审议，并对被审计对象对审计组的审计报告提出的意见一并研究后，提出审计机关的审计报告；对违反国家规定的财政收支、财务收支行为，依法应当给予处理、处罚的，在法定职权范围内作出审计决定或者向有关主管机关提出处理、处罚的意见。

审计机关应当将审计机关的审计报告和审计决定送达被审计单位和有关主管机关、单位。审计决定自送达之日起生效。

第四十二条　上级审计机关认为下级审计机关作出的审计决定违反国家有关规定的，可以责成下级审计机关予以变更或者撤销，必要时也可以直接作出变更或者撤销的决定。

第六章　法律责任

第四十三条　被审计单位违反本法规定，拒绝或者拖延提供与审计事项有关的资料的，或者提供的资料不真实、不完整的，或者拒绝、阻碍检查的，由审计机关责令改正，可以通报批评，给予警告；拒不改正的，依法追究责任。

第四十四条　被审计单位违反本法规定，转移、隐匿、篡改、毁弃会计凭证、会计账簿、财务会计报告以及其他与财政收支、财务收支有关的资料，或者转移、隐匿所持有的违反国家规定取得的资产，审计机关认为对直接负责的主管人员和其他直接责任人员依法应当给予处分的，应当提出给予处分的建议，被审计单位或者其上级机关、监察机关应当依法及时作出决定，并将结果书面通知审计机关；构成犯罪的，依法追究刑事责任。

第四十五条　对本级各部门（含直属单位）和下级政府违反预算的行为或者其他违反国家规定的财政收支行为，审计机关、人民政府或者有关主管部门在法定职权范围内，依照法律、行政法规的规定，区别情况采取下列处理措施：

（一）责令限期缴纳应当上缴的款项；

（二）责令限期退还被侵占的国有资产；

（三）责令限期退还违法所得；

（四）责令按照国家统一的会计制度的有关规定进行处理；

（五）其他处理措施。

第四十六条　对被审计单位违反国家规定的财务收支行为，审计机关、人民政府或者有关主管部门在法定职权范围内，依照法律、行政法规的规定，区别情况采取前条规定的处理措施，并可以依法给予处罚。

第四十七条　审计机关在法定职权范围内作出的审计决定，被审计单位应当执行。

审计机关依法责令被审计单位上缴应当上缴的款项，被审计单位拒不执行的，审计机关应当通报有关主管部门，有关主管部门应当依照有关法律、行政法规的规定予以扣缴或者采取其他处理措施，并将结果书面通知审计机关。

第四十八条　被审计单位对审计机关作出的有关财务收支的审计决定不服的，可以依法申请行政复议或者提起行政诉讼。

被审计单位对审计机关作出的有关财政收支的审计决定不服的，可以提请审计机关的本级人民政府裁决，本级人民政府的裁决为最终决定。

第四十九条　被审计单位的财政收支、财务收支违反国家规定，审计机关认为对直接负责的主管人员和其他直接责任人员依法应当给予处分的，应当提出给予处分的建议，被审计单位或者其上级机关、监察机关应当依法及时作出决定，并将结果书面通知审计机关。

第五十条　被审计单位的财政收支、财务收支违反法律、行政法规的规定，构成犯罪的，依法追究刑事责任。

第五十一条　报复陷害审计人员的，依法给予处分；构成犯罪的，依法追究刑事责任。

第五十二条 审计人员滥用职权、徇私舞弊、玩忽职守或者泄露所知悉的国家秘密、商业秘密的，依法给予处分；构成犯罪的，依法追究刑事责任。

第七章 附 则

第五十三条 中国人民解放军审计工作的规定，由中央军事委员会根据本法制定。

第五十四条 本法自 1995 年 1 月 1 日起施行。1988 年 11 月 30 日国务院发布的《中华人民共和国审计条例》同时废止。

中华人民共和国审计法实施条例

（国务院令第 231 号　1997 年 10 月 21 日）

第一章　总　则

第一条　根据《中华人民共和国审计法》（以下简称审计法）的规定，制定本条例。

第二条　审计是审计机关依法独立检查被审计单位的会计凭证、会计帐簿、会计报表以及其他与财政收支、财务收支有关的资料和资产，监督财政收支、财务收支真实、合法和效益的行为。

第三条　接受审计监督的财政收支，是指依照《中华人民共和国预算法》和国家其他有关规定，纳入预算管理的收入和支出，以及预算外资金的收入和支出。

接受审计监督的财务收支，是指国有的金融机构、企业事业单位以及国家规定应当接受审计监督的其他有关单位，按照国家有关财务会计制度的规定，办理会计事务、进行会计核算、实行会计监督的各种资金的收入和支出。

第四条　审计机关依照审计法和本条例以及其他有关法律、法规规定的职责、权限和程序进行审计监督。

审计机关以法律、法规和国家其他有关财政收支、财务收支的规定为审计评价和处理、处罚依据。

第五条　审计机关对预算执行情况进行审计监督的主要内容：

（一）各级人民政府财政部门按照本级人民代表大会批准的本级预算向本级各部门批复预算的情况、本级预算执行中调整情况和预算收支变化情况；

（二）预算收入征收部门依照法律、行政法规和国家其他有关规定征收预算收入情况；

（三）各级人民政府财政部门按照批准的年度预算和用款计划、预算级次和程序，拨付本级预算支出资金情况；

（四）国务院财政部门和县级以上地方各级人民政府财政部门依照法律、行政法规的规定和财政管理体制，拨付补助下级人民政府预算支出资金和办理结算情况；

（五）本级各部门执行年度支出预算和财政制度、财务制度以及相关的经济建设和事业发展情况，有预算收入上缴任务的部门和单位预算收入上缴情况；

（六）各级国库按照国家有关规定办理预算收入的收纳情况和预算支出的拨付情况；

（七）按照国家有关规定实行专项管理的预算资金收支情况；

（八）法律、法规规定的预算执行中的其他事项。

第六条　审计机关对其他财政收支情况进行审计监督的主要内容：

（一）各级人民政府财政部门依照法律、行政法规和国家其他有关规定，管理和使用预算外资金和财政有偿使用资金的情况；

（二）本级各部门依照法律、行政法规和国家其他有关规定，管理和使用预算外资金的情况；

（三）本级各部门决算和下级政府决算。

第二章　审计机关和审计人员

第七条　审计署在国务院总理领导下，主管全国的审计工作，履行审计法和国务院规定的职责。

地方各级审计机关在本级人民政府行政首长和上一级审计机关的领导下，负责本行政区域内的审计工作，履行法律、法规和本级人民政府规定的职责。

第八条　省、自治区人民政府设立的地区行政公署审计机关，对地区行政公署和省、自治区人民政府审计机关负责并报告工作，审计业务以省、自治区人民政府审计机关领导为主。

第九条　审计机关编制履行职责所必需的年度经费预算草案的依据：

（一）法律、法规；

（二）本级人民政府的决定和要求；

（三）审计机关的职责、任务和计划；

（四）定员定额标准；

（五）上一年度经费预算执行情况和本年度的变化因素。

审计机关履行职责所必需的经费预算，在本级预算中单独列项，由本级人民政府予以保证。

第十条　审计人员实行审计专业技术资格制度，具体办法按照国家有关规定执行。

审计机关根据工作需要，可以聘请具有与审计事项相关专业知识的人员参加审计工作。

第十一条　审计人员办理审计事项，遇有下列情形之一的，应当自行回避；被审计单位有权申请审计人员回避：

（一）与被审计单位负责人和有关主管人员之间有夫妻关系、直系血亲关系、三代以内旁系血亲以及近姻亲关系的；

（二）与被审计单位或者审计事项有经济利益关系的；

（三）与被审计单位或者审计事项有其他利害关系，可能影响公正执行公务的。

审计人员的回避，由审计机关负责人决定；审计机关负责人的回避，由本级人民政府或者上一级审计机关负责人决定。

第十二条　地方各级审计机关正职和副职负责人的任免，应当事先征求上一级审计机关的意见。

第十三条　审计机关负责人在任职期间没有下列情形之一的，不得随意撤换：

（一）因犯罪被追究刑事责任的；

（二）因严重违法失职受到行政处分，不适宜继续担任审计机关负责人的；

（三）因身体健康原因不能履行职责 1 年以上的；

（四）不符合国家规定的其他任职条件的。

第三章　审计机关职责

第十四条　审计机关对与本级人民政府财政部门直接发生预算缴款、拨款关系的国家机关、军队、政党组织和社会团体，依法进行审计监督；对与本级人民政府财政部门直接发生预算缴款、拨款关系的企业和事业单位，依法进行审计监督。

第十五条　接受审计监督的预算外资金，是指国家机关、事业单位和社会团体为履行或者代为履行政府职能，按照国家有关规定收取、提取和安排使用的未纳入预算管理的下列财政性资金：

（一）财政部门管理的未纳入预算的各项附加收入和筹集的其他资金、基金；

（二）行政机关和事业单位未纳入预算的各项行政收费和事业收费；

（三）政府有关主管部门从所属单位集中的上缴资金；

（四）未纳入预算管理的其他财政性资金、基金。

第十六条　审计机关应当在每一预算年度终了后，对预算执行情况和其他财政收支情况进行审计。必要时，审计机关可以对本预算年度或者以往预算年度财政收支中的有关事项进行审计、检查。

第十七条　审计机关对本级预算执行情况的审计结果报告，包括下列内容：

（一）财政部门具体组织本级预算执行的情况；

（二）本级预算收入征收部门组织预算收入的情况；

（三）本级国库办理预算收支业务的情况；

（四）审计机关对本级预算执行情况作出的审计评价；

（五）本级预算执行中存在的问题以及审计机关依法采取的措施；

（六）审计机关提出的处理意见和改进本级预算执行工作的建议；

（七）本级政府要求报告的其他情况。

第十八条　审计署对中央银行及其分支机构从事金融业务活动、履行金融监督管理职责所发生的各项财务收支，依法进行审计监督。

审计署向国务院总理提出的中央预算执行情况审计结果报告，应当包括中央银行的财务收支情况。

第十九条　审计机关对下列国有金融机构，依法进行审计监督：

（一）国家政策性银行；

（二）国有商业银行；

（三）国有非银行金融机构；

（四）国有资产占控股地位或者主导地位的银行或者非银行金融机构。

第二十条　审计机关对国有资产占控股地位或者主导地位的下列企业，依法进行审计监督：

（一）国有资本占企业资本总额的50%以上的企业；

（二）国有资本占企业资本总额的比例不足50%，但是国有资产投资者实质上拥有控制权的企业。

审计机关对前款所列企业的审计监督，除国务院另有规定外，比照审计法第二十条、第二十一条的规定执行。

第二十一条　接受审计监督的国家建设项目，是指以国有资产投资或者融资为主的基本建设项目和技术改造项目。

与国家建设项目直接有关的建设、设计、施工、采购等单位的财务收支，应当接受审计机关的审计监督。

第二十二条 审计机关应当对国家建设项目总预算或者概算的执行情况、年度预算的执行情况和年度决算、项目竣工决算，依法进行审计监督。

第二十三条 接受审计监督的社会保障基金，包括养老、医疗、工伤、失业、生育等社会保险基金，救济、救灾、扶贫等社会救济基金，以及发展社会福利事业的社会福利基金。

接受审计监督的社会捐赠资金，包括境内外企业、团体和个人捐赠用于社会公益事业的货币、有价证券和实物。

第二十四条 审计机关对国际组织和外国政府下列援助、贷款项目，依法进行审计监督：

（一）国际金融组织、外国政府及其机构向中国政府及其机构提供的贷款项目；

（二）国际组织、外国政府及其机构向中国企业事业单位提供的由中国政府及其机构担保的贷款项目；

（三）国际组织、外国政府及其机构向中国政府提供的援助和赠款项目；

（四）国际组织、外国政府及其机构向受中国政府委托管理有关基金、资金的社会团体提供的援助和赠款项目；

（五）利用国际组织和外国政府援助、贷款的其他项目。

第二十五条 审计机关进行专项审计调查时，应当向被调查的地方、部门、单位及有关人员出示专项审计调查的书面通知并说明有关情况；有关地方、部门、单位及有关人员应当接受调查，如实反映情况，提供有关资料。

第二十六条 审计机关根据被审计单位的财政、财务隶属关系，确定审计管辖范围；不能根据财政、财务隶属关系确定审计管辖范围的，根据国有资产监督管理关系，确定审计管辖范围。

两个或者两个以上国有资产投资主体投资的企业事业单位，由对主要投资主体有审计管辖权的审计机关进行审计监督。

第二十七条 各级审计机关应当按照确定的审计管辖范围进行审计监督和专项审计调查。

第四章 审计机关权限

第二十八条 审计机关依法进行审计监督时，被审计单位应当按照审计机关规定的期限和要求，向审计机关提供与财政收支或者财务收支有关的情况和资料。

被审计单位向审计机关提供的情况和资料，包括被审计单位在银行和非银行金融机构设立帐户的情况、委托社会审计机构出具的审计报告、验资报告、资产评估报告以及办理企业、事业单位合并、分立、清算事宜出具的有关报告等。

第二十九条 各级人民政府财政部门、税务部门和其他部门应当向本级审计机关报送下列资料：

（一）本级人民代表大会批准的本级预算和本级人民政府财政部门向本级各部门批复的预算，预算收入征收部门的年度收入计划，以及本级各部门向所属各单位批复的预算；

（二）本级预算收支执行和预算收入征收部门的收入计划完成情况月报、年报和决算，以及预算外资金收支决算和财政有偿使用资金收支情况；

（三）综合性财政税务工作统计年报，情况简报，财政、预算、税务、财务和会计等规章制度；

（四）本级各部门汇总编制的本部门决算草案。

第三十条　审计机关有权检查被审计单位运用电子计算机管理财政收支、财务收支的财务会计核算系统。被审计单位应当向审计机关提供运用电子计算机储存、处理的财政收支、财务收支电子数据以及有关资料。

第三十一条　审计机关就审计事项的有关问题向有关单位和个人进行调查时，有权查询被审计单位在金融机构的各项存款，并取得证明材料；有关金融机构应当予以协助，并提供证明材料。

审计机关查询被审计单位在金融机构的存款时，应当持县级以上审计机关负责人签发的查询通知书，并负有保密义务。

第三十二条　审计机关有根据认为被审计单位可能转移、隐匿、篡改、毁弃会计凭证、会计帐簿、会计报表以及其他与财政收支或者财务收支有关的资料的，有权采取取证措施；必要时，经审计机关负责人批准，有权暂时封存被审计单位与违反国家规定的财政收支或者财务收支有关的帐册资料。

第三十三条　审计机关依法进行审计监督时，被审计单位不得转移、隐匿所持有的下列违反国家规定取得的资产：

（一）弄虚作假骗取的财政拨款、银行贷款以及物资；

（二）违反国家规定享受国家补贴、补助、贴息、免息、减税、免税、退税等优惠政策取得的资产；

（三）违反国家规定向他人收取的款项、实物；

（四）违反国家规定处分国有资产取得的收益；

（五）违反国家规定取得的其他资产。

审计机关依照法定程序，可以通知对被审计单位资金拨付负有管理职责或者对其资金使用负有监督职责的部门，暂停拨付与违反国家规定的财政收支、财务收支行为直接有关的款项；已经拨付的，暂停使用。

第三十四条　审计机关依法进行审计监督时，发现被审计单位违反国家规定挪用、滥用或者非法使用贷款资金的，可以建议有关的国有金融机构采取保障贷款资金安全的相应措施。

第三十五条　审计机关可以就有关审计事项向政府有关部门通报审计结果，并可以就有关问题提出意见和建议。

审计机关可以向社会公布下列审计事项的审计结果：

（一）本级人民政府或者上级审计机关要求向社会公布的；

（二）社会公众关注的；

（三）法律、法规规定向社会公布的其他审计事项的审计结果。

第五章　审计程序

第三十六条　审计机关应当根据法律、法规和国家其他有关规定，按照本级人民政府和上级审计机关的要求，确定年度审计工作重点，编制年度审计项目计划。

第三十七条 审计机关依法实施审计时，可以直接送达审计文书，也可以邮寄送达审计文书。直接送达的，以被审计单位在回执上注明的签收日期为送达日期；邮寄送达的，以回执上注明的收件日期为送达日期。

第三十八条 审计人员实施审计时，应当按照以下规定办理：

（一）编制审计工作底稿，对审计中发现的问题，作出详细、准确的记录，并注明资料来源。

（二）搜集、取得能够证明审计事项的原始资料、有关文件和实物等；不能或者不宜取得原始资料、有关文件和实物的，可以采取复制、拍照等方法取得证明材料。

（三）对与审计事项有关的会议和谈话内容作出记录，或者根据审计工作需要，要求提供会议记录材料。

第三十九条 审计人员向有关单位和个人调查取得的证明材料，应当有提供者的签名或者盖章；不能取得提供者签名或者盖章的，审计人员应当注明原因。

第四十条 审计组向审计机关提出审计报告前，应当征求被审计单位意见。被审计单位应当自接到审计报告之日起10日内，提出书面意见；自接到审计报告10日内未提出书面意见的，视同无异议。

审计组应当审查被审计单位对审计报告的意见，进一步核实情况，根据所核实的情况对审计报告作必要修改，并将审计报告和被审计单位的书面意见一并报送审计机关。

第四十一条 审计组提出的审计报告，经审计机关专门机构或者人员复核后，由审计机关审定并按照以下规定办理：

（一）对没有违反国家规定的财政收支、财务收支行为的，应当对审计事项作出评价，出具审计意见书；对有违反国家规定的财政收支、财务收支行为，情节显著轻微的，应当予以指明并责令自行纠正，对审计事项作出评价，出具审计意见书。

（二）对有违反国家规定的财政收支、财务收支行为，需要依法给予处理、处罚的，除应当对审计事项作出评价，出具审计意见书外，还应当对违反国家规定的财政收支、财务收支行为，在法定职权范围内作出处理、处罚的审计决定。

（三）对违反国家规定的财政收支、财务收支行为，审计机关认为应当由有关主管机关处理、处罚的，应当作出审计建议书，向有关主管机关提出处理、处罚意见。

第四十二条 审计机关在审计中遇有损害国家利益和社会公共利益而处理、处罚依据又不明确的事项，应当向本级人民政府和上级审计机关报告。

第四十三条 审计机关作出审计决定后，送达被审计单位执行；审计决定需要有关主管部门协助执行的，应当制发协助执行审计决定通知书。

第四十四条 被审计单位应当执行审计决定，并将应当缴纳的款项按照财政管理体制和国家有关规定缴入专门帐户；依法没收的违法所得和罚款，全部缴入国库。

被审计单位或者协助执行的有关主管部门应当自审计决定生效之日起30日内，将审计决定的执行情况书面报告审计机关。

第四十五条 审计机关应当自审计决定生效之日起3个月内，检查审计决定的执行情况。被审计单位未按规定期限和要求执行审计决定的，审计机关应当责令执行；仍不执行的，申请人民法院强制执行。

第四十六条　对地方审计机关作出的审计决定不服的，应当先向上一级审计机关或者本级人民政府申请复议；对审计署作出的审计决定不服的，应当先向审计署申请复议。

审计机关应当自收到复议申请书之日起2个月内作出复议决定。遇有特殊情况的，作出复议决定的期限可以适当延长；但是，延长的期限最长不得超过2个月，并应当将延长的期限和理由及时通知复议申请人。

第四十七条　审计机关对办理的审计事项、审计调查事项、审计复议事项和审计应诉事项，应当按照国家有关规定建立、健全审计档案制度。

第四十八条　审计通知书、审计报告、审计意见书、审计决定等审计文书的内容和格式，由审计署规定。

第六章　法律责任

第四十九条　被审计单位违反审计法的规定，拒绝或者拖延提供与审计事项有关的资料的，或者拒绝、阻碍检查的，由审计机关责令改正，可以通报批评，给予警告；拒不改正的，按照下列规定追究责任：

（一）对被审计单位处以5万元以下的罚款；

（二）对被审计单位负有直接责任的主管人员和其他直接责任人员，审计机关认为应当给予行政处分或者纪律处分的，向有关部门、单位提出给予行政处分或者纪律处分的建议；

（三）构成犯罪的，依法追究刑事责任。

依照前款规定追究责任后，被审计单位仍须接受审计机关的审计监督。

第五十条　审计机关发现被审计单位转移、隐匿、篡改、毁弃会计凭证、会计帐簿、会计报表以及其他与财政收支或者财务收支有关的资料的，有权予以制止，责令交出、改正或者采取措施予以补救，并采取本条例第三十二条规定的措施。

第五十一条　审计机关发现被审计单位转移、隐匿违法取得的资产的，有权予以制止，或者提请人民政府或者有关主管部门予以制止，或者依法申请人民法院采取财产保全措施。

第五十二条　对本级各部门（含直属单位）和下级政府违反预算的行为或者其他违反国家规定的财政收支行为，审计机关在法定的职权范围内，区别情况对违法取得的资产按照以下规定处理：

（一）责令限期缴纳、上缴应当缴纳或者上缴的财政收入；

（二）责令限期退还被侵占的国有资产；

（三）责令限期退还违法所得；

（四）责令冲转或者调整有关会计帐目；

（五）采取其他纠正措施。

第五十三条　对被审计单位违反国家规定的财务收支行为，由审计机关在法定职权范围内责令改正，给予警告，通报批评，依照本条例第五十二条规定对违法取得的资产作出处理；有违法所得的，处以违法所得1倍以上5倍以下的罚款；没有违法所得的，处以5万元以下的罚款。对被审计单位负有直接责任的主管人员和其他直接责任人员，审计机关认为应当给予行政处分或者纪律处分的，向有关部门、单位提出给予行政处分或者纪律处分的建议。

法律、行政法规对被审计单位违反国家规定的财务收支行为另有处理、处罚规定的，从其规定。

第五十四条 审计机关提出的对被审计单位处理、处罚的建议或者对被审计单位负有直接责任的主管人员和其他直接责任人员给予行政处分或者纪律处分的建议，有关部门、单位应当依法及时作出决定，并将结果书面通知审计机关。

第五十五条 审计人员滥用职权、徇私舞弊、玩忽职守，构成犯罪的，依法追究刑事责任；尚不构成犯罪的，依法给予行政处分。

审计人员违法、违纪取得的财物，依法予以追缴、没收或者责令退赔。

第七章　附　则

第五十六条 本条例自发布之日起施行。

中华人民共和国行政监察法

（1997年5月9日第八届全国人民代表大会常务委员会第二十五次会议通过）

第一章　总　则

第一条　为了加强监察工作，保证政令畅通，维护行政纪律，促进廉政建设，改善行政管理，提高行政效能，根据宪法，制定本法。

第二条　监察机关是人民政府行使监察职能的机关，依照本法对国家行政机关、国家公务员和国家行政机关任命的其他人员实施监察。

第三条　监察机关依法行使职权，不受其他行政部门、社会团体和个人的干涉。

第四条　监察工作必须坚持实事求是，重证据、重调查研究，在适用法律和行政纪律上人人平等。

第五条　监察工作应当实行教育与惩处相结合、监督检查与改进工作相结合。

第六条　监察工作应当依靠群众。监察机关建立举报制度，公民对于任何国家行政机关、国家公务员和国家行政机关任命的其他人员的违法失职行为，有权向监察机关提出控告或者检举。

第二章　监察机关和监察人员

第七条　国务院监察机关主管全国的监察工作。

县级以上地方各级人民政府监察机关负责本行政区域内的监察工作，对本级人民政府和上一级监察机关负责并报告工作，监察业务以上级监察机关领导为主。

第八条　县级以上各级人民政府监察机关根据工作需要，经本级人民政府批准，可以向政府所属部门派出监察机构或者监察人员。

监察机关派出的监察机构或者监察人员，对派出的监察机关负责并报告工作。

第九条　监察人员必须遵纪守法，忠于职守，秉公执法，清正廉洁，保守秘密。

第十条　监察人员必须熟悉监察业务，具备相应的文化水平和专业知识。

第十一条　县级以上地方各级人民政府监察机关正职、副职领导人员的任命或者免职，在提请决定前，必须经上一级监察机关同意。

第十二条　监察机关对监察人员执行职务和遵守纪律实行监督的制度。

第十三条　监察人员依法执行职务，受法律保护。

任何组织和个人不得拒绝、阻碍监察人员依法执行职务，不得打击报复监察人员。

第十四条　监察人员办理的监察事项与本人或者其近亲属有利害关系的，应当回避。

第三章　监察机关的职责

第十五条　国务院监察机关对下列机关和人员实施监察：

（一）国务院各部门及其国家公务员；

（二）国务院及国务院各部门任命的其他人员；

（三）省、自治区、直辖市人民政府及其领导人员。

第十六条 县级以上地方各级人民政府监察机关对下列机关和人员实施监察：

（一）本级人民政府各部门及其国家公务员；

（二）本级人民政府及本级人民政府各部门任命的其他人员；

（三）下一级人民政府及其领导人员。

县、自治县、不设区的市、市辖区人民政府监察机关还对本辖区所属的乡、民族乡、镇人民政府的国家公务员以及乡、民族乡、镇人民政府任命的其他人员实施监察。

第十七条 上级监察机关可以办理下一级监察机关管辖范围内的监察事项；必要时也可以办理所辖各级监察机关管辖范围内的监察事项。

监察机关之间对管辖范围有争议的，由其共同的上级监察机关确定。

第十八条 监察机关为行使监察职能，履行下列职责：

（一）检查国家行政机关在遵守和执行法律、法规和人民政府的决定、命令中的问题；

（二）受理对国家行政机关、国家公务员和国家行政机关任命的其他人员违反行政纪律行为的控告、检举；

（三）调查处理国家行政机关、国家公务员和国家行政机关任命的其他人员违反行政纪律的行为；

（四）受理国家公务员和国家行政机关任命的其他人员不服主管行政机关给予行政处分决定的申诉，以及法律、行政法规规定的其他由监察机关受理的申诉；

（五）法律、行政法规规定由监察机关履行的其他职责。

第四章 监察机关的权限

第十九条 监察机关履行职责，有权采取下列措施：

（一）要求被监察的部门和人员提供与监察事项有关的文件、资料、财务账目及其他有关的材料，进行查阅或者予以复制；

（二）要求被监察的部门和人员就监察事项涉及的问题作出解释和说明；

（三）责令被监察的部门和人员停止违反法律、法规和行政纪律的行为。

第二十条 监察机关在调查违反行政纪律行为时，可以根据实际情况和需要采取下列措施：

（一）暂予扣留、封存可以证明违反行政纪律行为的文件、资料、财务账目及其他有关的材料；

（二）责令案件涉嫌单位和涉嫌人员在调查期间不得变卖、转移与案件有关的财物；

（三）责令有违反行政纪律嫌疑的人员在指定的时间、地点就调查事项涉及的问题作出解释和说明，但是不得对其实行拘禁或者变相拘禁；

（四）建议有关机关暂停有严重违反行政纪律嫌疑的人员执行职务。

第二十一条 监察机关在调查贪污、贿赂、挪用公款等违反行政纪律的行为时，经县级以上监察机关领导人员批准，可以查询案件涉嫌单位和涉嫌人员在银行或者其他金融机构的存款；必要时，可以提请人民法院采取保全措施，依法冻结涉嫌人员在银行或者其他金融机构的存款。

第二十二条　监察机关在办理行政违纪案件中，可以提请公安、审计、税务、海关、工商行政管理等机关予以协助。

第二十三条　监察机关根据检查、调查结果，遇有下列情形之一的，可以提出监察建议：

（一）拒不执行法律、法规或者违反法律、法规以及人民政府的决定、命令，应当予以纠正的；

（二）本级人民政府所属部门和下级人民政府作出的决定、命令、指示违反法律、法规或者国家政策，应当予以纠正或者撤销的；

（三）给国家利益、集体利益和公民合法权益造成损害，需要采取补救措施的；

（四）录用、任免、奖惩决定明显不适当，应当予以纠正的；

（五）依照有关法律、法规的规定，应当给予行政处罚的；

（六）其他需要提出监察建议的。

第二十四条　监察机关根据检查、调查结果，遇有下列情形之一的，可以作出监察决定或者提出监察建议：

（一）违反行政纪律，依法应当给予警告、记过、记大过、降级、撤职、开除行政处分的；

（二）违反行政纪律取得的财物，依法应当没收、追缴或者责令退赔的。

对前款第（一）项所列情形作出监察决定或者提出监察建议的，应当按照国家有关人事管理权限和处理程序的规定办理。

第二十五条　监察机关依法作出的监察决定，有关部门和人员应当执行。

监察机关依法提出的监察建议，有关部门无正当理由的，应当采纳。

第二十六条　监察机关对监察事项涉及的单位和个人有权进行查询。

第二十七条　监察机关的领导人员可以列席本级人民政府的有关会议，监察人员可以列席被监察部门的与监察事项有关的会议。

第二十八条　监察机关对控告、检举重大违法违纪行为的有功人员，可以依照有关规定给予奖励。

第五章　监察程序

第二十九条　监察机关按照下列程序进行检查：

（一）对需要检查的事项予以立项；

（二）制定检查方案并组织实施；

（三）向本级人民政府或者上级监察机关提出检查情况报告；

（四）根据检查结果，作出监察决定或者提出监察建议。

重要检查事项的立项，应当报本级人民政府和上一级监察机关备案。

第三十条　监察机关按照下列程序对违反行政纪律的行为进行调查处理：

（一）对需要调查处理的事项进行初步审查；认为有违反行政纪律的事实，需要追究行政纪律责任的，予以立案；

（二）组织实施调查，收集有关证据；

（三）有证据证明违反行政纪律，需要给予行政处分或者作出其他处理的，进行审理；

（四）作出监察决定或者提出监察建议。

重要、复杂案件的立案，应当报本级人民政府和上一级监察机关备案。

第三十一条 监察机关对于立案调查的案件，经调查认定不存在违反行政纪律事实的，或者不需要追究行政纪律责任的，应当予以撤销，并告知被调查单位及其上级部门或者被调查人员及其所在单位。

重要、复杂案件的撤销，应当报本级人民政府和上一级监察机关备案。

第三十二条 监察机关立案调查的案件，应当自立案之日起六个月内结案；因特殊原因需要延长办案期限的，可以适当延长，但是最长不得超过一年，并应当报上一级监察机关备案。

第三十三条 监察机关在检查、调查中应当听取被监察的部门和人员的陈述和申辩。

第三十四条 监察机关作出的重要监察决定和提出的重要监察建议，应当报经本级人民政府和上一级监察机关同意。国务院监察机关作出的重要监察决定和提出的重要监察建议，应当报经国务院同意。

第三十五条 监察决定、监察建议应当以书面形式送达有关单位或者有关人员。

第三十六条 有关单位和人员应当自收到监察决定或者监察建议之日起三十日内将执行监察决定或者采纳监察建议的情况通报监察机关。

第三十七条 国家公务员和国家行政机关任命的其他人员对主管行政机关作出的行政处分决定不服的，可以自收到行政处分决定之日起三十日内向监察机关提出申诉，监察机关应当自收到申诉之日起三十日内作出复查决定；对复查决定仍不服的，可以自收到复查决定之日起三十日内向上一级监察机关申请复核，上一级监察机关应当自收到复核申请之日起六十日内作出复核决定。复查、复核期间，不停止原决定的执行。

第三十八条 监察机关对受理的不服主管行政机关行政处分决定的申诉，经复查认为原决定不适当的，可以建议原决定机关予以变更或者撤销；监察机关在职权范围内，也可以直接作出变更或者撤销的决定。

法律、行政法规规定由监察机关受理的其他申诉，依照有关法律、行政法规的规定办理。

第三十九条 对监察决定不服的，可以自收到监察决定之日起三十日内向作出决定的监察机关申请复审，监察机关应当自收到复审申请之日起三十日内作出复审决定；对复审决定仍不服的，可以自收到复审决定之日起三十日内向上一级监察机关申请复核，上一级监察机关应当自收到复核申请之日起六十日内作出复核决定。

复审、复核期间，不停止原决定的执行。

第四十条 上一级监察机关认为下一级监察机关的监察决定不适当的，可以责成下一级监察机关予以变更或者撤销，必要时也可以直接作出变更或者撤销的决定。

第四十一条 上一级监察机关的复核决定和国务院监察机关的复查决定或者复审决定为最终决定。

第四十二条 对监察建议有异议的，可以自收到监察建议之日起三十日内向作出监察建议的监察机关提出，监察机关应当自收到异议之日起三十日内回复；对回复仍有异议的，由监察机关提请本级人民政府或者上一级监察机关裁决。

第四十三条 监察机关在办理监察事项中，发现所调查的事项不属于监察机关职责范围内的，应当移送有处理权的单位处理；涉嫌犯罪的，应当移送司法机关依法处理。接受移送的单位或者机关应当将处理结果告知监察机关。

第六章 法律责任

第四十四条 被监察的部门和人员违反本法规定，有下列行为之一的，由主管机关或者监察机关责令改正，对部门给予通报批评；对负有直接责任的主管人员和其他直接责任人员依法给予行政处分：

（一）隐瞒事实真相、出具伪证或者隐匿、转移、篡改、毁灭证据的；

（二）故意拖延或者拒绝提供与监察事项有关的文件、资料、财务账目及其他有关材料和其他必要情况的；

（三）在调查期间变卖、转移涉嫌财物的；

（四）拒绝就监察机关所提问题作出解释和说明的；

（五）拒不执行监察决定或者无正当理由拒不采纳监察建议的；

（六）有其他违反本法规定的行为，情节严重的。

第四十五条 对申诉人、控告人、检举人或者监察人员进行报复陷害的，依法给予行政处分；构成犯罪的，依法追究刑事责任。

第四十六条 监察人员滥用职权、徇私舞弊、玩忽职守、泄露秘密的，依法给予行政处分；构成犯罪的，依法追究刑事责任。

第四十七条 监察机关和监察人员违法行使职权，侵犯公民、法人和其他组织的合法权益，造成损害的，应当依法赔偿。

第七章 附 则

第四十八条 本法自公布之日起施行。1990 年 12 月 9 日国务院发布的《中华人民共和国行政监察条例》同时废止。

中华人民共和国行政监察法实施条例

（国务院令第419号　2004年9月17日）

第一章　总　则

第一条　根据《中华人民共和国行政监察法》（以下简称行政监察法），制定本条例。

第二条　国家行政机关和法律、法规授权的具有管理公共事务职能的组织以及国家行政机关依法委托的组织及其工勤人员以外的工作人员，适用行政监察法和本条例。

行政监察法第二条所称“国家行政机关任命的其他人员”，是指企业、事业单位、社会团体中由国家行政机关以委任、派遣等形式任命的人员。

第三条　监察机关建立举报保密制度，对举报人的有关情况予以保密，严禁泄露举报人身份或者将举报材料、举报人情况透露给被举报单位、被举报人。

监察机关对控告、检举重大违法违纪行为的有功人员可以给予奖励。奖励的条件、标准，由监察机关会同同级人民政府财政部门制定。

第四条　监察机关根据工作需要，可以在国家行政机关、企业、事业单位、社会团体中聘请特邀监察员。聘请特邀监察员的具体办法由国务院监察机关规定。

第五条　监察机关履行职责所必需的经费，列入本级财政预算。

第二章　派出的监察机构和监察人员

第六条　监察机关派出的监察机构或者监察人员对派出它的监察机关负责并报告工作，并由派出它的监察机关实行统一管理。

在实行垂直管理的国家行政机关中，监察机关派出的监察机构根据工作需要，经派出它的监察机关批准，可以向驻在部门的下属行政机构再派出监察机构或者监察人员。

第七条　派出的监察机构或者监察人员履行下列职责：

（一）检查被监察的部门在遵守和执行法律、法规和人民政府的决定、命令中的问题；

（二）受理对被监察的部门和人员违反行政纪律行为的控告、检举；

（三）调查处理被监察的部门和人员违反行政纪律的行为；

（四）受理被监察人员不服行政处分决定或者行政处分复核决定的申诉；

（五）受理被监察人员不服监察决定的申诉；

（六）督促被监察的部门建立廉政、勤政方面的规章制度；

（七）办理派出它的监察机关交办的其他事项。

第八条　派出的监察机构或者监察人员行使与派出它的监察机关相同的权限。但是，地方各级监察机关派出的监察机构或者监察人员，以及在实行垂直管理的国家行政机关中派出的监察机构向驻在部门的下属行政机构再派出的监察机构或者监察人员行使行政监察法第二十条、第二十一条规定的权限，需经派出它的监察机关或者派出它的监察机构批准。

第九条　派出的监察机构或者监察人员履行职责，适用与监察机关履行职责相同的程序。

第三章　监察机关的权限

第十条　监察机关为履行职责，有权要求被监察的部门和人员全面、如实地提供与监察事项有关的文件、资料、财务账目以及其他有关的材料。

第十一条　监察机关在调查违反行政纪律行为时，可以暂予扣留、封存能够证明违反行政纪律行为的文件、资料、财务账目以及其他有关的材料。暂予扣留、封存时应当向文件、资料、财务账目等材料的持有人出具监察通知书，对暂予扣留、封存的材料开列清单，并由各方当事人当场核对、签字。

对暂予扣留、封存的文件、资料、财务账目以及其他有关的材料，监察机关应当妥善保管，不得毁损或者用于其他目的。

第十二条　对下列与案件有关的财物，监察机关有权责令案件涉嫌单位和涉嫌人员在调查期间妥善保管，不得毁损、变卖、转移：

（一）可以证明案件情况的财物；

（二）涉嫌违反行政纪律取得的财物；

（三）变卖、转移给他人有可能影响案件调查处理的财物。

监察机关在调查贪污、贿赂、挪用公款等违反行政纪律的行为时，经县级以上人民政府监察机关领导人员批准，可以暂予扣留与贪污、贿赂、挪用公款等有关的财物。

监察机关采取前两款规定的措施，应当出具监察通知书，对有关财物开列清单，并由各方当事人当场核对、签字。

第十三条　监察机关采取行政监察法第二十条第（三）项规定的措施，应当经县级以上人民政府监察机关领导人员批准。

经调查证明违反行政纪律的被监察人员涉嫌犯罪的，监察机关应当及时将案件移送司法机关依法处理。

第十四条　行政监察法第二十条第（四）项所称“暂停有严重违反行政纪律嫌疑的人员执行职务”，是指有关机关根据监察机关的建议，暂时停止有严重违反行政纪律嫌疑的被监察人员的职务活动。

监察机关建议暂停执行职务的情形包括：

（一）有严重违反行政纪律嫌疑的被监察人员继续执行职务将造成不良影响，或者给工作造成损失的；

（二）有严重违反行政纪律嫌疑的被监察人员利用职权阻挠、干扰、破坏案件调查，或者威胁、利诱、打击报复控告人、检举人、证人、办案人员的。

监察机关建议暂停执行职务，应当制作监察通知书，并送达有关机关。有关机关应当在3日内作出是否暂停执行职务的决定。

对经调查核实不存在违反行政纪律事实或者不需要给予撤职以上行政处分的人员，监察机关应当在撤销案件或者作出行政处分决定后3日内书面通知有关机关解除暂停执行职务的措施，并在有关范围内宣布。

第十五条　行政监察法第二十条第（四）项所称“有关机关”，是指依法有权决定暂停有严重违反行政纪律嫌疑的被监察人员执行职务的机关。其中，对由全国人民代表大会及其常务委员会决定任命的人员暂停执行职务，由国务院决定；对由地方各级人民代表大会选举的人员暂停执行职务，由上级人民政府决定；对由地方各级人民代表大会常务委员会决定任命的人员，除对副省长、自治区副主席、副市长、副州长、副县长、副区长暂停执行职务由上级人民政府决定外，对其他人员暂停执行职务由本级人民政府决定。对上述人员以外的其他人员暂停执行职务，由其任免机关决定。

第十六条 监察机关采取行政监察法第十九条、第二十条、第二十一条所规定的措施，采取措施的条件消失后，监察机关应当及时解除措施。

第十七条 监察机关办理违法违纪案件，遇有下列情形之一的，可以提请公安机关、司法行政部门予以协助：

（一）需要向在押的犯罪嫌疑人、被执行刑罚的罪犯调查取证的；

（二）需要阻止与案件有关的人员出境的；

（三）需要协助收集、审查、判断或者认定证据的。

第十八条 监察机关办理违法违纪案件，遇有下列情形之一的，可以提请审计机关予以协助：

（一）需要对有关单位的财政、财务收支情况进行审计查证的；

（二）需要协助调查取证的。

第十九条 监察机关办理违法违纪案件，遇有下列情形之一的，可以提请税务、海关、工商行政管理、质量监督检验检疫等机关予以协助：

（一）需要协助调查取证的；

（二）需要协助收集、审查、判断或者认定证据的。

第二十条 监察机关提请公安、司法行政、审计、税务、海关、工商行政管理、质量监督检验检疫等机关予以协助，应当出具提请协助书，写明需要协助办理的事项和要求。

被提请协助的机关应当根据监察机关提请协助办理的事项和要求，在职权范围内予以协助。

第二十一条 行政监察法第二十三条第（二）项所称“本级人民政府所属部门和下级人民政府作出的决定、命令、指示违反法律、法规或者国家政策，应当予以纠正或者撤销的”情形，是指：

（一）决定、命令、指示的内容与法律、法规、规章相抵触的；

（二）决定、命令、指示的发布，超越法定职权或者违反法律、法规、规章规定的程序的。

第二十二条 行政监察法第二十三条第（三）项所称“补救措施”，是指消除影响、恢复名誉、赔礼道歉、给予赔偿等补救措施。

第二十三条 行政监察法第二十三条第（四）项所称“录用、任免、奖惩决定明显不适当，应当予以纠正的”情形，是指：

（一）被录用、任命人员明显不符合所任职务的条件，或者不符合任职回避规定的；

（二）超越权限或者违反程序作出录用、任免、奖惩决定的；

（三）奖励明显不适当，或者处分畸轻畸重的。

第二十四条 监察机关对被监察人员作出给予行政处分的监察决定，按照下列规定进行：

（一）对由本级人民代表大会及其常务委员会决定任命的本级人民政府各部门领导人员和下一级人民代表大会及其常务委员会选举或者决定任命的人民政府领导人员，拟给予警告、记过、记大过、降级处分的，监察机关应当向本级人民政府提出处分意见，经本级人民政府批准后，由监察机关下达监察决定；拟给予撤职、开除处分的，先由本级人民政府或者下一级人民政府提请同级人民代表大会罢免职务，或者向同级人民代表大会常务委员会提请免去职务或者撤销职务后，由监察机关下达监察决定；

（二）对本级人民政府任命的人员，拟给予警告、记过、记大过、降级处分的，由监察机关直接作出监察决定，报本级人民政府备案；拟给予撤职、开除处分的，监察机关应当向本级人民政府提出处分意见，经本级人民政府批准后，由监察机关下达监察决定；

（三）对本级人民政府所属各部门和下一级人民政府及其所属各部门任命的人员，拟给予行政处分的，由监察机关直接作出监察决定。其中，县级人民政府监察机关给予被监察人员开除处分的，应当报县级人民政府批准。

第二十五条　监察机关对违反行政纪律的人员作出给予行政处分的监察决定后，由人民政府人事部门或者有关部门按照人事管理权限执行，并办理有关行政处分手续。

人民政府人事部门或者有关部门应当将监察机关作出的监察决定及其执行、办理的有关材料归入受处分人员的档案，并在适当范围内宣布。

第二十六条　监察机关根据检查、调查结果，对违反行政纪律取得的财物，可以作出没收、追缴或者责令退赔的监察决定，但依法应当由其他机关没收、追缴或者责令退赔的除外。

第二十七条　有关单位和人员对监察机关依法提出的监察建议应当采纳，但认为监察建议有下列情形之一的，可以提出异议：

（一）依据的事实不存在，或者证据不足的；

（二）适用法律、法规、规章错误的；

（三）提出的程序不合法的；

（四）涉及事项超出被建议单位或者人员法定职责范围的。

对有关单位或者人员提出的异议，监察机关应当予以审查。认为异议成立的，监察机关应当收回监察建议；认为异议不成立的，书面通知有关单位或者人员执行原监察建议。

第四章　监察程序

第二十八条　行政监察的检查事项，由监察机关根据本级人民政府或者上级监察机关的部署和要求以及工作需要确定。

行政监察法第二十九条第二款所称“重要检查事项”，是指根据本级人民政府或者上级监察机关的部署和要求确定的检查事项，或者监察机关认为在本行政区域内有重大影响而需要检查的事项。

第二十九条　对违反行政纪律行为进行初步审查，应当经监察机关领导人员批准。初步审查后，应当向监察机关领导人员提出报告，对存在违反行政纪律事实并且需要追究行政纪律责任的，经监察机关领导人员批准，予以立案。

第三十条　行政监察法第三十条第二款、第三十一条第二款所称“重要、复杂案件”，是指有下列情形之一的案件：

（一）本级人民政府所属部门或者下一级人民政府违法违纪的；

（二）需要给予本级人民政府所属部门领导人员或者下一级人民政府领导人员撤职以上处分的；

（三）社会影响较大的；

（四）涉及境外的。

第三十一条 监察机关决定立案调查的，应当通知被调查单位的上级主管机关或者被调查人员所在单位，但通知后可能影响调查的，可以暂不通知。

监察机关已通知立案的，未经监察机关同意，被调查人员所在单位的上级主管机关或者所在单位不得批准被调查人员出境、辞职、办理退休手续或者对其调动、提拔、奖励、处分。

第三十二条 监察机关调查取证应当由两名以上办案人员进行，调查时应当向被调查单位和被调查人员出示证件。

第三十三条 办理监察事项的监察人员有下列情形之一的，应当自行回避，被监察人员以及与监察事项有利害关系的公民、法人或者其他组织有权要求其回避：

（一）是被监察人员的近亲属的；

（二）办理的监察事项与本人有利害关系的；

（三）与办理的监察事项有其他关系，可能影响监察事项公正处理的。

监察机关领导人员的回避由本级人民政府领导人员或者上一级监察机关领导人员决定，其他监察人员的回避由本级监察机关领导人员决定。

本级人民政府或者上一级监察机关发现监察人员有应当回避的情形，可以直接决定该人员回避。

第三十四条 因主要涉案人员出境、失踪，或者遇到严重自然灾害等不可抗力事件，致使调查工作无法进行的，监察机关的调查可以中止。

中止调查应当经监察机关领导人员批准，并报上一级监察机关备案。经本级人民政府备案的立案案件中止调查的，应当再报本级人民政府备案。中止调查的情形消失后，监察机关应当恢复调查。自恢复调查之日起，办案期限连续计算。

第三十五条 监察机关立案调查的案件，办案期限自立案之日起算，至作出监察决定或者提出监察建议之日终止。

在调查处理过程中发现被调查人员有新的违反行政纪律事实的，办案期限应当自发现新的违反行政纪律事实之日起重新计算。

第三十六条 行政监察法第三十二条所称“特殊原因”，是指下列情形：

（一）案件发生在交通不便的边远地区的；

（二）案件涉案人员多、涉及面广、取证困难的；

（三）案件所适用的法律、法规、规章需要报请有权机关作出解释或者确认的。

第三十七条 行政监察法第三十四条所称“重要监察决定”和“重要监察建议”，是指监察机关办理重要检查事项和重要、复杂案件所作出的监察决定和提出的监察建议。

重要监察决定和重要监察建议应当报经本级人民政府和上一级监察机关同意。本级人民政府和上一级监察机关意见不一致的，由上一级监察机关报同级人民政府决定。

第三十八条　监察决定自作出之日起生效；需批准的，自批准之日起生效。

监察决定书和监察建议书可以由监察机关直接送达有关单位和人员，也可以委托其他监察机关送达。受送达人在送达回证上的签收日期为送达日期。受送达人拒绝接收或者拒绝签名、盖章的，送达人应当邀请受送达人所在单位人员到场，见证现场情况，由送达人在送达回证上记明拒收事由和日期，由送达人、见证人签名或者盖章，将监察决定书和监察建议书留在受送达人的住所或者所在单位，即视为送达。

第三十九条　对主管行政机关作出的行政处分决定或者行政处分的复核决定不服的，可以向该主管行政机关同级的监察机关提出申诉。

第四十条　监察机关复查申诉案件，认为原决定事实清楚、证据确凿、适用法律法规规章正确、定性准确、处理适当、程序合法的，予以维持。

第四十一条　监察机关复查申诉案件，认为原决定有下列情形之一的，可以在其职权范围内直接变更或者建议原决定机关变更；上一级监察机关认为下一级监察机关作出的监察决定有下列情形之一的，可以直接变更或者责令下一级监察机关变更：

（一）适用法律、法规、规章错误的；

（二）违法违纪行为的情节认定有误的；

（三）处理不适当的。

第四十二条　监察机关复查申诉案件，认为原决定有下列情形之一的，可以在其职权范围内直接撤销或者建议原决定机关撤销，决定撤销后，发回原决定机关重新作出决定；上一级监察机关认为下一级监察机关作出的监察决定有下列情形之一的，可以直接撤销或者责令下一级监察机关撤销，决定撤销后，责令下一级监察机关重新作出决定：

（一）违法违纪事实不存在，或者证据不足的；

（二）违反法定程序，影响案件公正处理的；

（三）超越职权或者滥用职权的。

第四十三条　监察机关移送案件，应当制作移送案件通知书。

接受移送的单位应当将处理结果按照监察机关移送案件通知书的要求，告知移送案件的监察机关。

第五章　附　则

第四十四条　本条例自 2004 年 10 月 1 日起施行。

中华人民共和国公务员法

（2005 年 4 月 27 日第十届全国人民代表大会常务委员会第十五次会议通过）

第一章　总　则

第一条　为了规范公务员的管理，保障公务员的合法权益，加强对公务员的监督，建设高素质的公务员队伍，促进勤政廉政，提高工作效能，根据宪法，制定本法。

第二条　本法所称公务员，是指依法履行公职、纳入国家行政编制、由国家财政负担工资福利的工作人员。

第三条　公务员的义务、权利和管理，适用本法。

法律对公务员中的领导成员的产生、任免、监督以及法官、检察官等的义务、权利和管理另有规定的，从其规定。

第四条　公务员制度坚持以马克思列宁主义、毛泽东思想、邓小平理论和“三个代表”重要思想为指导，贯彻社会主义初级阶段的基本路线，贯彻中国共产党的干部路线和方针，坚持党管干部原则。

第五条　公务员的管理，坚持公开、平等、竞争、择优的原则，依照法定的权限、条件、标准和程序进行。

第六条　公务员的管理，坚持监督约束与激励保障并重的原则。

第七条　公务员的任用，坚持任人唯贤、德才兼备的原则，注重工作实绩。

第八条　国家对公务员实行分类管理，提高管理效能和科学化水平。

第九条　公务员依法履行职务的行为，受法律保护。

第十条　中央公务员主管部门负责全国公务员的综合管理工作。县级以上地方各级公务员主管部门负责本辖区内公务员的综合管理工作。上级公务员主管部门指导下级公务员主管部门的公务员管理工作。各级公务员主管部门指导同级各机关的公务员管理工作。

第二章　公务员的条件、义务与权利

第十一条　公务员应当具备下列条件：

（一）具有中华人民共和国国籍；

（二）年满十八周岁；

（三）拥护中华人民共和国宪法；

（四）具有良好的品行；

（五）具有正常履行职责的身体条件；

（六）具有符合职位要求的文化程度和工作能力；

（七）法律规定的其他条件。

第十二条 公务员应当履行下列义务：

（一）模范遵守宪法和法律；

（二）按照规定的权限和程序认真履行职责，努力提高工作效率；

（三）全心全意为人民服务，接受人民监督；

（四）维护国家的安全、荣誉和利益；

（五）忠于职守，勤勉尽责，服从和执行上级依法作出的决定和命令；

（六）保守国家秘密和工作秘密；

（七）遵守纪律，恪守职业道德，模范遵守社会公德；

（八）清正廉洁，公道正派；

（九）法律规定的其他义务。

第十三条 公务员享有下列权利：

（一）获得履行职责应当具有的工作条件；

（二）非因法定事由、非经法定程序，不被免职、降职、辞退或者处分；

（三）获得工资报酬，享受福利、保险待遇；

（四）参加培训；

（五）对机关工作和领导人员提出批评和建议；

（六）提出申诉和控告；

（七）申请辞职；

（八）法律规定的其他权利。

第三章 职务与级别

第十四条 国家实行公务员职位分类制度。

公务员职位类别按照公务员职位的性质、特点和管理需要，划分为综合管理类、专业技术类和行政执法类等类别。国务院根据本法，对于具有职位特殊性，需要单独管理的，可以增设其他职位类别。各职位类别的适用范围由国家另行规定。

第十五条 国家根据公务员职位类别设置公务员职务序列。

第十六条 公务员职务分为领导职务和非领导职务。

领导职务层次分为：国家级正职、国家级副职、省部级正职、省部级副职、厅局级正职、厅局级副职、县处级正职、县处级副职、乡科级正职、乡科级副职。

非领导职务层次在厅局级以下设置。

第十七条 综合管理类的领导职务根据宪法、有关法律、职务层次和机构规格设置确定。

综合管理类的非领导职务分为：巡视员、副巡视员、调研员、副调研员、主任科员、副主任科员、科员、办事员。

综合管理类以外其他职位类别公务员的职务序列，根据本法由国家另行规定。

第十八条 各机关依照确定的职能、规格、编制限额、职数以及结构比例，设置本机关公务员的具体职位，并确定各职位的工作职责和任职资格条件。

第十九条 公务员的职务应当对应相应的级别。公务员职务与级别的对应关系，由国务院规定。

公务员的职务与级别是确定公务员工资及其他待遇的依据。

公务员的级别根据所任职务及其德才表现、工作实绩和资历确定。公务员在同一职务上，可以按照国家规定晋升级别。

第二十条 国家根据人民警察以及海关、驻外外交机构公务员的工作特点，设置与其职务相对应的衔级。

第四章 录 用

第二十一条 录用担任主任科员以下及其他相当职务层次的非领导职务公务员，采取公开考试、严格考察、平等竞争、择优录取的办法。

民族自治地方依照前款规定录用公务员时，依照法律和有关规定对少数民族报考者予以适当照顾。

第二十二条 中央机关及其直属机构公务员的录用，由中央公务员主管部门负责组织。地方各级机关公务员的录用，由省级公务员主管部门负责组织，必要时省级公务员主管部门可以授权设区的市级公务员主管部门组织。

第二十三条 报考公务员，除应当具备本法第十一条规定的条件外，还应当具备省级以上公务员主管部门规定的拟任职位所要求的资格条件。

第二十四条 下列人员不得录用为公务员：

（一）曾因犯罪受过刑事处罚的；

（二）曾被开除公职的；

（三）有法律规定不得录用为公务员的其他情形的。

第二十五条 录用公务员，必须在规定的编制限额内，并有相应的职位空缺。

第二十六条 录用公务员，应当发布招考公告。招考公告应当载明招考的职位、名额、报考资格条件、报考需要提交的申请材料以及其他报考须知事项。

招录机关应当采取措施，便利公民报考。

第二十七条 招录机关根据报考资格条件对报考申请进行审查。报考者提交的申请材料应当真实、准确。

第二十八条 公务员录用考试采取笔试和面试的方式进行，考试内容根据公务员应当具备的基本能力和不同职位类别分别设置。

第二十九条 招录机关根据考试成绩确定考察人选，并对其进行报考资格复审、考察和体检。

体检的项目和标准根据职位要求确定。具体办法由中央公务员主管部门会同国务院卫生行政部门规定。

第三十条 招录机关根据考试成绩、考察情况和体检结果，提出拟录用人员名单，并予以公示。

公示期满，中央一级招录机关将拟录用人员名单报中央公务员主管部门备案；地方各级招录机关将拟录用人员名单报省级或者设区的市级公务员主管部门审批。

第三十一条 录用特殊职位的公务员，经省级以上公务员主管部门批准，可以简化程序或者采用其他测评办法。

第三十二条 新录用的公务员试用期为一年。试用期满合格的，予以任职；不合格的，取消录用。

第五章　考　核

第三十三条　对公务员的考核，按照管理权限，全面考核公务员的德、能、勤、绩、廉，重点考核工作实绩。

第三十四条　公务员的考核分为平时考核和定期考核。定期考核以平时考核为基础。

第三十五条　对非领导成员公务员的定期考核采取年度考核的方式，先由个人按照职位职责和有关要求进行总结，主管领导在听取群众意见后，提出考核等次建议，由本机关负责人或者授权的考核委员会确定考核等次。

对领导成员的定期考核，由主管机关按照有关规定办理。

第三十六条　定期考核的结果分为优秀、称职、基本称职和不称职四个等次。

定期考核的结果应当以书面形式通知公务员本人。

第三十七条　定期考核的结果作为调整公务员职务、级别、工资以及公务员奖励、培训、辞退的依据。

第六章　职务任免

第三十八条　公务员职务实行选任制和委任制。

领导成员职务按照国家规定实行任期制。

第三十九条　选任制公务员在选举结果生效时即任当选职务；任期届满不再连任，或者任期内辞职、被罢免、被撤职的，其所任职务即终止。

第四十条　委任制公务员遇有试用期满考核合格、职务发生变化、不再担任公务员职务以及其他情形需要任免职务的，应当按照管理权限和规定的程序任免其职务。

第四十一条　公务员任职必须在规定的编制限额和职数内进行，并有相应的职位空缺。

第四十二条　公务员因工作需要在机关外兼职，应当经有关机关批准，并不得领取兼职报酬。

第七章　职务升降

第四十三条　公务员晋升职务，应当具备拟任职务所要求的思想政治素质、工作能力、文化程度和任职经历等方面的条件和资格。

公务员晋升职务，应当逐级晋升。特别优秀的或者工作特殊需要的，可以按照规定破格或者越一级晋升职务。

第四十四条　公务员晋升领导职务，按照下列程序办理：

（一）民主推荐，确定考察对象；

（二）组织考察，研究提出任职建议方案，并根据需要在一定范围内进行酝酿；

（三）按照管理权限讨论决定；

（四）按照规定履行任职手续。

公务员晋升非领导职务，参照前款规定的程序办理。

第四十五条　机关内设机构厅局级正职以下领导职务出现空缺时，可以在本机关或者本系统内通过竞争上岗的方式，产生任职人选。

厅局级正职以下领导职务或者副调研员以上及其他相当职务层次的非领导职务出现空缺，可以面向社会公开选拔，产生任职人选。

确定初任法官、初任检察官的任职人选，可以面向社会，从通过国家统一司法考试取得资格的人员中公开选拔。

第四十六条 公务员晋升领导职务的，应当按照有关规定实行任职前公示制度和任职试用期制度。

第四十七条 公务员在定期考核中被确定为不称职的，按照规定程序降低一个职务层次任职。

第八章 奖 励

第四十八条 对工作表现突出，有显著成绩和贡献，或者有其他突出事迹的公务员或者公务员集体，给予奖励。奖励坚持精神奖励与物质奖励相结合、以精神奖励为主的原则。

公务员集体的奖励适用于按照编制序列设置的机构或者为完成专项任务组成的工作集体。

第四十九条 公务员或者公务员集体有下列情形之一的，给予奖励：

（一）忠于职守，积极工作，成绩显著的；

（二）遵守纪律，廉洁奉公，作风正派，办事公道，模范作用突出的；

（三）在工作中有发明创造或者提出合理化建议，取得显著经济效益或者社会效益的；

（四）为增进民族团结、维护社会稳定做出突出贡献的；

（五）爱护公共财产，节约国家资财有突出成绩的；

（六）防止或者消除事故有功，使国家和人民群众利益免受或者减少损失的；

（七）在抢险、救灾等特定环境中奋不顾身，做出贡献的；

（八）同违法违纪行为作斗争有功绩的；

（九）在对外交往中为国家争得荣誉和利益的；

（十）有其他突出功绩的。

第五十条 奖励分为：嘉奖、记三等功、记二等功、记一等功、授予荣誉称号。

对受奖励的公务员或者公务员集体予以表彰，并给予一次性奖金或者其他待遇。

第五十一条 给予公务员或者公务员集体奖励，按照规定的权限和程序决定或者审批。

第五十二条 公务员或者公务员集体有下列情形之一的，撤销奖励：

（一）弄虚作假，骗取奖励的；

（二）申报奖励时隐瞒严重错误或者严重违反规定程序的；

（三）有法律、法规规定应当撤销奖励的其他情形的。

第九章 惩 戒

第五十三条 公务员必须遵守纪律，不得有下列行为：

（一）散布有损国家声誉的言论，组织或者参加旨在反对国家的集会、游行、示威等活动；

（二）组织或者参加非法组织，组织或者参加罢工；

（三）玩忽职守，贻误工作；

（四）拒绝执行上级依法作出的决定和命令；

（五）压制批评，打击报复；

（六）弄虚作假，误导、欺骗领导和公众；

（七）贪污、行贿、受贿，利用职务之便为自己或者他人谋取私利；

（八）违反财经纪律，浪费国家资财；

（九）滥用职权，侵害公民、法人或者其他组织的合法权益；

（十）泄露国家秘密或者工作秘密；

（十一）在对外交往中损害国家荣誉和利益；

（十二）参与或者支持色情、吸毒、赌博、迷信等活动；

（十三）违反职业道德、社会公德；

（十四）从事或者参与营利性活动，在企业或者其他营利性组织中兼任职务；

（十五）旷工或者因公外出、请假期满无正当理由逾期不归；

（十六）违反纪律的其他行为。

第五十四条　公务员执行公务时，认为上级的决定或者命令有错误的，可以向上级提出改正或者撤销该决定或者命令的意见；上级不改变该决定或者命令，或者要求立即执行的，公务员应当执行该决定或者命令，执行的后果由上级负责，公务员不承担责任；但是，公务员执行明显违法的决定或者命令的，应当依法承担相应的责任。

第五十五条　公务员因违法违纪应当承担纪律责任的，依照本法给予处分；违纪行为情节轻微，经批评教育后改正的，可以免予处分。

第五十六条　处分分为：警告、记过、记大过、降级、撤职、开除。

第五十七条　对公务员的处分，应当事实清楚、证据确凿、定性准确、处理恰当、程序合法、手续完备。

公务员违纪的，应当由处分决定机关决定对公务员违纪的情况进行调查，并将调查认定的事实及拟给予处分的依据告知公务员本人。公务员有权进行陈述和申辩。

处分决定机关认为对公务员应当给予处分的，应当在规定的期限内，按照管理权限和规定的程序作出处分决定。处分决定应当以书面形式通知公务员本人。

第五十八条　公务员在受处分期间不得晋升职务和级别，其中受记过、记大过、降级、撤职处分的，不得晋升工资档次。

受处分的期间为：警告，六个月；记过，十二个月；记大过，十八个月；降级、撤职，二十四个月。

受撤职处分的，按照规定降低级别。

第五十九条　公务员受开除以外的处分，在受处分期间有悔改表现，并且没有再发生违纪行为的，处分期满后，由处分决定机关解除处分并以书面形式通知本人。

解除处分后，晋升工资档次、级别和职务不再受原处分的影响。但是，解除降级、撤职处分的，不视为恢复原级别、原职务。

第十章　培　训

第六十条　机关根据公务员工作职责的要求和提高公务员素质的需要，对公务员进行分级分类培训。

国家建立专门的公务员培训机构。机关根据需要也可以委托其他培训机构承担公务员培训任务。

第六十一条　机关对新录用人员应当在试用期内进行初任培训；对晋升领导职务的公务员应当在任职前或者任职后一年内进行任职培训；对从事专项工作的公务员应当进行专门业务培训；对全体公务员应当进行更新知识、提高工作能力的在职培训，其中对担任专业技术职务的公务员，应当按照专业技术人员继续教育的要求，进行专业技术培训。

国家有计划地加强对后备领导人员的培训。

第六十二条　公务员的培训实行登记管理。

公务员参加培训的时间由公务员主管部门按照本法第六十一条规定的培训要求予以确定。

公务员培训情况、学习成绩作为公务员考核的内容和任职、晋升的依据之一。

第十一章　交流与回避

第六十三条　国家实行公务员交流制度。

公务员可以在公务员队伍内部交流，也可以与国有企业事业单位、人民团体和群众团体中从事公务的人员交流。

交流的方式包括调任、转任和挂职锻炼。

第六十四条　国有企业事业单位、人民团体和群众团体中从事公务的人员可以调入机关担任领导职务或者副调研员以上及其他相当职务层次的非领导职务。调任人选应当具备本法第十一条规定的条件和拟任职位所要求的资格条件，并不得有本法第二十四条规定的情形。调任机关应当根据上述规定，对调任人选进行严格考察，并按照管理权限审批，必要时可以对调任人选进行考试。

第六十五条　公务员在不同职位之间转任应当具备拟任职位所要求的资格条件，在规定的编制限额和职数内进行。

对省部级正职以下的领导成员应当有计划、有重点地实行跨地区、跨部门转任。

对担任机关内设机构领导职务和工作性质特殊的非领导职务的公务员，应当有计划地在本机关内转任。

第六十六条　根据培养锻炼公务员的需要，可以选派公务员到下级机关或者上级机关、其他地区机关以及国有企业事业单位挂职锻炼。

公务员在挂职锻炼期间，不改变与原机关的人事关系。

第六十七条　公务员应当服从机关的交流决定。

公务员本人申请交流的，按照管理权限审批。

第六十八条　公务员之间有夫妻关系、直系血亲关系、三代以内旁系血亲关系以及近姻亲关系的，不得在同一机关担任双方直接隶属于同一领导人员的职务或者有直接上下级领导关系的职务，也不得在其中一方担任领导职务的机关从事组织、人事、纪检、监察、审计和财务工作。

因地域或者工作性质特殊，需要变通执行任职回避的，由省级以上公务员主管部门规定。

第六十九条　公务员担任乡级机关、县级机关及其有关部门主要领导职务的，应当实行地域回避，法律另有规定的除外。

第七十条　公务员执行公务时，有下列情形之一的，应当回避：

（一）涉及本人利害关系的；

（二）涉及与本人有本法第六十八条第一款所列亲属关系人员的利害关系的；

（三）其他可能影响公正执行公务的。

第七十一条　公务员有应当回避情形的，本人应当申请回避；利害关系人有权申请公务员回避。其他人员可以向机关提供公务员需要回避的情况。

机关根据公务员本人或者利害关系人的申请，经审查后作出是否回避的决定，也可以不经申请直接作出回避决定。

第七十二条　法律对公务员回避另有规定的，从其规定。

第十二章　工资福利保险

第七十三条　公务员实行国家统一的职务与级别相结合的工资制度。

公务员工资制度贯彻按劳分配的原则，体现工作职责、工作能力、工作实绩、资历等因素，保持不同职务、级别之间的合理工资差距。

国家建立公务员工资的正常增长机制。

第七十四条　公务员工资包括基本工资、津贴、补贴和奖金。

公务员按照国家规定享受地区附加津贴、艰苦边远地区津贴、岗位津贴等津贴。

公务员按照国家规定享受住房、医疗等补贴、补助。

公务员在定期考核中被确定为优秀、称职的，按照国家规定享受年终奖金。

公务员工资应当按时足额发放。

第七十五条　公务员的工资水平应当与国民经济发展相协调、与社会进步相适应。

国家实行工资调查制度，定期进行公务员和企业相当人员工资水平的调查比较，并将工资调查比较结果作为调整公务员工资水平的依据。

第七十六条　公务员按照国家规定享受福利待遇。国家根据经济社会发展水平提高公务员的福利待遇。

公务员实行国家规定的工时制度，按照国家规定享受休假。公务员在法定工作日之外加班的，应当给予相应的补休。

第七十七条　国家建立公务员保险制度，保障公务员在退休、患病、工伤、生育、失业等情况下获得帮助和补偿。

公务员因公致残的，享受国家规定的伤残待遇。公务员因公牺牲、因公死亡或者病故的，其亲属享受国家规定的抚恤和优待。

第七十八条　任何机关不得违反国家规定自行更改公务员工资、福利、保险政策，擅自提高或者降低公务员的工资、福利、保险待遇。任何机关不得扣减或者拖欠公务员的工资。

第七十九条 公务员工资、福利、保险、退休金以及录用、培训、奖励、辞退等所需经费，应当列入财政预算，予以保障。

第十三章 辞职辞退

第八十条 公务员辞去公职，应当向任免机关提出书面申请。任免机关应当自接到申请之日起三十日内予以审批，其中对领导成员辞去公职的申请，应当自接到申请之日起九十日内予以审批。

第八十一条 公务员有下列情形之一的，不得辞去公职：

（一）未满国家规定的最低服务年限的；

（二）在涉及国家秘密等特殊职位任职或者离开上述职位不满国家规定的脱密期限的；

（三）重要公务尚未处理完毕，且须由本人继续处理的；

（四）正在接受审计、纪律审查，或者涉嫌犯罪，司法程序尚未终结的；

（五）法律、行政法规规定的其他不得辞去公职的情形。

第八十二条 担任领导职务的公务员，因工作变动依照法律规定需要辞去现任职务的，应当履行辞职手续。

担任领导职务的公务员，因个人或者其他原因，可以自愿提出辞去领导职务。

领导成员因工作严重失误、失职造成重大损失或者恶劣社会影响的，或者对重大事故负有领导责任的，应当引咎辞去领导职务。

领导成员应当引咎辞职或者因其他原因不再适合担任现任领导职务，本人不提出辞职的，应当责令其辞去领导职务。

第八十三条 公务员有下列情形之一的，予以辞退：

（一）在年度考核中，连续两年被确定为不称职的；

（二）不胜任现职工作，又不接受其他安排的；

（三）因所在机关调整、撤销、合并或者缩减编制员额需要调整工作，本人拒绝合理安排的；

（四）不履行公务员义务，不遵守公务员纪律，经教育仍无转变，不适合继续在机关工作，又不宜给予开除处分的；

（五）旷工或者因公外出、请假期满无正当理由逾期不归连续超过十五天，或者一年内累计超过三十天的。

第八十四条 对有下列情形之一的公务员，不得辞退：

（一）因公致残，被确认丧失或者部分丧失工作能力的；

（二）患病或者负伤，在规定的医疗期内的；

（三）女性公务员在孕期、产假、哺乳期内的；

（四）法律、行政法规规定的其他不得辞退的情形。

第八十五条 辞退公务员，按照管理权限决定。辞退决定应当以书面形式通知被辞退的公务员。

被辞退的公务员，可以领取辞退费或者根据国家有关规定享受失业保险。

第八十六条 公务员辞职或者被辞退，离职前应当办理公务交接手续，必要时按照规定接受审计。

第十四章　退　休

第八十七条　公务员达到国家规定的退休年龄或者完全丧失工作能力的，应当退休。

第八十八条　公务员符合下列条件之一的，本人自愿提出申请，经任免机关批准，可以提前退休：

（一）工作年限满三十年的；

（二）距国家规定的退休年龄不足五年，且工作年限满二十年的；

（三）符合国家规定的可以提前退休的其他情形的。

第八十九条　公务员退休后，享受国家规定的退休金和其他待遇，国家为其生活和健康提供必要的服务和帮助，鼓励发挥个人专长，参与社会发展。

第十五章　申诉控告

第九十条　公务员对涉及本人的下列人事处理不服的，可以自知道该人事处理之日起三十日内向原处理机关申请复核；对复核结果不服的，可以自接到复核决定之日起十五日内，按照规定向同级公务员主管部门或者作出该人事处理的机关的上一级机关提出申诉；也可以不经复核，自知道该人事处理之日起三十日内直接提出申诉：

（一）处分；

（二）辞退或者取消录用；

（三）降职；

（四）定期考核定为不称职；

（五）免职；

（六）申请辞职、提前退休未予批准；

（七）未按规定确定或者扣减工资、福利、保险待遇；

（八）法律、法规规定可以申诉的其他情形。

对省级以下机关作出的申诉处理决定不服的，可以向作出处理决定的上一级机关提出再申诉。

行政机关公务员对处分不服向行政监察机关申诉的，按照《中华人民共和国行政监察法》的规定办理。

第九十一条　原处理机关应当自接到复核申请书后的三十日内作出复核决定。受理公务员申诉的机关应当自受理之日起六十日内作出处理决定；案情复杂的，可以适当延长，但是延长时间不得超过三十日。

复核、申诉期间不停止人事处理的执行。

第九十二条　公务员申诉的受理机关审查认定人事处理有错误的，原处理机关应当及时予以纠正。

第九十三条　公务员认为机关及其领导人员侵犯其合法权益的，可以依法向上级机关或者有关的专门机关提出控告。受理控告的机关应当按照规定及时处理。

第九十四条　公务员提出申诉、控告，不得捏造事实，诬告、陷害他人。

第十六章　职位聘任

第九十五条　机关根据工作需要，经省级以上公务员主管部门批准，可以对专业性较强的职位和辅助性职位实行聘任制。

前款所列职位涉及国家秘密的，不实行聘任制。

第九十六条　机关聘任公务员可以参照公务员考试录用的程序进行公开招聘，也可以从符合条件的人员中直接选聘。

机关聘任公务员应当在规定的编制限额和工资经费限额内进行。

第九十七条　机关聘任公务员，应当按照平等自愿、协商一致的原则，签订书面的聘任合同，确定机关与所聘公务员双方的权利、义务。聘任合同经双方协商一致可以变更或者解除。

聘任合同的签订、变更或者解除，应当报同级公务员主管部门备案。

第九十八条　聘任合同应当具备合同期限，职位及其职责要求，工资、福利、保险待遇，违约责任等条款。

聘任合同期限为一年至五年。聘任合同可以约定试用期，试用期为一个月至六个月。

聘任制公务员按照国家规定实行协议工资制，具体办法由中央公务员主管部门规定。

第九十九条　机关依据本法和聘任合同对所聘公务员进行管理。

第一百条　国家建立人事争议仲裁制度。

人事争议仲裁应当根据合法、公正、及时处理的原则，依法维护争议双方的合法权益。

人事争议仲裁委员会根据需要设立。人事争议仲裁委员会由公务员主管部门的代表、聘用机关的代表、聘任制公务员的代表以及法律专家组成。

聘任制公务员与所在机关之间因履行聘任合同发生争议的，可以自争议发生之日起六十日内向人事争议仲裁委员会申请仲裁。当事人对仲裁裁决不服的，可以自接到仲裁裁决书之日起十五日内向人民法院提起诉讼。仲裁裁决生效后，一方当事人不履行的，另一方当事人可以申请人民法院执行。

第十七章　法律责任

第一百零一条　对有下列违反本法规定情形的，由县级以上领导机关或者公务员主管部门按照管理权限，区别不同情况，分别予以责令纠正或者宣布无效；对负有责任的领导人员和直接责任人员，根据情节轻重，给予批评教育或者处分；构成犯罪的，依法追究刑事责任：

（一）不按编制限额、职数或者任职资格条件进行公务员录用、调任、转任、聘任和晋升的；

（二）不按规定条件进行公务员奖惩、回避和办理退休的；

（三）不按规定程序进行公务员录用、调任、转任、聘任、晋升、竞争上岗、公开选拔以及考核、奖惩的；

（四）违反国家规定，更改公务员工资、福利、保险待遇标准的；

（五）在录用、竞争上岗、公开选拔中发生泄露试题、违反考场纪律以及其他严重影响公开、公正的；

（六）不按规定受理和处理公务员申诉、控告的；

（七）违反本法规定的其他情形的。

第一百零二条　公务员辞去公职或者退休的，原系领导成员的公务员在离职三年内，其他公务员在离职两年内，不得到与原工作业务直接相关的企业或者其他营利性组织任职，不得从事与原工作业务直接相关的营利性活动。

公务员辞去公职或者退休后有违反前款规定行为的，由其原所在机关的同级公务员主管部门责令限期改正；逾期不改正的，由县级以上工商行政管理部门没收该人员从业期间的违法所得，责令接收单位将该人员予以清退，并根据情节轻重，对接收单位处以被处罚人员违法所得一倍以上五倍以下的罚款。

第一百零三条　机关因错误的具体人事处理对公务员造成名誉损害的，应当赔礼道歉、恢复名誉、消除影响；造成经济损失的，应当依法给予赔偿。

第一百零四条　公务员主管部门的工作人员，违反本法规定，滥用职权、玩忽职守、徇私舞弊，构成犯罪的，依法追究刑事责任；尚不构成犯罪的，给予处分。

第十八章　附　则

第一百零五条　本法所称领导成员，是指机关的领导人员，不包括机关内设机构担任领导职务的人员。

第一百零六条　法律、法规授权的具有公共事务管理职能的事业单位中除工勤人员以外的工作人员，经批准参照本法进行管理。

第一百零七条　本法自2006年1月1日起施行。全国人民代表大会常务委员会1957年10月23日批准、国务院1957年10月26日公布的《国务院关于国家行政机关工作人员的奖惩暂行规定》、1993年8月14日国务院公布的《国家公务员暂行条例》同时废止。

中华人民共和国刑法

（1979 年 7 月 1 日第五届全国人民代表大会第二次会议通过
1997 年 3 月 14 日第八届全国人民代表大会第五次会议修订）

第一编　总　则

第一章　刑法的任务、基本原则和适用范围

第一条　为了惩罚犯罪，保护人民，根据宪法，结合我国同犯罪作斗争的具体经验及实际情况，制定本法。

第二条　中华人民共和国刑法的任务，是用刑罚同一切犯罪行为作斗争，以保卫国家安全，保卫人民民主专政的政权和社会主义制度，保护国有财产和劳动群众集体所有的财产，保护公民私人所有的财产，保护公民的人身权利、民主权利和其他权利，维护社会秩序、经济秩序，保障社会主义建设事业的顺利进行。

第三条　法律明文规定为犯罪行为的，依照法律定罪处刑；法律没有明文规定为犯罪行为的，不得定罪处刑。

第四条　对任何人犯罪，在适用法律上一律平等。不允许任何人有超越法律的特权。

第五条　刑罚的轻重，应当与犯罪分子所犯罪行和承担的刑事责任相适应。

第六条　凡在中华人民共和国领域内犯罪的，除法律有特别规定的以外，都适用本法。

凡在中华人民共和国船舶或者航空器内犯罪的，也适用本法。

犯罪的行为或者结果有一项发生在中华人民共和国领域内的，就认为是在中华人民共和国领域内犯罪。

第七条　中华人民共和国公民在中华人民共和国领域外犯本法规定之罪的，适用本法，但是按本法规定的最高刑为三年以下有期徒刑的，可以不予追究。

中华人民共和国国家工作人员和军人在中华人民共和国领域外犯本法规定之罪的，适用本法。

第八条　外国人在中华人民共和国领域外对中华人民共和国国家或者公民犯罪，而按本法规定的最低刑为三年以上有期徒刑的，可以适用本法，但是按照犯罪地的法律不受处罚的除外。

第九条　对于中华人民共和国缔结或者参加的国际条约所规定的罪行，中华人民共和国在所承担条约义务的范围内行使刑事管辖权的，适用本法。

第十条　凡在中华人民共和国领域外犯罪，依照本法应当负刑事责任的，虽然经过外国审判，仍然可以依照本法追究，但是在外国已经受过刑罚处罚的，可以免除或者减轻处罚。

第十一条　享有外交特权和豁免权的外国人的刑事责任，通过外交途径解决。

第十二条　中华人民共和国成立以后本法施行以前的行为，如果当时的法律不认为是犯罪的，适用当时的法律；如果当时的法律认为是犯罪的，依照本法总则第四章第八节的规定应当追诉的，按照当时的法律追究刑事责任，但是如果本法不认为是犯罪或者处刑较轻的，适用本法。

本法施行以前，依照当时的法律已经作出的生效判决，继续有效。

第二章　犯　罪

第一节　犯罪和刑事责任

第十三条　一切危害国家主权、领土完整和安全，分裂国家、颠覆人民民主专政的政权和推翻社会主义制度，破坏社会秩序和经济秩序，侵犯国有财产或者劳动群众集体所有的财产，侵犯公民私人所有的财产，侵犯公民的人身权利、民主权利和其他权利，以及其他危害社会的行为，依照法律应当受刑罚处罚的，都是犯罪，但是情节显著轻微危害不大的，不认为是犯罪。

第十四条　明知自己的行为会发生危害社会的结果，并且希望或者放任这种结果发生，因而构成犯罪的，是故意犯罪。

故意犯罪，应当负刑事责任。

第十五条　应当预见自己的行为可能发生危害社会的结果，因为疏忽大意而没有预见，或者已经预见而轻信能够避免，以致发生这种结果的，是过失犯罪。

过失犯罪，法律有规定的才负刑事责任。

第十六条　行为在客观上虽然造成了损害结果，但是不是出于故意或者过失，而是由于不能抗拒或者不能预见的原因所引起的，不是犯罪。

第十七条　已满十六周岁的人犯罪，应当负刑事责任。

已满十四周岁不满十六周岁的人，犯故意杀人、故意伤害致人重伤或者死亡、强奸、抢劫、贩卖毒品、放火、爆炸、投毒罪的，应当负刑事责任。

已满十四周岁不满十八周岁的人犯罪，应当从轻或者减轻处罚。

因不满十六周岁不予刑事处罚的，责令他的家长或者监护人加以管教；在必要的时候，也可以由政府收容教养。

第十八条　精神病人在不能辨认或者不能控制自己行为的时候造成危害结果，经法定程序鉴定确认的，不负刑事责任，但是应当责令他的家属或者监护人严加看管和医疗；在必要的时候，由政府强制医疗。

间歇性的精神病人在精神正常的时候犯罪，应当负刑事责任。

尚未完全丧失辨认或者控制自己行为能力的精神病人犯罪的，应当负刑事责任，但是可以从轻或者减轻处罚。

醉酒的人犯罪，应当负刑事责任。

第十九条　又聋又哑的人或者盲人犯罪，可以从轻、减轻或者免除处罚。

第二十条　为了使国家、公共利益、本人或者他人的人身、财产和其他权利免受正在进行的不法侵害，而采取的制止不法侵害的行为，对不法侵害人造成损害的，属于正当防卫，不负刑事责任。

正当防卫明显超过必要限度造成重大损害的，应当负刑事责任，但是应当减轻或者免除处罚。

对正在进行行凶、杀人、抢劫、强奸、绑架以及其他严重危及人身安全的暴力犯罪，采取防卫行为，造成不法侵害人伤亡的，不属于防卫过当，不负刑事责任。

第二十一条 为了使国家、公共利益、本人或者他人的人身、财产和其他权利免受正在发生的危险，不得已采取的紧急避险行为，造成损害的，不负刑事责任。

紧急避险超过必要限度造成不应有的损害的，应当负刑事责任，但是应当减轻或者免除处罚。

第一款中关于避免本人危险的规定，不适用于职务上、业务上负有特定责任的人。

第二节 犯罪的预备、未遂和中止

第二十二条 为了犯罪，准备工具、制造条件的，是犯罪预备。

对于预备犯，可以比照既遂犯从轻、减轻处罚或者免除处罚。

第二十三条 已经着手实行犯罪，由于犯罪分子意志以外的原因而未得逞的，是犯罪未遂。

对于未遂犯，可以比照既遂犯从轻或者减轻处罚。

第二十四条 在犯罪过程中，自动放弃犯罪或者自动有效地防止犯罪结果发生的，是犯罪中止。

对于中止犯，没有造成损害的，应当免除处罚；造成损害的，应当减轻处罚。

第三节 共同犯罪

第二十五条 共同犯罪是指二人以上共同故意犯罪。

二人以上共同过失犯罪，不以共同犯罪论处；应当负刑事责任的，按照他们所犯的罪分别处罚。

第二十六条 组织、领导犯罪集团进行犯罪活动的或者在共同犯罪中起主要作用的，是主犯。

三人以上为共同实施犯罪而组成的较为固定的犯罪组织，是犯罪集团。

对组织、领导犯罪集团的首要分子，按照集团所犯的全部罪行处罚。

对于第三款规定以外的主犯，应当按照其所参与的或者组织、指挥的全部犯罪处罚。

第二十七条 在共同犯罪中起次要或者辅助作用的，是从犯。

对于从犯，应当从轻、减轻处罚或者免除处罚。

第二十八条 对于被胁迫参加犯罪的，应当按照他的犯罪情节减轻处罚或者免除处罚。

第二十九条 教唆他人犯罪的，应当按照他在共同犯罪中所起的作用处罚。教唆不满十八周岁的人犯罪的，应当从重处罚。

如果被教唆的人没有犯被教唆的罪，对于教唆犯，可以从轻或者减轻处罚。

第四节 单位犯罪

第三十条 公司、企业、事业单位、机关、团体实施的危害社会的行为，法律规定为单位犯罪的，应当负刑事责任。

第三十一条 单位犯罪的，对单位判处罚金，并对其直接负责的主管人员和其他直接责任人员判处刑罚。本法分则和其他法律另有规定的，依照规定。

第三章　刑　罚

第一节　刑罚的种类

第三十二条　刑罚分为主刑和附加刑。

第三十三条　主刑的种类如下：

（一）管制；

（二）拘役；

（三）有期徒刑；

（四）无期徒刑；

（五）死刑。

第三十四条　附加刑的种类如下：

（一）罚金；

（二）剥夺政治权利；

（三）没收财产。

附加刑也可以独立适用。

第三十五条　对于犯罪的外国人，可以独立适用或者附加适用驱逐出境。

第三十六条　由于犯罪行为而使被害人遭受经济损失的，对犯罪分子除依法给予刑事处罚外，并应根据情况判处赔偿经济损失。

承担民事赔偿责任的犯罪分子，同时被判处罚金，其财产不足以全部支付的，或者被判处没收财产的，应当先承担对被害人的民事赔偿责任。

第三十七条　对于犯罪情节轻微不需要判处刑罚的，可以免予刑事处罚，但是可以根据案件的不同情况，予以训诫或者责令具结悔过、赔礼道歉、赔偿损失，或者由主管部门予以行政处罚或者行政处分。

第二节　管　制

第三十八条　管制的期限，为三个月以上二年以下。

被判处管制的犯罪分子，由公安机关执行。

第三十九条　被判处管制的犯罪分子，在执行期间，应当遵守下列规定：

（一）遵守法律、行政法规，服从监督；

（二）未经执行机关批准，不得行使言论、出版、集会、结社、游行、示威自由的权利；

（三）按照执行机关规定报告自己的活动情况；

（四）遵守执行机关关于会客的规定；

（五）离开所居住的市、县或者迁居，应当报经执行机关批准。

对于被判处管制的犯罪分子，在劳动中应当同工同酬。

第四十条　被判处管制的犯罪分子，管制期满，执行机关应即向本人和其所在单位或者居住地的群众宣布解除管制。

第四十一条　管制的刑期，从判决执行之日起计算；判决执行以前先行羁押的，羁押一日折抵刑期二日。

第三节　拘　役

第四十二条　拘役的期限，为一个月以上六个月以下。

第四十三条 被判处拘役的犯罪分子，由公安机关就近执行。

在执行期间，被判处拘役的犯罪分子每月可以回家一天至两天；参加劳动的，可以酌量发给报酬。

第四十四条 拘役的刑期，从判决执行之日起计算；判决执行以前先行羁押的，羁押一日折抵刑期一日。

第四节 有期徒刑、无期徒刑

第四十五条 有期徒刑的期限，除本法第五十条、第六十九条规定外，为六个月以上十五年以下。

第四十六条 被判处有期徒刑、无期徒刑的犯罪分子，在监狱或者其他执行场所执行；凡有劳动能力的，都应当参加劳动，接受教育和改造。

第四十七条 有期徒刑的刑期，从判决执行之日起计算；判决执行以前先行羁押的，羁押一日折抵刑期一日。

第五节 死 刑

第四十八条 死刑只适用于罪行极其严重的犯罪分子。对于应当判处死刑的犯罪分子，如果不是必须立即执行的，可以判处死刑同时宣告缓期二年执行。

死刑除依法由最高人民法院判决的以外，都应当报请最高人民法院核准。死刑缓期执行的，可以由高级人民法院判决或者核准。

第四十九条 犯罪的时候不满十八周岁的人和审判的时候怀孕的妇女，不适用死刑。

第五十条 判处死刑缓期执行的，在死刑缓期执行期间，如果没有故意犯罪，二年期满以后，减为无期徒刑；如果确有重大立功表现，二年期满以后，减为十五年以上二十年以下有期徒刑；如果故意犯罪，查证属实的，由最高人民法院核准，执行死刑。

第五十一条 死刑缓期执行的期间，从判决确定之日起计算。死刑缓期执行减为有期徒刑的刑期，从死刑缓期执行期满之日起计算。

第六节 罚 金

第五十二条 判处罚金，应当根据犯罪情节决定罚金数额。

第五十三条 罚金在判决指定的期限内一次或者分期缴纳。期满不缴纳的，强制缴纳。对于不能全部缴纳罚金的，人民法院在任何时候发现被执行人有可以执行的财产，应当随时追缴。如果由于遭遇不能抗拒的灾祸缴纳确实有困难的，可以酌情减少或者免除。

第七节 剥夺政治权利

第五十四条 剥夺政治权利是剥夺下列权利：

（一）选举权和被选举权；

（二）言论、出版、集会、结社、游行、示威自由的权利；

（三）担任国家机关职务的权利；

（四）担任国有公司、企业、事业单位和人民团体领导职务的权利。

第五十五条 剥夺政治权利的期限，除本法第五十七条规定外，为一年以上五年以下。

判处管制附加剥夺政治权利的，剥夺政治权利的期限与管制的期限相等，同时执行。

第五十六条 对于危害国家安全的犯罪分子应当附加剥夺政治权利；对于故意杀人、强奸、放火、爆炸、投毒、抢劫等严重破坏社会秩序的犯罪分子，可以附加剥夺政治权利。

独立适用剥夺政治权利的，依照本法分则的规定。

第五十七条　对于被判处死刑、无期徒刑的犯罪分子，应当剥夺政治权利终身。

在死刑缓期执行减为有期徒刑或者无期徒刑减为有期徒刑的时候，应当把附加剥夺政治权利的期限改为三年以上十年以下。

第五十八条　附加剥夺政治权利的刑期，从徒刑、拘役执行完毕之日或者从假释之日起计算；剥夺政治权利的效力当然施用于主刑执行期间。

被剥夺政治权利的犯罪分子，在执行期间，应当遵守法律、行政法规和国务院公安部门有关监督管理的规定，服从监督；不得行使本法第五十四条规定的各项权利。

第八节　没收财产

第五十九条　没收财产是没收犯罪分子个人所有财产的一部或者全部。没收全部财产的，应当对犯罪分子个人及其扶养的家属保留必需的生活费用。

在判处没收财产的时候，不得没收属于犯罪分子家属所有或者应有的财产。

第六十条　没收财产以前犯罪分子所负的正当债务，需要以没收的财产偿还的，经债权人请求，应当偿还。

第四章　刑罚的具体运用

第一节　量　刑

第六十一条　对于犯罪分子决定刑罚的时候，应当根据犯罪的事实、犯罪的性质、情节和对于社会的危害程度，依照本法的有关规定判处。

第六十二条　犯罪分子具有本法规定的从重处罚、从轻处罚情节的，应当在法定刑的限度以内判处刑罚。

第六十三条　犯罪分子具有本法规定的减轻处罚情节的，应当在法定刑以下判处刑罚。

犯罪分子虽然不具有本法规定的减轻处罚情节，但是根据案件的特殊情况，经最高人民法院核准，也可以在法定刑以下判处刑罚。

第六十四条　犯罪分子违法所得的一切财物，应当予以追缴或者责令退赔；对被害人的合法财产，应当及时返还；违禁品和供犯罪所用的本人财物，应当予以没收。没收的财物和罚金，一律上缴国库，不得挪用和自行处理。

第二节　累　犯

第六十五条　被判处有期徒刑以上刑罚的犯罪分子，刑罚执行完毕或者赦免以后，在五年以内再犯应当判处有期徒刑以上刑罚之罪的，是累犯，应当从重处罚，但是过失犯罪除外。

前款规定的期限，对于被假释的犯罪分子，从假释期满之日起计算。

第六十六条　危害国家安全的犯罪分子在刑罚执行完毕或者赦免以后，在任何时候再犯危害国家安全罪的，都以累犯论处。

第三节　自首和立功

第六十七条　犯罪以后自动投案，如实供述自己的罪行的，是自首。对于自首的犯罪分子，可以从轻或者减轻处罚。其中，犯罪较轻的，可以免除处罚。

被采取强制措施的犯罪嫌疑人、被告人和正在服刑的罪犯，如实供述司法机关还未掌握的本人其他罪行的，以自首论。

第六十八条 犯罪分子有揭发他人犯罪行为，查证属实的，或者提供重要线索，从而得以侦破其他案件等立功表现的，可以从轻或者减轻处罚；有重大立功表现的，可以减轻或者免除处罚。

犯罪后自首又有重大立功表现的，应当减轻或者免除处罚。

第四节　数罪并罚

第六十九条 判决宣告以前一人犯数罪的，除判处死刑和无期徒刑的以外，应当在总和刑期以下、数刑中最高刑期以上，酌情决定执行的刑期，但是管制最高不能超过三年，拘役最高不能超过一年，有期徒刑最高不能超过二十年。

如果数罪中有判处附加刑的，附加刑仍须执行。

第七十条 判决宣告以后，刑罚执行完毕以前，发现被判刑的犯罪分子在判决宣告以前还有其他罪没有判决的，应当对新发现的罪作出判决，把前后两个判决所判处的刑罚，依照本法第六十九条的规定，决定执行的刑罚。已经执行的刑期，应当计算在新判决决定的刑期以内。

第七十一条 判决宣告以后，刑罚执行完毕以前，被判刑的犯罪分子又犯罪的，应当对新犯的罪作出判决，把前罪没有执行的刑罚和后罪所判处的刑罚，依照本法第六十九条的规定，决定执行的刑罚。

第五节　缓　刑

第七十二条 对于被判处拘役、三年以下有期徒刑的犯罪分子，根据犯罪分子的犯罪情节和悔罪表现，适用缓刑确实不致再危害社会的，可以宣告缓刑。

被宣告缓刑的犯罪分子，如果被判处附加刑，附加刑仍须执行。

第七十三条 拘役的缓刑考验期限为原判刑期以上一年以下，但是不能少于二个月。

有期徒刑的缓刑考验期限为原判刑期以上五年以下，但是不能少于一年。

缓刑考验期限，从判决确定之日起计算。

第七十四条 对于累犯，不适用缓刑。

第七十五条 被宣告缓刑的犯罪分子，应当遵守下列规定：

（一）遵守法律、行政法规，服从监督；

（二）按照考察机关的规定报告自己的活动情况；

（三）遵守考察机关关于会客的规定；

（四）离开所居住的市、县或者迁居，应当报经考察机关批准。

第七十六条 被宣告缓刑的犯罪分子，在缓刑考验期限内，由公安机关考察，所在单位或者基层组织予以配合，如果没有本法第七十七条规定的情形，缓刑考验期满，原判的刑罚就不再执行，并公开予以宣告。

第七十七条 被宣告缓刑的犯罪分子，在缓刑考验期限内犯新罪或者发现判决宣告以前还有其他罪没有判决的，应当撤销缓刑，对新犯的罪或者新发现的罪作出判决，把前罪和后罪所判处的刑罚，依照本法第六十九条的规定，决定执行的刑罚。

被宣告缓刑的犯罪分子，在缓刑考验期限内，违反法律、行政法规或者国务院公安部门有关缓刑的监督管理规定，情节严重的，应当撤销缓刑，执行原判刑罚。

第六节　减　刑

第七十八条　被判处管制、拘役、有期徒刑、无期徒刑的犯罪分子，在执行期间，如果认真遵守监规，接受教育改造，确有悔改表现的，或者有立功表现的，可以减刑；有下列重大立功表现之一的，应当减刑：

（一）阻止他人重大犯罪活动的；

（二）检举监狱内外重大犯罪活动，经查证属实的；

（三）有发明创造或者重大技术革新的；

（四）在日常生产、生活中舍己救人的；

（五）在抗御自然灾害或者排除重大事故中，有突出表现的；

（六）对国家和社会有其他重大贡献的。

减刑以后实际执行的刑期，判处管制、拘役、有期徒刑的，不能少于原判刑期的二分之一；判处无期徒刑的，不能少于十年。

第七十九条　对于犯罪分子的减刑，由执行机关向中级以上人民法院提出减刑建议书。人民法院应当组成合议庭进行审理，对确有悔改或者立功事实的，裁定予以减刑。非经法定程序不得减刑。

第八十条　无期徒刑减为有期徒刑的刑期，从裁定减刑之日起计算。

第七节　假　释

第八十一条　被判处有期徒刑的犯罪分子，执行原判刑期二分之一以上，被判处无期徒刑的犯罪分子，实际执行十年以上，如果认真遵守监规，接受教育改造，确有悔改表现，假释后不致再危害社会的，可以假释。如果有特殊情况，经最高人民法院核准，可以不受上述执行刑期的限制。

对累犯以及因杀人、爆炸、抢劫、强奸、绑架等暴力性犯罪被判处十年以上有期徒刑、无期徒刑的犯罪分子，不得假释。

第八十二条　对于犯罪分子的假释，依照本法第七十九条规定的程序进行。非经法定程序不得假释。

第八十三条　有期徒刑的假释考验期限，为没有执行完毕的刑期；无期徒刑的假释考验期限为十年。

假释考验期限，从假释之日起计算。

第八十四条　被宣告假释的犯罪分子，应当遵守下列规定：

（一）遵守法律、行政法规，服从监督；

（二）按照监督机关的规定报告自己的活动情况；

（三）遵守监督机关关于会客的规定；

（四）离开所居住的市、县或者迁居，应当报经监督机关批准。

第八十五条　被假释的犯罪分子，在假释考验期限内，由公安机关予以监督，如果没有本法第八十六条规定的情形，假释考验期满，就认为原判刑罚已经执行完毕，并公开予以宣告。

第八十六条　被假释的犯罪分子，在假释考验期限内犯新罪，应当撤销假释，依照本法第七十一条的规定实行数罪并罚。

在假释考验期限内，发现被假释的犯罪分子在判决宣告以前还有其他罪没有判决的，应当撤销假释，依照本法第七十条的规定实行数罪并罚。

被假释的犯罪分子，在假释考验期限内，有违反法律、行政法规或者国务院公安部门有关假释的监督管理规定的行为，尚未构成新的犯罪的，应当依照法定程序撤销假释，收监执行未执行完毕的刑罚。

第八节　时　效

第八十七条　犯罪经过下列期限不再追诉：

（一）法定最高刑为不满五年有期徒刑的，经过五年；

（二）法定最高刑为五年以上不满十年有期徒刑的，经过十年；

（三）法定最高刑为十年以上有期徒刑的，经过十五年；

（四）法定最高刑为无期徒刑、死刑的，经过二十年。如果二十年以后认为必须追诉的，须报请最高人民检察院核准。

第八十八条　在人民检察院、公安机关、国家安全机关立案侦查或者在人民法院受理案件以后，逃避侦查或者审判的，不受追诉期限的限制。

被害人在追诉期限内提出控告，人民法院、人民检察院、公安机关应当立案而不予立案的，不受追诉期限的限制。

第八十九条　追诉期限从犯罪之日起计算；犯罪行为有连续或者继续状态的，从犯罪行为终了之日起计算。

在追诉期限以内又犯罪的，前罪追诉的期限从犯后罪之日起计算。

第五章　其他规定

第九十条　民族自治地方不能全部适用本法规定的，可以由自治区或者省的人民代表大会根据当地民族的政治、经济、文化的特点和本法规定的基本原则，制定变通或者补充的规定，报请全国人民代表大会常务委员会批准施行。

第九十一条　本法所称公共财产，是指下列财产：

（一）国有财产；

（二）劳动群众集体所有的财产；

（三）用于扶贫和其他公益事业的社会捐助或者专项基金的财产。

在国家机关、国有公司、企业、集体企业和人民团体管理、使用或者运输中的私人财产，以公共财产论。

第九十二条　本法所称公民私人所有的财产，是指下列财产：

（一）公民的合法收入、储蓄、房屋和其他生活资料；

（二）依法归个人、家庭所有的生产资料；

（三）个体户和私营企业的合法财产；

（四）依法归个人所有的股份、股票、债券和其他财产。

第九十三条　本法所称国家工作人员，是指国家机关中从事公务的人员。

国有公司、企业、事业单位、人民团体中从事公务的人员和国家机关、国有公司、企业、事业单位委派到非国有公司、企业、事业单位、社会团体从事公务的人员，以及其他依照法律从事公务的人员，以国家工作人员论。

第九十四条　本法所称司法工作人员，是指有侦查、检察、审判、监管职责的工作人员。

第九十五条　本法所称重伤，是指有下列情形之一的伤害：

（一）使人肢体残废或者毁人容貌的；

（二）使人丧失听觉、视觉或者其他器官机能的；

（三）其他对于人身健康有重大伤害的。

第九十六条　本法所称违反国家规定，是指违反全国人民代表大会及其常务委员会制定的法律和决定，国务院制定的行政法规、规定的行政措施、发布的决定和命令。

第九十七条　本法所称首要分子，是指在犯罪集团或者聚众犯罪中起组织、策划、指挥作用的犯罪分子。

第九十八条　本法所称告诉才处理，是指被害人告诉才处理。如果被害人因受强制、威吓无法告诉的，人民检察院和被害人的近亲属也可以告诉。

第九十九条　本法所称以上、以下、以内，包括本数。

第一百条　依法受过刑事处罚的人，在入伍、就业的时候，应当如实向有关单位报告自己曾受过刑事处罚，不得隐瞒。

第一百零一条　本法总则适用于其他有刑罚规定的法律，但是其他法律有特别规定的除外。

第二编　分　则

第一章　危害国家安全罪

第一百零二条　勾结外国，危害中华人民共和国的主权、领土完整和安全的，处无期徒刑或者十年以上有期徒刑。

与境外机构、组织、个人相勾结，犯前款罪的，依照前款的规定处罚。

第一百零三条　组织、策划、实施分裂国家、破坏国家统一的，对首要分子或者罪行重大的，处无期徒刑或者十年以上有期徒刑；对积极参加的，处三年以上十年以下有期徒刑；对其他参加的，处三年以下有期徒刑、拘役、管制或者剥夺政治权利。

煽动分裂国家、破坏国家统一的，处五年以下有期徒刑、拘役、管制或者剥夺政治权利；首要分子或者罪行重大的，处五年以上有期徒刑。

第一百零四条　组织、策划、实施武装叛乱或者武装暴乱的，对首要分子或者罪行重大的，处无期徒刑或者十年以上有期徒刑；对积极参加的，处三年以上十年以下有期徒刑；对其他参加的，处三年以下有期徒刑、拘役、管制或者剥夺政治权利。

策动、胁迫、勾引、收买国家机关工作人员、武装部队人员、人民警察、民兵进行武装叛乱或者武装暴乱的，依照前款的规定从重处罚。

第一百零五条　组织、策划、实施颠覆国家政权、推翻社会主义制度的，对首要分子或者罪行重大的，处无期徒刑或者十年以上有期徒刑；对积极参加的，处三年以上十年以下有期徒刑；对其他参加的，处三年以下有期徒刑、拘役、管制或者剥夺政治权利。

以造谣、诽谤或者其他方式煽动颠覆国家政权、推翻社会主义制度的，处五年以下有期徒刑、拘役、管制或者剥夺政治权利；首要分子或者罪行重大的，处五年以上有期徒刑。

第一百零六条 与境外机构、组织、个人相勾结，实施本章第一百零三条、第一百零四条、第一百零五条规定之罪的，依照各该条的规定从重处罚。

第一百零七条 境内外机构、组织或者个人资助境内组织或者个人实施本章第一百零二条、第一百零三条、第一百零四条、第一百零五条规定之罪的，对直接责任人员，处五年以下有期徒刑、拘役、管制或者剥夺政治权利；情节严重的，处五年以上有期徒刑。

第一百零八条 投敌叛变的，处三年以上十年以下有期徒刑；情节严重或者带领武装部队人员、人民警察、民兵投敌叛变的，处十年以上有期徒刑或者无期徒刑。

第一百零九条 国家机关工作人员在履行公务期间，擅离岗位，叛逃境外或者在境外叛逃，危害中华人民共和国国家安全的，处五年以下有期徒刑、拘役、管制或者剥夺政治权利；情节严重的，处五年以上十年以下有期徒刑。

掌握国家秘密的国家工作人员犯前款罪的，依照前款的规定从重处罚。

第一百一十条 有下列间谍行为之一，危害国家安全的，处十年以上有期徒刑或者无期徒刑；情节较轻的，处三年以上十年以下有期徒刑：

（一）参加间谍组织或者接受间谍组织及其代理人的任务的；

（二）为敌人指示轰击目标的。

第一百一十一条 为境外的机构、组织、人员窃取、刺探、收买、非法提供国家秘密或者情报的，处五年以上十年以下有期徒刑；情节特别严重的，处十年以上有期徒刑或者无期徒刑；情节较轻的，处五年以下有期徒刑、拘役、管制或者剥夺政治权利。

第一百一十二条 战时供给敌人武器装备、军用物资资敌的，处十年以上有期徒刑或者无期徒刑；情节较轻的，处三年以上十年以下有期徒刑。

第一百一十三条 本章上述危害国家安全罪行中，除第一百零三条第二款、第一百零五条、第一百零七条、第一百零九条外，对国家和人民危害特别严重、情节特别恶劣的，可以判处死刑。

犯本章之罪的，可以并处没收财产。

第二章 危害公共安全罪

第一百一十四条 放火、决水、爆炸、投毒或者以其他危险方法破坏工厂、矿场、油田、港口、河流、水源、仓库、住宅、森林、农场、谷场、牧场、重要管道、公共建筑物或者其他公私财产，危害公共安全，尚未造成严重后果的，处三年以上十年以下有期徒刑。

第一百一十五条 放火、决水、爆炸、投毒或者以其他危险方法致人重伤、死亡或者使公私财产遭受重大损失的，处十年以上有期徒刑、无期徒刑或者死刑。

过失犯前款罪的，处三年以上七年以下有期徒刑；情节较轻的，处三年以下有期徒刑或者拘役。

第一百一十六条 破坏火车、汽车、电车、船只、航空器，足以使火车、汽车、电车、船只、航空器发生倾覆、毁坏危险，尚未造成严重后果的，处三年以上十年以下有期徒刑。

第一百一十七条 破坏轨道、桥梁、隧道、公路、机场、航道、灯塔、标志或者进行其他破坏活动，足以使火车、汽车、电车、船只、航空器发生倾覆、毁坏危险，尚未造成严重后果的，处三年以上十年以下有期徒刑。

第一百一十八条 破坏电力、燃气或者其他易燃易爆设备，危害公共安全，尚未造成严重后果的，处三年以上十年以下有期徒刑。

第一百一十九条　破坏交通工具、交通设施、电力设备、燃气设备、易燃易爆设备，造成严重后果的，处十年以上有期徒刑、无期徒刑或者死刑。

过失犯前款罪的，处三年以上七年以下有期徒刑；情节较轻的，处三年以下有期徒刑或者拘役。

第一百二十条　组织、领导和积极参加恐怖活动组织的，处三年以上十年以下有期徒刑；其他参加的，处三年以下有期徒刑、拘役或者管制。

犯前款罪并实施杀人、爆炸、绑架等犯罪的，依照数罪并罚的规定处罚。

第一百二十一条　以暴力、胁迫或者其他方法劫持航空器的，处十年以上有期徒刑或者无期徒刑；致人重伤、死亡或者使航空器遭受严重破坏的，处死刑。

第一百二十二条　以暴力、胁迫或者其他方法劫持船只、汽车的，处五年以上十年以下有期徒刑；造成严重后果的，处十年以上有期徒刑或者无期徒刑。

第一百二十三条　对飞行中的航空器上的人员使用暴力，危及飞行安全，尚未造成严重后果的，处五年以下有期徒刑或者拘役；造成严重后果的，处五年以上有期徒刑。

第一百二十四条　破坏广播电视设施、公用电信设施，危害公共安全的，处三年以上七年以下有期徒刑；造成严重后果的，处七年以上有期徒刑。

过失犯前款罪的，处三年以上七年以下有期徒刑；情节较轻的，处三年以下有期徒刑或者拘役。

第一百二十五条　非法制造、买卖、运输、邮寄、储存枪支、弹药、爆炸物的，处三年以上十年以下有期徒刑；情节严重的，处十年以上有期徒刑、无期徒刑或者死刑。

非法买卖、运输核材料的，依照前款的规定处罚。

单位犯前两款罪的，对单位判处罚金，并对其直接负责的主管人员和其他直接责任人员，依照第一款的规定处罚。

第一百二十六条　依法被指定、确定的枪支制造企业、销售企业，违反枪支管理规定，有下列行为之一的，对单位判处罚金，并对其直接负责的主管人员和其他直接责任人员，处五年以下有期徒刑；情节严重的，处五年以上十年以下有期徒刑；情节特别严重的，处十年以上有期徒刑或者无期徒刑：

（一）以非法销售为目的，超过限额或者不按照规定的品种制造、配售枪支的；

（二）以非法销售为目的，制造无号、重号、假号的枪支的；

（三）非法销售枪支或者在境内销售为出口制造的枪支的。

第一百二十七条　盗窃、抢夺枪支、弹药、爆炸物的，处三年以上十年以下有期徒刑；情节严重的，处十年以上有期徒刑、无期徒刑或者死刑。

抢劫枪支、弹药、爆炸物或者盗窃、抢夺国家机关、军警人员、民兵的枪支、弹药、爆炸物的，处十年以上有期徒刑、无期徒刑或者死刑。

第一百二十八条　违反枪支管理规定，非法持有、私藏枪支、弹药的，处三年以下有期徒刑、拘役或者管制；情节严重的，处三年以上七年以下有期徒刑。

依法配备公务用枪的人员，非法出租、出借枪支的，依照前款的规定处罚。

依法配置枪支的人员，非法出租、出借枪支，造成严重后果的，依照第一款的规定处罚。

单位犯第二款、第三款罪的，对单位判处罚金，并对其直接负责的主管人员和其他直接责任人员，依照第一款的规定处罚。

第一百二十九条 依法配备公务用枪的人员，丢失枪支不及时报告，造成严重后果的，处三年以下有期徒刑或者拘役。

第一百三十条 非法携带枪支、弹药、管制刀具或者爆炸性、易燃性、放射性、毒害性、腐蚀性物品，进入公共场所或者公共交通工具，危及公共安全，情节严重的，处三年以下有期徒刑、拘役或者管制。

第一百三十一条 航空人员违反规章制度，致使发生重大飞行事故，造成严重后果的，处三年以下有期徒刑或者拘役；造成飞机坠毁或者人员死亡的，处三年以上七年以下有期徒刑。

第一百三十二条 铁路职工违反规章制度，致使发生铁路运营安全事故，造成严重后果的，处三年以下有期徒刑或者拘役；造成特别严重后果的，处三年以上七年以下有期徒刑。

第一百三十三条 违反交通运输管理法规，因而发生重大事故，致人重伤、死亡或者使公私财产遭受重大损失的，处三年以下有期徒刑或者拘役；交通运输肇事后逃逸或者有其他特别恶劣情节的，处三年以上七年以下有期徒刑；因逃逸致人死亡的，处七年以上有期徒刑。

第一百三十四条 工厂、矿山、林场、建筑企业或者其他企业、事业单位的职工，由于不服管理、违反规章制度，或者强令工人违章冒险作业，因而发生重大伤亡事故或者造成其他严重后果的，处三年以下有期徒刑或者拘役；情节特别恶劣的，处三年以上七年以下有期徒刑。

第一百三十五条 工厂、矿山、林场、建筑企业或者其他企业、事业单位的劳动安全设施不符合国家规定，经有关部门或者单位职工提出后，对事故隐患仍不采取措施，因而发生重大伤亡事故或者造成其他严重后果的，对直接责任人员，处三年以下有期徒刑或者拘役；情节特别恶劣的，处三年以上七年以下有期徒刑。

第一百三十六条 违反爆炸性、易燃性、放射性、毒害性、腐蚀性物品的管理规定，在生产、储存、运输、使用中发生重大事故，造成严重后果的，处三年以下有期徒刑或者拘役；后果特别严重的，处三年以上七年以下有期徒刑。

第一百三十七条 建设单位、设计单位、施工单位、工程监理单位违反国家规定，降低工程质量标准，造成重大安全事故的，对直接责任人员，处五年以下有期徒刑或者拘役，并处罚金；后果特别严重的，处五年以上十年以下有期徒刑，并处罚金。

第一百三十八条 明知校舍或者教育教学设施有危险，而不采取措施或者不及时报告，致使发生重大伤亡事故的，对直接责任人员，处三年以下有期徒刑或者拘役；后果特别严重的，处三年以上七年以下有期徒刑。

第一百三十九条 违反消防管理法规，经消防监督机构通知采取改正措施而拒绝执行，造成严重后果的，对直接责任人员，处三年以下有期徒刑或者拘役；后果特别严重的，处三年以上七年以下有期徒刑。

第三章　破坏社会主义市场经济秩序罪

第一节　生产、销售伪劣商品罪

第一百四十条　生产者、销售者在产品中掺杂、掺假，以假充真，以次充好或者以不合格产品冒充合格产品，销售金额五万元以上不满二十万元的，处二年以下有期徒刑或者拘役，并处或者单处销售金额百分之五十以上二倍以下罚金；销售金额二十万元以上不满五十万元的，处二年以上七年以下有期徒刑，并处销售金额百分之五十以上二倍以下罚金；销售金额五十万元以上不满二百万元的，处七年以上有期徒刑，并处销售金额百分之五十以上二倍以下罚金；销售金额二百万元以上的，处十五年有期徒刑或者无期徒刑，并处销售金额百分之五十以上二倍以下罚金或者没收财产。

第一百四十一条　生产、销售假药，足以严重危害人体健康的，处三年以下有期徒刑或者拘役，并处或者单处销售金额百分之五十以上二倍以下罚金；对人体健康造成严重危害的，处三年以上十年以下有期徒刑，并处销售金额百分之五十以上二倍以下罚金；致人死亡或者对人体健康造成特别严重危害的，处十年以上有期徒刑、无期徒刑或者死刑，并处销售金额百分之五十以上二倍以下罚金或者没收财产。

本条所称假药，是指依照《中华人民共和国药品管理法》的规定属于假药和按假药处理的药品、非药品。

第一百四十二条　生产、销售劣药，对人体健康造成严重危害的，处三年以上十年以下有期徒刑，并处销售金额百分之五十以上二倍以下罚金；后果特别严重的，处十年以上有期徒刑或者无期徒刑，并处销售金额百分之五十以上二倍以下罚金或者没收财产。

本条所称劣药，是指依照《中华人民共和国药品管理法》的规定属于劣药的药品。

第一百四十三条　生产、销售不符合卫生标准的食品，足以造成严重食物中毒事故或者其他严重食源性疾患的，处三年以下有期徒刑或者拘役，并处或者单处销售金额百分之五十以上二倍以下罚金；对人体健康造成严重危害的，处三年以上七年以下有期徒刑，并处销售金额百分之五十以上二倍以下罚金；后果特别严重的，处七年以上有期徒刑或者无期徒刑，并处销售金额百分之五十以上二倍以下罚金或者没收财产。

第一百四十四条　在生产、销售的食品中掺入有毒、有害的非食品原料的，或者销售明知掺有有毒、有害的非食品原料的食品的，处五年以下有期徒刑或者拘役，并处或者单处销售金额百分之五十以上二倍以下罚金；造成严重食物中毒事故或者其他严重食源性疾患，对人体健康造成严重危害的，处五年以上十年以下有期徒刑，并处销售金额百分之五十以上二倍以下罚金；致人死亡或者对人体健康造成特别严重危害的，依照本法第一百四十一条的规定处罚。

第一百四十五条　生产不符合保障人体健康的国家标准、行业标准的医疗器械、医用卫生材料，或者销售明知是不符合保障人体健康的国家标准、行业标准的医疗器械、医用卫生材料，对人体健康造成严重危害的，处五年以下有期徒刑，并处销售金额百分之五十以上二倍以下罚金；后果特别严重的，处五年以上十年以下有期徒刑，并处销售金额百分之五十以上二倍以下罚金，其中情节特别恶劣的，处十年以上有期徒刑或者无期徒刑，并处销售金额百分之五十以上二倍以下罚金或者没收财产。

第一百四十六条　生产不符合保障人身、财产安全的国家标准、行业标准的电器、压力容器、易燃易爆产品或者其他不符合保障人身、财产安全的国家标准、行业标准的产品，或者销售明知是以上不符合保障人身、财产安全的国家标准、行业标准的产品，造成严重后果的，处五年以下有期徒刑，并处销售金额百分之五十以上二倍以下罚金；后果特别严重的，处五年以上有期徒刑，并处销售金额百分之五十以上二倍以下罚金。

第一百四十七条　生产假农药、假兽药、假化肥，销售明知是假的或者失去使用效能的农药、兽药、化肥、种子，或者生产者、销售者以不合格的农药、兽药、化肥、种子冒充合格的农药、兽药、化肥、种子，使生产遭受较大损失的，处三年以下有期徒刑或者拘役，并处或者单处销售金额百分之五十以上二倍以下罚金；使生产遭受重大损失的，处三年以上七年以下有期徒刑，并处销售金额百分之五十以上二倍以下罚金；使生产遭受特别重大损失的，处七年以上有期徒刑或者无期徒刑，并处销售金额百分之五十以上二倍以下罚金或者没收财产。

第一百四十八条　生产不符合卫生标准的化妆品，或者销售明知是不符合卫生标准的化妆品，造成严重后果的，处三年以下有期徒刑或者拘役，并处或者单处销售金额百分之五十以上二倍以下罚金。

第一百四十九条　生产、销售本节第一百四十一条至第一百四十八条所列产品，不构成各该条规定的犯罪，但是销售金额在五万元以上的，依照本节第一百四十条的规定定罪处罚。

生产、销售本节第一百四十一条至第一百四十八条所列产品，构成各该条规定的犯罪，同时又构成本节第一百四十条规定之罪的，依照处罚较重的规定定罪处罚。

第一百五十条　单位犯本节第一百四十条至第一百四十八条规定之罪的，对单位判处罚金，并对其直接负责的主管人员和其他直接责任人员，依照各该条的规定处罚。

第二节　走私罪

第一百五十一条　走私武器、弹药、核材料或者伪造的货币的，处七年以上有期徒刑，并处罚金或者没收财产；情节较轻的，处三年以上七年以下有期徒刑，并处罚金。

走私国家禁止出口的文物、黄金、白银和其他贵重金属或者国家禁止进出口的珍贵动物及其制品的，处五年以上有期徒刑，并处罚金；情节较轻的，处五年以下有期徒刑，并处罚金。

走私国家禁止进出口的珍稀植物及其制品的，处五年以下有期徒刑，并处或者单处罚金；情节严重的，处五年以上有期徒刑，并处罚金。

犯第一款、第二款罪，情节特别严重的，处无期徒刑或者死刑，并处没收财产。

单位犯本条规定之罪的，对单位判处罚金，并对其直接负责的主管人员和其他直接责任人员，依照本条各款的规定处罚。

第一百五十二条　以牟利或者传播为目的，走私淫秽的影片、录像带、录音带、图片、书刊或者其他淫秽物品的，处三年以上十年以下有期徒刑，并处罚金；情节严重的，处十年以上有期徒刑或者无期徒刑，并处罚金或者没收财产；情节较轻的，处三年以下有期徒刑、拘役或者管制，并处罚金。

单位犯前款罪的，对单位判处罚金，并对其直接负责的主管人员和其他直接责任人员，依照前款的规定处罚。

第一百五十三条　走私本法第一百五十一条、第一百五十二条、第三百四十七条规定以外的货物、物品的，根据情节轻重，分别依照下列规定处罚：

（一）走私货物、物品偷逃应缴税额在五十万元以上的，处十年以上有期徒刑或者无期徒刑，并处偷逃应缴税额一倍以上五倍以下罚金或者没收财产；情节特别严重的，依照本法第一百五十一条第四款的规定处罚。

（二）走私货物、物品偷逃应缴税额在十五万元以上不满五十万元的，处三年以上十年以下有期徒刑，并处偷逃应缴税额一倍以上五倍以下罚金；情节特别严重的，处十年以上有期徒刑或者无期徒刑，并处偷逃应缴税额一倍以上五倍以下罚金或者没收财产。

（三）走私货物、物品偷逃应缴税额在五万元以上不满十五万元的，处三年以下有期徒刑或者拘役，并处偷逃应缴税额一倍以上五倍以下罚金。

单位犯前款罪的，对单位判处罚金，并对其直接负责的主管人员和其他直接责任人员，处三年以下有期徒刑或者拘役；情节严重的，处三年以上十年以下有期徒刑；情节特别严重的，处十年以上有期徒刑。

对多次走私未经处理的，按照累计走私货物、物品的偷逃应缴税额处罚。

第一百五十四条　下列走私行为，根据本节规定构成犯罪的，依照本法第一百五十三条的规定定罪处罚：

（一）未经海关许可并且未补缴应缴税额，擅自将批准进口的来料加工、来件装配、补偿贸易的原材料、零件、制成品、设备等保税货物，在境内销售牟利的；

（二）未经海关许可并且未补缴应缴税额，擅自将特定减税、免税进口的货物、物品，在境内销售牟利的。

第一百五十五条　下列行为，以走私罪论处，依照本节的有关规定处罚：

（一）直接向走私人非法收购国家禁止进口物品的，或者直接向走私人非法收购走私进口的其他货物、物品，数额较大的；

（二）在内海、领海运输、收购、贩卖国家禁止进出口物品的，或者运输、收购、贩卖国家限制进出口货物、物品，数额较大，没有合法证明的；

（三）逃避海关监管将境外固体废物运输进境的。

第一百五十六条　与走私罪犯通谋，为其提供贷款、资金、帐号、发票、证明，或者为其提供运输、保管、邮寄或者其他方便的，以走私罪的共犯论处。

第一百五十七条　武装掩护走私的，依照本法第一百五十一条第一款、第四款的规定从重处罚。

以暴力、威胁方法抗拒缉私的，以走私罪和本法第二百七十七条规定的阻碍国家机关工作人员依法执行职务罪，依照数罪并罚的规定处罚。

第三节　妨害对公司、企业的管理秩序罪

第一百五十八条　申请公司登记使用虚假证明文件或者采取其他欺诈手段虚报注册资本，欺骗公司登记主管部门，取得公司登记，虚报注册资本数额巨大、后果严重或者有其他严重情节的，处三年以下有期徒刑或者拘役，并处或者单处虚报注册资本金额百分之一以上百分之五以下罚金。

单位犯前款罪的，对单位判处罚金，并对其直接负责的主管人员和其他直接责任人员，处三年以下有期徒刑或者拘役。

第一百五十九条　公司发起人、股东违反公司法的规定未交付货币、实物或者未转移财

产权，虚假出资，或者在公司成立后又抽逃其出资，数额巨大、后果严重或者有其他严重情节的，处五年以下有期徒刑或者拘役，并处或者单处虚假出资金额或者抽逃出资金额百分之二以上百分之十以下罚金。

单位犯前款罪的，对单位判处罚金，并对其直接负责的主管人员和其他直接责任人员，处五年以下有期徒刑或者拘役。

第一百六十条 在招股说明书、认股书、公司、企业债券募集办法中隐瞒重要事实或者编造重大虚假内容，发行股票或者公司、企业债券，数额巨大、后果严重或者有其他严重情节的，处五年以下有期徒刑或者拘役，并处或者单处非法募集资金金额百分之一以上百分之五以下罚金。

单位犯前款罪的，对单位判处罚金，并对其直接负责的主管人员和其他直接责任人员，处五年以下有期徒刑或者拘役。

第一百六十一条 公司向股东和社会公众提供虚假的或者隐瞒重要事实的财务会计报告，严重损害股东或者其他人利益的，对其直接负责的主管人员和其他直接责任人员，处三年以下有期徒刑或者拘役，并处或者单处二万元以上二十万元以下罚金。

第一百六十二条 公司、企业进行清算时，隐匿财产，对资产负债表或者财产清单作虚伪记载或者在未清偿债务前分配公司、企业财产，严重损害债权人或者其他人利益的，对其直接负责的主管人员和其他直接责任人员，处五年以下有期徒刑或者拘役，并处或者单处二万元以上二十万元以下罚金。

第一百六十三条 公司、企业的工作人员利用职务上的便利，索取他人财物或者非法收受他人财物，为他人谋取利益，数额较大的，处五年以下有期徒刑或者拘役；数额巨大的，处五年以上有期徒刑，可以并处没收财产。

公司、企业的工作人员在经济往来中，违反国家规定，收受各种名义的回扣、手续费，归个人所有的，依照前款的规定处罚。

国有公司、企业中从事公务的人员和国有公司、企业委派到非国有公司、企业从事公务的人员有前两款行为的，依照本法第三百八十五条、第三百八十六条的规定定罪处罚。

第一百六十四条 为谋取不正当利益，给予公司、企业的工作人员以财物，数额较大的，处三年以下有期徒刑或者拘役；数额巨大的，处三年以上十年以下有期徒刑，并处罚金。

单位犯前款罪的，对单位判处罚金，并对其直接负责的主管人员和其他直接责任人员，依照前款的规定处罚。

行贿人在被追诉前主动交待行贿行为的，可以减轻处罚或者免除处罚。

第一百六十五条 国有公司、企业的董事、经理利用职务便利，自己经营或者为他人经营与其所任职公司、企业同类的营业，获取非法利益，数额巨大的，处三年以下有期徒刑或者拘役，并处或者单处罚金；数额特别巨大的，处三年以上七年以下有期徒刑，并处罚金。

第一百六十六条 国有公司、企业、事业单位的工作人员，利用职务便利，有下列情形之一，使国家利益遭受重大损失的，处三年以下有期徒刑或者拘役，并处或者单处罚金；致使国家利益遭受特别重大损失的，处三年以上七年以下有期徒刑，并处罚金：

（一）将本单位的盈利业务交由自己的亲友进行经营的；

（二）以明显高于市场的价格向自己的亲友经营管理的单位采购商品或者以明显低于市

场的价格向自己的亲友经营管理的单位销售商品的；

（三）向自己的亲友经营管理的单位采购不合格商品的。

第一百六十七条　国有公司、企业、事业单位直接负责的主管人员，在签订、履行合同过程中，因严重不负责任被诈骗，致使国家利益遭受重大损失的，处三年以下有期徒刑或者拘役；致使国家利益遭受特别重大损失的，处三年以上七年以下有期徒刑。

第一百六十八条　国有公司、企业直接负责的主管人员，徇私舞弊，造成国有公司、企业破产或者严重亏损，致使国家利益遭受重大损失的，处三年以下有期徒刑或者拘役。

第一百六十九条　国有公司、企业或者其上级主管部门直接负责的主管人员，徇私舞弊，将国有资产低价折股或者低价出售，致使国家利益遭受重大损失的，处三年以下有期徒刑或者拘役；致使国家利益遭受特别重大损失的，处三年以上七年以下有期徒刑。

第四节　破坏金融管理秩序罪

第一百七十条　伪造货币的，处三年以上十年以下有期徒刑，并处五万元以上五十万元以下罚金；有下列情形之一的，处十年以上有期徒刑、无期徒刑或者死刑，并处五万元以上五十万元以下罚金或者没收财产：

（一）伪造货币集团的首要分子；

（二）伪造货币数额特别巨大的；

（三）有其他特别严重情节的。

第一百七十一条　出售、购买伪造的货币或者明知是伪造的货币而运输，数额较大的，处三年以下有期徒刑或者拘役，并处二万元以上二十万元以下罚金；数额巨大的，处三年以上十年以下有期徒刑，并处五万元以上五十万元以下罚金；数额特别巨大的，处十年以上有期徒刑或者无期徒刑，并处五万元以上五十万元以下罚金或者没收财产。

银行或者其他金融机构的工作人员购买伪造的货币或者利用职务上的便利，以伪造的货币换取货币的，处三年以上十年以下有期徒刑，并处二万元以上二十万元以下罚金；数额巨大或者有其他严重情节的，处十年以上有期徒刑或者无期徒刑，并处二万元以上二十万元以下罚金或者没收财产；情节较轻的，处三年以下有期徒刑或者拘役，并处或者单处一万元以上十万元以下罚金。

伪造货币并出售或者运输伪造的货币的，依照本法第一百七十条的规定定罪从重处罚。

第一百七十二条　明知是伪造的货币而持有、使用，数额较大的，处三年以下有期徒刑或者拘役，并处或者单处一万元以上十万元以下罚金；数额巨大的，处三年以上十年以下有期徒刑，并处二万元以上二十万元以下罚金；数额特别巨大的，处十年以上有期徒刑，并处五万元以上五十万元以下罚金或者没收财产。

第一百七十三条　变造货币，数额较大的，处三年以下有期徒刑或者拘役，并处或者单处一万元以上十万元以下罚金；数额巨大的，处三年以上十年以下有期徒刑，并处二万元以上二十万元以下罚金。

第一百七十四条　未经中国人民银行批准，擅自设立商业银行或者其他金融机构的，处三年以下有期徒刑或者拘役，并处或者单处二万元以上二十万元以下罚金；情节严重的，处三年以上十年以下有期徒刑，并处五万元以上五十万元以下罚金。

伪造、变造、转让商业银行或者其他金融机构经营许可证的，依照前款的规定处罚。

单位犯前两款罪的，对单位判处罚金，并对其直接负责的主管人员和其他直接责任人员，依照第一款的规定处罚。

第一百七十五条 以转贷牟利为目的，套取金融机构信贷资金高利转贷他人，违法所得数额较大的，处三年以下有期徒刑或者拘役，并处违法所得一倍以上五倍以下罚金；数额巨大的，处三年以上七年以下有期徒刑，并处违法所得一倍以上五倍以下罚金。

单位犯前款罪的，对单位判处罚金，并对其直接负责的主管人员和其他直接责任人员，处三年以下有期徒刑或者拘役。

第一百七十六条 非法吸收公众存款或者变相吸收公众存款，扰乱金融秩序的，处三年以下有期徒刑或者拘役，并处或者单处二万元以上二十万元以下罚金；数额巨大或者有其他严重情节的，处三年以上十年以下有期徒刑，并处五万元以上五十万元以下罚金。

单位犯前款罪的，对单位判处罚金，并对其直接负责的主管人员和其他直接责任人员，依照前款的规定处罚。

第一百七十七条 有下列情形之一，伪造、变造金融票证的，处五年以下有期徒刑或者拘役，并处或者单处二万元以上二十万元以下罚金；情节严重的，处五年以上十年以下有期徒刑，并处五万元以上五十万元以下罚金；情节特别严重的，处十年以上有期徒刑或者无期徒刑，并处五万元以上五十万元以下罚金或者没收财产：

（一）伪造、变造汇票、本票、支票的；

（二）伪造、变造委托收款凭证、汇款凭证、银行存单等其他银行结算凭证的；

（三）伪造、变造信用证或者附随的单据、文件的；

（四）伪造信用卡的。

单位犯前款罪的，对单位判处罚金，并对其直接负责的主管人员和其他直接责任人员，依照前款的规定处罚。

第一百七十八条 伪造、变造国库券或者国家发行的其他有价证券，数额较大的，处三年以下有期徒刑或者拘役，并处或者单处二万元以上二十万元以下罚金；数额巨大的，处三年以上十年以下有期徒刑，并处五万元以上五十万元以下罚金；数额特别巨大的，处十年以上有期徒刑或者无期徒刑，并处五万元以上五十万元以下罚金或者没收财产。

伪造、变造股票或者公司、企业债券，数额较大的，处三年以下有期徒刑或者拘役，并处或者单处一万元以上十万元以下罚金；数额巨大的，处三年以上十年以下有期徒刑，并处二万元以上二十万元以下罚金。

单位犯前两款罪的，对单位判处罚金，并对其直接负责的主管人员和其他直接责任人员，依照前两款的规定处罚。

第一百七十九条 未经国家有关主管部门批准，擅自发行股票或者公司、企业债券，数额巨大、后果严重或者有其他严重情节的，处五年以下有期徒刑或者拘役，并处或者单处非法募集资金金额百分之一以上百分之五以下罚金。

单位犯前款罪的，对单位判处罚金，并对其直接负责的主管人员和其他直接责任人员，处五年以下有期徒刑或者拘役。

第一百八十条 证券交易内幕信息的知情人员或者非法获取证券交易内幕信息的人员，在涉及证券的发行、交易或者其他对证券的价格有重大影响的信息尚未公开前，买入或者卖出该证券，或者泄露该信息，情节严重的，处五年以下有期徒刑或者拘役，并处或者单处违法所得一倍以上五倍以下罚金；情节特别严重的，处五年以上十年以下有期徒刑，并处违法所得一倍以上五倍以下罚金。

单位犯前款罪的，对单位判处罚金，并对其直接负责的主管人员和其他直接责任人员，处五年以下有期徒刑或者拘役。

内幕信息的范围，依照法律、行政法规的规定确定。

知情人员的范围，依照法律、行政法规的规定确定。

第一百八十一条　编造并且传播影响证券交易的虚假信息，扰乱证券交易市场，造成严重后果的，处五年以下有期徒刑或者拘役，并处或者单处一万元以上十万元以下罚金。

证券交易所、证券公司的从业人员，证券业协会或者证券管理部门的工作人员，故意提供虚假信息或者伪造、变造、销毁交易记录，诱骗投资者买卖证券，造成严重后果的，处五年以下有期徒刑或者拘役，并处或者单处一万元以上十万元以下罚金；情节特别恶劣的，处五年以上十年以下有期徒刑，并处二万元以上二十万元以下罚金。

单位犯前两款罪的，对单位判处罚金，并对其直接负责的主管人员和其他直接责任人员，处五年以下有期徒刑或者拘役。

第一百八十二条　有下列情形之一，操纵证券交易价格，获取不正当利益或者转嫁风险，情节严重的，处五年以下有期徒刑或者拘役，并处或者单处违法所得一倍以上五倍以下罚金：

（一）单独或者合谋，集中资金优势、持股优势或者利用信息优势联合或者连续买卖，操纵证券交易价格的；

（二）与他人串通，以事先约定的时间、价格和方式相互进行证券交易或者相互买卖并不持有的证券，影响证券交易价格或者证券交易量的；

（三）以自己为交易对象，进行不转移证券所有权的自买自卖，影响证券交易价格或者证券交易量的；

（四）以其他方法操纵证券交易价格的。

单位犯前款罪的，对单位判处罚金，并对其直接负责的主管人员和其他直接责任人员，处五年以下有期徒刑或者拘役。

第一百八十三条　保险公司的工作人员利用职务上的便利，故意编造未曾发生的保险事故进行虚假理赔，骗取保险金归自己所有的，依照本法第二百七十一条的规定定罪处罚。

国有保险公司工作人员和国有保险公司委派到非国有保险公司从事公务的人员有前款行为的，依照本法第三百八十二条、第三百八十三条的规定定罪处罚。

第一百八十四条　银行或者其他金融机构的工作人员在金融业务活动中索取他人财物或者非法收受他人财物，为他人谋取利益的，或者违反国家规定，收受各种名义的回扣、手续费，归个人所有的，依照本法第一百六十三条的规定定罪处罚。

国有金融机构工作人员和国有金融机构委派到非国有金融机构从事公务的人员有前款行为的，依照本法第三百八十五条、第三百八十六条的规定定罪处罚。

第一百八十五条　银行或者其他金融机构的工作人员利用职务上的便利，挪用本单位或者客户资金的，依照本法第二百七十二条的规定定罪处罚。

国有金融机构工作人员和国有金融机构委派到非国有金融机构从事公务的人员有前款行为的，依照本法第三百八十四条的规定定罪处罚。

第一百八十六条　银行或者其他金融机构的工作人员违反法律、行政法规规定，向关系人发放信用贷款或者发放担保贷款的条件优于其他借款人同类贷款的条件，造成较大损失的，处五年以下有期徒刑或者拘役，并处一万元以上十万元以下罚金；造成重大损失的，处五年以上有期徒刑，并处二万元以上二十万元以下罚金。

银行或者其他金融机构的工作人员违反法律、行政法规规定，向关系人以外的其他人发放贷款，造成重大损失的，处五年以下有期徒刑或者拘役，并处一万元以上十万元以下罚金；造成特别重大损失的，处五年以上有期徒刑，并处二万元以上二十万元以下罚金。

单位犯前两款罪的，对单位判处罚金，并对其直接负责的主管人员和其他直接责任人员，依照前两款的规定处罚。

关系人的范围，依照《中华人民共和国商业银行法》和有关金融法规确定。

第一百八十七条 银行或者其他金融机构的工作人员以牟利为目的，采取吸收客户资金不入账的方式，将资金用于非法拆借、发放贷款，造成重大损失的，处五年以下有期徒刑或者拘役，并处二万元以上二十万元以下罚金；造成特别重大损失的，处五年以上有期徒刑，并处五万元以上五十万元以下罚金。

单位犯前款罪的，对单位判处罚金，并对其直接负责的主管人员和其他直接责任人员，依照前款的规定处罚。

第一百八十八条 银行或者其他金融机构的工作人员违反规定，为他人出具信用证或者其他保函、票据、存单、资信证明，造成较大损失的，处五年以下有期徒刑或者拘役；造成重大损失的，处五年以上有期徒刑。

单位犯前款罪的，对单位判处罚金，并对其直接负责的主管人员和其他直接责任人员，依照前款的规定处罚。

第一百八十九条 银行或者其他金融机构的工作人员在票据业务中，对违反票据法规定的票据予以承兑、付款或者保证，造成重大损失的，处五年以下有期徒刑或者拘役；造成特别重大损失的，处五年以上有期徒刑。

单位犯前款罪的，对单位判处罚金，并对其直接负责的主管人员和其他直接责任人员，依照前款的规定处罚。

第一百九十条 国有公司、企业或者其他国有单位，违反国家规定，擅自将外汇存放境外，或者将境内的外汇非法转移到境外，情节严重的，对单位判处罚金，并对其直接负责的主管人员和其他直接责任人员，处五年以下有期徒刑或者拘役。

第一百九十一条 明知是毒品犯罪、黑社会性质的组织犯罪、走私犯罪的违法所得及其产生的收益，为掩饰、隐瞒其来源和性质，有下列行为之一的，没收实施以上犯罪的违法所得及其产生的收益，处五年以下有期徒刑或者拘役，并处或者单处洗钱数额百分之五以上百分之二十以下罚金；情节严重的，处五年以上十年以下有期徒刑，并处洗钱数额百分之五以上百分之二十以下罚金：

（一）提供资金账户的；

（二）协助将财产转换为现金或者金融票据的；

（三）通过转账或者其他结算方式协助资金转移的；

（四）协助将资金汇往境外的；

（五）以其他方法掩饰、隐瞒犯罪的违法所得及其收益的性质和来源的。

单位犯前款罪的，对单位判处罚金，并对其直接负责的主管人员和其他直接责任人员，处五年以下有期徒刑或者拘役。

第五节　金融诈骗罪

第一百九十二条　以非法占有为目的，使用诈骗方法非法集资，数额较大的，处五年以下有期徒刑或者拘役，并处二万元以上二十万元以下罚金；数额巨大或者有其他严重情节的，处五年以上十年以下有期徒刑，并处五万元以上五十万元以下罚金；数额特别巨大或者有其他特别严重情节的，处十年以上有期徒刑或者无期徒刑，并处五万元以上五十万元以下罚金或者没收财产。

第一百九十三条　有下列情形之一，以非法占有为目的，诈骗银行或者其他金融机构的贷款，数额较大的，处五年以下有期徒刑或者拘役，并处二万元以上二十万元以下罚金；数额巨大或者有其他严重情节的，处五年以上十年以下有期徒刑，并处五万元以上五十万元以下罚金；数额特别巨大或者有其他特别严重情节的，处十年以上有期徒刑或者无期徒刑，并处五万元以上五十万元以下罚金或者没收财产：

（一）编造引进资金、项目等虚假理由的；

（二）使用虚假的经济合同的；

（三）使用虚假的证明文件的；

（四）使用虚假的产权证明作担保或者超出抵押物价值重复担保的；

（五）以其他方法诈骗贷款的。

第一百九十四条　有下列情形之一，进行金融票据诈骗活动，数额较大的，处五年以下有期徒刑或者拘役，并处二万元以上二十万元以下罚金；数额巨大或者有其他严重情节的，处五年以上十年以下有期徒刑，并处五万元以上五十万元以下罚金；数额特别巨大或者有其他特别严重情节的，处十年以上有期徒刑或者无期徒刑，并处五万元以上五十万元以下罚金或者没收财产：

（一）明知是伪造、变造的汇票、本票、支票而使用的；

（二）明知是作废的汇票、本票、支票而使用的；

（三）冒用他人的汇票、本票、支票的；

（四）签发空头支票或者与其预留印鉴不符的支票，骗取财物的；

（五）汇票、本票的出票人签发无资金保证的汇票、本票或者在出票时作虚假记载，骗取财物的。

使用伪造、变造的委托收款凭证、汇款凭证、银行存单等其他银行结算凭证的，依照前款的规定处罚。

第一百九十五条　有下列情形之一，进行信用证诈骗活动的，处五年以下有期徒刑或者拘役，并处二万元以上二十万元以下罚金；数额巨大或者有其他严重情节的，处五年以上十年以下有期徒刑，并处五万元以上五十万元以下罚金；数额特别巨大或者有其他特别严重情节的，处十年以上有期徒刑或者无期徒刑，并处五万元以上五十万元以下罚金或者没收财产：

（一）使用伪造、变造的信用证或者附随的单据、文件的；

（二）使用作废的信用证的；

（三）骗取信用证的；

（四）以其他方法进行信用证诈骗活动的。

第一百九十六条 有下列情形之一，进行信用卡诈骗活动，数额较大的，处五年以下有期徒刑或者拘役，并处二万元以上二十万元以下罚金；数额巨大或者有其他严重情节的，处五年以上十年以下有期徒刑，并处五万元以上五十万元以下罚金；数额特别巨大或者有其他特别严重情节的，处十年以上有期徒刑或者无期徒刑，并处五万元以上五十万元以下罚金或者没收财产：

（一）使用伪造的信用卡的；

（二）使用作废的信用卡的；

（三）冒用他人信用卡的；

（四）恶意透支的。

前款所称恶意透支，是指持卡人以非法占有为目的，超过规定限额或者规定期限透支，并且经发卡银行催收后仍不归还的行为。

盗窃信用卡并使用的，依照本法第二百六十四条的规定定罪处罚。

第一百九十七条 使用伪造、变造的国库券或者国家发行的其他有价证券，进行诈骗活动，数额较大的，处五年以下有期徒刑或者拘役，并处二万元以上二十万元以下罚金；数额巨大或者有其他严重情节的，处五年以上十年以下有期徒刑，并处五万元以上五十万元以下罚金；数额特别巨大或者有其他特别严重情节的，处十年以上有期徒刑或者无期徒刑，并处五万元以上五十万元以下罚金或者没收财产。

第一百九十八条 有下列情形之一，进行保险诈骗活动，数额较大的，处五年以下有期徒刑或者拘役，并处一万元以上十万元以下罚金；数额巨大或者有其他严重情节的，处五年以上十年以下有期徒刑，并处二万元以上二十万元以下罚金；数额特别巨大或者有其他特别严重情节的，处十年以上有期徒刑，并处二万元以上二十万元以下罚金或者没收财产：

（一）投保人故意虚构保险标的，骗取保险金的；

（二）投保人、被保险人或者受益人对发生的保险事故编造虚假的原因或者夸大损失的程度，骗取保险金的；

（三）投保人、被保险人或者受益人编造未曾发生的保险事故，骗取保险金的；

（四）投保人、被保险人故意造成财产损失的保险事故，骗取保险金的；

（五）投保人、受益人故意造成被保险人死亡、伤残或者疾病，骗取保险金的。

有前款第四项、第五项所列行为，同时构成其他犯罪的，依照数罪并罚的规定处罚。

单位犯第一款罪的，对单位判处罚金，并对其直接负责的主管人员和其他直接责任人员，处五年以下有期徒刑或者拘役；数额巨大或者有其他严重情节的，处五年以上十年以下有期徒刑；数额特别巨大或者有其他特别严重情节的，处十年以上有期徒刑。

保险事故的鉴定人、证明人、财产评估人故意提供虚假的证明文件，为他人诈骗提供条件的，以保险诈骗的共犯论处。

第一百九十九条 犯本节第一百九十二条、第一百九十四条、第一百九十五条规定之罪，数额特别巨大并且给国家和人民利益造成特别重大损失的，处无期徒刑或者死刑，并处没收财产。

第二百条 单位犯本节第一百九十二条、第一百九十四条、第一百九十五条规定之罪的，对单位判处罚金，并对其直接负责的主管人员和其他直接责任人员，处五年以下有期徒刑或者拘役；数额巨大或者有其他严重情节的，处五年以上十年以下有期徒刑；数额特别巨大或者有其他特别严重情节的，处十年以上有期徒刑或者无期徒刑。

第六节　危害税收征管罪

第二百零一条　纳税人采取伪造、变造、隐匿、擅自销毁帐簿、记帐凭证，在帐簿上多列支出或者不列、少列收入，经税务机关通知申报而拒不申报或者进行虚假的纳税申报的手段，不缴或者少缴应纳税款，偷税数额占应纳税额的百分之十以上不满百分之三十并且偷税数额在一万元以上不满十万元的，或者因偷税被税务机关给予二次行政处罚又偷税的，处三年以下有期徒刑或者拘役，并处偷税数额一倍以上五倍以下罚金；偷税数额占应纳税额的百分之三十以上并且偷税数额在十万元以上的，处三年以上七年以下有期徒刑，并处偷税数额一倍以上五倍以下罚金。

扣缴义务人采取前款所列手段，不缴或者少缴已扣、已收税款，数额占应缴税额的百分之十以上并且数额在一万元以上的，依照前款的规定处罚。

对多次犯有前两款行为，未经处理的，按照累计数额计算。

第二百零二条　以暴力、威胁方法拒不缴纳税款的，处三年以下有期徒刑或者拘役，并处拒缴税款一倍以上五倍以下罚金；情节严重的，处三年以上七年以下有期徒刑，并处拒缴税款一倍以上五倍以下罚金。

第二百零三条　纳税人欠缴应纳税款，采取转移或者隐匿财产的手段，致使税务机关无法追缴欠缴的税款，数额在一万元以上不满十万元的，处三年以下有期徒刑或者拘役，并处或者单处欠缴税款一倍以上五倍以下罚金；数额在十万元以上的，处三年以上七年以下有期徒刑，并处欠缴税款一倍以上五倍以下罚金。

第二百零四条　以假报出口或者其他欺骗手段，骗取国家出口退税款，数额较大的，处五年以下有期徒刑或者拘役，并处骗取税款一倍以上五倍以下罚金；数额巨大或者有其他严重情节的，处五年以上十年以下有期徒刑，并处骗取税款一倍以上五倍以下罚金；数额特别巨大或者有其他特别严重情节的，处十年以上有期徒刑或者无期徒刑，并处骗取税款一倍以上五倍以下罚金或者没收财产。

纳税人缴纳税款后，采取前款规定的欺骗方法，骗取所缴纳的税款的，依照本法第二百零一条的规定定罪处罚；骗取税款超过所缴纳的税款部分，依照前款的规定处罚。

第二百零五条　虚开增值税专用发票或者虚开用于骗取出口退税、抵扣税款的其他发票的，处三年以下有期徒刑或者拘役，并处二万元以上二十万元以下罚金；虚开的税款数额较大或者有其他严重情节的，处三年以上十年以下有期徒刑，并处五万元以上五十万元以下罚金；虚开的税款数额巨大或者有其他特别严重情节的，处十年以上有期徒刑或者无期徒刑，并处五万元以上五十万元以下罚金或者没收财产。

有前款行为骗取国家税款，数额特别巨大，情节特别严重，给国家利益造成特别重大损失的，处无期徒刑或者死刑，并处没收财产。

单位犯本条规定之罪的，对单位判处罚金，并对其直接负责的主管人员和其他直接责任人员，处三年以下有期徒刑或者拘役；虚开的税款数额较大或者有其他严重情节的，处三年以上十年以下有期徒刑；虚开的税款数额巨大或者有其他特别严重情节的，处十年以上有期徒刑或者无期徒刑。

虚开增值税专用发票或者虚开用于骗取出口退税、抵扣税款的其他发票，是指有为他人虚开、为自己虚开、让他人为自己虚开、介绍他人虚开行为之一的。

第二百零六条 伪造或者出售伪造的增值税专用发票的，处三年以下有期徒刑、拘役或者管制，并处二万元以上二十万元以下罚金；数量较大或者有其他严重情节的，处三年以上十年以下有期徒刑，并处五万元以上五十万元以下罚金；数量巨大或者有其他特别严重情节的，处十年以上有期徒刑或者无期徒刑，并处五万元以上五十万元以下罚金或者没收财产。

伪造并出售伪造的增值税专用发票，数量特别巨大，情节特别严重，严重破坏经济秩序的，处无期徒刑或者死刑，并处没收财产。

单位犯本条规定之罪的，对单位判处罚金，并对其直接负责的主管人员和其他直接责任人员，处三年以下有期徒刑、拘役或者管制；数量较大或者有其他严重情节的，处三年以上十年以下有期徒刑；数量巨大或者有其他特别严重情节的，处十年以上有期徒刑或者无期徒刑。

第二百零七条 非法出售增值税专用发票的，处三年以下有期徒刑、拘役或者管制，并处二万元以上二十万元以下罚金；数量较大的，处三年以上十年以下有期徒刑，并处五万元以上五十万元以下罚金；数量巨大的，处十年以上有期徒刑或者无期徒刑，并处五万元以上五十万元以下罚金或者没收财产。

第二百零八条 非法购买增值税专用发票或者购买伪造的增值税专用发票的，处五年以下有期徒刑或者拘役，并处或者单处二万元以上二十万元以下罚金。

非法购买增值税专用发票或者购买伪造的增值税专用发票又虚开或者出售的，分别依照本法第二百零五条、第二百零六条、第二百零七条的规定定罪处罚。

第二百零九条 伪造、擅自制造或者出售伪造、擅自制造的可以用于骗取出口退税、抵扣税款的其他发票的，处三年以下有期徒刑、拘役或者管制，并处二万元以上二十万元以下罚金；数量巨大的，处三年以上七年以下有期徒刑，并处五万元以上五十万元以下罚金；数量特别巨大的，处七年以上有期徒刑，并处五万元以上五十万元以下罚金或者没收财产。

伪造、擅自制造或者出售伪造、擅自制造的前款规定以外的其他发票的，处二年以下有期徒刑、拘役或者管制，并处或者单处一万元以上五万元以下罚金；情节严重的，处二年以上七年以下有期徒刑，并处五万元以上五十万元以下罚金。

非法出售可以用于骗取出口退税、抵扣税款的其他发票的，依照第一款的规定处罚。

非法出售第三款规定以外的其他发票的，依照第二款的规定处罚。

第二百一十条 盗窃增值税专用发票或者可以用于骗取出口退税、抵扣税款的其他发票的，依照本法第二百六十四条的规定定罪处罚。

使用欺骗手段骗取增值税专用发票或者可以用于骗取出口退税、抵扣税款的其他发票的，依照本法第二百六十六条的规定定罪处罚。

第二百一十一条 单位犯本节第二百零一条、第二百零三条、第二百零四条、第二百零七条、第二百零八条、第二百零九条规定之罪的，对单位判处罚金，并对其直接负责的主管人员和其他直接责任人员，依照各该条的规定处罚。

第二百一十二条 犯本节第二百零一条至第二百零五条规定之罪，被判处罚金、没收财产的，在执行前，应当先由税务机关追缴税款和所骗取的出口退税款。

第七节 侵犯知识产权罪

第二百一十三条 未经注册商标所有人许可，在同一种商品上使用与其注册商标相同的商标，情节严重的，处三年以下有期徒刑或者拘役，并处或者单处罚金；情节特别严重的，处三年以上七年以下有期徒刑，并处罚金。

第二百一十四条　销售明知是假冒注册商标的商品，销售金额数额较大的，处三年以下有期徒刑或者拘役，并处或者单处罚金；销售金额数额巨大的，处三年以上七年以下有期徒刑，并处罚金。

第二百一十五条　伪造、擅自制造他人注册商标标识或者销售伪造、擅自制造的注册商标标识，情节严重的，处三年以下有期徒刑、拘役或者管制，并处或者单处罚金；情节特别严重的，处三年以上七年以下有期徒刑，并处罚金。

第二百一十六条　假冒他人专利，情节严重的，处三年以下有期徒刑或者拘役，并处或者单处罚金。

第二百一十七条　以营利为目的，有下列侵犯著作权情形之一，违法所得数额较大或者有其他严重情节的，处三年以下有期徒刑或者拘役，并处或者单处罚金；违法所得数额巨大或者有其他特别严重情节的，处三年以上七年以下有期徒刑，并处罚金：

（一）未经著作权人许可，复制发行其文字作品、音乐、电影、电视、录像作品、计算机软件及其他作品的；

（二）出版他人享有专有出版权的图书的；

（三）未经录音录像制作者许可，复制发行其制作的录音录像的；

（四）制作、出售假冒他人署名的美术作品的。

第二百一十八条　以营利为目的，销售明知是本法第二百一十七条规定的侵权复制品，违法所得数额巨大的，处三年以下有期徒刑或者拘役，并处或者单处罚金。

第二百一十九条　有下列侵犯商业秘密行为之一，给商业秘密的权利人造成重大损失的，处三年以下有期徒刑或者拘役，并处或者单处罚金；造成特别严重后果的，处三年以上七年以下有期徒刑，并处罚金：

（一）以盗窃、利诱、胁迫或者其他不正当手段获取权利人的商业秘密的；

（二）披露、使用或者允许他人使用以前项手段获取的权利人的商业秘密的；

（三）违反约定或者违反权利人有关保守商业秘密的要求，披露、使用或者允许他人使用其所掌握的商业秘密的。

明知或者应知前款所列行为，获取、使用或者披露他人的商业秘密的，以侵犯商业秘密论。

本条所称商业秘密，是指不为公众所知悉，能为权利人带来经济利益，具有实用性并经权利人采取保密措施的技术信息和经营信息。

本条所称权利人，是指商业秘密的所有人和经商业秘密所有人许可的商业秘密使用人。

第二百二十条　单位犯本节第二百一十三条至第二百一十九条规定之罪的，对单位判处罚金，并对其直接负责的主管人员和其他直接责任人员，依照本节各该条的规定处罚。

第八节　扰乱市场秩序罪

第二百二十一条　捏造并散布虚伪事实，损害他人的商业信誉、商品声誉，给他人造成重大损失或者有其他严重情节的，处二年以下有期徒刑或者拘役，并处或者单处罚金。

第二百二十二条　广告主、广告经营者、广告发布者违反国家规定，利用广告对商品或者服务作虚假宣传，情节严重的，处二年以下有期徒刑或者拘役，并处或者单处罚金。

第二百二十三条　投标人相互串通投标报价，损害招标人或者其他投标人利益，情节严重的，处三年以下有期徒刑或者拘役，并处或者单处罚金。

投标人与招标人串通投标，损害国家、集体、公民的合法利益的，依照前款的规定处罚。

第二百二十四条 有下列情形之一，以非法占有为目的，在签订、履行合同过程中，骗取对方当事人财物，数额较大的，处三年以下有期徒刑或者拘役，并处或者单处罚金；数额巨大或者有其他严重情节的，处三年以上十年以下有期徒刑，并处罚金；数额特别巨大或者有其他特别严重情节的，处十年以上有期徒刑或者无期徒刑，并处罚金或者没收财产：

（一）以虚构的单位或者冒用他人名义签订合同的；

（二）以伪造、变造、作废的票据或者其他虚假的产权证明作担保的；

（三）没有实际履行能力，以先履行小额合同或者部分履行合同的方法，诱骗对方当事人继续签订和履行合同的；

（四）收受对方当事人给付的货物、货款、预付款或者担保财产后逃匿的；

（五）以其他方法骗取对方当事人财物的。

第二百二十五条 违反国家规定，有下列非法经营行为之一，扰乱市场秩序，情节严重的，处五年以下有期徒刑或者拘役，并处或者单处违法所得一倍以上五倍以下罚金；情节特别严重的，处五年以上有期徒刑，并处违法所得一倍以上五倍以下罚金或者没收财产：

（一）未经许可经营法律、行政法规规定的专营、专卖物品或者其他限制买卖的物品的；

（二）买卖进出口许可证、进出口原产地证明以及其他法律、行政法规规定的经营许可证或者批准文件的；

（三）其他严重扰乱市场秩序的非法经营行为。

第二百二十六条 以暴力、威胁手段强买强卖商品、强迫他人提供服务或者强迫他人接受服务，情节严重的，处三年以下有期徒刑或者拘役，并处或者单处罚金。

第二百二十七条 伪造或者倒卖伪造的车票、船票、邮票或者其他有价票证，数额较大的，处二年以下有期徒刑、拘役或者管制，并处或者单处票证价额一倍以上五倍以下罚金；数额巨大的，处二年以上七年以下有期徒刑，并处票证价额一倍以上五倍以下罚金。

倒卖车票、船票，情节严重的，处三年以下有期徒刑、拘役或者管制，并处或者单处票证价额一倍以上五倍以下罚金。

第二百二十八条 以牟利为目的，违反土地管理法规，非法转让、倒卖土地使用权，情节严重的，处三年以下有期徒刑或者拘役，并处或者单处非法转让、倒卖土地使用权价额百分之五以上百分之二十以下罚金；情节特别严重的，处三年以上七年以下有期徒刑，并处非法转让、倒卖土地使用权价额百分之五以上百分之二十以下罚金。

第二百二十九条 承担资产评估、验资、验证、会计、审计、法律服务等职责的中介组织的人员故意提供虚假证明文件，情节严重的，处五年以下有期徒刑或者拘役，并处罚金。

前款规定的人员，索取他人财物或者非法收受他人财物，犯前款罪的，处五年以上十年以下有期徒刑，并处罚金。

第一款规定的人员，严重不负责任，出具的证明文件有重大失实，造成严重后果的，处三年以下有期徒刑或者拘役，并处或者单处罚金。

第二百三十条 违反进出口商品检验法的规定，逃避商品检验，将必须经商检机构检验的进口商品未报经检验而擅自销售、使用，或者将必须经商检机构检验的出口商品未报经检验合格而擅自出口，情节严重的，处三年以下有期徒刑或者拘役，并处或者单处罚金。

第二百三十一条　单位犯本节第二百二十一条至第二百三十条规定之罪的，对单位判处罚金，并对其直接负责的主管人员和其他直接责任人员，依照本节各该条的规定处罚。

第四章　侵犯公民人身权利、民主权利罪

第二百三十二条　故意杀人的，处死刑、无期徒刑或者十年以上有期徒刑；情节较轻的，处三年以上十年以下有期徒刑。

第二百三十三条　过失致人死亡的，处三年以上七年以下有期徒刑；情节较轻的，处三年以下有期徒刑。本法另有规定的，依照规定。

第二百三十四条　故意伤害他人身体的，处三年以下有期徒刑、拘役或者管制。

犯前款罪，致人重伤的，处三年以上十年以下有期徒刑；致人死亡或者以特别残忍手段致人重伤造成严重残疾的，处十年以上有期徒刑、无期徒刑或者死刑。本法另有规定的，依照规定。

第二百三十五条　过失伤害他人致人重伤的，处三年以下有期徒刑或者拘役。本法另有规定的，依照规定。

第二百三十六条　以暴力、胁迫或者其他手段强奸妇女的，处三年以上十年以下有期徒刑。

奸淫不满十四周岁的幼女的，以强奸论，从重处罚。

强奸妇女、奸淫幼女，有下列情形之一的，处十年以上有期徒刑、无期徒刑或者死刑：

（一）强奸妇女、奸淫幼女情节恶劣的；

（二）强奸妇女、奸淫幼女多人的；

（三）在公共场所当众强奸妇女的；

（四）二人以上轮奸的；

（五）致使被害人重伤、死亡或者造成其他严重后果的。

第二百三十七条　以暴力、胁迫或者其他方法强制猥亵妇女或者侮辱妇女的，处五年以下有期徒刑或者拘役。

聚众或者在公共场所当众犯前款罪的，处五年以上有期徒刑。

猥亵儿童的，依照前两款的规定从重处罚。

第二百三十八条　非法拘禁他人或者以其他方法非法剥夺他人人身自由的，处三年以下有期徒刑、拘役、管制或者剥夺政治权利。具有殴打、侮辱情节的，从重处罚。

犯前款罪，致人重伤的，处三年以上十年以下有期徒刑；致人死亡的，处十年以上有期徒刑。使用暴力致人伤残、死亡的，依照本法第二百三十四条、第二百三十二条的规定定罪处罚。

为索取债务非法扣押、拘禁他人的，依照前两款的规定处罚。

国家机关工作人员利用职权犯前三款罪的，依照前三款的规定从重处罚。

第二百三十九条　以勒索财物为目的绑架他人的，或者绑架他人作为人质的，处十年以上有期徒刑或者无期徒刑，并处罚金或者没收财产；致使被绑架人死亡或者杀害被绑架人的，处死刑，并处没收财产。

以勒索财物为目的偷盗婴幼儿的，依照前款的规定处罚。

第二百四十条 拐卖妇女、儿童的，处五年以上十年以下有期徒刑，并处罚金；有下列情形之一的，处十年以上有期徒刑或者无期徒刑，并处罚金或者没收财产；情节特别严重的，处死刑，并处没收财产：

（一）拐卖妇女、儿童集团的首要分子；

（二）拐卖妇女、儿童三人以上的；

（三）奸淫被拐卖的妇女的；

（四）诱骗、强迫被拐卖的妇女卖淫或者将被拐卖的妇女卖给他人迫使其卖淫的；

（五）以出卖为目的，使用暴力、胁迫或者麻醉方法绑架妇女、儿童的；

（六）以出卖为目的，偷盗婴幼儿的；

（七）造成被拐卖的妇女、儿童或者其亲属重伤、死亡或者其他严重后果的；

（八）将妇女、儿童卖往境外的。

拐卖妇女、儿童是指以出卖为目的，有拐骗、绑架、收买、贩卖、接送、中转妇女、儿童的行为之一的。

第二百四十一条 收买被拐卖的妇女、儿童的，处三年以下有期徒刑、拘役或者管制。

收买被拐卖的妇女，强行与其发生性关系的，依照本法第二百三十六条的规定定罪处罚。

收买被拐卖的妇女、儿童，非法剥夺、限制其人身自由或者有伤害、侮辱等犯罪行为的，依照本法的有关规定定罪处罚。

收买被拐卖的妇女、儿童，并有第二款、第三款规定的犯罪行为的，依照数罪并罚的规定处罚。

收买被拐卖的妇女、儿童又出卖的，依照本法第二百四十条的规定定罪处罚。

收买被拐卖的妇女、儿童，按照被买妇女的意愿，不阻碍其返回原居住地的，对被买儿童没有虐待行为，不阻碍对其进行解救的，可以不追究刑事责任。

第二百四十二条 以暴力、威胁方法阻碍国家机关工作人员解救被收买的妇女、儿童的，依照本法第二百七十七条的规定定罪处罚。

聚众阻碍国家机关工作人员解救被收买的妇女、儿童的首要分子，处五年以下有期徒刑或者拘役；其他参与者使用暴力、威胁方法的，依照前款的规定处罚。

第二百四十三条 捏造事实诬告陷害他人，意图使他人受刑事追究，情节严重的，处三年以下有期徒刑、拘役或者管制；造成严重后果的，处三年以上十年以下有期徒刑。

国家机关工作人员犯前款罪的，从重处罚。

不是有意诬陷，而是错告，或者检举失实的，不适用前两款的规定。

第二百四十四条 用人单位违反劳动管理法规，以限制人身自由方法强迫职工劳动，情节严重的，对直接责任人员，处三年以下有期徒刑或者拘役，并处或者单处罚金。

第二百四十五条 非法搜查他人身体、住宅，或者非法侵入他人住宅的，处三年以下有期徒刑或者拘役。

司法工作人员滥用职权，犯前款罪的，从重处罚。

第二百四十六条 以暴力或者其他方法公然侮辱他人或者捏造事实诽谤他人，情节严重的，处三年以下有期徒刑、拘役、管制或者剥夺政治权利。

前款罪，告诉的才处理，但是严重危害社会秩序和国家利益的除外。

第二百四十七条　司法工作人员对犯罪嫌疑人、被告人实行刑讯逼供或者使用暴力逼取证人证言的，处三年以下有期徒刑或者拘役。致人伤残、死亡的，依照本法第二百三十四条、第二百三十二条的规定定罪从重处罚。

第二百四十八条　监狱、拘留所、看守所等监管机构的监管人员对被监管人进行殴打或者体罚虐待，情节严重的，处三年以下有期徒刑或者拘役；情节特别严重的，处三年以上十年以下有期徒刑。致人伤残、死亡的，依照本法第二百三十四条、第二百三十二条的规定定罪从重处罚。

监管人员指使被监管人殴打或者体罚虐待其他被监管人的，依照前款的规定处罚。

第二百四十九条　煽动民族仇恨、民族歧视，情节严重的，处三年以下有期徒刑、拘役、管制或者剥夺政治权利；情节特别严重的，处三年以上十年以下有期徒刑。

第二百五十条　在出版物中刊载歧视、侮辱少数民族的内容，情节恶劣，造成严重后果的，对直接责任人员，处三年以下有期徒刑、拘役或者管制。

第二百五十一条　国家机关工作人员非法剥夺公民的宗教信仰自由和侵犯少数民族风俗习惯，情节严重的，处二年以下有期徒刑或者拘役。

第二百五十二条　隐匿、毁弃或者非法开拆他人信件，侵犯公民通信自由权利，情节严重的，处一年以下有期徒刑或者拘役。

第二百五十三条　邮政工作人员私自开拆或者隐匿、毁弃邮件、电报的，处二年以下有期徒刑或者拘役。

犯前款罪而窃取财物的，依照本法第二百六十四条的规定定罪从重处罚。

第二百五十四条　国家机关工作人员滥用职权、假公济私，对控告人、申诉人、批评人、举报人实行报复陷害的，处二年以下有期徒刑或者拘役；情节严重的，处二年以上七年以下有期徒刑。

第二百五十五条　公司、企业、事业单位、机关、团体的领导人，对依法履行职责、抵制违反会计法、统计法行为的会计、统计人员实行打击报复，情节恶劣的，处三年以下有期徒刑或者拘役。

第二百五十六条　在选举各级人民代表大会代表和国家机关领导人员时，以暴力、威胁、欺骗、贿赂、伪造选举文件、虚报选举票数等手段破坏选举或者妨害选民和代表自由行使选举权和被选举权，情节严重的，处三年以下有期徒刑、拘役或者剥夺政治权利。

第二百五十七条　以暴力干涉他人婚姻自由的，处二年以下有期徒刑或者拘役。

犯前款罪，致使被害人死亡的，处二年以上七年以下有期徒刑。

第一款罪，告诉的才处理。

第二百五十八条　有配偶而重婚的，或者明知他人有配偶而与之结婚的，处二年以下有期徒刑或者拘役。

第二百五十九条　明知是现役军人的配偶而与之同居或者结婚的，处三年以下有期徒刑或者拘役。

利用职权、从属关系，以胁迫手段奸淫现役军人的妻子的，依照本法第二百三十六条的规定定罪处罚。

第二百六十条　虐待家庭成员，情节恶劣的，处二年以下有期徒刑、拘役或者管制。

犯前款罪，致使被害人重伤、死亡的，处二年以上七年以下有期徒刑。

第一款罪，告诉的才处理。

第二百六十一条 对于年老、年幼、患病或者其他没有独立生活能力的人，负有扶养义务而拒绝扶养，情节恶劣的，处五年以下有期徒刑、拘役或者管制。

第二百六十二条 拐骗不满十四周岁的未成年人，脱离家庭或者监护人的，处五年以下有期徒刑或者拘役。

第五章　侵犯财产罪

第二百六十三条 以暴力、胁迫或者其他方法抢劫公私财物的，处三年以上十年以下有期徒刑，并处罚金；有下列情形之一的，处十年以上有期徒刑、无期徒刑或者死刑，并处罚金或者没收财产：

（一）入户抢劫的；

（二）在公共交通工具上抢劫的；

（三）抢劫银行或者其他金融机构的；

（四）多次抢劫或者抢劫数额巨大的；

（五）抢劫致人重伤、死亡的；

（六）冒充军警人员抢劫的；

（七）持枪抢劫的；

（八）抢劫军用物资或者抢险、救灾、救济物资的。

第二百六十四条 盗窃公私财物，数额较大或者多次盗窃的，处三年以下有期徒刑、拘役或者管制，并处或者单处罚金；数额巨大或者有其他严重情节的，处三年以上十年以下有期徒刑，并处罚金；数额特别巨大或者有其他特别严重情节的，处十年以上有期徒刑或者无期徒刑，并处罚金或者没收财产；有下列情形之一的，处无期徒刑或者死刑，并处没收财产：

（一）盗窃金融机构，数额特别巨大的；

（二）盗窃珍贵文物，情节严重的。

第二百六十五条 以牟利为目的，盗接他人通信线路、复制他人电信码号或者明知是盗接、复制的电信设备、设施而使用的，依照本法第二百六十四条的规定定罪处罚。

第二百六十六条 诈骗公私财物，数额较大的，处三年以下有期徒刑、拘役或者管制，并处或者单处罚金；数额巨大或者有其他严重情节的，处三年以上十年以下有期徒刑，并处罚金；数额特别巨大或者有其他特别严重情节的，处十年以上有期徒刑或者无期徒刑，并处罚金或者没收财产。本法另有规定的，依照规定。

第二百六十七条 抢夺公私财物，数额较大的，处三年以下有期徒刑、拘役或者管制，并处或者单处罚金；数额巨大或者有其他严重情节的，处三年以上十年以下有期徒刑，并处罚金；数额特别巨大或者有其他特别严重情节的，处十年以上有期徒刑或者无期徒刑，并处罚金或者没收财产。

携带凶器抢夺的，依照本法第二百六十三条的规定定罪处罚。

第二百六十八条 聚众哄抢公私财物，数额较大或者有其他严重情节的，对首要分子和积极参加的，处三年以下有期徒刑、拘役或者管制，并处罚金；数额巨大或者有其他特别严重情节的，处三年以上十年以下有期徒刑，并处罚金。

第二百六十九条 犯盗窃、诈骗、抢夺罪，为窝藏赃物、抗拒抓捕或者毁灭罪证而当场使用暴力或者以暴力相威胁的，依照本法第二百六十三条的规定定罪处罚。

第二百七十条 将代为保管的他人财物非法占为己有，数额较大，拒不退还的，处二年以下有期徒刑、拘役或者罚金；数额巨大或者有其他严重情节的，处二年以上五年以下有期徒刑，并处罚金。

将他人的遗忘物或者埋藏物非法占为己有，数额较大，拒不交出的，依照前款的规定处罚。

本条罪，告诉的才处理。

第二百七十一条 公司、企业或者其他单位的人员，利用职务上的便利，将本单位财物非法占为己有，数额较大的，处五年以下有期徒刑或者拘役；数额巨大的，处五年以上有期徒刑，可以并处没收财产。

国有公司、企业或者其他国有单位中从事公务的人员和国有公司、企业或者其他国有单位委派到非国有公司、企业以及其他单位从事公务的人员有前款行为的，依照本法第三百八十二条、第三百八十三条的规定定罪处罚。

第二百七十二条 公司、企业或者其他单位的工作人员，利用职务上的便利，挪用本单位资金归个人使用或者借贷给他人，数额较大、超过三个月未还的，或者虽未超过三个月，但数额较大、进行营利活动的，或者进行非法活动的，处三年以下有期徒刑或者拘役；挪用本单位资金数额巨大的，或者数额较大不退还的，处三年以上十年以下有期徒刑。

国有公司、企业或者其他国有单位中从事公务的人员和国有公司、企业或者其他国有单位委派到非国有公司、企业以及其他单位从事公务的人员有前款行为的，依照本法第三百八十四条的规定定罪处罚。

第二百七十三条 挪用用于救灾、抢险、防汛、优抚、扶贫、移民、救济款物，情节严重，致使国家和人民群众利益遭受重大损害的，对直接责任人员，处三年以下有期徒刑或者拘役；情节特别严重的，处三年以上七年以下有期徒刑。

第二百七十四条 敲诈勒索公私财物，数额较大的，处三年以下有期徒刑、拘役或者管制；数额巨大或者有其他严重情节的，处三年以上十年以下有期徒刑。

第二百七十五条 故意毁坏公私财物，数额较大或者有其他严重情节的，处三年以下有期徒刑、拘役或者罚金；数额巨大或者有其他特别严重情节的，处三年以上七年以下有期徒刑。

第二百七十六条 由于泄愤报复或者其他个人目的，毁坏机器设备、残害耕畜或者以其他方法破坏生产经营的，处三年以下有期徒刑、拘役或者管制；情节严重的，处三年以上七年以下有期徒刑。

第六章 妨害社会管理秩序罪

第一节 扰乱公共秩序罪

第二百七十七条 以暴力、威胁方法阻碍国家机关工作人员依法执行职务的，处三年以下有期徒刑、拘役、管制或者罚金。

以暴力、威胁方法阻碍全国人民代表大会和地方各级人民代表大会代表依法执行代表职务的，依照前款的规定处罚。

在自然灾害和突发事件中，以暴力、威胁方法阻碍红十字会工作人员依法履行职责的，依照第一款的规定处罚。

故意阻碍国家安全机关、公安机关依法执行国家安全工作任务，未使用暴力、威胁方法，造成严重后果的，依照第一款的规定处罚。

第二百七十八条 煽动群众暴力抗拒国家法律、行政法规实施的，处三年以下有期徒刑、拘役、管制或者剥夺政治权利；造成严重后果的，处三年以上七年以下有期徒刑。

第二百七十九条 冒充国家机关工作人员招摇撞骗的，处三年以下有期徒刑、拘役、管制或者剥夺政治权利；情节严重的，处三年以上十年以下有期徒刑。

冒充人民警察招摇撞骗的，依照前款的规定从重处罚。

第二百八十条 伪造、变造、买卖或者盗窃、抢夺、毁灭国家机关的公文、证件、印章的，处三年以下有期徒刑、拘役、管制或者剥夺政治权利；情节严重的，处三年以上十年以下有期徒刑。

伪造公司、企业、事业单位、人民团体的印章的，处三年以下有期徒刑、拘役、管制或者剥夺政治权利。

伪造、变造居民身份证的，处三年以下有期徒刑、拘役、管制或者剥夺政治权利；情节严重的，处三年以上七年以下有期徒刑。

第二百八十一条 非法生产、买卖人民警察制式服装、车辆号牌等专用标志、警械，情节严重的，处三年以下有期徒刑、拘役或者管制，并处或者单处罚金。

单位犯前款罪的，对单位判处罚金，并对其直接负责的主管人员和其他直接责任人员，依照前款的规定处罚。

第二百八十二条 以窃取、刺探、收买方法，非法获取国家秘密的，处三年以下有期徒刑、拘役、管制或者剥夺政治权利；情节严重的，处三年以上七年以下有期徒刑。

非法持有属于国家绝密、机密的文件、资料或者其他物品，拒不说明来源与用途的，处三年以下有期徒刑、拘役或者管制。

第二百八十三条 非法生产、销售窃听、窃照等专用间谍器材的，处三年以下有期徒刑、拘役或者管制。

第二百八十四条 非法使用窃听、窃照专用器材，造成严重后果的，处二年以下有期徒刑、拘役或者管制。

第二百八十五条 违反国家规定，侵入国家事务、国防建设、尖端科学技术领域的计算机信息系统的，处三年以下有期徒刑或者拘役。

第二百八十六条 违反国家规定，对计算机信息系统功能进行删除、修改、增加、干扰，造成计算机信息系统不能正常运行，后果严重的，处五年以下有期徒刑或者拘役；后果特别严重的，处五年以上有期徒刑。

违反国家规定，对计算机信息系统中存储、处理或者传输的数据和应用程序进行删除、修改、增加的操作，后果严重的，依照前款的规定处罚。

故意制作、传播计算机病毒等破坏性程序，影响计算机系统正常运行，后果严重的，依照第一款的规定处罚。

第二百八十七条 利用计算机实施金融诈骗、盗窃、贪污、挪用公款、窃取国家秘密或者其他犯罪的，依照本法有关规定定罪处罚。

第二百八十八条　违反国家规定，擅自设置、使用无线电台（站），或者擅自占用频率，经责令停止使用后拒不停止使用，干扰无线电通讯正常进行，造成严重后果的，处三年以下有期徒刑、拘役或者管制，并处或者单处罚金。

单位犯前款罪的，对单位判处罚金，并对其直接负责的主管人员和其他直接责任人员，依照前款的规定处罚。

第二百八十九条　聚众“打砸抢”，致人伤残、死亡的，依照本法第二百三十四条、第二百三十二条的规定定罪处罚。毁坏或者抢走公私财物的，除判令退赔外，对首要分子，依照本法第二百六十三条的规定定罪处罚。

第二百九十条　聚众扰乱社会秩序，情节严重，致使工作、生产、营业和教学、科研无法进行，造成严重损失的，对首要分子，处三年以上七年以下有期徒刑；对其他积极参加的，处三年以下有期徒刑、拘役、管制或者剥夺政治权利。

聚众冲击国家机关，致使国家机关工作无法进行，造成严重损失的，对首要分子，处五年以上十年以下有期徒刑；对其他积极参加的，处五年以下有期徒刑、拘役、管制或者剥夺政治权利。

第二百九十一条　聚众扰乱车站、码头、民用航空站、商场、公园、影剧院、展览会、运动场或者其他公共场所秩序，聚众堵塞交通或者破坏交通秩序，抗拒、阻碍国家治安管理工作人员依法执行职务，情节严重的，对首要分子，处五年以下有期徒刑、拘役或者管制。

第二百九十二条　聚众斗殴的，对首要分子和其他积极参加的，处三年以下有期徒刑、拘役或者管制；有下列情形之一的，对首要分子和其他积极参加的，处三年以上十年以下有期徒刑：

（一）多次聚众斗殴的；

（二）聚众斗殴人数多，规模大，社会影响恶劣的；

（三）在公共场所或者交通要道聚众斗殴，造成社会秩序严重混乱的；

（四）持械聚众斗殴的。

聚众斗殴，致人重伤、死亡的，依照本法第二百三十四条、第二百三十二条的规定定罪处罚。

第二百九十三条　有下列寻衅滋事行为之一，破坏社会秩序的，处五年以下有期徒刑、拘役或者管制：

（一）随意殴打他人，情节恶劣的；

（二）追逐、拦截、辱骂他人，情节恶劣的；

（三）强拿硬要或者任意损毁、占用公私财物，情节严重的；

（四）在公共场所起哄闹事，造成公共场所秩序严重混乱的。

第二百九十四条　组织、领导和积极参加以暴力、威胁或者其他手段，有组织地进行违法犯罪活动，称霸一方，为非作恶，欺压、残害群众，严重破坏经济、社会生活秩序的黑社会性质的组织的，处三年以上十年以下有期徒刑；其他参加的，处三年以下有期徒刑、拘役、管制或者剥夺政治权利。

境外的黑社会组织的人员到中华人民共和国境内发展组织成员的，处三年以上十年以下有期徒刑。

犯前两款罪又有其他犯罪行为的，依照数罪并罚的规定处罚。

国家机关工作人员包庇黑社会性质的组织，或者纵容黑社会性质的组织进行违法犯罪活动的，处三年以下有期徒刑、拘役或者剥夺政治权利；情节严重的，处三年以上十年以下有期徒刑。

第二百九十五条 传授犯罪方法的，处五年以下有期徒刑、拘役或者管制；情节严重的，处五年以上有期徒刑；情节特别严重的，处无期徒刑或者死刑。

第二百九十六条 举行集会、游行、示威，未依照法律规定申请或者申请未获许可，或者未按照主管机关许可的起止时间、地点、路线进行，又拒不服从解散命令，严重破坏社会秩序的，对集会、游行、示威的负责人和直接责任人员，处五年以下有期徒刑、拘役、管制或者剥夺政治权利。

第二百九十七条 违反法律规定，携带武器、管制刀具或者爆炸物参加集会、游行、示威的，处三年以下有期徒刑、拘役、管制或者剥夺政治权利。

第二百九十八条 扰乱、冲击或者以其他方法破坏依法举行的集会、游行、示威，造成公共秩序混乱的，处五年以下有期徒刑、拘役、管制或者剥夺政治权利。

第二百九十九条 在公众场合故意以焚烧、毁损、涂划、玷污、践踏等方式侮辱中华人民共和国国旗、国徽的，处三年以下有期徒刑、拘役、管制或者剥夺政治权利。

第三百条 组织和利用会道门、邪教组织或者利用迷信破坏国家法律、行政法规实施的，处三年以上七年以下有期徒刑；情节特别严重的，处七年以上有期徒刑。

组织和利用会道门、邪教组织或者利用迷信蒙骗他人，致人死亡的，依照前款的规定处罚。

组织和利用会道门、邪教组织或者利用迷信奸淫妇女、诈骗财物的，分别依照本法第二百三十六条、第二百六十六条的规定定罪处罚。

第三百零一条 聚众进行淫乱活动的，对首要分子或者多次参加的，处五年以下有期徒刑、拘役或者管制。

引诱未成年人参加聚众淫乱活动的，依照前款的规定从重处罚。

第三百零二条 盗窃、侮辱尸体的，处三年以下有期徒刑、拘役或者管制。

第三百零三条 以营利为目的，聚众赌博、开设赌场或者以赌博为业的，处三年以下有期徒刑、拘役或者管制，并处罚金。

第三百零四条 邮政工作人员严重不负责任，故意延误投递邮件，致使公共财产、国家和人民利益遭受重大损失的，处二年以下有期徒刑或者拘役。

第二节 妨害司法罪

第三百零五条 在刑事诉讼中，证人、鉴定人、记录人、翻译人对与案件有重要关系的情节，故意作虚假证明、鉴定、记录、翻译，意图陷害他人或者隐匿罪证的，处三年以下有期徒刑或者拘役；情节严重的，处三年以上七年以下有期徒刑。

第三百零六条 在刑事诉讼中，辩护人、诉讼代理人毁灭、伪造证据，帮助当事人毁灭、伪造证据，威胁、引诱证人违背事实改变证言或者作伪证的，处三年以下有期徒刑或者拘役；情节严重的，处三年以上七年以下有期徒刑。

辩护人、诉讼代理人提供、出示、引用的证人证言或者其他证据失实，不是有意伪造的，不属于伪造证据。

第三百零七条 以暴力、威胁、贿买等方法阻止证人作证或者指使他人作伪证的，处三年以下有期徒刑或者拘役；情节严重的，处三年以上七年以下有期徒刑。

帮助当事人毁灭、伪造证据，情节严重的，处三年以下有期徒刑或者拘役。

司法工作人员犯前两款罪的，从重处罚。

第三百零八条　对证人进行打击报复的，处三年以下有期徒刑或者拘役；情节严重的，处三年以上七年以下有期徒刑。

第三百零九条　聚众哄闹、冲击法庭，或者殴打司法工作人员，严重扰乱法庭秩序的，处三年以下有期徒刑、拘役、管制或者罚金。

第三百一十条　明知是犯罪的人而为其提供隐藏处所、财物，帮助其逃匿或者作假证明包庇的，处三年以下有期徒刑、拘役或者管制；情节严重的，处三年以上十年以下有期徒刑。

犯前款罪，事前通谋的，以共同犯罪论处。

第三百一十一条　明知他人有间谍犯罪行为，在国家安全机关向其调查有关情况、收集有关证据时，拒绝提供，情节严重的，处三年以下有期徒刑、拘役或者管制。

第三百一十二条　明知是犯罪所得的赃物而予以窝藏、转移、收购或者代为销售的，处三年以下有期徒刑、拘役或者管制，并处或者单处罚金。

第三百一十三条　对人民法院的判决、裁定有能力执行而拒不执行，情节严重的，处三年以下有期徒刑、拘役或者罚金。

第三百一十四条　隐藏、转移、变卖、故意毁损已被司法机关查封、扣押、冻结的财产，情节严重的，处三年以下有期徒刑、拘役或者罚金。

第三百一十五条　依法被关押的罪犯，有下列破坏监管秩序行为之一，情节严重的，处三年以下有期徒刑：

（一）殴打监管人员的；

（二）组织其他被监管人破坏监管秩序的；

（三）聚众闹事，扰乱正常监管秩序的；

（四）殴打、体罚或者指使他人殴打、体罚其他被监管人的。

第三百一十六条　依法被关押的罪犯、被告人、犯罪嫌疑人脱逃的，处五年以下有期徒刑或者拘役。

劫夺押解途中的罪犯、被告人、犯罪嫌疑人的，处三年以上七年以下有期徒刑；情节严重的，处七年以上有期徒刑。

第三百一十七条　组织越狱的首要分子和积极参加的，处五年以上有期徒刑；其他参加的，处五年以下有期徒刑或者拘役。

暴动越狱或者聚众持械劫狱的首要分子和积极参加的，处十年以上有期徒刑或者无期徒刑；情节特别严重的，处死刑；其他参加的，处三年以上十年以下有期徒刑。

第三节　妨害国（边）境管理罪

第三百一十八条　组织他人偷越国（边）境的，处二年以上七年以下有期徒刑，并处罚金；有下列情形之一的，处七年以上有期徒刑或者无期徒刑，并处罚金或者没收财产：

（一）组织他人偷越国（边）境集团的首要分子；

（二）多次组织他人偷越国（边）境或者组织他人偷越国（边）境人数众多的；

（三）造成被组织人重伤、死亡的；

（四）剥夺或者限制被组织人人身自由的；

（五）以暴力、威胁方法抗拒检查的；

（六）违法所得数额巨大的；

（七）有其他特别严重情节的。

犯前款罪，对被组织人有杀害、伤害、强奸、拐卖等犯罪行为，或者对检查人员有杀害、伤害等犯罪行为的，依照数罪并罚的规定处罚。

第三百一十九条 以劳务输出、经贸往来或者其他名义，弄虚作假，骗取护照、签证等出境证件，为组织他人偷越国（边）境使用的，处三年以下有期徒刑，并处罚金；情节严重的，处三年以上十年以下有期徒刑，并处罚金。

单位犯前款罪的，对单位判处罚金，并对其直接负责的主管人员和其他直接责任人员，依照前款的规定处罚。

第三百二十条 为他人提供伪造、变造的护照、签证等出入境证件，或者出售护照、签证等出入境证件的，处五年以下有期徒刑，并处罚金；情节严重的，处五年以上有期徒刑，并处罚金。

第三百二十一条 运送他人偷越国（边）境的，处五年以下有期徒刑、拘役或者管制，并处罚金；有下列情形之一的，处五年以上十年以下有期徒刑，并处罚金：

（一）多次实施运送行为或者运送人数众多的；

（二）所使用的船只、车辆等交通工具不具备必要的安全条件，足以造成严重后果的；

（三）违法所得数额巨大的；

（四）有其他特别严重情节的。

在运送他人偷越国（边）境中造成被运送人重伤、死亡，或者以暴力、威胁方法抗拒检查的，处七年以上有期徒刑，并处罚金。

犯前两款罪，对被运送人有杀害、伤害、强奸、拐卖等犯罪行为，或者对检查人员有杀害、伤害等犯罪行为的，依照数罪并罚的规定处罚。

第三百二十二条 违反国（边）境管理法规，偷越国（边）境，情节严重的，处一年以下有期徒刑、拘役或者管制，并处罚金。

第三百二十三条 故意破坏国家边境的界碑、界桩或者永久性测量标志的，处三年以下有期徒刑或者拘役。

第四节 妨害文物管理罪

第三百二十四条 故意损毁国家保护的珍贵文物或者被确定为全国重点文物保护单位、省级文物保护单位的文物的，处三年以下有期徒刑或者拘役，并处或者单处罚金；情节严重的，处三年以上十年以下有期徒刑，并处罚金。

故意损毁国家保护的名胜古迹，情节严重的，处五年以下有期徒刑或者拘役，并处或者单处罚金。

过失损毁国家保护的珍贵文物或者被确定为全国重点文物保护单位、省级文物保护单位的文物，造成严重后果的，处三年以下有期徒刑或者拘役。

第三百二十五条 违反文物保护法规，将收藏的国家禁止出口的珍贵文物私自出售或者私自赠送给外国人的，处五年以下有期徒刑或者拘役，可以并处罚金。

单位犯前款罪的，对单位判处罚金，并对其直接负责的主管人员和其他直接责任人员，依照前款的规定处罚。

第三百二十六条　以牟利为目的，倒卖国家禁止经营的文物，情节严重的，处五年以下有期徒刑或者拘役，并处罚金；情节特别严重的，处五年以上十年以下有期徒刑，并处罚金。

单位犯前款罪的，对单位判处罚金，并对其直接负责的主管人员和其他直接责任人员，依照前款的规定处罚。

第三百二十七条　违反文物保护法规，国有博物馆、图书馆等单位将国家保护的文物藏品出售或者私自送给非国有单位或者个人的，对单位判处罚金，并对其直接负责的主管人员和其他直接责任人员，处三年以下有期徒刑或者拘役。

第三百二十八条　盗掘具有历史、艺术、科学价值的古文化遗址、古墓葬的，处三年以上十年以下有期徒刑，并处罚金；情节较轻的，处三年以下有期徒刑、拘役或者管制，并处罚金；有下列情形之一的，处十年以上有期徒刑、无期徒刑或者死刑，并处罚金或者没收财产：

（一）盗掘确定为全国重点文物保护单位和省级文物保护单位的古文化遗址、古墓葬的；

（二）盗掘古文化遗址、古墓葬集团的首要分子；

（三）多次盗掘古文化遗址、古墓葬的；

（四）盗掘古文化遗址、古墓葬，并盗窃珍贵文物或者造成珍贵文物严重破坏的。

盗掘国家保护的具有科学价值的古人类化石和古脊椎动物化石的，依照前款的规定处罚。

第三百二十九条　抢夺、窃取国家所有的档案的，处五年以下有期徒刑或者拘役。

违反档案法的规定，擅自出卖、转让国家所有的档案，情节严重的，处三年以下有期徒刑或者拘役。

有前两款行为，同时又构成本法规定的其他犯罪的，依照处罚较重的规定定罪处罚。

第五节　危害公共卫生罪

第三百三十条　违反传染病防治法的规定，有下列情形之一，引起甲类传染病传播或者有传播严重危险的，处三年以下有期徒刑或者拘役；后果特别严重的，处三年以上七年以下有期徒刑：

（一）供水单位供应的饮用水不符合国家规定的卫生标准的；

（二）拒绝按照卫生防疫机构提出的卫生要求，对传染病病原体污染的污水、污物、粪便进行消毒处理的；

（三）准许或者纵容传染病病人、病原携带者和疑似传染病病人从事国务院卫生行政部门规定禁止从事的易使该传染病扩散的工作的；

（四）拒绝执行卫生防疫机构依照传染病防治法提出的预防、控制措施的。

单位犯前款罪的，对单位判处罚金，并对其直接负责的主管人员和其他直接责任人员，依照前款的规定处罚。

甲类传染病的范围，依照《中华人民共和国传染病防治法》和国务院有关规定确定。

第三百三十一条　从事实验、保藏、携带、运输传染病菌种、毒种的人员，违反国务院卫生行政部门的有关规定，造成传染病菌种、毒种扩散，后果严重的，处三年以下有期徒刑或者拘役；后果特别严重的，处三年以上七年以下有期徒刑。

第三百三十二条 违反国境卫生检疫规定，引起检疫传染病传播或者有传播严重危险的，处三年以下有期徒刑或者拘役，并处或者单处罚金。

单位犯前款罪的，对单位判处罚金，并对其直接负责的主管人员和其他直接责任人员，依照前款的规定处罚。

第三百三十三条 非法组织他人出卖血液的，处五年以下有期徒刑，并处罚金；以暴力、威胁方法强迫他人出卖血液的，处五年以上十年以下有期徒刑，并处罚金。

有前款行为，对他人造成伤害的，依照本法第二百三十四条的规定定罪处罚。

第三百三十四条 非法采集、供应血液或者制作、供应血液制品，不符合国家规定的标准，足以危害人体健康的，处五年以下有期徒刑或者拘役，并处罚金；对人体健康造成严重危害的，处五年以上十年以下有期徒刑，并处罚金；造成特别严重后果的，处十年以上有期徒刑或者无期徒刑，并处罚金或者没收财产。

经国家主管部门批准采集、供应血液或者制作、供应血液制品的部门，不依照规定进行检测或者违背其他操作规定，造成危害他人身体健康后果的，对单位判处罚金，并对其直接负责的主管人员和其他直接责任人员，处五年以下有期徒刑或者拘役。

第三百三十五条 医务人员由于严重不负责任，造成就诊人死亡或者严重损害就诊人身体健康的，处三年以下有期徒刑或者拘役。

第三百三十六条 未取得医生执业资格的人非法行医，情节严重的，处三年以下有期徒刑、拘役或者管制，并处或者单处罚金；严重损害就诊人身体健康的，处三年以上十年以下有期徒刑，并处罚金；造成就诊人死亡的，处十年以上有期徒刑，并处罚金。

未取得医生执业资格的人擅自为他人进行节育复通手术、假节育手术、终止妊娠手术或者摘取宫内节育器，情节严重的，处三年以下有期徒刑、拘役或者管制，并处或者单处罚金；严重损害就诊人身体健康的，处三年以上十年以下有期徒刑，并处罚金；造成就诊人死亡的，处十年以上有期徒刑，并处罚金。

第三百三十七条 违反进出境动植物检疫法的规定，逃避动植物检疫，引起重大动植物疫情的，处三年以下有期徒刑或者拘役，并处或者单处罚金。

单位犯前款罪的，对单位判处罚金，并对其直接负责的主管人员和其他直接责任人员，依照前款的规定处罚。

第六节　破坏环境资源保护罪

第三百三十八条 违反国家规定，向土地、水体、大气排放、倾倒或者处置有放射性的废物、含传染病病原体的废物、有毒物质或者其他危险废物，造成重大环境污染事故，致使公私财产遭受重大损失或者人身伤亡的严重后果的，处三年以下有期徒刑或者拘役，并处或者单处罚金；后果特别严重的，处三年以上七年以下有期徒刑，并处罚金。

第三百三十九条 违反国家规定，将境外的固体废物进境倾倒、堆放、处置的，处五年以下有期徒刑或者拘役，并处罚金；造成重大环境污染事故，致使公私财产遭受重大损失或者严重危害人体健康的，处五年以上十年以下有期徒刑，并处罚金；后果特别严重的，处十年以上有期徒刑，并处罚金。

未经国务院有关主管部门许可，擅自进口固体废物用作原料，造成重大环境污染事故，致使公私财产遭受重大损失或者严重危害人体健康的，处五年以下有期徒刑或者拘役，并处罚金；后果特别严重的，处五年以上十年以下有期徒刑，并处罚金。

以原料利用为名，进口不能用作原料的固体废物的，依照本法第一百五十五条的规定定罪处罚。

第三百四十条　违反保护水产资源法规，在禁渔区、禁渔期或者使用禁用的工具、方法捕捞水产品，情节严重的，处三年以下有期徒刑、拘役、管制或者罚金。

第三百四十一条　非法猎捕、杀害国家重点保护的珍贵、濒危野生动物的，或者非法收购、运输、出售国家重点保护的珍贵、濒危野生动物及其制品的，处五年以下有期徒刑或者拘役，并处罚金；情节严重的，处五年以上十年以下有期徒刑，并处罚金；情节特别严重的，处十年以上有期徒刑，并处罚金或者没收财产。

违反狩猎法规，在禁猎区、禁猎期或者使用禁用的工具、方法进行狩猎，破坏野生动物资源，情节严重的，处三年以下有期徒刑、拘役、管制或者罚金。

第三百四十二条　违反土地管理法规，非法占用耕地改作他用，数量较大，造成耕地大量毁坏的，处五年以下有期徒刑或者拘役，并处或者单处罚金。

第三百四十三条　违反矿产资源法的规定，未取得采矿许可证擅自采矿的，擅自进入国家规划矿区、对国民经济具有重要价值的矿区和他人矿区范围采矿的，擅自开采国家规定实行保护性开采的特定矿种，经责令停止开采后拒不停止开采，造成矿产资源破坏的，处三年以下有期徒刑、拘役或者管制，并处或者单处罚金；造成矿产资源严重破坏的，处三年以上七年以下有期徒刑，并处罚金。

违反矿产资源法的规定，采取破坏性的开采方法开采矿产资源，造成矿产资源严重破坏的，处五年以下有期徒刑或者拘役，并处罚金。

第三百四十四条　违反森林法的规定，非法采伐、毁坏珍贵树木的，处三年以下有期徒刑、拘役或者管制，并处罚金；情节严重的，处三年以上七年以下有期徒刑，并处罚金。

第三百四十五条　盗伐森林或者其他林木，数量较大的，处三年以下有期徒刑、拘役或者管制，并处或者单处罚金；数量巨大的，处三年以上七年以下有期徒刑，并处罚金；数量特别巨大的，处七年以上有期徒刑，并处罚金。

违反森林法的规定，滥伐森林或者其他林木，数量较大的，处三年以下有期徒刑、拘役或者管制，并处或者单处罚金；数量巨大的，处三年以上七年以下有期徒刑，并处罚金。

以牟利为目的，在林区非法收购明知是盗伐、滥伐的林木，情节严重的，处三年以下有期徒刑、拘役或者管制，并处或者单处罚金；情节特别严重的，处三年以上七年以下有期徒刑，并处罚金。

盗伐、滥伐国家级自然保护区内的森林或者其他林木的，从重处罚。

第三百四十六条　单位犯本节第三百三十八条至第三百四十五条规定之罪的，对单位判处罚金，并对其直接负责的主管人员和其他直接责任人员，依照本节各该条的规定处罚。

第七节　走私、贩卖、运输、制造毒品罪

第三百四十七条　走私、贩卖、运输、制造毒品，无论数量多少，都应当追究刑事责任，予以刑事处罚。

走私、贩卖、运输、制造毒品，有下列情形之一的，处十五年有期徒刑、无期徒刑或者死刑，并处没收财产：

（一）走私、贩卖、运输、制造鸦片一千克以上、海洛因或者甲基苯丙胺五十克以上或者其他毒品数量大的；

（二）走私、贩卖、运输、制造毒品集团的首要分子；

（三）武装掩护走私、贩卖、运输、制造毒品的；

（四）以暴力抗拒检查、拘留、逮捕，情节严重的；

（五）参与有组织的国际贩毒活动的。

走私、贩卖、运输、制造鸦片二百克以上不满一千克、海洛因或者甲基苯丙胺十克以上不满五十克或者其他毒品数量较大的，处七年以上有期徒刑，并处罚金。走私、贩卖、运输、制造鸦片不满二百克、海洛因或者甲基苯丙胺不满十克或者其他少量毒品的，处三年以下有期徒刑、拘役或者管制，并处罚金；情节严重的，处三年以上七年以下有期徒刑，并处罚金。

单位犯第二款、第三款、第四款罪的，对单位判处罚金，并对其直接负责的主管人员和其他直接责任人员，依照各该款的规定处罚。

利用、教唆未成年人走私、贩卖、运输、制造毒品，或者向未成年人出售毒品的，从重处罚。

对多次走私、贩卖、运输、制造毒品，未经处理的，毒品数量累计计算。

第三百四十八条 非法持有鸦片一千克以上、海洛因或者甲基苯丙胺五十克以上或者其他毒品数量大的，处七年以上有期徒刑或者无期徒刑，并处罚金；非法持有鸦片二百克以上不满一千克、海洛因或者甲基苯丙胺十克以上不满五十克或者其他毒品数量较大的，处三年以下有期徒刑、拘役或者管制，并处罚金；情节严重的，处三年以上七年以下有期徒刑，并处罚金。

第三百四十九条 包庇走私、贩卖、运输、制造毒品的犯罪分子的，为犯罪分子窝藏、转移、隐瞒毒品或者犯罪所得的财物的，处三年以下有期徒刑、拘役或者管制；情节严重的，处三年以上十年以下有期徒刑。

缉毒人员或者其他国家机关工作人员掩护、包庇走私、贩卖、运输、制造毒品的犯罪分子的，依照前款的规定从重处罚。

犯前两款罪，事先通谋的，以走私、贩卖、运输、制造毒品罪的共犯论处。

第三百五十条 违反国家规定，非法运输、携带醋酸酐、乙醚、三氯甲烷或者其他用于制造毒品的原料或者配剂进出境的，或者违反国家规定，在境内非法买卖上述物品的，处三年以下有期徒刑、拘役或者管制，并处罚金；数量大的，处三年以上十年以下有期徒刑，并处罚金。

明知他人制造毒品而为其提供前款规定的物品的，以制造毒品罪的共犯论处。单位犯前两款罪的，对单位判处罚金，并对其直接负责的主管人员和其他直接责任人员，依照前两款的规定处罚。

第三百五十一条 非法种植罂粟、大麻等毒品原植物的，一律强制铲除。有下列情形之一的，处五年以下有期徒刑、拘役或者管制，并处罚金：

（一）种植罂粟五百株以上不满三千株或者其他毒品原植物数量较大的；

（二）经公安机关处理后又种植的；

（三）抗拒铲除的。

非法种植罂粟三千株以上或者其他毒品原植物数量大的，处五年以上有期徒刑，并处罚金或者没收财产。

非法种植罂粟或者其他毒品原植物，在收获前自动铲除的，可以免除处罚。

第三百五十二条 非法买卖、运输、携带、持有未经灭活的罂粟等毒品原植物种子或者幼苗，数量较大的，处三年以下有期徒刑、拘役或者管制，并处或者单处罚金。

第三百五十三条 引诱、教唆、欺骗他人吸食、注射毒品的，处三年以下有期徒刑、拘役或者管制，并处罚金；情节严重的，处三年以上七年以下有期徒刑，并处罚金。

强迫他人吸食、注射毒品的，处三年以上十年以下有期徒刑，并处罚金。

引诱、教唆、欺骗或者强迫未成年人吸食、注射毒品的，从重处罚。

第三百五十四条 容留他人吸食、注射毒品的，处三年以下有期徒刑、拘役或者管制，并处罚金。

第三百五十五条 依法从事生产、运输、管理、使用国家管制的麻醉药品、精神药品的人员，违反国家规定，向吸食、注射毒品的人提供国家规定管制的能够使人形成瘾癖的麻醉药品、精神药品的，处三年以下有期徒刑或者拘役，并处罚金；情节严重的，处三年以上七年以下有期徒刑，并处罚金。向走私、贩卖毒品的犯罪分子或者以牟利为目的，向吸食、注射毒品的人提供国家规定管制的能够使人形成瘾癖的麻醉药品、精神药品的，依照本法第三百四十七条的规定定罪处罚。

单位犯前款罪的，对单位判处罚金，并对其直接负责的主管人员和其他直接责任人员，依照前款的规定处罚。

第三百五十六条 因走私、贩卖、运输、制造、非法持有毒品罪被判过刑，又犯本节规定之罪的，从重处罚。

第三百五十七条 本法所称的毒品，是指鸦片、海洛因、甲基苯丙胺（冰毒）、吗啡、大麻、可卡因以及国家规定管制的其他能够使人形成瘾癖的麻醉药品和精神药品。

毒品的数量以查证属实的走私、贩卖、运输、制造、非法持有毒品的数量计算，不以纯度折算。

第八节 组织、强迫、引诱、容留、介绍卖淫罪

第三百五十八条 组织他人卖淫或者强迫他人卖淫的，处五年以上十年以下有期徒刑，并处罚金；有下列情形之一的，处十年以上有期徒刑或者无期徒刑，并处罚金或者没收财产：

（一）组织他人卖淫，情节严重的；

（二）强迫不满十四周岁的幼女卖淫的；

（三）强迫多人卖淫或者多次强迫他人卖淫的；

（四）强奸后迫使卖淫的；

（五）造成被强迫卖淫的人重伤、死亡或者其他严重后果的。

有前款所列情形之一，情节特别严重的，处无期徒刑或者死刑，并处没收财产。协助组织他人卖淫的，处五年以下有期徒刑，并处罚金；情节严重的，处五年以上十年以下有期徒刑，并处罚金。

第三百五十九条 引诱、容留、介绍他人卖淫的，处五年以下有期徒刑、拘役或者管制，并处罚金；情节严重的，处五年以上有期徒刑，并处罚金。

引诱不满十四周岁的幼女卖淫的，处五年以上有期徒刑，并处罚金。

第三百六十条 明知自己患有梅毒、淋病等严重性病卖淫、嫖娼的，处五年以下有期徒

刑、拘役或者管制，并处罚金。

嫖宿不满十四周岁的幼女的，处五年以上有期徒刑，并处罚金。

第三百六十一条 旅馆业、饮食服务业、文化娱乐业、出租汽车业等单位的人员，利用本单位的条件，组织、强迫、引诱、容留、介绍他人卖淫的，依照本法第三百五十八条、第三百五十九条的规定定罪处罚。

前款所列单位的主要负责人，犯前款罪的，从重处罚。

第三百六十二条 旅馆业、饮食服务业、文化娱乐业、出租汽车业等单位的人员，在公安机关查处卖淫、嫖娼活动时，为违法犯罪分子通风报信，情节严重的，依照本法第三百一十条的规定定罪处罚。

第九节 制作、贩卖、传播淫秽物品罪

第三百六十三条 以牟利为目的，制作、复制、出版、贩卖、传播淫秽物品的，处三年以下有期徒刑、拘役或者管制，并处罚金；情节严重的，处三年以上十年以下有期徒刑，并处罚金；情节特别严重的，处十年以上有期徒刑或者无期徒刑，并处罚金或者没收财产。

为他人提供书号，出版淫秽书刊的，处三年以下有期徒刑、拘役或者管制，并处或者单处罚金；明知他人用于出版淫秽书刊而提供书号的，依照前款的规定处罚。

第三百六十四条 传播淫秽的书刊、影片、音像、图片或者其他淫秽物品，情节严重的，处二年以下有期徒刑、拘役或者管制。

组织播放淫秽的电影、录像等音像制品的，处三年以下有期徒刑、拘役或者管制，并处罚金；情节严重的，处三年以上十年以下有期徒刑，并处罚金。

制作、复制淫秽的电影、录像等音像制品组织播放的，依照第二款的规定从重处罚。

向不满十八周岁的未成年人传播淫秽物品的，从重处罚。

第三百六十五条 组织进行淫秽表演的，处三年以下有期徒刑、拘役或者管制，并处罚金；情节严重的，处三年以上十年以下有期徒刑，并处罚金。

第三百六十六条 单位犯本节第三百六十三条、第三百六十四条、第三百六十五条规定之罪的，对单位判处罚金，并对其直接负责的主管人员和其他直接责任人员，依照各该条的规定处罚。

第三百六十七条 本法所称淫秽物品，是指具体描绘性行为或者露骨宣扬色情的诲淫性的书刊、影片、录像带、录音带、图片及其他淫秽物品。

有关人体生理、医学知识的科学著作不是淫秽物品。

包含有色情内容的有艺术价值的文学、艺术作品不视为淫秽物品。

第七章 危害国防利益罪

第三百六十八条 以暴力、威胁方法阻碍军人依法执行职务的，处三年以下有期徒刑、拘役、管制或者罚金。

故意阻碍武装部队军事行动，造成严重后果的，处五年以下有期徒刑或者拘役。

第三百六十九条 破坏武器装备、军事设施、军事通信的，处三年以下有期徒刑、拘役或者管制；破坏重要武器装备、军事设施、军事通信的，处三年以上十年以下有期徒刑；情节特别严重的，处十年以上有期徒刑、无期徒刑或者死刑。战时从重处罚。

第三百七十条 明知是不合格的武器装备、军事设施而提供给武装部队的，处五年以下

有期徒刑或者拘役；情节严重的，处五年以上十年以下有期徒刑；情节特别严重的，处十年以上有期徒刑、无期徒刑或者死刑。

过失犯前款罪，造成严重后果的，处三年以下有期徒刑或者拘役；造成特别严重后果的，处三年以上七年以下有期徒刑。

单位犯第一款罪的，对单位判处罚金，并对其直接负责的主管人员和其他直接责任人员，依照第一款的规定处罚。

第三百七十一条　聚众冲击军事禁区，严重扰乱军事禁区秩序的，对首要分子，处五年以上十年以下有期徒刑；对其他积极参加的，处五年以下有期徒刑、拘役、管制或者剥夺政治权利。

聚众扰乱军事管理区秩序，情节严重，致使军事管理区工作无法进行，造成严重损失的，对首要分子，处三年以上七年以下有期徒刑；对其他积极参加的，处三年以下有期徒刑、拘役、管制或者剥夺政治权利。

第三百七十二条　冒充军人招摇撞骗的，处三年以下有期徒刑、拘役、管制或者剥夺政治权利；情节严重的，处三年以上十年以下有期徒刑。

第三百七十三条　煽动军人逃离部队或者明知是逃离部队的军人而雇用，情节严重的，处三年以下有期徒刑、拘役或者管制。

第三百七十四条　在征兵工作中徇私舞弊，接送不合格兵员，情节严重的，处三年以下有期徒刑或者拘役；造成特别严重后果的，处三年以上七年以下有期徒刑。

第三百七十五条　伪造、变造、买卖或者盗窃、抢夺武装部队公文、证件、印章的，处三年以下有期徒刑、拘役、管制或者剥夺政治权利；情节严重的，处三年以上十年以下有期徒刑。

非法生产、买卖武装部队制式服装、车辆号牌等专用标志，情节严重的，处三年以下有期徒刑、拘役或者管制，并处或者单处罚金。

单位犯第二款罪的，对单位判处罚金，并对其直接负责的主管人员和其他直接责任人员，依照该款的规定处罚。

第三百七十六条　预备役人员战时拒绝、逃避征召或者军事训练，情节严重的，处三年以下有期徒刑或者拘役。

公民战时拒绝、逃避服役，情节严重的，处二年以下有期徒刑或者拘役。

第三百七十七条　战时故意向武装部队提供虚假敌情，造成严重后果的，处三年以上十年以下有期徒刑；造成特别严重后果的，处十年以上有期徒刑或者无期徒刑。

第三百七十八条　战时造谣惑众，扰乱军心的，处三年以下有期徒刑、拘役或者管制；情节严重的，处三年以上十年以下有期徒刑。

第三百七十九条　战时明知是逃离部队的军人而为其提供隐蔽处所、财物，情节严重的，处三年以下有期徒刑或者拘役。

第三百八十条　战时拒绝或者故意延误军事订货，情节严重的，对单位判处罚金，并对其直接负责的主管人员和其他直接责任人员，处五年以下有期徒刑或者拘役；造成严重后果的，处五年以上有期徒刑。

第三百八十一条　战时拒绝军事征用，情节严重的，处三年以下有期徒刑或者拘役。

第八章　贪污贿赂罪

第三百八十二条　国家工作人员利用职务上的便利，侵吞、窃取、骗取或者以其他手段非法占有公共财物的，是贪污罪。

受国家机关、国有公司、企业、事业单位、人民团体委托管理、经营国有财产的人员，利用职务上的便利，侵吞、窃取、骗取或者以其他手段非法占有国有财物的，以贪污论。

与前两款所列人员勾结，伙同贪污的，以共犯论处。

第三百八十三条　对犯贪污罪的，根据情节轻重，分别依照下列规定处罚：

（一）个人贪污数额在十万元以上的，处十年以上有期徒刑或者无期徒刑，可以并处没收财产；情节特别严重的，处死刑，并处没收财产。

（二）个人贪污数额在五万元以上不满十万元的，处五年以上有期徒刑，可以并处没收财产；情节特别严重的，处无期徒刑，并处没收财产。

（三）个人贪污数额在五千元以上不满五万元的，处一年以上七年以下有期徒刑；情节严重的，处七年以上十年以下有期徒刑。个人贪污数额在五千元以上不满一万元，犯罪后有悔改表现、积极退赃的，可以减轻处罚或者免予刑事处罚，由其所在单位或者上级主管机关给予行政处分。

（四）个人贪污数额不满五千元，情节较重的，处二年以下有期徒刑或者拘役；情节较轻的，由其所在单位或者上级主管机关酌情给予行政处分。

对多次贪污未经处理的，按照累计贪污数额处罚。

第三百八十四条　国家工作人员利用职务上的便利，挪用公款归个人使用，进行非法活动的，或者挪用公款数额较大、进行营利活动的，或者挪用公款数额较大、超过三个月未还的，是挪用公款罪，处五年以下有期徒刑或者拘役；情节严重的，处五年以上有期徒刑。挪用公款数额巨大不退还的，处十年以上有期徒刑或者无期徒刑。

挪用用于救灾、抢险、防汛、优抚、扶贫、移民、救济款物归个人使用的，从重处罚。

第三百八十五条　国家工作人员利用职务上的便利，索取他人财物的，或者非法收受他人财物，为他人谋取利益的，是受贿罪。

国家工作人员在经济往来中，违反国家规定，收受各种名义的回扣、手续费，归个人所有的，以受贿论处。

第三百八十六条　对犯受贿罪的，根据受贿所得数额及情节，依照本法第三百八十三条的规定处罚。索贿的从重处罚。

第三百八十七条　国家机关、国有公司、企业、事业单位、人民团体，索取、非法收受他人财物，为他人谋取利益，情节严重的，对单位判处罚金，并对其直接负责的主管人员和其他直接责任人员，处五年以下有期徒刑或者拘役。

前款所列单位，在经济往来中，在帐外暗中收受各种名义的回扣、手续费的，以受贿论，依照前款的规定处罚。

第三百八十八条　国家工作人员利用本人职权或者地位形成的便利条件，通过其他国家工作人员职务上的行为，为请托人谋取不正当利益，索取请托人财物或者收受请托人财物的，以受贿论处。

第三百八十九条　为谋取不正当利益，给予国家工作人员以财物的，是行贿罪。

在经往来中，违反国家规定，给予国家工作人员以财物，数额较大的，或者违反国家规定，给予国家工作人员以各种名义的回扣、手续费的，以行贿论处。

因被勒索给予国家工作人员以财物，没有获得不正当利益的，不是行贿。

第三百九十条 对犯行贿罪的，处五年以下有期徒刑或者拘役；因行贿谋取不正当利益，情节严重的，或者使国家利益遭受重大损失的，处五年以上十年以下有期徒刑；情节特别严重的，处十年以上有期徒刑或者无期徒刑，可以并处没收财产。

行贿人在被追诉前主动交待行贿行为的，可以减轻处罚或者免除处罚。

第三百九十一条 为谋取不正当利益，给予国家机关、国有公司、企业、事业单位、人民团体以财物的，或者在经济往来中，违反国家规定，给予各种名义的回扣、手续费的，处三年以下有期徒刑或者拘役。

单位犯前款罪的，对单位判处罚金，并对其直接负责的主管人员和其他直接责任人员，依照前款的规定处罚。

第三百九十二条 向国家工作人员介绍贿赂，情节严重的，处三年以下有期徒刑或者拘役。

介绍贿赂人在被追诉前主动交待介绍贿赂行为的，可以减轻处罚或者免除处罚。

第三百九十三条 单位为谋取不正当利益而行贿，或者违反国家规定，给予国家工作人员以回扣、手续费，情节严重的，对单位判处罚金，并对其直接负责的主管人员和其他直接责任人员，处五年以下有期徒刑或者拘役。因行贿取得的违法所得归个人所有的，依照本法第三百八十九条、第三百九十条的规定定罪处罚。

第三百九十四条 国家工作人员在国内公务活动或者对外交往中接受礼物，依照国家规定应当交公而不交公，数额较大的，依照本法第三百八十二条、第三百八十三条的规定定罪处罚。

第三百九十五条 国家工作人员的财产或者支出明显超过合法收入，差额巨大的，可以责令说明来源。本人不能说明其来源是合法的，差额部分以非法所得论，处五年以下有期徒刑或者拘役，财产的差额部分予以追缴。

国家工作人员在境外的存款，应当依照国家规定申报。数额较大、隐瞒不报的，处二年以下有期徒刑或者拘役；情节较轻的，由其所在单位或者上级主管机关酌情给予行政处分。

第三百九十六条 国家机关、国有公司、企业、事业单位、人民团体，违反国家规定，以单位名义将国有资产集体私分给个人，数额较大的，对其直接负责的主管人员和其他直接责任人员，处三年以下有期徒刑或者拘役，并处或者单处罚金；数额巨大的，处三年以上七年以下有期徒刑，并处罚金。

司法机关、行政执法机关违反国家规定，将应当上缴国家的罚没财物，以单位名义集体私分给个人的，依照前款的规定处罚。

第九章 渎职罪

第三百九十七条 国家机关工作人员滥用职权或者玩忽职守，致使公共财产、国家和人民利益遭受重大损失的，处三年以下有期徒刑或者拘役；情节特别严重的，处三年以上七年以下有期徒刑。本法另有规定的，依照规定。

国家机关工作人员徇私舞弊，犯前款罪的，处五年以下有期徒刑或者拘役；情节特别严重的，处五年以上十年以下有期徒刑。本法另有规定的，依照规定。

第三百九十八条 国家机关工作人员违反保守国家秘密法的规定，故意或者过失泄露国家秘密，情节严重的，处三年以下有期徒刑或者拘役；情节特别严重的，处三年以上七年以下有期徒刑。

非国家机关工作人员犯前款罪的，依照前款的规定酌情处罚。

第三百九十九条 司法工作人员徇私枉法、徇情枉法，对明知是无罪的人而使他受追诉、对明知是有罪的人而故意包庇不使他受追诉，或者在刑事审判活动中故意违背事实和法律作枉法裁判的，处五年以下有期徒刑或者拘役；情节严重的，处五年以上十年以下有期徒刑；情节特别严重的，处十年以上有期徒刑。

在民事、行政审判活动中故意违背事实和法律作枉法裁判，情节严重的，处五年以下有期徒刑或者拘役；情节特别严重的，处五年以上十年以下有期徒刑。

司法工作人员贪赃枉法，有前两款行为的，同时又构成本法第三百八十五条规定之罪的，依照处罚较重的规定定罪处罚。

第四百条 司法工作人员私放在押的犯罪嫌疑人、被告人或者罪犯的，处五年以下有期徒刑或者拘役；情节严重的，处五年以上十年以下有期徒刑；情节特别严重的，处十年以上有期徒刑。

司法工作人员由于严重不负责任，致使在押的犯罪嫌疑人、被告人或者罪犯脱逃，造成严重后果的，处三年以下有期徒刑或者拘役；造成特别严重后果的，处三年以上十年以下有期徒刑。

第四百零一条 司法工作人员徇私舞弊，对不符合减刑、假释、暂予监外执行条件的罪犯，予以减刑、假释或者暂予监外执行的，处三年以下有期徒刑或者拘役；情节严重的，处三年以上七年以下有期徒刑。

第四百零二条 行政执法人员徇私舞弊，对依法应当移交司法机关追究刑事责任的不移交，情节严重的，处三年以下有期徒刑或者拘役；造成严重后果的，处三年以上七年以下有期徒刑。

第四百零三条 国家有关主管部门的国家机关工作人员，徇私舞弊，滥用职权，对不符合法律规定条件的公司设立、登记申请或者股票、债券发行、上市申请，予以批准或者登记，致使公共财产、国家和人民利益遭受重大损失的，处五年以下有期徒刑或者拘役。

上级部门强令登记机关及其工作人员实施前款行为的，对其直接负责的主管人员，依照前款的规定处罚。

第四百零四条 税务机关的工作人员徇私舞弊，不征或者少征应征税款，致使国家税收遭受重大损失的，处五年以下有期徒刑或者拘役；造成特别重大损失的，处五年以上有期徒刑。

第四百零五条 税务机关的工作人员违反法律、行政法规的规定，在办理发售发票、抵扣税款、出口退税工作中，徇私舞弊，致使国家利益遭受重大损失的，处五年以下有期徒刑或者拘役；致使国家利益遭受特别重大损失的，处五年以上有期徒刑。

其他国家机关工作人员违反国家规定，在提供出口货物报关单、出口收汇核销单等出口退税凭证的工作中，徇私舞弊，致使国家利益遭受重大损失的，依照前款的规定处罚。

第四百零六条 国家机关工作人员在签订、履行合同过程中，因严重不负责任被诈骗，致使国家利益遭受重大损失的，处三年以下有期徒刑或者拘役；致使国家利益遭受特别重大损失的，处三年以上七年以下有期徒刑。

第四百零七条　林业主管部门的工作人员违反森林法的规定，超过批准的年采伐限额发放林木采伐许可证或者违反规定滥发林木采伐许可证，情节严重，致使森林遭受严重破坏的，处三年以下有期徒刑或者拘役。

第四百零八条　负有环境保护监督管理职责的国家机关工作人员严重不负责任，导致发生重大环境污染事故，致使公私财产遭受重大损失或者造成人身伤亡的严重后果的，处三年以下有期徒刑或者拘役。

第四百零九条　从事传染病防治的政府卫生行政部门的工作人员严重不负责任，导致传染病传播或者流行，情节严重的，处三年以下有期徒刑或者拘役。

第四百一十条　国家机关工作人员徇私舞弊，违反土地管理法规，滥用职权，非法批准征用、占用土地，或者非法低价出让国有土地使用权，情节严重的，处三年以下有期徒刑或者拘役；致使国家或者集体利益遭受特别重大损失的，处三年以上七年以下有期徒刑。

第四百一十一条　海关工作人员徇私舞弊，放纵走私，情节严重的，处五年以下有期徒刑或者拘役；情节特别严重的，处五年以上有期徒刑。

第四百一十二条　国家商检部门、商检机构的工作人员徇私舞弊，伪造检验结果的，处五年以下有期徒刑或者拘役；造成严重后果的，处五年以上十年以下有期徒刑。

前款所列人员严重不负责任，对应当检验的物品不检验，或者延误检验出证、错误出证，致使国家利益遭受重大损失的，处三年以下有期徒刑或者拘役。

第四百一十三条　动植物检疫机关的检疫人员徇私舞弊，伪造检疫结果的，处五年以下有期徒刑或者拘役；造成严重后果的，处五年以上十年以下有期徒刑。

前款所列人员严重不负责任，对应当检疫的检疫物不检疫，或者延误检疫出证、错误出证，致使国家利益遭受重大损失的，处三年以下有期徒刑或者拘役。

第四百一十四条　对生产、销售伪劣商品犯罪行为负有追究责任的国家机关工作人员，徇私舞弊，不履行法律规定的追究职责，情节严重的，处五年以下有期徒刑或者拘役。

第四百一十五条　负责办理护照、签证以及其他出入境证件的国家机关工作人员，对明知是企图偷越国（边）境的人员，予以办理出入境证件的，或者边防、海关等国家机关工作人员，对明知是偷越国（边）境的人员，予以放行的，处三年以下有期徒刑或者拘役；情节严重的，处三年以上七年以下有期徒刑。

第四百一十六条　对被拐卖、绑架的妇女、儿童负有解救职责的国家机关工作人员，接到被拐卖、绑架的妇女、儿童及其家属的解救要求或者接到其他人的举报，而对被拐卖、绑架的妇女、儿童不进行解救，造成严重后果的，处五年以下有期徒刑或者拘役。

负有解救职责的国家机关工作人员利用职务阻碍解救的，处二年以上七年以下有期徒刑；情节较轻的，处二年以下有期徒刑或者拘役。

第四百一十七条　有查禁犯罪活动职责的国家机关工作人员，向犯罪分子通风报信、提供便利，帮助犯罪分子逃避处罚的，处三年以下有期徒刑或者拘役；情节严重的，处三年以上十年以下有期徒刑。

第四百一十八条　国家机关工作人员在招收公务员、学生工作中徇私舞弊，情节严重的，处三年以下有期徒刑或者拘役。

第四百一十九条 国家机关工作人员严重不负责任，造成珍贵文物损毁或者流失，后果严重的，处三年以下有期徒刑或者拘役。

第十章 军人违反职责罪

第四百二十条 军人违反职责，危害国家军事利益，依照法律应当受刑罚处罚的行为，是军人违反职责罪。

第四百二十一条 战时违抗命令，对作战造成危害的，处三年以上十年以下有期徒刑；致使战斗、战役遭受重大损失的，处十年以上有期徒刑、无期徒刑或者死刑。

第四百二十二条 故意隐瞒、谎报军情或者拒传、假传军令，对作战造成危害的，处三年以上十年以下有期徒刑；致使战斗、战役遭受重大损失的，处十年以上有期徒刑、无期徒刑或者死刑。

第四百二十三条 在战场上贪生怕死，自动放下武器投降敌人的，处三年以上十年以下有期徒刑；情节严重的，处十年以上有期徒刑或者无期徒刑。

投降后为敌人效劳的，处十年以上有期徒刑、无期徒刑或者死刑。

第四百二十四条 战时临阵脱逃的，处三年以下有期徒刑；情节严重的，处三年以上十年以下有期徒刑；致使战斗、战役遭受重大损失的，处十年以上有期徒刑、无期徒刑或者死刑。

第四百二十五条 指挥人员和值班、值勤人员擅离职守或者玩忽职守，造成严重后果的，处三年以下有期徒刑或者拘役；造成特别严重后果的，处三年以上七年以下有期徒刑。

战时犯前款罪的，处五年以上有期徒刑。

第四百二十六条 以暴力、威胁方法，阻碍指挥人员或者值班、值勤人员执行职务的，处五年以下有期徒刑或者拘役；情节严重的，处五年以上有期徒刑；致人重伤、死亡的，或者有其他特别严重情节的，处无期徒刑或者死刑。战时从重处罚。

第四百二十七条 滥用职权，指使部属进行违反职责的活动，造成严重后果的，处五年以下有期徒刑或者拘役；情节特别严重的，处五年以上十年以下有期徒刑。

第四百二十八条 指挥人员违抗命令，临阵畏缩，作战消极，造成严重后果的，处五年以下有期徒刑；致使战斗、战役遭受重大损失或者有其他特别严重情节的，处五年以上有期徒刑。

第四百二十九条 在战场上明知友邻部队处境危急请求救援，能救援而不救援，致使友邻部队遭受重大损失的，对指挥人员，处五年以下有期徒刑。

第四百三十条 在履行公务期间，擅离岗位，叛逃境外或者在境外叛逃，危害国家军事利益的，处五年以下有期徒刑或者拘役；情节严重的，处五年以上有期徒刑。

驾驶航空器、舰船叛逃的，或者有其他特别严重情节的，处十年以上有期徒刑、无期徒刑或者死刑。

第四百三十一条 以窃取、刺探、收买方法，非法获取军事秘密的，处五年以下有期徒刑；情节严重的，处五年以上十年以下有期徒刑；情节特别严重的，处十年以上有期徒刑。

为境外的机构、组织、人员窃取、刺探、收买、非法提供军事秘密的，处十年以上有期徒刑、无期徒刑或者死刑。

第四百三十二条 违反保守国家秘密法规，故意或者过失泄露军事秘密，情节严重的，处五年以下有期徒刑或者拘役；情节特别严重的，处五年以上十年以下有期徒刑。

战时犯前款罪的，处五年以上十年以下有期徒刑；情节特别严重的，处十年以上有期徒刑或者无期徒刑。

第四百三十三条　战时造谣惑众，动摇军心的，处三年以下有期徒刑；情节严重的，处三年以上十年以下有期徒刑。

勾结敌人造谣惑众，动摇军心的，处十年以上有期徒刑或者无期徒刑；情节特别严重的，可以判处死刑。

第四百三十四条　战时自伤身体，逃避军事义务的，处三年以下有期徒刑；情节严重的，处三年以上七年以下有期徒刑。

第四百三十五条　违反兵役法规，逃离部队，情节严重的，处三年以下有期徒刑或者拘役。

战时犯前款罪的，处三年以上七年以下有期徒刑。

第四百三十六条　违反武器装备使用规定，情节严重，因而发生责任事故，致人重伤、死亡或者造成其他严重后果的，处三年以下有期徒刑或者拘役；后果特别严重的，处三年以上七年以下有期徒刑。

第四百三十七条　违反武器装备管理规定，擅自改变武器装备的编配用途，造成严重后果的，处三年以下有期徒刑或者拘役；造成特别严重后果的，处三年以上七年以下有期徒刑。

第四百三十八条　盗窃、抢夺武器装备或者军用物资的，处五年以下有期徒刑或者拘役；情节严重的，处五年以上十年以下有期徒刑；情节特别严重的，处十年以上有期徒刑、无期徒刑或者死刑。

盗窃、抢夺枪支、弹药、爆炸物的，依照本法第一百二十七条的规定处罚。

第四百三十九条　非法出卖、转让军队武器装备的，处三年以上十年以下有期徒刑；出卖、转让大量武器装备或者有其他特别严重情节的，处十年以上有期徒刑、无期徒刑或者死刑。

第四百四十条　违抗命令，遗弃武器装备的，处五年以下有期徒刑或者拘役；遗弃重要或者大量武器装备的，或者有其他严重情节的，处五年以上有期徒刑。

第四百四十一条　遗失武器装备，不及时报告或者有其他严重情节的，处三年以下有期徒刑或者拘役。

第四百四十二条　违反规定，擅自出卖、转让军队房地产，情节严重的，对直接责任人员，处三年以下有期徒刑或者拘役；情节特别严重的，处三年以上十年以下有期徒刑。

第四百四十三条　滥用职权，虐待部属，情节恶劣，致人重伤或者造成其他严重后果的，处五年以下有期徒刑或者拘役；致人死亡的，处五年以上有期徒刑。

第四百四十四条　在战场上故意遗弃伤病军人，情节恶劣的，对直接责任人员，处五年以下有期徒刑。

第四百四十五条　战时在救护治疗职位上，有条件救治而拒不救治危重伤病军人的，处五年以下有期徒刑或者拘役；造成伤病军人重残、死亡或者有其他严重情节的，处五年以上十年以下有期徒刑。

第四百四十六条　战时在军事行动地区，残害无辜居民或者掠夺无辜居民财物的，处五年以下有期徒刑；情节严重的，处五年以上十年以下有期徒刑；情节特别严重的，处十年以上有期徒刑、无期徒刑或者死刑。

第四百四十七条 私放俘虏的，处五年以下有期徒刑；私放重要俘虏、私放俘虏多人或者有其他严重情节的，处五年以上有期徒刑。

第四百四十八条 虐待俘虏，情节恶劣的，处三年以下有期徒刑。

第四百四十九条 在战时，对被判处三年以下有期徒刑没有现实危险宣告缓刑的犯罪军人，允许其戴罪立功，确有立功表现时，可以撤销原判刑罚，不以犯罪论处。

第四百五十条 本章适用于中国人民解放军的现役军官、文职干部、士兵及具有军籍的学员和中国人民武装警察部队的现役警官、文职干部、士兵及具有军籍的学员以及执行军事任务的预备役人员和其他人员。

第四百五十一条 本章所称战时，是指国家宣布进入战争状态、部队受领作战任务或者遭敌突然袭击时。

部队执行戒严任务或者处置突发性暴力事件时，以战时论。

附 则

第四百五十二条 本法自 1997 年 10 月 1 日起施行。

列于本法附件一的全国人民代表大会常务委员会制定的条例、补充规定和决定，已纳入本法或者已不适用，自本法施行之日起，予以废止。

列于本法附件二的全国人民代表大会常务委员会制定的补充规定和决定予以保留，其中，有关行政处罚和行政措施的规定继续有效；有关刑事责任的规定已纳入本法，自本法施行之日起，适用本法规定。

附件一

全国人民代表大会常务委员会制定的下列条例、补充规定和决定，已纳入本法或者已不适用，自本法施行之日起，予以废止：

1. 中华人民共和国惩治军人违反职责罪暂行条例
2. 关于严惩严重破坏经济的罪犯的决定
3. 关于严惩严重危害社会治安的犯罪分子的决定
4. 关于惩治走私罪的补充规定
5. 关于惩治贪污罪贿赂罪的补充规定
6. 关于惩治泄露国家秘密犯罪的补充规定
7. 关于惩治捕杀国家重点保护的珍贵、濒危野生动物犯罪的补充规定
8. 关于惩治侮辱中华人民共和国国旗国徽罪的决定
9. 关于惩治盗掘古文化遗址古墓葬犯罪的补充规定
10. 关于惩治劫持航空器犯罪分子的决定
11. 关于惩治假冒注册商标犯罪的补充规定
12. 关于惩治生产、销售伪劣商品犯罪的决定
13. 关于惩治侵犯著作权的犯罪的决定
14. 关于惩治违反公司法的犯罪的决定

15. 关于处理逃跑或者重新犯罪的劳改犯和劳教人员的决定

附件二

全国人民代表大会常务委员会制定的下列补充规定和决定予以保留，其中，有关行政处罚和行政措施的规定继续有效；有关刑事责任的规定已纳入本法，自本法施行之日起，适用本法规定：

1. 关于禁毒的决定
2. 关于惩治走私、制作、贩卖、传播淫秽物品的犯罪分子的决定
3. 关于严惩拐卖、绑架妇女、儿童的犯罪分子的决定
4. 关于严禁卖淫嫖娼的决定
5. 关于惩治偷税、抗税犯罪的补充规定
6. 关于严惩组织、运送他人偷越国（边）境犯罪的补充规定
7. 关于惩治破坏金融秩序犯罪的决定
8. 关于惩治虚开、伪造和非法出售增值税专用发票犯罪的决定

中华人民共和国刑法修正案（一）

（1999 年 12 月 25 日第九届全国人民代表大会常务委员会第十三次会议通过）

为了惩治破坏社会主义市场经济秩序的犯罪，保障社会主义现代化建设的顺利进行，对刑法作如下补充修改：

一、第一百六十二条后增加一条，作为第一百六十二条之一："隐匿或者故意销毁依法应当保存的会计凭证、会计账簿、财务会计报告，情节严重的，处五年以下有期徒刑或者拘役，并处或者单处二万元以上二十万元以下罚金。

"单位犯前款罪的，对单位判处罚金，并对其直接负责的主管人员和其他直接责任人员，依照前款的规定处罚。"

二、将刑法第一百六十八条修改为："国有公司、企业的工作人员，由于严重不负责任或者滥用职权，造成国有公司、企业破产或者严重损失，致使国家利益遭受重大损失的，处三年以下有期徒刑或者拘役；致使国家利益遭受特别重大损失的，处三年以上七年以下有期徒刑。

"国有事业单位的工作人员有前款行为，致使国家利益遭受重大损失的，依照前款的规定处罚。

"国有公司、企业、事业单位的工作人员，徇私舞弊，犯前两款罪的，依照第一款的规定从重处罚。"

三、将刑法第一百七十四条修改为："未经国家有关主管部门批准，擅自设立商业银行、证券交易所、期货交易所、证券公司、期货经纪公司、保险公司或者其他金融机构的，处三年以下有期徒刑或者拘役，并处或者单处二万元以上二十万元以下罚金；情节严重的，处三年以上十年以下有期徒刑，并处五万元以上五十万元以下罚金。

"伪造、变造、转让商业银行、证券交易所、期货交易所、证券公司、期货经纪公司、保险公司或者其他金融机构的经营许可证或者批准文件的，依照前款的规定处罚。

"单位犯前两款罪的，对单位判处罚金，并对其直接负责的主管人员和其他直接责任人员，依照第一款的规定处罚。"

四、将刑法第一百八十条修改为："证券、期货交易内幕信息的知情人员或者非法获取证券、期货交易内幕信息的人员，在涉及证券的发行，证券、期货交易或者其他对证券、期货交易价格有重大影响的信息尚未公开前，买入或者卖出该证券，或者从事与该内幕信息有关的期货交易，或者泄露该信息，情节严重的，处五年以下有期徒刑或者拘役，并处或者单处违法所得一倍以上五倍以下罚金；情节特别严重的，处五年以上十年以下有期徒刑，并处违法所得一倍以上五倍以下罚金。

"单位犯前款罪的，对单位判处罚金，并对其直接负责的主管人员和其他直接责任人员，处五年以下有期徒刑或者拘役。

"内幕信息、知情人员的范围，依照法律、行政法规的规定确定。"

五、将刑法第一百八十一条修改为："编造并且传播影响证券、期货交易的虚假信息，扰乱证券、期货交易市场，造成严重后果的，处五年以下有期徒刑或者拘役，并处或者单处一万元以上十万元以下罚金。

"证券交易所、期货交易所、证券公司、期货经纪公司的从业人员，证券业协会、期货业协会或者证券期货监督管理部门的工作人员，故意提供虚假信息或者伪造、变造、销毁交易记录，诱骗投资者买卖证券、期货合约，造成严重后果的，处五年以下有期徒刑或者拘役，并处或者单处一万元以上十万元以下罚金；情节特别恶劣的，处五年以上十年以下有期徒刑，并处二万元以上二十万元以下罚金。

"单位犯前两款罪的，对单位判处罚金，并对其直接负责的主管人员和其他直接责任人员，处五年以下有期徒刑或者拘役。"

六、将刑法第一百八十二条修改为："有下列情形之一，操纵证券、期货交易价格，获取不正当利益或者转嫁风险，情节严重的，处五年以下有期徒刑或者拘役，并处或者单处违法所得一倍以上五倍以下罚金：

（一）单独或者合谋，集中资金优势、持股或者持仓优势或者利用信息优势联合或者连续买卖，操纵证券、期货交易价格的；

（二）与他人串通，以事先约定的时间、价格和方式相互进行证券、期货交易，或者相互买卖并不持有的证券，影响证券、期货交易价格或者证券、期货交易量的；

（三）以自己为交易对象，进行不转移证券所有权的自买自卖，或者以自己为交易对象，自买自卖期货合约，影响证券、期货交易价格或者证券、期货交易量的；

（四）以其他方法操纵证券、期货交易价格的。

"单位犯前款罪的，对单位判处罚金，并对其直接负责的主管人员和其他直接责任人员，处五年以下有期徒刑或者拘役。"

七、将刑法第一百八十五条修改为："商业银行、证券交易所、期货交易所、证券公司、期货经纪公司、保险公司或者其他金融机构的工作人员利用职务上的便利，挪用本单位或者客户资金的，依照本法第二百七十二条的规定定罪处罚。

"国有商业银行、证券交易所、期货交易所、证券公司、期货经纪公司、保险公司或者其他国有金融机构的工作人员和国有商业银行、证券交易所、期货交易所、证券公司、期货经纪公司、保险公司或者其他国有金融机构委派到前款规定中的非国有机构从事公务的人员有前款行为的，依照本法第三百八十四条的规定定罪处罚。"

八、刑法第二百二十五条增加一项，作为第三项："未经国家有关主管部门批准，非法经营证券、期货或者保险业务的；"原第三项改为第四项。

九、本修正案自公布之日起施行。

中华人民共和国刑法修正案（二）

（2001年8月31日第九届全国人民代表大会常务委员会第二十三次会议通过）

为了惩治毁林开垦和乱占滥用林地的犯罪，切实保护森林资源，将刑法第三百四十二条修改为：

“违反土地管理法规，非法占用耕地、林地等农用地，改变被占用土地用途，数量较大，造成耕地、林地等农用地大量毁坏的，处五年以下有期徒刑或者拘役，并处或者单处罚金。”

本修正案自公布之日起施行。

中华人民共和国刑法修正案（三）

（2001年12月29日第九届全国人民代表大会常务委员会第二十五次会议通过）

为了惩治恐怖活动犯罪，保障国家和人民生命、财产安全，维护社会秩序，对刑法作如下补充修改：

一、将刑法第一百一十四条修改为：“放火、决水、爆炸以及投放毒害性、放射性、传染病病原体等物质或者以其他危险方法危害公共安全，尚未造成严重后果的，处三年以上十年以下有期徒刑。”

二、将刑法第一百一十五条第一款修改为：“放火、决水、爆炸以及投放毒害性、放射性、传染病病原体等物质或者以其他危险方法致人重伤、死亡或者使公私财产遭受重大损失的，处十年以上有期徒刑、无期徒刑或者死刑。”

三、将刑法第一百二十条第一款修改为：“组织、领导恐怖活动组织的，处十年以上有期徒刑或者无期徒刑；积极参加的，处三年以上十年以下有期徒刑；其他参加的，处三年以下有期徒刑、拘役、管制或者剥夺政治权利。”

四、刑法第一百二十条后增加一条，作为第一百二十条之一：“资助恐怖活动组织或者实施恐怖活动的个人的，处五年以下有期徒刑、拘役、管制或者剥夺政治权利，并处罚金；情节严重的，处五年以上有期徒刑，并处罚金或者没收财产。

“单位犯前款罪的，对单位判处罚金，并对其直接负责的主管人员和其他直接责任人员，依照前款的规定处罚。”

五、将刑法第一百二十五条第二款修改为：“非法制造、买卖、运输、储存毒害性、放射性、传染病病原体等物质，危害公共安全的，依照前款的规定处罚。”

六、将刑法第一百二十七条修改为：“盗窃、抢夺枪支、弹药、爆炸物的，或者盗窃、抢夺毒害性、放射性、传染病病原体等物质，危害公共安全的，处三年以上十年以下有期徒刑；情节严重的，处十年以上有期徒刑、无期徒刑或者死刑。

“抢劫枪支、弹药、爆炸物的，或者抢劫毒害性、放射性、传染病病原体等物质，危害公共安全的，或者盗窃、抢夺国家机关、军警人员、民兵的枪支、弹药、爆炸物的，处十年以上有期徒刑、无期徒刑或者死刑。”

七、将刑法第一百九十一条修改为：“明知是毒品犯罪、黑社会性质的组织犯罪、恐怖活动犯罪、走私犯罪的违法所得及其产生的收益，为掩饰、隐瞒其来源和性质，有下列行为之一的，没收实施以上犯罪的违法所得及其产生的收益，处五年以下有期徒刑或者拘役，并处或者单处洗钱数额百分之五以上百分之二十以下罚金；情节严重的，处五年以上十年以下有期徒刑，并处洗钱数额百分之五以上百分之二十以下罚金：（一）提供资金帐户的；（二）协助将财产转换为现金或者金融票据的；（三）通过转帐或者其他结算方式协助资金转移的；（四）协助将资金汇往境外的；（五）以其他方法掩饰、隐瞒犯罪的违法所得及其收益的来源和性质的。

“单位犯前款罪的，对单位判处罚金，并对其直接负责的主管人员和其他直接责任人员，处五年以下有期徒刑或者拘役；情节严重的，处五年以上十年以下有期徒刑。”

八、刑法第二百九十一条后增加一条，作为第二百九十一条之一：“投放虚假的爆炸性、毒害性、放射性、传染病病原体等物质，或者编造爆炸威胁、生化威胁、放射威胁等恐怖信息，或者明知是编造的恐怖信息而故意传播，严重扰乱社会秩序的，处五年以下有期徒刑、拘役或者管制；造成严重后果的，处五年以上有期徒刑。”

九、本修正案自公布之日起施行。

中华人民共和国刑法修正案（四）

（2002年12月28日第九届全国人民代表大会常务委员会第三十一次会议通过）

为了惩治破坏社会主义市场经济秩序、妨害社会管理秩序和国家机关工作人员的渎职犯罪行为，保障社会主义现代化建设的顺利进行，保障公民的人身安全，对刑法作如下修改和补充：

一、将刑法第一百四十五条修改为：“生产不符合保障人体健康的国家标准、行业标准的医疗器械、医用卫生材料，或者销售明知是不符合保障人体健康的国家标准、行业标准的医疗器械、医用卫生材料，足以严重危害人体健康的，处三年以下有期徒刑或者拘役，并处销售金额百分之五十以上二倍以下罚金；对人体健康造成严重危害的，处三年以上十年以下有期徒刑，并处销售金额百分之五十以上二倍以下罚金；后果特别严重的，处十年以上有期徒刑或者无期徒刑，并处销售金额百分之五十以上二倍以下罚金或者没收财产。”

二、在第一百五十二条中增加一款作为第二款：“逃避海关监管将境外固体废物、液态废物和气态废物运输进境，情节严重的，处五年以下有期徒刑，并处或者单处罚金；情节特别严重的，处五年以上有期徒刑，并处罚金。”

原第二款作为第三款，修改为：“单位犯前两款罪的，对单位判处罚金，并对其直接负责的主管人员和其他直接责任人员，依照前两款的规定处罚。”

三、将刑法第一百五十五条修改为：“下列行为，以走私罪论处，依照本节的有关规定处罚：（一）直接向走私人非法收购国家禁止进口物品的，或者直接向走私人非法收购走私进口的其他货物、物品，数额较大的；（二）在内海、领海、界河、界湖运输、收购、贩卖国家禁止进出口物品的，或者运输、收购、贩卖国家限制进出口货物、物品，数额较大，没有合法证明的。”

四、刑法第二百四十四条后增加一条，作为第二百四十四条之一：“违反劳动管理法规，雇用未满十六周岁的未成年人从事超强度体力劳动的，或者从事高空、井下作业的，或者在爆炸性、易燃性、放射性、毒害性等危险环境下从事劳动，情节严重的，对直接责任人员，处三年以下有期徒刑或者拘役，并处罚金；情节特别严重的，处三年以上七年以下有期徒刑，并处罚金。

“有前款行为，造成事故，又构成其他犯罪的，依照数罪并罚的规定处罚。”

五、将刑法第三百三十九条第三款修改为：“以原料利用为名，进口不能用作原料的固体废物、液态废物和气态废物的，依照本法第一百五十二条第二款、第三款的规定定罪处罚。”

六、将刑法第三百四十四条修改为：“违反国家规定，非法采伐、毁坏珍贵树木或者国家重点保护的其他植物的，或者非法收购、运输、加工、出售珍贵树木或者国家重点保护的其他植物及其制品的，处三年以下有期徒刑、拘役或者管制，并处罚金；情节严重的，处三年以上七年以下有期徒刑，并处罚金。”

七、将刑法第三百四十五条修改为：“盗伐森林或者其他林木，数量较大的，处三年以下有期徒刑、拘役或者管制，并处或者单处罚金；数量巨大的，处三年以上七年以下有期徒刑，并处罚金；数量特别巨大的，处七年以上有期徒刑，并处罚金。

“违反森林法的规定，滥伐森林或者其他林木，数量较大的，处三年以下有期徒刑、拘役或者管制，并处或者单处罚金；数量巨大的，处三年以上七年以下有期徒刑，并处罚金。

“非法收购、运输明知是盗伐、滥伐的林木，情节严重的，处三年以下有期徒刑、拘役或者管制，并处或者单处罚金；情节特别严重的，处三年以上七年以下有期徒刑，并处罚金。

“盗伐、滥伐国家级自然保护区内的森林或者其他林木的，从重处罚。”

八、将刑法第三百九十九条修改为：“司法工作人员徇私枉法、徇情枉法，对明知是无罪的人而使他受追诉、对明知是有罪的人而故意包庇不使他受追诉，或者在刑事审判活动中故意违背事实和法律作枉法裁判的，处五年以下有期徒刑或者拘役；情节严重的，处五年以上十年以下有期徒刑；情节特别严重的，处十年以上有期徒刑。

“在民事、行政审判活动中故意违背事实和法律作枉法裁判，情节严重的，处五年以下有期徒刑或者拘役；情节特别严重的，处五年以上十年以下有期徒刑。

“在执行判决、裁定活动中，严重不负责任或者滥用职权，不依法采取诉讼保全措施、不履行法定执行职责，或者违法采取诉讼保全措施、强制执行措施，致使当事人或者其他人的利益遭受重大损失的，处五年以下有期徒刑或者拘役；致使当事人或者其他人的利益遭受特别重大损失的，处五年以上十年以下有期徒刑。

“司法工作人员收受贿赂，有前三款行为的，同时又构成本法第三百八十五条规定之罪的，依照处罚较重的规定定罪处罚。”

九、本修正案自公布之日起施行。

中华人民共和国刑法修正案（五）

（2005年2月28日第十届全国人民代表大会常务委员会第十四次会议通过）

一、在刑法第一百七十七条后增加一条，作为第一百七十七条之一：“有下列情形之一，妨害信用卡管理的，处三年以下有期徒刑或者拘役，并处或者单处一万元以上十万元以下罚金；数量巨大或者有其他严重情节的，处三年以上十年以下有期徒刑，并处二万元以上二十万元以下罚金：

“（一）明知是伪造的信用卡而持有、运输的，或者明知是伪造的空白信用卡而持有、运输，数量较大的；

“（二）非法持有他人信用卡，数量较大的；

“（三）使用虚假的身份证明骗领信用卡的；

“（四）出售、购买、为他人提供伪造的信用卡或者以虚假的身份证明骗领的信用卡的。

“窃取、收买或者非法提供他人信用卡信息资料的，依照前款规定处罚。

“银行或者其他金融机构的工作人员利用职务上的便利，犯第二款罪的，从重处罚。”

二、将刑法第一百九十六条修改为：“有下列情形之一，进行信用卡诈骗活动，数额较大的，处五年以下有期徒刑或者拘役，并处二万元以上二十万元以下罚金；数额巨大或者有其他严重情节的，处五年以上十年以下有期徒刑，并处五万元以上五十万元以下罚金；数额特别巨大或者有其他特别严重情节的，处十年以上有期徒刑或者无期徒刑，并处五万元以上五十万元以下罚金或者没收财产：

“（一）使用伪造的信用卡，或者使用以虚假的身份证明骗领的信用卡的；

“（二）使用作废的信用卡的；

“（三）冒用他人信用卡的；

“（四）恶意透支的。

“前款所称恶意透支，是指持卡人以非法占有为目的，超过规定限额或者规定期限透支，并且经发卡银行催收后仍不归还的行为。

“盗窃信用卡并使用的，依照本法第二百六十四条的规定定罪处罚。”

三、在刑法第三百六十九条中增加一款作为第二款，将该条修改为：“破坏武器装备、军事设施、军事通信的，处三年以下有期徒刑、拘役或者管制；破坏重要武器装备、军事设施、军事通信的，处三年以上十年以下有期徒刑；情节特别严重的，处十年以上有期徒刑、无期徒刑或者死刑。

“过失犯前款罪，造成严重后果的，处三年以下有期徒刑或者拘役；造成特别严重后果的，处三年以上七年以下有期徒刑。

“战时犯前两款罪的，从重处罚。”

四、本修正案自公布之日起施行

中华人民共和国刑法修正案（六）

（2006年6月29日第十届全国人民代表大会常务委员会第二十二次会议通过）

一、将刑法第一百三十四条修改为："在生产、作业中违反有关安全管理的规定，因而发生重大伤亡事故或者造成其他严重后果的，处三年以下有期徒刑或者拘役；情节特别恶劣的，处三年以上七年以下有期徒刑。

"强令他人违章冒险作业，因而发生重大伤亡事故或者造成其他严重后果的，处五年以下有期徒刑或者拘役；情节特别恶劣的，处五年以上有期徒刑。"

二、将刑法第一百三十五条修改为："安全生产设施或者安全生产条件不符合国家规定，因而发生重大伤亡事故或者造成其他严重后果的，对直接负责的主管人员和其他直接责任人员，处三年以下有期徒刑或者拘役；情节特别恶劣的，处三年以上七年以下有期徒刑。"

三、在刑法第一百三十五条后增加一条，作为第一百三十五条之一："举办大型群众性活动违反安全管理规定，因而发生重大伤亡事故或者造成其他严重后果的，对直接负责的主管人员和其他直接责任人员，处三年以下有期徒刑或者拘役；情节特别恶劣的，处三年以上七年以下有期徒刑。"

四、在刑法第一百三十九条后增加一条，作为第一百三十九条之一："在安全事故发生后，负有报告职责的人员不报或者谎报事故情况，贻误事故抢救，情节严重的，处三年以下有期徒刑或者拘役；情节特别严重的，处三年以上七年以下有期徒刑。"

五、将刑法第一百六十一条修改为："依法负有信息披露义务的公司、企业向股东和社会公众提供虚假的或者隐瞒重要事实的财务会计报告，或者对依法应当披露的其他重要信息不按照规定披露，严重损害股东或者其他人利益，或者有其他严重情节的，对其直接负责的主管人员和其他直接责任人员，处三年以下有期徒刑或者拘役，并处或者单处二万元以上二十万元以下罚金。"

六、在刑法第一百六十二条之一后增加一条，作为第一百六十二条之二："公司、企业通过隐匿财产、承担虚构的债务或者以其他方法转移、处分财产，实施虚假破产，严重损害债权人或者其他人利益的，对其直接负责的主管人员和其他直接责任人员，处五年以下有期徒刑或者拘役，并处或者单处二万元以上二十万元以下罚金。"

七、将刑法第一百六十三条修改为："公司、企业或者其他单位的工作人员利用职务上的便利，索取他人财物或者非法收受他人财物，为他人谋取利益，数额较大的，处五年以下有期徒刑或者拘役；数额巨大的，处五年以上有期徒刑，可以并处没收财产。

"公司、企业或者其他单位的工作人员在经济往来中，利用职务上的便利，违反国家规定，收受各种名义的回扣、手续费，归个人所有的，依照前款的规定处罚。

"国有公司、企业或者其他国有单位中从事公务的人员和国有公司、企业或者其他国有单位委派到非国有公司、企业以及其他单位从事公务的人员有前两款行为的，依照本法第三百八十五条、第三百八十六条的规定定罪处罚。"

八、将刑法第一百六十四条第一款修改为："为谋取不正当利益，给予公司、企业或者其他单位的工作人员以财物，数额较大的，处三年以下有期徒刑或者拘役；数额巨大的，处三年以上十年以下有期徒刑，并处罚金。”

九、在刑法第一百六十九条后增加一条，作为第一百六十九条之一：“上市公司的董事、监事、高级管理人员违背对公司的忠实义务，利用职务便利，操纵上市公司从事下列行为之一，致使上市公司利益遭受重大损失的，处三年以下有期徒刑或者拘役，并处或者单处罚金；致使上市公司利益遭受特别重大损失的，处三年以上七年以下有期徒刑，并处罚金：

“（一）无偿向其他单位或者个人提供资金、商品、服务或者其他资产的；

“（二）以明显不公平的条件，提供或者接受资金、商品、服务或者其他资产的；

“（三）向明显不具有清偿能力的单位或者个人提供资金、商品、服务或者其他资产的；

“（四）为明显不具有清偿能力的单位或者个人提供担保，或者无正当理由为其他单位或者个人提供担保的；

“（五）无正当理由放弃债权、承担债务的；

“（六）采用其他方式损害上市公司利益的。

“上市公司的控股股东或者实际控制人，指使上市公司董事、监事、高级管理人员实施前款行为的，依照前款的规定处罚。

“犯前款罪的上市公司的控股股东或者实际控制人是单位的，对单位判处罚金，并对其直接负责的主管人员和其他直接责任人员，依照第一款的规定处罚。”

十、在刑法第一百七十五条后增加一条，作为第一百七十五条之一：“以欺骗手段取得银行或者其他金融机构贷款、票据承兑、信用证、保函等，给银行或者其他金融机构造成重大损失或者有其他严重情节的，处三年以下有期徒刑或者拘役，并处或者单处罚金；给银行或者其他金融机构造成特别重大损失或者有其他特别严重情节的，处三年以上七年以下有期徒刑，并处罚金。

“单位犯前款罪的，对单位判处罚金，并对其直接负责的主管人员和其他直接责任人员，依照前款的规定处罚。”

十一、将刑法第一百八十二条修改为：“有下列情形之一，操纵证券、期货市场，情节严重的，处五年以下有期徒刑或者拘役，并处或者单处罚金；情节特别严重的，处五年以上十年以下有期徒刑，并处罚金：

“（一）单独或者合谋，集中资金优势、持股或者持仓优势或者利用信息优势联合或者连续买卖，操纵证券、期货交易价格或者证券、期货交易量的；

“（二）与他人串通，以事先约定的时间、价格和方式相互进行证券、期货交易，影响证券、期货交易价格或者证券、期货交易量的；

“（三）在自己实际控制的账户之间进行证券交易，或者以自己为交易对象，自买自卖期货合约，影响证券、期货交易价格或者证券、期货交易量的；

“（四）以其他方法操纵证券、期货市场的。

“单位犯前款罪的，对单位判处罚金，并对其直接负责的主管人员和其他直接责任人员，依照前款的规定处罚。”

十二、在刑法第一百八十五条后增加一条，作为第一百八十五条之一：“商业银行、证券交易所、期货交易所、证券公司、期货经纪公司、保险公司或者其他金融机构，违背受托义务，擅自运用客户资金或者其他委托、信托的财产，情节严重的，对单位判处罚金，并对其直接负责的主管人员和其他直接责任人员，处三年以下有期徒刑或者拘役，并处三万元以上三十万元以下罚金；情节特别严重的，处三年以上十年以下有期徒刑，并处五万元以上五十万元以下罚金。

“社会保障基金管理机构、住房公积金管理机构等公众资金管理机构，以及保险公司、保险资产管理公司、证券投资基金管理公司，违反国家规定运用资金的，对其直接负责的主管人员和其他直接责任人员，依照前款的规定处罚。”

十三、将刑法第一百八十六条第一款、第二款修改为：“银行或者其他金融机构的工作人员违反国家规定发放贷款，数额巨大或者造成重大损失的，处五年以下有期徒刑或者拘役，并处一万元以上十万元以下罚金；数额特别巨大或者造成特别重大损失的，处五年以上有期徒刑，并处二万元以上二十万元以下罚金。

“银行或者其他金融机构的工作人员违反国家规定，向关系人发放贷款的，依照前款的规定从重处罚。”

十四、将刑法第一百八十七条第一款修改为：“银行或者其他金融机构的工作人员吸收客户资金不入账，数额巨大或者造成重大损失的，处五年以下有期徒刑或者拘役，并处二万元以上二十万元以下罚金；数额特别巨大或者造成特别重大损失的，处五年以上有期徒刑，并处五万元以上五十万元以下罚金。”

十五、将刑法第一百八十八条第一款修改为：“银行或者其他金融机构的工作人员违反规定，为他人出具信用证或者其他保函、票据、存单、资信证明，情节严重的，处五年以下有期徒刑或者拘役；情节特别严重的，处五年以上有期徒刑。”

十六、将刑法第一百九十一条第一款修改为：“明知是毒品犯罪、黑社会性质的组织犯罪、恐怖活动犯罪、走私犯罪、贪污贿赂犯罪、破坏金融管理秩序犯罪、金融诈骗犯罪的所得及其产生的收益，为掩饰、隐瞒其来源和性质，有下列行为之一的，没收实施以上犯罪的所得及其产生的收益，处五年以下有期徒刑或者拘役，并处或者单处洗钱数额百分之五以上百分之二十以下罚金；情节严重的，处五年以上十年以下有期徒刑，并处洗钱数额百分之五以上百分之二十以下罚金：

“（一）提供资金账户的；

“（二）协助将财产转换为现金、金融票据、有价证券的；

“（三）通过转账或者其他结算方式协助资金转移的；

“（四）协助将资金汇往境外的；

“（五）以其他方法掩饰、隐瞒犯罪所得及其收益的来源和性质的。”

十七、在刑法第二百六十二条后增加一条，作为第二百六十二条之一：“以暴力、胁迫手段组织残疾人或者不满十四周岁的未成年人乞讨的，处三年以下有期徒刑或者拘役，并处罚金；情节严重的，处三年以上七年以下有期徒刑，并处罚金。”

十八、将刑法第三百零三条修改为：“以营利为目的，聚众赌博或者以赌博为业的，处三年以下有期徒刑、拘役或者管制，并处罚金。

“开设赌场的，处三年以下有期徒刑、拘役或者管制，并处罚金；情节严重的，处三年以上十年以下有期徒刑，并处罚金。”

十九、将刑法第三百一十二条修改为：“明知是犯罪所得及其产生的收益而予以窝藏、转移、收购、代为销售或者以其他方法掩饰、隐瞒的，处三年以下有期徒刑、拘役或者管制，并处或者单处罚金；情节严重的，处三年以上七年以下有期徒刑，并处罚金。”

二十、在刑法第三百九十九条后增加一条，作为第三百九十九条之一：“依法承担仲裁职责的人员，在仲裁活动中故意违背事实和法律作枉法裁决，情节严重的，处三年以下有期徒刑或者拘役；情节特别严重的，处三年以上七年以下有期徒刑。”

二十一、本修正案自公布之日起施行。

企业国有资产监督管理暂行条例

（国务院令第 378 号　2003 年 5 月 27 日）

第一章　总　则

第一条　为建立适应社会主义市场经济需要的国有资产监督管理体制，进一步搞好国有企业，推动国有经济布局和结构的战略性调整，发展和壮大国有经济，实现国有资产保值增值，制定本条例。

第二条　国有及国有控股企业、国有参股企业中的国有资产的监督管理，适用本条例。

金融机构中的国有资产的监督管理，不适用本条例。

第三条　本条例所称企业国有资产，是指国家对企业各种形式的投资和投资所形成的权益，以及依法认定为国家所有的其他权益。

第四条　企业国有资产属于国家所有。国家实行由国务院和地方人民政府分别代表国家履行出资人职责，享有所有者权益，权利、义务和责任相统一，管资产和管人、管事相结合的国有资产管理体制。

第五条　国务院代表国家对关系国民经济命脉和国家安全的大型国有及国有控股、国有参股企业，重要基础设施和重要自然资源等领域的国有及国有控股、国有参股企业，履行出资人职责。国务院履行出资人职责的企业，由国务院确定、公布。

省、自治区、直辖市人民政府和设区的市、自治州级人民政府分别代表国家对由国务院履行出资人职责以外的国有及国有控股、国有参股企业，履行出资人职责。其中，省、自治区、直辖市人民政府履行出资人职责的国有及国有控股、国有参股企业，由省、自治区、直辖市人民政府确定、公布，并报国务院国有资产监督管理机构备案；其他由设区的市、自治州级人民政府履行出资人职责的国有及国有控股、国有参股企业，由设区的市、自治州级人民政府确定、公布，并报省、自治区、直辖市人民政府国有资产监督管理机构备案。

国务院，省、自治区、直辖市人民政府，设区的市、自治州级人民政府履行出资人职责的企业，以下统称所出资企业。

第六条　国务院，省、自治区、直辖市人民政府，设区的市、自治州级人民政府，分别设立国有资产监督管理机构。国有资产监督管理机构根据授权，依法履行出资人职责，依法对企业国有资产进行监督管理。

企业国有资产较少的设区的市、自治州，经省、自治区、直辖市人民政府批准，可以不单独设立国有资产监督管理机构。

第七条　各级人民政府应当严格执行国有资产管理法律、法规，坚持政府的社会公共管理职能与国有资产出资人职能分开，坚持政企分开，实行所有权与经营权分离。

国有资产监督管理机构不行使政府的社会公共管理职能，政府其他机构、部门不履行企业国有资产出资人职责。

第八条 国有资产监督管理机构应当依照本条例和其他有关法律、行政法规的规定，建立健全内部监督制度，严格执行法律、行政法规。

第九条 发生战争、严重自然灾害或者其他重大、紧急情况时，国家可以依法统一调用、处置企业国有资产。

第十条 所出资企业及其投资设立的企业，享有有关法律、行政法规规定的企业经营自主权。

国有资产监督管理机构应当支持企业依法自主经营，除履行出资人职责以外，不得干预企业的生产经营活动。

第十一条 所出资企业应当努力提高经济效益，对其经营管理的企业国有资产承担保值增值责任。

所出资企业应当接受国有资产监督管理机构依法实施的监督管理，不得损害企业国有资产所有者和其他出资人的合法权益。

第二章 国有资产监督管理机构

第十二条 国务院国有资产监督管理机构是代表国务院履行出资人职责、负责监督管理企业国有资产的直属特设机构。

省、自治区、直辖市人民政府国有资产监督管理机构，设区的市、自治州级人民政府国有资产监督管理机构是代表本级政府履行出资人职责、负责监督管理企业国有资产的直属特设机构。

上级政府国有资产监督管理机构依法对下级政府的国有资产监督管理工作进行指导和监督。

第十三条 国有资产监督管理机构的主要职责是：

（一）依照《中华人民共和国公司法》等法律、法规，对所出资企业履行出资人职责，维护所有者权益；

（二）指导推进国有及国有控股企业的改革和重组；

（三）依照规定向所出资企业派出监事会；

（四）依照法定程序对所出资企业的企业负责人进行任免、考核，并根据考核结果对其进行奖惩；

（五）通过统计、稽核等方式对企业国有资产的保值增值情况进行监管；

（六）履行出资人的其他职责和承办本级政府交办的其他事项。

国务院国有资产监督管理机构除前款规定职责外，可以制定企业国有资产监督管理的规章、制度。

第十四条 国有资产监督管理机构的主要义务是：

（一）推进国有资产合理流动和优化配置，推动国有经济布局和结构的调整；

（二）保持和提高关系国民经济命脉和国家安全领域国有经济的控制力和竞争力，提高国有经济的整体素质；

（三）探索有效的企业国有资产经营体制和方式，加强企业国有资产监督管理工作，促进企业国有资产保值增值，防止企业国有资产流失；

（四）指导和促进国有及国有控股企业建立现代企业制度，完善法人治理结构，推进管理现代化；

（五）尊重、维护国有及国有控股企业经营自主权，依法维护企业合法权益，促进企业依法经营管理，增强企业竞争力；

（六）指导和协调解决国有及国有控股企业改革与发展中的困难和问题。

第十五条　国有资产监督管理机构应当向本级政府报告企业国有资产监督管理工作、国有资产保值增值状况和其他重大事项。

第三章　企业负责人管理

第十六条　国有资产监督管理机构应当建立健全适应现代企业制度要求的企业负责人的选用机制和激励约束机制。

第十七条　国有资产监督管理机构依照有关规定，任免或者建议任免所出资企业的企业负责人：

（一）任免国有独资企业的总经理、副总经理、总会计师及其他企业负责人；

（二）任免国有独资公司的董事长、副董事长、董事，并向其提出总经理、副总经理、总会计师等的任免建议；

（三）依照公司章程，提出向国有控股的公司派出的董事、监事人选，推荐国有控股的公司的董事长、副董事长和监事会主席人选，并向其提出总经理、副总经理、总会计师人选的建议；

（四）依照公司章程，提出向国有参股的公司派出的董事、监事人选。

国务院，省、自治区、直辖市人民政府，设区的市、自治州级人民政府，对所出资企业的企业负责人的任免另有规定的，按照有关规定执行。

第十八条　国有资产监督管理机构应当建立企业负责人经营业绩考核制度，与其任命的企业负责人签订业绩合同，根据业绩合同对企业负责人进行年度考核和任期考核。

第十九条　国有资产监督管理机构应当依照有关规定，确定所出资企业中的国有独资企业、国有独资公司的企业负责人的薪酬；依据考核结果，决定其向所出资企业派出的企业负责人的奖惩。（未完待续）

第四章　企业重大事项管理

第二十条　国有资产监督管理机构负责指导国有及国有控股企业建立现代企业制度，审核批准其所出资企业中的国有独资企业、国有独资公司的重组、股份制改造方案和所出资企业中的国有独资公司的章程。

第二十一条　国有资产监督管理机构依照法定程序决定其所出资企业中的国有独资企业、国有独资公司的分立、合并、破产、解散、增减资本、发行公司债券等重大事项。其中，重要的国有独资企业、国有独资公司分立、合并、破产、解散的，应当由国有资产监督管理机构审核后，报本级人民政府批准。

国有资产监督管理机构依照法定程序审核、决定国防科技工业领域其所出资企业中的国有独资企业、国有独资公司的有关重大事项时，按照国家有关法律、规定执行。

第二十二条　国有资产监督管理机构依照公司法的规定，派出股东代表、董事，参加国有控股的公司、国有参股的公司的股东会、董事会。

国有控股的公司、国有参股的公司的股东会、董事会决定公司的分立、合并、破产、解散、增减资本、发行公司债券、任免企业负责人等重大事项时，国有资产监督管理机构派出的股东代表、董事，应当按照国有资产监督管理机构的指示发表意见、行使表决权。

国有资产监督管理机构派出的股东代表、董事，应当将其履行职责的有关情况及时向国有资产监督管理机构报告。

第二十三条 国有资产监督管理机构决定其所出资企业的国有股权转让。其中，转让全部国有股权或者转让部分国有股权致使国家不再拥有控股地位的，报本级人民政府批准。

第二十四条 所出资企业投资设立的重要子企业的重大事项，需由所出资企业报国有资产监督管理机构批准的，管理办法由国务院国有资产监督管理机构另行制定，报国务院批准。

第二十五条 国有资产监督管理机构依照国家有关规定组织协调所出资企业中的国有独资企业、国有独资公司的兼并破产工作，并配合有关部门做好企业下岗职工安置等工作。

第二十六条 国有资产监督管理机构依照国家有关规定拟订所出资企业收入分配制度改革的指导意见，调控所出资企业工资分配的总体水平。

第二十七条 所出资企业中的国有独资企业、国有独资公司经国务院批准，可以作为国务院规定的投资公司、控股公司，享有公司法第十二条规定的权利；可以作为国家授权投资的机构，享有公司法第二十条规定的权利。

第二十八条 国有资产监督管理机构可以对所出资企业中具备条件的国有独资企业、国有独资公司进行国有资产授权经营。

被授权的国有独资企业、国有独资公司对其全资、控股、参股企业中国家投资形成的国有资产依法进行经营、管理和监督。

第二十九条 被授权的国有独资企业、国有独资公司应当建立和完善规范的现代企业制度，并承担企业国有资产的保值增值责任。

第五章　企业国有资产管理

第三十条 国有资产监督管理机构依照国家有关规定，负责企业国有资产的产权界定、产权登记、资产评估监管、清产核资、资产统计、综合评价等基础管理工作。

国有资产监督管理机构协调其所出资企业之间的企业国有资产产权纠纷。

第三十一条 国有资产监督管理机构应当建立企业国有资产产权交易监督管理制度，加强企业国有资产产权交易的监督管理，促进企业国有资产的合理流动，防止企业国有资产流失。

第三十二条 国有资产监督管理机构对其所出资企业的企业国有资产收益依法履行出资人职责；对其所出资企业的重大投融资规划、发展战略和规划，依照国家发展规划和产业政策履行出资人职责。

第三十三条 所出资企业中的国有独资企业、国有独资公司的重大资产处置，需由国有资产监督管理机构批准的，依照有关规定执行。

第六章　企业国有资产监督

第三十四条　国务院国有资产监督管理机构代表国务院向其所出资企业中的国有独资企业、国有独资公司派出监事会。监事会的组成、职权、行为规范等，依照《国有企业监事会暂行条例》的规定执行。

地方人民政府国有资产监督管理机构代表本级人民政府向其所出资企业中的国有独资企业、国有独资公司派出监事会，参照《国有企业监事会暂行条例》的规定执行。

第三十五条　国有资产监督管理机构依法对所出资企业财务进行监督，建立和完善国有资产保值增值指标体系，维护国有资产出资人的权益。

第三十六条　国有及国有控股企业应当加强内部监督和风险控制，依照国家有关规定建立健全财务、审计、企业法律顾问和职工民主监督等制度。

第三十七条　所出资企业中的国有独资企业、国有独资公司应当按照规定定期向国有资产监督管理机构报告财务状况、生产经营状况和国有资产保值增值状况。

第七章　法律责任

第三十八条　国有资产监督管理机构不按规定任免或者建议任免所出资企业的企业负责人，或者违法干预所出资企业的生产经营活动，侵犯其合法权益，造成企业国有资产损失或者其他严重后果的，对直接负责的主管人员和其他直接责任人员依法给予行政处分；构成犯罪的，依法追究刑事责任。

第三十九条　所出资企业中的国有独资企业、国有独资公司未按照规定向国有资产监督管理机构报告财务状况、生产经营状况和国有资产保值增值状况的，予以警告；情节严重的，对直接负责的主管人员和其他直接责任人员依法给予纪律处分。

第四十条　国有及国有控股企业的企业负责人滥用职权、玩忽职守，造成企业国有资产损失的，应负赔偿责任，并对其依法给予纪律处分；构成犯罪的，依法追究刑事责任。

第四十一条　对企业国有资产损失负有责任受到撤职以上纪律处分的国有及国有控股企业的企业负责人，5年内不得担任任何国有及国有控股企业的企业负责人；造成企业国有资产重大损失或者被判处刑罚的，终身不得担任任何国有及国有控股企业的企业负责人。

第八章　附　则

第四十二条　国有及国有控股企业、国有参股企业的组织形式、组织机构、权利和义务等，依照《中华人民共和国公司法》等法律、行政法规和本条例的规定执行。

第四十三条　国有及国有控股企业、国有参股企业中中国共产党基层组织建设、社会主义精神文明建设和党风廉政建设，依照《中国共产党章程》和有关规定执行。

国有及国有控股企业、国有参股企业中工会组织依照《中华人民共和国工会法》和《中国工会章程》的有关规定执行。

第四十四条　国务院国有资产监督管理机构，省、自治区、直辖市人民政府可以依据本条例制定实施办法。

第四十五条　本条例施行前制定的有关企业国有资产监督管理的行政法规与本条例不

一致的，依照本条例的规定执行。

第四十六条 政企尚未分开的单位，应当按照国务院的规定，加快改革，实现政企分开。政企分开后的企业，由国有资产监督管理机构依法履行出资人职责，依法对企业国有资产进行监督管理。

第四十七条 本条例自公布之日起施行。

中华人民共和国各级人民代表大会常务委员会监督法

（2006年8月27日第十届全国人民代表大会常务委员会第二十三次会议通过）

第一章　总　则

第一条　为保障全国人民代表大会常务委员会和县级以上地方各级人民代表大会常务委员会依法行使监督职权，发展社会主义民主，推进依法治国，根据宪法，制定本法。

第二条　各级人民代表大会常务委员会依据宪法和有关法律的规定，行使监督职权。

各级人民代表大会常务委员会行使监督职权的程序，适用本法；本法没有规定的，适用有关法律的规定。

第三条　各级人民代表大会常务委员会行使监督职权，应当围绕国家工作大局，以经济建设为中心，坚持中国共产党的领导，坚持马克思列宁主义、毛泽东思想、邓小平理论和“三个代表”重要思想，坚持人民民主专政，坚持社会主义道路，坚持改革开放。

第四条　各级人民代表大会常务委员会按照民主集中制的原则，集体行使监督职权。

第五条　各级人民代表大会常务委员会对本级人民政府、人民法院和人民检察院的工作实施监督，促进依法行政、公正司法。

第六条　各级人民代表大会常务委员会行使监督职权的情况，应当向本级人民代表大会报告，接受监督。

第七条　各级人民代表大会常务委员会行使监督职权的情况，向社会公开。

第二章　听取和审议人民政府、人民法院和人民检察院的专项工作报告

第八条　各级人民代表大会常务委员会每年选择若干关系改革发展稳定大局和群众切身利益、社会普遍关注的重大问题，有计划地安排听取和审议本级人民政府、人民法院和人民检察院的专项工作报告。

常务委员会听取和审议专项工作报告的年度计划，经委员长会议或者主任会议通过，印发常务委员会组成人员并向社会公布。

第九条　常务委员会听取和审议本级人民政府、人民法院和人民检察院的专项工作报告的议题，根据下列途径反映的问题确定：

（一）本级人民代表大会常务委员会在执法检查中发现的突出问题；

（二）本级人民代表大会代表对人民政府、人民法院和人民检察院工作提出的建议、批评和意见集中反映的问题；

（三）本级人民代表大会常务委员会组成人员提出的比较集中的问题；

（四）本级人民代表大会专门委员会、常务委员会工作机构在调查研究中发现的突出问题；

（五）人民来信来访集中反映的问题；

（六）社会普遍关注的其他问题。

人民政府、人民法院和人民检察院可以向本级人民代表大会常务委员会要求报告专项工作。

第十条 常务委员会听取和审议专项工作报告前，委员长会议或者主任会议可以组织本级人民代表大会常务委员会组成人员和本级人民代表大会代表，对有关工作进行视察或者专题调查研究。

常务委员会可以安排参加视察或者专题调查研究的代表列席常务委员会会议，听取专项工作报告，提出意见。

第十一条 常务委员会听取和审议专项工作报告前，常务委员会办事机构应当将各方面对该项工作的意见汇总，交由本级人民政府、人民法院或者人民检察院研究并在专项工作报告中作出回应。

第十二条 人民政府、人民法院或者人民检察院应当在常务委员会举行会议的二十日前，由其办事机构将专项工作报告送交本级人民代表大会有关专门委员会或者常务委员会有关工作机构征求意见；人民政府、人民法院或者人民检察院对报告修改后，在常务委员会举行会议的十日前送交常务委员会。

常务委员会办事机构应当在常务委员会举行会议的七日前，将专项工作报告发给常务委员会组成人员。

第十三条 专项工作报告由人民政府、人民法院或者人民检察院的负责人向本级人民代表大会常务委员会报告，人民政府也可以委托有关部门负责人向本级人民代表大会常务委员会报告。

第十四条 常务委员会组成人员对专项工作报告的审议意见交由本级人民政府、人民法院或者人民检察院研究处理。人民政府、人民法院或者人民检察院应当将研究处理情况由其办事机构送交本级人民代表大会有关专门委员会或者常务委员会有关工作机构征求意见后，向常务委员会提出书面报告。常务委员会认为必要时，可以对专项工作报告作出决议；本级人民政府、人民法院或者人民检察院应当在决议规定的期限内，将执行决议的情况向常务委员会报告。

常务委员会听取的专项工作报告及审议意见，人民政府、人民法院或者人民检察院对审议意见研究处理情况或者执行决议情况的报告，向本级人民代表大会代表通报并向社会公布。

第三章 审查和批准决算，听取和审议国民经济和社会发展计划、预算的执行情况报告，听取和审议审计工作报告

第十五条 国务院应当在每年六月，将上一年度的中央决算草案提请全国人民代表大会常务委员会审查和批准。

县级以上地方各级人民政府应当在每年六月至九月期间，将上一年度的本级决算草案提请本级人民代表大会常务委员会审查和批准。

决算草案应当按照本级人民代表大会批准的预算所列科目编制，按预算数、调整数或者变更数以及实际执行数分别列出，并作出说明。

第十六条 国务院和县级以上地方各级人民政府应当在每年六月至九月期间，向本级

人民代表大会常务委员会报告本年度上一阶段国民经济和社会发展计划、预算的执行情况。

第十七条　国民经济和社会发展计划、预算经人民代表大会批准后，在执行过程中需要作部分调整的，国务院和县级以上地方各级人民政府应当将调整方案提请本级人民代表大会常务委员会审查和批准。

严格控制不同预算科目之间的资金调整。预算安排的农业、教育、科技、文化、卫生、社会保障等资金需要调减的，国务院和县级以上地方各级人民政府应当提请本级人民代表大会常务委员会审查和批准。

国务院和县级以上地方各级人民政府有关主管部门应当在本级人民代表大会常务委员会举行会议审查和批准预算调整方案的一个月前，将预算调整初步方案送交本级人民代表大会财政经济委员会进行初步审查，或者送交常务委员会有关工作机构征求意见。

第十八条　常务委员会对决算草案和预算执行情况报告，重点审查下列内容：

（一）预算收支平衡情况；

（二）重点支出的安排和资金到位情况；

（三）预算超收收入的安排和使用情况；

（四）部门预算制度建立和执行情况；

（五）向下级财政转移支付情况；

（六）本级人民代表大会关于批准预算的决议的执行情况。

除前款规定外，全国人民代表大会常务委员会还应当重点审查国债余额情况；县级以上地方各级人民代表大会常务委员会还应当重点审查上级财政补助资金的安排和使用情况。

第十九条　常务委员会每年审查和批准决算的同时，听取和审议本级人民政府提出的审计机关关于上一年度预算执行和其他财政收支的审计工作报告。

第二十条　常务委员会组成人员对国民经济和社会发展计划执行情况报告、预算执行情况报告和审计工作报告的审议意见交由本级人民政府研究处理。人民政府应当将研究处理情况向常务委员会提出书面报告。常务委员会认为必要时，可以对审计工作报告作出决议；本级人民政府应当在决议规定的期限内，将执行决议的情况向常务委员会报告。

常务委员会听取的国民经济和社会发展计划执行情况报告、预算执行情况报告和审计工作报告及审议意见，人民政府对审议意见研究处理情况或者执行决议情况的报告，向本级人民代表大会代表通报并向社会公布。

第二十一条　国民经济和社会发展五年规划经人民代表大会批准后，在实施的中期阶段，人民政府应当将规划实施情况的中期评估报告提请本级人民代表大会常务委员会审议。规划经中期评估需要调整的，人民政府应当将调整方案提请本级人民代表大会常务委员会审查和批准。

第四章　法律法规实施情况的检查

第二十二条　各级人民代表大会常务委员会参照本法第九条规定的途径，每年选择若干关系改革发展稳定大局和群众切身利益、社会普遍关注的重大问题，有计划地对有关法律、法规实施情况组织执法检查。

第二十三条 常务委员会年度执法检查计划，经委员长会议或者主任会议通过，印发常务委员会组成人员并向社会公布。

常务委员会执法检查工作由本级人民代表大会有关专门委员会或者常务委员会有关工作机构具体组织实施。

第二十四条 常务委员会根据年度执法检查计划，按照精干、效能的原则，组织执法检查组。

执法检查组的组成人员，从本级人民代表大会常务委员会组成人员以及本级人民代表大会有关专门委员会组成人员中确定，并可以邀请本级人民代表大会代表参加。

第二十五条 全国人民代表大会常务委员会和省、自治区、直辖市的人民代表大会常务委员会根据需要，可以委托下一级人民代表大会常务委员会对有关法律、法规在本行政区域内的实施情况进行检查。受委托的人民代表大会常务委员会应当将检查情况书面报送上一级人民代表大会常务委员会。

第二十六条 执法检查结束后，执法检查组应当及时提出执法检查报告，由委员长会议或者主任会议决定提请常务委员会审议。

执法检查报告包括下列内容：

（一）对所检查的法律、法规实施情况进行评价，提出执法中存在的问题和改进执法工作的建议；

（二）对有关法律、法规提出修改完善的建议。

第二十七条 常务委员会组成人员对执法检查报告的审议意见连同执法检查报告，一并交由本级人民政府、人民法院或者人民检察院研究处理。人民政府、人民法院或者人民检察院应当将研究处理情况由其办事机构送交本级人民代表大会有关专门委员会或者常务委员会有关工作机构征求意见后，向常务委员会提出报告。必要时，由委员长会议或者主任会议决定提请常务委员会审议，或者由常务委员会组织跟踪检查；常务委员会也可以委托本级人民代表大会有关专门委员会或者常务委员会有关工作机构组织跟踪检查。

常务委员会的执法检查报告及审议意见，人民政府、人民法院或者人民检察院对其研究处理情况的报告，向本级人民代表大会代表通报并向社会公布。

第五章 规范性文件的备案审查

第二十八条 行政法规、地方性法规、自治条例和单行条例、规章的备案、审查和撤销，依照立法法的有关规定办理。

第二十九条 县级以上地方各级人民代表大会常务委员会审查、撤销下一级人民代表大会及其常务委员会作出的不适当的决议、决定和本级人民政府发布的不适当的决定、命令的程序，由省、自治区、直辖市的人民代表大会常务委员会参照立法法的有关规定，作出具体规定。

第三十条 县级以上地方各级人民代表大会常务委员会对下一级人民代表大会及其常务委员会作出的决议、决定和本级人民政府发布的决定、命令，经审查，认为有下列不适当的情形之一的，有权予以撤销：

（一）超越法定权限，限制或者剥夺公民、法人和其他组织的合法权利，或者增加公民、法人和其他组织的义务的；

（二）同法律、法规规定相抵触的；

（三）有其他不适当的情形，应当予以撤销的。

第三十一条　最高人民法院、最高人民检察院作出的属于审判、检察工作中具体应用法律的解释，应当自公布之日起三十日内报全国人民代表大会常务委员会备案。

第三十二条　国务院、中央军事委员会和省、自治区、直辖市的人民代表大会常务委员会认为最高人民法院、最高人民检察院作出的具体应用法律的解释同法律规定相抵触的，最高人民法院、最高人民检察院之间认为对方作出的具体应用法律的解释同法律规定相抵触的，可以向全国人民代表大会常务委员会书面提出进行审查的要求，由常务委员会工作机构送有关专门委员会进行审查、提出意见。

前款规定以外的其他国家机关和社会团体、企业事业组织以及公民认为最高人民法院、最高人民检察院作出的具体应用法律的解释同法律规定相抵触的，可以向全国人民代表大会常务委员会书面提出进行审查的建议，由常务委员会工作机构进行研究，必要时，送有关专门委员会进行审查、提出意见。

第三十三条　全国人民代表大会法律委员会和有关专门委员会经审查认为最高人民法院或者最高人民检察院作出的具体应用法律的解释同法律规定相抵触，而最高人民法院或者最高人民检察院不予修改或者废止的，可以提出要求最高人民法院或者最高人民检察院予以修改、废止的议案，或者提出由全国人民代表大会常务委员会作出法律解释的议案，由委员长会议决定提请常务委员会审议。

第六章　询问和质询

第三十四条　各级人民代表大会常务委员会会议审议议案和有关报告时，本级人民政府或者有关部门、人民法院或者人民检察院应当派有关负责人员到会，听取意见，回答询问。

第三十五条　全国人民代表大会常务委员会组成人员十人以上联名，省、自治区、直辖市、自治州、设区的市人民代表大会常务委员会组成人员五人以上联名，县级人民代表大会常务委员会组成人员三人以上联名，可以向常务委员会书面提出对本级人民政府及其部门和人民法院、人民检察院的质询案。

质询案应当写明质询对象、质询的问题和内容。

第三十六条　质询案由委员长会议或者主任会议决定交由受质询的机关答复。

委员长会议或者主任会议可以决定由受质询机关在常务委员会会议上或者有关专门委员会会议上口头答复，或者由受质询机关书面答复。在专门委员会会议上答复的，提质询案的常务委员会组成人员有权列席会议，发表意见。委员长会议或者主任会议认为必要时，可以将答复质询案的情况报告印发常务委员会会议。

第三十七条　提质询案的常务委员会组成人员的过半数对受质询机关的答复不满意的，可以提出要求，经委员长会议或者主任会议决定，由受质询机关再作答复。

第三十八条　质询案以口头答复的，由受质询机关的负责人到会答复。质询案以书面答复的，由受质询机关的负责人签署。

第七章　特定问题调查

第三十九条　各级人民代表大会常务委员会对属于其职权范围内的事项，需要作出决议、决定，但有关重大事实不清的，可以组织关于特定问题的调查委员会。

第四十条　委员长会议或者主任会议可以向本级人民代表大会常务委员会提议组织关于特定问题的调查委员会，提请常务委员会审议。

五分之一以上常务委员会组成人员书面联名，可以向本级人民代表大会常务委员会提议组织关于特定问题的调查委员会，由委员长会议或者主任会议决定提请常务委员会审议，或者先交有关的专门委员会审议、提出报告，再决定提请常务委员会审议。

第四十一条　调查委员会由主任委员、副主任委员和委员组成，由委员长会议或者主任会议在本级人民代表大会常务委员会组成人员和本级人民代表大会代表中提名，提请常务委员会审议通过。调查委员会可以聘请有关专家参加调查工作。

与调查的问题有利害关系的常务委员会组成人员和其他人员不得参加调查委员会。

第四十二条　调查委员会进行调查时，有关的国家机关、社会团体、企业事业组织和公民都有义务向其提供必要的材料。

提供材料的公民要求对材料来源保密的，调查委员会应当予以保密。

调查委员会在调查过程中，可以不公布调查的情况和材料。

第四十三条　调查委员会应当向产生它的常务委员会提出调查报告。常务委员会根据报告，可以作出相应的决议、决定。

第八章　撤职案的审议和决定

第四十四条　县级以上地方各级人民代表大会常务委员会在本级人民代表大会闭会期间，可以决定撤销本级人民政府个别副省长、自治区副主席、副市长、副州长、副县长、副区长的职务；可以撤销由它任命的本级人民政府其他组成人员和人民法院副院长、庭长、副庭长、审判委员会委员、审判员，人民检察院副检察长、检察委员会委员、检察员，中级人民法院院长，人民检察院分院检察长的职务。

第四十五条　县级以上地方各级人民政府、人民法院和人民检察院，可以向本级人民代表大会常务委员会提出对本法第四十四条所列国家机关工作人员的撤职案。

县级以上地方各级人民代表大会常务委员会主任会议，可以向常务委员会提出对本法第四十四条所列国家机关工作人员的撤职案。

县级以上地方各级人民代表大会常务委员会五分之一以上的组成人员书面联名，可以向常务委员会提出对本法第四十四条所列国家机关工作人员的撤职案，由主任会议决定是否提请常务委员会会议审议；或者由主任会议提议，经全体会议决定，组织调查委员会，由以后的常务委员会会议根据调查委员会的报告审议决定。

第四十六条　撤职案应当写明撤职的对象和理由，并提供有关的材料。

撤职案在提请表决前，被提出撤职的人员有权在常务委员会会议上提出申辩意见，或者书面提出申辩意见，由主任会议决定印发常务委员会会议。

撤职案的表决采用无记名投票的方式，由常务委员会全体组成人员的过半数通过。

第九章　附　则

第四十七条　省、自治区、直辖市的人民代表大会常务委员会可以根据本法和有关法律，结合本地实际情况，制定实施办法。

第四十八条　本法自 2007 年 1 月 1 日起施行。

全面推进依法行政实施纲要

（国发［2004］10号　2004年3月22日）

为贯彻落实依法治国基本方略和党的十六大、十六届三中全会精神，坚持执政为民，全面推进依法行政，建设法治政府，根据宪法和有关法律、行政法规，制定本实施纲要。

一、全面推进依法行政的重要性和紧迫性

1. 全面推进依法行政的重要性和紧迫性。党的十一届三中全会以来，我国社会主义民主与法制建设取得了显著成绩。党的十五大确立依法治国、建设社会主义法治国家的基本方略，1999年九届全国人大二次会议将其载入宪法。作为依法治国的重要组成部分，依法行政也取得了明显进展。1999年11月，国务院发布了《国务院关于全面推进依法行政的决定》（国发［1999］23号），各级政府及其工作部门加强制度建设，严格行政执法，强化行政执法监督，依法办事的能力和水平不断提高。党的十六大把发展社会主义民主政治，建设社会主义政治文明，作为全面建设小康社会的重要目标之一，并明确提出“加强对执法活动的监督，推进依法行政”。与完善社会主义市场经济体制、建设社会主义政治文明以及依法治国的客观要求相比，依法行政还存在不少差距，主要是：行政管理体制与发展社会主义市场经济的要求还不适应，依法行政面临诸多体制性障碍；制度建设反映客观规律不够，难以全面、有效解决实际问题；行政决策程序和机制不够完善；有法不依、执法不严、违法不究现象时有发生，人民群众反映比较强烈；对行政行为的监督制约机制不够健全，一些违法或者不当的行政行为得不到及时、有效的制止或者纠正，行政管理相对人的合法权益受到损害得不到及时救济；一些行政机关工作人员依法行政的观念还比较淡薄，依法行政的能力和水平有待进一步提高。这些问题在一定程度上损害了人民群众的利益和政府的形象，妨碍了经济社会的全面发展。解决这些问题，适应全面建设小康社会的新形势和依法治国的进程，必须全面推进依法行政，建设法治政府。

二、全面推进依法行政的指导思想和目标

2. 全面推进依法行政的指导思想。全面推进依法行政，必须以邓小平理论和“三个代表”重要思想为指导，坚持党的领导，坚持执政为民，忠实履行宪法和法律赋予的职责，保护公民、法人和其他组织的合法权益，提高行政管理效能，降低管理成本，创新管理方式，增强管理透明度，推进社会主义物质文明、政治文明和精神文明协调发展，全面建设小康社会。

3. 全面推进依法行政的目标。全面推进依法行政，经过十年左右坚持不懈的努力，基本实现建设法治政府的目标：

——政企分开、政事分开，政府与市场、政府与社会的关系基本理顺，政府的经济调节、市场监管、社会管理和公共服务职能基本到位。中央政府和地方政府之间、政府各部门之间的职能和权限比较明确。行为规范、运转协调、公正透明、廉洁高效的行政管理体

制基本形成。权责明确、行为规范、监督有效、保障有力的行政执法体制基本建立。

——提出法律议案、地方性法规草案，制定行政法规、规章、规范性文件等制度建设符合宪法和法律规定的权限和程序，充分反映客观规律和最广大人民的根本利益，为社会主义物质文明、政治文明和精神文明协调发展提供制度保障。

——法律、法规、规章得到全面、正确实施，法制统一，政令畅通，公民、法人和其他组织合法的权利和利益得到切实保护，违法行为得到及时纠正、制裁，经济社会秩序得到有效维护。政府应对突发事件和风险的能力明显增强。

——科学化、民主化、规范化的行政决策机制和制度基本形成，人民群众的要求、意愿得到及时反映。政府提供的信息全面、准确、及时，制定的政策、发布的决定相对稳定，行政管理做到公开、公平、公正、便民、高效、诚信。

——高效、便捷、成本低廉的防范、化解社会矛盾的机制基本形成，社会矛盾得到有效防范和化解。

——行政权力与责任紧密挂钩、与行政权力主体利益彻底脱钩。行政监督制度和机制基本完善，政府的层级监督和专门监督明显加强，行政监督效能显著提高。

——行政机关工作人员特别是各级领导干部依法行政的观念明显提高，尊重法律、崇尚法律、遵守法律的氛围基本形成；依法行政的能力明显增强，善于运用法律手段管理经济、文化和社会事务，能够依法妥善处理各种社会矛盾。

三、依法行政的基本原则和基本要求

4. 依法行政的基本原则。依法行政必须坚持党的领导、人民当家作主和依法治国三者的有机统一；必须把维护最广大人民的根本利益作为政府工作的出发点；必须维护宪法权威，确保法制统一和政令畅通；必须把发展作为执政兴国的第一要务，坚持以人为本和全面、协调、可持续的发展观，促进经济社会和人的全面发展；必须把依法治国和以德治国有机结合起来，大力推进社会主义政治文明、精神文明建设；必须把推进依法行政与深化行政管理体制改革、转变政府职能有机结合起来，坚持开拓创新与循序渐进的统一，既要体现改革和创新的精神，又要有计划、有步骤地分类推进；必须把坚持依法行政与提高行政效率统一起来，做到既严格依法办事，又积极履行职责。

5. 依法行政的基本要求。

——合法行政。行政机关实施行政管理，应当依照法律、法规、规章的规定进行；没有法律、法规、规章的规定，行政机关不得作出影响公民、法人和其他组织合法权益或者增加公民、法人和其他组织义务的决定。

——合理行政。行政机关实施行政管理，应当遵循公平、公正的原则。要平等对待行政管理相对人，不偏私、不歧视。行使自由裁量权应当符合法律目的，排除不相关因素的干扰；所采取的措施和手段应当必要、适当；行政机关实施行政管理可以采用多种方式实现行政目的的，应当避免采用损害当事人权益的方式。

——程序正当。行政机关实施行政管理，除涉及国家秘密和依法受到保护的商业秘密、个人隐私的外，应当公开，注意听取公民、法人和其他组织的意见；要严格遵循法定程序，依法保障行政管理相对人、利害关系人的知情权、参与权和救济权。行政机关工作人员履行职责，与行政管理相对人存在利害关系时，应当回避。

——高效便民。行政机关实施行政管理，应当遵守法定时限，积极履行法定职责，提高办事效率，提供优质服务，方便公民、法人和其他组织。

——诚实守信。行政机关公布的信息应当全面、准确、真实。非因法定事由并经法定程序，行政机关不得撤销、变更已经生效的行政决定；因国家利益、公共利益或者其他法定事由需要撤回或者变更行政决定的，应当依照法定权限和程序进行，并对行政管理相对人因此而受到的财产损失依法予以补偿。

——权责统一。行政机关依法履行经济、社会和文化事务管理职责，要由法律、法规赋予其相应的执法手段。行政机关违法或者不当行使职权，应当依法承担法律责任，实现权力和责任的统一。依法做到执法有保障、有权必有责、用权受监督、违法受追究、侵权须赔偿。

四、转变政府职能，深化行政管理体制改革

6. 依法界定和规范经济调节、市场监管、社会管理和公共服务的职能。推进政企分开、政事分开，实行政府公共管理职能与政府履行出资人职能分开，充分发挥市场在资源配置中的基础性作用。凡是公民、法人和其他组织能够自主解决的，市场竞争机制能够调节的，行业组织或者中介机构通过自律能够解决的事项，除法律另有规定的外，行政机关不要通过行政管理去解决。要加强对行业组织和中介机构的引导和规范。行政机关应当根据经济发展的需要，主要运用经济和法律手段管理经济，依法履行市场监管职能，保证市场监管的公正性和有效性，打破部门保护、地区封锁和行业垄断，建设统一、开放、竞争、有序的现代市场体系。要进一步转变经济调节和市场监管的方式，切实把政府经济管理职能转到主要为市场主体服务和创造良好发展环境上来。在继续加强经济调节和市场监管职能的同时，完善政府的社会管理和公共服务职能。建立健全各种预警和应急机制，提高政府应对突发事件和风险的能力，妥善处理各种突发事件，维持正常的社会秩序，保护国家、集体和个人利益不受侵犯；完善劳动、就业和社会保障制度；强化公共服务职能和公共服务意识，简化公共服务程序，降低公共服务成本，逐步建立统一、公开、公平、公正的现代公共服务体制。

7. 合理划分和依法规范各级行政机关的职能和权限。科学合理设置政府机构，核定人员编制，实现政府职责、机构和编制的法定化。加强政府对所属部门职能争议的协调。

8. 完善依法行政的财政保障机制。完善集中统一的公共财政体制，逐步实现规范的部门预算，统筹安排和规范使用财政资金，提高财政资金使用效益；清理和规范行政事业性收费等政府非税收入；完善和规范行政机关工作人员工资和津补贴制度，逐步解决同一地区不同行政机关相同职级工作人员收入差距较大的矛盾；行政机关不得设立任何形式的“小金库”；严格执行“收支两条线”制度，行政事业性收费和罚没收入必须全部上缴财政，严禁以各种形式返还；行政经费统一由财政纳入预算予以保障，并实行国库集中支付。

9. 改革行政管理方式。要认真贯彻实施行政许可法，减少行政许可项目，规范行政许可行为，改革行政许可方式。要充分运用间接管理、动态管理和事后监督管理等手段对经济和社会事务实施管理；充分发挥行政规划、行政指导、行政合同等方式的作用；加快电子政务建设，推进政府上网工程的建设和运用，扩大政府网上办公的范围；政府部门之间应当尽快做到信息互通和资源共享，提高政府办事效率，降低管理成本，创新管理方式，方便人民群众。

10. 推进政府信息公开。除涉及国家秘密和依法受到保护的商业秘密、个人隐私的事项外，行政机关应当公开政府信息。对公开的政府信息，公众有权查阅。行政机关应当为公众查阅政府信息提供便利条件。

五、建立健全科学民主决策机制

11. 健全行政决策机制。科学、合理界定各级政府、政府各部门的行政决策权，完善政府内部决策规则。建立健全公众参与、专家论证和政府决定相结合的行政决策机制。实行依法决策、科学决策、民主决策。

12. 完善行政决策程序。除依法应当保密的外，决策事项、依据和结果要公开，公众有权查阅。涉及全国或者地区经济社会发展的重大决策事项以及专业性较强的决策事项，应当事先组织专家进行必要性和可行性论证。社会涉及面广、与人民群众利益密切相关的决策事项，应当向社会公布，或者通过举行座谈会、听证会、论证会等形式广泛听取意见。重大行政决策在决策过程中要进行合法性论证。

13. 建立健全决策跟踪反馈和责任追究制度。行政机关应当确定机构和人员，定期对决策的执行情况进行跟踪与反馈，并适时调整和完善有关决策。要加强对决策活动的监督，完善行政决策的监督制度和机制，明确监督主体、监督内容、监督对象、监督程序和监督方式。要按照“谁决策、谁负责”的原则，建立健全决策责任追究制度，实现决策权和决策责任相统一。

六、提高制度建设质量

14. 制度建设的基本要求。提出法律议案和地方性法规草案，制定行政法规、规章以及规范性文件等制度建设，重在提高质量。要遵循并反映经济和社会发展规律，紧紧围绕全面建设小康社会的奋斗目标，紧密结合改革发展稳定的重大决策，体现、推动和保障发展这个执政兴国的第一要务，发挥公民、法人和其他组织的积极性、主动性和创造性，为在经济发展的基础上实现社会全面发展，促进人的全面发展，促进经济、社会和生态环境的协调发展，提供法律保障；要根据宪法和立法法的规定，严格按照法定权限和法定程序进行。法律、法规、规章和规范性文件的内容要具体、明确，具有可操作性，能够切实解决问题；内在逻辑要严密，语言要规范、简洁、准确。

15. 按照条件成熟、突出重点、统筹兼顾的原则，科学合理制定政府立法工作计划。要进一步加强政府立法工作，统筹考虑城乡、区域、经济与社会、人与自然以及国内和对外开放等各项事业的发展，在继续加强有关经济调节、市场监管方面的立法的同时，更加重视有关社会管理、公共服务方面的立法。要把握立法规律和立法时机，正确处理好政府立法与改革的关系，做到立法决策与改革决策相统一，立法进程与改革进程相适应。

16. 改进政府立法工作方法，扩大政府立法工作的公众参与程度。实行立法工作者、实际工作者和专家学者三结合，建立健全专家咨询论证制度。起草法律、法规、规章和作为行政管理依据的规范性文件草案，要采取多种形式广泛听取意见。重大或者关系人民群众切身利益的草案，要采取听证会、论证会、座谈会或者向社会公布草案等方式向社会听取意见，尊重多数人的意愿，充分反映最广大人民的根本利益。要积极探索建立对听取和采纳意见情况的说明制度。行政法规、规章和作为行政管理依据的规范性文件通过后，应当在政府公报、普遍发行的报刊和政府网站上公布。政府公报应当便于公民、法人和其他组织获取。

17. 积极探索对政府立法项目尤其是经济立法项目的成本效益分析制度。政府立法不仅要考虑立法过程成本，还要研究其实施后的执法成本和社会成本。

18. 建立和完善行政法规、规章修改、废止的工作制度和规章、规范性文件的定期清理制度。要适应完善社会主义市场经济体制、扩大对外开放和社会全面进步的需要，适时对现行行政法规、规章进行修改或者废止，切实解决法律规范之间的矛盾和冲突。规章、规范性文件施行后，制定机关、实施机关应当定期对其实施情况进行评估。实施机关应当将评估意见报告制定机关；制定机关要定期对规章、规范性文件进行清理。

七、理顺行政执法体制，加快行政程序建设，规范行政执法行为

19. 深化行政执法体制改革。加快建立权责明确、行为规范、监督有效、保障有力的行政执法体制。继续开展相对集中行政处罚权工作，积极探索相对集中行政许可权，推进综合执法试点。要减少行政执法层次，适当下移执法重心；对与人民群众日常生活、生产直接相关的行政执法活动，主要由市、县两级行政执法机关实施。要完善行政执法机关的内部监督制约机制。

20. 严格按照法定程序行使权力、履行职责。行政机关作出对行政管理相对人、利害关系人不利的行政决定之前，应当告知行政管理相对人、利害关系人，并给予其陈述和申辩的机会；作出行政决定后，应当告知行政管理相对人依法享有申请行政复议或者提起行政诉讼的权利。对重大事项，行政管理相对人、利害关系人依法要求听证的，行政机关应当组织听证。行政机关行使自由裁量权的，应当在行政决定中说明理由。要切实解决行政机关违法行使权力侵犯人民群众切身利益的问题。

21. 健全行政执法案卷评查制度。行政机关应当建立有关行政处罚、行政许可、行政强制等行政执法的案卷。对公民、法人和其他组织的有关监督检查记录、证据材料、执法文书应当立卷归档。

22. 建立健全行政执法主体资格制度。行政执法由行政机关在其法定职权范围内实施，非行政机关的组织未经法律、法规授权或者行政机关的合法委托，不得行使行政执法权；要清理、确认并向社会公告行政执法主体；实行行政执法人员资格制度，没有取得执法资格的不得从事行政执法工作。

23. 推行行政执法责任制。依法界定执法职责，科学设定执法岗位，规范执法程序。要建立公开、公平、公正的评议考核制和执法过错或者错案责任追究制，评议考核应当听取公众的意见。要积极探索行政执法绩效评估和奖惩办法。

八、积极探索高效、便捷和成本低廉的防范、化解社会矛盾的机制

24. 积极探索预防和解决社会矛盾的新路子。要大力开展矛盾纠纷排查调处工作，建立健全相应的制度。对矛盾纠纷要依法妥善解决。对依法应当由行政机关调处的民事纠纷，行政机关要依照法定权限和程序，遵循公开、公平、公正的原则及时予以处理。要积极探索解决民事纠纷的新机制。

25. 充分发挥调解在解决社会矛盾中的作用。对民事纠纷，经行政机关调解达成协议的，行政机关应当制作调解书；调解不能达成协议的，行政机关应当及时告知当事人救济权利和渠道。要完善人民调解制度，积极支持居民委员会和村民委员会等基层组织的人民

调解工作。

26. 切实解决人民群众通过信访举报反映的问题。要完善信访制度，及时办理信访事项，切实保障信访人、举报人的权利和人身安全。任何行政机关和个人不得以任何理由或者借口压制、限制人民群众信访和举报，不得打击报复信访和举报人员，不得将信访、举报材料及有关情况透露或者转送给被举报人。对可以通过复议、诉讼等法律程序解决的信访事项，行政机关应当告知信访人、举报人申请复议、提起诉讼的权利，积极引导当事人通过法律途径解决。

九、完善行政监督制度和机制，强化对行政行为的监督

27. 自觉接受人大监督和政协的民主监督。各级人民政府应当自觉接受同级人大及其常委会的监督，向其报告工作、接受质询，依法向有关人大常委会备案行政法规、规章；自觉接受政协的民主监督，虚心听取其对政府工作的意见和建议。

28. 接受人民法院依照行政诉讼法的规定对行政机关实施的监督。对人民法院受理的行政案件，行政机关应当积极出庭应诉、答辩。对人民法院依法作出的生效的行政判决和裁定，行政机关应当自觉履行。

29. 加强对规章和规范性文件的监督。规章和规范性文件应当依法报送备案。对报送备案的规章和规范性文件，政府法制机构应当依法严格审查，做到有件必备、有备必审、有错必纠。公民、法人和其他组织对规章和规范性文件提出异议的，制定机关或者实施机关应当依法及时研究处理。

30. 认真贯彻行政复议法，加强行政复议工作。对符合法律规定的行政复议申请，必须依法受理；审理行政复议案件，要重依据、重证据、重程序，公正作出行政复议决定，坚决纠正违法、明显不当的行政行为，保护公民、法人和其他组织的合法权益。要完善行政复议工作制度，积极探索提高行政复议工作质量的新方式、新举措。对事实清楚、争议不大的行政复议案件，要探索建立简易程序解决行政争议。加强行政复议机构的队伍建设，提高行政复议工作人员的素质。完善行政复议责任追究制度，对依法应当受理而不受理行政复议申请，应当撤销、变更或者确认具体行政行为违法而不撤销、变更或者确认具体行政行为违法，不在法定期限内作出行政复议决定以及违反行政复议法的其他规定的，应当依法追究其法律责任。

31. 完善并严格执行行政赔偿和补偿制度。要按照国家赔偿法实施行政赔偿。严格执行《国家赔偿费用管理办法》关于赔偿费用核拨的规定，依法从财政支取赔偿费用，保障公民、法人和其他组织依法获得赔偿。要探索在行政赔偿程序中引入听证、协商和和解制度。建立健全行政补偿制度。

32. 创新层级监督新机制，强化上级行政机关对下级行政机关的监督。上级行政机关要建立健全经常性的监督制度，探索层级监督的新方式，加强对下级行政机关具体行政行为的监督。

33. 加强专门监督。各级行政机关要积极配合监察、审计等专门监督机关的工作，自觉接受监察、审计等专门监督机关的监督决定。拒不履行监督决定的，要依法追究有关机关和责任人员的法律责任。监察、审计等专门监督机关要切实履行职责，依法独立开展专门监督。监察、审计等专门监督机关要与检察机关密切配合，及时通报情况，形成监督合力。

34. 强化社会监督。各级人民政府及其工作部门要依法保护公民、法人和其他组织对行政行为实施监督的权利，拓宽监督渠道，完善监督机制，为公民、法人和其他组织实施监督创造条件。要完善群众举报违法行为的制度。要高度重视新闻舆论监督，对新闻媒体反映的问题要认真调查、核实，并依法及时作出处理。

十、不断提高行政机关工作人员依法行政的观念和能力

35. 提高领导干部依法行政的能力和水平。各级人民政府及其工作部门的领导干部要带头学习和掌握宪法、法律和法规的规定，不断增强法律意识，提高法律素养，提高依法行政的能力和水平，把依法行政贯穿于行政管理的各个环节，列入各级人民政府经济社会发展的考核内容。要实行领导干部的学法制度，定期或者不定期对领导干部进行依法行政知识培训。积极探索对领导干部任职前实行法律知识考试的制度。

36. 建立行政机关工作人员学法制度，增强法律意识，提高法律素质，强化依法行政知识培训。要采取自学与集中培训相结合、以自学为主的方式，组织行政机关工作人员学习通用法律知识以及与本职工作有关的专门法律知识。

37. 建立和完善行政机关工作人员依法行政情况考核制度。要把依法行政情况作为考核行政机关工作人员的重要内容，完善考核制度，制定具体的措施和办法。

38. 积极营造全社会尊法守法、依法维权的良好环境。要采取各种形式，加强普法和法制宣传，增强全社会尊重法律、遵守法律的观念和意识，积极引导公民、法人和其他组织依法维护自身权益，逐步形成与建设法治政府相适应的良好社会氛围。

十一、提高认识，明确责任，切实加强对推进依法行政工作的领导

39. 提高认识，加强领导。各级人民政府和政府各部门要从“立党为公、执政为民”的高度，充分认识全面推进依法行政的必要性和紧迫性，真正把依法行政作为政府运作的基本准则。各地方、各部门的行政首长作为本地方、本部门推进依法行政工作的第一责任人，要加强对推进依法行政工作的领导，一级抓一级，逐级抓落实。

40. 明确责任，严肃纪律。各级人民政府和政府各部门要结合本地方、本部门经济和社会发展的实际，制定落实本纲要的具体办法和配套措施，确定不同阶段的重点，有计划、分步骤地推进依法行政，做到五年有规划、年度有安排，将本纲要的规定落到实处。上级行政机关应当加强对下级行政机关贯彻本纲要情况的监督检查。对贯彻落实本纲要不力的，要严肃纪律，予以通报，并追究有关人员相应的责任。

41. 定期报告推进依法行政工作情况。地方各级人民政府应当定期向本级人大及其常委会和上一级人民政府报告推进依法行政的情况；国务院各部门、地方各级人民政府工作部门要定期向本级人民政府报告推进依法行政的情况。

42. 各级人民政府和政府各部门要充分发挥政府法制机构在依法行政方面的参谋、助手和法律顾问作用。全面推进依法行政、建设法治政府，涉及面广、难度大、要求高，需要一支政治强、作风硬、业务精的政府法制工作队伍，协助各级人民政府和政府各部门领导做好全面推进依法行政的各项工作。各级人民政府和政府各部门要切实加强政府法制机构和队伍建设，充分发挥政府法制机构在依法行政方面的参谋、助手和法律顾问的作用，并为他们开展工作创造必要的条件。

国务院办公厅关于贯彻落实全面推进依法行政实施纲要的实施意见

（国办发［2004］24号　2004年2月17日）

国务院各部委、各直属机构：

《全面推进依法行政实施纲要》（国发［2004］10号，以下简称《纲要》）已经国务院批准正式印发，现就贯彻落实《纲要》提出如下实施意见。

一、从立党为公、执政为民的高度，把贯彻落实《纲要》作为当前和今后一个时期政府工作的一项重要任务

《纲要》以邓小平理论和“三个代表”重要思想为指导，总结了近年来推进依法行政的基本经验，适应全面建设小康社会的新形势和依法治国的进程，确立了建设法治政府的目标，明确规定了今后十年全面推进依法行政的指导思想和具体目标、基本原则和要求、主要任务和措施，是进一步推进我国社会主义政治文明建设的重要政策文件。国务院各部门都要从立党为公、执政为民的高度，充分认识《纲要》的重大意义，把贯彻落实《纲要》作为当前和今后一个时期政府工作的一项重要任务切实抓紧抓好，把《纲要》提出的各项任务落到实处，为全面推进依法行政、建设法治政府提供保障。

二、突出重点，明确分工

贯彻落实《纲要》是一项全局性和长期性的系统工程。国务院有关部门和单位要根据各自的职能，明确工作任务，突出工作重点，抓好各项工作的落实。现就各部门各单位重点工作任务作如下分工：

（一）建立健全科学民主决策机制。

积极研究界定各级政府、政府各部门的行政决策权，完善政府内部决策规则、决策程序以及行政决策的监督制度和机制，按照“谁决策、谁负责”的原则，建立健全决策责任追究制度。建立健全公众参与、专家论证和政府决定相结合的行政决策机制。（国务院办公厅、中央编办、监察部、行政学院、社科院）

（二）提高制度建设质量。

1. 围绕制度建设的基本要求，按照条件成熟、突出重点、统筹兼顾的原则，制定政府立法工作计划，做到立法决策与改革决策相统一，立法进程与改革进程相适应。（法制办组织有关部门）

2. 改进政府立法工作方法，扩大政府立法工作的公众参与程度，实行立法工作者、实际工作者和专家学者三结合。建立健全专家咨询论证制度、立法征求意见制度。研究建立有关听取和采纳意见情况的说明制度。探索建立有关政府立法项目尤其是经济立法项目的成本效益分析制度。（法制办组织有关部门）

3. 建立健全政府信息公开制度，方便公众对公开的政府信息的获取、查阅。（国务院办公厅、法制办、信息办、信息产业部、财政部）

4. 建立健全行政法规、规章修改和废止的工作制度以及规章、规范性文件的定期清理和定期评价制度。（法制办组织有关部门）

（三）转变政府职能，深化行政管理体制改革。

1. 科学划分和规范各级行政机关的职能和权限，科学、合理设置政府机构，核定人员编制，实现政府职能、机构和编制的法定化。加强对各级行政机关职能争议的协调。（中央编办）

2. 完善各类市场监管制度，确保依法履行市场监管职能，保证市场监管的公正性和有效性，打破部门保护、地区封锁和行业垄断，建设统一、开放、竞争、有序的现代市场体系。研究进一步转变经济调节和市场监管的方式，切实把政府经济管理职能转到主要为市场主体服务和创造良好发展环境上来。（发展改革委、工商总局、质检总局、商务部、建设部、国土资源部、食品药品监管局、证监会、保监会、银监会、电监会）

3. 研究推进政企分开、政事分开，实行政府公共管理职能与政府履行出资人职能分开的具体措施，加强对行业组织和中介机构的引导和规范。（中央编办、发展改革委、人事部、民政部、国资委、商务部、工商总局、财政部、监察部、行政学院、社科院）

4. 完善劳动、就业和社会保障法律制度。（劳动保障部、卫生部、民政部、人事部、财政部、发展改革委）

5. 建立健全各种预警和应急法律制度和机制（包括起草紧急状态法），提高政府应对突发事件和风险的能力，妥善处理各种突发事件，维持正常的社会秩序。（国务院办公厅组织有关部门）

6. 建立健全有关集中统一的公共财政体制的法律制度，实现规范的部门预算。（财政部、发展改革委）

7. 完善相关法律制度，清理和规范行政机关、事业单位收费。（发展改革委、财政部）

8. 完善相关法律制度，规范行政机关工作人员工资和津补贴，解决同一地区不同行政机关相同职级工作人员收入差距较大的矛盾。（人事部、财政部）

9. 贯彻实施行政许可法，减少行政许可项目，规范行政许可行为，研究创新政府管理方式。（监察部、中央编办、法制办会同有关部门）

10. 加快电子政务体系建设，推进政府上网工程的建设和运用，扩大政府网上办公的范围，逐步实现政府部门之间的信息互通和资源共享。（国务院办公厅、国信办、信息产业部、发展改革委）

（四）理顺行政执法体制，规范行政执法行为。

1. 研究建立权责明确、行为规范、监督有效、保障有力的行政执法体制。完善相关法律制度和工作机制，继续开展相对集中行政处罚权，探索相对集中行政许可权，推进综合执法试点。完善行政执法机关的内部监督制约机制。（中央编办、法制办、财政部、监察部）

2. 建立健全有关行政处罚、行政许可、行政强制等行政执法案卷评查制度，对公民、法人和其他组织的有关监督检查记录、证据材料和执法文书进行立卷归档。（法制办组织

有关部门）

3. 建立健全行政执法主体和行政执法人员资格制度。（人事部、法制办、中央编办）

4. 建立健全行政执法责任制，依法界定执法职责，科学设定执法岗位，规范执法程序。建立公开、公平、公正的评议考核制和执法过错或者错案责任追究制。探索建立行政执法绩效评估、奖惩机制和办法。（法制办、中央编办、监察部、人事部）

（五）探索高效、便捷和成本低廉的防范、化解社会矛盾的机制。

1. 建立健全相关法律制度开展矛盾纠纷排查调处工作。积极探索解决民事纠纷的新机制。完善人民调解制度，预防和化解民事纠纷。（司法部、信访局、国土资源部、建设部、劳动保障部、法制办）

2. 完善信访法律制度，切实解决人民群众通过信访举报反映的问题，保障信访人、举报人的权利和人身安全。（信访局、监察部）

（六）完善行政监督制度和机制，强化对行政行为的监督。

1. 完善对规章和规范性文件的监督制度和机制，做到有件必备、有备必审、有错必纠。建立依法对公民、法人和其他组织对规章和规范性文件提出异议的处理机制和办法。（法制办）

2. 认真贯彻行政复议法，完善有关行政复议程序和工作制度，加强行政复议机构的队伍建设，提高行政复议工作人员的素质，做好行政复议工作。探索提高行政复议工作质量的新方式、新举措。完善行政复议责任追究制度。（法制办、监察部）

3. 完善并严格执行行政赔偿制度，保障公民、法人和其他组织依法获得赔偿。建立健全行政补偿制度。（财政部、法制办）

4. 探索建立行政赔偿程序中的听证、协商、和解制度。（法制办、财政部）

5. 建立健全上级行政机关对下级行政机关的经常性监督制度，探索层级监督的新方式，强化上级行政机关对下级行政机关的监督。（国务院办公厅、法制办、监察部）

6. 完善相关法律制度和机制，确保专门监督机关切实履行职责，依法独立开展专门监督，并与检察机关密切配合，及时通报情况，形成监督合力。（审计署、监察部）

7. 探索拓宽公民、法人和其他组织对行政行为实施监督的渠道，完善监督机制，为公民、法人和其他组织实施监督创造条件。完善群众举报违法行为的制度。研究建立对新闻媒体反映的问题进行调查、核实，并依法及时作出处理的工作机制。（监察部、国务院办公厅、信访局）

（七）提高行政机关工作人员依法行政的观念和能力。

1. 研究建立领导干部学法制度，定期或者不定期对领导干部进行依法行政知识培训。探索对领导干部任职前实行法律知识考试的制度。（人事部、法制办、司法部）

2. 研究建立行政机关工作人员学法制度，强化行政机关工作人员通用法律知识以及专门法律知识等依法行政知识的培训。（人事部、法制办、司法部）

3. 建立和完善行政机关工作人员依法行政情况考核制度，制定具体的措施和办法，把依法行政情况作为考核行政机关工作人员的重要内容。（人事部、法制办）

4. 采取各种形式，加强普法和法制宣传，增强全社会尊重法律、遵守法律的观念和意识，积极引导公民、法人和其他组织依法维护自身权益，逐步形成与建设法治政府相适应的良好社会氛围。（司法部、法制办）

（八）完善措施，切实全面推进依法行政。

1. 研究建立上级行政机关对下级行政机关贯彻《纲要》情况的监督检查制度。对贯彻落实《纲要》不力的，要严肃纪律，追究有关人员相应的责任。（国务院办公厅、监察部、法制办）

2. 研究建立地方各级人民政府定期向本级人大及其常委会和上一级人民政府，以及国务院各部门、地方各级人民政府工作部门定期向本级人民政府报告推进依法行政情况的具体办法。（国务院办公厅、法制办）

3. 研究切实加强政府法制机构和队伍建设的具体措施和办法，确保充分发挥政府法制机构在依法行政方面的参谋、助手和法律顾问的作用，并为他们开展工作创造必要的条件。（中央编办、财政部、法制办）

三、加强领导，精心规划，加大宣传，强化检查，切实把《纲要》提出的各项任务落到实处

《纲要》的贯彻落实，关系全面推进依法行政的进程，关系法治政府的建设，是一项全局性和长期性的系统工程，要常抓不懈。国务院各部门要切实加强领导，精心组织和安排，扎实工作，采取有效措施，狠抓落实。

（一）加强领导，把《纲要》的贯彻落实摆上重要日程。要按照执政为民的要求，切实加强对依法行政的领导。国务院各部门的主要负责同志要切实担负起贯彻执行《纲要》、全面推进依法行政第一责任人的责任，一级抓一级，逐级抓落实。牵头部门和单位要切实担负起统筹协调的责任，明确工作进度，认真抓好组织协调，坚持重大问题主动协商、共同研究，充分调动有关方面的积极性；其他责任单位要主动配合，积极参与，共同完成好所承担的任务。

（二）制定规划，分步推进。要从实际出发，制定本部门本单位贯彻落实《纲要》的实施意见、具体办法和配套措施，确定不同阶段的目标要求，提出工作进度，突出重点，分步实施，整体推进，确保《纲要》得到全面正确执行。

（三）注重制度建设，以创新的精神做好工作。抓紧制定和完善《纲要》的配套政策措施，形成有利于全面推进依法行政、建设法治政府的制度环境。对依法行政面临的新情况、新问题要及时进行调查研究，分析对策，提出切实可行的政策措施。对全面推进依法行政中形成的经验要及时总结，不断推进依法行政的理论创新、制度创新、机制创新和方法创新。

（四）加大宣传力度，营造有利于贯彻落实《纲要》，全面推进依法行政，建设法治政府的舆论环境。国务院各有关部门要抓紧制定宣传工作方案，采取多种形式，大力宣传《纲要》的基本精神和主要内容，把思想统一到《纲要》的精神上来。要通过组织自学和举办培训班、研讨会、报告会等方式，不断加深对《纲要》的理解，提高认识。

（五）加强督促检查，狠抓工作落实。国务院各部门要对照工作规划、目标要求和工作进度，抓好督促检查，发现问题及时解决。法制办要以高度的责任感和使命感，认真做好协调服务、督促指导、政策研究和情况交流工作，为贯彻执行《纲要》、全面推进依法行政充分发挥参谋、助手和法律顾问的作用。

关于认真学习贯彻《全面推进依法行政实施纲要》的通知

（中纪发［2004］14号　2007年10月10日）

各省、自治区、直辖市纪委、监察厅（局），中央和国家机关各部委纪检组（纪委）、监察局，中央纪委各派驻纪检组，监察部各派驻监察局、监察专员办公室，中央直属机关纪工委，中央国家机关纪工委，军委纪委：

最近，国务院印发了《全面推进依法行政实施纲要》（国发［2004］10号），以下简称《纲要》）。《纲要》以邓小平理论和"三个代表"重要思想为指导，总结了近年来推进依法行政的基本经验，适应全面建设小康社会的新形势和依法治国的进程，确立了建设法治政府的目标，明确规定了今后十后全面推进依法行政的指导思想和具体目录、基本原则和要求、主要任务和措施，是进一步推进我国社会主义政治文明建设的重要政策文件。为推动纪检监察系统认真学习、贯彻、落实《纲要》现就有关事项通知如下：

一、充分认识学习贯彻《纲要》、推进依法行政的重要意义。《纲要》的发布，是贯彻落实依法治国方略的重大举措，充分表明了党中央、国务院坚持执政为民，全面推进脑汁行政、建设法治政府的坚定决心，对于进一步发展社会主义民主政治、建设社会主义政治文明具有重要意义。学习、贯彻、落实好《纲要》，对进一步提高纪检监察工作水平，推动党风廉政建设和反腐败工作深入开展，具有十分重要的作用。各级纪检监察机关和广大纪检监察干部一定要从实践"三个代表"重要思想，坚持立党为公、执政为民的高度，充分认识学习贯彻《纲要》、全面推进依法行政的重大意义，把认真学习、大力宣传和贯彻落实《纲要》作为当前和今后一个时期的一项重要任务，切实抓紧抓好，为全面推进依法行政、建设法治政府提供保障。

二、认真学习贯彻《纲要》，切实提高纪检监察机关依纪依法办案水平。纪检监察机关学习贯彻《纲要》，必须严格依纪依法办案。纪检监察干部要牢固树立严格依纪依法办案的观念，坚决摒弃只重动机和结果、忽视程序的观念和做法。要把依法行政的基本原则和要求贯穿于查办案件的全过程，善于依纪依法处理和解决办案工作中的各种实际问题，不断提高办案工作水平。要深入研究和把握办案规律，正确运用政策和策略，依纪依法行使权力，不断提高突破案件的能力。要认真执行案件审理的各项工作制度，坚持按法定的程序进行审理，切实做好事实清楚、证据确凿、定性准确、处理恰当、手续完备、程序合法，使所办案件经得起历史的检验。要健全查办案件内部监督和制约机制，从制度上防止办案中违纪违法行为的发生。要做好纪检监察法规工作，健全法规制度，不断提高反腐倡廉的制度化法制化水平。

三、切实履行职责，加强对行政行为的监督。贯彻执行《纲要》，加强对行政行为的监督，是依法行政的重要环节，也是依法行政的必然要求。行政监察机关作为政府行使监察权的职能部门，在推进依法行政中担负着重要职责。各级行政监察机关要按照《纲要》的要求，认真履行监察职能，依法独立开展专门监督，保证各级行政机关及其工作人员依法行政。对行政机关及其工作人员拒不履行监督决定的，要依法追究有关机关和责任人员的法律责任。

第二编

预防和治理腐败法律法规

第3章 党内、人大、行政、司法监督制度

党政领导干部职务任期暂行规定

（中办发［2006］19号 2006年8月7日）

第一条 为了规范党政领导干部职务任期和任期管理工作，保持领导干部任期内的稳定，增强干部队伍的活力，根据《中华人民共和国宪法》、《中国共产党章程》、《中华人民共和国地方各级人民代表大会和地方各级人民政府组织法》、《中华人民共和国公务员法》、《党政领导干部选拔任用工作条例》和有关法律法规，制定本规定。

第二条 本规定适用于中共中央、全国人大常委会、国务院、全国政协的工作部门和工作机构的正职领导成员；县级以上地方党委、政府领导成员，纪委、人民法院、人民检察院的正职领导成员；省（自治区、直辖市）、市（地、州、盟）党委、人大常委会、政府、政协的工作部门和工作机构的正职领导成员。

第三条 党政领导职务每个任期为5年。

第四条 党政领导干部在任期内应当保持稳定。除有下列情形之一的，应当任满一个任期：

（一）达到退休年龄的；

（二）由于健康原因不能或者不宜继续担任现职务的；

（三）不称职需要调整职务的；

（四）自愿辞职或者引咎辞职、责令辞职的；

（五）因受处分或处罚需要变动职务或者被罢免职务的；

（六）因工作特殊需要调整职务的。

党政领导干部在一个任期内因工作特殊需要调整职务，一般不得超过一次。

第五条 党政领导干部任期内和任期届满应当按照有关规定进行考核，考核结果作为干部使用的重要依据。

第六条 党政领导干部在同一职位上连续任职达到两个任期，不再推荐、提名或者任命担任同一职务。

第七条 党政领导干部担任同一层次领导职务累计达到15年的，不再推荐、提名或者任命担任第二条所列范围内的同一层次领导职务。根据干部个人情况和工作需要对其工作予以适当安排。

第八条 民族自治地方的少数民族党政领导干部执行本规定第六条和第七条，经批准可以适当放宽。

第九条 党政领导干部任期内调整职务，任职3年以上的，计算为一个任期；任职不足3年的，只计算任职年限，不计算任期届数。

第十条 选任制党政领导干部在新一届领导班子选举产生时，原任领导职务自然解除。

工作部门和工作机构正职领导成员任期届满不再连任的，按有关规定由任免机关下达免职通知，免去其担任的领导职务。

第十一条 各级党委（党组）及其组织（人事）部门按照干部管理权限，负责本规定的组织实施，对执行本规定的情况进行监督，对违反本规定的行为予以纠正。

第十二条 工会、共青团、妇联等人民团体的正职领导成员实行任期制度，按照有关章程并参照本规定执行。

市（地、州、盟）级以上党委、政府直属事业单位的正职领导成员实行任期制度，参照本规定执行。

第十三条 省（自治区、直辖市）党委根据本规定精神，结合各地实际，对乡（科）级党政领导干部实行任期制度作出规定，并报中共中央组织部备案。

第十四条 本规定由中共中央组织部负责解释。

第十五条 本规定自发布之日起施行。

党政领导干部任职回避暂行规定

（中办发〔2006〕19号　2006年8月7日）

第一条　为了加强对党政领导干部的管理和监督，保证领导干部公正履行职责，促进党风廉政建设，根据《中华人民共和国公务员法》、《党政领导干部选拔任用工作条例》和有关法律法规，制定本规定。

第二条　本规定适用于中共中央、全国人大常委会、国务院、全国政协的工作部门和工作机构的领导成员，上述工作部门和工作机构的内设机构的领导干部；中央纪委和最高人民法院、最高人民检察院的副职领导成员及其机关内设机构的领导干部；县级以上地方党委、人大常委会、政府、政协及其工作部门和工作机构的领导成员，上述工作部门和工作机构的内设机构的领导干部；县级以上地方纪委和人民法院、人民检察院的领导成员及其机关内设机构的领导干部。

第三条　有夫妻关系、直系血亲关系、三代以内旁系血亲关系以及近姻亲关系的，不得在同一机关担任双方直接隶属于同一领导人员的职务或者有直接上下级领导关系的职务，也不得在其中一方担任领导职务的机关从事组织（人事）、纪检（监察）、审计、财务等工作。

第四条　领导干部的配偶、子女及其配偶以独资、合伙或者较大份额参股的方式，经营企业或者举办经营性民办非企业单位的，该领导干部不得在上述企业或者单位的行业监管或者业务主管部门担任领导成员。

第五条　领导干部不得在本人成长地担任县（市）党委、政府以及纪检机关、组织部门、人民法院、人民检察院、公安部门正职领导成员，一般不得在本人成长地担任市（地、盟）党委、政府以及纪检机关、组织部门、人民法院、人民检察院、公安部门正职领导成员。

民族自治地方的少数民族领导干部参照上款规定执行。

第六条　领导干部任职时存在需要回避情况的，按照干部管理权限由组织（人事）部门提出回避意见，报党委（党组）作出决定。必要时，组织（人事）部门可要求领导干部报告拟任职务所需要回避的情况。

第七条　领导干部任职期间出现需要回避情况的，本人应当提出回避申请。所在单位党组织发现其有需要回避情况的应当提出回避建议，按照干部管理权限由组织（人事）部门审核后提出意见，报党委（党组）作出决定。

第八条　个人、组织有权反映领导干部需要回避的情况，接到反映的机关应当按照干部管理权限交有关组织（人事）部门处理。

第九条　出现本规定第三条所列需要回避情形时，职务层次不同的，一般由职务层次较低的一方回避；职务层次相当的，根据工作需要和实际情况决定其中一方回避。

第十条　实行回避需要跨地区跨部门调整、按照干部管理权限本级难以安排的，报请上级组织（人事）部门协调解决。

第十一条 经人民代表大会选举产生的领导干部需要实行地域回避的，根据实际情况，可以在任期内调整的，在任期内予以调整；任期内难以调整的，任期届满后予以调整。

第十二条 组织（人事）部门提出回避意见报党委（党组）决定前，可以听取领导干部本人及相关人员的意见。

第十三条 领导干部有需要回避的情况不及时报告或者有意隐瞒的，应当予以批评，情节严重的进行组织处理。

第十四条 领导干部必须服从回避决定。无正当理由拒不服从的，就地免职或者降职使用。

第十五条 除本规定第三条、第四条、第五条所列情形外，法律法规对领导干部任职回避另有规定的，从其规定。

国家驻外机构领导干部的任职回避，由有关部门另行规定。

第十六条 各级党委（党组）及其组织（人事）部门按照干部管理权限，负责本规定的组织实施，对执行党政领导干部任职回避制度的情况进行监督，对违反本规定的行为予以纠正

第十七条 工会、共青团、妇联等人民团体和县级以上党政机关所属事业单位领导干部的任职回避，参照本规定执行。

第十八条 乡（镇、街道）领导干部的任职回避办法，由省（自治区、直辖市）党委根据本规定制定。

第十九条 本规定由中共中央组织部负责解释。

第二十条 本规定自发布之日起施行。

党政领导干部交流工作规定

（中办发［2006］19号　2006年8月7日）

第一章　总　则

第一条　为了推进干部交流工作，进一步优化领导班子结构，提高领导干部的素质和能力，加强党风廉政建设，促进经济社会发展，根据《中华人民共和国公务员法》、《党政领导干部选拔任用工作条例》和有关法律法规，制定本规定。

第二条　本规定适用于中共中央、全国人大常委会、国务院、全国政协的工作部门和工作机构的领导成员，上述工作部门和工作机构的内设机构的领导干部；中央纪委和最高人民法院、最高人民检察院的副职领导成员及其机关内设机构的领导干部；县级以上地方党委、人大常委会、政府、政协及其工作部门和工作机构的领导成员，上述工作部门和工作机构的内设机构的领导干部；县级以上地方纪委和人民法院、人民检察院的领导成员及其机关内设机构的领导干部。

第三条　本规定所称的党政领导干部交流，是指各级党委（党组）及其组织（人事）部门按照干部管理权限，通过调任、转任对党政领导干部的工作岗位进行调整。挂职锻炼工作另行规定。

第二章　交流对象

第四条　交流的对象主要是下列人员：

（一）因工作需要交流的；

（二）需要通过交流锻炼提高领导能力的；

（三）在一个地方或者部门工作时间较长的；

（四）按照规定需要回避的；

（五）其他原因需要交流的。

交流的重点是县级以上地方党委、政府正职领导成员及其他领导成员，纪委、人民法院、人民检察院和党委、政府部分工作部门的正职领导成员。

第五条　县级以上地方党委、政府领导成员在同一职位上任职满10年的，必须交流。民族自治地方的少数民族党政领导干部经批准可以适当放宽。

在同一地区党政领导班子中担任同一层次领导职务满10年的，应当交流。

新提拔担任县（市、区、旗）以上地方党委、政府领导成员的，应当有计划地易地交流任职。

第六条　县级以上地方纪检机关（监察部门）、组织部门、人民法院、人民检察院、公安部门的正职领导成员，在同一职位任职满10年的，必须交流；新提拔的一般应易地交流任职。副职领导成员在同一领导班子中任职满10年的，应当交流。

第七条　党政机关处级以上领导干部，特别是从事执纪执法、干部人事、审计、项目审批和资金管理工作的领导干部，在同一职位任职满10年的，应当交流。

第八条 缺少基层工作经验或者岗位经历单一的县（处）级以上领导干部，应当有计划地交流。

第九条 实行干部双重管理、以上级业务部门为主管理的单位的正职领导成员，在同一领导班子中任职满10年的，应当交流。

第十条 党政领导干部任职回避交流按有关规定执行。

第十一条 党政领导干部有下列情形之一的，可不交流或者暂缓交流：

（一）离最高任职年龄不满5年的（属于必须交流的对象，可区别不同情况对其工作进行调整）；

（二）因健康原因不宜交流的；

（三）涉嫌违纪违法正在接受纪检监察或者司法机关审查尚未作出结论的；

（四）其他原因不适合交流的。

第三章 交流范围和方式

第十二条 干部交流可以在地区之间，部门之间，地方与部门之间，党政机关与国有企业事业单位、人民团体、群众团体之间进行。

第十三条 地（厅）级干部一般在本省（自治区、直辖市）内交流，根据工作需要，也可跨省（自治区、直辖市）交流。县（处）级干部一般在本市（地、州、盟）范围内交流，根据工作需要，县（市、区、旗）委书记、县（市、区、旗）长可在本省（自治区、直辖市）范围内交流。

第十四条 地区之间的干部交流，重点围绕国家经济社会发展战略和人才战略、地方经济社会发展布局和支柱产业及重大项目建设进行。

第十五条 中央和国家机关、省级党政机关应当注意选调有地方工作经验的干部，特别是市（地、州、盟）、县（市、区、旗）党政领导班子中的优秀年轻干部到机关任职，同时根据工作需要有计划地选派机关干部到地方任职。

第十六条 实行党政机关与国有企业事业单位之间的干部交流。选调国有企业事业单位领导人才到党政机关任职，推荐党政领导干部到国有企业事业单位任职。

第十七条 实行干部双重管理、以上级业务部门为主管理的单位的领导干部，可在本系统内交流，也可与地方或者其他系统交流。

第四章 组织实施

第十八条 干部交流工作按照干部管理权限组织实施。根据工作需要，上级党委（党组）及其组织（人事）部门也可直接组织实施。

中央和国家机关与地方之间组织成批干部交流，由中共中央组织部协调后实施；个别干部的交流，原则上由调出单位与调入单位协商办理。

实行干部双重管理部门的干部交流，由主管单位提出，征求协管单位的意见。

第十九条 干部交流工作一般按照下列程序办理：

（一）组织（人事）部门拟定交流方案，提出交流人选；

（二）征求干部调出、调入单位意见；

（三）党委（党组）集体讨论决定；

（四）党委（党组）或者组织（人事）部门与交流干部谈话，听取本人意见，做好思想工作；

（五）组织（人事）部门办理调动手续。

第二十条　干部交流应突出重点，增强计划性、针对性，注意与领导班子换届调整相结合。市、县两级党政正职领导成员未任满一届的一般不交流，同一地区党政正职领导成员一般不同时交流；领导班子一次性交流一般不超过班子成员的三分之一；需按法定程序选举或者任免的干部，交流时应当按照法定程序办理。按规定需作离任审计的，应当进行审计。

第五章　交流工作纪律

第二十一条　干部交流必须严格执行下列纪律：

（一）任何地方和单位必须执行上级党委（党组）关于干部交流的决定，不得以任何理由拒绝执行。

（二）各级党委（党组）必须严格执行干部交流程序，集体研究决定交流对象，不得借干部交流突击提拔干部。任何人不得借干部交流对干部进行打击报复。

（三）干部应当服从组织的交流决定。接到交流通知后，须尽快办理工作交接手续，在限定的时间内报到。跨地区跨部门交流的，应当同时迁转行政关系和党的组织关系。无正当理由拒不服从组织安排的，就地免职或者降职使用。

（四）调出单位应尽快向调入单位转递干部档案，提供真实情况和材料，不得弄虚作假。调入单位应当认真审核有关材料。

（五）干部调离时，不得违反规定随调工作人员，不准随带公共物品；干部调离后，不得干预原单位的工作。

第二十二条　实行干部交流工作责任追究制度。对违反纪律或者执行纪律不严格的，应当严肃批评教育；造成严重后果的，追究主要责任人以及其他直接责任人的责任。

第二十三条　党委（党组）及其组织（人事）部门负责对干部交流工作进行监督检查，受理有关举报、申诉，制止、纠正违反本规定的行为，对有关责任人提出处理意见或者建议。

第六章　保障措施

第二十四条　建立健全干部交流激励机制。坚持交流与培养使用相结合，采取有利于干部健康成长的政策措施，鼓励干部到艰苦边远地区、复杂环境、重点建设工程和基层经受锻炼，建功立业。

第二十五条　党委（党组）及其组织（人事）部门应关心爱护交流干部，妥善安排其工作、生活，充分发挥他们的作用。干部调入、调出单位应当相互配合，帮助交流干部解决困难和问题，解除其后顾之忧。

第二十六条　交流干部的配偶、子女是否随调随迁，尊重本人意愿，按有关规定办理。配偶、子女随调随迁的，应当妥善安排其就业、就学。

第二十七条　党委（党组）及其组织（人事）部门应当跟踪了解交流干部的思想、工作情况，加强教育、管理和监督。

第七章　附　则

第二十八条　工会、共青团、妇联等人民团体和县级以上党政机关所属事业单位的干部交流，参照本规定执行。

第二十九条　各地区各部门可根据本规定制定实施办法。

第三十条　本规定由中共中央组织部负责解释。

第三十一条　本规定自发布之日起施行。《党政领导干部交流工作暂行规定》同时废止。

关于加强党员经常性教育的意见

（中办发［2006］21 号　2006 年 6 月 28 日）

党员经常性教育是党的建设的一项基础性工作。加强党员经常性教育，对于巩固和发展保持共产党员先进性教育活动成果、不断提高党员素质，对于建设学习型政党、推进党的执政能力建设和先进性建设，对于贯彻落实科学发展观、构建社会主义和谐社会，都具有十分重要的意义。根据《中国共产党章程》和党内有关规定，现就加强党员经常性教育提出如下意见。

一、总体要求、主要目标和工作原则

（一）加强党员经常性教育的总体要求：以马克思列宁主义、毛泽东思想、邓小平理论和“三个代表”重要思想为指导，全面落实科学发展观，坚持党要管党、从严治党的方针，紧紧围绕提高党的执政能力、保持党的先进性这一主题，突出学习、遵守、贯彻、维护党章这一重点，丰富教育内容，创新教育方式，落实教育责任，确保教育效果。

（二）党员经常性教育要达到的主要目标：

1. 提高党员思想政治素质。坚定共产主义理想和中国特色社会主义信念，树立马克思主义世界观、人生观和价值观；增强党的观念、党员意识和执政意识，牢记党的宗旨，坚持立党为公、执政为民，清正廉洁、拒腐防变；严守党的纪律，在思想上政治上与党中央保持高度一致；继承和发扬党的优良传统和作风，保持共产党人的政治本色。

2. 增强党员工作能力。提高用马克思主义的立场、观点、方法分析问题和解决问题的能力，组织群众、宣传群众和服务群众的能力，做好本职工作和自主创业、带领群众创业的能力。

3. 发挥党员先锋模范作用。在生产、工作、学习和社会生活中充分发挥先锋模范作用，努力成为自觉学习的模范，贯彻执行党的路线方针政策的模范，勇于创新、创造一流业绩的模范，联系和服务群众的模范，践行社会主义荣辱观、发扬社会主义新风尚的模范。

（三）党员经常性教育要遵循的工作原则：坚持用科学理论武装头脑，围绕中心、服务大局，紧密联系实际，促进各项工作；坚持正面教育、自我教育为主，既严肃认真又生动活泼，增强教育的吸引力、感召力，激发党员自我提高、自我完善的内在动力；坚持面向全体党员，分类实施，按需施教，增强教育的针对性；坚持教育与管理、监督、服务相结合，增强教育的实效性；坚持开门搞教育，虚心向群众学习，接受群众监督；坚持常抓不懈、不断创新，努力实现党员教育工作的科学化、制度化和规范化。

二、基本内容和方法途径

（一）党员经常性教育的基本内容：马克思列宁主义、毛泽东思想、邓小平理论和“三个代表”重要思想教育，科学发展观、构建社会主义和谐社会和社会主义荣辱观等重大战略思想教育；党章和党的基本知识教育；党的路线方针政策教育和形势任务、国情教育；中国特色社会主义共同理想和共产主义远大理想教育；爱国主义、集体主义和社会主义思想教育；党的优良传统和作风、党的纪律和反腐倡廉教育；市场经济知识、法律知识、科学文化知识和业务技能教育。

各地区各部门各单位党组织要按照上述要求，根据不同时期的形势和任务，结合不同领域、不同行业和不同岗位党员的实际情况，科学安排教育内容。

（二）党员经常性教育的方法途径：

1. 抓好学习培训。采取举办培训班、上党课、举行报告会和组织专题研讨等形式，有计划地组织好党员的集体学习。倡导党员自主学习，引导党员根据自身实际和工作需要，制定学习计划，利用业余时间自主选择学习内容和方式，认真搞好自学。加强对党员学习的具体指导，为党员学习创造良好条件。通过开展读书活动和知识竞赛、交流学习成果、评选表彰学习标兵等方式，激发党员学习的积极性和主动性。党员领导干部要认真参加党委（党组）理论学习中心组学习，带头参加所在基层党组织的集体学习，坚持每年给党员讲党课、作形势报告。党员干部还要按有关规定积极参加干部教育培训。

2. 加强实践锻炼。组织党员立足本职岗位，深入开展“创先争优”活动和主题实践活动。通过党员责任区、党员先锋岗、党员示范户、党员承诺、设岗定责、结对帮扶和志愿者服务等多种方式，为党员服务群众、加强党性锻炼搭建平台。有计划地组织年轻党员到基层锻炼，到艰苦地区、艰苦岗位锻炼。

3. 严格组织生活。认真执行“三会一课”制度，坚持和完善民主评议党员制度，定期开展党员党性分析评议活动。党支部要结合每年一次的专题组织生活会，开展民主评议党员工作。民主评议党员要注意听取群众意见，发扬党内民主，认真开展批评和自我批评，方法要简便易行，注重实效。

每5年由县级以上党委作出安排，集中开展一次党员党性分析评议活动，组织党员对照党章规定、新时期保持共产党员先进性的基本要求和所在党组织提出的具体要求，从思想、学习、工作、纪律和作风等方面查找问题，从世界观、人生观和价值观上分析原因，切实搞好整改。要在搞好思想发动、征求群众意见、开展谈心交心和撰写党性分析材料的基础上，召开专题组织生活会，组织党员逐一进行分析评议。党支部要根据党员的一贯表现、征求到的意见和专题组织生活会的评议情况，对每个党员提出综合评议意见，督促党员整改，并采取适当方式向党员、群众通报有关情况。党员领导干部还要从坚持科学发展观和正确政绩观方面，从权力观、地位观和利益观方面进行深入剖析；要带头执行组织生活的各项制度，自觉参加双重组织生活，带头开展批评和自我批评。

对不履行党员义务、不符合党员条件的党员，要及时帮助教育，促其改正；对经教育不改的，要按照党章和党内有关规定作出处理。

4. 做好思想政治工作。坚持以人为本，从政治、思想、工作和生活上关心、爱护、帮助党员。组织党员开展经常性谈心活动，沟通思想，相互启发教育。经常分析党员思想状况，及时解决思想问题，增强思想政治工作的预见性、针对性和实效性。大力宣传优秀党员先进事迹，发挥先进典型的示范引导作用。

三、保障措施

（一）加强党员教育队伍建设。要选好配齐党员教育职能机构工作人员和基层党务工作者，充分发挥他们在党员经常性教育中的骨干作用。按照素质较高、数量适当、结构合理和专兼职结合的要求，建立由党校教师、专家学者、科技人员、先进模范人物和领导干部等组成的党员教育师资队伍，有计划地组织他们深入基层开展党员教育培训工作。加强对党员教育队伍的培训和管理，帮助他们不断提高思想政治素质和业务能力。每3年要安排基层党务工作者特别是基层党组织负责人到县级以上党校轮训一次。

（二）加强教育阵地建设。充分发挥各级党校在党员经常性教育中的重要作用，县级党校和基层党校要把党员教育培训作为主要任务。利用各类院校、培训机构、革命纪念地（馆）和科技示范基地等方面的教育资源，建立党员教育基地。充分运用现代远程教育、电化教育等手段和报刊图书、广播电视、信息网络等媒介，拓展党员教育培训和党员自主学习的途径。加强农村、企业、街道社区、机关和事业单位党员活动场地建设。

（三）加强教材体系建设。中央有关部门要组织编写统一规范的党员教育基本教材；地方党委可结合实际编写制作党员教育辅助教材。党组织还应根据党员需求，向党员推荐、提供自主学习的材料。加强对党员教育教材编写、出版、发行和使用的管理。教材要通俗易懂、少而精，防止重复编写。

（四）确保教育时间。党组织要统筹兼顾，在不影响正常生产和工作的前提下，按照有关规定合理安排党员集体教育活动。每年参加所在党组织集体教育活动的时间，机关、国有企业和事业单位的党员累计不少于12天，其他党员累计不少于6天。对因年老体弱等特殊情况难以参加集体教育活动的党员，应区别对待，有的可采取送学上门等方式落实教育要求。基层单位要积极支持党员集体教育活动，保障党员参加集体教育活动的时间。

（五）妥善解决教育经费。采取多种途径解决党员教育经费。党员教育经费要列入各级财政预算。各级党委留存的党费应主要用于党员教育。党员教育经费要向农村、街道社区和其他有困难的基层党组织倾斜。国有企业、事业单位党员教育经费在管理费中列支。要厉行节约，少花钱，多办事。

四、加强组织领导

各级党委（党组）要把党员经常性教育列入重要议事日程，纳入党建工作责任制，加强领导，明确责任，一级抓一级，层层抓落实，切实抓出成效。

中央和地方各级党委建立党员教育联系会议制度，在党委统一领导下，由组织部门牵头，纪检机关、宣传部门和党校等为成员单位。联系会议的主要职责是：研究制定党员经常性教育的政策措施、中长期规划和年度工作计划，并组织实施；对党员经常性教育工作进行督促检查。各成员单位要分工协作，形成合力，共同抓好党员经常性教育工作。地方各级党委的相关工作部门要进一步建立健全党员教育职能机构。各级政府有关部门要根据自身职能，积极配合做好党员经常性教育工作。

基层党组织要切实履行好具体组织实施党员经常性教育的职责，健全各项教育制度，落实各项教育任务。要加大新经济组织、新社会组织党建工作力度，加强和改进流动党员管理，尽可能把每个党员都纳入党组织的有效管理之中，保证教育的覆盖面。对党员参加经常性教育的情况要进行跟踪管理，严格考核，并把考核结果作为评优和选拔、使用干部的重要依据。对无正当理由不参加党员集体教育活动的，要给予严肃批评；长期不改的，要按照党章和有关规定给予组织处理。

各级党委（党组）要加强对党员经常性教育工作的督促检查。对党员经常性教育工作成绩显著的党组织给予表彰，对不认真履行职责的党组织给予批评并限期整改。要总结和宣传党员经常性教育的成功经验，营造良好的舆论氛围，促进党员经常性教育工作的健康开展。

关于加强和改进流动党员管理工作的意见

（中办发［2006］21号　2006年6月28日）

随着我国改革开放的不断深入和社会主义市场经济体制的不断完善，各类人员在产业之间转移和地区之间流动日益频繁，其中有不少是共产党员。加强和改进流动党员管理，是新形势下保持共产党员先进性、提高党的执政能力的一项重要任务。为进一步做好这项工作，根据《中国共产党章程》和党内有关规定，提出如下意见。

一、总体要求和主要原则

流动党员是指由于就业或居住地变化等原因，在较长时间内无法正常参加正式组织关系所在党组织活动的党员。

（一）加强和改进流动党员管理工作的总体要求：要坚持以马克思列宁主义、毛泽东思想、邓小平理论和“三个代表”重要思想为指导，全面落实科学发展观，贯彻党要管党、从严治党的方针，从有利于党组织管理、有利于流动党员发挥作用出发，创新管理方式，落实管理责任，努力使流动党员都能接受党组织的教育和管理，始终保持先进性。

（二）加强和改进流动党员管理工作的主要原则：

1. 坚持以流入地党组织为主、流出地和流入地党组织共同管理。构建流出地与流入地党组织密切配合、有机衔接的流动党员管理机制。

2. 坚持区别情况、动态管理。根据流动党员的分布状况、职业特点和居住地点等情况，采取单位管理、行业管理和社区管理等多种方式，努力做到党员流动到哪里，党组织的管理就覆盖到哪里。

3. 坚持教育、管理与服务相结合。强化服务意识，寓教育、管理于服务之中，增强流动党员的党性观念、组织观念和光荣感、归属感与责任感。

二、党组织在流动党员管理工作中的主要责任和对流动党员的基本要求

（一）流出地党组织的主要责任

流出地党组织要了解掌握外出流动党员情况，加强与流入地党组织的联系，配合流入地党组织共同做好流动党员外出期间的教育管理工作。

1. 在党员外出前进行教育并提出要求，按规定登记并发放《流动党员活动证》。

2. 掌握外出党员的流动去向、外出时间、地点和联系方式等情况。

3. 了解党员外出后的思想、就业和生活等情况，及时向外出流动党员通报党组织的重要情况，通知外出流动党员按规定参加党内选举等重要活动。

4. 外出流动党员返回后，认真查验《流动党员活动证》等有关材料，及时了解党员外出期间的表现和参加党的组织生活情况。

5. 了解预备党员外出期间的表现，按规定做好预备党员转正工作。

（二）流入地党组织的主要责任

流入地党组织对流动党员管理负有主要责任，要加强与流出地党组织的联系，把流动党员纳入本地党员教育管理的整体工作中。

1. 认真查验《流动党员活动证》，做好外来流动党员身份确认工作。

2. 加强对外来流动党员的经常性教育和管理，将外来流动党员编入党的一个基层组织，组织他们参加党的组织生活。

3. 关心外来流动党员，为他们的就业、学习和生活提供必要帮助。

4. 在《流动党员活动证》上如实填写党员参加组织生活、交纳党费等情况，及时将外来流动党员的重要情况反馈给流出地党组织。

5. 做好外来流动人员中预备党员的教育和管理工作。

（三）对流动党员的基本要

流动党员要认真履行党员义务，正确行使党员权利，在流入地参加党的日常组织生活，在正式组织关系所在党组织参加选举等重要活动，自觉接受流出地和流入地党组织的教育和管理，发挥先锋模范作用。

1. 外出前，应向所在党支部报告外出事由、时间、地点及联系方式，领取《流动党员活动证》。

2. 凭《流动党员活动证》及时到流入地党组织报到，积极参加党的组织生活，按规定交纳党费，完成党组织交给的任务。流动党员原则上应当按月交纳党费，因外出地点变动频繁等原因按月交纳确有困难的，可以按季交纳。

3. 主动与流出地党组织保持联系，每年至少向流出地党组织汇报一次外出期间思想、工作和参加党的组织生活情况。外出地点、就业单位、居住地和联系方式等发生变化时，应及时向流出地党组织和有关党组织报告。

4. 外出返回后，及时将《流动党员活动证》交给流出地党组织查验，如实向党组织汇报外出期间的情况。

三、改进流动党员管理方法

（一）完善流动党员组织关系管理。流动党员一般应当持《流动党员活动证》。简化《流动党员活动证》发放手续，《流动党员活动证》经流出地党的基层委员会盖章后，由党支部登记发放。流入地党支部要及时验证并报上级党组织备案。《流动党员活动证》由流动党员正式组织关系所在党支部或组织生活所在党支部每年审核一次。流动党员无正当理由不及时办理组织关系转接事宜、长期不与流入地和流出地党组织联系的，党组织要进行批评教育，经教育仍不改正的，其正式组织关系所在党组织要按党章及党内有关规定进行组织处理。

（二）及时将流动党员编入流入地党的基层组织。流动党员就业单位有党组织的，应当编入其就业单位党组织；就业单位没有党组织的，可以就近就便编入所在社区（村）党组织或其他单位党组织，也可依托商会、行业协会等单位的党组织进行管理。在流动党员较为集中的社区（村）、项目工地、商务楼宇和集贸市场等，可专门建立流动党员党组织。流出地党组织可在外出流动党员相对集中的地方建立党组织，依托驻外办事机构党组织或委托流入地党组织进行管理，条件成熟后移交流入地党组织管理和领导。

（三）探索利用现代技术手段加强对流动党员的管理。有条件的地方党委组织部门要通过建立流动党员信息库等方式，及时掌握本地区外出和外来流动党员的基本情况。

四、切实加强组织领导

各级党委特别是县（市、区、旗）党委要把加强和改进流动党员管理工作摆上重要议事日程，纳入基层党建工作责任制，切实加强领导和指导。党委组织部门要与政府有关部门加强沟通和协作，定期通报和研究流动党员管理工作。有关部门在流动人员登记备案中，要增加“政治面貌”内容。要通过多种渠道解决流动党员管理工作所需经费和场所问题。

要坚持以人为本，强化基层党组织的服务功能，有条件的地方可建立街道（乡镇）、社区（村）党员服务站（点），积极为流动党员提供就业、培训和权益保障等方面的服务。

要加强对流动党员管理工作的督促检查。对在流动党员管理工作中不负责任、推诿扯皮的，要对有关责任人给予教育帮助，情节严重的，要作出必要的组织处理。市、县党委组织部门每年底要逐级上报流动党员管理工作情况。各省、自治区、直辖市党委组织部门每年要组织一次抽查。

要鼓励创新并及时总结推广好的经验和做法，不断探索加强和改进流动党员管理的有效途径。

关于建立健全地方党委、部门党组（党委）抓基层党建工作责任制的意见

（中办发［2006］21号　2006年6月28日）

党的基层组织是党的全部工作和战斗力的基础。为进一步明确地方党委、部门党组（党委）抓基层党建工作的责任，不断加强和改进党的基层组织建设，提高党的执政能力，巩固党的执政地位，根据《中国共产党章程》和党内有关规定提出如下意见。

一、总体要求和主要原则

（一）地方党委、部门党组（党委）抓基层党建工作的总体要求：以马克思列宁主义、毛泽东思想、邓小平理论和“三个代表”重要思想为指导，全面落实科学发展观，着眼于加强党的执政能力建设和先进性建设，努力形成责任明确、领导有力、运转有序、保障到位的工作机制，促进基层党建工作科学化、制度化和规范化，不断增强基层党组织的创造力、凝聚力和战斗力，为全面推进中国特色社会主义伟大事业提供坚强的组织保证。

（二）地方党委、部门党组（党委）抓基层党建工作的主要原则：

1. 坚持党要管党、从严治党。始终把基层党建工作摆在突出位置，逐级明确责任，强化工作措施，整合各方面力量，切实加强领导和指导，主要领导亲自抓，一级抓一级，层层抓落实。

2. 坚持围绕中心、服务大局。把基层党建工作放到全面建设小康社会和构建社会主义和谐社会的大局中去谋划，紧紧围绕党执政兴国的第一要务来开展，促进改革发展稳定的各项工作。

3. 坚持分类指导、整体推进。从不同领域、不同行业的实际出发，找准基层党建工作着力点，有针对性地采取措施，全面推进思想、组织、作风和制度建设。

4. 坚持与时俱进、开拓创新。以改革的精神研究新情况、解决新问题、总结新经验，创新工作机制、拓展工作领域、改进工作方法，使党的基层组织和党员队伍始终充满生机与活力。

二、主要责任和工作目标

（一）地方党委、部门党组（党委）抓基层党建工作的主要责任

按照党组织隶属关系，地方党委领导本地区的基层党建工作；部门党组指导本部门机关及直属单位党建工作；部门党委根据批准其成立的党组织授权，领导或指导本部门机关和直属单位党建工作。党的组织关系实行属地管理、业务工作实行垂直管理的基层单位，其党建工作由地方党委领导，业务主管部门党组（党委）指导。党的组织关系和业务工作都实行垂直管理的基层单位，其党建工作由业务主管部门党委领导，地方党委指导。

地方党委、部门党组（党委）抓基层党建工作的主要责任是：

1. 贯彻执行中央和上级党组织关于基层党建工作的决议、决定和指示，研究制定本

地区本部门基层党建工作规划、计划、制度和措施，并组织实施。

2. 建立健全党的基层组织，扩大党的工作覆盖面，领导和指导基层党组织有效开展工作。

3. 加强基层党组织领导班子建设，选好配强基层党组织书记，及时整顿软弱涣散、不起作用的基层党组织。

4. 加强党员队伍建设，指导基层党组织做好发展党员工作，注意在生产一线发展党员，注意发展年轻党员，加强对党员的教育、管理、监督和服务，认真做好处置不合格党员工作，引导党员自觉履行义务，保障党员充分行使权利。

5. 关心爱护基层党务干部，为基层党组织开展工作提供必要的条件。

6. 做好基层党建工作的督促检查和考核评价。

（二）地方党委、部门党组（党委）抓基层党建工作要达到的主要目标

1. 组织坚强有力。党的基层组织健全，设置合理，隶属关系明确，各项制度配套落实，充分发挥战斗堡垒作用，真正成为贯彻“三个代表”重要思想的组织者、推动者和实践者。

2. 党员作用突出。广大党员自觉运用马克思主义中国化的最新成果武装头脑，理想信念坚定，宗旨观念牢固，在生产、工作、学习和社会生活中充分发挥先锋模范作用，为改革开放和社会主义现代化建设作出贡献。

3. 工作得到促进。党的路线方针政策得到贯彻落实，广大党员和群众的积极性、创造性得到发挥，影响改革发展稳定的突出问题得到解决，各项工作取得新进展。

4. 人民群众满意。基层党建工作体现群众意愿，组织群众、宣传群众和服务群众工作成效明显，群众权益得到有效维护和发展，党群干群关系密切。

三、主要工作措施

（一）加强统一领导。地方党委、部门党组（党委）对本地区本部门基层党建工作负总责，书记是抓基层党建工作的第一责任人，分管领导是直接责任人，领导班子其他成员根据分工抓好职责范围内的基层党建工作。地方各级党委要建立健全党建工作领导小组，形成由党委统一领导，有关职能部门各司其职、密切配合的工作格局。地方党委常委会、部门党组（党委）和各级党建工作领导小组要定期召开会议，听取基层党建工作情况汇报，研究决定基层党建工作重要问题，督促完成基层党建工作各项任务。

（二）深入调查研究。地方党委、部门党组（党委）要结合基层党建工作实际，确定重点课题，组织力量进行调查研究。领导班子成员要经常深入基层，总结推广经验，研究解决问题。

（三）建立党员领导干部联系点。地方党委、部门党组（党委）领导班子成员要结合各自分工，建立基层党建工作联系点。特别要注意在党组织力量比较薄弱、工作难度大的地方和单位建立联系点。要经常深入联系点具体指导，努力把联系点建成示范点，以点上经验推动面上工作。

（四）开展“创先争优”活动。地方党委、部门党组（党委）要根据基层党组织建设和党员队伍建设的目标要求，深入开展“创先争优”活动，适时评选表彰先进基层党组织、优秀共产党员和优秀党务工作者。

（五）搞好舆论宣传。要把宣传党的先进性及先进性建设作为一项长期任务。通过继续办好新闻媒体各类专栏等多种形式，深入宣传党的光辉历史和新形势下优秀共产党员的先进事迹，及时推广、介绍基层党建工作的好经验好做法，形成积极向上、奋发有为的浓厚氛围。

（六）强化督促检查。地方党委、部门党组（党委）要采取督查、巡回检查和随机抽样检查等方式，定期或不定期地对基层党建工作进行督促检查，发现问题及时解决。要注意检查党员经常性教育、党员联系和服务群众、流动党员管理等基层党建工作各项制度的落实情况，以及新经济组织、新社会组织党建工作情况。

四、考核及考核结果的运用

地方党委常委会每年要向全委会报告抓基层党建工作情况。党委（党组）领导班子成员要把履行抓基层党建工作责任情况作为述职述廉的重要内容。地方党委、部门党组（党委）每年要向上级党组织书面报告抓基层党建工作情况。

对地方党委、部门党组（党委）特别是党委（党组）书记抓基层党建工作责任的落实情况，上级党组织要认真做好考核评价。要把抓基层党建工作情况纳入领导班子和领导干部考核内容，与经济社会发展和业务工作考核一并进行，必要时可以组织专门考核。要把考核结果作为领导班子及其成员工作实绩评定的重要内容，作为领导干部选拔任用、培养教育和奖励惩戒的重要依据。对抓基层党建工作成绩突出的要予以表彰，对思想不重视、工作不得力的要提出批评，限期整改。对不认真履行职责，责任范围内基层党建工作存在的严重问题没有及时解决，造成不良影响和严重后果的，要追究领导班子和相关责任人的责任。

关于做好党员联系和服务群众工作的意见

（中办发〔2006〕21号　2006年6月28日）

为进一步密切党群干群关系，巩固党执政的群众基础，促进社会主义和谐社会建设，根据《中国共产党章程》和党内有关规定，现就做好新形势下党员联系和服务群众工作提出如下意见。

一、总体要求

做好党员联系和服务群众工作，要以马克思列宁主义、毛泽东思想、邓小平理论和“三个代表”重要思想为指导，全面落实科学发展观，忠实践行党全心全意为人民服务的根本宗旨，密切党同人民群众的血肉联系，拓展党员联系群众的途径，丰富党员服务群众的内容，畅通群众表达意愿的渠道，把帮扶困难群众作为重点，努力解决群众生产生活中的实际问题，团结带领群众共同实现党提出的各项任务。

党员联系和服务群众要做到以下几点：

（一）尊重和维护群众的合法权益。尊重和维护宪法、法律赋予人民群众的各项权利和正当利益，自觉同侵害群众合法权益的行为作斗争。

（二）听取和反映群众的意见。经常深入群众，了解群众情绪，倾听群众呼声，反映群众的意愿和要求。

（三）帮助群众解决实际困难。关心群众疾苦，为群众做好事、办实事、解难事，解决群众生产生活中最迫切的实际困难和问题。

（四）虚心向群众学习。尊重群众的首创精神，善于发现群众中的先进典型，及时总结和宣传群众创造的有益经验，在联系和服务群众的过程中吸取营养、经受锻炼、接受监督。

（五）做好群众的思想政治工作。向群众宣传解释党的路线方针政策和国家的法律法规，教育引导群众正确处理个人利益与集体利益、局部利益与整体利益、当前利益与长远利益的关系，凝聚群众力量。

二、主要方式

基层党组织要按照上级党组织的要求和自身条件，组织党员在做好本职工作的基础上，选择适当方式，做好联系和服务群众工作。

（一）结对帮扶困难群众。有帮扶能力的党员要与困难群众结成帮扶对子。既要立足于解决群众的实际困难，又要帮助他们树立信心，提高工作技能，自强自立。

（二）参加主题实践活动。党员要积极参加党组织开展的以服务群众为主要内容的主题实践活动，推行党员承诺，有条件的党员每年要承诺为群众办一两件实事。承诺内容要切合实际，具体可行，履行承诺的情况要自觉接受党组织和群众的监督。

（三）参加设岗定责活动。农村和街道社区党员，要根据自身实际情况，按照自主申报和组织安排相结合的办法，选择所在党组织设立的联系和服务群众岗位，履行岗位责任，努力做好联系和服务群众工作。

（四）参加社会公益活动。党员要积极参加所在地建立的志愿者队伍，开展多种形式的便民、利民活动，义务参加党员服务站（点）的工作。积极参加政府或社会团体组织的扶贫、支教、保护环境和关心下一代等志愿者服务活动。积极参加帮助生活困难群众的捐赠活动。

（五）深入基层调研。各级领导机关的党员干部要进一步转变作风，深入基层调查研究。省部级党员领导干部每年至少要有1个月时间，市县两级党员领导干部每年至少要有2个月时间，深入联系点和基层单位调研，特别要注意深入到艰苦地方、困难地方和问题多的地方，听取群众意见，走访慰问困难群众，帮助基层和群众解决实际问题。要坚持民主决策，把调查研究的成果作为决策的重要依据，充分体现和维护群众的利益。调查研究要讲求实效，切忌形式主义。

（六）做好接待群众工作。党员干部特别是党员领导干部要根据各自岗位职责，定期接待群众，认真听取意见和建议。对群众反映的问题，包括信访中反映的问题，能够解决的要及时解决，受客观条件限制暂时不能解决的，要向群众做好解释工作，并协调有关部门创造条件逐步加以解决。

党员领导干部在联系和服务群众的过程中，要注意加强同民主党派和无党派人士的联系，经常听取他们的意见和建议。

鼓励基层党组织和党员不断创新联系和服务群众的方式方法，并把好经验好做法及时推广运用到联系和服务群众的工作中去。

三、加强组织指导

各级党组织要把做好党员联系和服务群众工作列入重要议程，高度重视，精心组织，加强指导。在党委统一领导下，组织、宣传等部门和纪检机关要各司其职，相互配合，形成合力。基层党组织要切实履行职责，做好党员联系和服务群众的具体组织工作。

（一）加强马克思主义群众观教育。要对党员进行马克思主义群众观和党的群众路线教育，以服务人民为荣，以背离人民为耻，端正对群众的态度，增进与群众的感情，创新群众工作方法，提高服务群众的本领。

（二）建立党员联系和服务群众网络。街道（乡镇）、社区（村）党组织可建立党员服务站，集贸市场、居民楼和商务楼宇可建立党员服务点。党员服务站（点）要在做好服务本地党员和流动党员工作的同时，积极开展服务群众的工作。要注意整合一些地方建立的街道（乡镇）一站式服务中心、居民（村民）事务代理中心等服务群众的社会资源，综合利用，避免重复建设。机关、学校、企事业单位的基层党组织，也可以建立党员服务站（点）。建立党员联系和服务群众网络，要从实际出发，不搞“一刀切”。

（三）畅通群众表达意愿渠道。实行政务公开、厂务公开和村务公开，逐步推行党务公开，推广居民（村民）议事等做法。公开设置意见箱、热线电话和举报电话，利用电子政务等信息网络手段，方便群众反映情况、发表意见，帮助党员做好联系和服务群众工作。对涉及多数群众切身利益的大事，要广泛征求群众意见。对群众反映的情况，要及时反馈意见。

（四）加强督促检查。上级党组织要加强对下级党组织开展党员联系和服务群众工作的督促检查，基层党组织要加强对党员联系和服务群众情况的督促检查。要广泛吸收群众参与，充分听取群众意见，接受群众的评议和监督，以群众是否满意作为检验党员联系和服务群众工作成效的基本标准。要把党员联系和服务群众的情况作为民主评议党员、党性分析评议和考核评优的重要内容。要总结和推广先进经验，树立和表彰先进典型，不断完善联系和服务群众的有效措施，推动党员联系和服务群众工作的深入开展。

各级党组织要在做好党员联系和服务群众工作的同时，认真做好关心帮助党员工作。要关心党员思想政治上的进步和提高，经常与党员谈心，及时解决党员思想疑难问题，调动党员参与党内事务的积极性，增强党员的荣誉感、责任感和使命感。要积极创造条件，帮助党员提高业务素质和工作能力，为党员立足本职创一流业绩、实现岗位成才提供服务。对农村党员、流动党员、失业和自主择业人员中的党员等进行实用技术培训，鼓励他们自谋职业、自主创业和带头创业。要关心党员生活，及时掌握生活困难党员情况，采取党员互助、党组织扶助等多种办法进行帮扶，重点帮助在艰苦环境中工作的党员、失业人员中的党员和老党员解决生活困难。通过做好党组织关心帮助党员工作，促进党员更好地联系和服务群众。

建立健全惩治和预防腐败体系 2008—2012 年工作规划

（中发［2008］9 号　2008 年 6 月 22 日）

为全面贯彻党的十七大精神，进一步落实建立健全惩治和预防腐败体系实施纲要，扎实推进惩治和预防腐败体系建设，制定本工作规划。

一、指导思想、基本要求和工作目标

坚决惩治和有效预防腐败，关系人心向背和党的生死存亡，是党必须始终抓好的重大政治任务。建立健全惩治和预防腐败体系实施纲要颁布以来，各级党委、政府按照中央的部署和要求，认真抓好惩治和预防腐败体系建设任务的落实，取得了明显成效。我国已进入改革发展关键阶段，党风廉政建设和反腐败斗争面临许多新情况新问题，形势仍然严峻，任务仍然艰巨。全党必须充分认识反腐败斗争的长期性、复杂性、艰巨性，以完善惩治和预防腐败体系为重点，坚定不移地推进反腐倡廉建设。

（一）指导思想

高举中国特色社会主义伟大旗帜，以邓小平理论和“三个代表”重要思想为指导，深入贯彻落实科学发展观，切实贯彻维护党章，以党的执政能力建设和先进性建设为主线，坚持党要管党、从严治党，全面坚持标本兼治、综合治理、惩防并举、注重预防的方针，把反腐倡廉建设放在更加突出的位置，紧密结合党的思想建设、组织建设、作风建设和制度建设，根据新的时代条件和面临的新形势新任务，以改革创新精神整体推进惩治和预防腐败体系建设各项工作，为实现党的十七大作出的重大决策和战略部署提供有力保证。

（二）基本要求

——坚持围绕中心、服务大局。与科学发展观的要求、中国特色社会主义事业总体布局、完善社会主义市场经济体制、发展社会主义民主政治和推进党的建设新的伟大工程相适应，紧紧围绕党和国家工作大局，把反腐倡廉建设贯穿于社会主义经济建设、政治建设、文化建设、社会建设各个领域，体现在党的建设各个方面，既发挥服务和促进作用，又推动惩治和预防腐败体系逐步完善。

——坚持改革创新、开拓进取。以改革创新的精神状态、思想作风和工作方法，认识和把握新形势下反腐倡廉建设的特点和规律，加强和改进惩治和预防腐败各项工作，总结新经验、研究新情况，创新工作思路，完善工作机制，破解工作难题，使反腐倡廉建设更加适应世情、国情、党情的发展变化，更加富有实际成效。

——坚持惩防并举、重在建设。以建设性的思路、举措和方法推进反腐倡廉建设，使惩治与预防、教育与监督、深化体制改革与完善法律制度有机结合，在坚决惩治腐败的同时，更加注重治本，更加注重预防，更加注重制度建设，做到惩治和预防两手抓、两手都要硬，形成有利于反腐倡廉建设的思想观念、文化氛围、体制条件、法制保证。

——坚持统筹推进、综合治理。把改革的推动力、教育的说服力、制度的约束力、监督的制衡力、惩治的威慑力结合起来，把惩治和预防腐败的阶段性任务与战略性目标结合起来，立足当前，着眼长远，整合各方面资源和力量，增强惩治和预防腐败体系建设的科学性、系统性、前瞻性。

——坚持突出重点、分类指导。紧紧抓住腐败现象易发多发的重要领域和关键环节，以领导干部为重点，以规范和制约权力为核心，紧密结合实际，区分不同情况，加强政策指导，探索有效途径，不断取得新进展。

（三）工作目标

经过今后5年的扎实工作，建成惩治和预防腐败体系基本框架，拒腐防变教育长效机制初步建立，反腐倡廉法规制度比较健全，权力运行监控机制基本形成，从源头上防治腐败的体制改革继续深化，党风政风明显改进，腐败现象进一步得到遏制，人民群众的满意度有新的提高。

二、推进反腐倡廉教育

（一）加强领导干部党风廉政教育

深入开展理想信念和廉洁从政教育。大力推进中国特色社会主义理论体系的学习贯彻，教育和引导各级领导干部深刻领会科学发展观的科学内涵、精神实质和根本要求，坚定共产主义远大理想和中国特色社会主义共同理想，牢固树立马克思主义的世界观、人生观、价值观，牢固树立正确的权力观、地位观、利益观和社会主义荣辱观；认真学习党的三代中央领导集体反腐倡廉重要思想和以胡锦涛同志为总书记的党中央关于反腐倡廉的重要论述，认真学习党章等党内法规和国家法律法规，加强党性修养和从政道德修养，增强法制观念和纪律意识，打牢廉洁从政的思想政治基础。制定《关于加强领导干部反腐倡廉教育的意见》。完善党委（党组）理论学习中心组学习制度，定期安排反腐倡廉理论学习。党政主要负责同志带头讲廉政党课。把反腐倡廉教育列入干部教育培训规划，纳入各级党校、行政学院及其他干部培训机构教学计划，定期举办领导干部廉洁从政教育专题培训班。在领导干部任职培训、干部在职岗位培训中开设廉政教育课程。

加强党的作风和纪律教育。中央纪委会同中央组织部、中央宣传部等部门组织开展党风党纪专题教育，教育和引导各级领导干部自觉遵守党的政治纪律、组织纪律、经济工作纪律和群众工作纪律，讲党性、重品行、作表率。切实改进领导干部和党政机关作风，着力解决一些领导干部在思想作风、学风、工作作风、领导作风和生活作风方面存在的突出问题，增强公仆意识，密切联系群众，做到为民、务实、清廉。继承党的光荣传统，牢记“两个务必”，弘扬八个方面的良好风气。发扬艰苦奋斗精神，大兴求真务实之风，讲实话、察实情、办实事、求实效，大力精简会议和文件，改进会风和文风。切实改进国有企业领导人员作风，纠正一些国有企业领导人员在国内外公务活动中奢侈浪费、违规公款消费、重大问题个人说了算以及对职工困难漠不关心等群众反映强烈的问题，形成依法经营、廉洁从业、民主管理的风尚。切实改进高等学校领导人员作风，提高民主决策和校务公开制度化、规范化水平。切实改进农村基层、街道社区干部作风，认真解决少数基层站所存在的干部吃拿卡要、刁难群众和工作效率低下等问题，做到廉洁奉公、勤政为民。

（二）加强面向全党全社会的反腐倡廉宣传教育

把反腐倡廉宣传教育纳入全党宣传教育总体部署，融入在全党开展的深入学习实践科学发展观活动之中。纪检监察、组织人事、宣传思想、文化教育、新闻出版、广播影视等部门要对反腐倡廉宣传教育作出年度工作安排。健全联席会议制度，完善反腐倡廉宣传教育工作格局。

落实《关于加强党员经常性教育的意见》。建设一批反腐倡廉教育基地，丰富“三会一课”内容，创新示范教育、警示教育、岗位廉政教育和主题教育形式，注重人文关怀和心理疏导，提高教育的针对性和有效性。

加大反腐倡廉宣传力度。深入宣传党的反腐倡廉理论、方针政策、基本经验和工作成果，宣传勤廉兼优的先进典型。党报党刊、电台电视台和重点新闻网站、政府网站继续办好反腐倡廉专栏、专题节目。完善反腐倡廉新闻发布制度。做好反腐倡廉对外宣传工作。严格执行反腐倡廉新闻宣传纪律。加强反腐倡廉网络文化建设和管理，开展反腐倡廉网上宣传和热点问题引导。积极营造良好的思想舆论氛围。

（三）加强廉政文化建设

按照推动社会主义文化大发展大繁荣的要求，在社会主义精神文明建设中，围绕建设社会主义核心价值体系，结合社会公德、职业道德、家庭美德、个人品德教育和法制教育，开展丰富多彩的廉政文化创建活动。制定《关于加强廉政文化建设的指导意见》。结合企业文化建设，深入开展依法经营、廉洁从业教育。充分利用农村党员干部现代远程教育系统，结合农村传统文化活动，加强农村廉政文化建设。按照《关于在大中小学全面开展廉洁教育的意见》，在学校德育教育中深入开展廉洁教育，丰富青少年思想道德实践活动。在家庭和社区中倡导清廉家风和文明风尚。引导社会组织及其从业人员增强依法执业、公正廉洁意识。发扬革命传统，挖掘中华优秀文化的丰厚资源，实施“廉政文化精品工程”。推动廉政文化内容形式和传播手段创新，扩大覆盖面，增强影响力，形成“以廉为荣、以贪为耻”的社会风尚。

三、健全反腐倡廉法规制度

（一）完善党内民主和党内监督制度

健全党内民主集中制的具体制度。完善党的地方各级全委会、常委会工作机制，修订《中国共产党地方委员会工作条例（试行）》。制定《中国共产党党组工作条例》。推行地方党委讨论决定重大问题和任用重要干部票决制。

健全党内民主制度。制定党代表大会代表任期制的具体实施办法，选择一些县（市、区）试行党代表大会常任制。制定《关于在党的地方和基层组织中实行党务公开的意见》，健全党内情况通报、情况反映、重大决策征求意见制度。改进候选人提名制度和选举方式，修订《中国共产党基层组织选举工作暂行条例》，推广基层党组织领导班子成员由党员和群众公开推荐与上级党组织推荐相结合的办法，逐步扩大基层党组织领导班子直接选举范围。

健全党内监督制度。建立健全中央政治局向中央委员会全体会议、地方各级党委常委会向委员会全体会议定期报告工作并接受监督的制度。在试点基础上，研究制定《地方党委委员、纪委委员提出罢免或撤换要求处理办法（试行）》。修订《中国共产党党员领导干部廉洁从政若干准则（试行）》和《国有企业领导人员廉洁从业若干规定（试行）》。

（二）完善违纪行为惩处制度

制定《中国共产党纪律处分条例》和《行政机关公务员处分条例》的配套规定。健全对党的机关、人大机关、政协机关、民主党派机关公务员的纪律处分规定，制定对事业单位工作人员和国有企业人员的纪律处分规定。制定在查处违纪案件中规范和加强组织处理工作的意见。

修订《中国共产党纪律检查机关控告申诉工作条例》。制定纪检监察机关依纪依法办案、规范办案工作的若干意见。制定国（境）外中资企业及其工作人员违纪违法案件调查处理办法。进一步规范纪检监察机关与检察机关相互移送案件工作。

（三）完善反腐败领导体制和工作机制的具体制度

修订《关于实行党风廉政建设责任制的规定》。制定《国有企业纪律检查工作条例》和关于实行农村基层党风廉政建设责任制的规定。

（四）加强反腐倡廉国家立法工作

建立健全防治腐败法律法规，提高反腐倡廉法制化水平。在国家立法中，充分体现反腐倡廉基本要求。适时将经过实践检验的反腐倡廉具体制度和有效做法上升为国家法律法规。在今后5年内有计划、分步骤地制定或修订一批法律、法规和条例。

四、强化监督制约

（一）加强对领导机关、领导干部特别是各级领导班子主要负责人的监督

加强对遵守党的政治纪律情况的监督。加大执行政治纪律力度，维护党章和其他党内法规，维护中央权威和党的集中统一，始终同以胡锦涛同志为总书记的党中央保持高度一致，确保党的路线方针政策贯彻执行，确保党的十七大确定的重大理论观点、重大战略思想、重大工作部署全面贯彻落实。

加强对贯彻落实科学发展观情况的监督。围绕加强和改善宏观调控、转变经济发展方式、增强自主创新能力、提高发展质量和效益、加强节能减排和生态环境保护、节约集约利用土地、保障和改善民生、建设社会主义新农村等重大政策和措施进行监督检查，防止和纠正违背科学发展观要求的行为。

加强对执行民主集中制情况的监督。认真开展对涉及全局性问题、重要干部推荐任免和奖惩等方面贯彻执行民主集中制情况的监督检查，保证党委全委会和常委会议事规则、决策程序的严格执行，反对和防止个人或少数人专断。

加强对落实领导干部廉洁自律规定情况的监督。重点治理领导干部违反规定收送现金、有价证券、支付凭证和收受干股，违反规定插手市场交易活动、利用职务上的便利获取内幕信息进行股票交易，以及在住房上以权谋私等问题。严格执行领导干部配偶、子女个人从业的有关规定。

加强上级党委和纪委对下级党委及其成员的监督，健全上级党委对下级党委常委的经常性考察和定期考核机制。加强常委会内部监督，主要负责人要自觉接受常委会成员的监督。加强同级纪委对常委会成员的监督。充分发挥党代表大会代表的作用，探索建立同级党代表大会代表、全委会对常委会工作进行评议监督制度。

加强巡视工作。制定《中国共产党巡视工作条例》。继续加强对省（区、市）的巡视。加强对金融机构、国有重要骨干企业、高等学校和国家重点工程项目的巡视。继续开展对中央和国家机关的巡视试点。各省（区、市）党委要认真开展对市（地、州、盟）的巡视，并延伸到县（市、区、旗），逐步开展对所属国有企业、高等学校和直属机关的巡视。

中央和国家机关可结合实际开展对直属单位、派出（驻）机构的巡视。

加强纪检监察机关派驻机构统一管理。制定纪检监察机关派驻机构工作有关规定，完善管理体制和工作机制。加强对驻在部门领导班子及其成员的监督，协助驻在部门党组和行政领导班子落实党风廉政建设责任制和组织协调反腐倡廉工作。

（二）加强对重要领域和关键环节权力行使的监督

加强对干部人事权行使的监督。落实《党政领导干部选拔任用工作条例》和《党政领导干部选拔任用工作监督检查办法（试行）》。坚持和完善干部选拔任用前征求同级纪委意见的制度，坚持和完善强化预防、及时发现、严肃纠正的干部监督工作机制。发挥干部监督工作联席会议作用。加强对干部选拔任用全过程的监督，有效防范考察失真和干部“带病提拔”。严肃查处跑官要官、买官卖官等问题，坚决整治用人上的不正之风。

加强对司法权行使的监督。完善纪委和党委政法委、组织部等部门在对司法机关党组织和党员干部监督工作中的协作配合机制。重视人大对司法机关的监督。加强检察机关的法律监督。强化公安、检察、审判机关在刑事诉讼中的分工负责、互相配合和互相制约。强化司法机关内部监督和外部监督，坚决防止和纠正执法不严、司法不公的问题，维护社会公平正义。

加强对行政审批权和行政执法权行使的监督。认真实施《中华人民共和国行政许可法》、《中华人民共和国行政处罚法》等法律法规。推行行政审批电子监察系统。实行接办分离和程序公开，保证行政权力依法、公正、透明运行。

加强对财政资金和金融的监管。开展对部门预算、国库集中收付、政府采购、政府非税收入和“收支两条线”规定执行情况的监督检查，继续对“小金库”进行专项清理。强化对国有金融企业产权和上市金融企业股权交易的监督，规范上市金融企业股权激励制度。建立健全金融监管协调机制。健全金融企业内控机制，提升监事会和内审、稽核、合规、监察等监督机构的专业性和独立性，加强案件防控工作。

加强对国有资产的监管。充分发挥国有资产监督管理机构、政府职能部门和外派监事会的作用，加强对企业国有产权和上市公司国有股权交易、重大投资决策等事项的监管。加强对企业重组、改制、破产和国有资本运营各个环节的监管。加大对国（境）外国有资产监管力度。开展对国有企业重大决策、重大项目安排、大额度资金运作事项及重要人事任免等实行集体决策情况的监督检查。

（三）发挥各监督主体的作用

加强和改进党内监督。落实《中国共产党党内监督条例（试行）》。切实改进民主生活会的方式方法，增强党内政治生活的原则性，积极开展批评与自我批评，加强领导班子成员之间相互监督。坚持领导干部参加双重组织生活会制度，接受党员群众的监督。执行党员领导干部报告个人有关事项的规定，实施地方党委委员、纪委委员党内询问和质询办法，落实领导干部述职述廉、诫勉谈话和函询制度。推进党务公开，尊重党员主体地位，落实党员在党内监督中的责任和权利，营造党内民主讨论环境。认真贯彻《中国共产党党员权利保障条例》，切实保障党员批评、建议、检举等权利。建立健全党的纪检机关与组织部门有关情况通报制度。各级纪检监察机关及其工作人员要自觉接受党组织、党员和人民群众的监督。

支持和保证人大监督。实施《中华人民共和国各级人民代表大会常务委员会监督法》，通过听取和审议人民政府、人民法院、人民检察院的专项工作报告，审查和批准决算，听取和审议国民经济和社会发展计划、预算的执行情况报告和审计工作报告，组织执法检查，进行规范性文件备案审查等方式，加强人大对行政机关、审判机关、检察机关的监督。重视本级人大常委会统一安排的人大代表视察工作，认真办理人大代表议案和建议。

支持和保证政府专门机关监督。充分发挥行政监察职能作用，积极开展执法监察、廉政监察和效能监察。加强行政执法责任制落实情况的监督检查，推行政府绩效管理和行政问责制度。严肃查处违反政纪的案件。加强行政服务中心的建设和管理。落实地（厅）级及以下党政主要领导干部经济责任审计制度。试行省（部）级主要领导干部经济责任审计。加强对重点专项资金和重大投资项目的审计。依法公告审计结果，促进审计结果落实。支持公安、财政、土地、建设、环保等职能部门依法开展监督。

支持和保证司法监督。支持人民法院依法受理、审理和执行行政诉讼案件，监督和维护行政机关依法行政。支持人民检察院依法查办和预防职务犯罪，强化对刑事诉讼、民事审判活动和行政诉讼的法律监督。

支持和保证政协民主监督。把政治协商纳入决策程序，完善民主监督机制。支持政协运用会议、专题调研、委员视察、提案、反映社情民意信息等形式，对国家宪法和法律法规的实施、重大方针政策的贯彻执行、国家机关及其工作人员履行职责和廉政情况等进行监督。各级党委、政府要发挥政协、民主党派和无党派人士的监督作用，认真听取他们的批评和建议，定期通报情况，自觉接受监督。认真办理政协委员的提案和建议。

支持和保证群众监督。实施《中华人民共和国政府信息公开条例》，推进政府上网工程，深化政务公开，健全政府信息发布制度，推行社会听证、专家咨询等制度，增强决策透明度和公众参与度。推进厂务公开、村务公开和公共企事业单位办事公开。发挥工会、共青团、妇联等人民团体的监督作用。落实领导干部接待群众来访制度，健全信访举报工作机制，畅通信访渠道。依法保障人民群众的知情权、参与权、表达权、监督权。

加强和改进舆论监督。认真贯彻落实《关于进一步加强和改进舆论监督工作的意见》，重视和支持新闻媒体正确开展舆论监督。各级领导干部要正确对待舆论监督，增强接受舆论监督的自觉性，听取人民群众的意见和呼声，推动和改进工作。新闻媒体要坚持科学监督、依法监督和建设性监督，遵守职业道德，把握正确导向，注重社会效果。

发挥国家预防腐败机构的职能作用。加强对预防腐败工作的组织协调、综合规划和政策制定，对预防腐败的重要改革措施进行调查研究和分析论证。建立预防腐败信息共享机制和腐败风险预警机制。总结预防腐败工作的有效做法，提高预防腐败工作水平。

完善监督制约机制。建立健全决策权、执行权、监督权既相互制约又相互协调的权力结构和运行机制，切实把防治腐败的要求落实到权力结构和运行机制的各个环节，最大程度地减少权力“寻租”的机会。坚持党内监督与党外监督相结合，增强监督合力和实效。

五、深化体制机制制度改革

（一）推进干部人事和司法体制改革

完善干部选拔任用制度。坚持民主、公开、竞争、择优，形成干部选拔任用科学机制。规范干部任用提名制度，地方党委讨论任用重要干部推行无记名投票表决。完善公开选拔、竞争上岗、差额选举办法，着力解决民主推荐、民主测评及选举中的拉票贿选等问题，提高选人用人公信度。建立公务员正常退出机制，完善领导干部职务任期、回避和交流制度。完善干部考核评价体系，发挥考核结果在干部任用和监督管理中的作用。

优化司法职权配置。完善人民检察院对诉讼活动实行法律监督的程序、措施和范围。完善减刑、假释、保外就医、暂予监外执行、服刑地变更的条件和裁定程序。健全司法人员执法过错、违纪违法责任追究和领导干部失职责任追究等制度。健全涉法涉诉信访工作机制。改革完善司法管理制度和司法财政保障机制。积极推进审判公开、检务公开和警务公开。完善法律统一适用制度，规范司法人员自由裁量权行使，保证严格、公正、文明执法。

（二）推进行政管理和社会体制改革

贯彻落实《关于深化行政管理体制改革的意见》，加快推进政企分开、政资分开、政事分开、政府与市场中介组织分开。着力转变政府职能、理顺关系、优化结构、提高效能，建设服务政府、责任政府、法治政府和廉洁政府。

深化社会体制改革，扩大公共服务，完善社会管理。推进教育、卫生事业改革和发展，加强住房改革和建设，健全社会保障体系，努力使全体人民学有所教、劳有所得、病有所医、老有所养、住有所居。

（三）推进财税、金融和投资体制改革

深化预算管理制度改革，规范预算资金分配，完善和规范财政转移支付制度，逐步向社会公开预算内容和转移支付情况。完善国库集中收付运行机制，健全国库单一账户体系。深化“收支两条线”管理制度改革，建立健全政府非税收入管理体系。切实将国有土地使用权出让收入纳入基金预算管理。推进党政机关领导干部及国有企事业单位领导人员职务消费改革。完善行政事业单位国有资产监管制度，严格执行资产配置管理办法和配置标准。进一步改革完善机关事业单位工资收入分配制度，继续清理规范津贴补贴。积极稳妥地推进税制改革，完善个人所得税制度，强化税收调节。规范各项税收优惠政策，严格控制税收减免。深入推行办税公开，健全税收管理员制度。

完善金融企业公司治理，建立健全现代金融企业制度。健全支付监管体系，完善账户管理系统，依法落实金融账户实名制。完善反洗钱合作机制，逐步将特定非金融机构纳入统一的反洗钱监管体系，加强对大额资金和可疑交易资金的监测。完善防范和查处上市公司信息虚假披露和市场操纵等行为的制度。

制定《企业投资项目核准和备案管理条例》，规范企业投资核准制、备案制。健全政府投资项目决策机制，完善重大项目专家评议和论证制度、公示和责任追究制度。推行非经营性政府投资项目代建制。

（四）推进国有企业改革

深化国有企业公司制股份制改革。健全现代企业制度，完善公司法人治理结构。加强大型国有企业董事会建设，未设立董事会的企业逐步实行党委（党组）书记和总经理分设。推进国有企业监管体制改革。健全国有资本经营预算、企业经营业绩考核和企业重大决策失误追究等制度。建立健全国有企业及国有资本占控股地位、主导地位企业领导人员的经济责任审计制度。健全国有企业经营管理者薪酬制度和国有企业管理层投资持股制度，规范收入分配秩序。完善国有金融资产、行政事业性资产和自然资源资产监管制度，建立具有中国特色的国有企业监管体制。

（五）推进现代市场体系建设及相关改革

完善工程建设项目招标投标制度。实施严格的资格预审、招标公告发布、投标、评标定标以及评标专家管理制度和惩戒办法。健全工程建设项目招标投标行政监督机制。研究制定电子化招标投标办法。逐步构建统一的招标投标信息平台，实现信息资源公开、共享。

规范土地征收和使用权出让制度。推进征地制度改革，规范征地程序，完善征地补偿和安置办法。进一步完善经营性用地招标拍卖挂牌出让制度，规范国有建设用地使用权出让程序。深化土地有偿使用制度和探矿权、采矿权有偿使用制度改革。

推进产权交易市场建设。建立完善国有产权交易监管法规体系，实行企业国有产权进场交易。完善企业国有产权和上市公司国有股权交易监管措施，重点建设和推广使用信息监测系统，实现交易动态监管。加强产权交易行业自律组织建设。

深化政府采购制度改革。扩大政府采购范围和规模。严格实行“管采分离”，加强对政府采购各个环节的监管。研究建立统一的电子化政府采购系统。规范国有企业物资采购招标投标工作。

健全社会信用体系。完善行业信用记录。健全失信惩戒制度和守信激励制度。整合有关部门和行业信用信息资源，建立综合性数据库，逐步形成信用信息共享机制。

六、纠正损害群众利益的不正之风

（一）深入开展专项治理

重点解决物价、生态环境保护、食品药品质量、安全生产、征地拆迁等方面群众反映强烈的问题。加强对环境污染防治政策措施落实情况的监督检查，对不认真履行环保职责、严重损害群众环境权益的地方和单位，追究有关人员特别是领导干部的责任。健全食品药品安全监管制度，严肃处理重大质量安全事件。开展对安全生产法律法规执行情况的监督检查，进一步加大责任事故调查处理力度，坚决查处事故背后的失职渎职行为和腐败问题。严肃查处征收征用土地和矿产资源开发中的违纪违法行为。

（二）加大纠风工作力度

强化对社保基金、住房公积金和扶贫救灾专项资金的监管。认真治理公共服务行业侵害群众消费权益等问题。加强对社会中介组织、行业协会的监督管理，规范服务和收费行为。深化农村义务教育经费保障机制改革，确保各项政策的落实。加强医德医风建设，健全医疗卫生机构绩效评价制度，推行网上药品集中采购，严格医药和医疗器械价格监管。规范涉及农民负担的行政事业性收费管理，治理涉农乱收费。整顿农资市场秩序，坚决纠正和查处截留挪用、克扣政府支农惠农补贴款等损害农民利益的行为。查处侵害农民和进城务工人员利益问题。继续做好清理规范评比达标表彰工作，纠正举办节庆活动过多过滥等问题。

（三）健全防治不正之风的长效机制

落实行风建设责任制，坚持“管行业必须管行风”。各省（区、市）、市（地、州、盟）进一步完善民主评议政风行风等制度，办好政风行风热线，督促有关部门及时解决群众的合理诉求。

七、保持惩治腐败的强劲势头

（一）坚决查处违纪违法案件

旗帜鲜明地反对腐败，对任何腐败分子都必须依法严惩，决不姑息。以查处发生在领导机关和领导干部中滥用职权、贪污贿赂、腐化堕落、失职渎职的案件为重点，严肃查处官商勾结、权钱交易和严重侵害群众利益的案件，利用干部人事权、司法权、行政执法权、行政审批权索贿受贿、徇私舞弊的案件。严肃查处违反政治纪律的案件。严肃查处规避招标、虚假招标及违法转包分包的案件，非法批地、低价出让土地、违规审批房地产开发项目或擅自变更规划获取利益的案件，违法审批探矿权和采矿权、违法入股矿产开发的案件，金融领域违规授信、内幕交易、挪用保险资金、违规发放核销贷款和资产处置的案件，隐匿、侵占、转移国有资产的案件。严肃查处为黄赌毒等社会丑恶现象和黑恶势力充当“保护伞”的案件。严肃查处贿赂案件，既要惩处受贿行为，又要惩处行贿行为。

（二）深入开展治理商业贿赂工作

继续推进自查自纠和专项治理。坚决纠正不正当交易行为，规范交易活动。重点查处工程建设、土地出让、产权交易、医药购销、政府采购、资源开发和经销等领域以及银行信贷、证券期货、商业保险等方面的商业贿赂案件。严禁中资企业和其他取得收入的组织在国（境）外的商业贿赂行为，依法查处国（境）外经济组织在我国内地的商业贿赂行为。制定在治理商业贿赂专项工作中推进市场诚信体系建设的意见和建立健全防治商业贿赂长效机制的意见。建立和完善商业贿赂犯罪档案查询系统，把是否存在不正当交易行为尤其是行贿行为作为市场准入和退出的重要依据。

（三）提高执纪执法水平

坚持依纪依法办案。严格履行办案程序，按照规定权限正确使用办案措施。坚持严肃执纪、公正执法、文明办案，做到事实清楚、证据确凿、定性准确、处理恰当、手续完备、程序合法。司法机关依法履行批捕、起诉、审判职责，惩治各类职务犯罪和商业贿赂犯罪。加强出入境管理和经济侦查等相关工作。健全举报人和证人保护制度。对诬告陷害的，要严肃查处。为受到错告、诬告的同志澄清是非。加强对办案工作的监督管理。保障涉案人员的合法权益。

改进办案方式和手段。加强对新形势下办案工作特点和规律的研究，严格区分违纪与违法界限，正确把握政策和策略，综合运用法律、纪律、行政和经济处罚、组织处理等方式和手段，增加办案科技含量，提高办案能力和水平。

（四）健全查处案件的协调机制

加大查处案件的组织协调力度。由纪委书记担任同级党委反腐败协调小组组长，加强对重大案件的协调、指导和督办。加强纪检、审判、检察、公安、监察、审计等执纪执法机关的协作配合，完善跨区域协作办案及防逃、追逃、追赃机制，进一步形成惩治腐败的整体合力。

从我国实际出发，借鉴国外反腐败的有益做法，做好履行《联合国反腐败公约》的相关工作。建立健全国际执法合作、司法协助和涉案人员外逃预警、遣返、引渡，以及涉案资产追回等工作机制，加强反腐败国际合作和交流。

（五）发挥查处案件的综合效应

深入剖析案件中暴露出的问题，查找体制机制制度方面存在的薄弱环节，建章立制，堵塞漏洞。利用典型案件开展警示教育，总结教训，引以为戒。实现查处案件的政治效果、社会效果、法纪效果相统一。

八、切实抓好《工作规划》的贯彻落实

（一）加强组织领导

各级党委是反腐倡廉建设的责任主体，担负着全面领导惩治和预防腐败体系建设的政治责任。要切实加强领导，把贯彻落实《工作规划》作为一项政治任务，列入党委、政府重要议事日程，同经济社会发展工作一起部署、一起落实、一起检查。严格执行党风廉政建设责任制，党委（党组）书记负总责，领导班子其他成员根据分工抓好职责范围内的工作，实行党政齐抓共管。各级纪委要充分履行党章赋予的职责，协助党委抓好《工作规划》各项任务的分解和落实，制定实施方案，作出具体安排，健全工作机构，组织有关部门抓好工作落实。中央和国家机关各部门处在党和国家工作的重要位置，对贯彻落实《工作规划》负有重要责任，要在惩治和预防腐败体系建设中充分发挥示范带头作用。

（二）狠抓工作落实

完善惩治和预防腐败体系，关键是扎扎实实地抓好落实。各地区各部门要按照《工作规划》的总体要求和任务分解，明确惩治和预防腐败体系建设的牵头单位和协办单位，落实工作责任。各牵头单位和协办单位要密切配合，相互支持，形成合力，保证工作任务的完成。要抓住惩治和预防腐败体系建设中的重点难点问题，集中力量取得突破，以此推动面上工作。要加强调查研究，深入了解《工作规划》贯彻落实中的新情况新问题，提出推进反腐倡廉建设的新思路新举措，探索新途径新方法，不断提高工作水平，务求取得明显成效。

（三）开展监督检查

各省（区、市）、中央和国家机关惩治和预防腐败体系建设各牵头单位，每年要对工作进展情况进行专项检查，查找问题，认真整改，总结经验，推动工作，并提交工作报告。各地区各部门要把贯彻落实《工作规划》情况列入对领导班子和领导干部的考核评价范围，作为工作实绩评定和干部奖惩的重要内容，严格责任考核，强化责任追究。中央纪委要会同有关部门加强督促检查，实施分类指导，确保《工作规划》确定的任务落到实处。

各地区各部门要根据《工作规划》，结合实际制定贯彻落实的实施办法。中国人民解放军和中国人民武装警察部队贯彻落实的实施办法，由中央军委参照本《工作规划》制定。

中共中央关于在县级以上党政领导班子、领导干部中深入开展以“讲学习、讲政治、讲正气”为主要内容的党性党风教育的意见

（中发［1998］11号　1998年11月21日）

按照党的十五大和《中共中央关于在全党深入学习邓小平理论的通知》（中发［1998］11号）的部署，今明两年要集中一段时间，在全国县级以上党政领导班子和领导干部中，深入进行以“讲学习、讲政治、讲正气”为主要内容的党性党风教育。

一、深入开展“三讲”教育的必要性和重要性

在县级以上党政领导班子和领导干部中，用整风精神开展以“三讲”为主要内容的党性党风教育，是贯彻党的十五大精神和中央的部署，深入学习邓小平理论，加强领导班子建设、提高领导干部素质的一项重要举措。党内外干部和群众对此十分关注，热切希望把这件大事办好。近几年来，在各级领导干部中进行过“三讲”教育，收到一些效果，但是同目前形势和任务的要求相比还有很大差距，一些需要解决的突出问题还没有得到解决。

当前，全党和全国各族人民高举邓小平理论伟大旗帜，认真贯彻落实党的十五大精神，满怀信心地为实现我国跨世纪发展的宏伟目标努力奋斗。我国的改革已进入攻坚阶段，经济发展正处于关键时期，国际局势出现种种新变动。尽管受到亚洲金融危机的强烈冲击，又遭受了历史罕见的特大洪水灾害，我国仍然保持了国民经济持续平稳发展和社会政治稳定，总的形势是好的。但是，必须清醒地看到，摆在我们面前亟待解决的矛盾和问题还很多，任务繁重而又艰巨。在迈向新世纪的征途上，我们既面临难得的机遇，又面临严峻的挑战，还可能遇到这样那样的风险和困难。新的形势和任务，对县级以上党政领导班子、领导干部的素质特别是思想政治素质和驾驭复杂局面、解决现实问题的能力，都提出了新的更高的要求。通过深入开展学习教育，把“讲学习、讲政治、讲正气”的要求真正落到实处，全面提高各级领导班子的素质，对于确保党的基本理论、基本路线、基本纲领、基本方针的全面贯彻，确保改革开放和现代化建设的顺利进行，确保跨世纪发展目标的实现和国家的长治久安，都具有十分重要的意义。

我们党的领导干部队伍总体上是好的，是不断进步的。但也必须看到，有相当一部分领导干部的思想政治素质还不适应或者不完全适应形势任务的要求。主要表现在：有的忽视马克思主义理论的学习，不能完整准确地掌握邓小平理论及其精神实质，甚至断章取义，搞实用主义；有的对社会主义、共产主义的理想信念动摇，缺乏政治敏锐性和政治鉴别能力，在重大原则问题上分不清是非，甚至跟着错误的东西跑；有的急功近利，搞形式主义，弄虚作假，沽名钓誉，甚至不择手段，争权夺利；有的违反民主集中制，无视组织纪律，放弃党性原则，奉行好人主义和庸俗的关系学，甚至庇护犯罪；有的当官做老爷，对群众的疾苦漠不关心，贪图享受，挥霍浪费，以权谋私，纵容亲属胡作非为，甚至徇私

枉法，贪污受贿，腐化堕落等等。领导干部中存在的这些问题，情况和程度虽有不同，但都是不讲学习、不讲政治、不讲正气，放弃世界观改造和党性修养的结果，都严重妨碍党的路线方针政策和当前工作重大决策的贯彻执行，损害党和政府同人民群众的关系，削弱党组织的凝聚力和战斗力。如果听任这些错误思想作风蔓延下去，将会毁坏建设有中国特色社会主义事业，造成极其严重的后果。

总之，在县级以上党政领导班子和领导干部中深入进行以“三讲”为主要内容的党性党风教育，用整风的精神，认真解决党性党风方面存在的问题，是十分必要也是非常迫切的。各级党委（党组）务必统一认识，以高度的政治责任心，足够的领导精力，良好的精神状态，把这次“三讲”教育切实抓紧抓好。

二、开展“三讲”教育的基本要求

这次“三讲”教育总的要求是，推动县级以上党政领导班子和领导干部深入学习邓小平理论和党的十五大精神，提高政治素质，加强党性修养，端正思想作风，增强在改造客观世界的同时改造主观世界的自觉性，努力从以下四个方面收到实际效果。

（一）坚定建设有中国特色社会主义的信念，提高政治敏锐性和政治鉴别能力，坚持党的基本路线不动摇，始终同党中央保持思想上、政治上的高度一致，增强大局观念，从实际出发创造性地贯彻中央关于当前深化改革、扩大开放、促进发展、保持稳定的一系列决策和部署。防止和克服在方针政策、重大原则问题上搞片面性、绝对化，以及阳奉阴违、自行其是等错误思想和做法。

（二）全面贯彻执行民主与集中相结合的组织制度、领导制度和工作制度，正确认识和处理上级与下级、个人与组织、“班长”与领导班子成员之间的关系，加强党的团结。纠正和防止违反民主集中制，把个人凌驾于党组织之上，独断专行、各自为政、拒绝党的教育与监督等错误思想和行为。

（三）认真实践全心全意为人民服务的宗旨，坚持从群众中来到群众中去的群众路线，正确行使人民赋予的权力，保持清正廉洁，密切同人民群众的联系。克服官僚主义，反对以权谋私以及损害国家、集体和人民群众利益的各种腐败现象。

（四）大力弘扬求真务实、言行一致的优良作风，说老实话，办老实事，当老实人。纠正和防止追逐个人名利，弄虚作假，欺上瞒下以及只图形式、不重实效等不良习气。

“讲学习、讲政治、讲正气”，是建设团结、坚强的领导班子和高素质干部队伍的长期任务。虽然不可能通过一次集中教育将目前党性党风方面存在的问题全部解决，但通过这次学习教育，一定要下决心解决领导班子和领导干部中存在的突出问题，尤其是群众意见大、影响当前改革和建设工作的问题，努力做到思想上有明显提高，政治上有明显进步，作风上有明显转变，纪律上有明显增强，更好地担负起把建设有中国特色社会主义伟大事业全面推向新世纪的历史重任。

三、开展“三讲”教育必须遵循的原则

这次“三讲”教育，要以邓小平理论和党的十五大精神为指导，紧密联系改革、发展、稳定的实践，紧密联系干部的思想实际和工作实际，以整风的精神来进行。要立足于思想教育，把党性分析、自查自纠与民主评议结合起来。在开展学习教育的过程中，要注

意把握好以下原则：

（一）必须始终立足于学习提高。“三讲”教育，是结合新的实际对领导班子和领导干部进行的一次马克思主义理论的自我教育。要大力弘扬理论联系实际的学风，深入学习邓小平理论、党的十五大报告和中央的有关文件，认真回顾近几年改造客观世界和改造主观世界的实践，总结各自的经验教训，坚持正确的，纠正错误的，努力从世界观、人生观、价值观上解决问题。要把学习理论、武装头脑同整顿思想、改进作风结合起来并贯穿于教育活动全过程。

（二）必须紧紧围绕全面贯彻党的基本路线，把开展“三讲”教育同推动当前工作结合起来。各级领导班子要根据各自的职责任务，按照贯彻落实党的十五大精神、搞好当前各项工作对领导班子和领导干部的要求，促进“三讲”教育的深入；通过“三讲”教育的深入开展，促进影响改革、发展、稳定的现实问题的解决，巩固和发展好的形势。绝不能脱离我们正在进行的改革开放和现代化建设工作实际，孤立地搞“三讲”教育。

（三）必须充分发扬党内民主，坚持群众路线。领导班子、领导干部的思想和工作状况，有什么优点和长处、缺点和问题，广大干部和群众是清楚的。要坚定地相信和依靠他们推动领导班子和领导干部“讲学习、讲政治、讲正气”，搞好对领导班子和领导干部的民主评议，还要把领导班子和领导干部思想作风整顿的情况告诉他们。切忌关起门来搞教育，更不允许压制民主、打击报复。

（四）必须认真开展批评和自我批评，进行积极的、健康的思想斗争。领导干部的情况不同，存在的问题不同，解决问题的具体形式也可以有所不同，但都必须拿起批评和自我批评这个武器，发扬“坚持真理，修正错误”的优良传统。无论是批评还是自我批评，都要讲政治，不纠缠细枝末节；都要实事求是，不文过饰非；都要真正解决问题，不走过场。要坚持按照“团结——批评——团结”的公式解决问题，严禁泄私愤、借机整人，决不允许重复过去搞政治运动那种“左”的错误做法。

四、开展“三讲”教育的步骤和方法

这次“三讲”教育，采取自上而下的办法，分级分批进行。中央直属机关、中央国家机关和各省、自治区、直辖市及其直属机关在试点基础上展开，明年上半年结束，地、市、县明年底基本完成。一个领导班子开展学习教育的时间，一般为两个月左右。安排活动时，可以有分有合。大体步骤和基本方法是：

（一）思想发动，学习提高。动员领导干部一定要以积极认真的态度搞好学习。这是开展好“三讲”教育的前提和基础。要深入学习党的十五大报告和《中国共产党章程》，学习毛泽东、邓小平、江泽民同志有关“讲学习、讲政治、讲正气”的论述，学习《党政领导干部选拔任用工作暂行条例》（中发［1995］4号）、《中国共产党党员领导干部廉洁从政若干准则（试行）》（中发［1997］9号）等有关文件，掌握思想武器，树立正确的态度，真正按照“讲学习、讲政治、讲正气”的要求来参加“三讲”教育。

（二）自我剖析，听取意见。在学习提高的基础上认真进行反思，找出领导班子特别是本人在党性党风和工作上存在的主要问题，从世界观的深处进行剖析。个人总结材料形成后，印发同级领导班子和下级主要领导成员征求意见。同时，发动和组织本单位干部、群众，对领导班子及每个成员进行畅所欲言的民主评议，并将评议意见和提出的问题如实反馈给本人。有违法违纪问题的干部，要自觉向组织交待清楚。主动讲清问题的，可以从轻处理。

（三）交流思想，开展批评。在领导班子内部开展谈心活动，有话讲在当面，不搞自由主义。经过充分准备，党委（党组）集中几天时间召开会议，开展认真负责、实事求是的批评和自我批评，坚持与人为善，互相帮助，增强团结，共同进步。对确有问题不认真进行自我批评，或者讳疾忌医、拒绝帮助的，主要领导同志和上级要及时指出，促其改正。

（四）认真整改，巩固成果。针对反映出的主要问题，集中分析研究，落实整改措施，系统总结经验，完善相关制度，巩固学习成果，促进“三讲”教育经常化、制度化。要在适当范围向干部、群众通报结果。

五、加强对“三讲”教育的领导

各级党委（党组）要把这次深入开展“三讲”教育作为事关大局的一项重要任务来抓。一级抓一级，一级带一级。党委主要负责同志要承担起第一责任人的责任，既要以身作则，带头学习，带头剖析自己，又要切实加强具体指导。党委（党组）全体成员都要尽职尽责，严以律己，同心同德，搞好“三讲”教育。地、市以上党委要成立领导小组，由有关部门抽调力量组成精干高效的办事机构，及时了解情况，掌握政策，督促检查，推动工作。对工作进行中出现的新情况、新问题，要及时研究解决。

中央、国家机关各部委，地方各级党委（党组）要制订工作方案，精心组织实施。要重点抓好县以上党委、政府、人大和政协领导班子的学习教育。在开展教育前，要深入调查研究，摸清情况，抓住主要问题，有针对性地加以解决。要把这次“三讲”教育活动同对干部的深入考察、考核结合起来。对法院、检察院和执法部门的领导班子，要根据其不同职能和特点提出要求。国有大中型企业和事业单位领导班子、领导干部的教育，由主管部门根据实际情况进行安排，不要求与党政领导班子的教育活动同步进行。在离退休的县级以上领导干部中，也要根据他们的具体情况安排学习。

要运用典型教育干部，广泛开展向抗洪抢险英模和其他先进人物学习的活动，弘扬正气；解剖反面教材，汲取经验教训，克服歪风邪气。对于在“三讲”教育中暴露出来的违法违纪问题，由纪检监察机关按照规定程序处理。

“三讲”教育工作每走一步，都要脚踏实地，讲求实效，坚决杜绝形式主义。上级党委对下级党委开展教育的情况要加强督促检查。可以派巡视组下去了解情况，必要时上级领导干部要下去具体指导。发现教育工作不得力的，要明确指出，责令纠正；有不足之处的，要及时帮助弥补；走了过场的，要严肃批评，重新进行。各地区、各部门“三讲”教育结束后，要向上级党委写出专题书面报告。军队的“三讲”教育，由解放军总政治部作出部署。

“三讲”教育必读篇目

毛泽东：

《反对本本主义》（1930 年 5 月）

《实践论》（1937 年 7 月）

《矛盾论》（1937 年 8 月）

《反对自由主义》（1937年9月7日）

《中国共产党在民族战争中的地位》（干部政策、党的纪律、党的民主、学习）（1938年10月14日）

《纪念白求恩》（1939年12月21日）

《改造我们的学习》（1941年5月19日）

《整顿党的作风》（1942年2月1日）

《关于领导方法的若干问题》（1943年6月1日）

《为人民服务》（1944年9月8日）

《论联合政府》（五）（1945年4月24日）

《在中国共产党第七届中央委员会第二次全体会议上的报告》（十）（1949年3月5日）

邓小平：

《解放思想，实事求是，团结一致向前看》（1978年12月13日）

《坚持四项基本原则》（1979年3月30日）

《高级干部要带头发扬党的优良传统》（1979年11月2日）

《目前的形势和任务》（第二部分）（1980年1月16日）

《党在组织战线和思想战线上的迫切任务》（1983年10月12日）

《建设有中国特色的社会主义》（1984年6月30日）

《一靠理想二靠纪律才能团结起来》（1985年3月7日）

《在中国共产党全国代表会议上的讲话》（1985年9月23日）

《视察天津时的谈话》（1986年8月19日—21日）

《保持艰苦奋斗的传统》（1989年3月23日）

《在武昌、深圳、珠海、上海等地的谈话要点》（1992年1月18日—2月21日）

江泽民：

《领导干部一定要讲政治》（1995年9月27日）

《正确处理社会主义现代化建设中的若干重大关系》（1995年9月28日）

《关于讲政治》（1996年3月3日）

《努力建设高素质的干部队伍》（1996年6月21日）

《在中纪委第八次全体会议上的讲话》（1997年1月29日）

《高举邓小平理论伟大旗帜，把建设有中国特色社会主义事业全面推向二十一世纪》（1997年9月12日）

《在第二期中央委员和候补委员学习邓小平理论和十五大精神研讨班结业式上的讲话》（1998年6月2日）

《在学习邓小平理论工作会议上的讲话》（1998年7月17日）

《关于打击走私和反腐败问题》（1998年7月）

中央文件：

《中共中央关于加强党的建设几个重大问题的决定》（1994年9月28日）

《中共中央关于加强社会主义精神文明建设若干重要问题的决议》（中发［1996］11号）

《中共中央关于在全党深入学习邓小平理论的通知》（中发［1998］11号）

中共中央关于在全党开展以实践“三个代表”重要思想为主要内容的保持共产党员先进性教育活动的意见

（中办发　2004年11月7日）

根据党的十六大和十六届四中全会精神，为进一步加强党的执政能力建设，全面推进党的建设新的伟大工程，确保党始终走在时代前列，更好地肩负起历史使命，中央决定，从2005年1月开始，用一年半左右的时间，在全党开展以实践“三个代表”重要思想为主要内容的保持共产党员先进性教育活动。

一、开展先进性教育活动的重要性和必要性

中国共产党是在一个拥有13亿人口的大国执政的马克思主义政党。我们党在中国执政，是历史的选择、人民的选择。进一步为人民执好政、掌好权，是时代的要求、人民的要求。党成立80多年来，团结和带领人民取得了革命、建设、改革的伟大胜利。这一历程，是党代表中国先进生产力的发展要求、代表中国先进文化的前进方向、代表中国最广大人民的根本利益的历程，是始终保持党的先进性的历程。在新的历史条件下，继续保持党的先进性，关系党执政能力的提高和执政地位的巩固，关系党和人民事业的兴旺发达和国家的长治久安。

党的先进性要通过党员的先锋模范作用来体现。我们党已经拥有6800多万党员。当前，我们正处在全面建设小康社会、加快推进社会主义现代化的新的发展阶段，党所处的环境、党所肩负的任务、党员队伍的状况都发生了重大变化。新的形势和任务，对保持共产党员的先进性提出了新的更高的要求。在新的历史条件下，共产党员保持先进性，就是要自觉学习实践邓小平理论和“三个代表”重要思想，坚定共产主义理想和中国特色社会主义信念，胸怀全局、心系群众，奋发进取、开拓创新，立足岗位、无私奉献，充分发挥先锋模范作用，团结带领广大群众前进，不断为改革开放和社会主义现代化建设作出贡献。从总体上看，我们的党员队伍是适应这些要求的，是有战斗力的。广大党员在改革发展稳定的各项工作中，在突发事件、关键时刻的考验面前，发挥了先锋模范作用。但是，在党员队伍中也存在着与保持先进性的要求不相适应的问题。一些党员理想信念动摇，党员意识和执政意识淡薄，带领群众前进的能力不强，难以发挥先锋模范作用。一些党员干部事业心和责任感不强，思想作风不端正，工作作风不扎实，脱离群众的问题比较突出。一些党员领导干部思想理论水平不高，解决复杂矛盾的能力不强，有的甚至以权谋私、腐化堕落。一些党的基层组织凝聚力、战斗力不强，有的甚至软弱涣散、不起作用。这些问题的存在，严重影响党的先进性，影响党的工作，损害党和人民的事业。

党的十六届四中全会就加强党的执政能力建设作出了全面部署，决定在全党开展以实践“三个代表”重要思想为主要内容的保持共产党员先进性教育活动。这是坚持用“三个代表”重要思想武装全党的重要举措，是提高党的执政能力、巩固党的执政基础、完成党的执政使命的重要举措，是实现全面建设小康社会宏伟目标、推进中国特色社会主义伟大事业的重要举措。坚持经常性教育与适当的集中教育相结合，是我们党解决自身存在问题、加强自身建设的一条重要经验。各级党委要按照胡锦涛同志在党的十六届四中全会上关于“各级党委要担负起组织领导责任，推动这项活动深入开展起来，取得良好成效”的重要指示精神，以高度的政治责任感，把开展先进性教育活动作为学习贯彻党的十六大和十六届四中全会精神的一项重大措施，作为关系全局和长远的一件大事，切实抓紧抓好。广大共产党员要按照中央要求，积极投入到这一活动中来，通过学习教育，提高思想认识，在建设中国特色社会主义的伟大实践中更好地发挥先锋模范作用。

二、开展先进性教育活动的指导思想和目标要求

开展先进性教育活动，要以邓小平理论和“三个代表”重要思想为指导，贯彻党的十六大和十六届三中、四中全会精神，树立和落实科学发展观，按照立党为公、执政为民的要求，坚持党要管党、从严治党的方针，紧密联系改革发展稳定工作实际和党员队伍建设现状，以学习实践“三个代表”重要思想为主要内容，引导广大党员学习贯彻党章，坚定理想信念，坚持党的宗旨，增强党的观念，发扬优良传统，认真解决党员和党组织在思想、组织、作风以及工作方面存在的突出问题，促进影响本地区本部门本单位改革发展稳定、涉及群众切身利益的实际问题的解决，不断增强党员队伍和党组织的创造力、凝聚力、战斗力，为实现全面建设小康社会的宏伟目标提供坚强的政治保证和组织保证。

开展先进性教育活动，要达到如下目标要求：

（一）提高党员素质。党员学习实践“三个代表”重要思想的自觉性、坚定性进一步增强，对新时期保持共产党员先进性的要求进一步明确，理想信念进一步坚定，先锋模范作用进一步发挥。

（二）加强基层组织。党的基层组织在成为贯彻“三个代表”重要思想的组织者、推动者和实践者上取得新进展，战斗堡垒作用进一步发挥，党执政的组织基础进一步巩固。

（三）服务人民群众。党员全心全意为人民服务的宗旨观念进一步增强，作风进一步改进，组织群众、宣传群众、教育群众、服务群众的本领进一步提高，党群、干群关系进一步密切，真正做到为民、务实、清廉。

（四）促进各项工作。党的路线方针政策在各地区各部门各单位进一步贯彻，科学发展观和正确政绩观进一步树立和落实，各项工作取得新的进展。

开展先进性教育活动，要在解决实际问题上下功夫，把是否解决了群众反映强烈、通过努力能够解决的突出问题和群众是否满意作为衡量先进性教育活动成效的重要标准。

三、开展先进性教育活动的指导原则

（一）坚持理论联系实际，务求实效。大力弘扬求真务实精神，用科学理论武装头脑、指导实践、推动工作。把先进性教育活动与促进改革发展稳定紧密结合起来，与推动本地区本部门本单位的各项工作紧密结合起来，不搞形式主义，不做表面文章，切实做到学习教育和推动工作两不误、两促进。

（二）坚持正面教育为主，认真开展批评与自我批评。树立和宣传先进典型，弘扬正气。引导党员提高学习的自觉性，主动查找和切实解决自身存在的问题，同时互相帮助，共同进步。开展主题实践活动，为党员加强党性锻炼、发挥先锋模范作用创造条件。

（三）坚持发扬党内民主，走群众路线。尊重党员的民主权利，调动党员参加先进性教育活动的积极性。坚持从群众中来、到群众中去，广泛听取群众意见，自觉接受群众的评议和监督。

（四）坚持领导干部带头，发挥表率作用。从中央到地方的各级党员领导干部都要以普通党员的身份参加先进性教育活动，带头参加学习，带头查找问题，带头制定和落实整改措施。党员领导干部尤其要认真解决理想信念、廉洁从政、求真务实、联系群众等方面存在的问题。党员领导干部还要认真负责地抓好本地区本部门本单位的先进性教育活动。

（五）坚持区别情况，分类指导。根据党政机关、城市基层和农村等各方面党员的不同情况，有针对性地提出党员保持先进性的具体要求，确定各自的重点学习内容和重点解决的问题。对新的经济和社会组织中的党员、流动人员中的党员、下岗失业人员中的党员和离退休职工中的党员等，可在坚持先进性教育活动基本要求的前提下，采取切合实际的方式方法，开展有效的教育活动。

四、开展先进性教育活动的总体安排和方法步骤

全党的先进性教育活动分三批进行，每批半年左右时间。

第一批：县及县以上党政机关和部分企事业单位，从 2005 年 1 月开始到 2005 年 6 月基本结束。包括中央和地方各级党政机关，全国和地方各级人大、政协机关，各级法院、检察院和人民团体机关，中央金融机构总部机关，中央、国务院直属事业单位，中央直属机关、中央国家机关各部门和地方各级机关管理的部分事业单位，部分中央企业的总部机关，铁道部所属铁路局、铁路分局机关。

第二批：城市基层和乡镇机关，从 2005 年 7 月开始到 2005 年 12 月基本结束。包括街道社区和社会团体、社会中介组织，中央金融机构的省级分支机构、派出机构和市、县分支机构及其营业网点，部属和地方所属高等院校、中等专业学校、城市中小学校，尚未参加第一批集中教育活动的中央企业及其他企事业单位，乡镇机关及其直属单位、县（市、区）派驻乡镇的基层单位。

第三批：农村和部分党政机关，从 2006 年 1 月开始到 2006 年 6 月基本结束。包括村，党的组织关系在乡镇、村的企事业单位，农村中小学校等，承担先进性教育活动组织和指导工作的中央和地方有关机关、部门。

在这个总体安排的前提下，对个别情况特殊的县（市、区）先进性教育活动的安排，省（自治区、直辖市）党委可根据党员在城乡分布的实际情况作适当调整。党员在县内流动的，一般应在原单位党组织参加先进性教育活动；在县外流动的，一般应在流入地党组织参加先进性教育活动。停产关闭破产、生产经营困难和正在改制的国有企业，如党组织不健全或不能正常发挥作用，其先进性教育活动的安排，可在坚持总的要求的前提下，区别对待，灵活安排。要保证先进性教育活动覆盖到全党所有的基层组织，力争使每个党员都参加活动、受到教育。

在每批的半年时间内，各单位集中学习教育的起止时间，可在确保质量的前提下，根据实际情况灵活掌握和安排，但一般不得少于 3 个月。集中学习教育分三个阶段进行。

第一阶段：学习动员。进行广泛深入的思想发动，组织好党员的学习培训，使广大党员进一步深化对邓小平理论和“三个代表”重要思想的理解，深化对党的十六大和十六届三中、四中全会精神的理解，提高对加强党的执政能力建设的认识，明确新时期保持共产党员先进性的基本要求。组织党员认真学习《保持共产党员先进性教育读本》，重点学习党章。根据党员的实际情况，采取个人自学、专题辅导和上党课等多种形式，确保学习培训的效果。党员领导干部要积极参加所在党支部组织的专题学习，参加党委（党组）理论学习中心组的专题学习。

第二阶段：分析评议。在认真学习的基础上，组织党员和党员领导干部，对照党章规定的党员义务和党员领导干部的基本条件，按照“两个务必”和“八个坚持、八个反对”的要求，全面总结自己近年来的思想、工作和作风等方面的情况，重点检查存在的问题，从世界观、人生观、价值观上剖析思想根源，领导干部还要从权力观、地位观、利益观方面进行剖析。有书写能力的要撰写党性分析材料。党组织要采取适当方式广泛征求群众意见，并将征求到的意见如实向党员反馈；领导机关和党员领导干部要多渠道多层次征求有关方面的意见。在广泛开展谈心活动的基础上，召开专题组织生活会，党员之间进行评议，开展批评与自我批评。领导班子还要召开党员领导干部专题民主生活会。党支部根据民主评议的情况、征求到的群众意见和党员的一贯表现，提出对每个党员的评议意见。

第三阶段：整改提高。针对征求意见、自我剖析中查找出的问题和民主评议中反映的问题，认真制定整改措施，明确整改重点，落实整改责任，并按照党章的要求切实进行整改。党员个人、基层党组织和领导机关的问题，要分别制定整改措施。上级机关和党员领导干部的整改，要为下级机关和其他党员作出表率。制定整改措施和进行整改的情况，要在一定范围内公布，充分听取群众意见，自觉接受群众监督。

集中学习教育基本结束后，要用一定的时间，切实做好巩固和扩大整改成果的工作。对应当解决而没有解决的问题，要集中力量切实解决；对暂时解决不了的问题，要向群众作出说明；整改效果不好、多数群众不满意的，要在上级党组织的监督下重新进行整改。要搞好建章立制，建立健全党员教育管理常抓不懈的工作机制。党组织对优秀党员要进行表扬。要把那些符合党员条件的先进分子及时吸收到党内来，壮大党员队伍。

这次教育活动，不单独搞一个组织处理阶段。对那些不履行党员义务、不具备党员条件的，要多做教育工作，促使他们尽快转化为合格的共产党员。对经教育不改、不符合党员条件的，要根据党章和有关规定，按照正常程序进行处理。对违纪党员，要按照《中国共产党纪律处分条例》的规定，给予纪律处分。

五、加强对先进性教育活动的组织领导

开展先进性教育活动，是全党政治生活中的一件大事。各级党组织要高度重视，统筹安排，精心组织，切实做到把学习实践“三个代表”重要思想作为主线贯穿始终，把学习贯彻党章、党的十六大和十六届三中、四中全会精神贯穿始终，把不断提高党员的思想认识贯穿始终，把进一步调动党员的积极性贯穿始终，把抓落实、求实效贯穿始终，把加强领导贯穿始终。

（一）建立领导责任制。先进性教育活动的领导关系，原则上按照党组织隶属关系确定。党的组织关系在地方的中央所属企事业单位的先进性教育活动，由地方党委领导，上级主管部门协助配合。各地区各部门的先进性教育活动，党委（党组）要全面负责，主要

负责同志要亲自抓，一级抓一级，层层抓落实。要充分发挥机关党委等基层党组织的作用，发挥基层党组织负责人作为直接责任人的作用。中央成立保持共产党员先进性教育活动领导小组，在党中央的领导下开展工作。中央先进性教育活动领导小组下设办公室，负责对先进性教育活动的具体指导。各地区各部门也要成立相应的领导机构和工作机构，落实领导和指导责任。对那些软弱涣散、不能领导先进性教育活动的基层党组织，要先进行整顿，再开展先进性教育活动。对那些开展先进性教育活动确有困难的基层党组织，要切实帮助他们解决困难，为他们开展好先进性教育活动创造必要条件。先进性教育活动要本着勤俭节约的精神进行，同时保证必要的经费。

（二）建立党员领导干部联系点制度。各级党员领导干部都要根据不同批次先进性教育活动的特点，结合各自分工确定联系点。通过深入联系点调查研究、督促检查、具体指导，使联系点成为先进性教育活动的示范点。要帮助联系点进一步找出工作差距，理清工作思路，解决实际问题。

（三）建立督查制度。在第一批先进性教育活动开展时，中央先进性教育活动领导小组向各省（自治区、直辖市）、中央直属机关和中央国家机关各部门以及中央和国务院直属事业单位、中央金融机构、部分中央企业派出督导组，各地区各部门也要向所属地方和单位派出督导组。在第二批和第三批开展时，中央先进性教育活动领导小组向各省（自治区、直辖市）和有关部门派出巡回检查组，各地区各部门向所属地方和单位派出督导组或巡回检查组。督导组和巡回检查组通过各种有效方式，了解所去地方和单位的先进性教育活动情况，提出建议，督促解决问题，防止形式主义，防止走过场。

（四）建立群众监督评价制度。先进性教育活动的有关情况要及时向群众公布，广泛征求和听取群众意见，充分吸收群众参与，主动接受群众监督。在先进性教育活动结束前，采取群众代表评议和在群众中随机抽样调查等形式，由上级党组织对下一级的先进性教育活动进行群众满意度测评。多数群众不满意的，必须及时“补课”。

各级党组织要在坚持先进性教育活动基本要求的前提下，结合本地区本部门本单位实际，积极探索，大胆创新，运用行之有效的活动方式和载体，丰富活动内容，强化活动效果，使先进性教育活动充分体现时代性和创造性。要搞好舆论宣传，充分运用报刊、广播、电视、图书、互联网等媒体，大力宣传开展先进性教育活动的重大意义，宣传党员和党员领导干部中的先进典型，宣传先进性教育活动的做法、经验和成效，为先进性教育活动营造良好的舆论氛围。

先进性教育活动结束后，各省（自治区、直辖市）、中央直属机关和中央国家机关各部门党委（党组）要向中央报送总结报告。各地区各部门要表彰一批优秀共产党员。中央将在建党 85 周年前夕，表彰一批全国优秀共产党员和先进基层党组织。

各地区各部门要根据本意见制定具体实施办法。人民解放军和武警部队的先进性教育活动，由解放军总政治部作出部署。

中共中央办公厅关于进一步加强督促检查工作的意见

（中办发［1999］6号　1999年2月6日）

自1995年《中共中央办公厅关于进一步加强督促检查工作的意见（试行）》下发以来，在党中央和各级党委的领导下，办公厅（室）的督促检查工作不断发展，对贯彻党的路线方针政策，推动中央和各级党委重大决策、重要工作部署的落实，发挥了越来越大的作用。决策作出后，关键要抓落实，并且要通过督促检查推动决策落实。督促检查工作既是各级党委的重要职责，也是办公厅（室）的重要工作。办公厅（室）要通过扎实有效、锲而不舍的督促检查，推动中央和各级党委决策的落实。根据几年来的试行情况，现就进一步加强督促检查工作提出如下意见：

一、对中央和各级党委决策的贯彻落实进行督促检查是办公厅（室）的重要职责

决策的制定和实施方案的部署，事情还只是进行了一半，还有更重要的一半就是要确保决策和部署的贯彻落实。为此，督促检查工作十分必要。开展督促检查是一个重要的领导环节和领导方法。督促检查，从根本上说，是对各级党委和领导工作作风的监督和检查，是决策落实的重要推动力，是落实工作不可缺少的辅助力量。各级党委作为抓决策落实的主体，责无旁贷地要抓决策贯彻落实的督促检查；作为党委办事机构的办公厅（室），担负着为党委制定和实施决策服务的任务，同样应该在督促检查工作中发挥重要的作用。

为党委决策的制定和实施服务，是办公厅（室）的重要任务。党委决策制定前，需要办公厅（室）提供信息、提供预案；党委决策制定后，同样需要办公厅（室）协助党委抓决策落实。督促检查就是做推动决策落实的文章，就是保证党委决策目标的实现。办公厅（室）的督促检查是党委督促检查的组成部分，其主要职责和作用是协助党委开展督促检查，并按照党委要求自行组织有实效的督促检查，以推动中央和党委决策的落实。督促检查工作做得怎样，是检验办公厅（室）整体工作的重要标志，是衡量办公厅（室）工作层次和水平高低的重要方面。各级党委办公厅（室）一定要强化督促检查意识，健全督促检查制度，优化督促检查机制，加大督促检查力度，提高督促检查实效，使督促检查在推动决策落实上发挥更多更大的作用。

二、把抓落实作为督促检查工作的出发点和落脚点

江泽民同志多次强调，不仅要制定正确的决策，更重要的是要落实决策，要“落实，落实，再落实”。“各项工作都要有布置、有检查，决不能只满足于开会、发文件、作指示，而要看究竟落实了多少，效果如何。这样才能使决策、任务和要求落到实处。”办公厅（室）的督促检查，出发点和落脚点都是为了中央和各级党委决策的落实。这是督促检查工作的本质属性和根本目的，也是衡量督促检查工作效果的唯一标准。办公厅（室）的督促检查从上到下，从制订计划到组织实施，从工作内容到工作方式，都要紧紧围绕落实作文章，在落实上下功夫，在落实上见成效。

决策落实的过程，是由浅入深、不断趋向决策目标的不间断的实践活动。因此，办公厅（室）的督促检查工作必须扎扎实实，真抓实干，做大量实际的而不是表面的、深入的而不是肤浅的、具体的而不是抽象的工作；必须环环相扣，贯穿到决策实施的每个阶段、每个环节、每个方面，直至决策真正转化为干部群众的实际行动，达到预期的效果。在方式上，督促检查工作不能只局限于了解对上级决策是否作了贯彻部署和制定了措施，不能只停留在掌握开了多少会、发了多少文件、下去了多少人这些落实工作的外在表现上，而应该把力量用在决策部署以后的具体实施上，把功夫下在决策精神见之于基层和干部群众的实际行动上。要经常了解决策落实的进度，追踪决策落实的轨迹，并且循着决策落实的进程，及时组织各项富有推动力的督促检查活动，持续不断地推动决策落实，直到决策目标的实现。

督促检查抓落实，要有求真务实、讲求实效的工作作风。抓落实，就要坚决防止主观主义、官僚主义和形式主义，制止弄虚作假和做表面文章。在督促检查工作上，要力戒不从实际出发，不深入基层，坐在家里想点子，跑到下面找例子，靠打电话、报材料、听汇报进行督促检查的飘浮作风，必须深入实际，深入群众，扎实工作，舍得花气力、下功夫，做艰苦细致的工作；要力戒大呼隆、走过场、图形式、搞花架子，应付上级的虚假作风，必须讲真话、使真劲、报实情，扑下身子抓，沉到下面干，追求落实的效果，不要做给领导和上级看的毫无意义的数字和形式；要力戒绕开矛盾，掩盖问题，浅尝辄止，半途而废，搞“半拉子”工程的肤浅作风，必须锲而不舍，一抓到底，善始善终，务求落实。督促检查工作搞形式主义，不仅不能推动决策落实，反而会给决策落实制造障碍，增加阻力。因此，督促检查工作一定要从实际出发，从效果出发，形式服从内容，方式服从效果，切实抓出成效。

三、紧密围绕党的中心工作进行督促检查

办公厅（室）开展督促检查，要紧紧围绕党的中心工作进行。要切实抓好党的路线方针政策贯彻落实的督促检查，抓好中央和各级党委重大决策、重要工作部署贯彻落实的督促检查。同时，要抓好中央和各级党委、领导同志以及上级领导机关批示、交办事项的查办落实。办公厅（室）要根据中央和各级党委一个时期的中心任务，确定督促检查的重点。对重大决策贯彻落实的督促检查，要紧抓不放，务求落实。

中央和各级党委作出重大决策和重要工作部署后，办公厅（室）要根据党委的意图，拟定督促检查方案，进行分解立项，报领导同志审批后，将督促检查的工作任务落实到地区、部门，明确责任，提出要求。对重大决策贯彻落实所提出的责任目标，可根据需要予以公布，接受群众和舆论的监督。在决策实施过程中，要及时掌握动态，跟踪决策落实的进展情况，把督促检查贯穿于决策落实的全过程。

反馈决策落实情况，是督促检查工作的重要任务，也是为党委进行督促检查服务的重要方式。要及时、全面、准确地反馈决策落实情况，以保证党委有针对性地对决策落实进行指导。按照规定，各地区、各部门要经常向中央报告工作，办公厅要及时提醒党委向中央报告工作并积极协助党委如实地写好报告。同时，办公厅（室）还要通过《督查专报》等形式，不断地反馈中央和上级党委决策在本地区的落实情况。《督查专报》的内容，既要反馈中央和党委决策下达后，本级党委的部署和安排，还要反馈党委抓落实的具体行动

和决策落实的进度；既要反馈决策实施初期的情况，还要反馈决策实施过程中各个阶段的情况；既要反馈决策落实的进展动态、措施办法和成绩经验，还要反馈决策落实中遇到的困难、出现的矛盾和存在的问题。各省、自治区、直辖市党委办公厅向中央办公厅报送《督查专报》，每年不得少于30期，其中应有一半是反映决策落实中出现的问题以及解决这些问题的意见、建议和做法的。

在督促检查工作中，要重点抓问题的解决。决策的实施正是通过对一个一个矛盾和问题的解决，最终实现决策目标的。从一定意义上讲，督促检查工作的力度主要体现在敢不敢于、善不善于抓矛盾和问题上。办公厅（室）一定要本着对党和人民高度负责的态度，紧紧抓住那些带普遍性、倾向性、苗头性的问题进行督促检查。要敢于向中央和各级党委反映真实情况和问题，特别是那些影响决策深入落实的问题。反映问题要说明来龙去脉、形成过程、产生原因以及发展趋势。反映问题是为了推动问题的解决，要透过现象看本质，主动发现矛盾，积极协助党委抓好问题的解决，把决策落实不断推向深入。

四、根据中央和各级党委决策的要求经常组织有实效的督促检查活动

办公厅（室）的督促检查要纳入党委督促检查的整个活动中通盘考虑，统一安排。同时，办公厅（室）还要根据中央和各级党委决策的要求，按照党委指示，主动地经常地组织有实效的督促检查活动。开展督促检查首先要吃透决策精神，领会领导意图，不能脱离决策精神“想当然”，甚至另搞一套。督促检查重在推动，重在协助，要以主人翁的态度多做宣传和引导工作，使督促检查的过程成为引导下面理解决策精神、帮助下面出谋献策、协助下面一起抓落实的过程。要继续坚持经实践证明是行之有效的督促检查方式，同时要根据决策落实的需要，不断探索新的方式方法。

督查调研是开展督促检查活动的重要方式。它是在决策作出后，针对决策落实情况，通过调查研究进行的督促检查活动。中央和各级党委决策实施一段时间后，办公厅（室）要根据党委的指示，及时会同有关部门组织力量深入下去进行督查调研。督查调研首先要选准题目，要紧紧围绕中央和各级党委的重大决策以及领导关注的重大问题进行。督查调研组下去后，要倾听群众的反映，掌握第一手材料，了解真实情况，总结经验，发现问题，提出解决问题的办法，研究深入抓落实的措施。要深入实际，通过开座谈会，到基层与干部群众交谈，甚至“微服私访”，切实把情况搞清楚。在一地调研结束后，要及时同当地领导交换意见，将调查了解到的情况特别是存在的问题，如实相告，促其把决策落到实处。要把调查的情况加以分析综合，反馈给党委，为党委推动决策落实和再决策提供依据。对中央重大决策和各级党委重要工作部署落实的督查调研，也可建议有关领导同志亲自参加。对一些涉及面较广的重大决策的督查调研，可根据党委授权，组织有关部门联合进行。

催报检查是一种经常性的督促检查活动。凡文件和会议明确规定了报告决策落实情况时限的，办公厅（室）一定要按照要求的内容和时限催报；没有明确报告时限的，要根据内容提出报送要求并搞好催报。对于催报上来的情况，要进行分析，做好综合汇总，向党委提出意见和建议。不符合要求的，在报请党委批准后，可请报送单位补充情况或重新报告。

五、为党委和领导同志进行的督促检查提供优质高效的服务和组织协调

办公厅（室）要协助党委科学地安排工作，尽量减少领导同志的事务性活动，创造一切必要的条件，保证领导同志有更多的时间和精力深入基层，深入群众，调查研究，督促检查。要根据中央的决策精神和各级党委的工作部署，及时向党委提出开展督促检查的建议，提供一个时期需要督促检查的内容、重点和方式，供领导同志参考。要积极为领导同志提供督促检查的全程服务，协助领导同志提高督促检查的效果。领导同志督促检查前，办公厅（室）要提供有关情况，拟制督促检查预案，协调督促检查力量，做好各项准备和组织工作；领导同志督促检查中，要协助领导同志加强同被督促检查单位之间的沟通和联系，安排和组织好各项活动，及时发现和解决问题；领导同志督促检查告一段落后，要协助领导同志及时总结经验，对中央和各级党委决策落实的进展情况、取得的成效、存在的问题、解决的办法等进行汇总反馈，推广先进，带动后进，解决带倾向性、普遍性的问题，研究进一步落实的措施。

办公厅（室）要根据党委授权，搞好督促检查工作中的组织协调。要加强同党委其他部门及政府有关职能部门的联系。对重大决策落实的督促检查，党委办公厅（室）可与同级政府办公厅（室）以及有关职能部门联合进行。必要时，可组织联合督促检查组到决策落实第一线开展工作。对某项决策落实职责不清的，要请党委加以明确。对决策落实涉及几个职能部门的，要进行协调，确定牵头或主办单位。在办公厅（室）协调出现困难时，可请示党委或请领导同志出面协调。

六、把中央宏观决策与地方党委具体决策贯彻落实的督促检查有机地结合起来

中央决策是党中央从党和国家的工作全局作出的战略性、宏观性决策，需要各级党委的具体决策与之相配套。各级党委根据中央决策从本地实际出发作出的各项具体决策，是中央决策在本地的具体化，它同中央决策一起构成党的工作的全部部署和安排。抓本级党委决策贯彻落实的督促检查，离不开中央决策贯彻落实的督促检查；同样，抓中央决策贯彻落实的督促检查，也不能脱离本级党委决策贯彻落实的督促检查。只有在实践中把二者有机地结合起来，融为一体，中央和本级党委的决策才能够落到实处。

推动中央决策的贯彻落实，是各级党委办公厅（室）的共同职责。中央决策代表了党和人民的最高利益，必须从全党全国工作大局的高度，从确保中央政令畅通、维护中央权威的高度，牢固树立和明确围绕中央决策落实开展督促检查工作的指导思想和工作目标。不管是哪一级的党委办公厅（室），都要把中央决策的贯彻落实作为督促检查的重点，放在督促检查工作的首位。办公厅系统从上到下要形成合力，共同抓好中央决策贯彻落实的督促检查。对此，一定要坚定不移，任何时候都不能懈怠。

要用中央决策精神指导本级党委决策的贯彻落实，通过抓本级党委决策的贯彻落实，推动中央决策在本地区的贯彻落实。要把推动本级党委决策贯彻落实的督促检查放到推动中央决策落实的总体工作中来谋划、来开展，使本级党委决策贯彻落实的督促检查沿着正确的方向开展，取得更大的效果。要在中央决策指导下，切实抓好本级党委决策落实的督促检查。要既抓中央决策落实的督促检查，又抓本级党委决策落实的督促检查，并在实践中把二者紧密地结合起来。

开展中央决策和本级党委决策贯彻落实的督促检查，要求办公厅系统的督促检查工作上下结合，紧密配合。中央办公厅将及时向各地区、各部门办公厅通报中央对督促检查工作的要求、一个时期督促检查工作的重点，为办公厅（室）系统的督促检查按照中央的要求高效运转服务。各级党委办公厅（室）之间要加强联系，互通情况，搞好协调，形成合力，共同开展督促检查工作。必要时，上下级办公厅（室）可联合组成督促检查组，到基层进行督查调研。

七、认真做好党委领导同志批办事项的专项查办工作

对中央和各级党委领导同志批示、交办事项进行专项查办，是督促检查工作的重要组成部分。要认真做好领导同志批示、交办事项的查办落实工作，做到批则必查，查则必清，清则必办，办则必果。对本地区出现的那些严重影响党的路线方针政策和党委重大决策贯彻落实、群众反映强烈的问题，在报经领导批准后也要主动进行查办。

各地区、各部门收到上级机关转来的查办事项后，要按程序交党委办公厅（室）督促检查部门登记立项，由督促检查部门报告党委，并按照党委的指示，或责成有关部门查办，或牵头组织力量查办。查办工作必须求真务实，秉公办事，不仅要查清情况，还要提出处理意见。对复杂、重大的问题，要一查到底，务求水落石出。要增加催促力度，加快办理速度，提高办结质量。中央领导同志批办事项和中央办公厅主动查办事项一般要在两个月内办结，同时要急事急办，按要求的时限完成，并向发出查办通知的上级机关报告查办结果；特殊情况需要延长查办时间的，要及时报告原因和进展情况，延长期不能超过两个月；对久拖不决的问题，必要时要派人下去直接进行催办。

查办工作必须注重办结质量，承办单位要对查办报告认真审核把关。对重要事项的查办结果，交办单位要亲自核查；对不符合要求的，应退回承办单位重新查报；对逾期不报或在办结报告中弄虚作假的，在经过调查核实的基础上，要向承办单位的党委主要领导同志报告，并请党委追查责任，给予必要的处理。中央办公厅将视情况对查办件的办结情况进行通报。重要查办事项办结后，要举一反三，采取措施，推动与之相联系的党的方针政策的落实。

八、切实加强对督促检查工作的领导

各级党委和领导同志在研究制定决策的同时，要切实改进工作作风，把主要精力放在调查研究、督促检查和狠抓落实上。同时，要重视和加强办公厅（室）的督促检查工作，使用好办公厅（室）的督促检查力量。要让督促检查工作人员充分了解党委的决策意图、工作思路和部署，授予必要的组织协调、情况通报、处理问题等督促检查工作方面的权力。要给督促检查工作人员交任务、压担子，听取他们的汇报，给予经常性地具体指导。要为督促检查人员提供阅读文件和资料、跟随领导下基层调研、检查工作等必要的工作条件。要调动和保护他们的积极性，帮助他们解决实际问题。要进一步健全督促检查机构，加强督促检查力量，稳定督促检查队伍，配强督促检查人员。为增强督促检查工作的权威性和对外工作方便，督促检查部门的名称可由党委灵活确定，如省委办公厅的督促检查部门可称省委督查室。可根据工作需要，选聘一些资历深、工作经验丰富、公道正派、敢于反映和处理问题的同志担任专职督查员或兼职督查员。

办公厅（室）要协助党委加强对督促检查工作的领导。要按照政治强、业务精、作风硬、纪律严的要求，加强督查队伍的自身建设。要教育督促检查工作人员坚持正确的政治方向，认真学习马克思列宁主义、毛泽东思想特别是邓小平理论，认真学习党的路线方针政策和社会主义市场经济理论、法律知识和现代科学技术知识，不断提高自身的政治素质和业务素质。要建立便捷、畅通、有效的督促检查网络，运用现代办公手段，密切网络联系。上级党委督促检查部门要加强对下级党委督促检查部门的业务指导，组织业务培训，开展督促检查理论与实践的研究。要继续建立和完善督促检查的制度，逐步实现督促检查工作的制度化、规范化和科学化。

中共中央组织部关于加强组织部门干部监督工作若干意见（试行）

（中发［2000］19号　2000年12月25日）

加强干部监督是改革开放条件下执政党建设的一项重要而紧迫的任务。我们党是建设有中国特色社会主义事业的领导核心。党要始终代表中国先进社会生产力的发展要求，代表中国先进文化的前进方向，代表中国最广大人民的根本利益，关键在于建设一支能够忠诚实践“三个代表”重要思想的高素质领导干部队伍。当前，从总体上看，领导干部队伍的主流是好的，干部选拔任用工作是健康的。同时也要看到，在改革开放和发展社会主义市场经济条件下，一些消极的甚至腐朽的东西经常侵蚀着我们的干部队伍和干部工作，各种不正之风和腐败现象时有发生，有的还相当严重，败坏党在人民群众中的形象，损害党的凝聚力和战斗力，必须坚决克服。出现这些问题的原因是多方面的，其中，很重要的是，一些党组织对干部特别是领导干部疏于教育、疏于管理、疏于监督，对干部选拔任用工作监督检查不力。实践证明，越是改革开放、发展社会主义市场经济，越要加强干部监督；越是领导机关、领导干部，越要有严格的监督。组织部门的干部监督是党内监督的重要组成部分。加强组织部门干部监督工作，对于加强领导班子和干部队伍建设，保证中国社会主义事业的巩固和发展，具有极其重要的意义。

为了进一步加强组织部门干部监督工作，现提出如下意见：

一、组织部门干部监督工作的指导思想和主要任务

1. 组织部门干部监督工作的指导思想是：以马列主义、毛泽东思想、邓小平理论和江泽民同志“三个代表”重要思想为指导，以《中国共产党章程》、《党政领导干部选拔任用工作暂行条例》（以下简称《条例》）等党内法规以及党中央对领导干部和干部工作的要求为依据，按照从严治党的方针，坚持以正面教育为主、预防为主、事前监督为主，把干部监督贯穿于干部培养教育、考察考核、选拔任用、日常管理的各个环节，促进干部健康成长，防止和纠正用人上的不正之风，加强高素质领导干部队伍建设，为社会主义现代化建设提供坚强的组织保证。

2. 组织部门干部监督工作的主要任务：一是对领导班子和领导干部的监督，重点是对县（处）级以上领导班子和领导干部的监督。主要是监督能否全面正确地贯彻执行党的路线方针政策，在政治上、思想上、行动上与党中央保持高度一致；能否结合实际学习政治理论，坚定理想信念，树立和坚持正确的世界观、人生观和价值观；能否严格遵守民主集中制的各项制度，坚持“集体领导，民主集中，个别酝酿，会议决定”的工作方针；能否坚持实事求是的原则和群众路线，经常深入基层，深入实际，密切联系群众，为群众办实事；能否正确运用人民赋予的权力，遵纪守法，勤政廉政，全心全意为人民服务。二是对各级党委（党组）和组织（人事）部门贯彻执行党的干部路线方针政策的监督，重点是对党政领导干部选拔任用工作的监督。主要是监督党委（党组）和组织（人事）部门能否

全面正确地贯彻执行干部队伍“四化”方针和德才兼备的原则；能否严格执行《条例》，按照规定的原则、标准和程序选拔任用干部，自觉遵守组织人事工作纪律；能否严格执行中央和中央组织部关于干部工作的法规和政策；能否严肃查处违反党的干部路线方针政策、不按《条例》规定选拔任用干部的行为。

二、切实加强对领导班子和领导干部的监督

3. 认真监督检查领导班子执行民主集中制的情况。各级组织（人事）部门要结合干部考察考核和日常管理工作，对下级领导班子执行民主集中制情况进行深入了解，主要看在重大问题的决策，特别是干部任免、重要建设项目的安排、大额度资金的使用等方面，是否正确贯彻执行民主集中制原则，严格按照有关规定和程序办事，是否存在个人专断或无人负责的现象。发现苗头性问题，要及时提醒，督促纠正；对问题比较突出的，要及时向党委（党组）报告，提出解决的意见和建议。各级党委组织部门要按照一级抓一级的原则，督促下级党委认真执行《中国共产党地方委员会工作条例（试行）》，在每届领导班子任期内至少进行一次检查，并将检查情况报上一级党委组织部门。

4. 加强对下级领导班子民主生活会的指导。各级组织（人事）部门要按照中央纪委、中央组织部《关于改进县以上党和国家机关党员领导干部民主生活会的若干意见》的要求，切实履行对领导班子民主生活会管理、指导的职责。借鉴“三讲”集中教育的经验，重点督促和帮助他们找准党性党风以及工作方面存在的突出问题，认真开展批评和自我批评，进行积极健康的思想斗争，切实增强民主生活会的原则性、针对性和有效性。对不符合要求的民主生活会，要责令重开，必要时可在一定范围内通报批评。

5. 强化对领导班子和领导干部的日常管理和监督。实行省部级领导干部家庭财产报告制度，坚持和完善领导干部个人重大事项报告制度、任期经济责任审计制度、干部谈话和诫勉制度、回复组织函询制度等，发现问题及时督促纠正，防微杜渐。要引导和鼓励领导班子成员从对党的事业负责和关心爱护同志出发，加强相互之间经常性的监督和帮助。对那些坚持党的原则、敢于开展批评和自我批评的，要给予表扬和鼓励；对搞庸俗关系、好人主义的，要给予批评教育；对拨弄是非，闹无原则纠纷，损害班子团结，经批评教育不改的，要进行必要的组织处理。

6. 突出抓好对领导班子正职的监督。各级党委（党组）和组织（人事）部门，对管理范围内领导班子正职贯彻党的路线方针政策、理论学习、民主作风、选人用人、廉洁自律、抓班子自身建设等方面的情况，要进行全面监督。上级党委（党组）及组织（人事）部门的主要负责同志和分管领导，要与下一级领导班子正职每年至少进行一次谈心谈话。组织（人事）部门在对领导班子进行全面考察时，要切实加强对正职的考察。要经常分析研究通过干部考察、民主评议、领导班子民主生活会和信息信访等渠道所反映的下一级领导班子正职的情况，发现苗头性问题及时谈话进行诫勉；对干部群众反映比较强烈的问题，要认真分析，必要时进行专项调查，提出处理意见。建立党政领导班子正职年度总结报告制度。正职每年要将本人的思想、工作、作风、廉洁自律、执行党风廉政建设责任制以及抓班子自身建设的情况，向上一级党委（党组）写出报告。

7. 加大对领导干部问题的查核力度。各级党委组织部门要按照干部管理权限，建立领导干部问题分级调查核实和督办制度，对来信来访和举报等反映的领导干部的问题，认真调查核实。对确有问题的，区别情况给予相应的组织处理；对构成违纪违法的，及时移交执纪执法机关查处。对经过调查确实没有问题的，应采取适当方式予以澄清。各地调查处理的重点案件，特别是涉及中央管理及报中央备案的领导干部的案件，要及时将有关情况向中央组织部干部监督局报告。

8. 建立和完善巡视制度。中央组织部与中央纪委联合派出巡视组，重点对省（部）级党政领导班子特别是党政正职执行党的路线方针政策包括对中央批示、交办的各项工作落实情况和坚持民主集中制、选人用人、廉政勤政情况进行监督检查。

9. 把加强对领导干部的监督与鼓励干部大胆探索、开拓创新结合起来。要严格掌握政策，既依据有关法规和要求，规范和约束领导干部行使权力的行为，又注意调动和保护干部的工作积极性创造性，充分体现党组织对干部的信任和关怀。注意发现和表彰优秀干部，并根据工作需要和本人条件，提出予以重用的意见和建议。

三、切实加强对干部选拔任用工作的监督检查

10. 选拔任用领导干部要严格把关。坚持任人唯贤的干部路线，对思想政治素质好、政绩突出、廉洁自律、群众公认的优秀年轻干部，要大胆提拔使用。要防止思想品质不好、弄虚作假、跑官要官的人得到提拔或进入各级领导班子。选拔任用党政领导干部，必须经过民主推荐提出考察对象，改进民主推荐的方法，提高民主推荐的质量；必须依据干部选拔任用条件和不同领导职务的要求，全面考察其德、能、勤、绩和廉洁自律情况，不仅了解干部工作方面的情况，而且要深入了解干部思想、生活、社交等方面的情况，还应注意了解其配偶、子女从业等方面的情况；必须按照干部管理权限由党委（党组）集体研究作出任免决定，或者决定提出推荐、提名意见。

11. 严格禁止违反规定突击提拔干部。在机构变动和主要领导已经明确工作即将变动时，不得提拔调整干部。确因工作需要提拔调整干部的，要与上一级组织（人事）部门沟通，说明提拔调整的人员数量、理由、涉及单位的职数设置等情况，经同意后，方可研究决定。

12. 加强对党政领导干部选拔任用工作情况的检查。中央组织部每两年对各省、自治区、直辖市和中央、国家机关部委干部选拔任用工作进行一次检查，并不定期派出巡视组进行监督检查。各级党组织每年要对本地本部门的干部选拔任用工作情况进行一次自查和检查，并向上一级党委组织部门专题报告。加强对干部双重管理部门干部选拔任用工作的监督，督促这些部门严格按照干部双重管理的有关规定选拔任用干部。积极探索，建立和完善党政领导干部选拔任用工作评价体系。

13. 严肃查处违反《条例》的行为。严格执行《关于对违反〈党政领导干部选拔任用工作暂行条例〉行为的处理规定》，坚决纠正违反《条例》规定任免干部的行为。对严重违反《条例》的问题，上级党组织可直接查核，责成下级党组织撤销任免决定，或撤销下级党组织的任免决定，并依据有关规定对责任人作出处理。

14. 建立用人失察失误责任追究制度。按照权责一致的原则，明确干部选拔任用工作过程中推荐、考察、决定等各个环节和有关人员的责任。对选拔任用干部违反政策、不按规定行事造成失误的，要严肃追究责任。对在干部任用上搞以权谋私、弄虚作假的，不管涉及什么人，一经发现，都要坚决查处。对典型案件，要认真剖析，总结教训，并在一定范围内通报，必要时可通过新闻媒体公开曝光。

15. 充分发挥人民群众的监督作用。改进和完善民主推荐、民意测验、民主评议制度，扩大群众在干部选任上的知情权、参与权、选择权和监督权。拟提拔的领导干部人选，必须在民主推荐和民意测验得票较多的干部中产生，多数人不赞成的，不能提拔任用。对年度考核、届中届末考察中民主评议不称职票达三分之一以上的领导干部，应免去现职。逐步实行干部考察预告制度、差额考察制度和考察结果通报制度，推行和完善干部任前公示制，加大公开选拔党政领导干部工作的力度。

四、充分发挥组织部门干部监督机构的作用

16. 组织部门干部监督机构的主要职责是：负责组织部门干部监督工作的统一协调和宏观指导；对领导干部和选拔任用干部工作实施监督，对《条例》及《组织人事干部行为若干规范》贯彻执行情况进行监督检查；研究和参与制定有关干部监督的制度、规定；督办和直接查办严重违反《条例》、严重违反组织人事纪律的行为；受理并调查核实群众举报的领导干部的问题。

17. 党委组织部门主管干部选拔任用工作的机构在考察拟提拔、调动干部人选过程中，应听取干部监督机构的意见。地方党委组织部门干部监督机构负责人参加本部门研究讨论干部任用的会议。根据工作需要，上级党委组织部门干部监督机构可调阅下级党委和组织部门讨论任免干部的会议记录和其他有关材料，可约请有关人员谈话了解情况。

18. 加强与执纪执法机关的经常性联系。坚持和完善组织部门与执纪执法机关和审计、信访等有关部门的联系会议制度。联系会议每半年召开一次，必要时可随时召开，就群众反映和组织上调查处理的有关领导干部和干部选拔任用工作等方面的问题，互通情况，交流信息，研究对策。发挥审计监督作用，注意运用领导干部任期经济责任审计的成果。

19. 加强干部监督信息工作。党委组织部门内部各工作机构通过调查研究、参加民主生活会、干部考察考核、受理来信来访等掌握的反映领导干部和干部工作问题的信息，应及时送干部监督机构，以便加强对监督信息的统一管理和综合分析；干部监督机构应将掌握的有关情况，及时向其他干部工作机构提供，充分发挥干部监督信息在干部工作中的作用。可聘请一定数量的干部监督信息员，通过多种渠道及时了解领导干部政治思想、道德品质、工作实绩、工作作风及遵纪守法等方面的情况，了解社会各方面对干部选拔任用工作的反映。逐步建立一个覆盖面广、渠道畅通、反映灵敏的干部监督信息网络。

20. 加强组织部门干部监督机构自身建设。地方党委组织部门要建立健全干部监督机构，强化职能，充实力量。中央和国家机关部委干部（人事）部门，应确定有关机构负责干部监督工作。加强干部监督工作队伍建设，改善结构，提高素质。做干部监督工作的同志，要政治坚定，刚直不阿，清正廉洁，敢于同违反党的原则的行为作坚决斗争。对从事干部监督工作的同志，既要严格要求，又要注意保护好他们的积极性，支持他们大胆开展工作。

五、切实加强对组织部门干部监督工作的领导

21. 各级党委（党组）要把加强干部监督工作作为党的建设的一项重要任务，摆上议事日程，切实加强领导。要建立干部监督工作责任制，党委（党组）的主要负责同志对所在地区或部门的干部监督工作负总责，班子其他成员对所分管部门和联系单位的干部监督工作负有领导责任。凡本地区、本部门发生重大腐败案件以及用人上的不正之风严重，得不到及时治理的；凡对群众反映较大的问题不及时调查处理或瞒案不报、执纪不严的，要按照党风廉政建设责任制的要求，追究有关领导机关和领导干部的责任。党委（党组）要定期听取组织（人事）部门干部监督工作情况的汇报，提出指导意见。积极支持人大、政协按照有关规定加强对领导干部的监督，重视发挥群众监督和舆论监督的作用，加强对承担干部监督职能的各有关机关和部门的协调，使之相互沟通，密切协作，齐抓共管，形成干部监督工作的合力。

22. 各级组织（人事）部门要增强创新意识，以改革的精神不断改进和加强干部监督工作。要认真贯彻《深化干部人事制度改革纲要》，加大干部制度改革的力度，通过改革进一步完善干部选拔任用工作制度，逐步建立健全与社会主义市场经济相适应的干部监督工作的制度体系。党委组织部门内部各工作机构，在干部监督方面都负有重要责任，要进一步理顺工作关系，相互协调，相互配合，把对干部的监督融入干部工作的各个环节之中。要加强对下级党委组织部门干部监督工作的宏观指导和督促检查，经常分析干部监督工作中的新情况新问题，有针对性地提出解决的措施和办法。重视干部监督工作的理论和政策研究，从理论和实践的结合上，探索一套行之有效的干部监督工作的方式、方法、手段和机制。

中共中央纪律检查委员会关于重申和建立党内监督五项制度的实施办法

（中办发〔1997〕16号 1997年2月4日）

为了进一步健全和加强党内监督机制，充分发挥党的纪律检查委员会对党政领导干部，特别是对省（部）级领导干部的监督作用，按照对干部严格要求、严格管理、严格监督的精神，在坚持党的纪律检查委员会现行领导体制的前提下，重申和建立党内监督五项制度，并据此制定以下实施办法。

一、按照党的十三届六中全会通过的《中共中央关于加强党同人民群众联系的决定》的有关精神，中央纪律检查委员会根据工作需要，选派省（部）级干部到地方和部门巡视，其任务是了解省、自治区、直辖市和中央、国家机关部委领导班子及其成员贯彻执行党的路线、方针、政策以及廉政情况，有关情况直接报告中央纪委，中央纪委及时报告党中央。

（一）巡视组由巡视员和工作人员组成。巡视员从已经退离党政领导岗位的正、副省（部）级干部中选派，人选由中央纪委提出名单，征求中央组织部意见，由中央纪委常委会研究确定。工作人员由中央纪委干部室提名，经中央纪委常委批准。

巡视组直接对中央纪委常委会负责。中央纪委负责巡视组的组织、联络、协调和情况综合工作。

（二）巡视组的任务是，了解省、自治区、直辖市和中央机关、国家机关部委领导班子及其成员贯彻执行党的路线、方针、政策以及遵守政治纪律的情况和廉政情况；将巡视情况直接报告中央纪委。重要情况由中央纪委报告中央。

（三）巡视组可列席省、自治区、直辖市党委常委或部委党组（党委）的民主生活会及研究党风廉政建设等有关会议；根据工作需要，直接向省、自治区、直辖市和中央机关、国家机关部委领导班子成员了解情况；召开有关人员参加的座谈会或向有关人员了解情况；查阅会议记录和有关材料。

（四）巡视组执行规定范围内的任务，不干预被巡视地方或部门的工作；不承办案件，不处理具体问题，对所到地方和部门的工作及发现的问题不作个人表态；严格要求自己，带头执行关于领导干部廉洁自律的有关规定；轻车简从，深入实际，联系群众，多方面听取意见，遇有重要情况及时请示、汇报。

二、党的地方和部门的纪委（纪检组）发现同级党委（党组）或它的成员有违反党的纪律的情况，有权进行初步核实，并直接向上级纪律检查委员会报告，任何组织和个人不得干预和阻挠。需要立案检查的，按党章和有关规定报批。纪委（纪检组）遇到此类问题不报告就是失职，严重的要受到追究。

（一）本条规定所称“党委（党组）或它的成员”，是指地方和部门各级党委、党工委，国家机关、人民团体、经济组织、文化组织和其他非党组织中的党组，以及上述党组织中的书记、副书记、常委、委员、党组成员。

（二）纪委（纪检组）发现同级党委（党组）或它的成员有违反党纪的情况，应及时进行研究，作出是否进行初核的决定，并在作出决定后将同级党委（党组）或其成员的违纪情况、是否初核和如何初核的意见以书面形式报告上级纪委，同时报党委（党组）主要领导同志（涉及本人的除外）。

（三）对同级党委（党组）违反党纪的情况，以及对同级党委（党组）成员同时又是上级党委成员违反党纪的情况进行初核，应先向上级纪委报告；对同级党委（党组）的其他成员违反党纪的情况进行初核，在报告上级纪委的同时即可进行。上级纪委接到下级纪委（纪检组）的报告后，应及时研究，并对初核工作给予指示。必要时，上级纪委可以与下级纪委共同进行初核工作。

（四）纪委（纪检组）应按照《中国共产党纪律检查机关案件检查工作条例》（以下称《案件检查工作条例》）规定的程序完成初核工作，并将初核结果和意见书面报告上级纪委。上级纪委应根据初核结果和《案件检查工作条例》等有关规定作出处理。需要立案检查的，按照党章和《案件检查工作条例》规定的程序和权限报批。

三、党的地方和部门的纪委（纪检组）接到对下一级党委（党组）成员的检举和控告，必须报告上一级纪律检查委员会，任何人无权扣压。凡违反的必须追究责任，严肃处理。

（一）本条规定所称“下一级党委（党组）成员”，是指纪委（纪检组）的同级党委领导的下一级党委、党工委的书记、副书记、常委、委员；下一级国家机关、人民团体、经济组织、文化组织和其他非党组织中的党组书记、副书记、党组成员。

下一级纪委（纪检组）、同级党委所属工作部门中不是同级党委（党组）成员的正副职领导干部，适用本条规定。

（二）地方和部门的纪委（纪检组）从各种途径接到的对下一级党委（党组）成员的检举和控告，均需报告上一级纪委，任何组织和个人无权扣压。但是，下列检举和控告可以不报：上一级纪检机关下转交办的；已经上报并且内容重复的；没有任何具体事实和查核线索的；明显不属于违纪行为的。

（三）地方和部门的纪委（纪检组）接到需上报的检举和控告后，应填写《检举控告报表》（格式附后），按月上报上一级纪委。问题比较重大或紧急的，随时上报。对上报的问题，需要进行初步核实和立案检查的，按照《案件检查工作条例》规定的程序进行。

（四）上一级纪委收到《检举控告报表》后，对需要提出办理意见的，应及时提出并告知呈报的纪委（纪检组）。呈报的纪委（纪检组）必须执行，如有不同意见，应向上一级纪委书面申明理由，上一级纪委应及时给予答复。办理结果应报告上一级纪委。

四、凡属地方和部门主要领导干部的提拔任用，党的组织部门在提请党委（党组）讨论决定前，应征求同级纪委（纪检组）的意见。

（一）本条规定所称“地方和部门主要领导干部的提拔任用”，是指提拔任用干部担任党的机关、人大机关、行政机关、政协机关、审判机关、检察机关及群众团体中由同级党委（党组）管理的主要领导职务。

（二）党委拟提拔任用的地方和部门主要领导干部人选，组织部门在考察、酝酿过程中，应征求该干部所在地区或部门纪委（纪检组）的意见，在提请党委（党组）讨论决定前，应征求同级纪委（纪检组）的意见。

（三）纪委（纪检组）应及时向征求意见的组织部门反映已掌握的拟任职人选遵守党纪政纪的情况、廉洁自律情况和抓党风廉政建设的情况。

（四）纪委（纪检组）与组织部门建立联系制度。纪委（纪检组）对日常所了解的干部的前项所列情况，以及群众反映干部的违纪违法问题和查处情况，需向组织部门通报的，要及时通报。

五、各级纪检监察机关领导干部的提名、任免、兼职、调动，各级组织、人事部门必须事先征得上级纪检监察机关的同意。

（一）本条规定所称“各级纪检监察机关领导干部”，是指各级纪委书记、副书记、常委（不设常委的为委员），纪检组正、副组长，监察机关及其派出机构的正、副职负责人。

（二）各级纪检监察机关领导干部的提名、任免和调动，组织、人事部门必须在征得上级纪检监察机关同意后，按照干部管理权限和规定的程序进行。任免或调动通知应报上级纪检监察机关备案。

（三）拟安排纪检监察机关领导干部兼任与纪检监察机关的职责无直接关系的职务（包括常设职务和临时职务）的，组织、人事部门必须事先征得上级纪检监察机关的同意，然后按照干部管理权限和有关规定办理任职手续。任职通知应报上级纪检监察机关备案。

各级党委（党组）、纪委（纪检组）要认真贯彻执行本办法，各级组织、人事部门要积极配合，共同落实好有关加强党内监督的各项制度。凡拒不执行或违反本办法的，干预、阻挠执行本办法的，打击报复执行本办法的有关人员的，均属违纪行为，有关组织和人员应向上级党委、纪委报告，上级党委、纪委应迅速查明情况，责令予以纠正，并按照有关党纪条规追究责任，严肃处理。

本办法由中共中央纪律检查委员会负责解释。

本办法自发布之日起施行。以往发布的有关规定与本办法相抵触的，以本办法为准。

中共中央纪律检查委员会
关于对党员干部加强党内纪律监督的若干规定（试行）

（中纪办发［1987］3号　1987年7月29日）

《中共中央关于社会主义精神文明建设指导方针的决议》明确提出“严格执行党的纪律，建立和健全党内监督制度和人民监督制度，使各级领导干部得到有效的监督”。中发［1987］3号文件进一步提出建立“一套制度制约和监督党和国家的高级领导人、特别是职权最高的领导人都能严格遵守宪法、遵守党纪，不至于不受任何限制自由行动，……。”

党内纪律监督在党的建设中，具有十分重要的地位和作用。我们党的党内纪律监督工作历来是有的，但是由于缺乏健全的监督制度，使这一工作没有真正做到经常和有效。党的十二大报告中指出“党的各级纪律检查委员会，……对中央以下的同级党委及其成员实行党章规定范围内的监督”，说明纪检机关在党内纪律检查监督方面是责无旁贷的。但是党章对纪检机关在党内监督中的职责和监督工作的主管机关没有明文规定。

在这种情况下，为了充分发挥纪检机关的纪律监督作用，暂作如下规定：

一、党内纪律监督的任务，是保证党的组织、党员，尤其是党员领导干部按照党章和《准则》规定的原则办事，防止党内各种不良倾向的发生，揭露和纠正一切损害党的利益、违犯党纪国法的行为。保持、发扬党的优良传统和好的作风。

党内纪律监督的重点，是各级党员领导干部，特别是主要领导干部。

二、党依靠党章规范和制约全党的活动。这种活动又必须在宪法和法律规定的范围内进行。一切党规、党法和国家的法律、法令，都是党内纪律监督的依据。

对各级党员领导干部实行监督的主要内容，是党章第三条党员必须履行的义务、第三十五条党的各级领导干部必须具备的基本条件，以及党章总纲提出的对党员的基本要求和《准则》规定的各项原则。

当前党内纪律监督，着重以下几个方面：

（1）监督、检查贯彻执行党的十一届三中全会以来的路线、方针、政策和决议的情况。监督、检查三中全会提出的建设具有中国特色的社会主义的路线，这条路线的两个基本点——坚持四项基本原则和坚持改革、开放、搞活的方针，是否得到了贯彻执行。党员、党组织，在政治上必须和中央保持一致。

（2）监督、检查各级领导班子贯彻党的民主集中制原则，实行集体领导的情况，严肃党的组织纪律。

（3）思想作风方面，主要是克服、纠正“以权谋私”和严重的官僚主义，努力克服自由主义。必须树立全心全意为人民服务的思想和理论联系实际，密切联系群众和批评、自我批评的作风。

（4）监督各级党委、党组织重视党的建设工作，重视党的思想政治工作。

（5）监督、检查是否全面贯彻按干部“四化”标准和德才兼备原则任用干部。

三、对党员干部的党内纪律监督，包括党组织（包括党员所在支部）的监督、党员群众的监督、党员干部相互之间的监督和专职机关的监督。长期以来，党内形成了许多监督党员干部的好方法。例如，党的组织生活会制度，党员领导干部民主生活会制度，干部民主评议制度，干部鉴定制度，请示报告制度，群众来信来访制度，这些都是行之有效的监督方法。

为了贯彻十二大提出的“党的各级纪委对中央以下的同级党委及其成员实行党章规定范围内的监督”，当前，还要着重抓好三件事：

（1）地方（部门）纪委（纪检组）书记或主持日常工作的副书记，参加（或列席）同级党委常委（党组）会议，全面了解本地区、本部门工作情况，并积极参与讨论。

（2）地方（部门）纪委（纪检组）书记或主持日常工作的副书记，参加同级和下级党委（党组）领导班子成员民主生活会议，并将情况报告上级纪委。

对于同级党委（党组）领导班子成员参加党的支部（小组）生活会议的情况，以及对他们进行民主评议的情况，同级纪委常委必须了解，并协助同级党委（党组）组织部门把这项工作做好。开好民主生活会和支部生活会，一是领导干部一定要出席；二是正确开展批评与自我批评；三是这两个会按规定定期召开，形成制度。

（3）做好来信来访工作，是发挥党内外群众监督的重要渠道。对群众所反映的问题，要认真负责、实事求是地进行处理，决不允许采取推诿拖延、敷衍塞责的官僚主义的态度。各级纪委要逐步实行领导干部定期接待群众来访日，直接倾听群众意见，并将党内外群众的意见定期反馈给党委，逐步做到事事有回声，件件有着落。

四、党的纪律监督工作，实行分级负责的办法：

党的中央委员会成员的违犯党纪行为，由中纪委向中央检举，并向中央报告核查、处理情况。

地方（部门）各级党的委员会领导成员及同级担负行政领导职务的党员干部的纪律监督工作，由同级纪委（纪检组）负责进行；对其他党员领导干部和党员的纪律监督工作，由所在机关纪委负责进行。

地方（部门）各级纪委（纪检组），对于发现本地区、本部门在贯彻执行党的路线、方针、政策中发生的严重问题，以及党员领导干部包括同级党的委员会成员违法乱纪问题，有权进行调查核实，并及时向同级党的委员会和上级纪委作报告。不报告就是失职，严重的要受到追究。

地方（部门）党的纪委（纪检组）可以不经过同级党委同意，直接向上级纪委反映情况，任何组织或个人都不准干预、压制。

五、保护监督者与被监督者的正当权利。

（1）党内外群众对党员干部进行监督，反映情况，提出批评，进行检举、控告，都是他们的民主权利，必须受到保护。

严禁对批评者、检举者、控告者打击报复。对打击报复的行为，必须追究责任。对于不愿暴露姓名的检举、控告人要注意保护。

（2）为便于对事实核对清楚，可以适当方式告知被监督者并听取其意见；被监督者对涉及自己的问题提出申诉或说明情况，也是党员的民主权利，必须受到保护。

（3）党的组织和各级党员领导干部，要支持和保证纪检工作人员和其他执纪专业人员正当行使职权。袒护被监督、被检查者，干扰、阻碍执纪部门工作以及打击报复执纪人员的，必须查明情况，严肃处理。

(4) 实行党内监督，必须采取负责的态度，实事求是地反映情况。任何以监督名义，在党内搞派别活动或有意捏造事实诬陷、诽谤他人的，必须受到追究和处分。

(5) 对党内外群众在监督党员干部时所反映的问题，凡是需要答复或反映人要求答复的，有关党组织应责成主管单位在核实或处理后给反映人以负责的答复。

六、加强党对党内纪律监督的领导。各级、各部门纪委（纪检组）要定期向同级党委（党组）作关于纪律监督工作的汇报；每年至少向同级党委和上级纪委作一次全面报告。以取得同级党委（党组）和上级纪委的领导。

各级、各部门纪委（纪检组）领导班子要按规定召开民主生活会；领导班子成员，都要出席党的支部（小组）生活会。纪委（纪检组）领导班子的民主生活会，应请同级党委（或组织部门）和机关党委派人参加。

七、本规定中提出的各级纪律检查委员会有关党内纪律监督的职责、权限及各项原则，适用于各级政府机关、群众团体的纪律检查组。

各地区、各部门纪委（纪检组），可根据此规定，制定对本地区、本部门对党员干部实施纪律监督的补充办法。

军队的党内纪律监督，由军委纪委参照本规定，具体制定。

中共中央纪律检查委员会、最高人民检察院、监察部关于纪检监察机关和检察机关在反腐败斗争中加强协作的通知

（高检会［1993］31号　1993年11月5日）

在深入开展反腐败斗争中，为进一步加强纪检监察机关和检察机关在反腐败斗争中的密切配合与协作，特作如下通知：

一、中央纪委、最高人民检察院、监察部建立联席例会制度。联席例会原则上每三个月召开一次。特殊情况下，经一方提出，可随时召开。联席例会由中央纪委负责召集，中央纪委分管案件的常委、最高人民检察院分管案件的副检察长、监察部部长（或副部长）应参加联席例会。例会的主要任务是：通报各自在反腐败斗争中的工作情况，交流信息；分析反腐败斗争中的新情况、新问题；研究反腐败工作的宏观对策；讨论反腐败斗争中遇到的法律、政策问题；研究需要协调的双方在工作中遇到的问题和重大贪污、贿赂等经济违纪、违法犯罪案件以及非法拘禁、刑讯逼供、徇私舞弊等侵权、渎职案件的查处工作。

地方各级纪检监察机关和检察机关也应建立相应的联席例会制度，加强在反腐败斗争中的协作与配合。

二、纪检监察机关查处的违纪案件，经审查认为已触犯刑律，需要追究刑事责任的，应按照《刑事诉讼法》有关案件管辖的规定，及时将有关证据材料（或复印件）移送相应的检察机关。纪检监察机关根据案情，应在移送前后对当事人作出党纪政纪处理。对于纪检监察机关移送的案件，检察机关要积极受理，及时审查或进行必要的调查，作出是否立案的决定。检察机关决定不予立案的，应说明原因，并将材料退回移送的纪检监察机关。

检察机关在案件侦结后，要将案件的处理结论（起诉、免予起诉、撤案情况）及时通报移送案件的纪检监察机关

三、检察机关在查处案件中，对需要同时作党纪、政纪处理的案犯和打击报复举报人、包庇案犯、干扰办案的有关人员，应适时将有关证据材料（或复印件）移送纪检监察机关。纪检监察机关应及时作出处理，并将处理情况通报检察机关。

对于检察机关尚未侦结的案件，纪检监察机关需要对有关违纪人员作出党纪、政纪处分，检察机关在不影响侦查工作的前提下，应积极配合。

四、纪检监察机关和检察机关要及时转送属于对方管辖的有关举报材料。

五、对于查处有阻力或涉及党纪、政纪、法纪交叉的大案要案，经纪检监察机关和检察机关协商，可由一个部门为主调查，另一部门进行配合，必要时由联席例会决定由纪检监察机关和检察机关联合调查，对触犯刑律的，由检察机关依照法律程序办理。

六、纪检监察机关查处的可能构成犯罪需要移送检察机关的案件或移送检察机关尚未

侦结的案件，一般不要公开报道，如需公开报道，应由双方协商决定。

七、纪检监察机关和检察机关在反腐败斗争中要依法办案，严格区分违反党纪政纪和刑事犯罪的界限，各司其职，相互配合，协调一致。遇到问题不能协调一致时，提交联席例会协商，协商仍不能一致的，分别报告上一级纪检监察机关和检察机关。

机构编制监督检查工作暂行规定

（中央编办发〔2007〕5号　2007年2月13日）

第一条　为规范机构编制监督检查工作，严肃机构编制纪律，根据《中华人民共和国行政监察法》等有关法律、行政法规，制定本规定。

第二条　机构编制监督检查工作必须遵循实事求是、依法办事、注重实效的原则。坚持监督检查与加强管理相结合，预防、教育与惩处相结合。

第三条　各级机构编制管理机关应当按照法定管理权限，履行机构编制监督检查职责。

各级监察机关应当依法履行行政监察职责，检查执行机构编制管理规定中存在的问题，查处机构编制违法违纪行为。

第四条　机构编制管理机关与监察机关在机构编制监督检查工作中应当互相支持，协作配合。

第五条　机构编制监督检查的对象是：

（一）国务院所属的行政机构；

（二）地方各级人民政府及其所属的行政机构；

（三）事业单位。

第六条　机构编制管理机关、监察机关对下列事项实施监督检查：

（一）机构编制管理法律、法规的贯彻执行情况；

（二）地方各项机构编制管理政策、措施是否符合法律、行政法规和国家有关规定；

（三）上级党委、政府、机构编制管理机关批准的改革方案中涉及机构编制事项的执行情况；

（四）地方各级人民政府行政机构限额、行政和事业编制总量控制情况；

（五）行政机构、事业单位职能配置、机构设置、编制配备、领导职数配备等机构编制事项的执行情况；

（六）机构编制管理权限和审核、审批程序的执行情况；

（七）受理违反机构编制管理规定问题的举报和查处违反机构编制管理规定问题的情况；

（八）机构编制统计的情况；

（九）其他需要监督检查的事项。

第七条　各级机构编制管理机关应当公开其政策规定、业务范围、审批程序等。

各级机构编制管理机关应当督促行政机构、事业单位对不涉及国家秘密的编制和实有人员等情况，向本单位工作人员或者社会公开。

第八条　各级机构编制管理机关应当每年组织行政机构、事业单位开展机构编制管理自查自纠，并将有关情况报告同级人民政府和上级机构编制管理机关；遇有重要情况，随时报告。

各级机构编制管理机关可以根据需要对有关单位的机构编制管理情况进行评估。

第九条 机构编制管理机关可以采取例行检查、专项检查等方式开展检查工作。

检查工作按照下列程序进行：

（一）拟订方案；

（二）根据管理权限报批立项；

（三）发出通知；

（四）组织实施；

（五）报告检查情况；

（六）向被检查单位反馈检查情况，提出意见或者建议。

特殊情况下，机构编制检查可以不事先通知。

重大检查活动，机构编制管理机关可以会同监察机关联合进行。

第十条 实施机构编制检查，可以采取听取汇报、召开座谈会、个别谈话、走访等方式进行。

第十一条 对违反机构编制管理规定的问题，机构编制管理机关应当按照职责和权限进行调查核实。调查核实应当两人以上共同进行。

第十二条 在调查核实过程中，被调查的单位和人员有权向机构编制管理机关申辩。

第十三条 上级机构编制管理机关可以责成下级机构编制管理机关调查核实有关违反机构编制管理规定的问题，并应当进行督办；必要时，可派出督促检查组进行督查。

下级机构编制管理机关对上级机构编制管理机关批转的查核件，应当在60日内报告办理结果；逾期不能报告的，应当书面说明理由。

第十四条 监察机关检查执行机构编制管理规定中存在的问题，查处机构编制违法违纪行为，依照《中华人民共和国行政监察法》规定的程序办理。

第十五条 机构编制监督检查的对象应当配合机构编制监督检查工作，及时、全面、客观地提供相关材料，并对调查事项涉及的有关问题做出解释和说明。凡弄虚作假、妨碍监督检查以及对监督检查人员打击报复的，依据有关规定严肃处理。

第十六条 机构编制管理机关对违反机构编制管理规定的行为，可以采取下列处理措施：

（一）通报批评；

（二）建议改正或者责令限期纠正；

（三）予以纠正；

（四）建议财政部门对超编人员不予核拨经费；

（五）建议对负有直接责任的主管人员和其他直接责任人员给予处分。

第十七条 地方各级人民政府在机构编制工作中有下列行为之一的，由上级机构编制管理机关依照本规定第十六条第（二）项的规定处理：

（一）超越权限或者违反规定程序设立、撤并各类机构，提高机构规格或者变更机构性质的；

（二）超职数、超规格配备领导干部的；

（三）超编制限额配备人员的；

（四）其他违反机构编制管理规定的行为。

第十八条　国务院和地方各级人民政府所属行政机构、事业单位在机构编制工作中有下列行为之一的，由同级或者上级机构编制管理机关依照本规定第十六条第（一）、（二）、（三）、（五）项的规定处理：

（一）违反规定干预下级职能配置、机构设置或者编制、职数配备的；

（二）违反规定擅自扩大或者缩小职责范围和权限的；

（三）擅自设立、撤并机构以及提高机构规格或者变更机构名称、隶属关系和经费渠道的；

（四）超职数配备内设机构或者下属机构领导干部的；

（五）擅自超过核定的编制使用工作人员或者改变编制使用范围的；

（六）为超编人员核拨经费或者办理录用、调任、社会保障等手续的；

（七）统计信息失实或者不按规定报送统计数据的；

（八）其他违反机构编制管理规定的行为。

有本条第（三）、（五）、（六）项行为之一的，可以同时适用本规定第十六条第（四）项的规定。

第十九条　各级机构编制管理机关在机构编制工作中有下列行为之一的，由上级机构编制管理机关依照本规定第十六条第（一）、（二）、（三）、（五）项的规定处理：

（一）超机构限额审批机构，超越权限提高机构规格、加挂机构牌子、变更机构性质或者名称的；

（二）超编制限额审批编制，或者违反规定挤占、挪用编制的；

（三）违反规定核定领导职数的；

（四）其他违反机构编制管理规定的行为。

第二十条　机构编制管理机关经过调查核实，认为需要追究有关责任人员纪律责任的，属于监察对象的，移送监察机关处理；不属于监察对象的，移送任免机关处理。涉嫌犯罪的，移送司法机关依法处理。

监察机关发现有违反机构编制管理规定的问题时，应当及时向机构编制管理机关通报有关情况。

第二十一条　各级机构编制管理机关应当建立举报制度。

任何单位和个人有权向机构编制管理机关或者监察机关举报违反机构编制管理规定的行为。受理机关对举报人的情况应当予以保密。

第二十二条　各级机构编制管理机关应当加强内部监督，建立健全机构编制审批和监督检查的协调配合机制。

第二十三条　各级机构编制管理机关应当加强机构编制监督检查的信息工作，拓宽监督渠道，扩大信息来源，逐步建立覆盖面广、反应灵敏的机构编制监督检查信息网络。

第二十四条　机构编制管理机关对使用行政编制和事业编制的其他机关、团体的监督检查工作依照本规定执行。

第二十五条　本规定由中央机构编制委员会办公室、监察部负责解释。

第二十六条　本规定自发布之日起施行。

中华人民共和国预算法

（1994 年 3 月 22 日第八届全国人民代表大会第二次会议通过）

第一章　总　则

第一条　为了强化预算的分配和监督职能，健全国家对预算的管理，加强国家宏观调控，保障经济和社会的健康发展，根据宪法，制定本法。

第二条　国家实行一级政府一级预算，设立中央，省、自治区、直辖市、设区的市、自治州，县、自治县、不设区的市、市辖区，乡、民族乡、镇五级预算。

不具备设立预算条件的乡、民族乡、镇，经省、自治区、直辖市政府确定，可以暂不设立预算。

第三条　各级预算应当做到收支平衡。

第四条　中央政府预算（以下简称中央预算）由中央各部门（含直属单位，下同）的预算组成。

中央预算包括地方向中央上解的收入数额和中央对地方返还或者给予补助的数额。

第五条　地方预算由各省、自治区、直辖市总预算组成。

地方各级总预算由本级政府预算（以下简称本级预算）和汇总的下一级总预算组成；下一级只有本级预算的，下一级总预算即指下一级的本级预算。没有下一级预算的，总预算即指本级预算。

地方各级政府预算由本级各部门（含直属单位，下同）的预算组成。

地方各级政府预算包括下级政府向上级政府上解的收入数额和上级政府对下级政府返还或者给予补助的数额。

第六条　各部门预算由本部门所属各单位预算组成。

第七条　单位预算是指列入部门预算的国家机关、社会团体和其他单位的收支预算。

第八条　国家实行中央和地方分税制。

第九条　经本级人民代表大会批准的预算，非经法定程序，不得改变。

第十条　预算年度自公历一月一日起，至十二月三十一日止。

第十一条　预算收入和预算支出以人民币元为计算单位。

第二章　预算管理职权

第十二条　全国人民代表大会审查中央和地方预算草案及中央和地方预算执行情况的报告；批准中央预算和中央预算执行情况的报告；改变或者撤销全国人民代表大会常务委员会关于预算、决算的不适当的决议。

全国人民代表大会常务委员会监督中央和地方预算的执行；审查和批准中央预算的调整方案；审查和批准中央决算；撤销国务院制定的同宪法、法律相抵触的关于预算、决算的行政法规、决定和命令；撤销省、自治区、直辖市人民代表大会及其常务委员会制定的同宪法、法律和行政法规相抵触的关于预算、决算的地方性法规和决议。

第十三条　县级以上地方各级人民代表大会审查本级总预算草案及本级总预算执行情况的报告；批准本级预算和本级预算执行情况的报告；改变或者撤销本级人民代表大会常务委员会关于预算、决算的不适当的决议；撤销本级政府关于预算、决算的不适当的决定和命令。

县级以上地方各级人民代表大会常务委员会监督本级总预算的执行；审查和批准本级预算的调整方案；审查和批准本级政府决算（以下简称本级决算）；撤销本级政府和下一级人民代表大会及其常务委员会关于预算、决算的不适当的决定、命令和决议。

设立预算的乡、民族乡、镇的人民代表大会审查和批准本级预算和本级预算执行情况的报告；监督本级预算的执行；审查和批准本级预算的调整方案；审查和批准本级决算；撤销本级政府关于预算、决算的不适当的决定和命令。

第十四条　国务院编制中央预算、决算草案；向全国人民代表大会作关于中央和地方预算草案的报告；将省、自治区、直辖市政府报送备案的预算汇总后报全国人民代表大会常务委员会备案；组织中央和地方预算的执行；决定中央预算预备费的动用；编制中央预算调整方案；监督中央各部门和地方政府的预算执行；改变或者撤销中央各部门和地方政府关于预算、决算的不适当的决定、命令；向全国人民代表大会、全国人民代表大会常务委员会报告中央和地方预算的执行情况。

第十五条　县级以上地方各级政府编制本级预算、决算草案；向本级人民代表大会作关于本级总预算草案的报告；将下一级政府报送备案的预算汇总后报本级人民代表大会常务委员会备案；组织本级总预算的执行；决定本级预算预备费的动用；编制本级预算的调整方案；监督本级各部门和下级政府的预算执行；改变或者撤销本级各部门和下级政府关于预算、决算的不适当的决定、命令；向本级人民代表大会、本级人民代表大会常务委员会报告本级总预算的执行情况。

乡、民族乡、镇政府编制本级预算、决算草案；向本级人民代表大会作关于本级预算草案的报告；组织本级预算的执行；决定本级预算预备费的动用；编制本级预算的调整方案；向本级人民代表大会报告本级预算的执行情况。

第十六条　国务院财政部门具体编制中央预算、决算草案；具体组织中央和地方预算的执行；提出中央预算预备费动用方案；具体编制中央预算的调整方案；定期向国务院报告中央和地方预算的执行情况。

地方各级政府财政部门具体编制本级预算、决算草案；具体组织本级总预算的执行；提出本级预算预备费动用方案；具体编制本级预算的调整方案；定期向本级政府和上一级政府财政部门报告本级总预算的执行情况。

第十七条　各部门编制本部门预算、决算草案；组织和监督本部门预算的执行；定期向本级政府财政部门报告预算的执行情况。

第十八条　各单位编制本单位预算、决算草案；按照国家规定上缴预算收入，安排预算支出，并接受国家有关部门的监督。

第三章　预算收支范围

第十九条　预算由预算收入和预算支出组成。

预算收入包括：

（一）税收收入；

（二）依照规定应当上缴的国有资产收益；

（三）专项收入；

（四）其他收入。

预算支出包括：

（一）经济建设支出；

（二）教育、科学、文化、卫生、体育等事业发展支出；

（三）国家管理费用支出；

（四）国防支出；

（五）各项补贴支出；

（六）其他支出。

第二十条　预算收入划分为中央预算收入、地方预算收入、中央和地方预算共享收入。

预算支出划分为中央预算支出和地方预算支出。

第二十一条　中央预算与地方预算有关收入和支出项目的划分、地方向中央上解收入、中央对地方返还或者给予补助的具体办法，由国务院规定，报全国人民代表大会常务委员会备案。

第二十二条　预算收入应当统筹安排使用；确需设立专用基金项目的，须经国务院批准。

第二十三条　上级政府不得在预算之外调用下级政府预算的资金。下级政府不得挤占或者截留属于上级政府预算的资金。

第四章　预算编制

第二十四条　各级政府、各部门、各单位应当按照国务院规定的时间编制预算草案。

第二十五条　中央预算和地方各级政府预算，应当参考上一年预算执行情况和本年度收支预测进行编制。

第二十六条　中央预算和地方各级政府预算按照复式预算编制。

复式预算的编制办法和实施步骤，由国务院制定。

第二十七条　中央政府公共预算不列赤字。

中央预算中必需的建设投资的部分资金，可以通过举借国内和国外债务等方式筹措，但是借债应当有合理的规模和结构。

中央预算中对已经举借的债务还本付息所需的资金，依照前款规定办理。

第二十八条　地方各级预算按照量入为出、收支平衡的原则编制，不列赤字。

除法律和国务院另有规定外，地方政府不得发行地方政府债券。

第二十九条　各级预算收入的编制，应当与国民生产总值的增长率相适应。

按照规定必须列入预算的收入，不得隐瞒、少列，也不得将上年的非正常收入作为编制预算收入的依据。

第三十条　各级预算支出的编制，应当贯彻厉行节约、勤俭建国的方针。

各级预算支出的编制，应当统筹兼顾、确保重点，在保证政府公共支出合理需要的前提下，妥善安排其他各类预算支出。

第三十一条　中央预算和有关地方政府预算中安排必要的资金，用于扶助经济不发达的民族自治地方、革命老根据地、边远、贫困地区发展经济文化建设事业。

第三十二条　各级政府预算应当按照本级政府预算支出额的百分之一至百分之三设置预备费，用于当年预算执行中的自然灾害救灾开支及其他难以预见的特殊开支。

第三十三条　各级政府预算应当按照国务院的规定设置预算周转金。

第三十四条　各级政府预算的上年结余，可以在下年用于上年结转项目的支出；有余额的，可以补充预算周转金；再有余额的，可以用于下年必需的预算支出。

第三十五条　国务院应当及时下达关于编制下一年预算草案的指示。

编制预算草案的具体事项，由国务院财政部门部署。

第三十六条　省、自治区、直辖市政府应当按照国务院规定的时间，将本级总预算草案报国务院审核汇总。

第三十七条　国务院财政部门应当在每年全国人民代表大会会议举行的一个月前，将中央预算草案的主要内容提交全国人民代表大会财政经济委员会进行初步审查。

省、自治区、直辖市、设区的市、自治州政府财政部门应当在本级人民代表大会会议举行的一个月前，将本级预算草案的主要内容提交本级人民代表大会有关的专门委员会或者根据本级人民代表大会常务委员会主任会议的决定提交本级人民代表大会常务委员会有关的工作委员会进行初步审查。

县、自治县、不设区的市、市辖区政府财政部门应当在本级人民代表大会会议举行的一个月前，将本级预算草案的主要内容提交本级人民代表大会常务委员会进行初步审查。

第五章　预算审查和批准

第三十八条　国务院在全国人民代表大会举行会议时，向大会作关于中央和地方预算草案的报告。

地方各级政府在本级人民代表大会举行会议时，向大会作关于本级总预算草案的报告。

第三十九条　中央预算由全国人民代表大会审查和批准。

地方各级政府预算由本级人民代表大会审查和批准。

第四十条　乡、民族乡、镇政府应当及时将经本级人民代表大会批准的本级预算报上一级政府备案。县级以上地方各级政府应当及时将经本级人民代表大会批准的本级预算及下一级政府报送备案的预算汇总，报上一级政府备案。

县级以上地方各级政府将下一级政府依照前款规定报送备案的预算汇总后，报本级人民代表大会常务委员会备案。国务院将省、自治区、直辖市政府依照前款规定报送备案的预算汇总后，报全国人民代表大会常务委员会备案。

第四十一条　国务院和县级以上地方各级政府对下一级政府依照本法第四十条规定报送备案的预算，认为有同法律、行政法规相抵触或者有其他不适当之处，需要撤销批准预算的决议的，应当提请本级人民代表大会常务委员会审议决定。

第四十二条　各级政府预算经本级人民代表大会批准后，本级政府财政部门应当及时向本级各部门批复预算。各部门应当及时向所属各单位批复预算。

第六章　预算执行

第四十三条　各级预算由本级政府组织执行，具体工作由本级政府财政部门负责。

第四十四条　预算年度开始后，各级政府预算草案在本级人民代表大会批准前，本级政府可以先按照上一年同期的预算支出数额安排支出；预算经本级人民代表大会批准后，按照批准的预算执行。

第四十五条　预算收入征收部门，必须依照法律、行政法规的规定，及时、足额征收应征的预算收入。不得违反法律、行政法规规定，擅自减征、免征或者缓征应征的预算收入，不得截留、占用或者挪用预算收入。

第四十六条　有预算收入上缴任务的部门和单位，必须依照法律、行政法规和国务院财政部门的规定，将应当上缴的预算资金及时、足额地上缴国家金库（以下简称国库），不得截留、占用、挪用或者拖欠。

第四十七条　各级政府财政部门必须依照法律、行政法规和国务院财政部门的规定，及时、足额地拨付预算支出资金，加强对预算支出的管理和监督。

各级政府、各部门、各单位的支出必须按照预算执行。

第四十八条　县级以上各级预算必须设立国库；具备条件的乡、民族乡、镇也应当设立国库。

中央国库业务由中国人民银行经理，地方国库业务依照国务院的有关规定办理。

各级国库必须按照国家有关规定，及时准确地办理预算收入的收纳、划分、留解和预算支出的拨付。

各级国库库款的支配权属于本级政府财政部门。除法律、行政法规另有规定外，未经本级政府财政部门同意，任何部门、单位和个人都无权动用国库库款或者以其他方式支配已入国库的库款。

各级政府应当加强对本级国库的管理和监督。

第四十九条　各级政府应当加强对预算执行的领导，支持政府财政、税务、海关等预算收入的征收部门依法组织预算收入，支持政府财政部门严格管理预算支出。

财政、税务、海关等部门在预算执行中，应当加强对预算执行的分析；发现问题时应当及时建议本级政府采取措施予以解决。

第五十条　各部门、各单位应当加强对预算收入和支出的管理，不得截留或者动用应当上缴的预算收入，也不得将不应当在预算内支出的款项转为预算内支出。

第五十一条　各级政府预算预备费的动用方案，由本级政府财政部门提出，报本级政府决定。

第五十二条　各级政府预算周转金由本级政府财政部门管理，用于预算执行中的资金周转，不得挪作他用。

第七章　预算调整

第五十三条　预算调整是指经全国人民代表大会批准的中央预算和经地方各级人民代表大会批准的本级预算，在执行中因特殊情况需要增加支出或者减少收入，使原批准的收支平衡的预算的总支出超过总收入，或者使原批准的预算中举借债务的数额增加的部分变更。

第五十四条　各级政府对于必须进行的预算调整，应当编制预算调整方案。中央预算的调整方案必须提请全国人民代表大会常务委员会审查和批准。县级以上地方各级政府预算的调整方案必须提请本级人民代表大会常务委员会审查和批准；乡、民族乡、镇政府预算的调整方案必须提请本级人民代表大会审查和批准。未经批准，不得调整预算。

第五十五条　未经批准调整预算，各级政府不得作出任何使原批准的收支平衡的预算的总支出超过总收入或者使原批准的预算中举借债务的数额增加的决定。

对违反前款规定作出的决定，本级人民代表大会、本级人民代表大会常务委员会或者上级政府应当责令其改变或者撤销。

第五十六条　在预算执行中，因上级政府返还或者给予补助而引起的预算收支变化，不属于预算调整。接受返还或者补助款项的县级以上地方各级政府应当向本级人民代表大会常务委员会报告有关情况；接受返还或者补助款项的乡、民族乡、镇政府应当向本级人民代表大会报告有关情况。

第五十七条　各部门、各单位的预算支出应当按照预算科目执行。不同预算科目间的预算资金需要调剂使用的，必须按照国务院财政部门的规定报经批准。

第五十八条　地方各级政府预算的调整方案经批准后，由本级政府报上一级政府备案。

第八章　决　算

第五十九条　决算草案由各级政府、各部门、各单位，在每一预算年度终了后按照国务院规定的时间编制。

编制决算草案的具体事项，由国务院财政部门部署。

第六十条　编制决算草案，必须符合法律、行政法规，做到收支数额准确、内容完整、报送及时。

第六十一条　各部门对所属各单位的决算草案，应当审核并汇总编制本部门的决算草案，在规定的期限内报本级政府财政部门审核。

各级政府财政部门对本级各部门决算草案审核后发现有不符合法律、行政法规规定的，有权予以纠正。

第六十二条　国务院财政部门编制中央决算草案，报国务院审定后，由国务院提请全国人民代表大会常务委员会审查和批准。

县级以上地方各级政府财政部门编制本级决算草案，报本级政府审查后，由本级政府提请本级人民代表大会常务委员会审查和批准。

乡、民族乡、镇政府编制本级决算草案，提请本级人民代表大会审查和批准。

第六十三条　各级政府决算经批准后，财政部门应当向本级各部门批复决算。

第六十四条　地方各级政府应当将经批准的决算，报上一级政府备案。

第六十五条　国务院和县级以上地方各级政府对下一级政府依照本法第六十四条规定报送备案的决算，认为有同法律、行政法规相抵触或者有其他不适当之处，需要撤销批准该项决算的决议的，应当提请本级人民代表大会常务委员会审议决定；经审议决定撤销的，该下级人民代表大会常务委员会应当责成本级政府依照本法规定重新编制决算草案，提请本级人民代表大会常务委员会审查和批准。

第九章　监　督

第六十六条　全国人民代表大会及其常务委员会对中央和地方预算、决算进行监督。

县级以上地方各级人民代表大会及其常务委员会对本级和下级政府预算、决算进行监督。

乡、民族乡、镇人民代表大会对本级预算、决算进行监督。

第六十七条　各级人民代表大会和县级以上各级人民代表大会常务委员会有权就预算、决算中的重大事项或者特定问题组织调查，有关的政府、部门、单位和个人应当如实反映情况和提供必要的材料。

第六十八条　各级人民代表大会和县级以上各级人民代表大会常务委员会举行会议时，人民代表大会代表或者常务委员会组成人员，依照法律规定程序就预算、决算中的有关问题提出询问或者质询，受询问或者受质询的有关的政府或者财政部门必须及时给予答复。

第六十九条　各级政府应当在每一预算年度内至少二次向本级人民代表大会或者其常务委员会作预算执行情况的报告。

第七十条　各级政府监督下级政府的预算执行；下级政府应当定期向上一级政府报告预算执行情况。

第七十一条　各级政府财政部门负责监督检查本级各部门及其所属各单位预算的执行；并向本级政府和上一级政府财政部门报告预算执行情况。

第七十二条　各级政府审计部门对本级各部门、各单位和下级政府的预算执行、决算实行审计监督。

第十章　法律责任

第七十三条　各级政府未经依法批准擅自变更预算，使经批准的收支平衡的预算的总支出超过总收入，或者使经批准的预算中举借债务的数额增加的，对负有直接责任的主管人员和其他直接责任人员追究行政责任。

第七十四条　违反法律、行政法规的规定，擅自动用国库库款或者擅自以其他方式支配已入国库的库款的，由政府财政部门责令退还或者追回国库库款，并由上级机关给予负有直接责任的主管人员和其他直接责任人员行政处分。

第七十五条　隐瞒预算收入或者将不应当在预算内支出的款项转为预算内支出的，由上一级政府或者本级政府财政部门责令纠正，并由上级机关给予负有直接责任的主管人员和其他直接责任人员行政处分。

第十一章　附　则

第七十六条　各级政府、各部门、各单位应当加强对预算外资金的管理。预算外资金管理办法由国务院另行规定。各级人民代表大会要加强对预算外资金使用的监督。

第七十七条　民族自治地方的预算管理，依照民族区域自治法的有关规定执行；民族区域自治法没有规定的，依照本法和国务院的有关规定执行。

第七十八条　国务院根据本法制定实施条例。

第七十九条　本法自1995年1月1日起施行。1991年10月21日国务院发布的《国家预算管理条例》同时废止。

中华人民共和国预算法实施条例

（国务院令第186号　1995年11月22日）

第一章　总　则

第一条　根据《中华人民共和国预算法》（以下简称预算法），制定本条例。

第二条　县级以上地方政府的派出机关，根据本级政府授权进行预算管理活动，但是不作为一级预算。

第三条　预算法第四条第一款所称“中央各部门”，是指与财政部直接发生预算缴款、拨款关系的国家机关、军队、政党组织和社会团体；所称“直属单位”，是指与财政部直接发生预算缴款、拨款关系的企业和事业单位。

第四条　预算法第五条第三款所称“本级各部门”，是指与本级政府财政部门直接发生预算缴款、拨款关系的地方国家机关、政党组织和社会团体；所称“直属单位”，是指与本级政府财政部门直接发生预算缴款、拨款关系的企业和事业单位。

第五条　各部门预算由本部门所属各单位预算组成。本部门机关经费预算，应当纳入本部门预算。

第六条　预算法第八条所称“中央和地方分税制”，是指在划分中央与地方事权的基础上，确定中央与地方财政支出范围，并按税种划分中央与地方预算收入的财政管理体制。分税制财政管理体制的具体内容和实施办法，按照国务院的有关规定执行。

第七条　县级以上地方各级政府应当根据中央和地方分税制的原则和上级政府的有关规定，确定本级政府对下级政府的财政管理体制。

第八条　预算收入和预算支出以人民币元为计算单位。预算收支以外国货币收纳和支付的，按照中国人民银行公布的当日人民币基准汇价折算。

第二章　预算收支范围

第九条　预算法第十九条第二款所称“依照规定应当上缴的国有资产收益”，是指各部门和各单位占有、使用和依法处分境内外国有资产产生的收益，按照国家有关规定应当上缴预算的部分。预算法第十九条第二款所称“专项收入”，是指根据特定需要由国务院批准或者经国务院授权由财政部批准，设置、征集和纳入预算管理、有专项用途的收入。

第十条　预算法第十九条第三款所称“经济建设支出”，包括用于经济建设的基本建设投资支出，支持企业的挖潜改造支出，拨付的企业流动资金支出，拨付的生产性贷款贴息支出，专项建设基金支出，支持农业生产支出以及其他经济建设支出。预算法第十九条第三款所称“事业发展支出”，是指用于教育、科学、文化、卫生、体育、工业、交通、商业、农业、林业、环境保护、水利、气象等方面事业的支出，具体包括公益性基本建设支出、设备购置支出、人员费用支出、业务费用支出以及其他事业发展支出。

第十一条　预算法第二十条第一款所称“中央预算收入”，是指按照分税制财政管理体制，纳入中央预算、地方不参与分享的收入，包括中央本级收入和地方按照规定向中央上解的收入。预算法第二十条第一款所称“地方预算收入”，是指按照分税制财政管理体制，纳入地方预算、中央不参与分享的收入，包括地方本级收入和中央按照规定返还或者补助地方的收入。预算法第二十条第一款所称“中央和地方预算共享收入”，是指按照分税制财政管理体制，中央预算和地方预算对同一税种的收入，按照一定划分标准或者比例分享的收入。

第十二条　预算法第二十条第二款所称“中央预算支出”，是指按照分税制财政管理体制，由中央财政承担并列入中央预算的支出，包括中央本级支出和中央返还或者补助地方的支出。

预算法第二十条第二款所称“地方预算支出”，是指按照分税制财政管理体制，由地方财政承担并列入地方预算的支出，包括地方本级支出和地方按照规定上解中央的支出。

第十三条　地方各级预算上下级之间有关收入和支出项目的划分以及上解、返还或者补助的具体办法，由上级地方政府确定，并报本级人民代表大会常务委员会备案。

第十四条　经国务院批准设立的专用基金应当实行预算管理；尚未纳入预算管理的，应当逐步纳入预算管理。

第三章　预算编制

第十五条　预算法第二十四条所称“预算草案”，是指各级政府、各部门、各单位编制的未经法定程序审查和批准的预算收支计划。

第十六条　各级政府编制年度预算草案的依据：

（一）法律、法规；

（二）国民经济和社会发展计划、财政中长期计划以及有关的财政经济政策；

（三）本级政府的预算管理职权和财政管理体制确定的预算收支范围；

（四）上一年度预算执行情况和本年度预算收支变化因素；

（五）上级政府对编制本年度预算草案的指示和要求。

第十七条　各部门、各单位编制年度预算草案的依据：

（一）法律、法规；

（二）本级政府的指示和要求以及本级政府财政部门的部署；

（三）本部门、本单位的职责、任务和事业发展计划；

（四）本部门、本单位的定员定额标准；

（五）本部门、本单位上一年度预算执行情况和本年度预算收支变化因素。

第十八条　中央预算的编制内容：

（一）本级预算收入和支出；

（二）上一年度结余用于本年度安排的支出；

（三）返还或者补助地方的支出；

（四）地方上解的收入。

中央财政本年度举借的国内外债务和还本付息数额应当在本级预算中单独列示。

第十九条　地方各级政府预算的编制内容：

（一）本级预算收入和支出；

（二）上一年度结余用于本年度安排的支出；

（三）上级返还或者补助的收入；

（四）返还或者补助下级的支出；

（五）上解上级的支出；

（六）下级上解的收入。

第二十条 各级政府预算按照复式预算编制，分为政府公共预算、国有资产经营预算、社会保障预算和其他预算。

复式预算的编制办法和实施步骤，由国务院另行规定。

第二十一条 各级政府预算中，预备费设置的比例由本级政府在预算法第三十二条规定的幅度内确定。

第二十二条 预算法第三十三条所称“预算周转金”，是指各级政府为调剂预算年度内季节性收支差额，保证及时用款而设置的周转资金。各级政府预算周转金从本级政府预算的结余中设置和补充，其额度应当逐步达到本级政府预算支出总额的4%。

第二十三条 各级政府预算的上年度专项结余，应当用于上年度结转项目的支出；上年度净结余，应当用于补充预算周转金和下年度需要安排的预算支出。

第二十四条 国务院于每年11月10日前向省、自治区、直辖市政府和中央各部门下达编制下一年度预算草案的指示，提出编制预算草案的原则和要求。财政部根据国务院编制下一年度预算草案的指示，部署编制预算草案的具体事项，规定预算收支科目、报表格式、编报方法，并安排财政收支计划。

第二十五条 中央各部门应当根据国务院的指示和财政部的部署，结合本部门的具体情况，提出编制本部门预算草案的要求，具体布置所属各单位编制预算草案。中央各部门负责本部门所属各单位预算草案的审核，并汇总编制本部门的预算草案，于每年12月10日前报财政部审核。

第二十六条 省、自治区、直辖市政府根据国务院的指示和财政部的部署，结合本地区的具体情况，提出本行政区域编制预算草案的要求。

第二十七条 县级以上地方各级政府财政部门审核本级各部门的预算草案，编制本级政府预算草案，汇编本级总预算草案，经本级政府审定后，按照规定期限报上一级政府。

省、自治区、直辖市政府财政部门汇总的本级总预算草案，应当于下一年1月10日前报财政部。

第二十八条 财政部审核中央各部门的预算草案，编制中央预算草案；汇总地方预算草案，汇编中央和地方预算草案。

第二十九条 县级以上各级政府财政部门审核本级各部门的预算草案时，发现不符合编制预算要求的，应当予以纠正；汇编本级总预算时，发现下级政府预算草案不符合国务院和本级政府编制预算要求的，应当及时向本级政府报告，由本级政府予以纠正。

第三十条 中央预算草案经全国人民代表大会批准后，为当年中央预算。财政部应当自全国人民代表大会批准中央预算之日起30日内，批复中央各部门预算。中央各部门应当自财政部批复本部门预算之日起15日内，批复所属各单位预算。

第三十一条 地方各级政府预算草案经本级人民代表大会批准后，为当年本级政府预算。县级以上地方各级政府财政部门应当自本级人民代表大会批准本级政府预算之日起30

日内，批复本级各部门预算。地方各部门应当自本级财政部门批复本部门预算之日起15日内，批复所属各单位预算。

第三十二条 依照本条例第三十条、第三十一条规定批复的预算，为当年部门预算、单位预算。

第四章 预算执行

第三十三条 政府财政部门负责预算执行的具体工作，主要任务是：

（一）研究落实财政税收政策的措施，支持经济和社会的健康发展；

（二）制定组织预算收入和管理预算支出的制度和办法；

（三）督促各预算收入征收部门、各预算缴款单位完成预算收入任务；

（四）根据年度支出预算和季度用款计划，合理调度、拨付预算资金，监督检查各部门、各单位管好用好预算资金，节减开支，提高效率；

（五）指导和监督各部门、各单位建立健全财务制度和会计核算体系，按照规定使用预算资金；

（六）编报、汇总分期的预算收支执行数字，分析预算收支执行情况，定期向本级政府和上一级政府财政部门报告预算执行情况，并提出增收节支的建议；

（七）协调预算收入征收部门、国库和其他有关部门的业务工作。

第三十四条 预算法第四十四条所称“上一年同期的预算支出数额”，是指上一年度同期预算安排用于各部门、各单位正常运转的人员经费、业务经费等必需的支出数额。

第三十五条 各级财政、税务、海关等预算收入征收部门，必须依照有关法律、行政法规和财政部的有关规定，积极组织预算收入，按照财政管理体制的规定及时将预算收入缴入中央国库和地方国库；未经财政部批准，不得将预算收入存入在国库外设立的过渡性帐户。各项预算收入的减征、免征或者缓征，必须按照有关法律、行政法规和财政部的有关规定办理。任何单位和个人不得擅自决定减征、免征、缓征应征的预算收入。

第三十六条 一切有预算收入上缴任务的部门和单位，必须依照有关法律、行政法规和财政部的有关规定，将应当上缴的预算收入，按照规定的预算级次、预算科目、缴库方式和期限缴入国库，不得截留、占用、挪用或者拖欠。

第三十七条 政府财政部门应当加强对预算拨款的管理，并遵循下列原则：

（一）按照预算拨款，即按照批准的年度预算和用款计划拨款，不得办理无预算、无用款计划、超预算、超计划的拨款，不得擅自改变支出用途；

（二）按照规定的预算级次和程序拨款，即根据用款单位的申请，按照用款单位的预算级次和审定的用款计划，按期核拨，不得越级办理预算拨款；

（三）按照进度拨款，即根据各用款单位的实际用款进度和国库库款情况拨付资金。

第三十八条 各级政府、各部门、各单位应当加强对预算支出的管理，严格执行预算和财政制度，不得擅自扩大支出范围、提高开支标准；严格按照预算规定的支出用途使用资金；建立健全财务制度和会计核算体系，按照标准考核、监督，提高资金使用效益。

第三十九条 财政部负责制定与预算执行有关的财务会计制度。各部门、各单位应当按照政府财政部门的要求，加强对预算收入和预算支出的管理核算。

第四十条 国库是办理预算收入的收纳、划分、留解和库款支拨的专门机构。国库分为中央国库和地方国库。中央国库业务由中国人民银行经理。未设中国人民银行分支机构的地区，由中国人民银行商财政部后，委托有关银行办理。地方国库业务由中国人民银行分支机构经理。未设中国人民银行分支机构的地区，由上级中国人民银行分支机构商有关的地方政府财政部门后，委托有关银行办理。具备条件的乡、民族乡、镇，应当设立国库。具体条件和标准由省、自治区、直辖市政府财政部门确定。

第四十一条 中央国库业务应当接受财政部的指导和监督，对中央财政负责。地方国库业务应当接受本级政府财政部门的指导和监督，对地方财政负责。省、自治区、直辖市制定的地方国库业务规程应当报财政部和中国人民银行备案。

第四十二条 各级国库应当依照有关法律、行政法规和财政部、中国人民银行的有关规定，加强对国库业务的管理，及时准确地办理预算收入的收纳、划分、留解和预算支出的拨付。

各级国库和有关银行必须遵守国家有关预算收入缴库的规定，不得延解、占压应当缴入国库的预算收入和国库库款。

第四十三条 各级国库必须凭本级政府财政部门签发的拨款凭证于当日办理库款拨付，并将款项及时转入用款单位的存款帐户。各级国库和有关银行不得占压财政部门拨付的预算资金。

第四十四条 预算法第四十八条第四款所称“以其他方式支配已入国库的库款”，是指部门、单位和个人未经本级政府财政部门同意，调拨、周转、冻结、扣拨、退付已入国库的库款。

第四十五条 中央预算收入、中央和地方预算共享收入退库的办法，由财政部制定。地方预算收入退库的办法，由省、自治区、直辖市政府财政部门制定。各级预算收入退库的审批权属于本级政府财政部门。中央预算收入、中央和地方预算共享收入的退库，由财政部或者财政部授权的机构批准。地方预算收入的退库，由地方政府财政部门或者其授权的机构批准。具体退库程序按照财政部的有关规定办理。

办理预算收入退库，应当直接退给申请单位或者申请个人，按照国家规定用途使用。任何部门、单位和个人不得截留、挪用退库款项。

第四十六条 各级政府应当加强对本级国库的管理和监督，各级政府财政部门负责协调本级预算收入征收部门与国库的业务工作。

第四十七条 各级政府依据法定权限作出的决定和规定的行政措施，凡涉及财政减收增支的，应当在预算批准前提出并在预算中作出相应安排。在预算执行中一般不制定新的减收增支政策和措施；确需制定的，应当采取相应的增收节支措施。

第四十八条 国务院各部门制定的规章，凡涉及减免应缴预算收入，设立和改变收费项目，罚没财物处理，企业成本、费用开支标准和范围，国有资产处置、收益分配，会计核算以及行政事业经费开支标准的，必须符合国家统一的规定。

第四十九条 地方政府依据法定权限制定的规章和规定的行政措施，不得涉及减免中央预算收入、中央和地方预算共享收入，不得影响中央预算收入、中央和地方预算共享收入的征收；违反规定的，有关预算收入征收部门有权拒绝执行，并应当向上级预算收入征收部门和财政部报告。

第五十条 各级政府应当加强对预算工作的领导，定期听取财政部门有关预算执行情况的汇报，研究解决预算执行中出现的问题。

第五十一条　政府财政部门有权对本级各部门及其所属各单位的预算执行进行监督检查，对各部门预算收支的情况和效果进行考核。

政府财政部门有权对本级各预算收入征收部门征收预算收入的情况进行监督检查，对擅自减征、免征、缓征及退还预算收入的，责令改正。

第五十二条　政府财政部门应当每月向本级政府报告预算执行情况，具体报告内容和方式由本级政府规定。

第五十三条　省、自治区、直辖市政府财政部门应当按照下列期限和方式向财政部报告本行政区域预算执行情况：

（一）预算收支旬报，按照财政部规定的内容编制，于每旬终了后3日内报送财政部；

（二）预算收支月报，按照财政部规定的内容编制，于每月终了后5日内报送财政部；

（三）每月预算收支执行情况文字说明材料，于每月终了后10日内报送财政部；每季预算收支执行情况的全面分析材料于季度终了后15日内报送财政部；

（四）年报即年度决算的编报事项，依照预算法和本条例的有关规定执行。

设区的市、自治州政府和县级政府的财政部门和乡、民族乡、镇政府向上一级政府财政部门编报预算收支执行情况的内容和报送期限，由上一级政府财政部门规定。

第五十四条　各级财政、税务、海关等预算收入征收部门应当每月按照财政部门规定的期限和要求，向财政部门和上级主管部门报送有关预算收入计划执行情况，并附说明材料。

第五十五条　中央国库与地方国库应当按照有关规定向财政部门编报预算收入入库、解库及库款拨付情况的日报、旬报、月报和年报。

第五十六条　政府财政部门、预算收入征收部门和国库应当建立健全相互之间的预算收入对帐制度，在预算执行中按月、按年核对预算收入的收纳及库款拨付情况，保证预算收入的征收入库和库存金额准确无误。

第五十七条　各部门依照有关法律、行政法规和国家有关规定，对所属各单位的预算执行情况，进行监督检查。

第五十八条　各部门应当按照本级政府财政部门规定的期限，向本级政府财政部门报送本部门有关预算收支、企业缴款完成情况等报表和文字说明材料。

第五十九条　政府财政部门对要求追加预算支出、减少预算收入的事项应当严格审核；对需要动用预备费的，必须经本级政府批准。

第五章　预算调整

第六十条　预算调整方案由政府财政部门负责具体编制。预算调整方案应当列明调整的原因、项目、数额、措施及有关说明，经本级政府审定后，提请本级人民代表大会常务委员会审查和批准。

第六十一条　接受上级返还或者补助的地方政府，应当按照上级政府规定的用途使用款项，不得擅自改变用途。政府有关部门以本级预算安排的资金拨付给下级政府有关部门的专款，必须经本级政府财政部门同意并办理预算划转手续。

第六十二条　各部门、各单位的预算支出，必须按照本级政府财政部门批复的预算科目和数额执行，不得挪用；确需作出调整的，必须经本级政府财政部门同意。

第六十三条 年度预算确定后，企业、事业单位改变隶属关系，引起预算级次和关系变化的，应当在改变财务关系的同时，相应办理预算划转。

第六章 决 算

第六十四条 预算法第五十九条所称“决算草案”，是指各级政府、各部门、各单位编制的未经法定程序审查和批准的预算收支的年度执行结果。

第六十五条 财政部应当在每年第四季度部署编制决算草案的原则、要求、方法和报送期限，制发中央各部门决算、地方决算及其他有关决算的报表格式。县级以上地方政府财政部门根据财政部的部署，部署编制本级政府各部门和下级政府决算草案的原则、要求、方法和报送期限，制发本级政府各部门决算、下级政府决算及其他有关决算的报表格式。

第六十六条 地方政府财政部门根据上级政府财政部门的部署，制定本行政区域决算草案和本级各部门决算草案的具体编制办法。各部门根据本级政府财政部门的部署，制定所属各单位决算草案的具体编制办法。

第六十七条 政府财政部门、各部门、各单位在每一预算年度终了时，应当清理核实全年预算收入、支出数字和往来款项，做好决算数字的对帐工作。不得把本年度的收入和支出转为下年度的收入和支出，不得把下年度的收入和支出列为本年度的收入和支出；不得把预算内收入和支出转为预算之外，不得随意把预算外收入和支出转为预算之内。

决算各项数字应当以经核实的基层单位汇总的会计数字为准，不得以估计数字替代，不得弄虚作假。

第六十八条 各单位应当按照主管部门的布置，认真编制本单位决算草案，在规定期限内上报。各部门在审核汇总所属各单位决算草案基础上，连同本部门自身的决算收入和支出数字，汇编成本部门决算草案并附决算草案详细说明，经部门行政领导签章后，在规定期限内报本级政府财政部门审核。

第六十九条 各级预算收入征收部门应当按照财政部门的要求，及时编报收入年报及有关资料。

第七十条 财政部应当根据中央各部门决算草案汇总编制中央决算草案，报国务院审定后，由国务院提请全国人民代表大会常务委员会审查和批准。县级以上地方各级政府财政部门根据本级各部门决算草案汇总编制本级决算草案，报本级政府审定后，由本级政府提请本级人民代表大会常务委员会审查和批准。乡、民族乡、镇政府根据财政部门提供的年度预算收入和支出的执行结果，编制本级决算草案，提请本级人民代表大会审查和批准。

第七十一条 对于年度预算执行中上下级财政之间按照规定需要清算的事项，应当在决算时办理结算。

第七十二条 县级以上各级政府决算草案经本级人民代表大会常务委员会批准后，本级政府财政部门应当自批准之日起20日内向本级各部门批复决算。各部门应当自本级政府财政部门批复本部门决算之日起15日内向所属各单位批复决算。

第七十三条 县级以上地方各级政府应当自本级人民代表大会常务委员会批准本级政府决算之日起30日内，将本级政府决算及下一级政府上报备案的决算汇总，报上一级政府备案。

第七章　监　督

第七十四条　县级以上各级政府应当接受本级人民代表大会及其常务委员会对预算执行情况和决算的监督，乡级人民政府应当接受本级人民代表大会对预算执行情况和决算的监督；按照本级人民代表大会或其常务委员会的要求，报告预算执行情况；认真研究处理本级人民代表大会代表或者常务委员会组成人员有关改进预算管理的建议、批评和意见，并及时答复。

第七十五条　各级政府应当加强对下级政府预算执行的监督，对下级政府在预算执行中违反法律、行政法规和国家方针政策的行为，依法予以制止和纠正；对本级预算执行中出现的问题，及时采取处理措施。下级政府应当接受上级政府对预算执行的监督；根据上级政府的要求，及时提供资料，如实反映情况，不得隐瞒、虚报；严格执行上级政府作出的有关决定，并将执行结果及时上报。

第七十六条　各部门及其所属各单位应当接受本级财政部门有关预算的监督检查；按照本级财政部门的要求，如实提供有关预算资料；执行本级财政部门提出的检查意见。

第七十七条　各级审计机关应当依照《中华人民共和国审计法》以及有关法律、行政法规的规定，对本级预算执行情况，对本级各部门和下级政府预算的执行情况和决算，进行审计监督。

第八章　附　则

第七十八条　预算法第七十四条所称“擅自动用国库库款或者擅自以其他方式支配已入国库的库款”，是指：

（一）预算收入征收部门不经政府财政部门或者政府财政部门授权的机构同意退库的；

（二）预算收入征收部门将所收税款和其他预算收入存入在国库之外设立的过渡性帐户、经费帐户和其他帐户的；

（三）经理国库业务的银行未经有关政府财政部门同意，动用国库库款或者办理退库的；

（四）经理国库业务的银行违反规定将国库库款挪作他用的；

（五）不及时收纳、留解预算收入，或者延解、占压国库库款的；

（六）不及时将预算拨款划入用款单位帐户，占压政府财政部门拨付的预算资金的。

第七十九条　本条例自发布之日起施行。

全国人民代表大会常务委员会关于加强中央预算审查监督的决定

（1999年12月25日第九届全国人民代表大会常务委员会第十三次会议通过）

为履行宪法赋予全国人民代表大会及其常务委员会的职责，贯彻依法治国的基本方略，规范预算行为，厉行节约，更好地发挥中央预算在发展国民经济、促进社会进步、改善人民生活和深化改革、扩大开放中的作用，必须加强对中央预算的审查和监督。为此，特作如下决定：

一、加强和改善预算编制工作。要坚持先有预算，后有支出，严格按预算支出的原则，细化预算和提前编制预算。各部门、各单位应当按照预算法的要求编好部门预算和单位预算，有关部门要按时批复预算、拨付资金。积极创造条件做到：中央本级预算的经常性支出按中央一级预算单位编制，中央预算建设性支出、基金支出按类别以及若干重大项目编制，中央财政对地方总的补助性支出按补助类别编制。在每个财政年度开始前将中央预算草案全部编制完毕。

二、加强和改善中央预算的初步审查工作。对中央预算的审查，应当按照真实、合法、效益和具有预测性的原则进行。国务院财政部门应当及时向全国人民代表大会财政经济委员会和全国人民代表大会常务委员会预算工作委员会通报有关中央预算编制的情况，在全国人民代表大会会议举行的一个半月前，将中央预算初步方案提交财政经济委员会，由财政经济委员会对上一年预算执行情况和本年度中央预算草案的主要内容进行初步审查。国务院财政部门应积极创造条件，做到提交审查的材料包括：科目列到类、重要的列到款的预算收支总表和中央政府性基金预算表，中央各预算单位收支表，建设性支出、基金支出的类别表和若干重大的项目表，按类别划分的中央财政返还或补助地方支出表，中央财政对农业、教育、科技、社会保障支出表等，以及有关说明。

三、全国人民代表大会会议期间，财政经济委员会根据各代表团和有关专门委员会的意见对中央及地方预算草案进行审查，并提出审查结果报告。全国人民代表大会关于中央及地方预算的决议，国务院应当贯彻执行。

四、加强对预算超收收入使用的监督。中央预算超收收入可以用于弥补中央财政赤字和其他必要的支出。中央预算执行过程中，需要动用超收收入追加支出时，应当编制超收收入使用方案，由国务院财政部门及时向财政经济委员会和预算工作委员会通报情况，国务院应向全国人民代表大会常务委员会作预计超收收入安排使用情况的报告。

五、严格控制不同预算科目之间的资金调剂，各部门、各单位的预算支出应当按照预算科目执行。中央预算安排的农业、教育、科技、社会保障预算资金的调减，须经全国人民代表大会常务委员会审查和批准，以后根据需要还可以逐步增加新的项目。

六、加强对中央预算调整方案的审查工作。因特殊情况必须调整中央预算时，国务院应当编制中央预算调整方案，并于当年7月至9月之间提交全国人民代表大会常务委员会。国务院财政部门应当及时向财政经济委员会和预算工作委员会通报中央预算调整的情况，在常务委员会举行会议审批中央预算调整方案的一个月前，将中央预算调整方案的初步方案提交财政经济委员会，由财政经济委员会进行初步审查。

七、中央决算草案应当按照全国人民代表大会批准的预算所列科目编制，按预算数、调整或变更数以及实际执行数分别列出，变化较大的要作出说明。中央决算草案应在全国人民代表大会常务委员会举行会议审查和批准的一个月前，提交财政经济委员会，由财政经济委员会结合审计工作报告进行初步审查。

八、加强对中央预算执行的审计。国务院审计部门要按照

真实、合法和效益的要求，对中央预算执行情况和部门决算依法进行审计，审计出的问题要限时依法纠正、处理。国务院应当向全国人民代表大会常务委员会提出对中央预算执行和其他财政收支的审计工作报告，必要时，常务委员会可以对审计工作报告作出决议。

九、加强对中央预算执行情况的监督。在全国人民代表大会及其常务委员会领导下，财政经济委员会和预算工作委员会应当做好有关工作。国务院有关部门应及时向财政经济委员会、预算工作委员会提交落实全国人民代表大会关于预算决议的情况，对部门、单位批复的预算，预算收支执行情况，政府债务、社会保障基金等重点资金和预算外资金收支执行情况，有关经济、财政、金融、审计、税务、海关等综合性统计报告、规章制度及有关资料。

十、加强对预算外资金的监督。要采取措施将中央预算外资金纳人中央预算，对暂时不能纳入预算的要编制收支计划和决算。预算外资金的收支情况要向全国人民代表大会常务委员会报告。

十一、要依法执行备案制度。国务院应将全国人民代表大会授权其制定的经济体制改革和对外开放方面有关预算的暂行规定或条例，中央预算与地方预算有关收入和支出项目的划分、地方向中央上解收入、中央对地方返还或者给予补助的具体办法，省、自治区、直辖市政府报送国务院备案的预算的汇总，以及其他应报送的事项，及时报送全国人民代表大会常务委员会备案。

十二、预算工作委员会是全国人民代表大会常务委员会的工作机构，协助财政经济委员会承担全国人民代表大会及其常务委员会审查预决算、审查预算调整方案和监督预算执行方面的具体工作，受常务委员会委员长会议委托，承担有关法律草案的起草工作，协助财政经济委员会承担有关法律草案审议方面的具体工作，以及承办本决定第十一条规定的和常务委员会、委员长会议交办以及财政经济委员会需要协助办理的其他有关财政预算的具体事项。经委员长会议专项同意，预算工作委员会可以要求政府有关部门和单位提供预算情况，并获取相关信息资料及说明。经委员长会议专项批准，可以对各部门、各预算单位、重大建设项目的预算资金使用和专项资金的使用进行调查，政府有关部门和单位应积极协助、配合。

国务院关于加强预算外资金管理的决定

（国发［1996］29号 1996年9月6日）

各省、自治区、直辖市人民政府，国务院各部委、各直属机构：

改革开放以来，预算外资金增长较快，对经济建设和社会事业发展起到了一定的积极作用。但是，近几年来有的地方违反《中华人民共和国预算法》和国务院的有关规定，擅自将财政预算资金通过各种非法手段转为预算外资金，有些部门和单位擅自设立基金或收费项目，导致国家财政收入流失，预算外资金不断膨胀。同时，上于管理制度不健全，预算外资金的使用脱离财政管理和各级人大监督，乱支滥用现象十分严重。这些问题不仅了国家财政资金分散和政府以共分配秩序混乱，而且加剧了固定资产和消费基金膨胀，助长了不正之风和腐败现象的发生。根据中共中央十四届五中全会精神，现就进一步加强预算外资金管理作出如下决定：

一、严格执行《中华人民共和国预算法》，禁止将预算资金转移到预算外

各级人民政府要严格按照《中华人民共和国预算法》和财政法规的要求，切实加强对财政预算资金和预算外资金的管理，完善对财政资金的监督检查制度。任何地区、部门和单位都不得隐瞒财政收入，将财政预算资金转为预算外资金。财政部门要严格按照“控制规模、限定投向、健全制度、加强监督”的原则，加强财政周转金管理。各部门、各单位未经财政部门批准，不得擅自将财政拨款转为有偿使用，更不得设置帐外帐和“小金库”。财政部门尤其不能设置“小金库”。

二、将部分预算外资金纳入财政预算管理

各地区、各部门要认真贯彻《中共中央办公厅、国务院办公厅关于转发财政部〈关于对行政性收费、罚没收入实行预算管理的规定〉的通知》（中办发［1993］19号）精神，将财政部已经规定的83项行政性收费项目纳入财政预算。

从1996年起将养路费、车辆购置附加费、铁路建设基金、电力建设基金、三峡工程建设基金、新菜地开发基金、公路建设基金、民航基础设施建设基金、农村教育事业附加费、邮电附加、港口建设费、市话初装基金、民航机场管理建设费等13项数额较大的政府性基金（收费）纳入财政预算管理。基金（收费）收入要按现行体制及时上缴中央金库或地方金库，使用由主管部门提出计划，财政部门按规定拨付，属于基本建设用途的，由财政部门按计划批准的项目计划安排支出，实行收支两条线管理，加强财政、审计监督。基金（收费）收支在预算上单独编列反映，按规定专款专用，不得挪作他用，也不能平衡预算。具体管理办法由财政部会同有关部门制定。

地方财政部门按国家规定收取的各项税费附加，从1996年起统一纳入地方财政预算，

作为地方财政的固定收入，不再作为预算外资金管理。

今后要积极创造条件，将应当纳入财政预算管理的预算外资金逐步纳入财政预算管理。

三、预算外资金管理范围

预算外资金，是指国家机关、事业单位和社会团体为履行或代行政府职能，依据国家法律、法规和具有法律效力的规章而收取、提取和安排使用的未纳入国家预算管理的各种财政性资金。其范围主要包括：法律、法规规定的行政事业性收费、基金和附加收入等；国务院或省级人民政府及其财政、计划（物价）部门审批的行政事业性收费；国务院以及财政部审批建立的基金、附加收入等；主管部门从所属单位集中的上缴资金；用于乡镇政府开支的乡自筹和乡统筹资金；其他未纳入预算管理的财政性资金。

社会保障基金在国家财政建立社会保障预算制度以前，先按预算外资金管理制度进行管理，专款专用，加强财政、审计监督。

按照《企业财务通则》和《企业会计准则》的规定，国有企业税后留用资金不再作为预算外资金管理。事业单位和社会团体通过市场取得的不体现政府职能的经营、服务性收入，不作为预算外资金管理，收入可不上缴财政专户，但必须依法纳税，并纳入单位财务收支计划，实行收支统一核算。

四、加强收费、基金管理，严格控制预算外资金规模

收取或提取预算外资金必须依照法律、法规和有关法律效力的规章制度所规定的项目、范围、标准和程序执行。

行政事业性收费要严格执行中央、省两级审批的管理制度。收费项目按隶属关系分别报国务院和省、自治区、直辖市人民政府的财政部门会同计划（物价）部门批准；确定和调整收费标准，按隶属关系分别报国务院和省、自治区、直辖市人民政府的计划（物价）部门会同财政部门批准；重要的收费项目和标准制定及调整应报请国务院或省级人民政府批准。省、纂自治区、直辖市人民政府批准的行政事业性收费项目和收费标准报财政部、国家计委备案。省、自治区、直辖市以下各级人民政府（包括计划单列市）及其部门无权审批设立行政事业性收费项目或调整收费标准。行政性收费中的管理性收费、资源性收费、全国性的证照收费和公共事业收费，以及涉及中央和其他地区的地方性收费，具体征收管理办法的制定和修改由财政部、国家计委会同有关部门负责。地方性法规中已明确的收费，具体征收管理办法的制定和修改由省级财政、计划（物价）部门会同有关部门负责。未按规定报经批准的或不符合审批规定的各种行政事业性收费，都属乱收费行为，必须停止执行。财政部、国家计委要会同有关部门抓紧起草《行政性收费管理条例》，报国务院审批发布。

征收政府性基金必须严格按国务院规定统一财政部审批，重要的报国务院审批。基金立项的申请和批准要以国家法律、法规和中共中央、国务院有关文件规定为依据，否则一律不予立项。地方无权批准设立基金项目，也不得以行政事业性收费的名义变相批准设立基金项目。对地方已经设立的基金项目，必须按照《国务院办公厅转发财政部、审计署、监察部对各种基金进行清理登记意见的通知》（国办发［1995］25号）的规定进行清理登记，由财政部负责审查处理，重要的报国务院审批。

财政部门要建立健全行政事业性收费和政府性基金的票据管理与监督制定。各部门和各单位在执收时，必须按隶属关系使用中央或省级财政部门统一印制或监制的票据。

五、预算外资金要上缴财政专户，实收收支两条线管理

预算外资金是国家财政性资金，不是部门和单位自有资金，必须纳入财政管理。财政部门要在银行开设统一的专户，用于预算外资金收入和支出管理。部门和单位的预算外收入必须上缴同级财政专户，支出由同级财政按预算外资金收支计划和单位财务收支计划统筹安排，从财政专户中拔付，实行收支两条线管理。

对部门和单位的预算外资金收支按不同性质实行分类管理。国家机关和受政府委托的部门、单位统一收取和使用的专项用于公共工程和社会公共事业的基金、收费，以及以政府信誉强制建立的社会保障基金等，收入金额缴入同级财政专户，支出按计划和规定和途专款专用，不得挪他用，收支结余可结转下年度专项使用；各部门和各单位的其他预算外资金，收入缴入同级财政专户，支出由财政结合预算内资金统筹安排，其中少数费用开支有特殊需要的预算外资金，经财政部门核定收支计划后，可按确定的比例或按收支结余的数额定期缴入同级财政专户。

预算外资金结余，除专项资金按规定结转下年度专项使用以外，财政部门经同级政府批准可按隶属关系统筹调剂使用。

有预算外收支活动的部门和单位经财政部门批准可在指定银行开设预算外资金支出帐户，确有必要的，也可再开设一个收入过渡性帐户。未经财政部门审核同意，银行不得为部门和单位开设预算外资金帐户。

部门和单位上缴财政专户的预算外资金，必须按财政部门规定的时间及时缴入财政部门在银行开设的预算外资金专户，不得拖欠、截留和坐收坐支。逾期未缴的，由银行从单位资金帐户中直接划入财政专户。

六、加强预算外资金收支计划管理

财政部门要建立预算外资金预决算管理制度。各部门、各单位要按规定编制预算外资金收支计划和单位财务收支计划，并及时报送同级财政部门，对预算内拔款和预算外收入统一核算，统一管理。财政部门要在认真审核单位预算外资金收支计划和单位财务收支计划的基础上，编制本级预算外资金收支计划，报经同级人民政府批准后组织实施。年度终了，财政部门要审批单位的预算外资金收支决算，编制本级预算资金收支决算，并报同级政府审批，在此基础上，编制包括预算内、外收支的综合财政计划。

七、严格预算外资金支出管理，严禁违反规定乱支挪用

各部门、各单位要严格按国家规定和经财政部门核定的预算外资金收支计划和单位财务收支计划使用预算外资金。专项用于公共工程、公共事业的基金和收费，以及其他专项资金，要按计划和规定用途专款专用，由财政部门审核后分期拔付资金；用于工资、奖金、补贴、津贴和福利等方面的支出，必须严格执行财政部门核定的项目、范围和标准；用于固定资产投资的支出，要按国家规定立项，纳入国家固定资产投资计划，并按计划部门确定的国家投资计划和工程进度分期拔付；用于购买专项控制商品方面的支出，要报财政部门审查同意后，按国家有关规定办理控购审批手续。严禁将预算外资金转交非财务机构管理、帐长设帐、私设“小金库”和公款私存；严禁用预算外资金搞房地产等计划外投资，从事股票、期货等交易活动以及各种形式的高消费。

财政部门要认真履行职责，建立健全各项管理制度，积极做好各项服务工作，有时拔付预算外资金，切实加强对预算外资金的管理。

八、建立健全监督检查与处罚制度

各级人民政府要接受同级人民代表大会对预算外资金使用情况的监督。各级财政部门要加强对预算外资金收入和支出的管理，建立健全各项收费、基金的稽查制度，并会同人民银行共同做好预算外资金帐户的开设和管理工作。

各级计划（物价）部门要按照收费管理的职责分工，认真做好收费标准的审核工作，严肃查外各种乱收费行为。各级审计、监察等部门要根据国家政策和宏观管理的要求，与财政部门协调配合，对同级各部门和下级政府预算外资金的财务管理进行监督检查，促进资金的合理使用。

对违反预算外资金管理规定者，要依照国家法律、法规予以处罚：

对隐瞒财政预算收入，将预算资金转为预算外的，要将违反规定的收入全部上缴上一级财政。同时，要追究有关部门和本级政府领导人的责任，依据情节轻重予处分直至撤销其职务。

对违反国家规定擅自设立行政事业性收费、基金项目或扩大范围、提高标准的，违法金额一律没收上缴财政。同时追究有关领导的责任，依据情节轻重给予处分直至撤销其职务。

对用预算外资金私设“小金库”、搞房地产等计划外投资、从事股票、期货交易和不按规定要求开设预算外资金帐户等违反规定的活动，以及滥发奖金和实物的，除责令追回资金上缴同级财政外，还要依照有关规定予以处罚，并依据情节轻重予当事人和有关领导处分。

对擅自将财政预算拨款挪作他作或转为有偿使用的，其资金一律追回上缴上一级财政，并相应核减以后年度的财政预算拔款，同时给予有关责任人相应的处分。

财政、计划（物价）、银行等部门工作人员在预算外资金管理工作中要忠于职守、秉公办事。对玩忽职守的，由所在单位或上级主管部门给予行政处分。

以上违反规定者，情节严重构成犯罪的，要移送司法机关依法追究刑事责任。

九、各级政府必须重视和加强预算外资金的管理

加强预算外资金管理是当前和今后一个时期各级人民政府的一项重要任务。各级人民政府要根据本决定精神，按照《国务院批转财政部等部门关于清理检查预算外资金意见的通知》（国发［1996］12 号）要求，立即组织力量对预算外资金认真进行清理整顿，属于

国家规定应纳入预算管理的资金，要坚决按规定执行。对不符合国家规定设立的收费和基金项目一律取消。今后国家原则上不再出台新的基金。各级人民政府要把预算外资金管理工作列入重要的议事日程，定期听取有关预算外资金管理情况的汇报，及时解决管理中出现的问题，协调好政府有关部门之间的工作关系，统一认识，密切配合，共同做好预算外资金的管理工作。各级人民政府要按本决定的要求，认真部署，尽快落实。各地区、各部门要在 1996 年底前将加强预算外资金管理的情况上报国务院，同时抄送财政部。

本决定自发布之日起实行。凡与本决定不一致的政策和规定，一律以本决定为准。

中华人民共和国行政复议法

（1999年4月29日第九届全国人民代表大会常务委员会第九次会议通过）

第一章　总　则

第一条　为了防止和纠正违法的或者不当的具体行政行为，保护公民、法人和其他组织的合法权益，保障和监督行政机关依法行使职权，根据宪法，制定本法。

第二条　公民、法人或者其他组织认为具体行政行为侵犯其合法权益，向行政机关提出行政复议申请，行政机关受理行政复议申请、作出行政复议决定，适用本法。

第三条　依照本法履行行政复议职责的行政机关是行政复议机关。行政复议机关负责法制工作的机构具体办理行政复议事项，履行下列职责：

（一）受理行政复议申请；

（二）向有关组织和人员调查取证，查阅文件和资料；

（三）审查申请行政复议的具体行政行为是否合法与适当，拟订行政复议决定；

（四）处理或者转送对本法第七条所列有关规定的审查申请；

（五）对行政机关违反本法规定的行为依照规定的权限和程序提出处理建议；

（六）办理因不服行政复议决定提起行政诉讼的应诉事项；

（七）法律、法规规定的其他职责。

第四条　行政复议机关履行行政复议职责，应当遵循合法、公正、公开、及时、便民的原则，坚持有错必纠，保障法律、法规的正确实施。

第五条　公民、法人或者其他组织对行政复议决定不服的，可以依照行政诉讼法的规定向人民法院提起行政诉讼，但是法律规定行政复议决定为最终裁决的除外。

第二章　行政复议范围

第六条　有下列情形之一的，公民、法人或者其他组织可以依照本法申请行政复议：

（一）对行政机关作出的警告、罚款、没收违法所得、没收非法财物、责令停产停业、暂扣或者吊销许可证、暂扣或者吊销执照、行政拘留等行政处罚决定不服的；

（二）对行政机关作出的限制人身自由或者查封、扣押、冻结财产等行政强制措施决定不服的；

（三）对行政机关作出的有关许可证、执照、资质证、资格证等证书变更、中止、撤销的决定不服的；

（四）对行政机关作出的关于确认土地、矿藏、水流、森林、山岭、草原、荒地、滩涂、海域等自然资源的所有权或者使用权的决定不服的；

（五）认为行政机关侵犯合法的经营自主权的；

（六）认为行政机关变更或者废止农业承包合同，侵犯其合法权益的；

（七）认为行政机关违法集资、征收财物、摊派费用或者违法要求履行其他义务的；

（八）认为符合法定条件，申请行政机关颁发许可证、执照、资质证、资格证等证书，或者申请行政机关审批、登记有关事项，行政机关没有依法办理的；

（九）申请行政机关履行保护人身权利、财产权利、受教育权利的法定职责，行政机关没有依法履行的；

（十）申请行政机关依法发放抚恤金、社会保险金或者最低生活保障费，行政机关没有依法发放的；

（十一）认为行政机关的其他具体行政行为侵犯其合法权益的。

第七条 公民、法人或者其他组织认为行政机关的具体行政行为所依据的下列规定不合法，在对具体行政行为申请行政复议时，可以一并向行政复议机关提出对该规定的审查申请：

（一）国务院部门的规定；

（二）县级以上地方各级人民政府及其工作部门的规定；

（三）乡、镇人民政府的规定。

前款所列规定不含国务院部、委员会规章和地方人民政府规章。规章的审查依照法律、行政法规办理。

第八条 不服行政机关作出的行政处分或者其他人事处理决定的，依照有关法律、行政法规的规定提出申诉。

不服行政机关对民事纠纷作出的调解或者其他处理，依法申请仲裁或者向人民法院提起诉讼。

第三章 行政复议申请

第九条 公民、法人或者其他组织认为具体行政行为侵犯其合法权益的，可以自知道该具体行政行为之日起六十日内提出行政复议申请；但是法律规定的申请期限超过六十日的除外。

因不可抗力或者其他正当理由耽误法定申请期限的，申请期限自障碍消除之日起继续计算。

第十条 依照本法申请行政复议的公民、法人或者其他组织是申请人。

有权申请行政复议的公民死亡的，其近亲属可以申请行政复议。有权申请行政复议的公民为无民事行为能力人或者限制民事行为能力人的，其法定代理人可以代为申请行政复议。有权申请行政复议的法人或者其他组织终止的，承受其权利的法人或者其他组织可以申请行政复议。

同申请行政复议的具体行政行为有利害关系的其他公民、法人或者其他组织，可以作为第三人参加行政复议。

公民、法人或者其他组织对行政机关的具体行政行为不服申请行政复议的，作出具体行政行为的行政机关是被申请人。

申请人、第三人可以委托代理人代为参加行政复议。

第十一条 申请人申请行政复议，可以书面申请，也可以口头申请；口头申请的，行政复议机关应当当场记录申请人的基本情况、行政复议请求、申请行政复议的主要事实、理由和时间。

第十二条　对县级以上地方各级人民政府工作部门的具体行政行为不服的，由申请人选择，可以向该部门的本级人民政府申请行政复议，也可以向上一级主管部门申请行政复议。

对海关、金融、国税、外汇管理等实行垂直领导的行政机关和国家安全机关的具体行政行为不服的，向上一级主管部门申请行政复议。

第十三条　对地方各级人民政府的具体行政行为不服的，向上一级地方人民政府申请行政复议。

对省、自治区人民政府依法设立的派出机关所属的县级地方人民政府的具体行政行为不服的，向该派出机关申请行政复议。

第十四条　对国务院部门或者省、自治区、直辖市人民政府的具体行政行为不服的，向作出该具体行政行为的国务院部门或者省、自治区、直辖市人民政府申请行政复议。对行政复议决定不服的，可以向人民法院提起行政诉讼；也可以向国务院申请裁决，国务院依照本法的规定作出最终裁决。

第十五条　对本法第十二条、第十三条、第十四条规定以外的其他行政机关、组织的具体行政行为不服的，按照下列规定申请行政复议：

（一）对县级以上地方人民政府依法设立的派出机关的具体行政行为不服的，向设立该派出机关的人民政府申请行政复议；

（二）对政府工作部门依法设立的派出机构依照法律、法规或者规章规定，以自己的名义作出的具体行政行为不服的，向设立该派出机构的部门或者该部门的本级地方人民政府申请行政复议；

（三）对法律、法规授权的组织的具体行政行为不服的，分别向直接管理该组织的地方人民政府、地方人民政府工作部门或者国务院部门申请行政复议；

（四）对两个或者两个以上行政机关以共同的名义作出的具体行政行为不服的，向其共同上一级行政机关申请行政复议；

（五）对被撤销的行政机关在撤销前所作出的具体行政行为不服的，向继续行使其职权的行政机关的上一级行政机关申请行政复议。

有前款所列情形之一的，申请人也可以向具体行政行为发生地的县级地方人民政府提出行政复议申请，由接受申请的县级地方人民政府依照本法第十八条的规定办理。

第十六条　公民、法人或者其他组织申请行政复议，行政复议机关已经依法受理的，或者法律、法规规定应当先向行政复议机关申请行政复议、对行政复议决定不服再向人民法院提起行政诉讼的，在法定行政复议期限内不得向人民法院提起行政诉讼。

公民、法人或者其他组织向人民法院提起行政诉讼，人民法院已经依法受理的，不得申请行政复议。

第四章　行政复议受理

第十七条　行政复议机关收到行政复议申请后，应当在五日内进行审查，对不符合本法规定的行政复议申请，决定不予受理，并书面告知申请人；对符合本法规定，但是不属于本机关受理的行政复议申请，应当告知申请人向有关行政复议机关提出。

除前款规定外，行政复议申请自行政复议机关负责法制工作的机构收到之日起即为受理。

第十八条 依照本法第十五条第二款的规定接受行政复议申请的县级地方人民政府，对依照本法第十五条第一款的规定属于其他行政复议机关受理的行政复议申请，应当自接到该行政复议申请之日起七日内，转送有关行政复议机关，并告知申请人。接受转送的行政复议机关应当依照本法第十七条的规定办理。

第十九条 法律、法规规定应当先向行政复议机关申请行政复议、对行政复议决定不服再向人民法院提起行政诉讼的，行政复议机关决定不予受理或者受理后超过行政复议期限不作答复的，公民、法人或者其他组织可以自收到不予受理决定书之日起或者行政复议期满之日起十五日内，依法向人民法院提起行政诉讼。

第二十条 公民、法人或者其他组织依法提出行政复议申请，行政复议机关无正当理由不予受理的，上级行政机关应当责令其受理；必要时，上级行政机关也可以直接受理。

第二十一条 行政复议期间具体行政行为不停止执行；但是，有下列情形之一的，可以停止执行：

（一）被申请人认为需要停止执行的；

（二）行政复议机关认为需要停止执行的；

（三）申请人申请停止执行，行政复议机关认为其要求合理，决定停止执行的；

（四）法律规定停止执行的。

第五章 行政复议决定

第二十二条 行政复议原则上采取书面审查的办法，但是申请人提出要求或者行政复议机关负责法制工作的机构认为有必要时，可以向有关组织和人员调查情况，听取申请人、被申请人和第三人的意见。

第二十三条 行政复议机关负责法制工作的机构应当自行政复议申请受理之日起七日内，将行政复议申请书副本或者行政复议申请笔录复印件发送被申请人。被申请人应当自收到申请书副本或者申请笔录复印件之日起十日内，提出书面答复，并提交当初作出具体行政行为的证据、依据和其他有关材料。

申请人、第三人可以查阅被申请人提出的书面答复、作出具体行政行为的证据、依据和其他有关材料，除涉及国家秘密、商业秘密或者个人隐私外，行政复议机关不得拒绝。

第二十四条 在行政复议过程中，被申请人不得自行向申请人和其他有关组织或者个人收集证据。

第二十五条 行政复议决定作出前，申请人要求撤回行政复议申请的，经说明理由，可以撤回；撤回行政复议申请的，行政复议终止。

第二十六条 申请人在申请行政复议时，一并提出对本法第七条所列有关规定的审查申请的，行政复议机关对该规定有权处理的，应当在三十日内依法处理；无权处理的，应当在七日内按照法定程序转送有权处理的行政机关依法处理，有权处理的行政机关应当在六十日内依法处理。处理期间，中止对具体行政行为的审查。

第二十七条 行政复议机关在对被申请人作出的具体行政行为进行审查时，认为其依据不合法，本机关有权处理的，应当在三十日内依法处理；无权处理的，应当在七日内按照法定程序转送有权处理的国家机关依法处理。处理期间，中止对具体行政行为的审查。

第二十八条　行政复议机关负责法制工作的机构应当对被申请人作出的具体行政行为进行审查，提出意见，经行政复议机关的负责人同意或者集体讨论通过后，按照下列规定作出行政复议决定：

（一）具体行政行为认定事实清楚，证据确凿，适用依据正确，程序合法，内容适当的，决定维持；

（二）被申请人不履行法定职责的，决定其在一定期限内履行；

（三）具体行政行为有下列情形之一的，决定撤销、变更或者确认该具体行政行为违法；决定撤销或者确认该具体行政行为违法的，可以责令被申请人在一定期限内重新作出具体行政行为：

1. 主要事实不清、证据不足的；
2. 适用依据错误的；
3. 违反法定程序的；
4. 超越或者滥用职权的；
5. 具体行政行为明显不当的。

（四）被申请人不按照本法第二十三条的规定提出书面答复、提交当初作出具体行政行为的证据、依据和其他有关材料的，视为该具体行政行为没有证据、依据，决定撤销该具体行政行为。

行政复议机关责令被申请人重新作出具体行政行为的，被申请人不得以同一的事实和理由作出与原具体行政行为相同或者基本相同的具体行政行为。

第二十九条　申请人在申请行政复议时可以一并提出行政赔偿请求，行政复议机关对符合国家赔偿法的有关规定应当给予赔偿的，在决定撤销、变更具体行政行为或者确认具体行政行为违法时，应当同时决定被申请人依法给予赔偿。

申请人在申请行政复议时没有提出行政赔偿请求的，行政复议机关在依法决定撤销或者变更罚款，撤销违法集资、没收财物、征收财物、摊派费用以及对财产的查封、扣押、冻结等具体行政行为时，应当同时责令被申请人返还财产，解除对财产的查封、扣押、冻结措施，或者赔偿相应的价款。

第三十条　公民、法人或者其他组织认为行政机关的具体行政行为侵犯其已经依法取得的土地、矿藏、水流、森林、山岭、草原、荒地、滩涂、海域等自然资源的所有权或者使用权的，应当先申请行政复议；对行政复议决定不服的，可以依法向人民法院提起行政诉讼。

根据国务院或者省、自治区、直辖市人民政府对行政区划的勘定、调整或者征用土地的决定，省、自治区、直辖市人民政府确认土地、矿藏、水流、森林、山岭、草原、荒地、滩涂、海域等自然资源的所有权或者使用权的行政复议决定为最终裁决。

第三十一条　行政复议机关应当自受理申请之日起六十日内作出行政复议决定；但是法律规定的行政复议期限少于六十日的除外。情况复杂，不能在规定期限内作出行政复议决定的，经行政复议机关的负责人批准，可以适当延长，并告知申请人和被申请人；但是延长期限最多不超过三十日。

行政复议机关作出行政复议决定，应当制作行政复议决定书，并加盖印章。

行政复议决定书一经送达，即发生法律效力。

第三十二条 被申请人应当履行行政复议决定。

被申请人不履行或者无正当理由拖延履行行政复议决定的，行政复议机关或者有关上级行政机关应当责令其限期履行。

第三十三条 申请人逾期不起诉又不履行行政复议决定的，或者不履行最终裁决的行政复议决定的，按照下列规定分别处理：

（一）维持具体行政行为的行政复议决定，由作出具体行政行为的行政机关依法强制执行，或者申请人民法院强制执行；

（二）变更具体行政行为的行政复议决定，由行政复议机关依法强制执行，或者申请人民法院强制执行。

第六章 法律责任

第三十四条 行政复议机关违反本法规定，无正当理由不予受理依法提出的行政复议申请或者不按照规定转送行政复议申请的，或者在法定期限内不作出行政复议决定的，对直接负责的主管人员和其他直接责任人员依法给予警告、记过、记大过的行政处分；经责令受理仍不受理或者不按照规定转送行政复议申请，造成严重后果的，依法给予降级、撤职、开除的行政处分。

第三十五条 行政复议机关工作人员在行政复议活动中，徇私舞弊或者有其他渎职、失职行为的，依法给予警告、记过、记大过的行政处分；情节严重的，依法给予降级、撤职、开除的行政处分；构成犯罪的，依法追究刑事责任。

第三十六条 被申请人违反本法规定，不提出书面答复或者不提交作出具体行政行为的证据、依据和其他有关材料，或者阻挠、变相阻挠公民、法人或者其他组织依法申请行政复议的，对直接负责的主管人员和其他直接责任人员依法给予警告、记过、记大过的行政处分；进行报复陷害的，依法给予降级、撤职、开除的行政处分；构成犯罪的，依法追究刑事责任。

第三十七条 被申请人不履行或者无正当理由拖延履行行政复议决定的，对直接负责的主管人员和其他直接责任人员依法给予警告、记过、记大过的行政处分；经责令履行仍拒不履行的，依法给予降级、撤职、开除的行政处分。

第三十八条 行政复议机关负责法制工作的机构发现有无正当理由不予受理行政复议申请、不按照规定期限作出行政复议决定、徇私舞弊、对申请人打击报复或者不履行行政复议决定等情形的，应当向有关行政机关提出建议，有关行政机关应当依照本法和有关法律、行政法规的规定作出处理。

第七章 附 则

第三十九条 行政复议机关受理行政复议申请，不得向申请人收取任何费用。行政复议活动所需经费，应当列入本机关的行政经费，由本级财政予以保障。

第四十条 行政复议期间的计算和行政复议文书的送达，依照民事诉讼法关于期间、送达的规定执行。

本法关于行政复议期间有关“五日”、“七日”的规定是指工作日，不含节假日。

第四十一条　外国人、无国籍人、外国组织在中华人民共和国境内申请行政复议，适用本法。

第四十二条　本法施行前公布的法律有关行政复议的规定与本法的规定不一致的，以本法的规定为准。

第四十三条　本法自1999年10月1日起施行。1990年12月24日国务院发布、1994年10月9日国务院修订发布的《行政复议条例》同时废止。

中华人民共和国行政复议法实施条例

（国务院令第 499 号　2007 年 5 月 29 日）

第一章　总　则

第一条　为了进一步发挥行政复议制度在解决行政争议、建设法治政府、构建社会主义和谐社会中的作用，根据《中华人民共和国行政复议法》（以下简称行政复议法），制定本条例。

第二条　各级行政复议机关应当认真履行行政复议职责，领导并支持本机关负责法制工作的机构（以下简称行政复议机构）依法办理行政复议事项，并依照有关规定配备、充实、调剂专职行政复议人员，保证行政复议机构的办案能力与工作任务相适应。

第三条　行政复议机构除应当依照行政复议法第三条的规定履行职责外，还应当履行下列职责：

（一）依照行政复议法第十八条的规定转送有关行政复议申请；

（二）办理行政复议法第二十九条规定的行政赔偿等事项；

（三）按照职责权限，督促行政复议申请的受理和行政复议决定的履行；

（四）办理行政复议、行政应诉案件统计和重大行政复议决定备案事项；

（五）办理或者组织办理未经行政复议直接提起行政诉讼的行政应诉事项；

（六）研究行政复议工作中发现的问题，及时向有关机关提出改进建议，重大问题及时向行政复议机关报告。

第四条　专职行政复议人员应当具备与履行行政复议职责相适应的品行、专业知识和业务能力，并取得相应资格。具体办法由国务院法制机构会同国务院有关部门规定。

第二章　行政复议申请

第一节　申请人

第五条　依照行政复议法和本条例的规定申请行政复议的公民、法人或者其他组织为申请人。

第六条　合伙企业申请行政复议的，应当以核准登记的企业为申请人，由执行合伙事务的合伙人代表该企业参加行政复议；其他合伙组织申请行政复议的，由合伙人共同申请行政复议。

前款规定以外的不具备法人资格的其他组织申请行政复议的，由该组织的主要负责人代表该组织参加行政复议；没有主要负责人的，由共同推选的其他成员代表该组织参加行政复议。

第七条　股份制企业的股东大会、股东代表大会、董事会认为行政机关作出的具体行政行为侵犯企业合法权益的，可以以企业的名义申请行政复议。

第八条　同一行政复议案件申请人超过 5 人的，推选 1 至 5 名代表参加行政复议。

第九条　行政复议期间，行政复议机构认为申请人以外的公民、法人或者其他组织与被审查的具体行政行为有利害关系的，可以通知其作为第三人参加行政复议。

行政复议期间，申请人以外的公民、法人或者其他组织与被审查的具体行政行为有利害关系的，可以向行政复议机构申请作为第三人参加行政复议。

第三人不参加行政复议，不影响行政复议案件的审理。

第十条　申请人、第三人可以委托1至2名代理人参加行政复议。申请人、第三人委托代理人的，应当向行政复议机构提交授权委托书。授权委托书应当载明委托事项、权限和期限。公民在特殊情况下无法书面委托的，可以口头委托。口头委托的，行政复议机构应当核实并记录在卷。申请人、第三人解除或者变更委托的，应当书面报告行政复议机构。

第二节　被申请人

第十一条　公民、法人或者其他组织对行政机关的具体行政行为不服，依照行政复议法和本条例的规定申请行政复议的，作出该具体行政行为的行政机关为被申请人。

第十二条　行政机关与法律、法规授权的组织以共同的名义作出具体行政行为的，行政机关和法律、法规授权的组织为共同被申请人。

行政机关与其他组织以共同名义作出具体行政行为的，行政机关为被申请人。

第十三条　下级行政机关依照法律、法规、规章规定，经上级行政机关批准作出具体行政行为的，批准机关为被申请人。

第十四条　行政机关设立的派出机构、内设机构或者其他组织，未经法律、法规授权，对外以自己名义作出具体行政行为的，该行政机关为被申请人。

第三节　行政复议申请期限

第十五条　行政复议法第九条第一款规定的行政复议申请期限的计算，依照下列规定办理：

（一）当场作出具体行政行为的，自具体行政行为作出之日起计算；

（二）载明具体行政行为的法律文书直接送达的，自受送达人签收之日起计算；

（三）载明具体行政行为的法律文书邮寄送达的，自受送达人在邮件签收单上签收之日起计算；没有邮件签收单的，自受送达人在送达回执上签名之日起计算；

（四）具体行政行为依法通过公告形式告知受送达人的，自公告规定的期限届满之日起计算；

（五）行政机关作出具体行政行为时未告知公民、法人或者其他组织，事后补充告知的，自该公民、法人或者其他组织收到行政机关补充告知的通知之日起计算；

（六）被申请人能够证明公民、法人或者其他组织知道具体行政行为的，自证据材料证明其知道具体行政行为之日起计算。

行政机关作出具体行政行为，依法应当向有关公民、法人或者其他组织送达法律文书而未送达的，视为该公民、法人或者其他组织不知道该具体行政行为。

第十六条　公民、法人或者其他组织依照行政复议法第六条第（八）项、第（九）项、第（十）项的规定申请行政机关履行法定职责，行政机关未履行的，行政复议申请期限依照下列规定计算：

（一）有履行期限规定的，自履行期限届满之日起计算；

（二）没有履行期限规定的，自行政机关收到申请满60日起计算。

公民、法人或者其他组织在紧急情况下请求行政机关履行保护人身权、财产权的法定职责，行政机关不履行的，行政复议申请期限不受前款规定的限制。

第十七条 行政机关作出的具体行政行为对公民、法人或者其他组织的权利、义务可能产生不利影响的，应当告知其申请行政复议的权利、行政复议机关和行政复议申请期限。

第四节 行政复议申请的提出

第十八条 申请人书面申请行政复议的，可以采取当面递交、邮寄或者传真等方式提出行政复议申请。

有条件的行政复议机构可以接受以电子邮件形式提出的行政复议申请。

第十九条 申请人书面申请行政复议的，应当在行政复议申请书中载明下列事项：

（一）申请人的基本情况，包括：公民的姓名、性别、年龄、身份证号码、工作单位、住所、邮政编码；法人或者其他组织的名称、住所、邮政编码和法定代表人或者主要负责人的姓名、职务；

（二）被申请人的名称；

（三）行政复议请求、申请行政复议的主要事实和理由；

（四）申请人的签名或者盖章；

（五）申请行政复议的日期。

第二十条 申请人口头申请行政复议的，行政复议机构应当依照本条例第十九条规定的事项，当场制作行政复议申请笔录交申请人核对或者向申请人宣读，并由申请人签字确认。

第二十一条 有下列情形之一的，申请人应当提供证明材料：

（一）认为被申请人不履行法定职责的，提供曾经要求被申请人履行法定职责而被申请人未履行的证明材料；

（二）申请行政复议时一并提出行政赔偿请求的，提供受具体行政行为侵害而造成损害的证明材料；

（三）法律、法规规定需要申请人提供证据材料的其他情形。

第二十二条 申请人提出行政复议申请时错列被申请人的，行政复议机构应当告知申请人变更被申请人。

第二十三条 申请人对两个以上国务院部门共同作出的具体行政行为不服的，依照行政复议法第十四条的规定，可以向其中任何一个国务院部门提出行政复议申请，由作出具体行政行为的国务院部门共同作出行政复议决定。

第二十四条 申请人对经国务院批准实行省以下垂直领导的部门作出的具体行政行为不服的，可以选择向该部门的本级人民政府或者上一级主管部门申请行政复议；省、自治区、直辖市另有规定的，依照省、自治区、直辖市的规定办理。

第二十五条 申请人依照行政复议法第三十条第二款的规定申请行政复议的，应当向省、自治区、直辖市人民政府提出行政复议申请。

第二十六条 依照行政复议法第七条的规定，申请人认为具体行政行为所依据的规定不合法的，可以在对具体行政行为申请行政复议的同时一并提出对该规定的审查申请；申请人在对具体行政行为提出行政复议申请时尚不知道该具体行政行为所依据的规定的，可以在行政复议机关作出行政复议决定前向行政复议机关提出对该规定的审查申请。

第三章 行政复议受理

第二十七条 公民、法人或者其他组织认为行政机关的具体行政行为侵犯其合法权益提出行政复议申请，除不符合行政复议法和本条例规定的申请条件的，行政复议机关必须受理。

第二十八条 行政复议申请符合下列规定的，应当予以受理：

（一）有明确的申请人和符合规定的被申请人；

（二）申请人与具体行政行为有利害关系；

（三）有具体的行政复议请求和理由；

（四）在法定申请期限内提出；

（五）属于行政复议法规定的行政复议范围；

（六）属于收到行政复议申请的行政复议机构的职责范围；

（七）其他行政复议机关尚未受理同一行政复议申请，人民法院尚未受理同一主体就同一事实提起的行政诉讼。

第二十九条 行政复议申请材料不齐全或者表述不清楚的，行政复议机构可以自收到该行政复议申请之日起 5 日内书面通知申请人补正。补正通知应当载明需要补正的事项和合理的补正期限。无正当理由逾期不补正的，视为申请人放弃行政复议申请。补正申请材料所用时间不计入行政复议审理期限。

第三十条 申请人就同一事项向两个或者两个以上有权受理的行政机关申请行政复议的，由最先收到行政复议申请的行政机关受理；同时收到行政复议申请的，由收到行政复议申请的行政机关在 10 日内协商确定；协商不成的，由其共同上一级行政机关在 10 日内指定受理机关。协商确定或者指定受理机关所用时间不计入行政复议审理期限。

第三十一条 依照行政复议法第二十条的规定，上级行政机关认为行政复议机关不予受理行政复议申请的理由不成立的，可以先行督促其受理；经督促仍不受理的，应当责令其限期受理，必要时也可以直接受理；认为行政复议申请不符合法定受理条件的，应当告知申请人。

第四章 行政复议决定

第三十二条 行政复议机构审理行政复议案件，应当由 2 名以上行政复议人员参加。

第三十三条 行政复议机构认为必要时，可以实地调查核实证据；对重大、复杂的案件，申请人提出要求或者行政复议机构认为必要时，可以采取听证的方式审理。

第三十四条 行政复议人员向有关组织和人员调查取证时，可以查阅、复制、调取有关文件和资料，向有关人员进行询问。

调查取证时，行政复议人员不得少于 2 人，并应当向当事人或者有关人员出示证件。被调查单位和人员应当配合行政复议人员的工作，不得拒绝或者阻挠。

需要现场勘验的，现场勘验所用时间不计入行政复议审理期限。

第三十五条 行政复议机关应当为申请人、第三人查阅有关材料提供必要条件。

第三十六条 依照行政复议法第十四条的规定申请原级行政复议的案件，由原承办具体行政行为有关事项的部门或者机构提出书面答复，并提交作出具体行政行为的证据、依据和其他有关材料。

第三十七条 行政复议期间涉及专门事项需要鉴定的，当事人可以自行委托鉴定机构进行鉴定，也可以申请行政复议机构委托鉴定机构进行鉴定。鉴定费用由当事人承担。鉴定所用时间不计入行政复议审理期限。

第三十八条 申请人在行政复议决定作出前自愿撤回行政复议申请的，经行政复议机构同意，可以撤回。

申请人撤回行政复议申请的，不得再以同一事实和理由提出行政复议申请。但是，申请人能够证明撤回行政复议申请违背其真实意思表示的除外。

第三十九条 行政复议期间被申请人改变原具体行政行为的，不影响行政复议案件的审理。但是，申请人依法撤回行政复议申请的除外。

第四十条 公民、法人或者其他组织对行政机关行使法律、法规规定的自由裁量权作出的具体行政行为不服申请行政复议，申请人与被申请人在行政复议决定作出前自愿达成和解的，应当向行政复议机构提交书面和解协议；和解内容不损害社会公共利益和他人合法权益的，行政复议机构应当准许。

第四十一条 行政复议期间有下列情形之一，影响行政复议案件审理的，行政复议中止：

（一）作为申请人的自然人死亡，其近亲属尚未确定是否参加行政复议的；

（二）作为申请人的自然人丧失参加行政复议的能力，尚未确定法定代理人参加行政复议的；

（三）作为申请人的法人或者其他组织终止，尚未确定权利义务承受人的；

（四）作为申请人的自然人下落不明或者被宣告失踪的；

（五）申请人、被申请人因不可抗力，不能参加行政复议的；

（六）案件涉及法律适用问题，需要有权机关作出解释或者确认的；

（七）案件审理需要以其他案件的审理结果为依据，而其他案件尚未审结的；

（八）其他需要中止行政复议的情形。

行政复议中止的原因消除后，应当及时恢复行政复议案件的审理。

行政复议机构中止、恢复行政复议案件的审理，应当告知有关当事人。

第四十二条 行政复议期间有下列情形之一的，行政复议终止：

（一）申请人要求撤回行政复议申请，行政复议机构准予撤回的；

（二）作为申请人的自然人死亡，没有近亲属或者其近亲属放弃行政复议权利的；

（三）作为申请人的法人或者其他组织终止，其权利义务的承受人放弃行政复议权利的；

（四）申请人与被申请人依照本条例第四十条的规定，经行政复议机构准许达成和解的；

（五）申请人对行政拘留或者限制人身自由的行政强制措施不服申请行政复议后，因申请人同一违法行为涉嫌犯罪，该行政拘留或者限制人身自由的行政强制措施变更为刑事拘留的。

依照本条例第四十一条第一款第（一）项、第（二）项、第（三）项规定中止行政复议，满60日行政复议中止的原因仍未消除的，行政复议终止。

第四十三条 依照行政复议法第二十八条第一款第（一）项规定，具体行政行为认定事实清楚，证据确凿，适用依据正确，程序合法，内容适当的，行政复议机关应当决定维持。

第四十四条 依照行政复议法第二十八条第一款第（二）项规定，被申请人不履行法定职责的，行政复议机关应当决定其在一定期限内履行法定职责。

第四十五条 具体行政行为有行政复议法第二十八条第一款第（三）项规定情形之一的，行政复议机关应当决定撤销、变更该具体行政行为或者确认该具体行政行为违法；决定撤销该具体行政行为或者确认该具体行政行为违法的，可以责令被申请人在一定期限内重新作出具体行政行为。

第四十六条 被申请人未依照行政复议法第二十三条的规定提出书面答复、提交当初作出具体行政行为的证据、依据和其他有关材料的，视为该具体行政行为没有证据、依据，行政复议机关应当决定撤销该具体行政行为。

第四十七条 具体行政行为有下列情形之一，行政复议机关可以决定变更：

（一）认定事实清楚，证据确凿，程序合法，但是明显不当或者适用依据错误的；

（二）认定事实不清，证据不足，但是经行政复议机关审理查明事实清楚，证据确凿的。

第四十八条 有下列情形之一的，行政复议机关应当决定驳回行政复议申请：

（一）申请人认为行政机关不履行法定职责申请行政复议，行政复议机关受理后发现该行政机关没有相应法定职责或者在受理前已经履行法定职责的；

（二）受理行政复议申请后，发现该行政复议申请不符合行政复议法和本条例规定的受理条件的。

上级行政机关认为行政复议机关驳回行政复议申请的理由不成立的，应当责令其恢复审理。

第四十九条 行政复议机关依照行政复议法第二十八条的规定责令被申请人重新作出具体行政行为的，被申请人应当在法律、法规、规章规定的期限内重新作出具体行政行为；法律、法规、规章未规定期限的，重新作出具体行政行为的期限为60日。

公民、法人或者其他组织对被申请人重新作出的具体行政行为不服，可以依法申请行政复议或者提起行政诉讼。

第五十条 有下列情形之一的，行政复议机关可以按照自愿、合法的原则进行调解：

（一）公民、法人或者其他组织对行政机关行使法律、法规规定的自由裁量权作出的具体行政行为不服申请行政复议的；

（二）当事人之间的行政赔偿或者行政补偿纠纷。

当事人经调解达成协议的，行政复议机关应当制作行政复议调解书。调解书应当载明行政复议请求、事实、理由和调解结果，并加盖行政复议机关印章。行政复议调解书经双方当事人签字，即具有法律效力。

调解未达成协议或者调解书生效前一方反悔的，行政复议机关应当及时作出行政复议决定。

第五十一条 行政复议机关在申请人的行政复议请求范围内，不得作出对申请人更为不利的行政复议决定。

第五十二条 第三人逾期不起诉又不履行行政复议决定的，依照行政复议法第三十三条的规定处理。

第五章 行政复议指导和监督

第五十三条 行政复议机关应当加强对行政复议工作的领导。

行政复议机构在本级行政复议机关的领导下，按照职责权限对行政复议工作进行督促、指导。

第五十四条 县级以上各级人民政府应当加强对所属工作部门和下级人民政府履行行政复议职责的监督。

行政复议机关应当加强对其行政复议机构履行行政复议职责的监督。

第五十五条 县级以上地方各级人民政府应当建立健全行政复议工作责任制，将行政复议工作纳入本级政府目标责任制。

第五十六条 县级以上地方各级人民政府应当按照职责权限，通过定期组织检查、抽查等方式，对所属工作部门和下级人民政府行政复议工作进行检查，并及时向有关方面反馈检查结果。

第五十七条 行政复议期间行政复议机关发现被申请人或者其他下级行政机关的相关行政行为违法或者需要做好善后工作的，可以制作行政复议意见书。有关机关应当自收到行政复议意见书之日起 60 日内将纠正相关行政违法行为或者做好善后工作的情况通报行政复议机构。

行政复议期间行政复议机构发现法律、法规、规章实施中带有普遍性的问题，可以制作行政复议建议书，向有关机关提出完善制度和改进行政执法的建议。

第五十八条 县级以上各级人民政府行政复议机构应当定期向本级人民政府提交行政复议工作状况分析报告。

第五十九条 下级行政复议机关应当及时将重大行政复议决定报上级行政复议机关备案。

第六十条 各级行政复议机构应当定期组织对行政复议人员进行业务培训，提高行政复议人员的专业素质。

第六十一条 各级行政复议机关应当定期总结行政复议工作，对在行政复议工作中做出显著成绩的单位和个人，依照有关规定给予表彰和奖励。

第六章 法律责任

第六十二条 被申请人在规定期限内未按照行政复议决定的要求重新作出具体行政行为，或者违反规定重新作出具体行政行为的，依照行政复议法第三十七条的规定追究法律责任。

第六十三条 拒绝或者阻挠行政复议人员调查取证、查阅、复制、调取有关文件和资料的，对有关责任人员依法给予处分或者治安处罚；构成犯罪的，依法追究刑事责任。

第六十四条　行政复议机关或者行政复议机构不履行行政复议法和本条例规定的行政复议职责，经有权监督的行政机关督促仍不改正的，对直接负责的主管人员和其他直接责任人员依法给予警告、记过、记大过的处分；造成严重后果的，依法给予降级、撤职、开除的处分。

第六十五条　行政机关及其工作人员违反行政复议法和本条例规定的，行政复议机构可以向人事、监察部门提出对有关责任人员的处分建议，也可以将有关人员违法的事实材料直接转送人事、监察部门处理；接受转送的人事、监察部门应当依法处理，并将处理结果通报转送的行政复议机构。

第七章　附　则

六十六条　本条例自 2007 年 8 月 1 日起施行。

安全生产行政复议规定

（国家安全生产监督管理总局令第14号　2007年10月8日）

第一章　总　则

第一条　为了规范安全生产行政复议工作，解决行政争议，根据《中华人民共和国行政复议法》和《中华人民共和国行政复议法实施条例》，制定本规定。

第二条　公民、法人或者其他组织认为安全生产监督管理部门、煤矿安全监察机构（以下统称安全监管监察部门）的具体行政行为侵犯其合法权益，向安全生产行政复议机关申请行政复议，安全生产行政复议机关受理行政复议申请，作出行政复议决定，适用本规定。

第三条　依法履行行政复议职责的安全监管监察部门是安全生产行政复议机关。安全生产行政复议机关负责法制工作的机构是本机关的行政复议机构（以下简称安全生产行政复议机构）。

安全生产行政复议机关应当领导、支持本机关行政复议机构依法办理行政复议事项，并依照有关规定充实、配备专职行政复议人员，保证行政复议机构的办案能力与工作任务相适应。

第四条　国家安全生产监督管理总局办理行政复议案件按照下列程序，统一受理，分工负责：

（一）政策法规司按照本规定规定的期限，对行政复议申请进行初步审查，做出受理或者不予受理的决定。对决定受理的，将案卷材料转送相关业务司局分口承办；

（二）相关业务司局收到案卷材料后，应当在30日内了解核实有关情况，提出处理意见；

（三）政策法规司根据处理意见，在20日内拟定行政复议决定书，提交本局负责人集体讨论或者主管负责人审定；

（四）本局负责人集体讨论通过或者主管负责人同意后，政策法规司制作行政复议决定书，并送达申请人、被申请人和第三人。

国家煤矿安全监察局和省级及省级以下安全监管监察部门办理行政复议案件参照上述程序执行。

第二章　行政复议范围与管辖

第五条　公民、法人或者其他组织对安全监管监察部门作出的下列具体行政行为不服，可以申请行政复议：

（一）行政处罚决定；

（二）行政强制措施；

（三）行政许可的变更、中止、撤销、撤回等决定；

（四）认为符合法定条件，申请安全监管监察部门办理许可证、资格证等行政许可手续，安全监管监察部门没有依法办理的；

（五）认为安全监管监察部门违法收费或者违法要求履行义务的；

（六）认为安全监管监察部门其他具体行政行为侵犯其合法权益的。

第六条　公民、法人或者其他组织认为安全监管监察部门的具体行政行为所依据的规定不合法，在对具体行政行为申请行政复议时，可以依据行政复议法第七条的规定一并提出审查申请。

第七条　安全监管监察部门作出的下列行政行为，不属于安全生产行政复议范围：

（一）生产安全事故调查报告；

（二）不具有强制力的行政指导行为和信访答复行为；

（三）生产安全事故隐患认定；

（四）公告信息发布；

（五）法律、行政法规规定的非具体行政行为。

第八条　对县级以上地方人民政府安全生产监督管理部门作出的具体行政行为不服的，可以向上一级安全生产监督管理部门申请行政复议，也可以向同级人民政府申请行政复议。已向同级人民政府提出行政复议申请，且同级人民政府已经受理的，上一级安全生产监督管理部门不再受理。

对国家安全生产监督管理总局作出的具体行政行为不服的，向国家安全生产监督管理总局申请行政复议。

第九条　对煤矿安全监察分局作出的具体行政行为不服的，向该分局所隶属的省级煤矿安全监察局申请行政复议。

对省级煤矿安全监察机构作出的具体行政行为不服的，向国家安全生产监督管理总局申请行政复议。

对国家煤矿安全监察局作出的具体行政行为不服的，向国家煤矿安全监察局申请行政复议。

第十条　安全监管监察部门设立的派出机构、内设机构或者其他组织，未经法律、行政法规授权，对外以自己名义作出具体行政行为的，该安全监管监察部门为被申请人。

第十一条　对安全监管监察部门依法委托的机构，以委托的安全监管监察部门名义作出的具体行政行为不服的，依照本规定第八条和第九条的规定申请行政复议。

第十二条　对安全监管监察部门与有关部门共同作出的具体行政行为不服的，可以向其共同的上一级行政机关申请行政复议。共同作出具体行政行为的安全监管监察部门与有关部门为共同被申请人。

对国家安全生产监督管理总局与国务院其他部门共同作出的具体行政行为不服的，可以向国家安全生产监督管理总局或者共同作出具体行政行为的其他任何一个部门提起行政复议申请，由作出具体行政行为的部门共同作出行政复议决定。

第十三条　下级安全监管监察部门依照法律、行政法规、规章规定，经上级安全监管监察部门批准作出具体行政行为的，批准机关为被申请人。

第三章 行政复议的申请与受理

第十四条 安全监管监察部门作出具体行政行为，依法应当向有关公民、法人或者其他组织送达法律文书而未送达的，视为该公民、法人或者其他组织不知道该具体行政行为。

安全监管监察部门作出的具体行政行为对公民、法人或者其他组织的权利、义务可能产生不利影响的，应当告知其申请行政复议的权利、行政复议机关和行政复议申请期限。

第十五条 行政复议可以书面申请，也可以当场口头申请。书面申请可以采取当面递交、邮寄或者传真等方式提出，并在行政复议申请书中载明《行政复议法实施条例》第十九条规定的事项。

当场口头申请的，安全生产行政复议机构应当按照第一款规定的事项，当场制作行政复议申请笔录交申请人核对或者向申请人宣读，并由申请人签字确认。

第十六条 安全生产行政复议机构应当自收到行政复议申请之日起3日内对复议申请是否符合下列条件进行初步审查：

（一）有明确的申请人和被申请人；

（二）申请人与具体行政行为有利害关系；

（三）有具体的行政复议请求和事实依据；

（四）在法定申请期限内提出；

（五）属于本规定第五条规定的行政复议范围；

（六）属于收到行政复议申请的行政复议机关的职责范围；

（七）其他行政复议机关尚未受理同一行政复议申请，人民法院尚未受理同一主体就同一事实提起的行政诉讼。

第十七条 行政复议申请错列被申请人的，安全生产行政复议机构应当告知申请人变更被申请人。

第十八条 行政复议申请材料不齐全或者表述不清楚的，安全生产行政复议机构可以自收到该行政复议申请之日起5日内书面通知申请人补正。补正通知应当载明需要补正的事项和合理的补正期限。无正当理由逾期不补正的，视为申请人放弃行政复议申请。补正申请材料所用时间不计入行政复议审理期限。

第十九条 经初步审查后，安全生产行政复议机构应当自收到行政复议申请之日起5日内按下列规定作出处理：

（一）符合本规定第十六条规定的，予以受理，并制发行政复议受理决定书；

（二）不符合本规定第十六条规定的，决定不予受理，并制发行政复议申请不予受理决定书；

（三）不属于本机关职责范围的，应当告知申请人向有权受理的行政复议机关提出。

第二十条 行政复议期间，安全生产行政复议机构认为申请人以外的公民、法人或者其他组织与被审查的具体行政行为有利害关系的，可以通知其作为第三人参加行政复议。

行政复议期间，申请人以外的公民、法人或者其他组织与被审查的具体行政行为有利害关系的，可以向安全生产行政复议机构申请作为第三人参加行政复议。

第四章　行政复议的审理和决定

第二十一条　安全生产行政复议机构审理行政复议案件，应当由 2 名以上行政复议人员参加。

第二十二条　安全生产行政复议机构应当自行政复议申请受理之日起 7 日内，将行政复议申请书副本或者行政复议申请笔录复印件发送被申请人。

被申请人应当自收到申请书副本或者行政复议申请笔录复印件之日起 10 日内，按照复议机构要求的份数提出书面答复，并提交当初作出具体行政行为的证据、依据和其他有关材料。

被申请人书面答复应当载明下列事项，并加盖单位公章：

（一）作出具体行政行为的基本过程和情况；

（二）作出具体行政行为的事实依据和有关证据材料；

（三）作出具体行政行为所依据的法律、行政法规、规章和规范性文件的文号、具体条款和内容；

（四）对申请人复议请求的意见和理由；

（五）答复的年月日。

第二十三条　有下列情形之一的，被申请人经安全生产行政复议机构允许可以补充相关证据：

（一）在作出具体行政行为时已经收集证据，但因不可抗力等正当理由不能提供的；

（二）申请人或者第三人在行政复议过程中，提出了其在安全监管监察部门实施具体行政行为过程中没有提出的申辩理由或者证据的。

第二十四条　有下列情形之一的，申请人应当提供证明材料：

（一）认为被申请人不履行法定职责的，提供曾经要求被申请人履行法定职责而被申请人未履行的证明材料，但被申请人依法应当主动履行的除外；

（二）申请行政复议时一并提出行政赔偿请求的，提供受具体行政行为侵害而造成损害的证明材料；

（三）申请人自己主张的事实；

（四）法律、行政法规规定由申请人提供证据材料的其他情形。

第二十五条　申请人、被申请人、第三人应当对其提交的证据材料分类编号，对证据材料的来源、证明对象和内容作简要说明，并在证据材料上签字或者盖章，注明提交日期。

证据材料是复印件的，应当经复议机构核对无误，并注明原件存放的单位和处所。

第二十六条　行政复议原则上采取书面审理的方式，但对重大、复杂的案件，申请人提出要求或者安全生产行政复议机构认为必要时，可以采取听证的方式审理。

听证应当保障当事人平等的陈述、质证和辩论的权利。

第二十七条　安全生产行政复议机构采取听证的方式审理复议案件，应当制作听证笔录并载明下列事项：

（一）案由，听证的时间、地点；

（二）申请人、被申请人、第三人及其代理人的基本情况；

（三）听证主持人、听证员、书记员的姓名、职务等；

（四）申请人、被申请人、第三人争议的焦点问题，有关事实、证据和依据；

（五）其他应当记载的事项。

申请人、被申请人、第三人应当核对听证笔录并签字或者盖章。

第二十八条 安全生产行政复议机构认为必要时，可以实地调查核实证据。调查核实时，行政复议人员不得少于2人，并应当向当事人或者有关人员出示证件。

需要现场勘验的，现场勘验所用时间不计入行政复议审理期限。

第二十九条 安全生产行政复议期间涉及专门事项需要鉴定的，当事人可以自行委托鉴定机构进行鉴定，也可以申请行政复议机构委托鉴定机构进行鉴定。鉴定费用由当事人承担。鉴定所用时间不计入行政复议审理期限。

第三十条 申请人在行政复议决定作出前自愿撤回行政复议申请的，经行政复议机构同意，可以撤回。

申请人撤回行政复议申请的，不得以同一事实和理由再次提出行政复议申请。但是，申请人能够证明撤回行政复议申请违背其真实意思表示的除外。

第三十一条 行政复议申请由两个以上申请人共同提出，在行政复议决定作出前，部分申请人撤回行政复议申请的，安全生产行政复议机关应当就其他申请人未撤回的行政复议申请作出行政复议决定。

第三十二条 被申请人在复议期间改变原具体行政行为的，应当书面告知复议机构。

被申请人改变原具体行政行为，申请人撤回复议申请的，行政复议终止；申请人不撤回复议申请的，安全生产行政复议机关经审查认为原具体行政行为违法的，应当作出确认其违法的复议决定；认为原具体行政行为合法的，应当作出维持的复议决定。

第三十三条 公民、法人或者其他组织对安全监管监察部门行使法律、行政法规规定的自由裁量权作出的具体行政行为不服申请行政复议，申请人与被申请人在行政复议决定作出前自愿达成和解的，应当向安全生产行政复议机构提交书面和解协议；和解内容不损害社会公共利益和他人合法权益的，安全生产行政复议机构应当准许。

第三十四条 有下列情形之一的，安全生产行政复议机构可以按照自愿、合法的原则进行调解：

（一）公民、法人或者其他组织对安全监管监察部门行使法律、行政法规规定的自由裁量权作出的具体行政行为不服申请行政复议的；

（二）当事人之间的行政赔偿或者行政补偿的纠纷。

当事人经调解达成协议的，安全生产行政复议机关应当制作行政复议调解书。调解书应当载明行政复议请求、事实、理由和调解结果，并加盖安全生产行政复议机关印章。行政复议调解书经双方当事人签字，即具有法律效力。

调解未达成协议或者调解书生效前一方反悔的，安全生产行政复议机关应当及时作出行政复议决定。

第三十五条 安全生产行政复议机构应当对被申请人作出的具体行政行为进行审查，提出意见，经安全生产行政复议机关集体讨论通过或者负责人同意后，依法作出行政复议决定。

第三十六条 被申请人被责令重新作出具体行政行为的，应当在法律、行政法规、规章规定的期限内重新作出具体行政行为；法律、行政法规、规章未规定期限的，重新作出具体行政行为的期限为60日。

被申请人不得以同一事实和理由作出与原具体行政行为相同或者基本相同的具体行政行为。但因违反法定程序被责令重新作出具体行政行为的除外。

第三十七条　申请人在申请行政复议时一并提出行政赔偿请求，安全生产行政复议机关对符合国家赔偿法有关规定应当给予赔偿的，在决定撤销、变更具体行政行为或者确认具体行政行为违法时，应当同时决定被申请人依法给予赔偿。

申请人在申请行政复议时没有提出行政赔偿请求的，安全生产行政复议机关在依法决定撤销或者变更原具体行政行为确定的罚款以及对设备、设施、器材的扣押、查封等强制措施时，应当同时责令被申请人返还罚款，解除对设备、设施、器材的扣押、查封等强制措施。

第三十八条　安全生产行政复议机关在申请人的行政复议请求范围内，不得作出对申请人更为不利的行政复议决定。

第五章　附　则

第三十九条　安全生产行政复议机关及其工作人员和被申请人在安全生产行政复议工作中违反本规定的，依照行政复议法及其实施条例的规定，追究法律责任。

第四十条　行政复议期间的计算和行政复议文书的送达，依照民事诉讼法关于期间、送达的规定执行。

本规定关于行政复议期间有关“3日”“5日”、“7日”的规定是指工作日，不含节假日。

第四十一条　安全生产行政复议案件审理完毕，案件承办人应当将案件材料在10日内立卷、归档。

下一级安全生产行政复议机关应当在作出行政复议决定之日起15日内将行政复议决定书报上一级安全生产行政复议机构备案。

第四十二条　安全监管行政复议机关办理行政复议案件，使用国家安全生产监督管理总局统一制定的文书式样。

煤矿安全监察行政复议机关办理行政复议案件，使用国家煤矿安全监察局统一制定的文书式样。

第四十三条　本规定自2007年11月1日起施行。原国家经济贸易委员会2003年2月18日公布的《安全生产行政复议暂行办法》和原国家安全生产监督管理局（国家煤矿安全监察局）2003年6月20日公布的《煤矿安全监察行政复议规定》同时废止。

国有企业监事会暂行条例

（国务院令第283号 2000年3月15日）

第一条 为了健全国有企业监督机制，加强对国有企业的监督，制定本条例。

第二条 国有重点大型企业监事会（以下简称监事会）由国务院派出，对国务院负责，代表国家对国有重点大型企业（以下简称企业）的国有资产保值增值状况实施监督。

国务院派出监事会的企业名单，由国有企业监事会管理机构（以下简称监事会管理机构）提出建议，报国务院决定。

第三条 监事会以财务监督为核心，根据有关法律、行政法规和财政部的有关规定，对企业的财务活动及企业负责人的经营管理行为进行监督，确保国有资产及其权益不受侵犯。

监事会与企业是监督与被监督的关系，监事会不参与、不干预企业的经营决策和经营管理活动。

第四条 监事会管理机构负责监事会的日常管理工作，协调监事会与国务院有关部门和有关地方的联系，承办国务院交办的事项。

第五条 监事会履行下列职责：

（一）检查企业贯彻执行有关法律、行政法规和规章制度的情况；

（二）检查企业财务，查阅企业的财务会计资料及与企业经营管理活动有关的其他资料，验证企业财务会计报告的真实性、合法性；

（三）检查企业的经营效益、利润分配、国有资产保值增值、资产运营等情况；

（四）检查企业负责人的经营行为，并对其经营管理业绩进行评价，提出奖惩、任免建议。

第六条 监事会一般每年对企业定期检查1至2次，并可以根据实际需要不定期地对企业进行专项检查。

第七条 监事会开展监督检查，可以采取下列方式：

（一）听取企业负责人有关财务、资产状况和经营管理情况的汇报，在企业召开与监督检查事项有关的会议；

（二）查阅企业的财务会计报告、会计凭证、会计账簿等财务会计资料以及与经营管理活动有关的其他资料；

（三）核查企业的财务、资产状况，向职工了解情况、听取意见，必要时要求企业负责人作出说明；

（四）向财政、工商、税务、审计、海关等有关部门和银行调查了解企业的财务状况和经营管理情况。

监事会主席根据监督检查的需要，可以列席或者委派监事会其他成员列席企业有关会议。

第八条 国务院有关部门和地方人民政府有关部门应当支持、配合监事会的工作，向监事会提供有关情况和资料。

第九条　监事会每次对企业进行检查结束后，应当及时作出检查报告。

检查报告的内容包括：企业财务以及经营管理情况评价；企业负责人的经营管理业绩评价以及奖惩、任免建议；企业存在问题的处理建议；国务院要求报告或者监事会认为需要报告的其他事项。

监事会不得向企业透露前款所列检查报告内容。

第十条　检查报告经监事会成员讨论，由监事会主席签署，经监事会管理机构报国务院；检查报告经国务院批复后，抄送国家经济贸易委员会、财政部等有关部门。

监事对检查报告有原则性不同意见的，应当在检查报告中说明。

第十一条　监事会在监督检查中发现企业经营行为有可能危及国有资产安全、造成国有资产流失或者侵害国有资产所有者权益以及监事会认为应当立即报告的其他紧急情况，应当及时向监事会管理机构提出专项报告，也可以直接向国务院报告。

监事会管理机构应当加强同国家经济贸易委员会、财政部等有关部门的联系，相互通报有关情况。

第十二条　企业应当定期、如实向监事会报送财务会计报告，并及时报告重大经营管理活动情况，不得拒绝、隐匿、伪报。

第十三条　监事会根据对企业实施监督检查的需要，必要时，经监事会管理机构同意，可以聘请注册会计师事务所对企业进行审计。

监事会根据对企业进行监督检查的情况，可以建议国务院责成国家审计机关依法对企业进行审计。

第十四条　监事会由主席一人、监事若干人组成。监事会成员不少于3人。

监事分为专职监事和兼职监事：从有关部门和单位选任的监事，为专职；监事会中国务院有关部门、单位派出代表和企业职工代表担任的监事，为兼职。

监事会可以聘请必要的工作人员。

第十五条　监事会主席人选按照规定程序确定，由国务院任命。监事会主席由副部级国家工作人员担任，为专职，年龄一般在60周岁以下。

专职监事由监事会管理机构任命。专职监事由司（局）、处级国家工作人员担任，年龄一般在55周岁以下。

监事会中的企业职工代表由企业职工代表大会民主选举产生，报监事会管理机构批准。企业负责人不得担任监事会中的企业职工代表。

第十六条　监事会成员每届任期3年，其中监事会主席和专职监事、派出监事不得在同一企业连任。

监事会主席和专职监事、派出监事可以担任1至3家企业监事会的相应职务。

第十七条　监事会主席应当具有较高的政策水平，坚持原则，廉洁自持，熟悉经济工作。

监事会主席履行下列职责：

（一）召集、主持监事会会议；

（二）负责监事会的日常工作；

（三）审定、签署监事会的报告和其他重要文件；

（四）应当由监事会主席履行的其他职责。

第十八条 监事应当具备下列条件：

（一）熟悉并能够贯彻执行国家有关法律、行政法规和规章制度；

（二）具有财务、会计、审计或者宏观经济等方面的专业知识，比较熟悉企业经营管理工作；

（三）坚持原则，廉洁自持，忠于职守；

（四）具有较强的综合分析、判断和文字撰写能力，并具备独立工作能力。

第十九条 监事会主席和专职监事、派出监事实行回避原则，不得在其曾经管辖的行业、曾经工作过的企业或者其近亲属担任高级管理职务的企业的监事会中任职。

第二十条 监事会开展监督检查工作所需费用由国家财政拨付，由监事会管理机构统一列支。

第二十一条 监事会成员不得接受企业的任何馈赠，不得参加由企业安排、组织或者支付费用的宴请、娱乐、旅游、出访等活动，不得在企业中为自己、亲友或者其他人谋取私利。

监事会主席和专职监事、派出监事不得接受企业的任何报酬、福利待遇，不得在企业报销任何费用。

第二十二条 监事会成员必须对检查报告内容保密，并不得泄露企业的商业秘密。

第二十三条 监事会成员在监督检查中成绩突出，为维护国家利益做出重要贡献的，给予奖励。

第二十四条 监事会成员有下列行为之一的，依法给予行政处分或者纪律处分，直至撤销监事职务；构成犯罪的，依法追究刑事责任：

（一）对企业的重大违法违纪问题隐匿不报或者严重失职的；

（二）与企业串通编造虚假检查报告的；

（三）有违反本条例第二十一条、第二十二条所列行为的。

第二十五条 企业有下列行为之一的，对直接负责的主管人员和其他直接责任人员，依法给予纪律处分，直至撤销职务；构成犯罪的，依法追究刑事责任：

（一）拒绝、阻碍监事会依法履行职责的；

（二）拒绝、无故拖延向监事会提供财务状况和经营管理情况等有关资料的；

（三）隐匿、篡改、伪报重要情况和有关资料的；

（四）有阻碍监事会监督检查的其他行为的。

第二十六条 企业发现监事会成员有违反本条例第二十一条、第二十二条所列行为时，有权向监事会管理机构报告，也可以直接向国务院报告。

第二十七条 对国务院不派出监事会的国有企业，由省、自治区、直辖市人民政府参照本条例的规定，决定派出监事会。

第二十八条 国务院向国有重点金融机构派出的监事会，依照《国有重点金融机构监事会暂行条例》执行。

第二十九条 本条例自发布之日起施行。1994 年 7 月 24 日国务院发布的《国有企业财产监督管理条例》同时废止。

中华人民共和国行政诉讼法

（1989年4月4日第十届全国人民代表大会第二次会议通过）

第一章　总　则

第一条　为保证人民法院正确、及时审理行政案件，保护公民、法人和其他组织的合法权益，维护和监督行政机关依法行使行政职权，根据宪法制定本法。

第二条　公民、法人或者其他组织认为行政机关和行政机关工作人员的具体行政行为侵犯其合法权益，有权依照本法向人民法院提起诉讼。

第三条　人民法院依法对行政案件独立行使审判权，不受行政机关、社会团体和个人的干涉。

人民法院设行政审判庭、审理行政案件。

第四条　人民法院审理行政案件，以事实为根据，以法律为准绳。

第五条　人民法院审理行政案件，对具体行政行为是否合法进行审查。

第六条　人民法院审理行政案件，依法实行合议、回避、公开审判和两审终审制度。

第七条　当事人在行政诉讼中的法律地位平等。

第八条　各民族公民都有用本民族语言、文字进行行政诉讼的权利。

在少数民族聚居或者多民族共同居住的地区，人民法院应当用当地民族通用的语言、文字进行审理和发布法律文书。

人民法院应当对不通晓当地民族通用的语言、文字的诉讼参与人提供翻译。

第九条　当事人在行政诉讼中有权进行辩论。

第十条　人民检察院有权对行政诉讼实行法律监督。

第二章　受案范围

第十一条　人民法院受理公民、法人和其他组织对下列具体行政行为不服提起的诉讼：

（一）对拘留、罚款、吊销许可证和执照、责令停产停业、没收财物等行政处罚不服的；

（二）对限制人身自由或者对财产的查封、扣押、冻结等行政强制措施不服的；

（三）认为行政机关侵犯法律规定的经营自主权的；

（四）认为符合法定条件申请行政机关颁发许可证和执照，行政机关拒绝颁发或者不予答复的；

（五）申请行政机关履行保护人身权、财产权的法定职责，行政机关拒绝履行或者不予答复的；

（六）认为行政机关没有依法发给抚恤金的；

（七）认为行政机关违法要求履行义务的；

（八）认为行政机关侵犯其他人身权、财产权的。

除前款规定外，人民法院受理法律、法规规定可以提起诉讼的其他行政案件。

第十二条 人民法院不受理公民、法人或者其他组织对下列事项提起的诉讼：

（一）国防、外交等国家行为；

（二）行政法规、规章或者行政机关制定、发布的具有普遍约束力的决定、命令；

（三）行政机关对行政机关工作人员的奖惩、任免等决定；

（四）法律规定由行政机关最终裁决的具体行政行为。

第三章 管 辖

第十三条 基层人民法院管辖第一审行政案件。

第十四条 中级人民法院管辖下列第一审行政案件：

（一）确认发明专利权的案件、海关处理的案件；

（二）对国务院各部门或者省、自治区、直辖市人民政府所作的具体行政行为提起诉讼的案件；

（三）本辖区内重大、复杂的案件。

第十五条 高级人民法院管辖本辖区内重大、复杂的第一审行政案件。

第十六条 最高人民法院管辖全国范围内重大、复杂的第一审行政案件。

第十七条 行政案件由最初作出具体行政行为的行政机关所在地人民法院管辖。经复议的案件，复议机关改变原具体行政行为的，也可以由复议机关所在地人民法院管辖。

第十八条 对限制人身自由的行政强制措施不服提起的诉讼，由被告所在地或者原告所在地人民法院管辖。

第十九条 因不动产提起的行政诉讼，由不动产所在地人民法院管辖。

第二十条 两个以上人民法院都有管辖权的案件，原告可以选择其中一个人民法院提起诉讼。原告向两上以上有管辖权的人民法院提起诉讼的，由最先收到起诉状的人民法院管辖。

第二十一条 人民法院发现受理的案件不属于自己管辖时，应当移送有管辖权的人民法院。受移送的人民法院不得自行移送。

第二十二条 有管辖权的人民法院由于特殊原因不能行使管辖权的，由上级人民法院指定管辖。

人民法院对管辖权发生争议，由争议双方协商解决。协商不成的，报它们的共同上级人民法院指定管辖。

第二十三条 上级人民法院有权审判下级人民法院管辖的第一审行政案件，也可以把自己管辖的第一审行政案件移交下级人民法院审判。

下级人民法院对其管辖的第一审行政案件，认为需要由上级人民法院审判的，可以报请上级人民法院决定。

第四章 诉讼参加人

第二十四条 依照本法提起诉讼的公民、法人或者其他组织是原告。

有权提起诉讼的公民死亡，其近亲属可以提起诉讼。

有权提起诉讼的法人或者其他组织终止，随其权利的法人或者其他组织可以提起诉讼。

第二十五条　公民、法人或者其他组织直接向人民法院提起诉讼的，作出具体行政行为的行政机关是被告。

经复议的案件，复议机关决定维持原具体行政行为的，作出原具体行政行为的行政机关是被告；复议机关改变原具体行政行为的，复议机关是被告。

两个以上行政机关作出同一具体行政行为的，共同作出具体行政行为的行政机关是共同被告。

由法律、法规授权的组织所作的具体行政行为，该组织是被告。

由行政机关委托的组织所作的具体行政行为，委托的行政机关是被告。

行政机关被撤销的，继续行使其职权的行政机关是被告。

第二十六条　当事人一方或者双方为二人以上，因同一具体行政行为发生的行政案件，或者因同样的具体行政行为发生的行政案件、人民法院认为可以合并审理的，为共同诉讼。

第二十七条　同提起诉讼的具体行政行为有利害关系的其他公民、法人或者其他组织，可以作为第三人申请参加诉讼，或者由人民法院通知参加诉讼。

第二十八条　没有诉讼行为能力的公民，由其法定代理人代为诉讼。

法定代理人互相推诿代理责任的，由人民法院指定其中一人代为诉讼。

第二十九条　当事人、法定代理人，可以委托一至二人代为诉讼。

律师、社会团体、提起诉讼的公民的近亲属或者所在单位推荐的人，以及经人民法院许可的其他公民，可以受委托为诉讼代理人。

第三十条　代理诉讼的律师，可以依照规定查阅本案有关材料，可以向有关组织和公民调查，收集证据。对涉及国家秘密和个人隐私的材料，应当依照法律规定保密。

经人民法院许可，当事人和其他诉讼代理人可以查阅本案庭审材料，但涉及国家秘密和个人隐私的除外。

第五章　证　据

第三十一条　证据有以下几种：

（一）书证；

（二）物证；

（三）视听资料；

（四）证人证言；

（五）当事人的陈述；

（六）鉴定结论；

（七）勘验笔录、现场笔录。

以上证据经法庭审查属实，才能作为定案的根据。

第三十二条　被造对作出的具体行政行为负有举证责任，应当提供作出该具体行政行为的证据和所依据的规范性文件。

第三十三条　在诉讼过程中，被告不得自行向原告和证人收集证据。

第三十四条 人民法院有权要求当事人提供或者补充证据。

人民法院有权向有关行政机关以及其他组织、公民调取证据。

第三十五条 在诉讼过程中，人民法院认为对专门性问题需要鉴定的，应当交由法定鉴定部门鉴定；没有法定鉴定部门的，由人民法院指定的鉴定部门鉴定。

第三十六条 在证据可能灭失或者以后难以取得的情况下，诉讼参加人可以向人民法院申请保全证据，人民法院也可以主动采取保全措施。

第六章 起诉和受理

第三十七条 对属于人民法院受案范围的行政案件，公民、法人或者其他组织可以先向上一级行政机关或者法律、法规规定的行政机关申请复议，对复议不服的，再向人民法院提起诉讼；也可以直接向人民法院提起诉讼。

法律、法规规定应当先向行政机关申请复议，对复议不服再向人民法院提起诉讼的，依照法律、法规的规定。

第三十八条 公民、法人或者其他组织向行政机关申请复议的，复议机关应当在收到申请书之日起两个月内作出决定。法律、法规另有规定的除外。

申请人不服复议决定的，可以在收到复议决定书之日起十五日内向人民法院提起诉讼。复议机关逾期不作决定的，申请人可以在复议期满之日起十五日内向人民法院提起诉讼。法律另有规定的除外。

第三十九条 公民、法人或者其他组织直接向人民法院提起诉讼的，应当在知道作出具体行政行为之日起三个月内提出。法律另有规定的除外。

第四十条 公民、法人或者其他组织因不可抗力或者其他特殊情况耽误法定期限的，在障碍消除后的十日内，可以申请延长期限，由人民法院决定。

第四十一条 提起诉讼应当符合下列条件：

（一）原告是认为具体行政行为侵犯其合法权益的公民、法人或者其他组织；

（二）有明确的被告；

（三）有具体的诉讼请求和事实根据；

（四）属于人民法院受案范围和受诉人民法院管辖。

第四十二条 人民法院接到起诉状，经审查，应当在七日内立案或者作出裁定不予受理。原告对裁定不服的，可以提起上诉。

第七章 审理和判决

第四十三条 人民法院应当在立案之日起五日内，将起诉状副本发送被告。被告应当在收到起诉状副本之日起十日内向人民法院提交作出具体行政行为的有关材料，并提出答辩状。人民法院应当在收到答辩状之日起五日内，将答辩状副本发送原告。

被告不提出答辩状的，不影响人民法院审理。

第四十四条 诉讼期间，不停止具体行政行为的执行。但有下列情形之一的，停止具体行政行为的执行：

（一）被告认为需要停止执行的；

（二）原告申请停止执行，人民法院认为该具体行政行为的执行会造成难以弥补的损失，并且停止执行不损害社会公共利益，裁定停止执行的；

（三）法律、法规规定停止执行的。

第四十五条　人民法院公开审理行政案件，但涉及国家秘密、个人隐私和法律另有规定的除外。

第四十六条　人民法院审理行政案件，由审判员组成合议庭，或者由审判员、陪审员组成合议庭。合议庭的成员，应当是三人以上的单数。

第四十七条　当事人认为审判人员与本案有利害关系或者有其他关系可能影响公正审判，有权申请审判人员回避。

审判人员认为自己与本案有利害关系或者有其他关系，应当申请回避。

前两款规定，适用于书记员、翻译人员、鉴定人、勘验人。

院长担任审判长时的回避，由审判委员会决定；审判人员的回避，由院长决定；其他人员的回避，由审判长决定。当事人对决定不服的，可以申请复议。

第四十八条　经人民法院两次合法传唤，原告无正当理由拒不到庭的，视为申请撤诉；被告无正当理由拒不到庭的，可以缺席判决。

第四十九条　诉讼参与人或者其他人有下列行为之一的，人民法院可以根据情节轻重，予以训诫、责令具结悔过或者处一千元以下的罚款、十五日以下的拘留；构成犯罪的，依法追究刑事责任：

（一）有义务协助执行的人，对人民法院的协助执行通知书，无故推拖、拒绝或者妨碍执行的；

（二）伪造、隐藏、毁灭证据的；

（三）指使、贿买、胁迫他人作伪证或者威胁、阻止证人作证的；

（四）隐藏、转移、变卖、毁损已被查封、扣押、冻结的财产的；

（五）以暴力、威胁或者其他方法阻碍人民法院工作人员执行职务或者扰乱人民法院工作秩序的；

（六）对人民法院工作人员、诉讼参与人、协助执行人侮辱、诽谤、诬陷、殴打或者打击报复的。

罚款、拘留须经人民法院院长批准。当事人不服的，可以申请复议。

第五十条　人民法院审理行政案件，不适用调解。

第五十一条　人民法院对行政案件宣告判决或者裁定前，原告申请撤诉的，或者被告改变其所作的具体行政行为，原告同意并申请撤诉的，是否准许，由人民法院裁定。

第五十二条　人民法院审理行政案件，以法律和行政法规、地方性法规为依据。地方性法规适用于本行政区域内发生的行政案件。

人民法院审理民族自治地方的行政案件，并以该民族自治地方的自治条例和单行条例为依据。

第五十三条　人民法院审理行政案件，参照国务院部、委根据法律和国务院的行政法规、决定、命令制定、发布的规章以及省、自治区、直辖市和省、自治区的人民政府所在地的市和经国务院批准的较大的市的人民政府根据法律和国务院的行政法规制定、发布的规章。

人民法院认为地方人民政府制定、发布的规章与国务院部、委制定、发布的规章不一致的，以及国务院部、委制定、发布的规章之间不一致的，由最高人民法院送请国务院作出解释或者裁决。

第五十四条 人民法院经过审理，根据不同情况，分别作出以下判决：

（一）具体行政行为证据确凿，适用法律、法规正确，符合法定程序的，判决维持。

（二）具体行政行为有下列情形之一的，判决撤销或者部分撤销，并可以判决被告重新作出具体行政行为：

1. 主要证据不足的；

2. 适用法律、法规错误的；

3. 违反法定程序的；

4. 超越职权的；

5. 滥用职权的。

（三）被告不履行或者拖延履行法定职责的，判决其在一定期限内履行。

（四）行政处罚显失公正的，可以判决变更。

第五十五条 人民法院判决被告重新作出具体行政行为的，被告不得以同一的事实和理由作出与原具体行政行为基本相同的具体行政行为。

第五十六条 人民法院在审理行政案件中，认为行政机关的主管人员、直接责任人员违反政纪的，应当将有关材料移送该行政机关或者其上一级行政机关或者监察、人事机关；认为有犯罪行行为的，应当将有关材料移送公安、检察机关。

第五十七条 人民法院应当在立案之日起三个月内作出第一审判决。

有特殊情况需要延长的，由高级人民法院批准，高级人民法院审理第一审案件需要延长的，由最高人民法院批准。

第五十八条 当事人不服人民法院第一审判决的，有权在判决书送达之日起十五内向上一级人民法院提起上诉。当事人不服人民法院第一审裁定的，有权在裁定书送达之日起十日内向上一级人民法院提起上诉。逾期不提起上诉的，人民法院的第一审判决或者裁定发生法律效力。

第五十九条 人民法院对上讲案件，认为事实清楚的，可以实行书面审理。

第六十条 人民法院审理上诉案件，应当在收到上诉状之日起两个月内作出终审判决。有特殊情况需要延长的，由高级人民法院批准，高级人民法院审理上诉案件需要延长的，由最高人民法院批准。

第六十一条 人民法院审理上诉案件，按照下列情形，分别处理：

（一）原判决认定事实清楚，适用法律、法规正确的，判决驳回上诉；维持原判；

（二）原判决认定事实清楚，但适用法律、法规错误的，依法改判；

（三）原判决认定事实不清，证据不足，或者由于违反法定程序可能影响案件正确判决的，裁定撤销原判，发回原审人民法院重审，也可以查清事实后改判。当事人对重审案件的判决、裁定，可以上诉。

第六十二条 当事人对已经发生法律效力的判决、裁定，认为确有错误的，可以向原审人民法院或者上一级人民法院提出申诉，但判决、裁定不停止执行。

第六十三条 人民法院院长对本院已经发生法律效力的判决、裁定，发现违反法律、法规规定认为需要再审的，应当提交审判委员会决定是否再审。

上级人民法院对下级人民法院已经发生法律效力的判决、裁定，发现违反法律、法规规定的，有权提审或者指令下级人民法院再审。

第六十四条　人民检察院对人民法院已经发生法律效力的判决、裁定，发现违反法律、法规规定的，有权按照审判监督程序提出抗诉。

第八章　执　行

第六十五条　当事人必须履行人民法院发生法律效力的判决、裁定。

公民、法人或者其他组织拒绝履行判决、裁定的，行政机关可以向第一审人民法院申请强制执行，或者依法强制执行。

行政机关拒绝履行判决、裁定的，第一审人民法院可以采取以下措施：

（一）对应当归还的罚款或者应当给付的赔偿金，通知银行从该行政机关的帐户内划拨；

（二）在规定期限内不履行的，从期满之日起，对该行政机关按日处五十元至一百元的罚款；

（三）向该行政机关的上一级行政机关或者监察、人事机关提出司法建议。接受司法建议的机关，根据有关规定进行处理，并将处理情况造知人民法院；

（四）拒不履行判决、裁定，情节严重构成犯罪的，依法追究主管人员和直接责任人员的刑事责任。

第六十六条　公民法人或者其他组织对具体行政行为在法定期限内不提起诉讼又不履行的，行政机关可以申请人民法院强制执行，或者依法强制执行。

第九章　侵权赔偿责任

第六十七条　公民、法人或者其他组织的合法权益受到行政机关或者行政机关工作人员作出的具体行政行为侵犯造成损害的，有权请求赔偿。

公民、法人或者其他组织单独就损害赔偿提出请求，应当先由行政机关解决。对行政机关的处理不服，可以向人民法院提起诉讼。

赔偿诉讼可以适用调解。

第六十八条　行政机关或者行政机关工作人员作出的具体行政行为侵犯公民、法人或者其他组织的合法权益造成损害的，由该行政机关或者该行政机关工作人员所在的行政机关负责赔偿。

行政机关赔偿损失后，应当责令有故意或者重大过失的行政机关工作人员承担部分或者全部赔偿费用。

第六十九条　赔偿费用，从各级财政列支。各级人民政府可以责令有责任的行政机关支付部分或者全部赔偿费用。具体办法由国务院规定。

第十章　涉外行政诉讼

第七十条　外国人、无国籍人、外国组织在中华人民共和国进行行政诉讼，适用本法。法律另有规定的除外。

第七十一条　外国人、无国籍人、外国组织在中华人民共和国进行行政诉讼，同中华人民共和国公民、组织有同等的诉讼权利和义务。

外国法院对中华人民共和国公民、组织的行政诉讼权利加以限制的，人民法院对该国公民、组织的行政诉讼权利，实行对等原则。

第七十二条 中华人民共和国缔结或者参加的国际条约同本法有不同规定的，适用该国际条约的规定。中华人民共和国声明保留的条款除外。

第七十三条 外国人、无国籍人、外国组织在中华人民共和国进行行政诉讼，委托律师代理诉讼的，应当委托中华人民共和国律师机构的律师。

第十一章 附 则

第七十四条 人民法院审理行政案件，应当收取诉讼费用。诉讼费用由败诉方承担，双方都有责任的由双方分担。收取诉讼费用的具体办法另行规定。

第七十五条 本法自 1990 年 10 月 1 日起施行。

环境行政复议与行政应诉办法

（国家环境保护总局令第38号　2006年12月27日）

第一条　为防止和纠正违法或者不当的具体行政行为，保护公民、法人和其他组织的合法权益，规范环境保护行政主管部门的行政复议与行政应诉工作，依据《中华人民共和国行政复议法》、《中华人民共和国行政诉讼法》等法律法规制定本办法。

第二条　公民、法人或者其他组织认为环境保护行政主管部门的具体行政行为侵犯其合法权益，向环境保护行政主管部门申请行政复议或者向人民法院提起行政诉讼，环境保护行政主管部门办理行政复议案件或者行政应诉案件，适用本办法。

第三条　对重大、复杂的环境行政复议案件和行政应诉案件实行集体审议制度。集体审议由环境保护行政主管部门负责人主持，有关业务机构负责人参加。

第四条　依法履行行政复议职责的环境保护行政主管部门为行政复议机关。

行政复议机关负责法制工作的机构，具体办理行政复议事项，履行下列职责：

（一）受理行政复议申请；

（二）向有关组织和人员调查取证，查阅文件和资料；

（三）组织审查行政复议案件，提出审查建议，拟订行政复议决定；

（四）处理或转送本办法第十六条规定的审查申请；

（五）送达行政复议法律文书；

（六）对被申请人违反《行政复议法》及本办法的行为提出处理建议；

（七）办理因不服行政复议决定提起行政诉讼的应诉事项；

（八）对下级环境保护行政主管部门的行政复议工作进行指导、监督和检查；

（九）法律、法规和规章规定的其他职责。

第五条　有下列情形之一的，公民、法人或者其他组织可以依照本办法申请行政复议：

（一）对环境保护行政主管部门作出的警告、罚款、没收违法所得、责令停止生产或者使用，暂扣、吊销许可证等行政处罚决定不服的；

（二）认为符合法定条件，申请环境保护行政主管部门颁发许可证、资质证、资格证等证书，或者申请审批、登记等有关事项，环境保护行政主管部门没有依法办理的；

（三）对环境保护行政主管部门有关许可证、资质证、资格证等证书的变更、中止、撤销、注销决定不服的；

（四）认为环境保护行政主管部门违法征收排污费或者违法要求履行其他义务的；

（五）申请环境保护行政主管部门履行法定职责，环境保护行政主管部门没有依法履行的；

（六）认为环境保护行政主管部门的其他具体行政行为侵犯其合法权益的。

第六条　有下列情形之一的，行政复议机关不予受理并说明理由：

（一）申请行政复议的时间超过了法定申请期限又无法定正当理由的；

（二）不服环境保护行政主管部门对环境污染损害赔偿责任和赔偿金额纠纷作出的调解或者其他处理决定的；

（三）申请人在申请行政复议前已经向其他行政复议机关申请行政复议或者已向人民法院提起行政诉讼，其他行政复议机关或者人民法院已经依法受理的；

（四）法律、法规规定的其他不予受理的情形。

第七条 公民、法人或者其他组织在信访中提出不服具体行政行为并有行政复议的意思表示且属于行政复议受理范围的，信访工作机构应当告知其依法可以申请行政复议和有权受理该申请的行政复议机关。

环境保护行政主管部门对信访事项作出的处理，不属于行政复议范围；当事人不服的，依照《信访条例》和《环境信访办法》规定的复查、复核程序办理。

第八条 申请行政复议可以书面申请，也可以口头申请。申请人书面申请的，应当提交《行政复议申请书》。申请人口头申请的，负责法制工作机构的工作人员应当当场制作行政复议申请笔录，并由申请人核对或者确认。

《行政复议申请书》和行政复议申请笔录应当包括申请人的基本情况、行政复议请求、申请行政复议的主要事实、理由和时间。

申请行政复议应当一并提交其身份证明、与被申请复议的具体行政行为有关的材料和证明。

第九条 申请人未提供有关材料或提供材料不符合要求的，负责法制工作的机构应当发出《复议材料补正通知书》，一次性告知其应当补正的申请材料。

行政复议机关审查行政复议申请的期限自收到补正的申请材料之日起计算。

第十条 申请人依法提出行政复议申请，环境保护行政主管部门无正当理由不予受理的，上级环境保护行政主管部门应当责令下级环境保护行政主管部门受理；必要时，上级环境保护行政主管部门可以直接受理。

上级环境保护行政主管部门责令下级环境保护行政主管部门受理行政复议申请的，应当制作《责令受理通知书》，送达被责令受理行政复议申请的环境保护行政主管部门，并抄送申请人。

被责令受理行政复议申请的环境保护行政主管部门依法受理并作出行政复议决定后，应当将《行政复议决定书》及时报送责令其受理行政复议申请的环境保护行政主管部门备案。

第十一条 行政复议机关收到行政复议申请后，应当在5个工作日内进行审查，并分别作出如下处理：

（一）对符合《行政复议法》规定、属于行政复议受理范围且提交材料齐全的行政复议申请，应当予以受理；

（二）对不符合《行政复议法》规定的行政复议申请，决定不予受理，制作《不予受理决定书》，送达申请人；

（三）对符合《行政复议法》规定，但是不属于本机关受理的行政复议申请，应当制作《行政复议告知书》，告知申请人向有关行政复议机关提出。

第十二条 申请人、第三人、被申请人委托代理人代为参加行政复议的，应当提交由委托人签名或者盖章的委托书，委托书应载明委托事项和具体权限。

申请人、第三人、被申请人解除或者变更委托的，应当书面通知行政复议机关。

第十三条　行政复议期间具体行政行为不停止执行；但有《行政复议法》第二十一条规定情形之一的，可以停止执行。

决定停止执行的，行政复议机关应当制作《停止执行通知书》，送达被申请人，并抄送申请人、第三人。

第十四条　负责法制工作的机构应当自受理行政复议申请之日起7个工作日内，制作《提出答复通知书》。《提出答复通知书》、行政复议申请书副本或者行政复议申请笔录复印件应一并送达被申请人。

被申请人应当自收到《提出答复通知书》之日起10日内，提出书面答复，并提交当初作出该具体行政行为的证据、依据和其他有关材料。

第十五条　行政复议决定作出前，申请人要求撤回行政复议申请的，需说明理由，经行政复议机关同意后可以撤回。撤回行政复议申请的，行政复议终止。

因申请人撤回行政复议申请或者负责法制工作的机构受理行政复议申请后发现该申请不符合《行政复议法》的规定等原因终止行政复议的，应当制作《行政复议终止通知书》，送达申请人，并抄送被申请人和第三人。

第十六条　申请人在申请行政复议时，要求行政复议机关一并对具体行政行为所依据的有关规定提出审查申请的，或者行政复议机关在对被申请人作出的具体行政行为进行审查时，认为其依据不合法，行政复议机关有权处理的，应当在30日内提出修订、废止等处理建议；无权处理的，应当在7个工作日内制作《规范性文件转送函》，按照法定程序转送有权处理的行政机关依法处理。

处理期间，中止对具体行政行为的审查，制作《行政复议中止通知书》，送达申请人，并抄送被申请人和第三人。

第十七条　负责法制工作的机构应自收到行政复议答复意见之日起3个工作日内，将行政复议申请书副本或者行政复议申请笔录复印件、行政复议答复意见和相关材料送至相关业务机构。

相关业务机构应当对负责法制工作的机构转送的材料进行业务审查，并自收到转送材料之日起7个工作日内提出书面处理建议，送至负责法制工作的机构。

第十八条　行政复议一般采取书面审查方式。

申请人提出要求或者负责法制工作的机构认为必要时，负责法制工作的机构可以向有关组织和人员调查情况，听取意见。

负责法制工作的机构认为必要时，经请示主管局长同意，可以与相关业务机构组成联合调查组进行现场调查，相关业务机构应当派员参加。

第十九条　负责法制工作的机构应当对被申请人作出的具体行政行为进行审查，综合考虑相关业务机构提出的书面处理建议，拟订《行政复议决定书》，报请复议机关负责人审批。

重大、复杂的行政复议案件，应当报请行政复议机关负责人召开会议审议。

以国家环境保护总局名义作出的具体行政行为而引发行政复议的，由承办该项工作的业务机构在会议上作出说明，其他行政复议案件由负责法制工作的机构在会议上作出说明。

第二十条 行政复议机关应当自受理行政复议申请之日起60日内作出行政复议决定。情况复杂，不能在规定期限内作出行政复议决定的，经行政复议机关负责人批准，可以适当延长，并告知申请人；但是延长期限最多不超过30日。

行政复议机关作出行政复议决定，应当制作《行政复议决定书》，加盖印章，送达申请人、被申请人和第三人。

第二十一条 被申请人应当履行行政复议决定。被申请人不履行或者无正当理由拖延履行行政复议决定的，行政复议机关应当责令其限期履行。责令限期履行的，应当制作《责令履行通知书》，送达被申请人，并抄送申请人和第三人。

第二十二条 被申请人自收到《责令履行通知书》后必须履行行政复议决定，并将履行结果报告行政复议机关。

被申请人对行政复议决定有异议的，可以向行政复议机关提出意见，但是不停止行政复议决定的履行。

第二十三条 行政复议机关在行政复议过程中，发现被申请人有其他不当行政行为的，应当提出改进和完善建议，制作《行政复议建议书》，与《行政复议决定书》一并送达被申请人。

被申请人收到《行政复议建议书》后，应当认真研究处理，并将处理结果函告行政复议机关。

第二十四条 行政复议机关应当建立重大行政复议决定的备案制度。

行政复议机关对重大行政复议决定、被责令受理案件的行政复议决定、被提起行政诉讼的行政复议决定，应当在结案后20日内报上级环境保护行政主管部门备案。

第二十五条 环境保护行政主管部门通过接受当事人的申诉、检举或者备案审查等途径，发现下级环境保护行政主管部门作出的行政复议决定违法或者明显不当的，可以责令其改正。

第二十六条 公民、法人或者其他组织认为环境保护行政主管部门的具体行政行为侵害其合法权益、依照《行政诉讼法》向人民法院提起行政诉讼的，由被诉环境保护行政主管部门的法制工作机构负责组织办理应诉事项，组织提出答辩状，相关业务机构应当协助配合。

以环境保护行政主管部门名义作出具体行政行为而引发行政诉讼的，由承办该项工作的业务机构负责提供当初作出具体行政行为涉及的事实、理由、法律依据和其他相关证据材料。

负责法制工作的机构依据相关业务机构提供的材料，形成答辩状，经环境保护行政主管部门负责人批准后提交人民法院。

第二十七条 被诉环境保护行政主管部门法定代表人决定委托代理人代为参加诉讼的，由负责法制工作的机构商有关业务机构推荐诉讼代理人，办理诉讼代理人授权委托书。

第二十八条 对重大、复杂的行政应诉案件的答辩意见，应当报请环境保护行政主管部门负责人召开会议审议。

以环境保护行政主管部门名义作出具体行政行为而引发行政诉讼的，由承办该项工作的业务机构在会议上作出说明。

第二十九条　办结的行政复议案件和行政应诉案件应当一案一档，由承办人员将案件的有关材料立卷归档。

第三十条　环境保护行政主管部门应当建立行政复议案件和行政应诉案件统计制度，并按照国家环境保护总局有关环境统计的规定向上级环境保护行政主管部门报送本行政区的行政复议和行政应诉情况。

第三十一条　行政复议和行政应诉所需经费，应当列入环境保护行政主管部门的行政经费，由本级财政予以保障。

第三十二条　本办法未作规定的其他事项，适用《中华人民共和国行政复议法》、《中华人民共和国行政诉讼法》和其他有关法律、法规的规定。

第三十三条　本办法自 2007 年 2 月 1 日起施行。

最高人民法院关于执行《中华人民共和国行政诉讼法》若干问题的解释

（法释［2000］8号　2000年3月10日）

为正确理解和适用《中华人民共和国行政诉讼法》（以下简称行政诉讼法），现结合行政审判工作实际，对执行行政诉讼法的若干问题作出如下解释：

一、受案范围

第一条　公民、法人或者其他组织对具有国家行政职权的机关和组织及其工作人员的行政行为不服，依法提起诉讼的，属于人民法院行政诉讼的受案范围。

公民、法人或者其他组织对下列行为不服提起诉讼的，不属于人民法院行政诉讼的受案范围：

（一）行政诉讼法第十二条规定的行为；

（二）公安、国家安全等机关依照刑事诉讼法的明确授权实施的行为；

（三）调解行为以及法律规定的仲裁行为；

（四）不具有强制力的行政指导行为；

（五）驳回当事人对行政行为提起申诉的重复处理行为；

（六）对公民、法人或者其他组织权利义务不产生实际影响的行为。

第二条　行政诉讼法第十二条第（一）项规定的国家行为，是指国务院、中央军事委员会、国防部、外交部等根据宪法和法律的授权，以国家的名义实施的有关国防和外交事务的行为，以及经宪法和法律授权的国家机关宣布紧急状态、实施戒严和总动员等行为。

第三条　行政诉讼法第十二条第（二）项规定的“具有普遍约束力的决定、命令”，是指行政机关针对不特定对象发布的能反复适用的行政规范性文件。

第四条　行政诉讼法第十二条第（三）项规定的“对行政机关工作人员的奖惩、任免等决定”，是指行政机关作出的涉及该行政机关公务员权利义务的决定。

第五条　行政诉讼法第十二条第（四）项规定的“法律规定由行政机关最终裁决的具体行政行为”中的“法律”，是指全国人民代表大会及其常务委员会制定、通过的规范性文件。

二、管辖

第六条　各级人民法院行政审判庭审理行政案件和审查行政机关申请执行其具体行政行为的案件。

专门人民法院、人民法庭不审理行政案件，也不审查和执行行政机关申请执行其具体行政行为的案件。

第七条　复议决定有下列情形之一的，属于行政诉讼法规定的“改变原具体行政行为”：

（一）改变原具体行政行为所认定的主要事实和证据的；

（二）改变原具体行政行为所适用的规范依据且对定性产生影响的；

（三）撤销、部分撤销或者变更原具体行政行为处理结果的。

第八条　有下列情形之一的，属于行政诉讼法第十四条第（三）项规定的“本辖区内重大、复杂的案件”：

（一）被告为县级以上人民政府，且基层人民法院不适宜审理的案件；

（二）社会影响重大的共同诉讼、集团诉讼案件；

（三）重大涉外或者涉及香港特别行政区、澳门特别行政区、台湾地区的案件；

（四）其他重大、复杂案件。

第九条　行政诉讼法第十八条规定的“原告所在地”，包括原告的户籍所在地、经常居住地和被限制人身自由地。

行政机关基于同一事实既对人身又对财产实施行政处罚或者采取行政强制措施的，被限制人身自由的公民、被扣押或者没收财产的公民、法人或者其他组织对上述行为均不服的，既可以向被告所在地人民法院提起诉讼，也可以向原告所在地人民法院提起诉讼，受诉人民法院可一并管辖。

第十条　当事人提出管辖异议，应当在接到人民法院应诉通知之日起 10 日内以书面形式提出。

对当事人提出的管辖异议，人民法院应当进行审查。异议成立的，裁定将案件移送有管辖权的人民法院；异议不成立的，裁定驳回。

三、诉讼参加人

第十一条　行政诉讼法第二十四条规定的“近亲属”，包括配偶、父母、子女、兄弟姐妹、祖父母、外祖父母、孙子女、外孙子女和其他具有扶养、赡养关系的亲属。

公民因被限制人身自由而不能提起诉讼的，其近亲属可以依其口头或者书面委托以该公民的名义提起诉讼。

第十二条　与具体行政行为有法律上利害关系的公民、法人或者其他组织对该行为不服的，可以依法提起行政诉讼。

第十三条　有下列情形之一的，公民、法人或者其他组织可以依法提起行政诉讼：

（一）被诉的具体行政行为涉及其相邻权或者公平竞争权的；

（二）与被诉的行政复议决定有法律上利害关系或者在复议程序中被追加为第三人的；

（三）要求主管行政机关依法追究加害人法律责任的；

（四）与撤销或者变更具体行政行为有法律上利害关系的。

第十四条　合伙企业向人民法院提起诉讼的，应当以核准登记的字号为原告，由执行合伙企业事务的合伙人作诉讼代表人；其他合伙组织提起诉讼的，合伙人为共同原告。

不具备法人资格的其他组织向人民法院提起诉讼的，由该组织的主要负责人作诉讼代表人；没有主要负责人的，可以由推选的负责人作诉讼代表人。

同案原告为 5 人以上，应当推选 1 至 5 名诉讼代表人参加诉讼；在指定期限内未选定的，人民法院可以依职权指定。

第十五条　联营企业、中外合资或者合作企业的联营、合资、合作各方，认为联营、合资、合作企业权益或者自己一方合法权益受具体行政行为侵害的，均可以自己的名义提起诉讼。

第十六条　农村土地承包人等土地使用权人对行政机关处分其使用的农村集体所有土地的行为不服，可以自己的名义提起诉讼。

第十七条　非国有企业被行政机关注销、撤销、合并、强令兼并、出售、分立或者改变企业隶属关系的，该企业或者其法定代表人可以提起诉讼。

中华人民共和国国家赔偿法

（1994年5月12日第八届全国人民代表大会常务委员会第七次会议通过）

第一章　总　则

第一条　为保障公民、法人和其他组织享有依法取得国家赔偿的权利，促进国家机关依法行使职权，根据宪法，制定本法。

第二条　国家机关和国家机关工作人员违法行使职权侵犯公民、法人和其他组织的合法权益造成损害的，受害人有依照本法取得国家赔偿的权利。

国家赔偿由本法规定的赔偿义务机关履行赔偿义务。

第二章　行政赔偿

第一节　赔偿范围

第三条　行政机关及其工作人员在行使行政职权时有下列侵犯人身权情形之一的，受害人有取得赔偿的权利：

（一）违法拘留或者违法采取限制公民人身自由的行政强制措施的；

（二）非法拘禁或者以其他方法非法剥夺公民人身自由的；

（三）以殴打等暴力行为或者唆使他人以殴打等暴力行为造成公民身体伤害或者死亡的；

（四）违法使用武器、警械造成公民身体伤害或者死亡的；

（五）造成公民身体伤害或者死亡的其他违法行为。

第四条　行政机关及其工作人员在行使行政职权时有下列侵犯财产权情形之一的，受害人有取得赔偿的权利：

（一）违法实施罚款、吊销许可证和执照、责令停产停业、没收财物等行政处罚的；

（二）违法对财产采取查封、扣押、冻结等行政强制措施的；

（三）违反国家规定征收财物、摊派费用的；

（四）造成财产损害的其他违法行为。

第五条　属于下列情形之一的，国家不承担赔偿责任：

（一）行政机关工作人员与行使职权无关的个人行为；

（二）因公民、法人和其他组织自己的行为致使损害发生的；

（三）法律规定的其他情形。

第二节　赔偿请求人和赔偿义务机关

第六条　受害的公民、法人或者其他组织有权要求赔偿。

受害的公民死亡，其继承人和其他有扶养关系的亲属有权要求赔偿。

受害的法人或者其他组织终止，承受其权利的法人或者其他组织有权要求赔偿。

第七条 行政机关及其工作人员行使行政职权侵犯公民、法人和其他组织的合法权益造成损害的，该行政机关为赔偿义务机关。

两个以上行政机关共同行使行政职权时侵犯公民、法人和其他组织的合法权益造成损害的，共同行使行政职权的行政机关为共同赔偿义务机关。

法律、法规授权的组织在行使授予的行政权力时侵犯公民、法人和其他组织的合法权益造成损害的，被授权的组织为赔偿义务机关。

受行政机关委托的组织或者个人在行使受委托的行政权力时侵犯公民、法人和其他组织的合法权益造成损害的，委托的行政机关为赔偿义务机关。

赔偿义务机关被撤销的，继续行使其职权的行政机关为赔偿义务机关；没有继续行使其职权的行政机关的，撤销该赔偿义务机关的行政机关为赔偿义务机关。

第八条 经复议机关复议的，最初造成侵权行为的行政机关为赔偿义务机关，但复议机关的复议决定加重损害的，复议机关对加重的部分履行赔偿义务。

第三节 赔偿程序

第九条 赔偿义务机关对依法确认有本法第三条、第四条规定的情形之一的，应当给予赔偿。

赔偿请求人要求赔偿应当先向赔偿义务机关提出，也可以在申请行政复议和提起行政诉讼时一并提出。

第十条 赔偿请求人可以向共同赔偿义务机关中的任何一个赔偿义务机关要求赔偿，该赔偿义务机关应当先予赔偿。

第十一条 赔偿请求人根据受到的不同损害，可以同时提出数项赔偿要求。

第十二条 要求赔偿应当递交申请书，申请书应当载明下列事项：

（一）受害人的姓名、性别、年龄、工作单位和住所，法人或者其他组织的名称、住所和法定代表人或者主要负责人的姓名、职务；

（二）具体的要求、事实根据和理由；

（三）申请的年、月、日。

赔偿请求人书写申请书确有困难的，可以委托他人代书；也可以口头申请，由赔偿义务机关记入笔录。

第十三条 赔偿义务机关应当自收到申请之日起两个月内依照本法第四章的规定给予赔偿；逾期不予赔偿或者赔偿请求人对赔偿数额有异议的，赔偿请求人可以自期间届满之日起三个月内向人民法院提起诉讼。

第十四条 赔偿义务机关赔偿损失后，应当责令有故意或者重大过失的工作人员或者受委托的组织或者个人承担部分或者全部赔偿费用。

对有故意或者重大过失的责任人员，有关机关应当依法给予行政处分；构成犯罪的，应当依法追究刑事责任。

第三章 刑事赔偿

第一节 赔偿范围

第十五条 行使侦查、检察、审判、监狱管理职权的机关及其工作人员在行使职权时有下列侵犯人身权情形之一的，受害人有取得赔偿的权利：

（一）对没有犯罪事实或者没有事实证明有犯罪重大嫌疑的人错误拘留的；

（二）对没有犯罪事实的人错误逮捕的；

（三）依照审判监督程序再审改判无罪，原判刑罚已经执行的；

（四）刑讯逼供或者以殴打等暴力行为或者唆使他人以殴打等暴力行为造成公民身体伤害或者死亡的；

（五）违法使用武器、警械造成公民身体伤害或者死亡的。

第十六条　行使侦查、检察、审判、监狱管理职权的机关及其工作人员在行使职权时有下列侵犯财产权情形之一的，受害人有取得赔偿的权利：

（一）违法对财产采取查封、扣押、冻结、追缴等措施的；

（二）依照审判监督程序再审改判无罪，原判罚金、没收财产已经执行的。

第十七条　属于下列情形之一的，国家不承担赔偿责任：

（一）因公民自己故意作虚伪供述，或者伪造其他有罪证据被羁押或者被判处刑罚的；

（二）依照刑法第十四条、第十五条规定不负刑事责任的人被羁押的；

（三）依照刑事诉讼法第十一条规定不追究刑事责任的人被羁押的；

（四）行使国家侦查、检察、审判、监狱管理职权的机关的工作人员与行使职权无关的个人行为；

（五）因公民自伤、自残等故意行为致使损害发生的；

（六）法律规定的其他情形。

第二节　赔偿请求人和赔偿义务机关

第十八条　赔偿请求人的确定依照本法第六条的规定。

第十九条　行使国家侦查、检察、审判、监狱管理职权的机关及其工作人员在行使职权时侵犯公民、法人和其他组织的合法权益造成损害的，该机关为赔偿义务机关。

对没有犯罪事实或者没有事实证明有犯罪重大嫌疑的人错误拘留的，作出拘留决定的机关为赔偿义务机关。

对没有犯罪事实的人错误逮捕的，作出逮捕决定的机关为赔偿义务机关。

再审改判无罪的，作出原生效判决的人民法院为赔偿义务机关。二审改判无罪的，作出一审判决的人民法院和作出逮捕决定的机关为共同赔偿义务机关。

第三节　赔偿程序

第二十条　赔偿义务机关对依法确认有本法第十五条、第十六条规定的情形之一的，应当给予赔偿。

赔偿请求人要求确认有本法第十五条、第十六条规定情形之一的，被要求的机关不予确认的，赔偿请求人有权申诉。

赔偿请求人要求赔偿，应当先向赔偿义务机关提出。

赔偿程序适用本法第十条、第十一条、第十二条的规定。

第二十一条　赔偿义务机关应当自收到申请之日起两个月内依照本法第四章的规定给予赔偿；逾期不予赔偿或者赔偿请求人对赔偿数额有异议的，赔偿请求人可以自期间届满之日起三十日内向其上一级机关申请复议。

赔偿义务机关是人民法院的，赔偿请求人可以依照前款规定向其上一级人民法院赔偿委员会申请作出赔偿决定。

第二十二条 复议机关应当自收到申请之日起两个月内作出决定。

赔偿请求人不服复议决定的，可以在收到复议决定之日起三十日内向复议机关所在地的同级人民法院赔偿委员会申请作出赔偿决定；复议机关逾期不作决定的，赔偿请求人可以自期间届满之日起三十日内向复议机关所在地的同级人民法院赔偿委员会申请作出赔偿决定。

第二十三条 中级以上的人民法院设立赔偿委员会，由人民法院三名至七名审判员组成。

赔偿委员会作赔偿决定，实行少数服从多数的原则。

赔偿委员会作出的赔偿决定，是发生法律效力的决定，必须执行。

第二十四条 赔偿义务机关赔偿损失后，应当向有下列情形之一的工作人员追偿部分或者全部赔偿费用：

（一）有本法第十五条第（四）、（五）项规定情形的；

（二）在处理案件中有贪污受贿，徇私舞弊，枉法裁判行为的。

对有前款（一）、（二）项规定情形的责任人员，有关机关应当依法给予行政处分；构成犯罪的，应当依法追究刑事责任。

第四章 赔偿方式和计算标准

第二十五条 国家赔偿以支付赔偿金为主要方式。

能够返还财产或者恢复原状的，予以返还财产或者恢复原状。

第二十六条 侵犯公民人身自由的，每日的赔偿金按照国家上年度职工日平均工资计算。

第二十七条 侵犯公民生命健康权的，赔偿金按照下列规定计算：

（一）造成身体伤害的，应当支付医疗费，以及赔偿因误工减少的收入。减少的收入每日的赔偿金按照国家上年度职工日平均工资计算，最高额为国家上年度职工年平均工资的五倍；

（二）造成部分或者全部丧失劳动能力的，应当支付医疗费，以及残疾赔偿金，残疾赔偿金根据丧失劳动能力的程度确定，部分丧失劳动能力的最高额为国家上年度职工年平均工资的十倍，全部丧失劳动能力的为国家上年度职工年平均工资的二十倍。造成全部丧失劳动能力的，对其扶养的无劳动能力的人，还应当支付生活费；

（三）造成死亡的，应当支付死亡赔偿金、丧葬费，总额为国家上年度职工年平均工资的二十倍。对死者生前扶养的无劳动能力的人，还应当支付生活费。

前款第（二）、（三）项规定的生活费的发放标准参照当地民政部门有关生活救济的规定办理。被扶养的人是未成年人的，生活费给付至十八周岁止；其他无劳动能力的人，生活费给付至死亡时止。

第二十八条 侵犯公民、法人和其他组织的财产权造成损害的，按照下列规定处理：

（一）处罚款、罚金、追缴、没收财产或者违反国家规定征收财物、摊派费用的，返还财产；

（二）查封、扣押、冻结财产的，解除对财产的查封、扣押、冻结，造成财产损坏或者灭失的，依照本条第（三）、（四）项的规定赔偿；

（三）应当返还的财产损坏的，能够恢复原状的恢复原状，不能恢复原状的，按照损害程度给付相应的赔偿金；

（四）应当返还的财产灭失的，给付相应的赔偿金；

（五）财产已经拍卖的，给付拍卖所得的价款；

（六）吊销许可证和执照、责令停产停业的，赔偿停产停业期间必要的经常性费用开支；

（七）对财产权造成其他损害的，按照直接损失给予赔偿。

第二十九条　赔偿费用，列入各级财政预算，具体办法由国务院规定。

第五章　其他规定

第三十条　赔偿义务机关对依法确认有本法第三条第（一）、（二）项、第十五条第（一）、（二）、（三）项情形之一，并造成受害人名誉权、荣誉权损害的，应当在侵权行为影响的范围内，为受害人消除影响，恢复名誉，赔礼道歉。

第三十一条　人民法院在民事诉讼、行政诉讼过程中，违法采取对妨害诉讼的强制措施、保全措施或者对判决、裁定及其他生效法律文书执行错误，造成损害的，赔偿请求人要求赔偿的程序，适用本法刑事赔偿程序的规定。

第三十二条　赔偿请求人请求国家赔偿的时效为两年，自国家机关及其工作人员行使职权时的行为被依法确认为违法之日起计算，但被羁押期间不计算在内。

赔偿请求人在赔偿请求时效的最后六个月内，因不可抗力或者其他障碍不能行使请求权的，时效中止。从中止时效的原因消除之日起，赔偿请求时效期间继续计算。

第三十三条　外国人、外国企业和组织在中华人民共和国领域内要求中华人民共和国国家赔偿的，适用本法。

外国人、外国企业和组织的所属国对中华人民共和国公民、法人和其他组织要求该国国家赔偿的权利不予保护或者限制的，中华人民共和国与该外国人、外国企业和组织的所属国实行对等原则。

第六章　附　则

第三十四条　赔偿请求人要求国家赔偿的，赔偿义务机关、复议机关和人民法院不得向赔偿请求人收取任何费用。

对赔偿请求人取得的赔偿金不予征税。

第三十五条　本法自1995年1月1日起施行。

最高人民法院关于人民法院执行《中华人民共和国国家赔偿法》几个问题的解释

（法发［1996］15号　1996年5月6日）

一、根据《中华人民共和国国家赔偿法》（以下简称赔偿法）第十七条第（二）项、第（三）项的规定，依照刑法第十四条、第十五条规定不负刑事责任的人和依照刑事诉讼法第十五条规定不追究刑事责任的人被羁押，国家不承担赔偿责任。但是对起诉后经人民法院判处拘役、有期徒刑、无期徒刑和死刑并已执行的上列人员，有权依法取得赔偿。判决确定前被羁押的日期依法不予赔偿。

二、依照赔偿法第三十一条的规定，人民法院在民事诉讼、行政诉讼过程中，违法采取对妨害诉讼的强制措施、保全措施或者对判决、裁定及其他生效法律文书执行错误，造成损害，具有以下情形之一的，适用刑事赔偿程序予以赔偿：

（一）错误实施司法拘留、罚款的；

（二）实施赔偿法第十五条第（四）项、第（五）面规定行为的；

（三）实施赔偿法第十六条第（一）项规定行为的。人民法院审理的民事、经济、行政案件发生错判并已执行，依法应当执行回转的，或者当事人申请财产保全、先予执行，申请有错误造成财产损失依法应由申请人赔偿的，国家不承担赔偿责任。

三、公民、法人和其他组织申请人民法院依照赔偿法规定予以赔偿的案件，应当经过依法确认。未经依法确认的，赔偿请求人应当要求有关人民法院予以确认。被要求的人民法院由有关审判庭负责办理依法确认事宜，并应以人民法院的名义答复赔偿请求人。被要求的人民法院不予确认的，赔偿请求人有权申诉。四、根据赔偿法第二十六条、第二十七条的规定，人民法院判处管制、有期徒刑缓刑、剥夺政治权利等刑罚的人被依法改判无罪的，国家不承担赔偿责任，但是，赔偿请求人在判决生效前被羁押的，依法有权取得赔偿。五、根据赔偿法第十九条第四款“再审改判无罪的，作出原生效判决的人民法院为赔偿义务机关”的规定，原一审人民法院作出判决后，被告人没有上诉，人民检察院没有抗诉，判决发生法律效力的，原一审人民法院为赔偿义务机关；被告人上诉或者人民检察院抗诉，原二审人民法院维持一审判决或者对一审人民法院判决予以改判的，原二审人民法院为赔偿义务机关。

六、赔偿法第二十六条关于“侵犯公民人身自由的，每日的赔偿金按照国家上年度职工日平均工资计算”中规定的上年度，应为赔偿义务机关、复议机关或者人民法院赔偿委员会作出赔偿决定时的上年度；复议机关或者人民法院赔偿委员会决定维持原赔偿决定的，按作出原赔偿决定时的上年度执行。国家上年度职工日平均工资数额，应当以职工年平均工资除以全年法定工作日数的方法计算。年平均工资以国家统计局公布的数字为准。

全国人民代表大会常务委员会
关于完善人民陪审员制度的决定

（2004 年 8 月 28 日第十届全国人民代表大会常务委员会第十一次会议通过）

为了完善人民陪审员制度，保障公民依法参加审判活动，促进司法公正，特作如下决定：

第一条　人民陪审员依照本决定产生，依法参加人民法院的审判活动，除不得担任审判长外，同法官有同等权利。

第二条　人民法院审判下列第一审案件，由人民陪审员和法官组成合议庭进行，适用简易程序审理的案件和法律另有规定的案件除外：

（一）社会影响较大的刑事、民事、行政案件；

（二）刑事案件被告人、民事案件原告或者被告、行政案件原告申请由人民陪审员参加合议庭审判的案件。

第三条　人民陪审员和法官组成合议庭审判案件时，合议庭中人民陪审员所占人数比例应当不少于三分之一。

第四条　公民担任人民陪审员，应当具备下列条件：

（一）拥护中华人民共和国宪法；

（二）年满二十三周岁；

（三）品行良好、公道正派；

（四）身体健康。

担任人民陪审员，一般应当具有大学专科以上文化程度。

第五条　人民代表大会常务委员会的组成人员，人民法院、人民检察院、公安机关、国家安全机关、司法行政机关的工作人员和执业律师等人员，不得担任人民陪审员。

第六条　下列人员不得担任人民陪审员：

（一）因犯罪受过刑事处罚的；

（二）被开除公职的。

第七条　人民陪审员的名额，由基层人民法院根据审判案件的需要，提请同级人民代表大会常务委员会确定。

第八条　符合担任人民陪审员条件的公民，可以由其所在单位或者户籍所在地的基层组织向基层人民法院推荐，或者本人提出申请，由基层人民法院会同同级人民政府司法行政机关进行审查，并由基层人民法院院长提出人民陪审员人选，提请同级人民代表大会常务委员会任命。

第九条　人民陪审员的任期为五年。

第十条　依法参加审判活动是人民陪审员的权利和义务。人民陪审员依法参加审判活动，受法律保护。

人民法院应当依法保障人民陪审员参加审判活动。

人民陪审员所在单位或者户籍所在地的基层组织应当保障人民陪审员依法参加审判活动。

第十一条 人民陪审员参加合议庭审判案件，对事实认定、法律适用独立行使表决权。

合议庭评议案件时，实行少数服从多数的原则。人民陪审员同合议庭其他组成人员意见分歧的，应当将其意见写入笔录，必要时，人民陪审员可以要求合议庭将案件提请院长决定是否提交审判委员会讨论决定。

第十二条 人民陪审员的回避，参照有关法官回避的法律规定执行。

第十三条 人民陪审员参加审判活动，应当遵守法官履行职责的规定，保守审判秘密、注重司法礼仪、维护司法形象。

第十四条 基层人民法院审判案件依法应当由人民陪审员参加合议庭审判的，应当在人民陪审员名单中随机抽取确定。

中级人民法院、高级人民法院审判案件依法应当由人民陪审员参加合议庭审判的，在其所在城市的基层人民法院的人民陪审员名单中随机抽取确定。

第十五条 基层人民法院会同同级人民政府司法行政机关对人民陪审员进行培训，提高人民陪审员的素质。

第十六条 对于在审判工作中有显著成绩或者有其他突出事迹的人民陪审员，给予表彰和奖励。

第十七条 人民陪审员有下列情形之一，经所在基层人民法院会同同级人民政府司法行政机关查证属实的，应当由基层人民法院院长提请同级人民代表大会常务委员会免除其人民陪审员职务：

（一）本人申请辞去人民陪审员职务的；

（二）无正当理由，拒绝参加审判活动，影响审判工作正常进行的；

（三）具有本决定第五条、第六条所列情形之一的；

（四）违反与审判工作有关的法律及相关规定，徇私舞弊，造成错误裁判或者其他严重后果的。

人民陪审员有前款第四项所列行为，构成犯罪的，依法追究刑事责任。

第十八条 人民陪审员因参加审判活动而支出的交通、就餐等费用，由人民法院给予补助。

有工作单位的人民陪审员参加审判活动期间，所在单位不得克扣或者变相克扣其工资、奖金及其他福利待遇。

无固定收入的人民陪审员参加审判活动期间，由人民法院参照当地职工上年度平均货币工资水平，按实际工作日给予补助。

第十九条 人民陪审员因参加审判活动应当享受的补助，人民法院和司法行政机关为实施陪审制度所必需的开支，列入人民法院和司法行政机关业务经费，由同级政府财政予以保障。

第二十条 本决定自 2005 年 5 月 1 日起施行。

最高人民检察院关于人民监督员制度的规定（试行）

（2003 年 9 月 2 日最高人民检察院第十届检察委员会第九次会议通过
2004 年 7 月 5 日最高人民检察院第十届检察委员会第二十三次会议修订）

第一章　总　则

第一条　为了加强对人民检察院查办职务犯罪案件工作的监督，提高执法水平和办案质量，确保依法公正履行检察职责，维护社会公正和正义，根据宪法、人民检察院组织法等有关法律，结合检察工作实际，制定本规定。

第二条　人民检察院查办职务犯罪案件，实行人民监督员制度，接受社会监督。

人民检察院应当保障人民监督员履行监督职责，认真对待人民监督员提出的意见和建议。

第三条　人民监督员经民主推荐程序产生，依照本规定对人民检察院查办职务犯罪活动实施监督。

人民监督员享有独立发表意见和表决的权利，表决实行少数服从多数的原则。

人民监督员应当公平地履行职责，促进人民检察院正确行使检察权。

第四条　实行人民监督员制度的人民检察院设立人民监督员办公室作为办事机构。县级人民检察院不具备单独设立条件的，应当由专人负责人民监督员工作。

第二章　人民监督员的产生

第五条　人民监督员应当具备下列条件

（一）拥护中华人民共和国宪法；

（二）有选举权和被选举权；

（三）年满二十三岁；

（四）公道正派，有一定的文化水平和政策、法律知识；

（五）身体健康。

第六条　下例人员不得担任人民监督员：

（一）受过刑事处罚或者受过刑事追究的；

（二）被开除公职或者开除留用的。

第七条　因职务原因可能影响履行人民监督员职责的人员不宜担任人民监督员。

第八条　人民督员由机关、团体、企业单位和基层组织经民主推荐、征得本人同意、考察后确认。

第九条　人民监督员的任期为三年，连任不得超过两个任期。

第十条　出现下列情形之一的，人民监督员可以辞去职务：

（一）因职务调整，出现本规定第七条情形的；

（二）不愿意继续担任人民监督员的。

第十一条 人民监督员具有下列情形之一的，人民检察院应当建议确认单位解除其职务：

（一）不再具有本规定第五条第一、二、四、五项条件之一的；

（二）出现本规定第六条情形的；

（三）违反本规定，造成不良后果的；

（四）一年内无故不参加监督活动两次以上的。

第十二条 人民监督员的名额。由各级人民检察院根据工作需要确定。

第三章 人民监督员的职责

第十三条 人民监督员对人民检察院查办职务犯罪案件的下列情形实施监督：

（一）犯罪嫌疑人不服逮捕决定的；

（二）拟撤销案件的；

（三）拟不起诉的。

涉及国家秘密或者经特赦免除刑罚以及犯罪嫌疑人死亡的职务犯罪案件不适用前款规定。

第十四条 人民监督员发现人民检察院在查办职务犯罪案件中具有下情形之一的，可以提出意见：

（一）应当立案而不立案或者不应当立案而立案的；

（二）超期羁押的；

（三）违法搜查、扣押、冻结的；

（四）应当给予刑事赔偿而不依法予以确认或者不执行刑事赔偿决定的；

（五）检察人员在办案中有徇私舞弊、贪赃枉法、刑讯逼供、暴力取证等违法违纪情况的。

第十五条 人民监督员可以应邀参加人民检察院查办职务犯罪案件工作的其他执法检查活动，发现有违法违纪情况的，可以提出建议和意见。

第十六条 人民监督员参加案件监督工作，应当保守秘密，不得泄露评议表决情况；不得对其他人民监督施加不正当影响；不得私自会见案件当事情人及其委托人。

第四章 人民监督员的监督程序

第十七条 具有本规定第十三条情形的案件，应当由人民监督员根据第十八条至第二十七条的规定进行监督。

第十八条 案件承办人在对逮捕的犯罪嫌疑人第一次讯问时，应当将《逮捕羁押期限及权利义务告知书》交犯罪嫌疑人，同时告知其如不服逮捕决定可以要求重新审查。犯罪嫌疑人不服逮捕决定的，应当自告知之日起五日内向承办案件部门提出，并附申辩理由。承办案件部门应当立即将犯罪嫌疑人的意见转交侦查监督部门。侦查监督部门应当另行指定承办人员审查并在三日内提出审查意见。维持原逮捕决定的，侦查监督部门应当及时将面意见和相关材料移送人民监督员办公室，并做好接受监督的准备。

第十九条 拟撤消案件的，侦查部门应当及时将书面意见和相关材料移送人民监督员办公室，并做好接受监督的准备。

第二十条 拟不起诉的公诉部门应当及时将书面意见和相关材料移送人民监督员办公室，并做好接受监督的准备。

第二十一条 人民监督员办公室收到有关案件材料后，应当在两日内审查完毕，认为书面意见和案件和相关材料不齐备的，应当报经检察长批准后，要求承办部门补充移送；认为材料符合要求的，应当根据案情需要及时确定三名以上、总人数为单数的人民监督员参加案件监督工作。

参加案件监督的人民监督员，应当在人民监督员名单中依照排序或随机抽取的方式确定。

参加案件监督工作的人民监督员每次临时推举其中一人主持评议、表决。人民监督员在表决时具有同等的表决权。

第二十二条 案件监督人员确定后，承办案件部门应当及时将案件监督人员的名单告知本案当事人及其法定代理人，同时告知其有权要求人民监督员回避。

第二十三条 参加案件监督工作的人民监督员具有下列情形之一的，应当自行回避，当事人及其法定代理人也有权要求其回避：

（一）是本案的当事人或者当事人的近亲属的；

（二）本人或者近亲属与本案有利害关系的

（三）担任过本案的证人、鉴定人、辩护人、诉讼代理人的；

（四）与本案有其他关系，可能影响公正履行案件监督职责的

出现前款规定的情形之一，本人未提出回避或者当事人及其法定代理人未要求回避的，人民检察院应当决定其回避。

人民监督员的回避由检察长决定。

第二十四条 人民监督员的监督工作应当依照下列步骤进行：

（一）由案件承办人向人民监督员全面、客观地介绍案情并出示主要证据

（二）由案件承办人向人民监督员说明与案件相关的法律适用情况

（三）人民监督员可以向案件承办人提出问题，必要时可以旁听案件承办人讯问犯罪嫌疑人、询问证人、听取有关人员陈述、听取本案律师的意见

（四）人民监督员根据案件情况，独立进行评议、表决。表决采用土无记名投票方式，按少数服从多数的原则形成表决意见，表决结果和意见由承办案件部门附卷存。第二十五条 检察长或者检察委员会应当分别根据职责权限，对人民监督员表决意见和有关检察业务部门的意见。必要时可以听取人民监督员和有关检察业务部门的意见。审查后同意人民监督员意见的，应当提请检察委员会讨论，检察委员会不同意人民监督员表决意见的，应当依法作出决定。

检察长或者检察委员会应当认真研究人民监督员的不同意见。

第二十六条 检察委员会的决定与人民监督员表决意见不一致时，应当由人民监督员办公室向人民监督员作出说明。参加监督的多数人民监督员对检察委员会的决定有异议的，可以要求提请上一级人民检察院复核。复核工作由人民监督员办公室转交案件承办部门办理。上一级人民检察院应当及时复核并反馈结果。上一级人民检察院的决定。下级人民检察院应当执行。

第二十七条 案件监督工作应当自人民监督员办公室收到材料之日起七日进行完毕。重大复杂案件，案件监督期限可以延长至十五日。人民检察院不得因人民监督员的监督而超过法定办案期限。

监督期限自人民监督员办公室所收案件相关材料齐备之日起至人民监督员形成表决意见之日止。

第二十八条 人民监督员依照本规定第十四条、第十五条的规定实施监督的，统一由人民监督员办公室负责收转材料，督促相关部门办理，并及时反馈处理意见。

第五章　人民监督员履行职责的保障

第二十九条 人民检察院应当为人民监督员履行职责提供必要的工作条件。可以根据监督工作需要邀请人民监督员列席有关会议、参加有关活动、了解检察工作情况。

第三十条 人民检察院应当严格遵照本规定接受人民监督员的监督，不得扩大或者缩小案件监督范围；不得诱导、控制、规避人民监督员的监督；不得干扰人民监督员案件的评议和表决；不得泄露人民监督员的评议、表决情况。

违反前款规定的，对主要责任者和其他直接责任人员依纪处理。

第三十一条 对打击报复阻碍人民监督员履行职责的，应当交有关部门依纪处理，构成犯罪的，依法追究刑事责任。

第三十二条 人民监督员在履行职责过程中有违法违纪行为的，人民检察院应当建议相关部门对其进行处分，构成犯罪的，应当依法追究刑事责任。

第三十三条 人民监督员因履行职责所支出的交通、住宿、就餐、通讯等费用，应当由人民检察院给予补助，无固定收入的人民监督员在参加监督活动期间，由人民检察院参照当地上年度平均货币工资，按实际工作日给予相应补助。人民监督员在节假日参加监督工作的，由人民检察院给予适当补助。

有工作单位的人民监督员参加监督活动期间，人民检察院应商所在单位同意，不得克扣或者变相扣其工资、资金及其他福利待遇。

第三十四条 人民监督员因参加监督活动应当享受的补助，人民检察院为实施人民监督员制度所必需的开支，列入人民检察院业务经费，向同级财政申报，纳入财政预算。第六章人民监督员办公室的职责

第三十五条 协助做好人民监督员选任、解除工作；负责落实安排人民监督员评议案件、参加执法检查、了解检察工作情况等监督活动；向人民监督员反馈监督处理结果；协调解决人民监督员监督过程中遇到的困难，为人民监督员履行职责提供保障

第三十六条 协调人民检察院相关业务部门接受人民监督员监督工作相关业务部门落实人民监督员监督工作的情况进行督促、检查；向检察长和相关业务部门反馈人民监督员工作情况；定期对人民监督员监督工作进行总结分析；上级人民检察院人民监督员办公室对下级人民检察院人民监督员办公室的工作实施检查指导。

第三十七条 移送、督办人民监督员对人民检察院查办职务犯罪案件工作提出的意见或建议

第三十八条 承办检察长或者检察委员会交办的其他相关工作。

附　则

第三十九条　本规定由最高人民检察院负责解释。

第4章　政务公开、村务公开、厂务公开

中华人民共和国政府信息公开条例

（国务院令第492号　2007年4月5日）

第一章　总　则

第一条　为了保障公民、法人和其他组织依法获取政府信息，提高政府工作的透明度，促进依法行政，充分发挥政府信息对人民群众生产、生活和经济社会活动的服务作用，制定本条例。

第二条　本条例所称政府信息，是指行政机关在履行职责过程中制作或者获取的，以一定形式记录、保存的信息。

第三条　各级人民政府应当加强对政府信息公开工作的组织领导。

国务院办公厅是全国政府信息公开工作的主管部门，负责推进、指导、协调、监督全国的政府信息公开工作。

县级以上地方人民政府办公厅（室）或者县级以上地方人民政府确定的其他政府信息公开工作主管部门负责推进、指导、协调、监督本行政区域的政府信息公开工作。

第四条　各级人民政府及县级以上人民政府部门应当建立健全本行政机关的政府信息公开工作制度，并指定机构（以下统称政府信息公开工作机构）负责本行政机关政府信息公开的日常工作。

政府信息公开工作机构的具体职责是：

（一）具体承办本行政机关的政府信息公开事宜；

（二）维护和更新本行政机关公开的政府信息；

（三）组织编制本行政机关的政府信息公开指南、政府信息公开目录和政府信息公开工作年度报告；

（四）对拟公开的政府信息进行保密审查；

（五）本行政机关规定的与政府信息公开有关的其他职责。

第五条　行政机关公开政府信息，应当遵循公正、公平、便民的原则。

第六条　行政机关应当及时、准确地公开政府信息。行政机关发现影响或者可能影响社会稳定、扰乱社会管理秩序的虚假或者不完整信息的，应当在其职责范围内发布准确的政府信息予以澄清。

第七条　行政机关应当建立健全政府信息发布协调机制。行政机关发布政府信息涉及其他行政机关的，应当与有关行政机关进行沟通、确认，保证行政机关发布的政府信息准确一致。

行政机关发布政府信息依照国家有关规定需要批准的，未经批准不得发布。

第八条　行政机关公开政府信息，不得危及国家安全、公共安全、经济安全和社会稳定。

第二章　公开的范围

第九条　行政机关对符合下列基本要求之一的政府信息应当主动公开：

（一）涉及公民、法人或者其他组织切身利益的；

（二）需要社会公众广泛知晓或者参与的；

（三）反映本行政机关机构设置、职能、办事程序等情况的；

（四）其他依照法律、法规和国家有关规定应当主动公开的。

第十条　县级以上各级人民政府及其部门应当依照本条例第九条的规定，在各自职责范围内确定主动公开的政府信息的具体内容，并重点公开下列政府信息：

（一）行政法规、规章和规范性文件；

（二）国民经济和社会发展规划、专项规划、区域规划及相关政策；

（三）国民经济和社会发展统计信息；

（四）财政预算、决算报告；

（五）行政事业性收费的项目、依据、标准；

（六）政府集中采购项目的目录、标准及实施情况；

（七）行政许可的事项、依据、条件、数量、程序、期限以及申请行政许可需要提交的全部材料目录及办理情况；

（八）重大建设项目的批准和实施情况；

（九）扶贫、教育、医疗、社会保障、促进就业等方面的政策、措施及其实施情况；

（十）突发公共事件的应急预案、预警信息及应对情况；

（十一）环境保护、公共卫生、安全生产、食品药品、产品质量的监督检查情况。

第十一条　设区的市级人民政府、县级人民政府及其部门重点公开的政府信息还应当包括下列内容：

（一）城乡建设和管理的重大事项；

（二）社会公益事业建设情况；

（三）征收或者征用土地、房屋拆迁及其补偿、补助费用的发放、使用情况；

（四）抢险救灾、优抚、救济、社会捐助等款物的管理、使用和分配情况。

第十二条　乡（镇）人民政府应当依照本条例第九条的规定，在其职责范围内确定主动公开的政府信息的具体内容，并重点公开下列政府信息：

（一）贯彻落实国家关于农村工作政策的情况；

（二）财政收支、各类专项资金的管理和使用情况；

（三）乡（镇）土地利用总体规划、宅基地使用的审核情况；

（四）征收或者征用土地、房屋拆迁及其补偿、补助费用的发放、使用情况；

（五）乡（镇）的债权债务、筹资筹劳情况；

（六）抢险救灾、优抚、救济、社会捐助等款物的发放情况；

（七）乡镇集体企业及其他乡镇经济实体承包、租赁、拍卖等情况；

（八）执行计划生育政策的情况。

第十三条 除本条例第九条、第十条、第十一条、第十二条规定的行政机关主动公开的政府信息外，公民、法人或者其他组织还可以根据自身生产、生活、科研等特殊需要，向国务院部门、地方各级人民政府及县级以上地方人民政府部门申请获取相关政府信息。

第十四条 行政机关应当建立健全政府信息发布保密审查机制，明确审查的程序和责任。

行政机关在公开政府信息前，应当依照《中华人民共和国保守国家秘密法》以及其他法律、法规和国家有关规定对拟公开的政府信息进行审查。

行政机关对政府信息不能确定是否可以公开时，应当依照法律、法规和国家有关规定报有关主管部门或者同级保密工作部门确定。

行政机关不得公开涉及国家秘密、商业秘密、个人隐私的政府信息。但是，经权利人同意公开或者行政机关认为不公开可能对公共利益造成重大影响的涉及商业秘密、个人隐私的政府信息，可以予以公开。

第三章　公开的方式和程序

第十五条 行政机关应当将主动公开的政府信息，通过政府公报、政府网站、新闻发布会以及报刊、广播、电视等便于公众知晓的方式公开。

第十六条 各级人民政府应当在国家档案馆、公共图书馆设置政府信息查阅场所，并配备相应的设施、设备，为公民、法人或者其他组织获取政府信息提供便利。

行政机关可以根据需要设立公共查阅室、资料索取点、信息公告栏、电子信息屏等场所、设施，公开政府信息。

行政机关应当及时向国家档案馆、公共图书馆提供主动公开的政府信息。

第十七条 行政机关制作的政府信息，由制作该政府信息的行政机关负责公开；行政机关从公民、法人或者其他组织获取的政府信息，由保存该政府信息的行政机关负责公开。法律、法规对政府信息公开的权限另有规定的，从其规定。

第十八条 属于主动公开范围的政府信息，应当自该政府信息形成或者变更之日起20个工作日内予以公开。法律、法规对政府信息公开的期限另有规定的，从其规定。

第十九条 行政机关应当编制、公布政府信息公开指南和政府信息公开目录，并及时更新。

政府信息公开指南，应当包括政府信息的分类、编排体系、获取方式，政府信息公开工作机构的名称、办公地址、办公时间、联系电话、传真号码、电子邮箱等内容。

政府信息公开目录，应当包括政府信息的索引、名称、内容概述、生成日期等内容。

第二十条 公民、法人或者其他组织依照本条例第十三条规定向行政机关申请获取政府信息的，应当采用书面形式（包括数据电文形式）；采用书面形式确有困难的，申请人可以口头提出，由受理该申请的行政机关代为填写政府信息公开申请。

政府信息公开申请应当包括下列内容：

（一）申请人的姓名或者名称、联系方式；

（二）申请公开的政府信息的内容描述；

（三）申请公开的政府信息的形式要求。

第二十一条　对申请公开的政府信息，行政机关根据下列情况分别作出答复：

（一）属于公开范围的，应当告知申请人获取该政府信息的方式和途径；

（二）属于不予公开范围的，应当告知申请人并说明理由；

（三）依法不属于本行政机关公开或者该政府信息不存在的，应当告知申请人，对能够确定该政府信息的公开机关的，应当告知申请人该行政机关的名称、联系方式；

（四）申请内容不明确的，应当告知申请人作出更改、补充。

第二十二条　申请公开的政府信息中含有不应当公开的内容，但是能够作区分处理的，行政机关应当向申请人提供可以公开的信息内容。

第二十三条　行政机关认为申请公开的政府信息涉及商业秘密、个人隐私，公开后可能损害第三方合法权益的，应当书面征求第三方的意见；第三方不同意公开的，不得公开。但是，行政机关认为不公开可能对公共利益造成重大影响的，应当予以公开，并将决定公开的政府信息内容和理由书面通知第三方。

第二十四条　行政机关收到政府信息公开申请，能够当场答复的，应当当场予以答复。

行政机关不能当场答复的，应当自收到申请之日起 15 个工作日内予以答复；如需延长答复期限的，应当经政府信息公开工作机构负责人同意，并告知申请人，延长答复的期限最长不得超过 15 个工作日。

申请公开的政府信息涉及第三方权益的，行政机关征求第三方意见所需时间不计算在本条第二款规定的期限内。

第二十五条　公民、法人或者其他组织向行政机关申请提供与其自身相关的税费缴纳、社会保障、医疗卫生等政府信息的，应当出示有效身份证件或者证明文件。

公民、法人或者其他组织有证据证明行政机关提供的与其自身相关的政府信息记录不准确的，有权要求该行政机关予以更正。该行政机关无权更正的，应当转送有权更正的行政机关处理，并告知申请人。

第二十六条　行政机关依申请公开政府信息，应当按照申请人要求的形式予以提供；无法按照申请人要求的形式提供的，可以通过安排申请人查阅相关资料、提供复制件或者其他适当形式提供。

第二十七条　行政机关依申请提供政府信息，除可以收取检索、复制、邮寄等成本费用外，不得收取其他费用。行政机关不得通过其他组织、个人以有偿服务方式提供政府信息。

行政机关收取检索、复制、邮寄等成本费用的标准由国务院价格主管部门会同国务院财政部门制定。

第二十八条　申请公开政府信息的公民确有经济困难的，经本人申请、政府信息公开工作机构负责人审核同意，可以减免相关费用。

申请公开政府信息的公民存在阅读困难或者视听障碍的，行政机关应当为其提供必要的帮助。

第四章　监督和保障

第二十九条　各级人民政府应当建立健全政府信息公开工作考核制度、社会评议制度和责任追究制度，定期对政府信息公开工作进行考核、评议。

第三十条 政府信息公开工作主管部门和监察机关负责对行政机关政府信息公开的实施情况进行监督检查。

第三十一条 各级行政机关应当在每年3月31日前公布本行政机关的政府信息公开工作年度报告。

第三十二条 政府信息公开工作年度报告应当包括下列内容：

（一）行政机关主动公开政府信息的情况；

（二）行政机关依申请公开政府信息和不予公开政府信息的情况；

（三）政府信息公开的收费及减免情况；

（四）因政府信息公开申请行政复议、提起行政诉讼的情况；

（五）政府信息公开工作存在的主要问题及改进情况；

（六）其他需要报告的事项。

第三十三条 公民、法人或者其他组织认为行政机关不依法履行政府信息公开义务的，可以向上级行政机关、监察机关或者政府信息公开工作主管部门举报。收到举报的机关应当予以调查处理。

公民、法人或者其他组织认为行政机关在政府信息公开工作中的具体行政行为侵犯其合法权益的，可以依法申请行政复议或者提起行政诉讼。

第三十四条 行政机关违反本条例的规定，未建立健全政府信息发布保密审查机制的，由监察机关、上一级行政机关责令改正；情节严重的，对行政机关主要负责人依法给予处分。

第三十五条 行政机关违反本条例的规定，有下列情形之一的，由监察机关、上一级行政机关责令改正；情节严重的，对行政机关直接负责的主管人员和其他直接责任人员依法给予处分；构成犯罪的，依法追究刑事责任：

（一）不依法履行政府信息公开义务的；

（二）不及时更新公开的政府信息内容、政府信息公开指南和政府信息公开目录的；

（三）违反规定收取费用的；

（四）通过其他组织、个人以有偿服务方式提供政府信息的；

（五）公开不应当公开的政府信息的；

（六）违反本条例规定的其他行为。

第五章　附　则

第三十六条 法律、法规授权的具有管理公共事务职能的组织公开政府信息的活动，适用本条例。

第三十七条 教育、医疗卫生、计划生育、供水、供电、供气、供热、环保、公共交通等与人民群众利益密切相关的公共企事业单位在提供社会公共服务过程中制作、获取的信息的公开，参照本条例执行，具体办法由国务院有关主管部门或者机构制定。

第三十八条 本条例自2008年5月1日起施行。

中共中央办公厅、国务院办公厅关于在全国乡镇政权机关全面推行政务公开制度的通知

（中办发［2000］25号　2000年12月6日）

各省、自治区、直辖市党委和人民政府，中央和国家机关各部委，军委总政治部，各人民团体：

为贯彻落实党的十五大关于扩大基层民主、保证人民群众直接行使民主权利的精神，推进依法治国的进程，加强对行政权力运行过程的监督，密切党和政府同人民群众的联系，党中央、国务院决定，在全国乡镇政权机关和派驻乡镇的站所全面推行政务公开制度。现就有关问题通知如下：

一、指导思想、基本原则和基本要求

乡镇政权机关是国家政权机关的基层组织，派驻站所是政府有关部门派驻乡镇的工作机构。在乡镇政权机关和派驻站所全面推行政务公开制度，有利于加强农村基层政权建设、党组织建设和干部队伍建设，提高乡镇政权机关依法行政的水平，增强权力运行的透明度，促进廉政勤政建设，推动党在农村各项政策的落实。各级党委、政府要按照江泽民同志关于“三个代表”的要求，充分认识在乡镇政权机关和派驻站所全面推行政务公开制度的重大意义，切实抓好这项工作。

推行政务公开制度的指导思想是：以邓小平理论、党的基本路线和十五大精神为指导，围绕加强基层民主政治建设和依法行政，以公正、便民和廉政、勤政为基本要求，切实加强对行政权力的监督，进一步密切党群、干群关系，促进农村的改革、发展和稳定。

推行政务公开制度的基本原则是：

（1）依法公开。乡镇政权机关和派驻站所政务公开工作应当依照国家法律、法规和有关政策规定进行。

（2）真实公正。公开的内容应当真实可信，办事的结果应当公平公正。

（3）注重实效。从实际出发，突出重点，循序渐进，讲求实效，不搞形式主义。

（4）有利监督。要方便群众办事，便于群众知情，有利于人民群众行使监督权。

推行政务公开制度的基本要求是：

（1）提高工作效率，方便群众和企业、事业单位办事。

（2）提高依法行政水平，严格依法管理。

（3）强化对行政权力运行的监督，有效遏制消极腐败现象。

（4）进一步落实民主决策、民主管理、民主监督制度。

要通过扎实工作和不懈努力，使政务公开制度成为乡镇政权机关和派驻站所的一项基本工作制度。

二、主要内容和工作方法

乡镇政务公开要从人民群众普遍关心和涉及群众切身利益的实际问题入手，对群众反映强烈的问题、容易出现不公平、不公正甚至产生腐败的环节以及本乡镇经济和社会发展的重大问题，都应当公开。其中，重点是财务公开。政务公开包括对群众、企事业单位公开和对本机关干部职工公开。

对群众、企事业单位公开的主要内容是：

1. 乡镇政府行政管理、经济管理活动的事项。主要包括：乡镇政府及有关部门的年度工作目标及执行情况；

乡镇年度财政预算及执行情况；上级政府或政府部门下拨的专项经费及使用情况；乡镇的债权债务情况；乡镇集体企业及其他经济实体承发包、租赁、拍卖等情况；乡镇工程项目招投标及社会公益事业建设情况等。

2. 与村务公开相对应的事项。主要包括：乡、村税费的收缴、使用情况；计划生育情况；征用土地及土地补偿费、安置补助费的发放、使用情况；各村宅基地审批情况；救灾救济款物发放、优待抚恤情况；水电费的收缴情况等。

3. 乡镇政府各部门和派驻站所公开的事项。主要包括：工作职责、办事依据、办事条件、办事程序、办事纪律、办事期限、监督办法和办事结果；执收执罚部门的收费、罚款标准和收缴情况；上级主管部门明确要求必须公开的其他事项。

对本机关干部职工公开的主要内容是：领导干部廉洁自律情况；机关内部财务收支情况；招待费、差旅费的开支使用情况；干部交流、考核、奖惩情况以及机关干部职工关心的其他重要事项。

公开要采取相应的形式。各乡镇和派驻站所必须设立固定的便于群众观看的政务公开栏，及时将应公开的内容张榜公布。各地还可以根据实际情况，通过会议、广播、电视、便民手册、电子触摸屏等有效形式，予以公开。

公开的时间要与公开的内容相适应。经常性工作定期公开，阶段性工作逐段公开，临时性工作随时公开。

对于涉及群众切身利益的重要事项，每次公开后，都要认真听取群众的意见。对群众提出的合理建议，要积极采纳；对群众反映的问题，要及时加以解决，暂时无法解决的，要做好说明解释工作。

三、监督保障制度

推行政务公开制度，核心是加强监督。要建立健全乡镇政权机关和派驻站所内部的监督制度，以保证公开内容的真实性。要把办事结果公开与事前、事中民主决策和民主监督结合起来，把内部监督与外部监督结合起来，建立起一套便利、管用、有约束力的监督制约机制。

乡镇人民政府要自觉接受乡镇人民代表大会的监督。

政务公开的重要内容要向人大报告。乡镇当年的经济和社会发展计划、财政预算决算等，要经乡镇人民代表大会审议通过后公开。

要实行重大事项集体讨论决定制度。重大决策、重要干部任免、重要项目安排和大额度资金的使用，必须在广泛征求意见的基础上，经乡镇党委、政府集体讨论作出决定后公开。

要实行预公开制度。乡镇机关和派驻站所在决定或办理与群众利益密切相关的重要事项时，应当在正式决定或办理之前将方案公布。在充分听取群众意见并进行调整、修改后，再予以正式公布。

要实行定期审计制度。县（市）级政府审计机关要对乡镇财政预算的执行情况和决算以及政府部门管理和政府委托社会团体代管的各类基金、资金的收支情况，依法进行审计监督，并将审计结果公开。

乡镇要成立政务公开监督小组，由乡镇人大、纪委、村党支部、村民委员会、企业事业单位等方面的人员组成，乡镇人大主席或纪委书记任组长。监督小组要定期或不定期地开展民主评议活动，广泛听取群众意见和要求，及时提出工作建议。

要通过设立举报电话、政务监督信箱等渠道，认真收集群众意见，鼓励干部群众积极参与监督，对群众举报的问题，应及时调查处理。

要充分发挥舆论监督的作用。对乡镇政务公开工作的成功经验要广泛宣传报道，对消极抵制、弄虚作假的典型事例要予以曝光。

在坚持上述制度的同时，各地要从实际出发，积极探索，大胆实践，不断完善监督制约机制。

四、组织领导

乡镇政务公开政策性强、涉及部门多、公开的内容广，必须切实加强领导。乡镇政务公开工作由党委统一领导，政府主抓，人大监督实施。纪检、监察机关要协助政府加强督促检查，政府办公厅（室）要加强组织协调工作。

各级党委、政府要把在乡镇推行政务公开制度作为农村工作的一件大事，列入重要工作日程，切实加强领导。要明确牵头部门，认真落实责任制。县（市）级党委、政府在推行乡镇政务公开制度工作中起至关重要的作用，必须加强组织领导和具体指导，狠抓落实。乡镇党委、政府负责组织实施本乡镇的政务公开工作。各乡镇都要成立以乡（镇）长为第一责任人的政务公开领导小组，按照谁主管、谁负责的原则，切实把这项工作落到实处。

各地要把派驻站所政务公开纳入所在乡镇政务公开工作全局之中，派驻站所要自觉接受所在乡镇党委、政府的统一领导。同时，上级主管部门要对基层站、所的政务公开工作提出要求，针对本部门业务工作实际，制定有关规范，加强督促和指导。

推行乡镇政务公开，要同乡镇党的建设、政权建设以及村务公开相结合，同各项基础管理工作相结合，综合治理，整体推进。要及时发现和处理倾向性、苗头性问题，保证政务公开制度的顺利推行，确保社会稳定。

要把政务公开作为党风廉政建设责任制和党政领导干部年度工作考核的一项重要内容，并将考核结果作为干部奖惩的重要依据。对在推行政务公开制度中工作不力或不称职的领导干部，要批评教育，情节严重的要调整其工作岗位或免去其所任职务；对拒不推行政务公开制度或在政务公开中有弄虚作假、打击报复、侵犯群众民主权利等违纪行为的干部，纪检监察机关要追究其党纪政纪责任。

在推行政务公开制度时，必须加强思想政治工作和宣传教育工作。要教育广大干部尤其是基层干部增强民主意识，树立群众观念，自觉维护人民群众的民主权利和合法权益。同时，要教育和引导广大人民群众依法行使民主权利，维护国家的根本利益。

城市街道办事处要参照本通知的规定，做好政务公开工作。

在推行乡镇政务公开的同时，县（市）级以上政权机关也要积极探索实行政务公开的有效途径，逐步推行政务公开制度。

各省、自治区、直辖市和中央、国家机关有关部门应根据本通知精神，结合实际，制定具体实施办法。

中共中央办公厅、国务院办公厅关于进一步推行政务公开的意见

（中办发［2005］12号　2005年3月24日）

为深入贯彻落实党的十六大和十六届四中全会精神，发展社会主义民主，保障人民群众的民主权利，提高依法行政水平，加强对行政权力的监督，经党中央、国务院同意，现就进一步推行政务公开提出如下意见。

一、提高对推行政务公开重要意义的认识

推行政务公开是实践“三个代表”重要思想，坚持立党为公、执政为民，加强党的执政能力建设的具体体现；是坚持和发展社会主义民主，建设社会主义政治文明，构建社会主义和谐社会的必然要求；是落实依法治国基本方略，推进依法行政，建设法治政府的重要举措；是建立健全惩治和预防腐败体系，形成行为规范、运转协调、公正透明、廉洁高效的行政管理体制的重要内容。

党中央、国务院对推行政务公开十分重视。党的十五大、十六大都明确提出要推行政务公开。2000年12月，中共中央办公厅、国务院办公厅发出《关于在全国乡镇政权机关全面推行政务公开制度的通知》（中办发［2000］25号），对乡（镇）政务公开作出部署，对县（市）级以上政务公开提出了要求。2004年3月，国务院印发《全面推进依法行政实施纲要》（国发［2004］10号），把行政决策、行政管理和政府信息的公开作为推进依法行政的重要内容。2005年1月，党中央印发《建立健全教育、制度、监督并重的惩治和预防腐败体系实施纲要》（中发［2005］3号），明确提出“健全政务公开、厂务公开、村务公开制度”。各地区各部门按照中央的要求，结合实际，狠抓落实，积极探索，不断创新，政务公开稳步推行，发展势头良好。政务公开的推行，拓宽了群众参政议政的渠道，加强了对政府行政行为的监督，推进了依法行政，密切了党群干群关系，促进了勤政廉政建设，得到人民群众的拥护和支持。

当前，政务公开工作与完善社会主义市场经济体制、推进社会主义民主法制建设的要求在一些方面还不能完全适应，主要是：有的领导干部对政务公开的重要性认识不足，推行政务公开的力度不够；一些行政机关工作人员依法行政的观念和政务公开的意识还比较淡薄，依法行政的能力和水平有待进一步提高；有的地区和部门政务公开制度不健全，程序不规范，工作不落实，甚至存在形式主义倾向。这些问题在一定程度上影响了政务公开工作的落实，妨碍了人民群众知情权、参与权和监督权的行使。社会主义民主政治的不断发展和依法行政的全面推进，对政务公开工作提出了更高的要求，各级领导干部和行政机关工作人员要切实提高对进一步推行政务公开重要意义的认识，以与时俱进、求真务实的精神，进一步把政务公开工作抓紧抓好。

二、明确推行政务公开的指导思想、基本原则和工作目标

推行政务公开要以邓小平理论和“三个代表”重要思想为指导，深入贯彻党的十六

大、十六届四中全会和《全面推进依法行政实施纲要》精神，以保障人民群众的民主权利、维护人民群众的根本利益为出发点和落脚点，提高行政机关行政行为的透明度和办事效率，切实加强对行政权力的监督，推动行政管理体制改革，促进依法行政，更好地为改革发展稳定的大局服务。

推行政务公开要坚持严格依法、全面真实、及时便民的原则。要严格按照法律法规和有关政策规定，对各类行政管理和公共服务事项，除涉及国家秘密和依法受到保护的商业秘密、个人隐私之外，都要如实公开。要按照规定的制度和程序，对应该公开的事项，采用方便、快捷的方式及时公开。

推行政务公开的工作目标，要与深化行政管理体制改革和全面推进依法行政、建设法治政府的目标和进程相一致。经过不懈努力，使政务公开成为各级政府施政的一项基本制度，政府工作透明度不断提高，政府与群众沟通的渠道更加畅通，人民群众的知情权、参与权和监督权等民主权利得到切实保障。

三、进一步推行政务公开的主要任务、重点内容和形式

进一步推行政务公开要统筹规划，突出重点，切合实际，稳步实施。要适应经济社会发展和社会主义民主法制建设的要求，明确政务公开的内容和形式，增强政务公开的针对性和有效性。

各地区各部门要结合实际，确定进一步推行政务公开的主要任务。乡（镇）要继续贯彻中办发［2000］25号文件精神，切实把各项要求落到实处。县（市）和市（地）级行政机关要规范和完善政务公开的内容、程序、形式和监督保障措施，全面推行政务公开；省级人民政府及其工作部门和国务院各部门要明确政务公开的内容和形式，并加强对本地区本系统政务公开工作的规划和指导。要把人民群众普遍关心、涉及人民群众切身利益的问题作为政务公开的重点内容，围绕行政主体基本情况和行政决策、执行、监督的程序、方法、结果等事项，不断拓展政务公开的内容。乡（镇）要重点公开其贯彻落实中央有关农村工作政策，以及财政、财务收支，各类专项资金、财政转移支付资金使用，筹资筹劳等情况。县（市）、市（地）要重点公开本地区城乡发展规划，财政预决算报告，重大项目审批和实施，行政许可事项办理，政府采购，征地拆迁和经营性土地使用权出让，矿产资源开发和利用，税费征收和减免政策的执行，突发公共事件的预报、发生和处置等情况。省级人民政府及其工作部门要重点公开本地区本部门经济建设和社会发展的相关政策与总体规划，财政预决算报告，行政许可事项的设定、调整、取消以及行政许可事项办理，国有企业重组改制、产权交易等情况。国务院各部门要结合实际，确定公开的重点内容。各地区各部门要编制本地区本系统政务公开内容的详细目录，分类向社会或在单位内部公开。

要完善政府新闻发布制度，通过政府新闻发布会定期发布政务信息；继续通过政府公报、政务公开栏、公开办事指南和其他形式公开政务；充分利用报刊、广播、电视、网络等媒体，发挥其在政务公开中的作用；积极探索通过社会公示、听证和专家咨询、论证以及邀请人民群众旁听政府有关会议等形式，对行政决策的过程和结果予以公开；通过各类综合或专项行政服务中心，对行政许可、公共服务等事项予以公开；加强政府网站建设，推进电子政务，逐步扩大网上审批、查询、交费、办证、咨询、投诉、求助等服务项目的范围，为人民群众提供快捷、方便的服务。

四、建立健全政务公开的法规制度

要加强制度建设，严格按制度办事，保障政务公开规范运行。要积极探索和推进政务公开的立法工作，抓紧制定《政府信息公开条例》。条件成熟的地区和部门要研究制定地方性法规或规章，逐步把政务公开纳入法制化轨道。要建立健全主动公开和依申请公开制度。对于应当让社会公众广泛知晓或参与的事项，要及时主动向社会公开。暂时不宜公开或不能公开的，要报上级主管机关备案。公开事项如变更、撤销或终止，要及时公布并作出说明。对于只涉及部分人和事的事项，要按照规定程序，向申请人公开，确实不能公开的要及时做好解释说明工作。

要建立健全政务公开评议制度。把政务公开纳入社会评议政风、行风的范围，组织人民群众对政务公开的内容是否真实、准确、全面，时间是否及时，程序是否符合规定，制度是否落实到位等进行评议。

要建立健全政务公开责任追究制度，明确政务公开工作各部门和单位的责任。对工作不力、搞形式主义的，要严肃批评，限期整改；对弄虚作假、侵犯群众民主权利、损害群众合法利益、造成严重后果的，要严肃查处。

五、切实加强对政务公开工作的组织领导

各级党委和政府要高度重视政务公开工作，切实加强领导，把政务公开工作列入议事日程，研究和解决工作中的重要问题。各地区各部门要设立政务公开工作领导机构及其办事机构，指导、协调政务公开的各项工作。地方各级人民政府和国务院各部门以及法律法规授权或行政机关依法委托行使行政权力的组织，是实施政务公开的责任主体。实行垂直领导和双重领导的部门，要按照本系统的要求，在当地党委和政府的领导下开展政务公开工作。要加强对行政机关工作人员的培训，为推行政务公开提供智力和技术支持。要加强宣传教育，营造推行政务公开的氛围，引导人民群众正确行使民主权利，参与政务公开的实践活动。

地方各级人民政府和国务院各部门要自觉接受同级人大及其常委会和政协对政务公开工作的监督；认真听取群众团体和人民群众对政务公开的意见和建议，接受人民群众和新闻媒体的监督。上级行政机关要加强对下级行政机关政务公开工作的层级监督。监察、审计等机关要按照各自的职责，对政务公开工作实行专门监督。要把政务公开作为行政机关目标考核的重要内容，各地区各部门要制定具体考核办法，明确考核标准，定期考评检查，促进政务公开工作的落实。

中共中央办公厅、国务院办公厅关于坚决反对和制止在统计上弄虚作假的通知

（中办发［1998］7号　1998年2月16日）

党的十一届三中全会以来，为适应改革开放和社会主义现代化建设的需要，我国统计工作进行了一系列重大改革，从总体上保障了统计数据的科学性和可靠性，为党和国家实行科学决策和宏观管理发挥了重要作用。但是，近几年来，一些地方和部门违反《中华人民共和国统计法》，在统计上虚报瞒报，弄虚作假，致使有些统计数据与实际情况相差甚远。造成这种现象的原因主要是：有些地方和部门的领导干部背离党的实事求是的原则，订计划、办事情不从实际出发，好大喜功，盲目追求高指标，迫使下级弄虚作假；有的党性原则不强，思想作风不正，法制观念淡薄，本位主义和个人主义严重，利用虚假数据争名谋利；有的工作飘浮，对弄虚作假者不检查、不追究，甚至袒护纵容。各级领导干部要清醒地认识到，在统计上弄虚作假是一个严重的政治问题，是一种危害性极大的腐败行为。这种行为，严重违背党的思想路线，败坏党的优良传统和作风，损害党和政府的形象，助长地方、部门保护主义和极端利己主义，影响国家决策的科学性和中央的权威，妨碍国民经济健康发展，引起了人民群众的强烈不满，必须坚决纠正。经中央领导同志同意，现就坚决反对和制止在统计上弄虚作假的有关问题通知如下：

一、坚持实事求是，确保统计数据的准确性和科学性。统计是国家实行科学决策和现代化管理的一项重要的基础工作。准确、及时、全面的统计数据对正确分析国民经济的运行态势，保障社会的健康发展至关重要。统计工作搞不得半点虚假。当前，一些部门和地区搞不切实际的达标升级活动，某些指标订得过高，诱发统计数据不实。各地区、各部门制定经济和社会发展计划，建立目标管理责任制，一定要从实际出发，不能不顾客观条件，急于求成，盲目追求和攀比增长速度，层层压高指标。绝不允许由于实际执行结果与上级下达或者自身制定的指标特别是责任目标不相符合而编造虚假数据，或者强令统计机构、统计人员篡改统计数据。统计机构、统计人员必须坚持实事求是，不得以任何理由在统计上弄虚作假。

二、进一步健全统计机构，努力提高统计人员素质。地方各级人民政府要进一步健全统计机构，切实加强对本行政区域内统计工作的组织领导和综合协调。中央国家机关和地方各级人民政府的有关部门以及企事业组织，也要根据统计任务的需要配备必要的统计人员，并指定统计负责人。要加强各级统计部门领导班子建设，切实把那些政治上强、有事业心和责任感、熟悉业务的同志选进领导班子。要加强对统计人员的思想政治教育、职业道德教育和业务技术教育，提高素质，实行持证上岗制度。

三、严格执行《统计法》，严肃处理在统计上弄虚作假的行为。各地区、各部门要采取措施，大力宣传、认真组织学习《统计法》，增强法律意识，提高依法办事的自觉性。各级领导干部要带头执行《统计法》，支持和保证统计机构、统计人员依法独立行使职权，任何人不得篡改统计资料或者编造虚假数据，不得强令或者授意统计机构、统计人员弄虚

作假，不得对拒绝、抵制、检举在统计上弄虚作假的人员进行打击报复，不得对本地区、本部门、本单位在统计上的弄虚作假现象放任、袒护或者纵容。对违反者，要依照有关规定，给予党纪、政纪处分。触犯刑律的，要追究刑事责任。要把反对和制止在统计上弄虚作假，作为党员领导干部民主生活会的一项重要内容。各级统计机构和广大统计人员要增强责任感，严格按照《统计法》办事，坚决同各种弄虚作假行为作斗争。

四、全面客观地考察领导干部的工作实绩，不能单凭统计数据决定干部的任用。考察领导班子和领导干部的工作实绩，既要看经济发展和社会发展的成效，又要看精神文明和党的建设的成效；既要看发展速度，更要看质量、效益和后劲；既要看近期的、局部的成果，更要看长远的、整体的效益；还要考虑原有的工作条件和基础，看干部主观努力的程度。要正确评价干部个人在一个地方、一个部门取得成果中所发挥的作用，不能把集体的工作成绩简单地归功于个人。绝不能把那些贪图私利，弄虚作假，只顾当前和局部利益，不顾长远和整体利益，热衷于搞短期行为的人选进领导班子，绝不能简单地凭统计数据决定干部的任用和解决干部的职级待遇。对那些靠弄虚作假骗取地位的人，一经发现，就要坚决从领导岗位上把他们调整下来；对所骗取的各种荣誉和奖励，要坚决予以取消。

五、加强对统计工作的领导，加大监督检查工作的力度。各省、自治区、直辖市和中央国家机关有关部门，要以查处在统计上弄虚作假为重点，认真组织统计执法检查，做到经常化、制度化。各级统计机构和纪检、监察、司法等机关要依照国家法律和党纪、政纪的有关规定，各司其职，协作配合，扎扎实实地抓好在统计上弄虚作假案件的查处工作。对那些置国家法律和党纪、政纪于不顾，有意逃避或破坏国家统计监督，在统计上顶风作假的，不管涉及什么地方、什么部门、什么单位、什么人，都要一查到底，决不姑息。对于典型案件特别是大案要案的查处工作，各级党委和人民政府必须予以高度重视和大力支持，并适时通过新闻媒介予以曝光，充分发挥舆论监督的作用。

各省、自治区、直辖市党委、人民政府和中央国家机关各部门接到本通知后，要认真组织一次检查，找出本地区或本部门在统计上存在的问题，研究提出贯彻落实本通知的具体措施，并将检查的情况于 1998 年年底前报告党中央、国务院。

中共中央办公厅、国务院办公厅
关于在农村普遍实行村务公开和民主管理制度的通知

（中办发［1998］9号 1998年4月18日）

为了贯彻落实党的十五大关于扩大基层民主，保证人民群众直接行使民主权利的精神，推进农村基层民主建设，密切党群干群关系，促进农村的改革、发展和稳定，中央认为，有必要在全国农村普遍实行村务公开和民主管理制度。为此，特通知如下：

一、重要意义和指导思想

党的十五大指出，发展社会主义民主政治，是我们党始终不渝的奋斗目标。扩大基层民主，保证人民群众直接行使民主权利，依法实行民主管理，是健全社会主义民主制度的重要内容。农民是我们党在农村的依靠力量，也是我们国家政权最广泛、最深厚的群众基础。保护和发挥农民的积极性，历来是我们党取得革命和建设胜利的重要保证，也是推进社会主义现代化建设事业顺利进行的必要条件。实行村务公开和民主管理，使农村工作逐步走上规范化和制度化的轨道，有利于发展农村基层民主，活跃农村基层民主生活，保障农民群众直接行使民主权利，进一步扩大人民民主；有利于充分调动广大农民群众建设社会主义现代化的积极性和创造性；有利于加强农村基层组织和党风廉政建设，强化党员和群众对干部的监督，密切党群干群关系；有利于引导农村干部依法建制、以制治村，正确执行党的群众路线和党的政策，按章办事，做好工作。

实行村务公开和民主管理的指导思想是：以邓小平理论和党的基本路线为指导，正确贯彻落实党在农村的各项方针政策，以推行村务公开为基础，坚持实行民主选举、民主决策、民主管理和民主监督，推进农村的民主、法制建设，促进农村的改革、发展和稳定，推动农业、农村经济与农村社会的全面发展和进步。

二、村务公开的内容和方法

村务公开要从农民群众普遍关心的和涉及群众切身利益的实际问题入手，凡属群众关心的热点问题，以及村里的重大问题都应向村民公开。如新上的经济项目，村里的财产和财务收支，征用土地和宅基地审批，计划生育指标，提留统筹方案及其他农民负担（包括劳动积累工和义务工），集体土地和经营实体的承包，救灾救济款物的发放，村干部年度工作目标、工资奖金和功绩过失情况及其他公共事务等等。要随着形势的发展变化和村民的要求，及时调整、充实村务公开的内容，真正做到凡涉及群众切身利益的大事，都以一定形式向村民公开，接受群众的监督。

村务公开的重点是财务公开。村级财务公开的内容，主要包括财务计划及其执行情况、各项收入和支出、各项财产、债权债务、收益分配、代收代缴费用、水电费、以资代劳情况以及群众要求公开的其他财务事项。村集体经济组织要认真执行各项财务制度。

公开的内容要简洁明了，便于群众了解。公开的形式和方法可以根据实际情况因地制

宜、灵活多样，如采用张榜公布，有线广播，召集村民会议或村民代表会议等方式。各村都应在本村适当的地方，建立专门的公开栏，进行张榜公布。

公开的时间要及时。需要公开的事项要尽早向村民公开，也可以采取定期公开的形式。一般一个月或两个月一次，至多不得超过三个月。有些时限较长的事项，可以每完成一个阶段，即公布一次进展情况。每一件较大事项完成之后，要及时向群众公布结果。

要善于运用村务公开这种有效形式，切实加强民主监督。村务公开的目的是：让群众参与管理和监督村里的公共事务和公益事业。每一次村务公开后，党支部和村委会要及时召开党员大会、村民会议或村民代表会议，广泛听取群众的反映和意见。对群众提出的疑问，要及时作出解释；对群众提出的要求，要及时予以答复；对大多数群众不赞成的事情，应坚决予以纠正。要真正让村民参与公共事务的管理，实行有效的民主监督，不走过场，不搞形式主义。

三、民主管理的基本要求

实行民主管理，首先要坚持和完善村民会议或村民代表会议制度。人口少且居住集中的村，应定期召开村民会议；人口多且居住分散的村，可定期召开村民代表会议。要明确规定村民代表会议的人员组成及其条件、职责、权利，制定议事内容和议事规则，确定活动方式、活动程序和活动时间，并按规定严格执行。

要按照国家法律、法规和政策，结合本地实际，明确规定民主议事的内容，凡属村务管理的重大事项以及农民关注的热点、难点问题的处理，都应先召集党员大会讨论，再分别提交村民会议或村民代表会议讨论，征求党内外群众意见，按大多数人的意见实行民主决策，坚决纠正不顾群众意愿而由几个干部自行其是的做法。

要切实加强群众对村干部的民主监督。村委会班子及其成员的工作，都要由村民会议或村民代表会议进行民主评议或民主测评。对于党支部班子及其成员，应由村支部党员大会并吸收部分村民代表进行民主评议。评议或测评可结合年终工作总结每年进行一次。评议中，村党支部班子成员和村委会班子成员都要作述职报告，在此基础上，由评议者评出称职或不称职，由乡镇党委考核认定。两年被评为不称职的村党支部班子成员和村委会班子成员，要进行组织调整。

村党支部、村民委员会以及其他需要选举产生的村级组织负责人，要根据国家有关法律以及党内法规的规定，按期实行民主选举。未经县（市、区）委批准，无故拖延选举的，要追究乡镇党委和村党支部、村委会主要负责人的责任。在选举中，要做到候选人条件、选举程序、选举办法、选举结果公开，充分发扬党内民主和人民民主，尊重选民意志，任何人不得指定选举某人或不选举某人，任何人不得以不正当方式拉选票。要坚决杜绝各种“贿选”行为的发生，一经发现，要严肃查处。

四、建立健全规章制度

建立健全村务公开和民主管理制度，实现村务公开和民主管理的规范化、制度化，使工作有序，办事有据，真正做到“有章理事”，这是做好农村工作的治本之策，也是使村干部适应新形势的需要、切实改进工作方法的重要措施。因此，要以法律、法规和政策为依据，以实际、实用、实效为原则，建立健全村民会议、村民代表会议和党员议事会制度；村党支部、村民委员会按期换届选举制度；村党支部、村民委员会年终总结报告制度；民主评议党员、干部制度；财务管理、财务审计制度；财务公开、财务监督制度；村干部任期、离任审计制度等等。总之，凡是需要公开的村务工作和被列入民主管理范围的工作，都要依法建制，有制可依，按制办事。

各项制度建立以后，要严格按制度办事，不得随意更改，更不允许违反制度规定。为此，各地可根据实际情况，建立村务公开、民主管理的监督评议组织并授予必要的监督权和评议权，定期或不定期地对有关村务公开和民主管理的各项制度的执行情况进行评议，评议结果要张榜公布。需要改进的，党支部和村委会应及时提出改进意见，公布于众并认真执行。

五、加强领导和督促检查

各级党委和政府要从农村改革、发展和稳定的大局出发，把实行村务公开和民主管理作为农村工作的一项重要任务和农村基层组织建设的一项重要内容，列入重要议事日程，加强领导，精心部署，采取得力措施，帮助和指导村级组织把有关制度建立健全起来，并经常检查督促各项制度的贯彻落实。各乡镇要制订规划，搞好试点，总结推广好的经验，实行分类指导，逐步完善。要将村务公开和民主管理纳入乡村干部岗位目标责任制，把责任制度的执行情况，作为考核乡村干部政绩的重要内容，并将考核结果记入个人档案，作为评选先进和奖惩的依据。

村务公开和民主管理工作，由组织、民政部门牵头，纪检监察、人事、农业等有关部门积极配合，各司其职，各负其责，齐抓共管，使村务公开和民主管理有计划、有步骤地全面推开。已实行村务公开和民主管理制度的，要完善、充实、巩固、提高；没有建立的，要尽快建立起来，并长期坚持下去。

要采取多种措施，加强推行村务公开和民主管理的宣传教育工作，使乡村干部增强民主意识和法制观念，树立群众观点，澄清各种疑虑和模糊认识，提高自觉性，增强主动性，认真负责地搞好这项工作。要总结推广这方面的成功经验，运用典型引路的方法，分类指导，全面推开，不断完善。要把发扬民主同依法办事统一起来，既要保证农民群众依法享有广泛的民主权利，又要加强民主法制教育，引导他们在实践中学会正确行使民主权利。要防止宗族势力和非法宗教活动干扰农村基层民主的健康发展。

要在推行村务公开和民主管理的同时，积极探索在乡镇机关建立政务公开的途径，先行试点，培植典型，逐步推广，要以乡镇机关的政务公开，促进村务公开和民主管理的广泛深入开展。

各地可根据本通知精神，结合实际，制定具体实施办法。

中共中央办公厅、国务院办公厅关于在国有企业、集体企业及其控股企业深入实行厂务公开制度的通知

（中办发［2002］13号　2002年6月3日）

各省、自治区、直辖市党委和人民政府，中央和国家机关各部委，军委总政治部，各人民团体：

党的十五大以来，不少地方和企业在推行厂务公开方面积极实践，取得了明显成效的成功经验。为了更好地扩大基层民主、保证人民群众直接行使民主权利，实践江泽民同志“三个代表”重要思想，落实全心全意依靠工人阶级的指导方针，巩固、深化和规范厂务公开工作，促进企业的改革、发展和稳定，经党中央、国务院领导同志同意，现就在全国国有企业、集体企业及其控股企业深入实行厂务公开制度的有关问题通知如下：

一、厂务公开的重要意义、指导原则和总体要求

广大职工依照有关法律和规定参与企业的民主决策、民主管理、民主监督，是我国企业管理的重要特色和优势。党的十五大特别是十五届四中全会以来，一批企业通过实行厂务公开，加强了企业的管理和改革，完善了职工代表大会制度，促进了基层民主政治建设，提高了企业经济效益。实践证明，实行厂务公开是实践“三个代表”重要思想的具体体现，是进一步落实党的全心全意依靠工人阶级指导方针的有效途径；是加强企业管理，建立现代企业制度，依靠职工办好企业的内在要求；是搞好群众监督，促进党风廉政建设，加强企业党组织建设、领导班子建设的有力手段。实行厂务公开，对于推进基层民主政治建设，保障和落实职工当家作主的民主权利；维护职工合法权益，建立企业稳定协调的劳动关系；密切党与企业职工群众的关系，巩固党的阶级基础和执政地位；保护、调动和发挥广大职工的主人翁积极性；增强其责任感，促进企业的改革、发展和稳定，具有重要的意义和作用。

实行厂务公开的指导原则是：

——必须坚持以邓小平理论为指导，按照“三个代表”的要求，认真贯彻党的十五大和十五届四中、五中、六中全会精神，坚定不移地贯彻落实党的全心全意依靠工人阶级的指导方针。

——必须遵循国家法律、法规和党的方针政策，实事求是、注重实效、有利于改革发展稳定和保护商业秘密。

——必须坚持党委统一领导，党政共同负责，有关方面齐抓共管，动员职工广泛参与。

——必须与企业党的建设、领导班子建设、职工队伍建设结合起来，与建立现代企业制度结合起来。实行厂务公开的总体要求是：

1. 国有企业、集体企业及其控股的企业都要实行厂务公开。目前还没有实行的单位应尽快实行；已经实行的，要进一步深化，逐步使其内容、程序、形式规范化、制度化。

特别是生产经营困难的企业更应当实行厂务公开，动员和依靠职工群众与经营者共同把企业搞好。

2. 在厂务公开工作中，要切实做好企业领导人员和职工的思想工作。企业领导人员要提高认识，自觉地把厂务公开摆到重要工作位置，纳入现代企业管理的体制、机制和制度之中。要鼓励职工积极参与厂务公开活动，支持和监督企业经营者依法行使职权，认真行使当家作主的民主权利。要加强对职工代表的培训，不断提高他们参与民主决策、民主管理和民主监督的意识和能力。

3. 在厂务公开工作中，必须坚持防止和克服形式主义，保证公开的真实性，务求工作实效。要切实做到企业重大决策必须通过厂务公开听取职工意见，并提交职代会审议，未经职代会审议的不应实施；涉及职工切身利益的重大事项，更应向职工公开，职代会按照法律法规规定具有决定权和否决权，既未公开又未经职代会通过的有关决定视为无效；在国有和国有控股企业，经职代会民主评议和民主测评，大多数职工不拥护的企业领导人员，其上级管理部门应采取相应的组织措施；企业领导人员违反职代会决议和厂务公开的有关规定，导致矛盾激化，影响企业和社会稳定的，要实行责任追究。

二、厂务公开的主要内容

1. 企业重大决策问题。主要包括企业中长期发展规划，投资和生产经营重大决策方案，企业改革、改制方案，兼并、破产方案，重大技术改造方案，职工裁员、分流、安置方案等重大事项。

2. 企业生产经营管理方面的重要问题。主要包括年度生产经营目标及完成情况，财务预决算，企业担保，大额资金使用；工程建设项目的招投标，大宗物资采购供应，产品销售和盈亏情况，承包租赁合同执行情况，企业内部经济责任制落实情况，重要规章制度的制定等。

3. 涉及职工切身利益方面的问题。主要包括劳动法律法规的执行情况，集体合同、劳动合同的签订和履行，职工提薪晋级、工资奖金分配、奖罚与福利，职工养老、医疗、工伤、失业、生育等社会保险基金缴纳情况，职工招聘，专业技术职称的评聘，评优选先的条件、数量和结果，职工购房、售房的政策和住房公积金管理以及企业公积金和公益金的使用方案，安全生产和劳动保护措施，职工培训计划等。

4. 与企业领导班子建设和党风廉政建设密切相关的问题。主要包括民主评议企业领导人员情况，企业中层领导人员、重要岗位人员的选聘和任用情况，干部廉洁自律规定执行情况。企业业务招待费使用情况，企业领导人员工资（年薪）、奖金、兼职、补贴、住房、用车、通讯工具使用情况，以及出国出境费用支出情况等。

厂务公开的内容应根据企业的实际情况有所侧重。既要公开有关政策依据和本单位的有关规定，又要公开具体内容、标准和承办部门；既要公开办事结果，又要公开办事程序；既要公开职工的意见和建议，又要公开职工意见和建议的处理情况，使厂务公开始终在职工的广泛参与和监督下进行。要密切结合企业改革和发展的实际，及时引导厂务公开不断向企业生产经营管理的深度和广度延伸，推动企业不断健全和完善管理制度、党风廉政建设制度和职工民主管理制度。

三、厂务公开的实现形式

厂务公开的主要载体是职工代表大会。要按照有关规定，认真落实职代会的各项职权。要通过实行厂务公开，进一步完善职代会民主评议企业领导人员制度，坚持集体合同草案提交职代会讨论通过，企业业务招待费使用情况、企业领导人员廉洁自律情况、集体合同履行情况等企业重要事项向职代会报告制度，国有及国有控股的公司制企业由职代会选举职工董事、职工监事制度等，不断充实和丰富职代会的内容，提高职代会的质量和实效，落实好职工群众的知情权、审议权、通过权、决定权和评议监督权，建立符合现代企业制度要求的民主管理制度。

在职代会闭会期间，要发挥职工代表团（组）长联席会议的作用。车间、班组的内部事务也要实行公开。应依照厂务公开的规定，制定车间、班组内部事务公开的实施办法。

厂务公开的日常形式还应包括厂务公开栏、厂情发布会、党政工联席会和企业内部信息网络、广播、电视、厂报、墙报等，并可根据实际情况不断创新。同时，在公开后应注意通过意见箱、接待日、职工座谈会、举报电话等形式，了解职工的反映，不断改进工作。

四、厂务公开的组织领导

各级党委、政府及有关部门和工会组织，要充分认识实行厂务公开的重要意义，切实把这项工作摆上重要议事日程，明确目标，落实责任，有组织、有计划、有步骤地推动厂务公开工作深入健康发展。各级纪检监察机关要加强对推行厂务公开工作的监督检查，对在厂务公开中暴露出来的违法违纪问题要严肃查处。各级党委组织部门要把推行厂务公开作为企业党建工作的重要内容，将实施情况作为考核企业领导班子和领导人员的重要依据，并与奖惩任免挂钩。各级经贸委要把推行厂务公开与加强企业管理和建立现代企业制度有机结合起来．切实加以推进。各级地方工会要积极主动地承担起推行厂务公开的日常工作，并以此促进企业民主管理和工会工作。

企业实行厂务公开要在企业党委领导下进行。企业行政是实行厂务公开的主体。企业要建立由党委、行政、纪委、工会负责人组成的厂务公开领导小组，负责制定厂务公开的实施意见，审定重大公开事项，指导协调有关部门研究解决实施中的问题，做好督促考核工作，建立责任制和责任追究制度。企业工会是厂务公开领导小组的工作机构，负责日常工作。

企业应成立由纪检、工会有关人员和职工代表组成的监督小组，负责监督检查厂务公开内容是否真实、全面，公开是否及时，程序是否符合规定，职工反映的意见是否得到落实，并组织职工对厂务公开工作进行评议和监督。要制定厂务公开的监督检查办法，形成制约和激励机制。

国有、集体及其控股企业以外的其他企业，可依照法律规定，采取与本单位相适应的形式实行厂务公开，推进民主管理工作。

本通知原则上适用于教育、科技、文化、卫生、体育等事业单位。

各地区、各单位要根据本通知的要求，结合各自的实际情况，制定具体的实施意见和办法。

中共中央纪律检查委员会、中共中央组织部、国务院国有资产监督管理委员会等关于做好2005年厂务公开民主管理工作的意见

（中纪发［2005］5号　2005年3月28日）

2005年全国厂务公开民主管理工作总的要求是，以邓小平理论和“三个代表”重要思想为指导，认真贯彻落实党的十六大和十六届三中、四中全会以及中央经济工作会议精神，按照《中共中央办公厅、国务院办公厅关于在国有企业、集体企业及其控股企业深入实行厂务公开制度的通知》（以下简称两办《通知》）和全国厂务公开民主管理经验交流会议的要求，进一步巩固、规范、深化国有、集体及其控股企业的厂务公开民主管理工作，切实加强改制企业厂务公开民主管理工作，大力推进非公有制企业建立厂务公开民主管理制度，在改革发展稳定的大局中更好地发挥作用。

一、从加强党的执政能力建设的高度，充分认识厂务公开民主管理工作的重要意义

实行厂务公开民主管理，是落实“把发展作为党执政兴国的第一要务”的具体体现，是发展社会主义民主政治的重要举措，是构建社会主义和谐社会的重要内容，是落实党的全心全意依靠工人阶级方针的有效途径，是建立健全惩治和预防腐败体系的必然要求，事关党的执政能力建设。各级党委和厂务公开协调领导机构，要紧密联系本地区本单位实际，采取行之有效的措施，切实推进这项工作。已经建立厂务公开制度的单位，要注意克服差不多的思想，认真查找差距、总结经验，不断提高厂务公开民主管理的质量和水平；还没有建立这一制度的单位，要提高对厂务公开民主管理重要性必要性的认识，克服畏难情绪，抓紧把这一制度建立健全起来；尤其是正在改制的国有企业，要正确处理企业改制和建立厂务公开民主管理制度的关系，使之相互支持、相互促进，进一步依靠广大职工群众，坚持企业改革的正确方向，保证改制的顺利进行。要致力于建立厂务公开民主管理的长效机制，实现好、维护好、发展好广大职工群众的切身利益，促进企业改革、发展和稳定。

二、巩固、规范、深化国有、集体及其控股企业的厂务公开民主管理

国有、集体及其控股企业是国民经济的基础，要进一步巩固、规范、深化厂务公开民主管理，扩大已经取得的成果，发挥带头示范作用。要继续坚持把企业改革发展稳定的重点、职工关注的热点以及与企业领导班子建设和反腐倡廉密切相关的重要问题，如实加以公开，不断深化厂务公开的内容，提高针对性和实效性，使厂务公开民主管理不断向企业管理的广度和深度延伸。要按照两办《通知》要求，建立健全厂务公开民主管理的工作程序制度、组织领导和岗位责任制度、工作检查和监督制约制度，完善职工代表大会制度。

要注意借鉴国际上现代企业管理的成功经验，促进企业不断健全生产经营管理制度、职工民主管理制度和反腐倡廉制度，努力把厂务公开民主管理的要求融入到企业的体制机制制度之中，使之成为企业管理的一项基本制度。

三、切实加强改制企业厂务公开民主管理工作

当前国有企业改革处于攻坚阶段，必须高度重视、认真做好改制过程中的厂务公开民主管理工作。企业改制必须坚持党的领导，坚持“阳光操作”，坚持规范运作。企业改制方案必须提交职代会审议，职工安置方案必须经职代会审议通过。企业改制政策、改制方案、资产评估、产权转让、债权债务和涉及职工切身利益的其他重大事项，都要及时向职工公开，接受职工监督，防止违规操作、国有资产流失、侵犯职工合法权益等现象的发生。要及时掌握职工的思想动态，综合考虑职工在改革中的承受能力，妥善处理企业改革中的利益关系，合理解决涉及职工切身利益的各种问题，维护企业和社会稳定。

企业改制以后，要切实抓好厂务公开民主管理制度的衔接、巩固和完善。改制成为国有、集体及其控股的公司制企业，要建立健全厂务公开制度，坚持并不断完善职工代表大会、职工董事和职工监事、平等协商和集体合同等制度。跨省（区、市）、跨地区的国有大公司大企业集团，也应实行厂务公开民主管理制度，可以建立职工代表大会制度，也可以通过其他形式和方式实行厂务公开民主管理。其他混合所有制企业，可以参照国有、集体及其控股企业的办法实行厂务公开和民主管理。

四、努力推进非公有制企业的厂务公开民主管理工作

要努力探索适合非公有制企业性质、组织形式、管理模式的具体办法，逐步形成适合我国非公有制企业特点的厂务公开民主管理制度。要切实保障职工依法享有对企业生产经营和改革发展情况的知情权，对有关职工工资、工作时间、休息休假、劳动安全卫生、保险和福利等与职工切身利益相关事项的协商共决权，对企业贯彻执行国家法律、法规和政策情况的监督权。职代会是我国企业职工民主管理的基本形式，是厂务公开的主要载体，对非公有制企业同样适用。要结合企业实际，积极探索适合非公有制企业性质和特点的职代会运行的具体办法。小型非公有制企业集中的乡镇（街道）、村（社区）、开发区、科技园区、工业园区，可以通过建立联合职代会或区域（行业）职代会制度，协商解决带有共性的问题，审议通过区域（行业）集体合同、工资集体协议等草案。

非公有制企业可以结合本企业的实际情况，通过平等协商和集体合同、职工民主管理委员会、民主议事会、劳资恳谈会、民主协商会等多种形式，组织职工参与企业管理。

五、加强领导，确保厂务公开民主管理取得实效

各地各单位要进一步健全和完善党委统一领导、党政共同负责，有关方面齐抓共管、职工群众全员参与的领导体制和工作机制。要加强调查研究，实施分类指导，注意发现典型，及时总结经验，用典型指导和推动工作。要加强监督检查，努力发现新情况，研究解决问题。要广泛开展厂务公开自检互检和抽查活动，以领导是否重视、制度是否健全、责任是否明确、工作是否规范、效果是否明显、群众是否满意为重点，对厂务公开民主管理工作进行评价。在此基础上，全国厂务公开协调小组将评选、表彰一批先进单位。要落实厂务公开民主管理责任追究制度，对那些不公开、公开的内容和范围不彻底甚至假公开的企业和单位进行批评，并责令其采取措施限期整改；对不认真执行厂务公开民主管理制度，引发事端，影响企业和社会稳定，以及暴露出来的违纪违法问题，要严肃查处。要进一步推动厂务公开民主管理的立法工作，为规范和深化厂务公开民主管理提供法律保障。要加强对职工董事、职工监事和职工代表的培训，不断提高他们参与企业决策和管理的能力。

中共中央办公厅、国务院办公厅关于健全和完善村务公开和民主管理制度的意见

（中办发［2004］17号　2004年6月22日）

《中共中央办公厅、国务院办公厅关于在农村普遍实行村务公开和民主管理制度的通知》（中办发［1998］9号）下发和《中华人民共和国村民委员会组织法》施行以来，全国农村普遍实行了村务公开和民主管理制度，为促进农村改革、发展和稳定发挥了重要作用。为认真贯彻落实党的十六大提出的“健全基层自治组织和民主管理制度，完善公开办事制度，保证人民群众依法直接行使民主权利，管理基层公共事务和公益事业，对干部实行民主监督”的要求，适应农村发展的新形势，进一步推进农村社会主义物质文明、政治文明、精神文明协调发展，经党中央、国务院同意，现就健全和完善村务公开和民主管理制度提出如下意见。

一、充分认识进一步做好村务公开和民主管理工作的重大意义

当前，我国正处在全面建设小康社会、加快推进社会主义现代化的新的发展阶段，农村改革、发展和稳定的任务十分繁重。实行村务公开和民主管理，是实践“三个代表”重要思想，维护农民群众根本利益的具体体现；是完善村民自治，发展社会主义民主的重要内容；是顺利推进农村改革和发展，加快农村全面建设小康社会进程的必然要求；是促进农村党风廉政建设，密切党群干群关系的有效途径。近年来，全国各地推行村务公开和民主管理取得了积极成果，但我们也应清醒地看到，一些地方在村务公开和民主管理中还存在着重形式、轻实效，制度不健全、决策不民主等问题。这与农村改革发展稳定的新形势新任务不相适应，在一定程度上影响了农村经济和社会的发展。为了把党在农村的各项政策落到实处，切实解决好“三农”问题，必须进一步健全和完善村务公开和民主管理制度，扎实推进村务公开和民主管理工作。各级党委和政府要以邓小平理论和“三个代表”重要思想为指导，增强推进村务公开和民主管理的自觉性和紧迫感，真正把这一关系亿万农民切身利益的大事抓紧抓好、抓出成效，实现好、维护好、发展好广大农民群众的根本利益。

二、进一步健全村务公开制度，保障农民群众的知情权

（一）完善村务公开的内容。国家有关法律法规和政策明确要求公开的事项，如计划生育政策落实、救灾救济款物发放、宅基地使用、村集体经济所得收益使用、村干部报酬等，应继续坚持公开。要继续把财务公开作为村务公开的重点，所有收支必须逐项逐笔公布明细账目，让群众了解、监督村集体资产和财务收支情况。同时，要根据农村改革发展的新形势、新情况，及时丰富和拓展村务公开内容。当前，要将土地征用补偿及分配、农村机动地和“四荒地”发包、村集体债权债务、税费改革和农业税减免政策、村内“一事一议”筹资筹劳、新型农村合作医疗、种粮直接补贴、退耕还林还草款物兑现，以及国家

其他补贴农民、资助村集体的政策落实情况，及时纳入村务公开的内容。农民群众要求公开的其他事项，也应公开。

（二）规范村务公开的形式、时间和基本程序。各地农村应坚持实际、实用、实效的原则，在便于群众观看的地方设立固定的村务公开栏，同时还可以通过广播、电视、网络、“明白纸”、民主听证会等其他有效形式公开。一般的村务事项至少每季度公开一次，涉及农民利益的重大问题以及群众关心的事项要及时公开。集体财务往来较多的村，财务收支情况应每月公布一次。要推进村务事项从办理结果的公开，向事前、事中、事后全过程公开延伸。要充分利用现代科学技术，不断创新村务公开的有效形式和手段。村务公开的基本程序是：村民委员会根据本村的实际情况，依照法规和政策的有关要求提出公开的具体方案；村务公开监督小组对方案进行审查、补充、完善后，提交村党组织和村民委员会联席会议讨论确定；村民委员会通过村务公开栏等形式及时公布。

（三）设立村务公开监督小组。村务公开监督小组成员经村民会议或村民代表会议在村民代表中推选产生，负责监督村务公开制度的落实。村干部及其配偶、直系亲属不得担任村务公开监督小组成员。村务公开监督小组及其成员应当热爱集体，公道正派，有一定的议事能力，其中应有具备财会知识的成员。村务公开监督小组要依法履行职责，认真审查村务公开各项内容是否全面、真实，公开时间是否及时，公开形式是否科学，公开程序是否规范，并及时向村民会议或村民代表会议报告监督情况。对不履行职责的成员，村民会议或村民代表会议有权罢免其资格。

（四）听取和处理群众意见。群众对公布的内容有疑问的，可以口头或书面形式向村务公开监督小组投诉，村务公开监督小组对群众反映的问题应当及时进行调查，确有内容遗漏或者不真实的，应督促村民委员会重新公布；也可以直接向村党组织、村民委员会询问，村民委员会应在10日内予以解释和答复。村民委员会要对村务公开资料进行整理归档并妥善保管。

三、进一步规范民主决策机制，保障农民群众的决策权

（一）推进村级事务民主决策。凡是与农民群众切身利益密切相关的事项，如村集体的土地承包和租赁、集体企业改制、集体举债、集体资产处置、村干部报酬、村公益事业的经费筹集方案和建设承包方案等，都要实行民主决策，不能由个人或少数人决定。村民委员会的设立、撤并、范围调整，由乡级人民政府提出意见后，必须经村民会议讨论同意，并报县级人民政府批准。集体经济已实行股份制或股份合作制改革的村，要按照改革后的有关要求进行民主决策和民主监督。村级民主决策的事项要符合党的方针政策和国家法律法规，不得有侵犯村民人身权利、民主权利和合法财产权利的内容。

（二）明确村级民主决策的形式。村级民主决策的基本组织形式是村民会议和村民代表会议。召开村民会议，应当有本村18周岁以上村民的过半数参加，或者有本村三分之二以上的户的代表参加，所作决定应当经到会人员的过半数通过。涉及农村土地承包、调整等重大事项，应依照《中华人民共和国农村土地承包法》等相关法律法规进行民主决策。村民代表会议讨论决定村民会议授权的事项。村民代表由村民依法推选产生，妇女代表要占一定比例。要完善村民会议和村民代表会议议事规则，建立健全村民代表联系户制度，确保村民代表真正代表民意。认真研究和探索村庄撤并、外出务工经商人员不断增多情况下村级民主决策的有效形式。

（三）规范村级民主决策的程序。涉及村民利益的事项，原则上要遵循以下决策程序：由村党组织、村民委员会、村集体经济组织、十分之一以上村民联名或五分之一以上村民代表联名提出议案；由村党组织统一受理议案，并召集村党组织和村民委员会联席会议，研究提出具体意见或建议；由村民委员会召集村民会议或村民代表会议讨论决定；由村党组织、村民委员会组织实施村民民主决策事项的办理。对提交村民会议或村民代表会议讨论决定的事项，会前要向村民或村民代表公告，广泛征求意见；会后要及时公布表决结果；对决定事项的实施情况，要及时公布，自觉接受群众监督。涉及村民利益的重大事项，必须按照决策程序提请村民会议或村民代表会议讨论决定。

（四）建立决策责任追究制度。除发生自然灾害等紧急情况外，村民会议或村民代表会议依法形成的决议不得随意更改，如因情况发生变化确需更改的，要通过村民会议或村民代表会议讨论决定。村民会议或村民代表会议讨论决定的事项，要形成书面记录并妥善保存。未经村民会议或村民代表会议讨论决定，任何组织或个人擅自以集体名义借贷，变更与处置村集体的土地、企业、设备、设施等，均为无效，村民有权拒绝，造成的损失由责任人承担，构成违纪的给予党纪政纪处分，涉嫌犯罪的移交司法机关依法处理。

四、进一步完善民主管理制度，保障农民群众的参与权

（一）推进村级事务民主管理。村党组织、村民委员会要依据党的方针政策和国家的法律法规，组织全体村民结合实际讨论制定和完善村民自治章程、村规民约、村民会议和村民代表会议议事规则、财务管理制度等，明确规定村干部的职责、村民的权利和义务，村级各类组织的职责、工作程序及相互关系，明确提出对经济管理、社会治安、移风易俗、计划生育等方面的要求。用制度规范村干部和村民行为，增强村民自我管理、自我教育、自我服务的能力，增强干部群众的法制观念和依法办事能力。

（二）建立村民委员会换届后的工作移交制度。村民委员会换届工作结束后，原村民委员会应将公章、办公场所、办公用具、集体财务账目、固定资产、工作档案、债权债务及其他遗留问题等，及时移交给新一届村民委员会。移交工作由乡级人民政府负责主持。对拒绝移交或无故拖延移交的，村党组织、乡级党委和政府应给予批评教育，督促其加以改正。移交过程中发现有重大问题的，村干部和村民可以向乡级人民政府或者纪检监察机关、人民法院、人民检察院等有关机关反映，受理单位应及时依法处理。

（三）加强村民民主理财制度建设。村民民主理财由村民民主理财小组代表村民进行，民主理财小组成员由村民会议或村民代表会议从村务公开监督小组成员中推选产生。民主理财小组向村民会议或村民代表会议负责并报告工作。民主理财小组负责对本村集体财务活动进行民主监督，参与制定本村集体的财务计划和各项财务管理制度，有权检查、审核财务账目及相关的经济活动事项，有权否决不合理开支。当事人对否决有异议的，可提交村民会议或村民代表会议讨论决定。村民有权对本村集体的财务账目提出质疑，有权委托民主理财小组查阅、审核财务账目，有权要求有关当事人对财务问题作出解释。对群众反映财务问题较多的村，县、乡党委和政府及有关部门要帮助其搞好财务清理整顿工作，解决存在的问题，建立健全财务管理和民主理财制度。制定和完善集体资产监管办法，防止集体资产流失，确保村集体资产保值、增值。

（四）规范农村集体财务收支审批程序。财务事项发生时，经手人必须取得有效的原始凭证，注明用途并签字（盖章），交民主理财小组集体审核。审核同意后，由民主理财小组组长签字（盖章），报经村党组织、村民委员会负责人审批同意并签字（盖章），由会计人员审核记账。经民主理财小组审核确定为不合理财务开支的事项，有关支出由责任人承担。财务流程完成后，要按照财务公开程序进行公开，接受群众监督。乡级人民政府及业务主管部门要对村级财务活动加强指导和监督。

五、进一步强化村务管理的监督制约机制，保障农民群众的监督权

（一）加强对农村集体财务的审计监督。县、乡两级农村集体资产和财务管理指导部门，要切实组织好对农村集体财务的审计监督工作。审计内容主要包括：集体资产的管理使用、财务预决算、财务收支、生产经营和建设项目的发包管理、集体的债权债务、上级划拨或接受社会捐赠的资金、物资使用等情况，以及群众要求审计的其他事项。当前，要加大对集体土地征用、集体企业改制、“村改居”和并村过程中集体资产的处置、村内“一事一议”筹资筹劳、新型农村合作医疗、政府发放到村到户的各项补贴资金和物资等事项的审计力度，并将审计结果及时公布。村干部任期届满或离任时必须审计。在审计中查出侵占集体资产和资金、多吃多占、铺张浪费的，要责令其如数退赔；涉及国家工作人员及村干部违法违纪的，需要给予党纪政纪处分的，移交纪检监察机关处理；构成犯罪的，移交司法机关依法追究当事人的法律责任。农村集体经济组织、村民小组、农（畜）产品行业协会和农民专业合作组织所有的资产，也要实行财务公开，加强管理与监督。

（二）推行民主评议村干部工作制度。民主评议对象为村党组织班子成员、村民委员会班子成员、村集体经济组织班子成员、村民小组长以及享受由村民或集体承担误工补贴（工资）的其他村务管理人员。民主评议由乡级党委、政府具体组织，通过村民会议、村民代表会议或与村民座谈等形式进行。民主评议一般每年进行一次，要把群众满意与否作为衡量村干部是否合格的标准，评议结果要与村干部的使用和补贴（工资）标准直接挂钩。对连续两次被评为不合格的村干部，是村党组织成员的，按党内有关规定处理；是村民委员会班子成员或村集体经济组织班子成员的，应责令其辞职，不辞职的应启动罢免程序；其他村务管理人员，由村民委员会召开村民会议或村民代表会议作出处理决定。

（三）建立和完善村干部的激励约束制度。要大力宣传、鼓励和表彰积极推行村务公开和民主管理的干部，切实维护和保障村干部的合法权益。对在村级重大事务决策和管理中违反程序，独断专行，以及因工作失误造成重大损失，或村务公开不及时、不全面、弄虚作假、侵犯农民民主权利的干部，村民会议或村民代表会议有权提出批评并要求限期改正；对拒不改正的，是村党组织班子成员的，按党内有关规定给予相应的党纪处分，是村民委员会班子成员的，依法予以罢免。

六、进一步加强对村务公开和民主管理工作的领导

（一）加强组织领导。各级党委和政府要以求真务实的精神，把推进村务公开和民主管理作为关系农村改革、发展和稳定的一件大事来抓，并与增加农民收入、加强农村社会主义精神文明建设和党的建设等各项工作紧密结合起来，使之相互促进、共同提高。各省（自治区、直辖市）党委和政府要及时研究分析村务公开和民主管理工作情况，提出指导性意见。县（市）党委和政府要制定具体的实施意见，常抓不懈。要把推进村务公开和民主管理作为考核评比民主法治示范村、“五个好”村党组织、“五个好”乡镇党委和农村基层组织建设先进县（市）的一项重要内容，通过严格考核，促进村务公开和民主管理制度的进一步落实。

（二）健全领导体制和工作机制。各地要建立健全党委和政府统一领导、有关部门共同参与、民政部门组织协调的领导体制和工作机制，并保证开展工作的必要人员和经费。各有关部门要在各自职责范围内支持和引导村党组织、村民委员会、村集体经济组织做好村务公开和民主管理方面的工作。共青团、妇联和计划生育协会要动员农村青年、妇女、计划生育协会会员积极参与村务公开和民主管理活动。村务公开协调机构要及时掌握工作动态，加强沟通和协调。新闻媒体要加强舆论引导和监督。要通过培育典型、示范引导、专项检查等多种形式，积极探索推进村务公开和民主管理的有效途径。

（三）明确县乡党委和政府的责任。健全和完善村务公开和民主管理制度，县、乡党委和政府是关键。要建立党政领导责任制，把村务公开和民主管理作为基层干部政绩考核的重要内容，并不断完善考核评价办法。要加大督促检查力度，及时受理群众来信、来访和申诉，及时化解社会矛盾，维护农村稳定。要加大培训力度，加强对新任村组干部、农村财会人员、民主理财小组成员和村民代表的培训，提高他们的政策水平和依法办事能力，使他们善于用说服的方法、示范的方法、服务的方法推动农村工作。要切实加强农村精神文明建设和思想政治工作。积极引导农民群众参与村务公开和民主管理的实践活动，在实践中学会正确行使民主权利。坚决制止利用宗教、宗族、家族势力干预基层经济社会事务管理的行为。

（四）充分发挥农村基层党组织的领导核心作用。要健全村党组织领导的充满活力的村民自治机制，把坚持党的领导、充分发扬民主、切实依法办事有机统一于农村社会主义民主实践之中。村党组织要领导和支持农民群众依法参与村级事务管理，监督村务公开和民主管理制度的落实，及时听取群众的意见，不断完善制度、改进工作。农村党员特别是党员干部要发挥先锋模范作用，尊重农民群众的民主权利，带头执行村务公开和民主管理制度。村民委员会、村集体经济组织和其他村级组织要在村党组织领导下，团结广大农民群众，齐心协力做好村务公开和民主管理工作，促进农村各项事业全面发展。

中共中央纪委、中共中央组织部、国务院国有资产监督管理委员会、监察部、中华全国总工会、中华全国工商业联合会关于做好2006年全国厂务公开民主管理工作的意见

（总工发［2006］34号　2006年6月12日）

2006年厂务公开民主管理工作，要坚持以邓小平理论和“三个代表”重要思想为指导，深入学习贯彻党的十六届五中全会精神，全面贯彻落实科学发展观，推动党的全心全意依靠工人阶级根本指导方针的落实，加强基层企事业单位民主政治建设，维护广大职工的合法权益，促进企事业单位建立和谐稳定的劳动关系，在推动“十一五”规划的实现、促进经济和社会发展中更好地发挥作用。

一、统一思想，坚定信心，坚持把推行厂务公开民主管理工作作为我国基层民主政治建设的长期任务抓紧抓好

推行厂务公开民主管理，是发展社会主义民主政治、贯彻落实科学发展观和构建社会主义和谐社会的必然要求。构建社会主义和谐社会，要求社会主义民主政治建设与经济建设同步发展。社会主义民主政治建设的核心是人民当家作主。要扩大基层民主，保证人民群众在基层政权、基层群众性自治组织、企事业单位中，依法直接行使民主选举、民主决策、民主管理、民主监督的权利。推行厂务公开民主管理，切实保障职工群众的知情权、参与权和监督权，是扩大基层民主的重要形式，是加强基层民主政治建设的重要制度安排。

拓展和深化厂务公开民主管理是一项长期任务，必须常抓不懈并不断健全完善。要从党和国家工作大局的高度，充分认识推行厂务公开民主管理的重要意义和这项工作的长期性、艰巨性，不断增强做好工作的责任感和使命感。在发展的关键时期和改革的攻坚阶段，厂务公开民主管理只能加强，不能削弱。要制定推行厂务公开民主管理的长远规划和近期安排，明确目标，理清思路，建立机制，不断推进厂务公开民主管理的深入发展。

二、坚持把职代会作为厂务公开民主管理的基本形式和主要载体，推进职代会制度建设

职代会制度是我国法律规定的职工民主管理的基本制度，是厂务公开的主要载体。经过长期改革实践检验，职代会制度符合我国国情和企事业单位的实际，符合社会主义制度的本质特征，符合协调劳动关系、促进生产力发展的要求，具有普遍适用性，是一项有中国特色的职工民主管理制度。要加快在各类企业中建立党组织、工会组织工作步伐，积极为党组织、工会组织开展活动提供必要条件，为开展厂务公开民主管理工作打下坚实的组织基础。要认真贯彻《公司法》，坚持把职代会作为维护职工民主权利和经济利益的重要

制度来抓，为职工参与民主决策、民主管理和民主监督搭建平台，为职工以理性合法形式表达利益诉求畅通渠道，为企业开展平等协商、签订集体合同等维权工作提供程序保障，使之成为企事业单位管理的一项重要制度。

要继续在各类企业推行职代会制度，进一步扩大职代会制度的覆盖面。在公有制企业着重抓好职代会制度的巩固与完善，发挥中央企业在职代会制度建设中的带头、辐射和示范作用，推动公有制企业普遍建立和规范职代会制度。在非公有制企业着重抓好职代会建制和程序规范，力争非公有制企业职代会建制数和建制率有较大幅度的提高。要认真研究职代会制度建设遇到的新情况和新问题，制定指导文件，总结推广经验，规范职代会工作，提高职代会质量，落实职代会职权，更好地发挥职代会作用。

三、突出工作重点，切实抓好国有改制企业和非公有制企业厂务公开民主管理工作

要进一步加强国有企业的厂务公开民主管理工作，认真落实中共中央办公厅、国务院办公厅《关于在国有企业、集体企业及其控股企业深入实行厂务公开制度的通知》的要求，把民主评议企业领导人员、足额提取职工教育经费、公开企业负责人职务消费作为重点，做到企业重大决策和涉及职工切身利益的重大事项必须通过厂务公开听取职工意见，并提交职代会审议。该提交职代会审议的没有提交，该审议通过的没有审议通过，有关方案视为无效。国有企业重组改制、政策性关闭破产和国有控股企业改制为非国有企业，职工安置方案未经职代会审议通过、关闭破产所需资金不落实的，有关方案不能实施。企业领导人员违反职代会决议和厂务公开的有关规定，导致矛盾激化，影响企业和社会稳定的，要追究责任。

要大力推进非公有制企业的厂务公开民主管理，争取有新的突破。非公有制企业厂务公开民主管理，要以维护职工的知情权、参与权和监督权为基本内容，以职代会为基本形式，以共谋企业发展、实现双赢为目标。推进这项工作，既要态度积极，措施稳妥，注重实效，加快步伐，又要坚持从实际出发，典型引路，逐步推进，规范运作。要尊重群众创造精神，认真总结推广非公有制企业推行厂务公开民主管理的新形式、新办法、新经验，促进劳动关系的和谐和企业的健康发展。

四、进一步加强制度建设，积极推进厂务公开民主管理的制度和法规建设

各地各部门要结合实际，进一步建立健全厂务公开民主管理制度，促进厂务公开民主管理工作的制度化、规范化、程序化。今后一段时间着重抓好两个方面的制度建设，一是推进厂务公开民主管理工作的分工负责制、责任考核制和责任追究制，进一步明确职责，严格考核，实行责任追究；二是在总结经验的基础上，继续推广运用ISO9000质量管理标准，结合实际制定厂务公开民主管理的工作规范和操作规程，对厂务公开民主管理的内容、形式、程序等进行规范，使厂务公开民主管理成为企事业单位有章可循的日常管理活动

要进一步推动厂务公开民主管理的法规建设。尚未制定法规的省、自治区、直辖市，要在制定出台厂务公开民主管理指导文件的基础上，积极创造条件加快立法进程。要注重制度创新，力争使厂务公开民主管理的重点、难点问题有所突破，为厂务公开民主管理的深入推行提供法规依据和保障。已经颁布法规的地方，要积极推动法规的宣传、贯彻和落

实，协调有关各方开展执法检查，在依法推进上取得更大的成效。

五、健全和完善领导体制和工作机制，加强对厂务公开民主管理工作的领导

健全和完善党委统一领导、党政共同负责、有关方面齐抓共管、职工群众全员参与的领导体制和工作机制，对厂务公开的推行和深化至关重要。各级厂务公开协调（领导）小组及其工作机构，要在党委的统一领导下，明确目标任务，认真履行职责。各级党政机关负责同志要把厂务公开民主管理工作列入重要议事日程，定期听取工作汇报，及时解决工作中遇到的困难和问题。要大力加强企事业单位党建工作，把厂务公开民主管理工作纳入到党建工作整体格局来谋划，自觉地通过加强和改进企事业单位党建工作，推进厂务公开民主管理工作；通过推进厂务公开民主管理工作，促进企事业单位党建工作和工会工作。要把推进厂务公开民主管理工作与治理商业贿赂专项工作结合起来，强化对企事业单位领导人员的监督，促进企事业单位党风廉政建设和反腐败工作的开展。要根据工作需要，及时调整、充实和加强厂务公开协调领导机构，保证必要的人员和经费。企业行政是实行厂务公开的主体，要推动企事业单位行政切实做到思想认识到位、执行制度到位、各项措施到位，把厂务公开民主管理融入企业管理的体制、机制和制度之中，使厂务公开民主管理的各项要求落到实处。

各级厂务公开领导机构要围绕厂务公开民主管理工作遇到的新情况、新问题，深入开展调查研究，掌握新情况，总结新经验，进一步探索社会主义市场经济体制下厂务公开民主管理机制建设的思路，研究进一步加强和深化厂务公开民主管理的对策和办法，指导和推动厂务公开民主管理工作的深入发展。要组织开展第四次全国厂务公开民主管理工作调研检查活动，促进重点工作的落实和难点问题的解决。要做好全国厂务公开民主管理工作先进单位的评选表彰工作，推动厂务公开民主管理工作不断拓展和深化。

中共中央纪委、中共中央组织部、国务院国有资产监督管理委员会、监察部、中华全国总工会、中华全国工商业联合会关于2008年厂务公开民主管理工作的意见

（总工发［2008］11号　2008年3月14日）

2008年全国厂务公开民主管理工作，要全面贯彻党的十七大精神，以邓小平理论和“三个代表”重要思想为指导，深入贯彻落实科学发展观，继续按照“两办”通知要求，总结厂务公开推行10年来的经验，以推动企业健康发展、促进劳动关系和谐为主线，以国有改制企业、非公有制企业为重点，以制度化、规范化、程序化为保证，以改革创新精神为动力，不断探索厂务公开民主管理的新载体新形式，积极推进厂务公开民主管理立法工作，进一步加强理论研究和舆论宣传，继续坚持和完善厂务公开的领导体制，提高厂务公开民主管理工作的水平，为推动科学发展、促进社会和谐作出新的更大的贡献。

一、认真学习贯彻党的十七大精神，增强推进厂务公开民主管理工作的责任感和使命感

各地各有关部门和企事业单位，要把学习贯彻党的十七大精神作为首要的政治任务，把思想认识统一到中央关于发展社会主义民主政治的一系列重要部署和要求上来。坚持站在发展社会主义民主政治的高度，充分认识推行厂务公开民主管理工作在维护职工合法权益、构建和谐劳动关系，完善现代企业制度、促进企业健康发展，推动企业党风廉政建设、加强党的执政能力建设等方面的重要作用，切实增强做好厂务公开民主管理工作的责任感和紧迫感。按照党的十七大报告关于“全心全意依靠工人阶级，完善以职工代表大会为基本形式的企事业单位民主管理制度，推进厂务公开，支持职工参与管理，维护职工合法权益”的要求，切实把厂务公开民主管理工作作为发展社会主义民主政治的基础性工程重点推进。今年上半年全国厂务公开协调小组将召开贯彻落实党的十七大精神、全面推进厂务公开民主管理工作电视电话会议，进一步统一思想，提高认识，加大工作力度，努力开创厂务公开民主管理工作新局面。

二、明确目标、突出重点，进一步推动厂务公开民主管理工作深入发展

坚持在所有企事业单位建立以职工代表大会为基本形式的民主管理制度，推进厂务公开，最大限度地提高厂务公开、职代会制度的建制率和覆盖面。在非公有制中小企业比较集中的地区、行业，积极推行区域性、行业性职代会制度，在集团企业积极探索和完善集团企业职代会制度。经过努力，力争在2008年至2012年5年间，实现已建工会的国有、集体及其控股企业厂务公开和职代会制度全覆盖，已建工会的非公有制企业厂务公开和职代会建制率达到80％以上的目标。各地区要从实际出发，抓紧制订规划，明确阶段性目

标，采取有力措施，推动厂务公开民主管理工作取得更大的进展。

坚持发挥国有、集体及其控股企业的示范带头作用。围绕产权转让、股权激励、工程建设项目招投标等企业重大问题，职工关心的收入分配、职业培训、带薪休假及企业年金等切身利益问题，企业领导人员职务消费、薪酬等廉洁自律方面的问题，加大公开力度。

继续把改制企业作为工作重点。各级厂务公开协调领导机构要积极参与和监督企业改制相关政策、方案的制定和实施。坚持企业改制、关闭破产方案等重大决策和涉及职工切身利益的重大事项提交职代会审议，职工安置分流方案提交职代会审议通过，切实做到企业改革改制方案未经职代会审议的不能实施，关系职工切身利益的改革方案未经职代会审议通过的无效。

继续把非公有制企业作为推进厂务公开民主管理的重点工作领域。在非公有制企业大力推行以职工代表大会为基本形式的厂务公开民主管理制度，同时从实际出发，探索建立与职代会这一基本形式相适应的厂务公开民主管理的其他形式和制度。结合《中华人民共和国劳动合同法》的实施，围绕劳动合同、集体合同的签订和履行，企业劳动规章制度的制定，职工工资水平和支付等涉及职工切身利益的热点、难点问题，推行厂务公开民主管理工作，切实维护职工合法权益，保障职工的知情权、参与权、表达权和监督权。

三、开展调研检查、加强理论研究，努力扩大厂务公开民主管理工作的社会影响

开展好第五次全国厂务公开民主管理工作调研检查。在各地自检、互检的基础上，全国厂务公开协调小组成员单位领导将带队进行重点检查，推动厂务公开民主管理工作的深入发展。各地要动员并整合厂务公开协调领导机构成员单位和社会各方面的力量，根据本地区的实际开展调研检查，总结经验、发现问题，有针对性地提出切实可行的对策和解决办法。

认真总结改革开放以来，特别是推行厂务公开10年来企业民主管理工作的成功经验和做法。围绕发展基层民主、保障广大职工群众享有更多更切实的民主权利，从各个领域、各个层次扩大公民有序政治参与等重要课题，结合企业体制、机制、制度的改革创新，探索研究深化厂务公开民主管理的思路和理论，努力形成中国特色的企事业单位民主管理理论。开展厂务公开推行10周年纪念活动，加大厂务公开民主管理工作的宣传力度。全国厂务公开协调小组将举办纪念厂务公开推行10周年座谈会暨厂务公开民主管理高层论坛，开通全国厂务公开民主管理网站等，不断扩大厂务公开民主管理工作的社会共识和影响。

四、努力推进立法工作，加强厂务公开民主管理工作的制度化、规范化、程序化建设

各级厂务公开协调领导机构成员单位要共同努力，积极参与和配合国务院制定《企业民主管理条例》，积极推动地方厂务公开民主管理立法工作。已经完成厂务公开民主管理立法工作的地方，要推动并积极配合有关方面开展执法检查，把法律法规落到实处。尚未出台地方性法规的省份，要根据各地实际情况，借鉴其他地方的立法经验，加快立法工作步伐，健全和完善厂务公开民主管理的法律法规体系。

要努力构建厂务公开民主管理制度体系，提高厂务公开民主管理工作的实效性。进一步完善厂务公开民主管理的工作规范，建立健全厂务公开民主管理工作责任制，推动厂务公开民主管理工作制度化、规范化、程序化。各地要加强对厂务公开民主管理的政策指导力度，不断探索、创新厂务公开民主管理的形式，丰富内容，规范程序，建立评估和督导制度。把职代会作为企事业单位推行厂务公开的主要载体，与职工董事监事制度、平等协商制度等其他民主管理制度有机结合，统筹安排，融入到现代企业各项管理和监督制度中，充分发挥厂务公开民主管理与建立现代企业制度相结合、与发展和谐劳动关系相结合、与党建和党风廉政建设相结合、与公用企事业单位的办事公开工作相结合的综合效应。

五、加强领导、夯实基础，保证厂务公开民主管理工作顺利进行

各级厂务公开协调领导机构要积极推动各级党委政府、企事业单位把厂务公开民主管理工作列入重要日程，将其作为贯彻落实党的十七大关于发展社会主义民主政治的重要举措，纳入本地区、本单位经济发展规划、工作计划、目标考核之中。要进一步坚持和完善党委统一领导、党政共同负责、有关方面齐抓共管、职工群众全员参与的领导体制和工作机制，充分发挥各级厂务公开协调领导机构的作用。各成员单位要按照分工和各自的职责，加强沟通，密切配合，相互支持，积极开展各项工作。要注意加强干部培训，努力提高干部队伍素质和工作能力，以锐意进取、奋发有为的精神状态，推进厂务公开民主管理工作的深入发展。

第5章　经济责任审计制度

中共中央办公厅、国务院办公厅关于印发《县级以下党政领导干部任期经济责任审计暂行规定》和《国有企业及国有控股企业领导人员任期经济责任审计暂行规定》的通知

（中办发［1999］20号　1999年5月24日）

《县级以下党政领导干部任期经济责任审计暂行规定》和《国有企业及国有控股企业领导人员任期经济责任审计暂行规定》，已经中共中央、国务院批准，现印发给你们，请遵照执行。

县级以下党政领导干部任期经济责任审计暂行规定

第一条　为了加强对党政领导干部的管理和监督，正确评价领导干部任期经济责任，促进领导干部勤政廉政，全面履行职责，根据《中华人民共和国审计法》和其他有关法律、法规，以及干部管理、监督的有关规定，制定本规定。

第二条　本规定所称县级以下党政领导干部，是指县（旗）、自治县、不设区的市、市辖区直属的党政机关、审判机关、检察机关、群众团体和事业单位的党政正职领导干部，乡、民族乡、镇的党委、人民政府正职领导干部（以下简称领导干部）。

第三条　本规定所称领导干部任期经济责任，是指领导干部任职期间对其所在部门、单位财政收支、财务收支真实性、合法性和效益性，以及有关经济活动应当负有的责任，包括主管责任和直接责任。

第四条　领导干部任期届满，或者任期内办理调任、转任、轮岗、免职、辞职、退休等事项前，应当接受任期经济责任审计。

第五条　根据干部管理、监督工作的需要和党委、人民政府的意见，由组织人事部门、纪检监察机关向审计机关提出对领导干部进行任期经济责任审计的委托建议，审计机关依法实施审计。

第六条　审计机关在审计中应当客观公正，实事求是，廉洁奉公，保守秘密，并遵守审计回避制度的规定。

第七条　审计机关依法实施领导干部任期经济责任审计时，被审计的领导干部及其所在部门、单位不得拒绝、阻碍，其他行政机关、社会团体和个人不得干涉。

第八条　审计机关应在实施审计三日前，向被审计的领导干部所在部门、单位送达审计通知书，同时抄送被审计的领导干部本人。

第九条　审计通知书送达后，被审计的领导干部所在部门、单位应当按照审计机关的要求，及时如实提供有关资料；领导干部本人应当按照要求，写出自己负有主管责任和直接责任的财政收支、财务收支事项的书面材料，并于审计工作开始后五日内送交审计机关。

第十条　审计机关实施领导干部任期经济责任审计，应当通过对其所在部门、单位财政收支、财务收支的真实、合法、效益情况审计，分清领导干部本人应当负有的主管责任和直接责任。

对领导干部所在部门、单位财政收支、财务收支审计的主要内容是：预算的执行情况和决算或者财务收支计划的执行情况和决算；预算外资金的收入、支出和管理情况；专项基金的管理和使用情况；国有资产的管理、使用及保值增值情况；财政收支、财务收支的内部控制制度及其执行情况；其他需要审计的事项。

在审计的基础上，查清领导干部任职期间财政收支、财务收支工作目标完成情况，以及遵守国家财经法规情况等，分清领导干部对本部门、本单位财政收支、财务收支中不真实，资金使用效益差以及违反国家财经法规问题应当负有的责任；查清领导干部个人在财政收支、财务收支中有无侵占国家资产，违反领导干部廉政规定和其他违法违纪的问题。

第十一条　审计组实施审计后，应当向审计机关提交审计报告。审计报告报送审计机关前，应当征求被审计的领导干部所在部门、单位和本人的意见。

第十二条　审计机关审定审计报告后，对被审计的领导干部所在部门、单位违反财经法规的问题，认为需要依法给予处理、处罚的，应在法定职权范围内作出审计决定或者向有关主管机关提出处理、处罚意见，同时对领导干部本人任期内的经济责任作出客观评价，向本级人民政府提交领导干部任期经济责任审计结果报告，并抄送同级组织人事部门、纪检监察机关和有关部门。

第十三条　组织人事部门应当将审计机关提交的领导干部任期经济责任审计结果报告，作为对领导干部的调任、免职、辞职、退休等提出审查处理意见时的参考依据。应当给予党纪政纪处分的，由任免机关或纪检监察机关处理。应当依法追究刑事责任的，移送司法机关处理。

第十四条　审计机关按照本规定对领导干部任期经济责任实施审计所必需的经费，应当列入本级人民政府专项财政预算，由本级人民政府予以保证。

第十五条　审计机关依法独立开展领导干部任期经济责任审计工作；上级审计机关负责对下级审计机关执行本规定的情况实行监督、检查；上级组织人事部门、纪检监察机关负责对下级组织人事部门、纪检监察机关执行本规定、利用审计机关审计结果的情况实行监督、检查。

纪检监察机关、组织人事部门、审计机关等有关部门应当建立联席会议制度，交流、通报领导干部任期经济责任审计情况，研究、解决领导干部任期经济责任审计中出现的问题。

第十六条　各地对县级以上党政领导干部已经规定实行任期经济责任审计的，可根据各地党委、人民政府的部署，结合本地实际，按本规定执行。

第十七条 本规定由审计署负责解释。

第十八条 本规定自发布之日起施行。

国有企业及国有控股企业领导人员任期经济责任审计暂行规定

第一条 为了加强对国有企业及国有控股企业领导人员（以下简称企业领导人员）的管理和监督，正确评价企业领导人员任期经济责任，促进国有企业加强和改善经营管理，保障国有资产保值增值，根据《中华人民共和国审计法》以及其他有关法律、法规，制定本规定。

第二条 本规定所称企业领导人员，是指企业的法定代表人。

第三条 本规定所称任期经济责任，是指企业领导人员任职期间对其所在企业资产、负债、损益的真实性、合法性和效益性，以及有关经济活动应当负有的责任，包括主管责任和直接责任。

第四条 企业领导人员任期届满，或者任期内办理调任、免职、辞职、退休等事项前，以及在企业进行改制、改组、兼并、出售、拍卖、破产等国有资产重组的同时，应当按国家现行规定进行审计。

第五条 企业领导人员任期经济责任审计应当由企业领导人员管理机关报本级人民政府批准，由人民政府下达审计指令。审计机关可以直接进行审计，也可以由社会审计组织或上级内部审计机构进行审计。

第六条 审计机关应当遵照人民政府的指令，按照审计管辖范围，依法派出审计组实施审计。审计中应当客观公正，实事求是，廉洁奉公，保守秘密，并遵守审计回避制度的规定。

第七条 审计机关依法实施企业领导人员任期经济责任审计时，被审计的企业领导人员及其所在企业不得拒绝、阻碍，其他行政机关、社会团体和个人不得干涉。

第八条 审计机关应在实施审计三日前，向被审计的企业领导人员所在企业送达审计通知书，同时抄送被审计的企业领导人员。

第九条 审计通知书下达后，被审计的企业领导人员所在企业应当按照审计机关的要求，及时如实提供有关资料；被审计的企业领导人员应当按照要求，写出自己负有主管责任和直接责任的企业资产、负债、损益事项的书面材料，并于审计工作开始后五日内送交审计组。

第十条 审计机关实施企业领导人员任期经济责任审计，应当通过对其所在企业资产、负债、损益的真实、合法和效益情况审计，分清企业领导人员本人应当负有的主管责任和直接责任。

企业资产、负债、损益审计的主要内容是：企业资产、负债、损益的真实性；国有资产的安全、完整和保值增值；企业对外投资和资产的处置情况；企业收益的分配；与上述经济活动有关的内部控制制度及其执行情况；其他需要审计的事项。

在审计的基础上，查清企业领导人员在任职期间与企业资产、负债、损益目标责任制有关的各项经济指标的完成情况，以及遵守国家财经法规情况，分清企业领导人员对本企业资产、负债、损益不真实、投资效益差，以及违反国家财经法规问题应当负有的责任；查清企业领导人员个人有无侵占国家资产，违反与财务收支有关的廉政规定和其他违法违纪的问题。

第十一条　审计组实施审计后，应当向审计机关提交审计报告。审计报告报送审计机关前，应当征求被审计的企业领导人员所在企业及本人的意见。审计组应对其提出的审计报告承担有关责任。

第十二条　审计机关审定审计报告后，对被审计的企业领导人员所在企业违反财经法规的问题，认为需要依法给予处理、处罚的，应在法定职权范围内作出审计决定或者向有关主管机关提出处理建议，同时对企业领导人员本人任期内的经济责任作出客观评价，向本级人民政府提交企业领导人员任期经济责任审计结果报告，并抄送企业领导人员管理机关及有关部门。

第十三条　承办企业领导人员任期经济责任审计的社会审计组织、上级内部审计机构，也要依照规定的程序和要求实施审计，并接受审计机关的监督。

第十四条　企业领导人员管理机关应当将审计机关提交的企业领导人员任期经济责任审计结果报告，作为对该企业领导人员的调任、免职、辞职、解聘、退休等提出审查处理意见时的参考依据。应当给予党纪政纪处分的，由企业领导人员管理机关或纪检监察机关处理。应当依法追究刑事责任的，移送司法机关处理。

第十五条　对企业领导人员任期经济责任实施审计所必需的经费，应当列入本级人民政府专项财政预算，由本级人民政府予以保证。

第十六条　各级审计机关依法独立开展企业领导人员任期经济责任审计工作；上级审计机关负责对下级审计机关执行本规定的情况实行监督、检查；上级企业领导人员管理机关负责对下级部门执行本规定、利用审计机关审计结果的情况实行监督、检查。

纪检监察机关、企业领导人员管理机关、审计机关等有关部门应当建立联席会议制度，交流、通报企业领导人员任期经济责任审计情况，研究、解决企业领导人员任期经济责任审计工作中出现的问题。

第十七条　已列入稽察特派员稽察的企业领导人员的管理和监督，按照《国务院稽察特派员条例》和有关规定执行。

第十八条　实行企业化管理的事业单位的领导人员的任期经济责任审计，参照本规定执行。

第十九条　本规定由审计署负责解释。

第二十条　本规定自发布之日起施行。

农业部、监察部、国务院纠风办关于做好村干部任期和离任经济责任专项审计的通知

（农经办［2005］12号　2005年7月11日）

各省、自治区、直辖市、计划单列市农业厅（局、委员会、办公室）、监察厅（局）、纠风办，新疆生产建设兵团农业局、监察局、纠风办：

为了认真贯彻落实中共中央办公厅、国务院办公厅《关于健全和完善村务公开和民主管理制度的意见》（中办发［2004］17号，以下简称中办发17号文件）精神，加强农村党风廉政建设和农村基层组织建设，维护农村集体经济组织和农民的利益，现对做好村干部任期和离任经济责任专项审计有关事宜通知如下：

一、充分认识开展村干部任期和离任经济责任专项审计的重要性

村干部任期和离任经济责任审计是新时期党中央、国务院赋予农村经营管理部门的一项重要任务和职责。中办发17号文件明确要求："加强对农村集体财务的审计监督。县、乡两级农村集体资产和财务管理指导部门，要切实组织好对农村集体财务的审计监督工作"，"村干部任期届满或离任时必须审计"。开展村干部任期和离任经济责任审计是农村基层干部监督管理工作的一个重要环节，是加强党风廉政建设的重要措施。做好这项工作，有利于促进农民群众选出作风正派、廉洁公正、为农民办实事的村干部，有利于强化村级财务管理的监督约束机制，有利于进一步健全和完善村务公开和民主管理制度，促进以税费改革为主要内容的农村综合改革工作。各级农村经营管理部门和监察机关、纠风办要从加强党的执政能力建设，构建社会主义和谐社会的高度，从民主执政、依法执政的角度，加强对这项工作的指导，认真开展和做好村干部任期和离任经济责任专项审计工作。

二、明确审计对象和重点

村干部任期和离任经济责任审计的主要对象是行使村集体及村民委员会财务审批权和参与村级经济活动决策的村委会成员。对当年即将进行村民委员会换届的村要进行离任审计，对已完成换届选举的村要开展年度经济责任审计。

审计重点主要有：

（一）农村经济责任目标完成情况

主要审计：任期内农民人均纯收入等经济指标是否增长；农村基础设施建设是否完成；村级集体资产是否增值和债务是否下降；财务管理、资产管理和民主理财等内部控制制度是否健全等。

（二）财经法纪执行情况

主要审计：各项收入是否及时、足额入账，有无侵占、挪用、私分集体资金和私设"账外账"或"小金库"等问题；是否存在通过虚增债权的手段来虚增收入以及将收入或非法收入挂在往来账上虚增债务等问题；有无滥用职权侵占、挪用、平调集体资产和长期

占用集体资金的问题；是否存在未按民主程序，私下交易变卖土地等问题。

（三）农民群众关注的热点问题

1. 集体资产处置。主要审计：村集体企业改制、“撤村建居”和并村过程中集体资产的处置情况，有无非法转让、转卖和侵吞集体资产的行为等。

2. 债权、债务管理。主要审计：村里举债是否经村民代表大会讨论，按规定的审批程序办理；是否存在以兴办公益事业为由擅自高息借款；是否擅自为企业贷款提供担保、抵押，导致新增债务；有无借债进行达标升级活动等情况。

3. 土地发包、承包。主要审计：“四荒”等资源型资产的发包是否采取招标、拍卖、租赁、参股和公开协商等方式，是否签订规范的承包合同；村级基建工程建设是否公开招标，有无“人情”承包和“以权”承包等。

4. 专项资金管理。主要审计：上级划拨或接受社会捐赠的资金和物资的管理、使用情况；土地补偿费管理、使用情况；农村合作医疗资金的管理、使用情况；粮食直补资金的发放情况等。

5. 财务公开。主要审计：财务公开是否全面、真实、及时、规范；村内“一事一议”筹资筹劳的程序是否规范，资金收取是否超标准、超范围以及资金的使用情况等。

同时，各地要根据实际情况，对当地党委、政府和农民群众要求审计的其他热点问题进行审计。

三、切实抓好村干部任期和离任经济责任专项审计

各级农村经营管理部门和监察机关、纠风办要在当地党委、政府的领导下，将做好村干部任期和离任经济责任审计纳入重要工作日程，精心组织，把这项工作切实抓紧抓好。要为专项审计工作创造必要的条件，配备专门审计人员，安排专项经费，妥善解决审计人员工作补贴。各地要根据相关法律和地方性法规及农村审计程序的规定，认真研究部署，抓紧制定详细的审计计划，编制具体的审计工作方案，有计划、有步骤地开展工作。

农村经营管理部门在对村干部进行审计和确定经济责任时，要坚持实事求是，客观公正的原则，既要找准问题，又要肯定成绩，分清前任与现任、个人与集体、失误与舞弊等责任的界限。在提出处理建议和审计决定时，要广泛听取群众意见，既不能放纵违纪违法行为，又不能单纯脱离实际情况找问题，挫伤干部的积极性。在审计中查出党政机关干部和村干部侵占集体资产和资金，铺张浪费等给集体造成损失的，要责令其如数退赔和赔偿，并由纪检监察机关给予有关责任人党纪政纪处分；涉嫌犯罪的，应当移交司法机关依法追究当事人的法律责任。审计结束后，审计结果要向全体村民公开。

村干部任期和离任经济责任审计是一项经常性的重要工作，各级农村经营管理部门和监察机关、纠风办要充分发挥职能作用，加大监督检查和工作指导的力度。要结合本地区的实际情况，明确责任，加强部门之间的协调，逐步实现农村干部任期和离任经济责任审计工作的制度化、规范化和法制化，为农村经济的发展和社会稳定作出积极的贡献。

中央纪委、中央组织部、监察部、人事部、审计署关于将党政领导干部经济责任审计范围扩大到地厅级的意见

（审经责发［2004］65号　2004年11月24日）

各省、自治区、直辖市党委、政府、纪委、组织部、监察厅（局）、人事厅（局）、审计厅（局），中央和国家机关各部委党组（党委）、纪检组（纪委）、监察局、人事（干部）部门、审计部门：

1999年，中共中央办公厅和国务院办公厅印发了《县级以下党政领导干部任期经济责任审计暂行规定》（中办发［1999］20号），在各级党委、政府的领导下，纪检、组织、监察、人事、审计等部门密切配合，共同努力，使经济责任审计工作取得了长足的进展，县级以下党政领导干部经济责任审计工作已在全国普遍推开。2000年中共中央办公厅和国务院办公厅转发了中央纪委等部门《关于认真贯彻落实中办发［1999］20号文件切实做好经济责任审计工作的意见》（中办发［2000］16号），2001年中央纪委、中央组织部、监察部、人事部、审计署联合下发了《关于进一步做好经济责任审计工作的意见》（审办发［2001］7号），要求逐步开展县级以上党政领导干部经济责任审计试点工作。各地区、各部门狠抓落实，积极探索，大胆实践，取得了明显的成效，积累了有益的经验。经济责任审计工作在强化干部管理监督、促进领导干部正确履行经济责任、加强党风廉政建设和惩治腐败行为等方面发挥了重要作用。

为贯彻落实党的十六大和十六届四中全会精神，切实加强对权力的制约和监督，促进提高领导干部的执政能力，进一步推动经济责任审计工作深入健康地发展，中央纪委、中央组织部、监察部、人事部、审计署决定从2005年1月1日起将党政领导干部经济责任审计范围从县级以下党政领导干部扩大到地厅级，具体的审计范围、审计管辖、审计组织、审计实施程序、审计要求等按照《县级以下党政领导干部任期经济责任审计暂行规定》及其实施细则的要求执行。

现就进一步做好党政领导干部经济责任审计工作提出以下意见：

一、突出重点，稳步推进，提高经济责任审计质量

各级党委、政府和纪检、组织、监察、人事、审计等部门要进一步增强政治责任感，将经济责任审计工作作为一项长期的重要任务抓紧抓实，要结合本地区、本部门实际，认真贯彻落实“积极稳妥，量力而行，提高质量，防范风险”的指导原则，有计划、有步骤地做好经济责任审计工作。各级党委、政府和各相关部门要坚持以充分发挥经济责任审计的作用为出发点和落脚点，既要注重发挥经济责任审计在推进党风廉政建设中的预防作用和威慑作用，又要注重促进提高领导干部执政能力和领导水平，务求实效。经济责任审计工作要突出监督重点，不断加大审计力度。各相关部门要根据干部管理监督的要求和实际

情况确定经济责任审计的重点单位和重点人员，进而根据现有的审计力量确定每一年度经济责任审计的重点项目，强化经济责任审计计划管理，避免计划外大量追加审计项目，使有限的审计力量发挥更大的效用。要有计划地开展任中审计，前移审计关口，切实解决审计数量多、时间短与审计力量不足的现实矛盾，避免和纠正因盲目追求审计数量而忽视审计质量的问题，确保经济责任审计质量。县级以上党政领导干部经济责任审计工作应当根据各地的实际情况有计划地稳步推进，在保证审计质量的前提下，分步实施，逐步深化。

二、统一思想，加强配合，形成合力

经济责任审计是纪检、组织、监察、人事、审计等部门的共同任务，各相关部门要统一思想，统一步骤，密切协作，形成合力，共同做好经济责任审计工作。各地要注重发挥经济责任审计工作领导小组、联席会议的作用，有效解决经济责任审计过程中，特别是在审计计划的制定、研究和处理审计过程中的重大问题以及审计结果利用等方面遇到的困难和问题，切实保障经济责任审计工作的顺利进行。各相关部门要牢固树立全局观念，克服本位主义，积极拓宽和畅通信息交流渠道，充分利用各种信息资源，做到信息共享，减少不必要的重复工作，切实提高经济责任审计的效果。

三、总结经验，探索方法，不断深化经济责任审计工作

各地区、各部门要认真总结经验，坚持以科学的发展观和正确的政绩观为指导，以提高审计质量和防范审计风险为原则，不断探索有效的审计方法和工作方式。要认真执行党政领导干部经济责任审计工作的各项规定，进一步关注与领导干部履行经济责任有关的管理、决策等活动的经济效益、社会效益和环境效益，关注领导干部履行经济责任行为对所在地区、所在单位可持续发展的影响（如是否存在政绩工程、形象工程等）以及不能有效履行经济责任而造成业绩平庸、管理不善等问题，尤其要注意探索和规范党委、政府主要领导干部经济责任审计的目标、内容、方法、评价标准等，不断规范经济责任审计工作，使经济责任审计能够真正在促进领导干部树立正确的政绩观和科学评价领导干部履行经济责任行为效果方面发挥作用。

四、重视成果运用，建立有效机制，切实发挥经济责任审计的作用

各级党委、政府和纪检、组织、监察、人事、审计等部门要高度重视经济责任审计成果的转化运用工作，结合贯彻落实《中国共产党党内监督条例（试行）》、《中国共产党纪律处分条例》和《党政领导干部选拔任用工作条例》等有关规定、文件，切实加强对党政领导干部的管理和监督，逐步建立经济责任审计成果转化运用机制，使经济责任审计成果的运用制度化，确保经济责任审计在加强干部监督管理、推进党风廉政建设和促进提高领导干部执政能力等方面的作用得到切实发挥。纪检、监察机关要不断强化干部监督，加大对审计查出案件和审计移交案件线索的查处力度。组织、人事部门要充分利用经济责任审计结果，将经济责任审计结果作为干部选拔、任用的重要参考依据。审计机关要逐步建立经济责任审计通报或公告制度，增强经济责任审计的透明度。

第6章　干部人事制度与行政审批制度改革

深化干部人事制度改革纲要

（中办发［2000］15号　2000年6月23日）

我们即将跨入新世纪。国际形势已经和正在发生广泛而深刻的变化，世界多极化趋势不可逆转，经济全球化进程加快，科技进步日新月异，综合国力竞争和人才竞争日趋激烈。在今后10年中，为实现我们党和国家确定的经济、政治、文化发展目标，抵御前进道路上的各种风险，战胜各种困难，把建设有中国特色社会主义事业不断推向前进，关键在于我们党要按照代表中国先进社会生产力的发展要求、代表中国先进文化的前进方向、代表中国最广大人民的根本利益的要求，努力建设一支包括党政干部、企业经营管理干部、科学技术干部和其他战线干部在内的高素质的干部队伍，以提供坚强的组织保证。

深化干部人事制度改革，是建设高素质的干部队伍，培养造就大批优秀人才的治本之策。改革开放以来，在邓小平理论和党的基本路线指引下，干部人事制度改革逐步展开，并取得了重大进展：提出和实行干部队伍革命化、年轻化、知识化、专业化的方针；废除领导职务终身制；下放干部管理权限；建立公务员制度；颁布《党政领导干部选拔任用工作暂行条例》；推进以“扩大民主、完善考核、推进交流、加强监督”为主要内容的党政干部制度改革，有力地推进了新时期各级领导班子和干部队伍建设。为了适应新的形势和任务的要求，进一步加快干部人事制度改革步伐，特制定2001—2010年深化干部人事制度改革纲要。

一、基本目标和方针原则

1. 深化干部人事制度改革的基本目标

通过不断推进和深化干部人事制度改革，到2010年，要建立起一套与建设有中国特色社会主义经济、政治、文化相适应的干部人事制度，为建设一支符合“三个代表”要求的高素质干部队伍提供制度保证。基本目标是：

——建立起能上能下、能进能出、有效激励、严格监督、竞争择优、充满活力的用人机制；

——完善干部人事工作统一领导、分级管理、有效调控的宏观管理体系；

——形成符合党政机关、国有企业和事业单位不同特点的、科学的分类管理体制，建立各具特色的管理制度；

——健全干部人事管理法规体系，努力实现干部人事工作的依法管理，有效遏制用人上的不正之风和腐败现象；

——创造尊重知识，尊重人才，有利于优秀人才脱颖而出、健康成长的社会环境，实现人才资源的整体开发与合理配置。

2001 年至 2005 年“十五”期间的干部人事制度改革，要以推进干部能上能下、能进能出为重点，以初步建立起一套与建设有中国特色社会主义经济、政治、文化相适应的干部人事制度为目标，为实现国民经济和社会发展“十五”规划提供组织保证和人才支持。

2. 深化干部人事制度改革的指导方针和原则

——必须坚持以马列主义、毛泽东思想和邓小平理论为指导，服从和服务于党的基本路线。与建立社会主义市场经济体制和发展社会主义民主政治、建设社会主义精神文明相适应，服从改革、发展、稳定的大局。

——必须坚持解放思想、实事求是的思想路线。以“三个代表”和“三个有利于”作为衡量改革成败与得失的根本标准。坚持继承与创新相统一，坚持和发扬我们党长期形成的干部人事工作的优良传统，勇于改革一切不适应新形势新任务要求的制度和方式方法。坚持自上而下和自下而上的改革相结合，积极鼓励和支持各地区、各部门探索创新。

——必须坚持干部队伍“四化”方针和德才兼备原则。坚持任人唯贤，反对任人唯亲。以素质论人才，重实绩用干部。促进年轻干部健康成长，实现领导班子成员新老交替制度化。

——必须坚持党管干部的原则。同时，适应新的情况积极改进党管干部的方法。坚持群众公认和公开、平等、竞争、择优原则，扩大群众对干部工作的参与和监督。

——必须坚持依法办事的原则。通过加强立法和健全制度不断巩固改革成果，引导和推动改革逐步深入。

二、党政干部制度改革

3. 党政干部制度改革的重点和基本要求

推进党政干部制度改革，重点是深化党政领导干部选拔任用制度改革，推进党政领导干部能上能下。通过扩大民主，引入竞争机制，促使优秀人才脱颖而出；健全相关制度措施，形成正常的更新交替机制；逐步实现领导干部选拔任用、考核、交流、监督等工作的规范化，从制度上防止和克服用人上的不正之风和腐败现象。

进一步完善国家公务员制度及法官、检察官制度，提高党政机关干部人事管理法制化、科学化水平。

4. 深化党政领导干部选拔任用制度改革

（1）完善民主推荐、民意测验、民主评议制度。把民主推荐作为确定考察人选的必经程序，适当扩大参与人员的范围，改进民主推荐的方法，提高民主推荐的质量。在干部考核中，普遍运用民意测验、民主评议的方法，并在实践中进一步完善。探索将民主推荐、民意测验、民主评议的结果适时适度公开的做法。凡是多数群众不赞成的，不能提拔任用。

（2）推行党政领导干部任前公示制。在 3 至 5 年内，地厅级以下领导干部（特殊岗位除外）的选拔任用，普遍实行任前公示制。在总结实践经验的基础上，对这项改革逐步进行规范。

（3）推行公开选拔党政领导干部制度。逐步提高公开选拔的领导干部在新提拔同级干部中的比例。规范程序，改进方法，降低成本。加快全国统一题库建设，完善公开选拔工作的配套措施。实现公开选拔党政领导干部工作的规范化、制度化。

(4) 健全党政领导干部选举制度。正确处理加强党的领导、充分发扬民主和严格依法办事的关系，改进党代表大会、人民代表大会的选举工作。积极探索在差额选举的条件下坚持党管干部原则、充分发扬民主的方式方法。保护代表参加选举的权利和热情，提高代表参与的能力和水平。总结和推广一些地方扩大基层民主，做好选举工作的成功经验。

(5) 实行党政领导职务任期制。抓紧制定任期制法规。在严格执行《中国共产党章程》和有关法律规定的基础上，完善选任制干部的任期制。县以上党委、政府工作部门和其他工作机构的委任制领导干部，也要逐步实行任期制。

(6) 实行党政领导干部任职试用期制度。对新提拔担任党政领导职务的委任制干部，逐步实行试用期制。试用期满，经考核胜任者正式任职，不胜任者解除试任职务。

(7) 实行党政领导干部辞职制度。制定实施办法，建立和完善党政领导干部自愿辞职、责令辞职、引咎辞职等制度。坚持和完善退（离）休制度。完善对退（离）休干部政治、生活待遇保障和服务管理的办法。

(8) 进一步完善调整不称职、不胜任现职干部的制度和办法。制定和细化有关标准、程序，加大调整不称职、不胜任现职干部工作的力度。对不称职、不胜任现职或相形见绌的干部，除按规定免职、降职外，可实行待岗制，或采取改任非领导职务、下岗学习、离职分流等多种办法予以调整，妥善安置。研究制定相关政策，努力拓宽渠道，做到人尽其才，各得其所。

(9) 根据各类干部不同特点，建立和完善培养选拔妇女干部、少数民族干部、非党干部的相关制度。

(10) 修订《党政领导干部选拔任用工作暂行条例》，制订配套法规或实施细则，逐步形成党政领导干部管理的法规体系。

5. 完善党政领导干部考核制度

建立健全党政领导干部定期考核制度。普遍实行届中和届末考核。在建立党政领导班子任期目标责任制和党政领导干部岗位职责规范的基础上，研究制定以工作实绩为主要内容的考核指标体系。建立考核举报、考核申诉、考核结果反馈等制度。改进实绩考核方法，加大考核结果运用的力度。

研究制定防止干部考察失真失实的对策。拓宽考察渠道，广泛听取意见，不仅了解干部工作方面的情况，而且要了解干部思想、生活、社交等方面的有关情况。重视核查知情人提供的情况。对在考察中群众反映强烈、情况复杂或意见分歧较大的问题，要深入进行专项调查。根据实际情况试行考察预告制。探索思想政治素质的评价标准及其考察方法。

6. 推进党政领导干部交流工作

各地区、各部门要结合实际，制定具体办法，对培养锻炼性交流、回避性交流、任职期满交流，逐步规范化和制度化。对一些重要岗位的领导干部，实行跨地区、跨部门交流。

逐步健全党政领导干部交流的激励机制和保障机制。把干部交流同培养使用结合起来，形成正确的政策导向，引导干部向艰苦地区和艰苦岗位交流。妥善解决干部交流工作中的各种实际问题，完善配套政策。严肃干部交流工作纪律。

配合实施西部大开发战略，逐步加大东西部干部交流的力度。制定和实施与西部大开发相配套的干部交流规划，有计划地选派西部地区的干部到中央、国家机关和东部经济发达地区挂职锻炼。

7. 加强对党政领导干部和干部选拔任用工作的监督

建立和完善干部谈话制度、诫勉制度、回复制度、领导干部报告个人重大事项制度、廉政鉴定制度、任职经济责任审计制度，以及组织部门和纪检、监察部门联席会议制度。加强上级党委对下级领导干部的监督。建立领导班子内部监督制度，改进和完善党员领导干部民主生活会制度。拓宽监督渠道，积极支持人大代表、政协委员的评议监督和人民群众、新闻媒体等各方面的监督。研究制定有关法规和制度，明确各有关监督主体的权利、责任，规范监督行为，实行依法监督。

加强对党政领导干部选拔任用工作的监督。认真贯彻《党政领导干部选拔任用工作暂行条例》，并加强督促检查。试行巡视员制度，严肃查处用人中的违纪违法案件。

建立干部选拔任用工作责任制，探索实行用人失察失误责任追究制度。明确选拔任用工作过程中推荐、考察、决定等各个环节的责任主体和责任内容。对干部选拔任用工作中的失职、渎职行为，依照有关纪律和法律规定追究责任。

8. 进一步完善国家公务员制度及法官、检察官制度

加强对《国家公务员暂行条例》、《中华人民共和国法官法》、《中华人民共和国检察官法》等法律法规执行情况的监督检查，坚决防止和纠正有法不依、执法不严的现象。抓紧研究制定《国家公务员法》、《国家机构和编制法》等法律法规，逐步健全党政机关干部人事管理的法规体系。

坚持和完善党政机关干部考试录用制度，改进考试考核方法。积极推行竞争上岗，党政机关内设机构中层领导职务出现空缺，提倡采用竞争上岗的方式确定任职人选。对部分领导职位试行职务聘任制，对技术性、操作性、辅助性的职位试行聘用制。严格执行奖惩、降职、辞退等制度，实行优胜劣汰。

根据党政机关不同职位的特点，制定分类管理办法。严格按照核定的编制员额和职数合理设置职位，规范职位管理。改进年度考核工作，运用定性和定量分析相结合的方法，客观、公正地评价机关工作人员，并运用考核结果对工作人员实行奖惩、升降。加大党政机关干部轮岗的力度。

9. 改进和完善干部培训制度

完善干部脱产学习、在职自学和中心组学习制度。建立领导干部理论学习考试考核制度。坚持办好各级领导干部进修班、培训班和专题研究班，推进党校、行政学院的教学改革，提高办班质量。有计划地选拔有发展潜力的中青年干部出国培训和到高等院校进修，培训后备人才。

在重点抓好任职前培训和脱产培训的基础上，开展多种形式的培训。建立培训考核档案。增强培训的针对性、适用性，着力提高机关工作人员的素质和能力。

10. 探索符合党政机关特点的工资福利制度

根据国民经济发展水平和社会生活费用价格指数的变动，相应提高机关工作人员的工资水平，建立动态增长机制。加强对工资分配的宏观管理，保障退（离）休人员退（离）休费和有关待遇的落实，防止地区之间、行业之间工资分配差距过大。

探索和完善符合党政机关特点的工资分配方法。改善工资结构。充分发挥工资分配的

激励作用。

结合机关后勤管理制度的改革和住房、养老、医疗、保险等制度的改革，逐步将福利分配货币化、工资化。加快建立机关工作人员的医疗、养老、待业保险制度。

三、国有企业人事制度改革

11. 国有企业人事制度改革的重点和基本要求

深化国有企业人事制度改革，以建立健全适合企业特点的领导人员选拔任用、激励、监督机制为重点，把组织考核推荐和引入市场机制、公开向社会招聘结合起来，把党管干部原则和董事会依法选择经营管理者以及经营管理者依法行使用人权结合起来，完善体制，健全制度，改进方法，建立与社会主义市场经济体制和现代企业制度相适应的国有企业领导人员管理制度。深化国有企业内部人事制度改革，形成具有生机与活力的选人用人新机制。12. 完善国有企业领导人员管理体制

中央和地方党委要对关系国家安全和国民经济命脉的重要骨干企业领导班子加强管理，制定具体办法。各级政府授权的投资机构（包括授权经营国有资产的大企业、企业集团、资产经营公司、控股公司，下同）的领导人员，原则上由哪一级政府授权，就由哪一级党委管理。政府授权的投资机构所属企业的领导人员，由投资机构管理。明确管理企业领导班子和领导人员的职责，避免一个班子多头管理。

取消国有企业和企业领导人员的行政级别，研究制定国有企业领导人员享受有关待遇的相关办法。

13. 改进国有企业领导人员选拔任用方式

实行产权代表委任制和公司经理聘任制。各级政府授权的投资机构及所属企业的产权代表，由政府和投资机构按照法律和有关规定任命，经理由董事会聘任。

通过组织推荐、公开招聘、民主选举、竞争上岗等多种方式产生国有企业领导人员人选，择优任用。按照《中国共产党章程》、《中华人民共和国工会法》，进一步完善企业党组织和工会组织负责人选举制度。

加快培育企业经营管理者人才市场。逐步建立企业经营管理人才评价推荐中心等中介机构。组织、人事等部门要加强对人才评价推荐机构的指导，发挥人才评价推荐机构在国有企业人力资源配置中的重要作用。

14. 完善国有企业领导人员考核办法

对国有企业领导人员实行年度考核和任期考核。根据岗位职责的特点，确定考核指标和考核标准，重点考核经营业绩和工作实绩。改进考核方法，研究制定国有企业领导人员业绩考核评价指标体系，在国有企业中逐步推广。建立国有企业领导人员的业绩档案。

15. 健全国有企业领导人员激励机制

研究制定经营管理者收入与企业经营业绩挂钩的具体办法。对经营业绩和工作实绩突出，为企业发展作出重要贡献的领导人员，给予物质和精神奖励。

探索年薪制、持有股权等分配方式。选择具备条件的企业先行试点，取得经验后逐步推开。有关部门要加强对推行年薪制、持有股权等分配方式改革的指导和监督。

16. 强化国有企业领导人员监督约束机制

加强党组织监督和职工民主监督。坚持和完善民主评议企业领导人员和厂务公开等

制度。

按照《中华人民共和国公司法》和《国有企业监事会暂行条例》建立健全监事会，依法行使职权。推行财务总监委派制度。建立国有企业重大决策失误追究制度。实行国有资产经营责任制和国有企业领导人员任期经济责任审计。凡是由于企业领导人员失职、渎职给企业造成重大损失的，要依法追究其责任，并不得继续担任或易地担任国有企业领导职务。

17. 健全国有企业领导人员培训培养制度

制定国有企业领导人员教育培训规划。改进培训内容和方法，提高培训质量。加强对企业领导人员培训工作的管理，明确培训管理部门的职责任务，避免多头培训。加强培训基地的建设，形成科学的培训网络。

建立国有重要企业后备领导人才培养制度。对后备人才实行动态管理。

18. 完善国有企业内部用人机制

深化国有企业内部人事制度改革，落实企业用人自主权。完善劳动合同制度。全面推行管理人员和专业技术人员聘任制。改革分配制度，按实绩和贡献多劳多得，易岗易薪。加强教育培训，全面提高员工素质。研究制定具体办法，吸引各类优秀人才到国有企业工作。

四、事业单位人事制度改革

19. 事业单位人事制度改革的重点和基本要求

围绕实施科教兴国战略，适应事业单位管理体制改革的要求，以推行聘用制和岗位管理制度为重点，逐步建立适应不同类型事业单位特点的人事管理制度，形成有利于优秀人才成长和发挥作用的用人机制和重实绩、重贡献的分配机制，建设高素质的科学技术干部队伍。

20. 推行聘用制度

破除事业单位目前实际存在的干部身份终身制，全面推行聘用制度。单位与职工按照国家有关法律法规，在平等自愿、协商一致的基础上，签订聘用合同，明确双方的责任、义务和权利。制定《事业单位聘用制条例》。保障单位用人权和职工择业权的落实，保护单位和职工双方的合法权益。合理安置未聘人员。

21. 建立和推行岗位管理制度

对不同类型的事业单位领导人员，区别情况分别实行聘任、选任、委任、考任。在事业单位领导人员的选拔任用中引进竞争机制。建立健全事业单位领导人员的任期目标责任制，加强对任期目标完成情况的考核。

合理设置专业技术岗位，明确岗位职责、任职条件和聘任期限，竞聘上岗，择优聘用。逐步实现专业技术职务的聘任和岗位聘用的统一。对教师、医师等专业技术岗位，推行执业资格注册管理制度，建立政府宏观指导和管理下的公开、公平、公正的社会化评价机制。以岗位职责和聘用合同为依据，建立适合不同专业技术工作特点和岗位特点的考核指标体系。

事业单位的管理人员实行职员制度。制定职员条例，规范职员的聘用和管理。

22. 改革事业单位的收入分配制度

根据“效率优先，兼顾公平”的原则，实行按岗定酬、按任务定酬、按业绩定酬的分配办法，将职工的工资收入与岗位职责、工作业绩、实际贡献以及成果转化中产生的社会效益和经济效益直接挂钩。积极进行按技术、管理等生产要素分配的试点，认真总结经验，逐步形成重实绩、重贡献，向优秀人才和关键岗位倾斜的分配激励机制。

23. 建设高素质的专业技术人才队伍

适应知识经济、新科技革命发展趋势和我国现代化建设的需要，大力培养各类专业技术人才，提高整体素质，优化队伍结构。以培养优秀拔尖人才、高新技术人才、年轻创新型人才为重点，加大人才培养投入，推动人才培养投入主体多元化和市场化。全面推行以提高业务素质和创新能力为主要目的的专业技术人才继续教育制度。完善专业技术人才奖励表彰制度。

大力发展并规范人才市场，建设全国性的人才信息网络，逐步实现人才资源配置的社会化。采取有效措施，吸引海外留学人员回国工作或为国服务。制定优惠政策，在稳定西部地区现有人才队伍的同时，鼓励和吸引各类人才向西部合理流动。

五、加强对干部人事制度改革的领导

24. 加强领导，落实责任

各级党委、政府要加强对干部人事制度改革的领导。各级组织、人事部门要切实履行职责，加强对干部人事制度改革的宏观指导，组织部门要做好牵头和协调工作。各有关部门要根据自身的职能，充分发挥作用，形成推进干部人事制度改革的合力。各地区、各部门要按照本纲要的要求，结合实际，制定分阶段的实施方案，有计划、有步骤地推进干部人事制度改革。

25. 加强对改革的分类指导

对已经出台的各项改革措施，要认真贯彻执行，并加强监督检查；通过试验和实践已经成熟的经验，要及时加以规范，形成制度；尚无经验和需要探索的，要尊重基层和群众的首创精神，鼓励大胆试验和探索；及时总结推广各地好的经验，发挥典型示范作用。认真研究和解决改革中遇到的新情况、新问题，提出对策和办法，推动改革不断深入发展。

26. 为深化干部人事制度改革创造良好的社会条件

加强干部人事制度改革的舆论宣传，为推进改革创造良好的社会舆论环境。正确处理改革、发展和稳定的关系，发挥各级党组织的作用，做好思想政治工作，引导干部群众积极支持和参与改革。统筹协调，搞好配套改革，妥善解决深化干部人事制度改革中遇到的实际问题，保证各项改革措施的贯彻落实。

关于推行党政领导干部任前公示制的意见

（中组发［2000］18号　2000年12月14日）

实行党政领导干部任前公示制，是干部人事制度改革中出现的新事物，它源于基层的实践与创造。近几年来，各地普遍开展了推行任前公示制的试点工作，收到了积极的效果。为进一步推行并完善、规范任前公示制，根据《深化干部人事制度改革纲要》（中办发［2000］15号）要求，现提出如下意见。

一、充分认识实行党政领导干部任前公示制的意义和作用

任前公示制，就是将党委（党组）集体讨论研究确定拟提拔或调整的干部的有关情况，通过一定的方式，在一定范围和期限内进行公布，广泛听取群众的反映和意见，再正式实施对干部的任用。这种做法把扩大民主从干部推荐、考察环节延伸到任用决策阶段，把民主参与的范围由部分干部扩展到广大群众，体现了坚持党管干部原则与充分发扬民主、走群众路线的有机结合。

任前公示制对改进干部选拔任用工作具有重要作用。它作为干部考察工作的延伸和补充，可以使党组织在更大范围内听取各方面的意见，更全面、更准确地了解干部，减少用人失察失误，提高选人用人质量。任前公示制将干部选拔任用工作置于广大群众的监督之下，强化对干部选拔任用工作的监督和对党政领导干部的监督，不仅有助于遏制选人用人上的不正之风和腐败现象，而且有利于形成正确的用人导向，增强干部的公仆观念和自律意识。

二、进一步完善党政领导干部任前公示制的操作规范

经过近年来的探索和实践，各地在实行党政领导干部任前公示制方面，积累了有益的经验。当前，要在总结实践经验的基础上逐步加以完善和规范。

公示对象　提拔担任地厅级以下（含地厅级）委任制党政领导职务的拟任人选，除特殊岗位外，都应列为公示对象。选任制干部的推荐提名人选、非领导职务改任同级领导职务的人选、平级转任重要职务的人选，根据实际情况，也可列为公示对象。

公示范围　党政领导班子及党政工作部门领导成员的选拔任用应向社会公示；部门内设机构中层领导干部的选拔任用，原则上在其所在的工作部门（单位）或系统内进行公示，也可根据岗位特点在更大范围内公示；易地交流提拔任职的干部，在原工作所在地或单位公示。

公示内容　公示内容一般包括公示对象的姓名、性别、出生年月、籍贯、学历学位、政治面貌、现任职务等自然情况和工作简历。对拟任职务是否公示，各地、各部门可根据实际情况自行掌握。

公示方式　需向社会公示的，一般通过报纸、电视、广播等新闻媒体发布公告；在部门（单位）或系统内公示的，可采取发公示通知或会议公布、张榜公告等形式进行。无论

采取哪种方式，都要让群众及时了解公示内容，并为群众广泛参与创造条件。

公示时间 确定公示时间既要有利于群众反映意见，又要有利于提高工作效率，一般以7～15天为宜。具体时间视实际情况确定。

公示程序 公示程序为四个步骤：(1) 党委（党组）研究确定拟任人选后，以一定方式予以公示；(2) 以组织（人事）部门为主受理群众意见；(3) 调查核实群众反映的问题，并向署名或当面反映问题的群众反馈调查核实结果；(4) 根据调查核实情况提出处理意见，决定是否实施对干部的任用，并予以公布。

三、认真做好群众反映意见的调查处理工作

对群众反映问题的调查、处理，是实施任前公示制的关键环节。公示期间，组织（人事）部门应设立专门电话和信箱，指定专人负责接待群众来访。对群众反映的意见要登记建档。组织上已经掌握的问题，不再重复调查；没有掌握的，要分类处理。一般要求署名或当面反映问题，逐件进行调查核实。对匿名反映的问题，要作分析，性质严重、内容具体、线索清楚的，也要调查核实。对经调查核实，确认反映的问题与事实出入较大或并不存在的，反馈时要耐心细致地向有关人员讲清调查过程和结果。

调查核实工作要深入细致，讲究方法。具体调查核实工作，由组织（人事）部门进行。对于群众举报涉嫌违纪违法的重大问题，可由组织（人事）部门会同纪检监察部门共同进行调查。要注意调查核实的方式，在保证查清问题的前提下，尽量控制范围，做好保密工作。既要注意保护反映情况的群众，防止出现打击报复现象，又要注意保护干部，反对诬告和无理纠缠，防止在作出正式调查结论前由于问题扩散而对干部造成不良影响。对故意诬告陷害公示对象的，应视情节轻重，对有关责任人严肃处理。

对调查核实结果的处理，主要分四种情况：(1) 所反映问题不存在的，予以任用；(2) 属于一般性缺点、不足，不影响提拔任用的，按预定的方案任用，并在任用谈话时向干部指出存在的问题，督促改正；(3) 对政治立场、思想品质、廉洁自律等方面存在严重问题的，经党委（党组）复议后不予任用，对其中属于违纪违法的，应移交纪检监察机关或司法机关按照有关规定处理；(4) 反映的问题性质比较严重，一时难以查实但又不能轻易否定的，暂缓任用。暂缓任用的时间一般不应超过三个月。三个月内仍未查实的，由公示对象本人作出负责任的书面说明，经党委（党组）研究认为不影响任职的，可履行任职手续。此后，如经查实发现有影响任职问题的，解除现职并依照有关规定从严处理。也可结合实行领导干部任职试用期制度，在试用期内作进一步的考察。

对调查核实结果的处理，要坚持实事求是、客观公正的原则。对那些基本素质好、有发展潜力的干部，敢抓敢管、勇于开拓创新的干部，要看本质、看主流，不能因为工作中有缺点和不足而影响对他们的使用。对那些思想政治素质差，特别是以权谋私、为政不廉的人，坚决不予任用。对跑官要官、买官卖官的，一经发现，坚决查处。

四、加强对推行党政领导干部任前公示制的领导，加大工作力度

各级党委（党组）及组织（人事）部门要重视推行任前公示制工作，统一思想，提高认识，加大工作力度。2001年各地继续试行一年。从2002年起，地厅级以下领导干部（特殊岗位除外）的选拔任用，都要实行任前公示制。少数民族地区，可以根据当地的实际情况自行掌握。

实行任前公示制，对干部选拔任用工作提出了更高的要求，要进一步增强贯彻执行《党政领导干部选拔任用工作暂行条例》的自觉性。不能因实施任前公示制而简化《条例》规定的干部选拔任用程序和方法，也不能用任前公示制代替对干部的民主推荐、组织考察，要严格地按《条例》办事，进一步提高各个环节的工作质量。

实行任前公示制，要与建立健全领导干部回复制度、谈话制度、诫勉制度、试用期制度、领导干部报告个人重大事项制度、任职经济责任审计制度，与积极探索建立干部选拔任用工作责任制、用人失察失误责任追究制等工作结合进行，使各项制度衔接配套，产生整体效应。

推行任前公示制，必须有广大群众的支持和热情参与。各级组织（人事）部门要通过各种形式做好宣传发动工作，使群众了解公示制，关注公示制，积极参与到这项改革中来。同时，要注意加强对干部和群众的教育，做好思想政治工作，使每个公示对象以有则改之、无则加勉的态度正确对待群众意见，使广大群众以认真负责、实事求是的态度对待公示对象，保证任前公示制的顺利实施。

党政领导干部考核工作暂行规定

（中组发［1998］6号　1998年5月26日）

第一章　总　则

第一条　为全面、客观、公正、准确地考核党政领导班子和领导干部政治业务素质和履行职责的情况，加强对领导班子和领导干部的管理与监督、激励与约束，根据《党政领导干部选拔任用工作暂行条例》和国家有关法律、法规，制定本规定。

第二条　本规定所称的考核工作，是指考核机关按照一定的程序和方法，对领导班子和领导干部的政治业务素质和履行职责的情况所进行的考察、核实、评价，并以此作为加强对领导班子的管理和领导干部任用、奖惩等的依据。

第三条　考核工作必须坚持以下原则：

（一）党管干部原则；

（二）客观公正原则；

（三）注重实绩原则；

（四）群众公认原则。

第四条　本规定适用于考核中共中央、国务院的工作部门（含派出机构）、全国人大常委会、全国政协的有关工作机构的领导班子和领导干部；最高人民法院、最高人民检察院的领导班子和领导干部；地方县以上（含县级）党委、人大常委会、政府、政协、纪委、法院、检察院的领导班子和领导干部；地方县以上（含县级）党委、政府的工作部门（含派出机构）和人大常委会、政协的有关工作机构的领导班子和领导干部。

县级以上党委、政府的直属事业单位和工会、共青团、妇联等人民团体的领导班子和领导干部的考核，参照本规定有关内容执行。

纪委、法院、检察院的内设机构的领导班子和领导干部，党委、政府工作部门（含派出机构）的内设机构的领导班子和领导干部，人大常委会、政协工作机构的内设机构的领导班子和领导干部，按照或参照《国家公务员暂行条例》的有关规定进行年度考核。

第二章　考核方式

第五条　对领导班子和领导干部的考核，包括平时考核、任职前考核、定期考核。

第六条　平时考核是对领导班子和领导干部所进行的经常性考核。考核机关通过检查工作、个别谈话、专项调查、派人参加领导班子民主生活会和年度总结工作会等多种形式和渠道，了解考核对象的有关情况。

第七条　任职前考核按《党政领导干部选拔任用工作暂行条例》的有关规定进行。

第八条　定期考核采取届中、届末考核的形式进行。没有明确届期的，每两年或三年进行一次定期考核。

第三章　考核内容

第九条　领导班子考核内容：

（一）思想政治建设包括理论学习、政治表现、贯彻执行党的路线方针政策、全心全意为人民服务、执行民主集中制、维护中央权威、团结协作、选人用人、廉政建设等情况。

（二）领导现代化建设的能力包括总揽全局、科学决策、求实创新、开拓进取和处理复杂问题等能力。

（三）工作实绩在经济建设、社会发展和精神文明建设、党的建设等方面所取得的成绩和效果，在推进改革、维护稳定方面取得的成绩和效果。地方县以上党委、政府领导班子的工作实绩主要包括：各项经济工作指标的完成情况，经济发展的速度、效益与后劲，以及财政收入增长幅度和人民生活水平提高的程度；教育、科技、文化、卫生、体育事业的发展，环境与生态保护、人口与计划生育、社会治安综合治理等状况；党的思想、组织、作风、制度建设的成效等。

对部门领导班子，还要重点考核其发挥职能作用，完成各项工作任务，为经济建设服务的情况等。

第十条　领导干部考核内容：

（一）思想政治素质

理论素养和思想水平。学习马列主义、毛泽东思想特别是邓小平理论，学习党和国家的方针政策，掌握基本原理和精神实质，学以致用，不断提高理论和政策水平的情况；

政治方向和政治立场。执行党的基本路线，在事关方向、原则问题上的立场、观点、态度，在政治、思想和行动上与中央保持一致，增强法制观念，严格依法办事的情况，贯彻执行《党政领导干部选拔任用工作暂行条例》的情况；

群众观点和群众路线。实践全心全意为人民服务的宗旨，正确行使人民赋予的权力，联系群众，自觉为人民群众谋利益的情况；

政治品德和道德品质。襟怀坦白，公道正派，坚持原则，严守纪律，谦虚谨慎，克己奉公，遵守社会主义道德，在精神文明建设中发挥表率作用的情况。

（二）组织领导能力

运用马克思主义的立场、观点和方法，分析、研究、解决实际问题的能力；

组织协调、科学决策、开拓创新的能力；

发现人才、培养干部、知人善任的能力。

对党政正职领导干部，还要重点考核其驾驭全局、处理复杂问题的能力。

（三）工作作风

执行民主集中制，维护领导班子团结，发扬民主，虚心听取不同意见，勇于开展批评与自我批评的情况；

坚持从群众中来、到群众中去的工作方法，深入实际，调查研究，求真务实的情况；

勇于改革，敢于负责，坚持原则，严格管理，严谨细致，勤奋敬业的情况。

（四）工作实绩

在完成任期目标和履行岗位职责过程中所提出的工作思路、采取的措施、发挥的具体作用以及所取得的绩效等。

（五）廉洁自律

保持和发扬艰苦奋斗的优良传统，遵守中央关于党政领导干部廉洁自律的有关规定，清正廉洁，以身作则，自重、自省、自警、自励的情况；

执行党风廉政建设责任制的情况；

对亲属及身边工作人员加强教育、严格要求的情况。

第十一条 逐步建立健全领导班子任期目标和领导干部岗位职责规范，以此作为考核党政领导班子和领导干部的重要根据。

各级考核机关可会同有关部门根据不同地区、不同层次、不同部门的特点，结合考核工作的实际需要，对考核内容进一步分解细化，制定具体的考核指标体系。

第四章 考核程序

第十二条 定期考核的基本程序：

（一）考核准备；

（二）述职；

（三）民主测评；

（四）个别谈话；

（五）调查核实；

（六）撰写考核材料；

（七）综合分析，评定考核结果；

（八）反馈。

第十三条 考核准备：

（一）拟定考核方案；

（二）组成考核组；

（三）组织考核人员进行学习或培训；

（四）考核组与被考核单位商定考核工作的实施计划。

第十四条 召开述职会议：进行考核动员。

领导班子主要负责人代表领导班子述职，同时作个人的述职报告，领导班子其他成员作本人的述职报告。根据实际情况，有的也可以进行书面述职。述职报告应根据考核内容实事求是地汇报领导班子或个人的情况，不扩大成绩，不隐瞒缺点或错误，事实清楚，简明扼要。

第十五条 参加述职会议的人员由考核组参照如下范围确定：

（一）考核党委、政府的领导班子和领导干部时，参加述职会议的人员应包括同级党委、人大常委会、政府、政协、纪委、法院、检察院的领导干部；所属工作部门（含派出机构）的主要领导干部；下一级党政领导班子的主要领导干部；有关企业、事业单位的主要负责人；工会、共青团、妇联等人民团体和民主党派负责人；其他需要参加的人员。

（二）考核党委、政府各工作部门的领导班子和领导干部时，参加述职会议的人员应包括考核对象所在单位的中层干部，受该工作部门领导或指导的下级单位的负责人，其他需要参加的人员。人数较少的单位可扩大到全体干部、职工。

第十六条　民主测评包括民意测验和民主评议。

民意测验应根据考核内容列出评价项目和评价等次，由参加民意测验的人员填写评价意见。民意测验表由考核组回收，并对不同层次人员填写的民意测验票分别进行统计。参加民意测验人员的范围应与参加述职会议人员范围基本一致。

民主评议由考核组主持，采取召开小型座谈会或书面评议的方式进行。

第十七条　个别谈话要选择了解情况的人员，并注意代表性，具体人选由考核组确定，一般包括：

（一）考核对象所在地区或部门的同级领导干部、下一级的领导干部，组织人事部门、纪检监察机关和机关党组织的有关人员；

（二）考核对象所分管的下级单位、部门、内设机构的负责人和机关工作人员代表；

（三）考核对象本人；

（四）其他熟悉和了解情况的人员。

个别谈话时，考核组应有两名以上人员参加，并做好谈话记录。

第十八条　考核组根据需要可采取下列方法调查核实考核对象的有关情况：

（一）查阅资料。查阅考核对象的人事档案材料、年度工作总结、党委（党组）会议记录、民主生活会记录、中心组学习记录、培训记录、主持制定的文件、重要会议上的讲话稿、发表的文章及研究成果、读书笔记、个人重大事项报告表、收入申报表等。

（二）采集核实有关数据。从统计部门和有关业务部门采集、核实有关考核对象工作实绩的数据。

（三）审计。委托审计机关进行任期经济责任审计或请审计机关提供考核对象的有关审计情况。

（四）实地考察。通过现场察看、访问群众，了解、印证和核实考核对象某一方面的工作情况。

（五）专项调查。对一些群众反映大、情况比较复杂或意见分歧较大的问题，由考核组进行专项调查，也可责成所在单位党委（党组）进行调查，写出专题报告。

（六）征求意见。采取面谈或发函的方式征求上一级分管领导同志、相关部门、执纪执法机关和同级有关部门的意见。

（七）理论学习情况测试。在与考核对象个别谈话时，可以测试了解领导干部掌握理论知识的情况和运用理论知识分析、解决实际问题的能力。

第十九条　考核组在考核对象所在的地区或单位工作结束时，应就干部和群众反映的问题和意见与被考核的领导班子成员集体或个别交换意见。

第二十条　考核组在综合分析的基础上，写出考核材料，并向考核机关报告考核情况。

第二十一条　领导班子考核材料应包括以下内容：

（一）考核工作的简要情况和领导班子的基本情况；

（二）考核情况，包括领导班子取得的成绩和存在的问题及其原因；

（三）民意测验和民主评议的情况；

（四）考核组的评价和建议，包括对领导班子的总体评价，调整领导班子和加强领导班子建设的建议。

第二十二条 领导干部考核材料应包括以下内容：

（一）考核情况。包括优点和取得的成绩、存在的不足、问题，要实事求是地反映干部的情况；

（二）民意测验和民主评议的情况；

（三）考核组对评定等次的建议。

第二十三条 评定考核结果由考核机关提出意见，报党委（党组）决定。

第二十四条 考核结果应正式通知考核对象，考核对象对考核结果若有异议，可以提出申诉。

第五章 考核结果的评定和运用

第二十五条 定期考核时，对领导班子的整体评价和对领导干部考核结果的评定，应采取定性与定量分析相结合的方法进行。评价工作实绩要进行定量分析，要把握好个人与集体、局部与全局、当前与长远、显绩与潜绩的关系。

第二十六条 对领导班子的考核要作出整体评价，并提出加强领导班子建设的具体建议。对存在问题应督促其进行整改，问题严重的应责令整顿，限期改进，必要时采取组织措施予以调整。领导班子的考核结果是否划分等次，由考核机关根据实际情况决定。

第二十七条 领导干部考核结果分为优秀、称职、基本称职、不称职四个等次。

第二十八条 评定领导干部的考核结果要把民意测验的结果作为重要依据。考核机关可根据实际情况制定不同等次的得票率标准。

第二十九条 领导干部经考核全部项目达到下列标准者，应评定为优秀等次：

（一）思想政治素质高；

（二）组织领导能力强；

（三）密切联系群众，工作作风好；

（四）工作实绩突出；

（五）清正廉洁。

评定为优秀等次的，民意测验优秀和称职票的得票率要达到考核机关规定的标准。

第三十条 领导干部经考核多数项目符合下列标准者，应评定为称职等次：

（一）思想政治素质较高；

（二）组织领导能力较强；

（三）联系群众，工作作风较好；

（四）工作实绩比较突出；

（五）能做到廉洁自律。

评定为称职等次的，民意测验称职和优秀票得票率要达到考核机关规定的标准。

第三十一条 领导干部经考核多数项目符合下列情况者，应评定为基本称职等次：

（一）思想政治素质一般；

（二）组织领导能力较弱；

（三）工作作风方面存在某些不足；

（四）能基本完成年度工作目标，但工作实绩不突出；

（五）能基本做到廉洁自律，但某些方面还有差距。

民意测验基本称职和不称职票得票率超过考核机关规定标准的，一般应评定为基本称职。

第三十二条　领导干部经考核存在下列情况之一者，应评定为不称职等次：

（一）思想政治素质方面存在突出问题；

（二）组织领导能力差，不能胜任现职领导岗位；

（三）在领导班子中闹无原则纠纷，严重影响班子团结或工作作风存在严重问题；

（四）有以权谋私行为，存在不廉洁问题；

（五）工作不负责任，给党和人民的事业造成较大损失；

（六）连续两年未完成年度工作目标，工作实绩差。

民意测验不称职票的得票率超过考核机关规定标准的，除特殊情况外，一般应评为不称职。

第三十三条　考核结果应作为领导干部选拔任用、职务升降、奖惩、培训、调整级别和工资等的重要依据。

选拔担任上一级领导职务的人选，应从考核中被评定为优秀、称职的干部中产生。

第三十四条　领导干部在考核中被评定为优秀、称职、基本称职等次的，按有关规定晋升级别和工资。

第三十五条　领导干部在考核中被评定为基本称职的，考核机关应对其提出诫勉，限期改进。视具体情况，也可以调整其领导职务。

第三十六条　领导干部在考核中被评定为不称职的，应视具体情况，按干部管理权限和法定程序作如下处理：

（一）免去现任领导职务；

（二）责令辞去领导职务；

（三）降职。

领导干部被免去现任领导职务或责令辞去领导职务后，可另行分配适当工作。

第三十七条　考核意见反馈后，领导班子应及时召开民主生活会，开展批评和自我批评，研究整改措施，并向考核机关报告。同时将有关内容在一定范围内通报。考核机关应根据考核结果，加强对领导班子和领导干部的管理和监督。

第三十八条　考核工作结束后，领导干部综合评价材料存入本人档案。

第三十九条　考核中发现领导干部有违纪问题的，应建议纪检、监察机关查处。

第六章　考核机关

第四十条　本规定所称的考核机关，是指党委的干部主管部门。干部主管部门在党委（党组）领导下，按照干部管理权限考核党政领导班子和领导干部。

第四十一条 对双重管理的领导班子和领导干部，以主管方为主，协管方协助，共同组织实施考核工作。在评定考核结果时，主管方应征求协管方的意见。

第四十二条 考核组由考核机关组建并派出，对考核机关负责。需要时，考核机关可约请或抽调其他单位的人员，参加考核组的工作。

第四十三条 考核人员应具备下列条件：

（一）具有较高的思想政治素质，公道正派；

（二）熟悉或了解组织人事工作；

（三）具有胜任考核工作所需要的政策水平和业务知识；

（四）具有一定的综合分析能力和文字表达能力。

考核组组长应由具有较高的组织领导能力和政策水平的领导干部或担任过一定领导职务的同志担任。

第七章　考核的纪律与监督

第四十四条 考核人员要认真履行考核职责，按照规定的程序和要求实施考核，要全面、准确、细致地了解和客观公正地反映考核对象的情况。

实行考核工作责任制。考核人员和考核组组长要在考核材料上签名，对考核材料和考核报告的客观性、真实性负责。

第四十五条 实行考核工作回避制度。回避对象包括：与自己有夫妻关系、直系血亲关系、三代以内旁系血亲关系、近姻亲关系及其他原因需要回避的人员。

对考核人员还应实行一定范围的地域回避。

第四十六条 考核对象要正确对待组织考核，如实汇报工作和思想，客观反映有关情况。

第四十七条 有关部门和人员应客观、负责地向考核组提供真实情况和数据。

第四十八条 在考核工作中，考核人员和考核对象必须遵守以下纪律：

（一）不准凭个人好恶了解或反映情况；

（二）不准借考核之机谋取私利；

（三）不准泄露考核机密；

（四）不准故意夸大、缩小、隐瞒、歪曲事实；

（五）不准搞非组织活动；

（六）不准设置障碍、干扰或妨碍考核工作；

（七）不准弄虚作假、向考核组提供虚假数据；

（八）不准对反映其问题的人打击报复。

第四十九条 对违反第四十八条规定的，视其性质、情节轻重和造成的后果，进行批评教育，或给予党纪、政纪处分。造成考核结果失实的，宣布考核无效。

第五十条 加强对考核工作的监督。党委（党组）、组织（人事）部门、纪检（监察）机关对考核工作实施监督；支持、鼓励群众监督，认真受理下级机关、干部、群众的检举、申诉，并按职权范围及时进行核查和处理。

第八章　附　则

第五十一条　乡（镇、街道）党政领导干部的考核，由省、自治区、直辖市党委根据本规定制定相应的办法。

第五十二条　各省、自治区、直辖市党委可根据本规定，结合本地实际，制定实施细则。

第五十三条　本规定由中共中央组织部负责解释。

第五十四条　本规定自发布之日起施行。凡过去规定与本规定不符的，按本规定执行。

关于党政机关推行竞争上岗的意见

（组通字［1998］33号　1998年7月23日）

近年来，许多地方和部门围绕党中央提出的建设高素质干部队伍的目标，在运用竞争上岗的方式做好干部的选拔任用、职位轮换和人员分流等项工作方面，进行了大量探索和实践，取得了显著成效。实践证明，实行竞争上岗是干部选拔任用方式的一项改革，是构建干部竞争激励机制的重要组成部分，对于促进机关干部能上能下、能进能出和优秀人才脱颖而出，克服选人用人方面的不正之风，提高干部队伍的整体素质，具有积极作用。为进一步推进和规范竞争上岗，并配合机构改革做好机关工作人员的选配定岗工作，现对党政机关推行竞争上岗提出如下意见：

一、指导思想

推行竞争上岗，要以邓小平理论和党的十五大精神为指导，以《党政领导干部选拔任用工作暂行条例》和《国家公务员暂行条例》为依据，认真贯彻执行干部队伍革命化、年轻化、知识化、专业化的方针，坚持公开、平等、竞争、择优的原则，在机关干部人事工作中引入竞争机制，进一步拓宽选人用人渠道，促使德才兼备、实绩突出、群众拥护的优秀人才脱颖而出，激励机关工作人员爱岗敬业、恪尽职守、开拓进取、奋发向上，努力建设高素质机关干部队伍。

二、适用范围

本意见适用于县以上各级党委、政府的工作部门和人大、政协、纪委、法院、检察院机关。

上述部门和机关内设机构的领导职位及非领导职位，遇有下列情况，可通过公开竞争确定人选：（一）职位出现人员空缺；（二）机构调整、重组或现有人员超出职数限额，需要进行人员调整或分流的；（三）按规定进行职位轮换，有必要通过竞争确定有关职位人选的；（四）其他需要实行竞争上岗的。

竞争上岗原则上在机关内部实施。对某些专业性较强，本机关无合适人选的职位，可面向本系统或有关部门以及社会公开选拔。

涉及党和国家重要机密的职位；法律、法规规定不宜公开竞争的职位，不列为竞争上岗的范围。

实行竞争上岗的职位层次、数量以及具体范围，按照干部管理权限，由党委（党组）及组织人事部门确定。

三、基本条件和资格

参加竞争上岗人员，应具备以下条件：

（一）机关内部参加竞争上岗的人员，应具有国家公务员或机关工作者身份；企业、事业单位人员参加党政机关竞争上岗，应符合调任条件；机关工作人员跨部门竞争上岗，应符合转任条件。

（二）应具备《党政领导干部选拔任用工作暂行条例》和《国家公务员暂行条例》规定的基本条件。

通过公开竞争晋升职务者，原则上还应具备党和国家规定的职务晋升的资格条件。为鼓励竞争，促使优秀人才脱颖而出，必要时可适当放宽参加竞争上岗的资格条件。德才表现和工作实绩特别突出的，可越一级参加公开竞争。

（三）具备竞争职位规定的其他任职资格条件。

四、程序和方法

实施竞争上岗，一般应按照下列程序和方法进行：

（一）公布职位。通过一定形式宣传竞争上岗的目的和意义，公布竞争职位、任职条件以及竞争上岗的程序、办法等事项。

（二）公开报名。一般由符合竞争上岗条件的人员个人报名，也可采取个人报名、群众举荐、组织推荐相结合的办法报名。

（三）资格审查。按照干部管理权限，依据竞争上岗的条件，由组织人事部门对报名者进行资格审查。

（四）考试。组织资格审查合格者进行考试。考试的内容主要是履行竞争职位职责所必备的基本知识和能力。

（五）演讲答辩。考试成绩合格者，在一定范围内进行演讲，介绍自己工作经历、德才情况和做好竞争职位工作的设想，就有关问题进行答辩。

（六）民主测评。应在一定范围内对考试成绩合格者进行民主测评，充分听取群众意见。得不到多数人拥护的，不能选拔任用。

（七）组织考察。根据竞争人员考试和演讲答辩成绩以及民主测评结果，按考察对象人数多于拟任职务人数的原则，择优确定考察对象并进行考察。考察内容包括干部的德、能、勤、绩。

（八）决定任命。按照干部管理权限，由党委（党组）集体讨论决定干部的任用。其中需报上级备案、审批的干部，按有关规定办理。

五、组织领导

按照干部管理权限，在党委（党组）的领导下，由组织人事部门组织实施。

各级党委和政府要高度重视此项改革，切实加强领导，结合各自的实际情况，在党政机关积极推行竞争上岗。目前尚未开展竞争上岗的，要通过试点，有计划、有步骤地加以实施；已经开始实施的，要进一步扩大竞争上岗的范围。尤其是在机构改革中，要运用竞争上岗的方式做好机关工作人员的选配定岗工作。各级组织人事部门要积极组织、支持和具体指导各地、各部门实施竞争上岗，总结推广好的经验和做法，及时发现和解决工作中遇到的问题，使之逐步规范化、制度化。

推行竞争上岗，要注重实效，保证质量，力戒形式主义和简单化。要加强宣传教育，引导机关干部正确认识竞争上岗的目的和意义，鼓励符合条件的干部特别是优秀年轻干部积极参与竞争。对通过公开竞争上岗的人员，要放手使用，加强管理；对竞争中发现的德才素质较好，因职数限制等原因未能上岗的人员，可作为后备人选积极加以培养；对不能继续担任原领导职务的落岗人员，区别不同情况另行分配适当工作，并注意做好思想工作。

各级组织人事部门要切实加强对各部门竞争上岗的监督，严明干部人事工作纪律，坚决防止和纠正各种与《党政领导干部选拔任用工作暂行条例》、《国家公务员暂行条例》精神不相一致的行为，确保竞争上岗健康、顺利进行。对竞争上岗中出现的违纪行为，要按照《中华人民共和国行政监察法》和《中国共产党纪律处分条例》、《关于对违反〈党政领导干部选拔任用工作暂行条例〉行为的处理规定》等有关法律和规定给予严肃处理。

工会、共青团、妇联等人民团体机关和事业单位实施竞争上岗，可参照本意见执行。

乡镇（街道）机关实施竞争上岗，由各地结合实际情况，参照本意见制定具体实施办法。

中共中央组织部关于
进一步做好公开选拔领导干部工作的通知

（中组发〔1999〕3号 1999年3月3日）

改革开放以来，特别是党的十四大以来，全国绝大多数省、区、市和一些中央、国家机关在一定范围内面向社会，采取公开推荐与考试考核相结合的办法选拔领导干部，取得了明显成效，产生了积极的社会影响，得到了广大干部、群众的支持和拥护。实践证明，这项改革是成功的。为深入贯彻党的十五大精神，加快干部制度改革步伐，进一步做好公开选拔领导干部工作，现就有关问题通知如下。

一、进一步提高认识，加大公开选拔领导干部工作的力度

公开选拔领导干部是新时期干部选拔任用方式的一项重要改革，是公开、平等、竞争、择优原则在干部选拔任用工作中的有效运用。公开选拔领导干部，有利于把坚持党管干部原则与充分走群众路线结合起来；有利于拓宽识人选人视野，在更大范围内择优选拔人才；有利于形成正确的用人导向，激发广大干部的进取精神；有利于扩大干部工作中的民主，加强群众监督，防止和克服选人用人上的不正之风。这项改革对于加强领导班子和干部队伍建设具有重要的作用。

各级党委（党组）及其组织（人事）部门，要进一步提高认识，积极推进这项改革。已开展这项工作的，要在总结经验的基础上继续努力实践，逐步使之规范化和制度化；凡没有开展公开选拔领导干部工作的地方和中央、国家机关，都应根据本地区本部门的实际，努力创造条件，积极稳妥地推行。今后，在党政职能部门出现职务空缺时，凡适用于公开选拔的岗位，应逐步采用公开选拔的方式选人。特别是在年轻干部比较少的地方，在群众关注的热点部门，在出现领导职位空缺比较多的时候，更应积极主动地开展这项工作。各地、各部门要因地制宜，区别不同职位，将公开选拔与严格考核基础上的内部晋升和调配交流等任用方式结合使用，并与实行试用期制、任期制等改革措施结合起来，推动干部制度改革深入发展，创造公开、平等、竞争、择优的用人环境，使更多优秀人才脱颖而出。当前，尤其要注意结合机构改革的进程，根据实际需要，积极运用这种方法选拔优秀领导干部，促进人才资源的优化配置。

二、正确把握公开选拔领导干部的适用范围

公开选拔方式主要适用于选拔中央、国家机关的正副司局长和地方省（区、市）、地（市）和县（市）党委、政府工作部门的副职领导干部。此外，还可以运用这一方式选拔事业单位、国有和国家控股企业的领导干部。运用这一方式选拔的领导干部，凡需要依法任命的职务，要严格按照有关法律的规定办理。

涉及国家重要机密和国家安全等特殊职位，不宜用这种方式选拔领导干部。

三、逐步规范公开选拔的工作程序

为保证选拔工作的公正性和科学性，根据各地经验，公开选拔工作一般应按如下基本程序进行：(1) 公布选拔职位和报名条件；(2) 公开推荐报名与资格审查；(3) 统一考试；(4) 组织考察；(5) 党委（党组）集体讨论决定任用人选；(6) 公布选拔结果。

公开选拔前，要对拟选拔职位所需人才资源进行充分的分析预测，合理确定报名范围和资格条件。报名人员的资格条件，应符合《党政领导干部选拔任用工作暂行条例》的有关规定。选拔方案确定后，要通过党报、电视等新闻媒体向社会公布拟选拔职位、报名资格条件、选拔程序和方法，并广泛宣传发动，动员符合条件的人员参与竞争。

公开推荐报名采取组织推荐、群众推荐和个人自荐的方式进行。同时，要严格按照公布的职位条件要求，对报考者进行资格审查。

考试应由组织（人事）部门统一组织实施。考试包括笔试和面试。笔试主要测试应试者的政治理论和政策水平、行政管理知识和专业知识等。笔试分为公共科目和专业科目。公共科目内容一般应包括马克思主义基本原理、邓小平理论、党和国家的方针政策、社会主义市场经济理论、行政管理学与领导科学、党史党建、法律知识、现代科学技术基础知识等；专业科目内容包括拟选拔职位所要求的业务知识和相关的重要政策法规等。面试主要测试在笔试中不易测试的拟选拔职位所要求的领导能力和素质。

决定任用或决定推荐提名人选要严格按干部管理权限和有关程序、方法进行，并严格执行有关法律的规定。凡属破格提拔的，应在作出决定前征求上级党委组织部门的意见。公开选拔上来的领导干部，上岗前要进行任职培训。其中属于委任制和聘任制的，要实行一年的试用期。试用期满，经过考察，胜任者正式任用，不胜任者取消任用资格，按干部的原职级安排适当工作。

公开选拔领导干部过程中，每道程序的人员筛选要掌握好一定的比例。资格审查合格参加笔试的人数与拟选拔职数的比例一般不低于10∶1左右，经笔试进入面试的人数与拟选拔职数的比例一般在5∶1左右，经面试合格进入考察范围的人数与拟选拔职数的比例一般在3∶1左右。筛选比例应根据报考人数事前设定，严格按成绩确定参加下一轮竞争的人选。

在公开选拔过程中，要严肃纪律，加强监督，保证选拔工作的公正性。

四、着力提高考试的科学化水平

考试是公开选拔领导干部工作的一个关键环节，考试的科学化水平直接关系着公开选拔的公正性和准确性。

考试前要对拟选拔职位的要求和特点作出具体分析，合理确定考试内容和所用题型，据此命制试题。考试分数要能真实反映应试者的知识水平和应用能力，确保考试的筛选作用。考试结束后，要根据考试结果对所用试题进行质量分析，为今后命制试题提供依据。为切实提高试题质量，增强考试的科学性和权威性，中组部将建立全国公开选拔领导干部考试题库，以便为各地各部门的考试工作服务。

面试工作应注意吸收借鉴现代人才测评技术，采用多种有效的方法进行。面试测评小组一般应由党政领导、组织人事部门和相关部门的领导、熟悉拟选拔职位业务的专家组成。

要逐步提高考务管理水平。对考试的程序和考务纪律等要作出明确规定，并严格执行，保证考试工作严密有序地进行。为切实履行职责，努力做好公开选拔领导干部考试这项新的工作，组织人事部门要注意培养一批熟悉公开选拔考试工作业务的人才。

五、认真做好组织考察工作

组织考察是公开选拔领导干部的重要环节。考察要严格按照《党政领导干部选拔任用工作暂行条例》、《党政领导干部考核工作暂行规定》进行。考察中要坚持走群众路线，广泛听取各方面的意见，全面、客观、准确地了解考察对象的德才表现、工作实绩和群众公认程度。要重视考察干部的思想政治素质，深入了解考察对象的理论素养和思想水平、政治方向和政治立场、政治品德和道德品质、群众观点和执行群众路线的情况以及是否廉洁，深入了解考察对象的实际领导水平、政策水平、工作能力、工作作风等。对思想政治素质较差、群众公认程度较低或存在其它较严重问题的干部，即使考试成绩好，也不能作为拟任用人选。对参与同一职位竞争的人选应由同一个考察组考察，以便统一评价比较。

六、切实提高公开选拔领导干部的工作成效

要在坚持基本程序的前提下，减少不必要的工作环节，以降低选拔成本，提高工作成效。全国统一试题库建成后，各地各部门开展公开选拔所需试卷，应从题库中提取。对公开选拔的成果可根据需要进行多层次开发利用，在公开选拔中发现的优秀人才，因职数所限未被任用的，相隔一定时间后也可根据工作需要和本人情况选拔到其他相关岗位上任职，或作为备用人选。

各地、各部门党委（党组）要切实加强对公开选拔领导干部工作的领导，根据领导班子和干部队伍建设的实际，统筹部署本地本部门的公开选拔工作。对选拔工作的重要程序和关键环节要加强指导，认真审查把关。各级组织（人事）部门要认真履行职责，与相关部门密切配合，做好公开选拔的具体实施工作。各级党委（党组）及其组织（人事）部门要采取得力措施，坚决抵制不正之风的干扰。要及时总结经验，认真研究公开选拔工作中出现的新情况、新问题，不断改进和完善这项工作，保证公开选拔工作持续健康地发展。

中共中央组织部关于印发《组织人事干部行为若干规范》的通知

（中组发［1997］11号　1997年8月11日）

《组织人事干部行为若干规范》（以下简称《规范》）已经中央领导同志同意，现印发给你们，请认真贯彻执行。

近年来，各级组织人事部门认真贯彻落实中央关于加强干部队伍建设的指示，在加强自身建设方面做了大量工作，取得了一定成效。但是，应该清醒地看到，当前，组织人事工作中仍然程度不同地存在着不正之风，组织人事干部队伍的整体素质，与中央的要求和做好新时期组织人事工作的需要相比，还有一定的差距。为了建设一支政治坚定、作风优良、纪律严明、工作出色的组织人事干部队伍，坚决防止和纠正组织人事工作中的不正之风，使组织人事工作更好地为贯彻党的基本路线服务，根据《党章》、《关于党内政治生活的若干准则》、《党政领导干部选拔任用工作暂行条例》和近几年中央关于党员领导干部廉洁从政的有关规定，根据江泽民同志关于建设高素质的干部队伍和加强组织部门自身建设的要求，中央组织部在广泛征求意见的基础上，制定了这个《规范》。《规范》是组织人事干部的共同行为准则，也是考核、监督组织人事干部的重要依据。

贯彻好这个《规范》，对于加强组织人事干部队伍建设，做好新形势下的组织人事工作，必将产生巨大的推动作用。各级党委（党组）和组织人事部门接到本通知后，要认真抓好《规范》的学习、宣传和贯彻执行。要联系思想和工作实际，对照检查，针对存在的问题，制定改进措施。学习和对照检查情况，望在12月底前向中组部写出报告。此后每半年检查一次，发现问题及时纠正。

组织人事干部行为若干规范

组织人事干部必须讲学习、讲政治、讲正气。努力学习马列主义、毛泽东思想，特别是邓小平建设有中国特色社会主义理论，坚定共产主义理想和社会主义信念，牢固树立马克思主义的世界观、人生观、价值观；自觉地同以江泽民同志为核心的党中央保持一致，坚决贯彻执行党的基本路线，服务中心，顾全大局，按照党中央关于加强党的建设的总目标、总要求，积极认真地做好本职工作。

为实现上述要求，进一步规范组织人事干部的行为，建设一支政治坚定、作风优良、纪律严明、工作出色的组织人事干部队伍，坚决防止和纠正组织人事工作中的不正之风，使组织人事工作更好地为贯彻党的基本路线服务，特制定本规范。

第一章　坚持原则，公道正派

组织人事干部要忠于党和人民的事业，坚持党的原则，坚持党的组织路线和组织人事工作的方针、政策，坚持民主集中制，公正无私，唯贤是举。

第一条　任人唯贤，搞“五湖四海”，不准封官许愿，拉拉扯扯，搞小圈子。

第二条　扶正祛邪，自觉抵制以不正当手段谋取职务升迁或者职务变动的行为，不准为跑官要官者提供方便。

第三条　秉公办事，刚直不阿，不准在工作中掺杂个人好恶，或者讲人情，看关系。

第四条　全面地、历史地、客观公正地看待同志，不准孤立地、静止地、片面地评价干部，重才轻德或者重德轻才。

第五条　作风民主，善于听取各种意见，不准搞个人说了算。

第二章　严守法纪，按章办事

组织人事干部要严格遵守国家法律法规，严格遵守组织人事纪律和各项规章制度，坚决维护组织人事工作的严肃性。

第一条　发展党员严格按照《党章》和有关规定办理，选拔任用干部严格执行《党政领导干部选拔任用工作暂行条例》，不准违反工作程序，擅作主张，随意表态。

第二条　如实反映情况，敢讲真话，不准弄虚作假，隐瞒或者歪曲事实真相。

第三条　提高政治警觉性，不准玩忽职守，麻痹大意。

第四条　严格保守工作秘密，不准泄露有关领导班子和干部的考察情况，干部任免调配的讨论情况和尚未公布的干部任免调配决定，干部和党员的审查情况，干部档案内容以及其他属于组织内部掌握的情况。

第三章　牢记宗旨，端正作风

组织人事干部要牢记党的全心全意为人民服务的宗旨，密切联系群众；坚持解放思想，实事求是，一切从实际出发；坚持理论联系实际，做到学与用、知与行的统一；坚持真理，修正错误，勇于开展批评和自我批评；坚持高标准，严要求，以强烈的革命事业心和高度的政治责任感对待工作。

第一条　关心群众疾苦，自觉接受监督，做党员和干部的贴心人，不准脱离群众，对群众的要求和意见漠然置之，甚至做损害群众利益的事。

第二条　深入实际，讲求实效，不准搞形式主义，做表面文章。

第三条　开展积极的思想斗争，勇于同不良倾向做斗争，不准对错误言行熟视无睹。

第四条　知过必改，有错必纠，不准文过饰非，或者争功诿过。

第五条　积极开拓进取，勇于改革创新，勤奋敬业，严谨细致，不准懈怠懒散，得过且过，敷衍塞责，粗枝大叶。

第四章　拒腐防变，廉洁从政

组织人事干部要自重、自省、自警、自励，头脑清醒，意志坚定，始终经受住名位、权力、金钱和美色的考验。

第一条　公私分明，严格要求自己，不准利用职权谋取私利，为配偶、子女和亲友就业、录用、调动、提职、晋级、入党、出国、经商等谋求特殊照顾。

第二条　谨慎交友，减少应酬，不准参加可能影响公正执行公务的宴请和娱乐活动。

第三条　艰苦奋斗，勤俭朴素，不准讲排场，比阔气，贪图享乐，奢侈浪费。

第四条　克己奉公，清正廉明，不准违反中央关于廉洁从政的各项规定。

第五章　增强党性，保持情操

组织人事干部要自觉加强党性锻炼和思想道德修养，模范遵守社会公德和职业道德，维护团结，互助友爱，始终保持高尚的情操。

第一条　言行一致，表里如一，不准口是心非，阳奉阴违。

第二条　心胸开阔，宽宏大度，不准嫉贤妒能，压制人才，或者利用职权打击报复。

第三条　襟怀坦白，光明磊落，不准搬弄是非，挑拨离间，传播或者听信小道消息。

第四条　热情服务，谦虚谨慎，不准盛气凌人，简单生硬，骄傲自大。

第六章　附　则

第一条　本规范适用于全国党政机关各级组织人事部门的全体干部。各人民团体、事业单位、国有企业中从事组织人事工作的人员，可参照执行。

第二条　对违反本规范的组织人事干部，要进行批评教育；情节严重的，要依照《中国共产党纪律处分条例（试行）》和《关于对违反〈党政领导干部选拔任用工作暂行条例〉行为的处理规定》严肃处理。

第三条　各级党委（党组）和组织人事部门负责本规范的贯彻实施。组织人事部门的领导干部要带头执行本规范，加强对本规范执行情况的检查监督。

第四条　本规范由中共中央组织部负责解释。

第五条　本规范自发布之日起施行。

中共中央纪律检查委员会
关于建立巡视制度的试行办法

（中纪办发［1996］2号　1996年3月13日）

为了进一步加强和健全党内监督机制，充分发挥中央纪律检查委员会对省（部）级领导班子及其成员的监督职能作用，经中央批准，中央纪委第六次全会已作出“中央纪律检查委员会根据工作需要，选派部级干部到地方和部门巡视”的规定。为更好地贯彻执行这一制度，特制定本试行办法。

一、巡视干部的选派

1. 参加巡视的干部从已经离开领导岗位的正部级干部及个别副部级干部中选派。要挑选党性强，作风好，敢于坚持原则，年龄在70岁以下，健康状况较好和有较高社会声望的老同志参加巡视工作。

2. 参加巡视的具体人选，由中央纪委办公厅会同干部室提出名单，征求中央组织部意见，由中央纪委常委会研究确定。

3. 每次巡视时间根据任务需要确定。

二、巡视干部的任务

1. 了解省、自治区、直辖市和中央、国家机关部委领导班子及其成员执行政治纪律的情况。

2. 了解省、自治区、直辖市和中央、国家机关部委领导班子及其成员的廉政情况。

3. 将巡视情况直接报告中央纪委，重要情况由中央纪委报告党中央。

三、巡视干部的职权

1. 列席省、自治区、直辖市党委常委或部（委）党组的会议及其他有关会议。

2. 直接找省、自治区、直辖市和中央、国家机关部委领导班子成员谈话。

3. 根据工作需要，召开有关人员参加的座谈会或找有关人员谈话。

4. 查阅会议记录和有关材料。

四、巡视干部的纪律

1. 巡视干部执行中央纪委规定范围内的任务，不干预被巡视地方或部门的工作。

2. 巡视干部不承办案件，不处理具体问题，对所到地方或部门的工作及发现的问题不作个人表态。

3. 严格要求自己，带头执行中央提出的关于领导干部廉洁自律的有关规定。

4. 轻车简从，深入实际，联系群众，多方面听取意见，遇有重要情况及时请示、汇报。

五、巡视干部的管理

1. 巡视干部直接对中央纪委常委会负责。

2. 中央纪委办公厅负责巡视干部的组织、联络、协调和情况综合工作。

3. 巡视工作期间，由中央纪委有关纪检监察室派出一名工作人员协助工作。

中共中央办公厅、国务院办公厅关于加强县以上领导机关秘书工作人员管理的规定

（中办发［1986］26号　1986年7月24日）

秘书工作人员是领导同志的工作助手，秘书工作是党政机关工作的重要组成部分。在当前改革和建设的关键时期，各级党政机关面临着繁重的工作任务，从而对各级秘书工作人员也提出了新的更高的要求。针对目前秘书工作人员的实际情况，为了加强秘书队伍建设并有效地加强管理，参照1980年5月《中共中央办公厅关于中央领导同志机要秘书工作的暂行规定》的精神，经中央书记处、国务院领导同志批准，特作如下规定：

（一）坚持正确的政治方向，在思想上政治上同党中央保持高度一致。

秘书工作直接关系到领导机关工作质量的优劣和工作效率的高低，关系到党的路线、方针和政策的贯彻执行。因此，秘书工作人员必须努力学习马克思主义的基本原理，学习党的路线、方针、政策，学习文化科学和业务知识，不断提高自己的思想政治水平和业务能力，学会用正确的立场、观点、方法，研究在对外开放、对内搞活，实行全面改革过程中出现的新情况、新问题，努力当好领导机关和领导同志的参谋和助手。秘书工作人员在任何情况下都不允许有同中央相悖的言行。

（二）遵守工作纪律，全心全意为人民服务。

秘书工作人员必须具有强烈的革命事业心和政治责任感，努力完成党交给的各项任务。要做到行为端正、廉洁奉公，绝不能以自己的特殊工作条件或借领导机关、领导同志的名义，乱拉关系，徇私舞弊，谋取私利。秘书工作人员应当在自己的职责范围内，及时地、实事求是地向领导同志提供情况和建议。传达领导同志的意见，必须准确、及时，不要使用模糊语言，不得夹杂个人意见，使承办部门无所适从，造成工作失误。经领导授意起草的文稿和对信函、文件的批示，必须经领导同志本人审阅并按照规定的程序签署以后，才能发出。任何情况下都不允许仿照领导笔迹书写批示。秘书工作人员协助领导同志处理问题，必须实事求是，公道正派。秘书工作人员不得违背组织原则插手人事问题。要维护领导机关之间和领导同志之间的团结，不得传播、泄露领导同志讨论工作过程中的各种意见和尚未正式作出决定的问题。

（三）树立谦虚谨慎的优良作风。

秘书工作承上启下，沟通左右，是联系群众的桥梁之一。秘书工作部门，是领导机关的门面和窗口。群众看领导机关和领导同志的作风，往往首先或直接接触的是秘书。因此，秘书的作风直接影响到党的威信。秘书工作人员必须严格要求自己，待人接物，一定要和蔼谦虚，态度诚恳。处理问题，既要出以公心，敢于坚持原则，又要耐心细致，讲究礼貌，尊重对方。绝不可口大气粗，盛气凌人，更不允许要态度，逞威风。对待工作，要勇于负责，勤奋努力，虚心好学，讲究效率，多办实事，以优良的思想作风和工作作风，保证各项任务的完成。

（四）严守党和国家的机密。

秘书工作人员接触党和国家的大量机密，保密责任特别重大。在对外开放、对内搞活经济的新形势下，保密工作面临着错综复杂的局面。现在，一些不法分子和外国情报人员活动的一个重要方面，就是企图通过腐蚀拉拢机关工作人员窃取情报。对此，必须保持高度警惕。秘书工作人员对机要文件必须认真登记，严格保管，不得私自带出办公室或擅自复印、摘抄。不允许将机密文件和内部机密情况向家属、亲友以及其他无关人员泄露。

（五）严格秘书工作人员的调配制度。

县以上党政领导机关的秘书工作，都是机要性质的工作。调配秘书工作人员必须严格按照规定的条件，经组织部门审查后任用。领导同志的秘书，应由组织部门会同领导同志所在部门的办公厅（室）审查调配。领导同志也可推荐，但要经过上述部门审查同意，个人不得指定自己的亲属和不适合做秘书工作的人员担任秘书。秘书工作人员必须具备应有的政治条件和文化水平，必须懂得秘书工作的基本知识并经过严格的保密训练。

（六）加强对秘书工作人员的领导和管理。

各级秘书工作都应逐步建立、健全岗位责任制和实行科学管理，严格按照规章制度办事。各级领导机关要对秘书工作人员实行定期考核，根据实际情况制订秘书工作人员奖惩制度。对表现好的要予以表扬、奖励直至晋级；对表现不好的要给予批评、教育，不适合做秘书工作的，要及时调离；犯有严重错误以至违纪犯法的，应按党纪、政纪、国法严肃处理。领导同志的秘书，行政上受各自领导同志和领导同志所在部门的办公厅（室）领导。秘书工作人员的考核和奖惩由领导同志所在部门的办公厅（室）和同级组织部门负责。领导同志的秘书，凡是中共党员，都应参加到一个党支部或党小组过组织生活，自觉接受党组织和群众的帮助和监督。秘书工作人员的工作很辛苦，责任也很重大，各级领导机关和领导同志要经常关心他们，在工作上给以帮助、指导和检查，在生活上要按照有关规定，切实解决他们的实际困难。

上述规定的基本精神，原则上适用于在领导同志处工作的警卫、司机以及其他服务人员。

各地、各部门接到本通知后，要认真组织所属有关工作人员学习、对照检查，并根据本地区、本部门和本单位的实际情况，制订具体措施，加强对秘书和有关工作人员的管理教育，努力提高秘书工作队伍的素质，促使他们进一步增强党性，改进作风，搞好工作，更好地为领导机关、领导同志和人民群众服务。

军队系统领导机关和领导同志的秘书工作人员的管理办法，请军委总政治部作出决定。

中华人民共和国行政许可法

（2003 年 8 月 27 日第十届全国人民代表大会常务委员会第四次会议通过）

第一章　总　则

第一条　为了规范行政许可的设定和实施，保护公民、法人和其他组织的合法权益，维护公共利益和社会秩序，保障和监督行政机关有效实施行政管理，根据宪法，制定本法。

第二条　本法所称行政许可，是指行政机关根据公民、法人或者其他组织的申请，经依法审查，准予其从事特定活动的行为。

第三条　行政许可的设定和实施，适用本法。

有关行政机关对其他机关或者对其直接管理的事业单位的人事、财务、外事等事项的审批，不适用本法。

第四条　设定和实施行政许可，应当依照法定的权限、范围、条件和程序。

第五条　设定和实施行政许可，应当遵循公开、公平、公正的原则。

有关行政许可的规定应当公布；未经公布的，不得作为实施行政许可的依据。行政许可的实施和结果，除涉及国家秘密、商业秘密或者个人隐私的外，应当公开。

符合法定条件、标准的，申请人有依法取得行政许可的平等权利，行政机关不得歧视。

第六条　实施行政许可，应当遵循便民的原则，提高办事效率，提供优质服务。

第七条　公民、法人或者其他组织对行政机关实施行政许可，享有陈述权、申辩权；有权依法申请行政复议或者提起行政诉讼；其合法权益因行政机关违法实施行政许可受到损害的，有权依法要求赔偿。

第八条　公民、法人或者其他组织依法取得的行政许可受法律保护，行政机关不得擅自改变已经生效的行政许可。

行政许可所依据的法律、法规、规章修改或者废止，或者准予行政许可所依据的客观情况发生重大变化的，为了公共利益的需要，行政机关可以依法变更或者撤回已经生效的行政许可。由此给公民、法人或者其他组织造成财产损失的，行政机关应当依法给予补偿。

第九条　依法取得的行政许可，除法律、法规规定依照法定条件和程序可以转让的外，不得转让。

第十条　县级以上人民政府应当建立健全对行政机关实施行政许可的监督制度，加强对行政机关实施行政许可的监督检查。

行政机关应当对公民、法人或者其他组织从事行政许可事项的活动实施有效监督。

第二章　行政许可的设定

第十一条　设定行政许可，应当遵循经济和社会发展规律，有利于发挥公民、法人或者其他组织的积极性、主动性，维护公共利益和社会秩序，促进经济、社会和生态环境协调发展。

第十二条　下列事项可以设定行政许可：

（一）直接涉及国家安全、公共安全、经济宏观调控、生态环境保护以及直接关系人身健康、生命财产安全等特定活动，需要按照法定条件予以批准的事项；

（二）有限自然资源开发利用、公共资源配置以及直接关系公共利益的特定行业的市场准入等，需要赋予特定权利的事项；

（三）提供公众服务并且直接关系公共利益的职业、行业，需要确定具备特殊信誉、特殊条件或者特殊技能等资格、资质的事项；

（四）直接关系公共安全、人身健康、生命财产安全的重要设备、设施、产品、物品，需要按照技术标准、技术规范，通过检验、检测、检疫等方式进行审定的事项；

（五）企业或者其他组织的设立等，需要确定主体资格的事项；

（六）法律、行政法规规定可以设定行政许可的其他事项。

第十三条　本法第十二条所列事项，通过下列方式能够予以规范的，可以不设行政许可：

（一）公民、法人或者其他组织能够自主决定的；

（二）市场竞争机制能够有效调节的；

（三）行业组织或者中介机构能够自律管理的；

（四）行政机关采用事后监督等其他行政管理方式能够解决的。

第十四条　本法第十二条所列事项，法律可以设定行政许可。尚未制定法律的，行政法规可以设定行政许可。

必要时，国务院可以采用发布决定的方式设定行政许可。实施后，除临时性行政许可事项外，国务院应当及时提请全国人民代表大会及其常务委员会制定法律，或者自行制定行政法规。

第十五条　本法第十二条所列事项，尚未制定法律、行政法规的，地方性法规可以设定行政许可；尚未制定法律、行政法规和地方性法规的，因行政管理的需要，确需立即实施行政许可的，省、自治区、直辖市人民政府规章可以设定临时性的行政许可。临时性的行政许可实施满一年需要继续实施的，应当提请本级人民代表大会及其常务委员会制定地方性法规。

地方性法规和省、自治区、直辖市人民政府规章，不得设定应当由国家统一确定的公民、法人或者其他组织的资格、资质的行政许可；不得设定企业或者其他组织的设立登记及其前置性行政许可。其设定的行政许可，不得限制其他地区的个人或者企业到本地区从事生产经营和提供服务，不得限制其他地区的商品进入本地区市场。

第十六条　行政法规可以在法律设定的行政许可事项范围内，对实施该行政许可作出具体规定。

地方性法规可以在法律、行政法规设定的行政许可事项范围内，对实施该行政许可作出具体规定。

规章可以在上位法设定的行政许可事项范围内，对实施该行政许可作出具体规定。

法规、规章对实施上位法设定的行政许可作出的具体规定，不得增设行政许可；对行政许可条件作出的具体规定，不得增设违反上位法的其他条件。

第十七条　除本法第十四条、第十五条规定的外，其他规范性文件一律不得设定行政许可。

第十八条　设定行政许可，应当规定行政许可的实施机关、条件、程序、期限。

第十九条　起草法律草案、法规草案和省、自治区、直辖市人民政府规章草案，拟设定行政许可的，起草单位应当采取听证会、论证会等形式听取意见，并向制定机关说明设定该行政许可的必要性、对经济和社会可能产生的影响以及听取和采纳意见的情况。

第二十条　行政许可的设定机关应当定期对其设定的行政许可进行评价；对已设定的行政许可，认为通过本法第十三条所列方式能够解决的，应当对设定该行政许可的规定及时予以修改或者废止。

行政许可的实施机关可以对已设定的行政许可的实施情况及存在的必要性适时进行评价，并将意见报告该行政许可的设定机关。

公民、法人或者其他组织可以向行政许可的设定机关和实施机关就行政许可的设定和实施提出意见和建议。

第二十一条　省、自治区、直辖市人民政府对行政法规设定的有关经济事务的行政许可，根据本行政区域经济和社会发展情况，认为通过本法第十三条所列方式能够解决的，报国务院批准后，可以在本行政区域内停止实施该行政许可。

第三章　行政许可的实施机关

第二十二条　行政许可由具有行政许可权的行政机关在其法定职权范围内实施。

第二十三条　法律、法规授权的具有管理公共事务职能的组织，在法定授权范围内，以自己的名义实施行政许可。被授权的组织适用本法有关行政机关的规定。

第二十四条　行政机关在其法定职权范围内，依照法律、法规、规章的规定，可以委托其他行政机关实施行政许可。委托机关应当将受委托行政机关和受委托实施行政许可的内容予以公告。

委托行政机关对受委托行政机关实施行政许可的行为应当负责监督，并对该行为的后果承担法律责任。

受委托行政机关在委托范围内，以委托行政机关名义实施行政许可；不得再委托其他组织或者个人实施行政许可。

第二十五条　经国务院批准，省、自治区、直辖市人民政府根据精简、统一、效能的原则，可以决定一个行政机关行使有关行政机关的行政许可权。

第二十六条　行政许可需要行政机关内设的多个机构办理的，该行政机关应当确定一个机构统一受理行政许可申请，统一送达行政许可决定。

行政许可依法由地方人民政府两个以上部门分别实施的，本级人民政府可以确定一个部门受理行政许可申请并转告有关部门分别提出意见后统一办理，或者组织有关部门联合办理、集中办理。

第二十七条 行政机关实施行政许可，不得向申请人提出购买指定商品、接受有偿服务等不正当要求。

行政机关工作人员办理行政许可，不得索取或者收受申请人的财物，不得谋取其他利益。

第二十八条 对直接关系公共安全、人身健康、生命财产安全的设备、设施、产品、物品的检验、检测、检疫，除法律、行政法规规定由行政机关实施的外，应当逐步由符合法定条件的专业技术组织实施。专业技术组织及其有关人员对所实施的检验、检测、检疫结论承担法律责任。

第四章 行政许可的实施程序

第一节 申请与受理

第二十九条 公民、法人或者其他组织从事特定活动，依法需要取得行政许可的，应当向行政机关提出申请。申请书需要采用格式文本的，行政机关应当向申请人提供行政许可申请书格式文本。申请书格式文本中不得包含与申请行政许可事项没有直接关系的内容。

申请人可以委托代理人提出行政许可申请。但是，依法应当由申请人到行政机关办公场所提出行政许可申请的除外。

行政许可申请可以通过信函、电报、电传、传真、电子数据交换和电子邮件等方式提出。

第三十条 行政机关应当将法律、法规、规章规定的有关行政许可的事项、依据、条件、数量、程序、期限以及需要提交的全部材料的目录和申请书示范文本等在办公场所公示。

申请人要求行政机关对公示内容予以说明、解释的，行政机关应当说明、解释，提供准确、可靠的信息。

第三十一条 申请人申请行政许可，应当如实向行政机关提交有关材料和反映真实情况，并对其申请材料实质内容的真实性负责。行政机关不得要求申请人提交与其申请的行政许可事项无关的技术资料和其他材料。

第三十二条 行政机关对申请人提出的行政许可申请，应当根据下列情况分别作出处理：

（一）申请事项依法不需要取得行政许可的，应当即时告知申请人不受理；

（二）申请事项依法不属于本行政机关职权范围的，应当即时作出不予受理的决定，并告知申请人向有关行政机关申请；

（三）申请材料存在可以当场更正的错误的，应当允许申请人当场更正；

（四）申请材料不齐全或者不符合法定形式的，应当当场或者在五日内一次告知申请人需要补正的全部内容，逾期不告知的，自收到申请材料之日起即为受理；

（五）申请事项属于本行政机关职权范围，申请材料齐全、符合法定形式，或者申请人按照本行政机关的要求提交全部补正申请材料的，应当受理行政许可申请。

行政机关受理或者不予受理行政许可申请，应当出具加盖本行政机关专用印章和注明日期的书面凭证。

第三十三条　行政机关应当建立和完善有关制度，推行电子政务，在行政机关的网站上公布行政许可事项，方便申请人采取数据电文等方式提出行政许可申请；应当与其他行政机关共享有关行政许可信息，提高办事效率。

第二节　审查与决定

第三十四条　行政机关应当对申请人提交的申请材料进行审查。

申请人提交的申请材料齐全、符合法定形式，行政机关能够当场作出决定的，应当当场作出书面的行政许可决定。

根据法定条件和程序，需要对申请材料的实质内容进行核实的，行政机关应当指派两名以上工作人员进行核查。

第三十五条　依法应当先经下级行政机关审查后报上级行政机关决定的行政许可，下级行政机关应当在法定期限内将初步审查意见和全部申请材料直接报送上级行政机关。上级行政机关不得要求申请人重复提供申请材料。

第三十六条　行政机关对行政许可申请进行审查时，发现行政许可事项直接关系他人重大利益的，应当告知该利害关系人。申请人、利害关系人有权进行陈述和申辩。行政机关应当听取申请人、利害关系人的意见。

第三十七条　行政机关对行政许可申请进行审查后，除当场作出行政许可决定的外，应当在法定期限内按照规定程序作出行政许可决定。

第三十八条　申请人的申请符合法定条件、标准的，行政机关应当依法作出准予行政许可的书面决定。

行政机关依法作出不予行政许可的书面决定的，应当说明理由，并告知申请人享有依法申请行政复议或者提起行政诉讼的权利。

第三十九条　行政机关作出准予行政许可的决定，需要颁发行政许可证件的，应当向申请人颁发加盖本行政机关印章的下列行政许可证件：

（一）许可证、执照或者其他许可证书；

（二）资格证、资质证或者其他合格证书；

（三）行政机关的批准文件或者证明文件；

（四）法律、法规规定的其他行政许可证件。

行政机关实施检验、检测、检疫的，可以在检验、检测、检疫合格的设备、设施、产品、物品上加贴标签或者加盖检验、检测、检疫印章。

第四十条　行政机关作出的准予行政许可决定，应当予以公开，公众有权查阅。

第四十一条　法律、行政法规设定的行政许可，其适用范围没有地域限制的，申请人取得的行政许可在全国范围内有效。

第三节　期　限

第四十二条　除可以当场作出行政许可决定的外，行政机关应当自受理行政许可申请之日起二十日内作出行政许可决定。二十日内不能作出决定的，经本行政机关负责人批准，可以延长十日，并应当将延长期限的理由告知申请人。但是，法律、法规另有规定的，依照其规定。

依照本法第二十六条的规定，行政许可采取统一办理或者联合办理、集中办理的，办理的时间不得超过四十五日；四十五日内不能办结的，经本级人民政府负责人批准，可以延长十五日，并应当将延长期限的理由告知申请人。

第四十三条 依法应当先经下级行政机关审查后报上级行政机关决定的行政许可，下级行政机关应当自其受理行政许可申请之日起二十日内审查完毕。但是，法律、法规另有规定的，依照其规定。

第四十四条 行政机关作出准予行政许可的决定，应当自作出决定之日起十日内向申请人颁发、送达行政许可证件，或者加贴标签、加盖检验、检测、检疫印章。

第四十五条 行政机关作出行政许可决定，依法需要听证、招标、拍卖、检验、检测、检疫、鉴定和专家评审的，所需时间不计算在本节规定的期限内。行政机关应当将所需时间书面告知申请人。

第四节 听 证

第四十六条 法律、法规、规章规定实施行政许可应当听证的事项，或者行政机关认为需要听证的其他涉及公共利益的重大行政许可事项，行政机关应当向社会公告，并举行听证。

第四十七条 行政许可直接涉及申请人与他人之间重大利益关系的，行政机关在作出行政许可决定前，应当告知申请人、利害关系人享有要求听证的权利；申请人、利害关系人在被告知听证权利之日起五日内提出听证申请的，行政机关应当在二十日内组织听证。

申请人、利害关系人不承担行政机关组织听证的费用。

第四十八条 听证按照下列程序进行：

（一）行政机关应当于举行听证的七日前将举行听证的时间、地点通知申请人、利害关系人，必要时予以公告；

（二）听证应当公开举行；

（三）行政机关应当指定审查该行政许可申请的工作人员以外的人员为听证主持人，申请人、利害关系人认为主持人与该行政许可事项有直接利害关系的，有权申请回避；

（四）举行听证时，审查该行政许可申请的工作人员应当提供审查意见的证据、理由，申请人、利害关系人可以提出证据，并进行申辩和质证；

（五）听证应当制作笔录，听证笔录应当交听证参加人确认无误后签字或者盖章。

行政机关应当根据听证笔录，作出行政许可决定。

第五节 变更与延续

第四十九条 被许可人要求变更行政许可事项的，应当向作出行政许可决定的行政机关提出申请；符合法定条件、标准的，行政机关应当依法办理变更手续。

第五十条 被许可人需要延续依法取得的行政许可的有效期的，应当在该行政许可有效期届满三十日前向作出行政许可决定的行政机关提出申请。但是，法律、法规、规章另有规定的，依照其规定。

行政机关应当根据被许可人的申请，在该行政许可有效期届满前作出是否准予延续的决定；逾期未作决定的，视为准予延续。

第六节 特别规定

第五十一条 实施行政许可的程序，本节有规定的，适用本节规定；本节没有规定的，适用本章其他有关规定。

第五十二条　国务院实施行政许可的程序，适用有关法律、行政法规的规定。

第五十三条　实施本法第十二条第二项所列事项的行政许可的，行政机关应当通过招标、拍卖等公平竞争的方式作出决定。但是，法律、行政法规另有规定的，依照其规定。

行政机关通过招标、拍卖等方式作出行政许可决定的具体程序，依照有关法律、行政法规的规定。

行政机关按照招标、拍卖程序确定中标人、买受人后，应当作出准予行政许可的决定，并依法向中标人、买受人颁发行政许可证件。

行政机关违反本条规定，不采用招标、拍卖方式，或者违反招标、拍卖程序，损害申请人合法权益的，申请人可以依法申请行政复议或者提起行政诉讼。

第五十四条　实施本法第十二条第三项所列事项的行政许可，赋予公民特定资格，依法应当举行国家考试的，行政机关根据考试成绩和其他法定条件作出行政许可决定；赋予法人或者其他组织特定的资格、资质的，行政机关根据申请人的专业人员构成、技术条件、经营业绩和管理水平等的考核结果作出行政许可决定。但是，法律、行政法规另有规定的，依照其规定。

公民特定资格的考试依法由行政机关或者行业组织实施，公开举行。行政机关或者行业组织应当事先公布资格考试的报名条件、报考办法、考试科目以及考试大纲。但是，不得组织强制性的资格考试的考前培训，不得指定教材或者其他助考材料。

第五十五条　实施本法第十二条第四项所列事项的行政许可的，应当按照技术标准、技术规范依法进行检验、检测、检疫，行政机关根据检验、检测、检疫的结果作出行政许可决定。

行政机关实施检验、检测、检疫，应当自受理申请之日起五日内指派两名以上工作人员按照技术标准、技术规范进行检验、检测、检疫。不需要对检验、检测、检疫结果作进一步技术分析即可认定设备、设施、产品、物品是否符合技术标准、技术规范的，行政机关应当当场作出行政许可决定。

行政机关根据检验、检测、检疫结果，作出不予行政许可决定的，应当书面说明不予行政许可所依据的技术标准、技术规范。

第五十六条　实施本法第十二条第五项所列事项的行政许可，申请人提交的申请材料齐全、符合法定形式的，行政机关应当当场予以登记。需要对申请材料的实质内容进行核实的，行政机关依照本法第三十四条第三款的规定办理。

第五十七条　有数量限制的行政许可，两个或者两个以上申请人的申请均符合法定条件、标准的，行政机关应当根据受理行政许可申请的先后顺序作出准予行政许可的决定。但是，法律、行政法规另有规定的，依照其规定。

第五章　行政许可的费用

第五十八条　行政机关实施行政许可和对行政许可事项进行监督检查，不得收取任何费用。但是，法律、行政法规另有规定的，依照其规定。

行政机关提供行政许可申请书格式文本，不得收费。

行政机关实施行政许可所需经费应当列入本行政机关的预算，由本级财政予以保障，按照批准的预算予以核拨。

第五十九条 行政机关实施行政许可，依照法律、行政法规收取费用的，应当按照公布的法定项目和标准收费；所收取的费用必须全部上缴国库，任何机关或者个人不得以任何形式截留、挪用、私分或者变相私分。财政部门不得以任何形式向行政机关返还或者变相返还实施行政许可所收取的费用。

第六章 监督检查

第六十条 上级行政机关应当加强对下级行政机关实施行政许可的监督检查，及时纠正行政许可实施中的违法行为。

第六十一条 行政机关应当建立健全监督制度，通过核查反映被许可人从事行政许可事项活动情况的有关材料，履行监督责任。

行政机关依法对被许可人从事行政许可事项的活动进行监督检查时，应当将监督检查的情况和处理结果予以记录，由监督检查人员签字后归档。公众有权查阅行政机关监督检查记录。

行政机关应当创造条件，实现与被许可人、其他有关行政机关的计算机档案系统互联，核查被许可人从事行政许可事项活动情况。

第六十二条 行政机关可以对被许可人生产经营的产品依法进行抽样检查、检验、检测，对其生产经营场所依法进行实地检查。检查时，行政机关可以依法查阅或者要求被许可人报送有关材料；被许可人应当如实提供有关情况和材料。

行政机关根据法律、行政法规的规定，对直接关系公共安全、人身健康、生命财产安全的重要设备、设施进行定期检验。对检验合格的，行政机关应当发给相应的证明文件。

第六十三条 行政机关实施监督检查，不得妨碍被许可人正常的生产经营活动，不得索取或者收受被许可人的财物，不得谋取其他利益。

第六十四条 被许可人在作出行政许可决定的行政机关管辖区域外违法从事行政许可事项活动的，违法行为发生地的行政机关应当依法将被许可人的违法事实、处理结果抄告作出行政许可决定的行政机关。

第六十五条 个人和组织发现违法从事行政许可事项的活动，有权向行政机关举报，行政机关应当及时核实、处理。

第六十六条 被许可人未依法履行开发利用自然资源义务或者未依法履行利用公共资源义务的，行政机关应当责令限期改正；被许可人在规定期限内不改正的，行政机关应当依照有关法律、行政法规的规定予以处理。

第六十七条 取得直接关系公共利益的特定行业的市场准入行政许可的被许可人，应当按照国家规定的服务标准、资费标准和行政机关依法规定的条件，向用户提供安全、方便、稳定和价格合理的服务，并履行普遍服务的义务；未经作出行政许可决定的行政机关批准，不得擅自停业、歇业。

被许可人不履行前款规定的义务的，行政机关应当责令限期改正，或者依法采取有效措施督促其履行义务。

第六十八条 对直接关系公共安全、人身健康、生命财产安全的重要设备、设施，行政机关应当督促设计、建造、安装和使用单位建立相应的自检制度。

行政机关在监督检查时，发现直接关系公共安全、人身健康、生命财产安全的重要设备、设施存在安全隐患的，应当责令停止建造、安装和使用，并责令设计、建造、安装和使用单位立即改正。

第六十九条　有下列情形之一的，作出行政许可决定的行政机关或者其上级行政机关，根据利害关系人的请求或者依据职权，可以撤销行政许可：

（一）行政机关工作人员滥用职权、玩忽职守作出准予行政许可决定的；

（二）超越法定职权作出准予行政许可决定的；

（三）违反法定程序作出准予行政许可决定的；

（四）对不具备申请资格或者不符合法定条件的申请人准予行政许可的；

（五）依法可以撤销行政许可的其他情形。

被许可人以欺骗、贿赂等不正当手段取得行政许可的，应当予以撤销。

依照前两款的规定撤销行政许可，可能对公共利益造成重大损害的，不予撤销。

依照本条第一款的规定撤销行政许可，被许可人的合法权益受到损害的，行政机关应当依法给予赔偿。依照本条第二款的规定撤销行政许可的，被许可人基于行政许可取得的利益不受保护。

第七十条　有下列情形之一的，行政机关应当依法办理有关行政许可的注销手续：

（一）行政许可有效期届满未延续的；

（二）赋予公民特定资格的行政许可，该公民死亡或者丧失行为能力的；

（三）法人或者其他组织依法终止的；

（四）行政许可依法被撤销、撤回，或者行政许可证件依法被吊销的；

（五）因不可抗力导致行政许可事项无法实施的；

（六）法律、法规规定的应当注销行政许可的其他情形。

第七章　法律责任

第七十一条　违反本法第十七条规定设定的行政许可，有关机关应当责令设定该行政许可的机关改正，或者依法予以撤销。

第七十二条　行政机关及其工作人员违反本法的规定，有下列情形之一的，由其上级行政机关或者监察机关责令改正；情节严重的，对直接负责的主管人员和其他直接责任人员依法给予行政处分：

（一）对符合法定条件的行政许可申请不予受理的；

（二）不在办公场所公示依法应当公示的材料的；

（三）在受理、审查、决定行政许可过程中，未向申请人、利害关系人履行法定告知义务的；

（四）申请人提交的申请材料不齐全、不符合法定形式，不一次告知申请人必须补正的全部内容的；

（五）未依法说明不受理行政许可申请或者不予行政许可的理由的；

（六）依法应当举行听证而不举行听证的。

第七十三条　行政机关工作人员办理行政许可、实施监督检查，索取或者收受他人财物或者谋取其他利益，构成犯罪的，依法追究刑事责任；尚不构成犯罪的，依法给予行政处分。

第七十四条 行政机关实施行政许可，有下列情形之一的，由其上级行政机关或者监察机关责令改正，对直接负责的主管人员和其他直接责任人员依法给予行政处分；构成犯罪的，依法追究刑事责任：

（一）对不符合法定条件的申请人准予行政许可或者超越法定职权作出准予行政许可决定的；

（二）对符合法定条件的申请人不予行政许可或者不在法定期限内作出准予行政许可决定的；

（三）依法应当根据招标、拍卖结果或者考试成绩择优作出准予行政许可决定，未经招标、拍卖或者考试，或者不根据招标、拍卖结果或者考试成绩择优作出准予行政许可决定的。

第七十五条 行政机关实施行政许可，擅自收费或者不按照法定项目和标准收费的，由其上级行政机关或者监察机关责令退还非法收取的费用；对直接负责的主管人员和其他直接责任人员依法给予行政处分。

截留、挪用、私分或者变相私分实施行政许可依法收取的费用的，予以追缴；对直接负责的主管人员和其他直接责任人员依法给予行政处分；构成犯罪的，依法追究刑事责任。

第七十六条 行政机关违法实施行政许可，给当事人的合法权益造成损害的，应当依照国家赔偿法的规定给予赔偿。

第七十七条 行政机关不依法履行监督职责或者监督不力，造成严重后果的，由其上级行政机关或者监察机关责令改正，对直接负责的主管人员和其他直接责任人员依法给予行政处分；构成犯罪的，依法追究刑事责任。

第七十八条 行政许可申请人隐瞒有关情况或者提供虚假材料申请行政许可的，行政机关不予受理或者不予行政许可，并给予警告；行政许可申请属于直接关系公共安全、人身健康、生命财产安全事项的，申请人在一年内不得再次申请该行政许可。

第七十九条 被许可人以欺骗、贿赂等不正当手段取得行政许可的，行政机关应当依法给予行政处罚；取得的行政许可属于直接关系公共安全、人身健康、生命财产安全事项的，申请人在三年内不得再次申请该行政许可；构成犯罪的，依法追究刑事责任。

第八十条 被许可人有下列行为之一的，行政机关应当依法给予行政处罚；构成犯罪的，依法追究刑事责任：

（一）涂改、倒卖、出租、出借行政许可证件，或者以其他形式非法转让行政许可的；

（二）超越行政许可范围进行活动的；

（三）向负责监督检查的行政机关隐瞒有关情况、提供虚假材料或者拒绝提供反映其活动情况的真实材料的；

（四）法律、法规、规章规定的其他违法行为。

第八十一条 公民、法人或者其他组织未经行政许可，擅自从事依法应当取得行政许可的活动的，行政机关应当依法采取措施予以制止，并依法给予行政处罚；构成犯罪的，依法追究刑事责任。

第八章　附　则

第八十二条　本法规定的行政机关实施行政许可的期限以工作日计算，不含法定节假日。

第八十三条　本法自 2004 年 7 月 1 日起施行。

监察部关于贯彻实施《行政许可法》加强对贯彻执行《行政许可法》情况进行监察的通知

（监发［2004］2号　2004年4月1日）

各省、自治区、直辖市监察厅（局），各经济特区、计划单列城市、沿海开放城市监察局，监察部各派驻监察局、监察专员办公室：

《中华人民共和国行政许可法》（以下简称《行政许可法》）将于2004年7月1日起施行，这是我国社会主义民主与法制建设的一件大事，对各级政府工作将产生重大而深远的影响。各级监察机关要高度重视、切实做好《行政许可法》实施前的各项准备工作，加强对贯彻执行《行政许可法》情况的监察。为此，特通知如下：

一、充分认识贯彻实施《行政许可法》的重要意义

《行政许可法》的贯彻实施，对于进一步深化行政审批制度改革，加快政府职能转变，保护公民、法人和其他组织的合法权益，佩障和监督行政机关有效实施行政管理，形成行为规范、运转协调、公正透明、廉洁高效的行政管理体制，以及从源头上预防和治理腐败，都具有重要意义。各级监察机关要从实践“三个代表”重要思想，全面推进依法行政、建设法治政府的高度，充分认识贯彻实施《行政许可法》的重要意义，学习、掌握、宣传《行政许可法》，认真做好《行政许可法》实施前的各项准备工作。《行政许可法》实施后，要以对国家和人民高度负责的精神，充分发挥监察机关的职能作用，切实把对贯彻执行《行政许可法》情况进行监察作为一项重大而长期的任务，加强领导，认真部署，精心组织，以求真务实的精神，切实把这项工作抓紧、抓好。

二、抓紧组织好《行政许可法》的学习、宣传和培训工作

《行政许可法》的政策性、专业性很强，其所确立的原则和制度，是对现行行政许可制度的重大改革和创新。《行政许可法》对监察机关在行政许可工作中的职责作了规定，对监察工作提出了更高、更严的要求。各级监察机关特别是领导干部要带头学习、宣传《行政许可法》，准确理解、深刻领会、正确把握其精神实质和基本内容。要按照学用结合的原则，通过自学或举办专题讲座、报告会、座谈会、培训班等多种形式深入开展学习、宣传活动，使监察干部掌握《行政许可法》的有关规定和行政许可方面的有关知识，增强依法监察意识，提高依法监察能力，更好地履行监察职责。

三、认真履行《行政许可法》赋予监察机关的职责

《行政许可法》对监察机关的职责作了明确规定，主要有三项职责：第一，根据《行政许可法》第七十二条、第七十四条和第七十七条的规定，对行政许可实施机关及其工作人员违反法定程序实施行政许可、违反法定条件实施行政许可以及行政机关不依法履行监督职责或者监督不力的，监察机关有权责令改正，并对直接负责的主管人员和其他直接责任人员依法给予行政处分；第二，根据《行政许可法》第七十五条的规定，监察机关对行政机关实施行政许可，擅自收费或者不按照法定项目和标准收费的，有权责令退还非法收取的费用，对直接负责的主管人员和其他直接责任人员依法给予行政处分；第三，根据《行政许可法》第七十三条的规定，监察机关对在办理行政许可，实施监督检查中索取或者收受他人财物或者谋取其他利益的行政机关工作人员依法给予行政处分。各级监察机关要根据上述规定的要求，认真履行《行政许可法》赋予监察机关的职责，充分发挥监察机关在贯彻实施《行政许可法》工作中的职能作用。这也是贯彻落实中央纪委第三次全会和国务院第二次廉政工作会议精神的重要举措。各级监察机关要根据本通知精神，结合率地区、本部门的实际情况，尽快制定贯彻实施《行政许可法》的工作方案，提出具体措施，认真加以落实。要把对贯彻执行《行政许可法》情况进行监察作为一项重要工作，摆上重要议事日程。地方各级监察机关要有一名领导同志负责此项工作，对工作中遇到的情况和问题，要协调有关部门妥善解决，重大问题要及时向本级政府和上级监察机关报告。对工作不到位、敷衍塞责，走过场的监察机关要进行通报批评或对有关责任人员实行责任追究。

监察部关于印发《关于监察机关对行政许可法贯彻执行情况开展监督检查的意见》的通知

（监发［2005］2号　2005年3月18日）

《中华人民共和国行政许可法》的颁布施行，是我国社会主义民主与法制建设的一件大事，对于完善社会主义市场经济体制，全面推进依法行政，加快建设法治政府，以及从源头上预防和治理腐败，都具有十分重要的意义。各级监察机关要按照行政许可法、行政监察法及其他有关法律法规的规定和《监察部关于贯彻实施〈行政许可法〉加强对贯彻执行〈行政许可法〉情况进行监察的通知》（监发［2004］2号）要求，认真履行职责，发挥职能作用，把对行政许可法贯彻执行情况的监督检查作为一项重要任务，切实抓紧抓好。按照中央纪委第五次全会和国务院第三次廉政工作会议的部署，现就监察机关开展对行政许可法贯彻执行情况的监督检查提出如下意见。

一、开展监督检查的指导思想和原则

以邓小平理论和“三个代表”重要思想为指导，全面贯彻党的十六大和十六届三中、四中全会精神，认真落实《建立健全教育、制度、监督并重的惩治和预防腐败体系实施纲要》和《全面推进依法行政实施纲要》，加强对行政许可法贯彻执行情况的监督检查，促进行政许可法全面、正确地贯彻实施，进一步深化行政审批制度改革，加快政府职能转变，保障和促使行政机关依法有效实施行政管理，从源头上预防和治理腐败。

对行政许可法贯彻执行情况开展监督检查要遵循以下原则：

（一）依法监督。根据依法行政的要求，按照法定职责和权限开展监督检查；检查督促有关行政许可实施单位（指具有行政许可权的行政机关和法律、法规授权的具有管理公共事务职能的组织，下同）依法履行职责，提高工作效率，降低行政成本，方便管理相对人，防范和及时解决行政许可实施单位违法实施行政许可以及侵犯公民、法人或者其他组织合法权益的问题。

（二）分级监察。各级监察机关按照法定职责监督检查本行政区域的行政许可实施单位贯彻执行行政许可法的情况；监察机关派驻机构负责监督检查驻在部门及所属系统贯彻执行行政许可法的情况。

（三）惩防结合。按照全面推进依法行政、建设法治政府的要求，督促有关部门和行政许可实施单位进一步清理、规范行政许可事项。坚决查处行政许可中利用审批权力谋取私利，以及失职渎职、严重损害国家和群众利益的案件。查找体制机制制度方面存在的问题和漏洞，加强制度建设和后续监管，建立科学合理的审批权力监控机制。

二、监督检查的范围和内容

要围绕行政许可的设定、实施及行政许可实施后的监管情况开展监督检查，纠正和处理违反行政许可法的行为；督促有关部门和行政许可实施单位逐步建立和完善信息公示、实施程序、收费、绩效评估、过错责任追究等相关配套制度。

要以关系国计民生或者提供公共服务、直接关系公共利益的部门和行业为重点，对行政许可法贯彻执行情况开展监督检查。2005 年，着重抓好对国土资源、农业、环保、质检、建设、水利、交通、公安等部门和行业的监督检查工作。

（一）进一步清理行政许可项目。督促有关部门和行政许可实施单位在进一步摸清底数的基础上，按照行政许可法和行政审批制度改革的政策规定，对行政许可项目作出处理。除法律法规设定的行政许可项目、国务院公布保留的行政许可项目和省、自治区、直辖市依法设立的行政许可项目外，其他行政许可项目应依照法定程序予以取消或调整。对国务院明令取消的行政许可事项，任何地方和部门都不得再行审批；对调整的行政许可项目，要及时交给有关地方和行业组织、中介机构管理。要严格规范备案、核准的范围和程序，对已经取消和下放的许可事项，不得以“备案”名义变相审批。

（二）进一步清理涉及行政许可的规范性文件。督促有关部门和行政许可实施单位全面清理设定行政许可的依据文件。对已经取消或调整的行政许可项目，要及时废止或修订相关依据文件；对越权设立或擅自设立行政许可的规范性文件，要予以纠正。所有依据文件都应向社会公布，接受监督。

（三）进一步清理行政许可实施主体。会同有关部门全面清理行政许可的实施主体，对不符合法定条件而实施行政许可的予以纠正；督促行政许可实施单位依法认真履行职责。

（四）严肃纠正和处理违反行政许可法的行为。监督检查行政许可实施单位及其工作人员在实施行政许可中，有无以下违纪违法行为：

1. 对符合法定条件的行政许可申请不予受理；

2. 不在办公场所公示依法应当公示的材料；

3. 未向申请人、利害关系人履行法定告知义务；

4. 申请人提交的申请材料不齐全或不符合法定形式时，不一次告知申请人必须补正的全部内容；

5. 不受理行政许可申请或者不予行政许可时，未依法说明理由；

6. 依法应当举行听证而不举行听证；

7. 索取或者收受他人财物，或者谋取其他利益；

8. 对不符合法定条件的申请人准予行政许可或者超越法定职权作出准予行政许可决定；

9. 对符合法定条件的申请人不予行政许可或者不在法定期限内作出准予行政许可决定；

10. 依法应当根据招标、拍卖结果或者考试成绩择优作出行政许可决定时，未经招标、拍卖或者考试，或者不根据招标、拍卖结果或者考试成绩择优作出准予行政许可决定；

11. 擅自收费或者不按照法定项目和标准收费；

12. 截留、挪用、私分或者变相私分实施行政许可依法收取的费用；

13. 其他违反行政许可法的行为。

发生上述行为的，要责令改正；性质严重、影响恶劣的，要严肃行政纪律，追究有关单位和人员的责任；涉嫌犯罪的，要移交司法机关处理。

（五）督促有关机关加强行政许可实施后的监管。监督检查行政许可实施单位是否依法履行职责，加强对行政许可实施后的监管工作；认真受理和解决涉及行政许可的有关投诉。对在实施行政许可后不依法履行监管职责或者监管不力造成严重后果的，要依法严肃追究主管人员和其他责任人员的责任。

三、做好监督检查工作的几点要求

（一）加强组织领导。监察机关要充分认识对行政许可法贯彻执行情况开展监督检查的重要意义，增强政治责任感和工作紧迫感，按照中央纪委第五次全会、国务院第三次廉政工作会议的部署和要求，把这项工作摆上重要议事日程，认真抓好落实。领导班子中要有人负责这项工作，加强指导和协调。要注意整合机关内部工作力量，积极发挥派驻机构的作用；监察机关派驻机构要切实履行职责，加强对驻在部门及所属系统实施行政许可情况的监督检查，认真完成派出机关交办的任务。要搞好与政府法制办等有关部门的协作配合，形成工作合力。

（二）讲究方式方法。要研究和改进监督检查的方式方法，增强工作的有效性。有条件的地方要结合电子政务建设，建立行政许可电子监察系统，提高监督检查工作效率。要探索行政许可的特点和规律，注意总结推广好的做法和经验；认真分析梳理工作中新的情况和问题，及时会同有关部门研究解决。要按照有关法律法规规定和本意见的要求，建立健全对行政许可法贯彻执行情况开展监督检查的规章制度，使监督检查工作逐步规范化、制度化。要精心制定年度工作方案，明确工作目标，扎扎实实地抓好落实。各省（区、市）监察厅（局）、监察部各派驻机构要就行政许可法贯彻执行情况的监督检查工作向监察部提交专题报告。

（三）搞好统筹协调。要把对行政许可法贯彻执行情况的监督检查工作，放在完善社会主义市场经济体制和推行依法行政、建设法治政府的进程中认识和把握，与进一步深化行政审批制度改革、创新行政管理方式和提高行政水平相结合，与加强行政效能监察、政务公开、民主评议政风行风、落实“收支两条线”规定等工作统筹安排、有序推进，增强工作的整体效果。

公开选拔党政领导干部工作暂行规定

（中办发［2004］13号　2004年4月8日）

第一章　总　则

第一条　为进一步规范和完善公开选拔党政领导干部工作，推进干部工作的科学化、民主化、制度化，促使优秀人才脱颖而出，根据《党政领导干部选拔任用工作条例》和有关法律、法规，制定本规定。

第二条　公开选拔是党政领导干部选拔任用方式之一。本规定所称的公开选拔党政领导干部，是指党委（党组）及其组织（人事）部门面向社会采取公开报名，考试与考察相结合的办法，选拔党政领导干部。

第三条　公开选拔党政领导干部工作必须遵循《党政领导干部选拔任用工作条例》规定的原则，坚持公开、公平、公正，坚持考试与考察相结合。

第四条　公开选拔适用于选拔地方党委、人大常委会、政府、政协、纪委工作部门或者工作机构的领导成员以及其他适于公开选拔的领导成员或者其人

涉及国家安全、重要机密等特殊职位，不宜进行公开选拔。

第五条　公开选拔党政领导干部应当根据领导班子和干部队伍建设的需要，有计划地进行，逐步做到经常化、制度化。

有下列情形之一的，一般应当进行公开选拔：

（一）为了改善领导班子结构，需要集中选拔领导干部；

（二）领导职位空缺较多，需要集中选拔领导干部；

（三）领导职位出现空缺，本单位无合适人选；

（四）选拔专业性较强职位和紧缺专业职位的领导干部；

（五）其他需要进行公正选拔的情形。

第六条　公开选拔工作应当经过下列程序：

（一）发布公告；

（二）报名与资格审查；

（三）统一考试（包括笔试和面试）；

（四）组织考察，研究提出人选方案；

（五）党委（党组）讨论决定；

（六）办理任职手续。

第七条　公开选拔工作在党委（党组）领导下，由组织（人事）部门组织实施。

公开选拔工作应当坚持从实际出发，制定合理的工作方案，提高科学化水平，降低成本。

第二章　公告、报名和资格审查

第八条　公开选拔应当在适当范围内发布公告。公告内容包括选拔职位以及职位说明、选拔范围、报名条件与资格、选拔程序和遴选方式、时间安排等。

第九条　公开选拔应当在调查研究和分析预测的基础上，根据选拔职位的层次、人才分布情况和国家有关政策，合理确定报名人员的范围。

第十条　报名人员应当符合《党政领导干部选拔任用工作条例》规定的基本条件和任职资格。在国有企业、事业单位工作的报名人员，应当具备与所报职位要求相当的资格。对有特殊要求的职位，可以附加其他条件。

第十一条　根据选拔职位对人才的需求和选拔优秀年轻干部的需要，可以对报名人员的职务层次、任职年限等任职资格适当放宽。但报上一级职位的，需在本级职位任满一年；越一级报名的，应当在本级职位任满四年；不得越两级报名。

第十二条　海外留学回国人员、非公有制经济组织和社会组织中的人员等，其报名条件和资格由组织实施公开选拔的党委（党组）及其组织（人事）部门根据有关政策确定。

第十三条　报名人员通过组织推荐或者个人自荐等方式报名，并填写报名登记表。报名登记表一般应由所在单位组织（人事）部门审核。

第十四条　组织（人事）部门按照公布的报名条件和资格进行资格审查，审查合格者准予参加笔试。经资格审查合格参加笔试的人数与选拔职位的比例一般不低于10：1。

第三章　考　试

第十五条　考试分为笔试和面试。笔试主要测试应试者对领导干部应具备的基本理论、基本知识、基本方法和专业知识的掌握程度，特别是运用理论、知识和方法分析解决领导工作中实际问题的能力。面试主要测试应试者在领导能力素质、个性特征等方面对选拔职位的适应程度。

第十六条　笔试、面试依据《党政领导干部公开选拔和竞争上岗考试大纲》命题。命题前应当进行职位分析，增强命题的针对性。试题一般从全国领导干部考试通用题库以及经认定合格的省级组织部门题库中提取。

第十七条　笔试分为公共科目考试和专业科目考试，采用闭卷方式进行。

第十八条　根据笔试成绩，从高分到低分确定面试人选。面试人选与选拔职位的比例一般为5：1。

第十九条　面试应当根据需要选择适当的测评方法，注重科学性。

第二十条　面试由面试小组负责考试和评分。面试小组由有关领导、专家、组织人事干部等人员组成，一般不少于7人。同一职位的面试一般由同一面试小组负责考试和评分。

第二十一条　面试小组成员应当具有较高的思想政治素质，公道正派，并熟悉人才测评工作。面试小组中必须有熟悉选拔职位业务的人员。面试小组成员要实行回避制度。面试前应当对面试小组成员进行培训。

第二十二条　根据笔试、面试成绩确定应试者的考试综合成绩。

第二十三条　笔试、面试成绩和考试综合成绩应当及时通知应试者本人，并在适当范围内公开。

第二十四条　市（地）、县（市）公开选拔党政领导干部，条件允许时可以由上一级党委组织部门统一组织考试。

第四章　组织考察

第二十五条　根据考试综合成绩，从高分到低分确定考察人选。考察人选与选拔职位的比例一般为3：1。

第二十六条　组织（人事）部门依据干部选拔任用条件和选拔职位的职责要求，坚持德才兼备原则，对考察对象的德、能、勤、绩、廉进行全面考察，对是否适合和胜任选拔职位作出评价。要注重考察工作实绩和群众公认程度。

第二十七条　实行考察预告制。将考察对象的简要情况、考察时间、考察组联系方式等，向考察对象所在工作单位或者向社会进行预告。

第二十八条　考察采取个别谈话、发放征求意见表、民主测评、实地考察、查阅资料、专项调查、同考察对象面谈等方法进行。

第二十九条　同一职位的考察对象，应当由同一考察组考察。

第三十条　跨地区、跨部门的考察，考察对象所在单位的组织（人事）部门，应当积极支持和配合，并出具鉴定材料。

第五章　决定任用

第三十一条　组织（人事）部门根据考察情况和考试成绩，研究提出任用建议。

第三十二条　按照干部管理权限，由党委（党组）集体讨论作出任用决定，或者决定提出推荐、提名的意见。党委（党组）集体讨论认为无合适人选的，该职位选拔可以空缺。

第三十三条　对党委（党组）决定任用的干部和决定推荐、提名的人选进行公示。公示后，未发现影响任用问题的，办理任职手续或者按照有关规定推荐、提名，并向社会公布选拔结果。

第三十四条　对公开选拔任用的干部实行一年的试用期。试用期满后，经考核胜任的，正式任职；不胜任的，免去试任职务，一般按试任前职务层次安排工作。

不适用试用期制的干部，任职一年后经考核不胜任的，提出免职意见。

第三十五条　对经过考察符合任用条件但未能任用的人员，符合后备干部条件的，可以纳入后备干部队伍进行培养。

第六章　纪律和监督

第三十六条　公开选拔党政领导干部必须遵守以下纪律：

（一）确保公开、公平、公正，不准事先内定人选；

（二）严格按照公开选拔工作方案规定的内容和程序操作，不准在实施过程中随意更改；

（三）报考人员要自觉遵守公开选拔工作的有关规定，不准弄虚作假，搞非组织活动；

（四）有关单位要客观、全面地反映和提供考察对象的真实情况，不得夸大、隐瞒或者歪曲事实；

（五）工作人员要严格遵守干部人事工作纪律，特别要严格执行保密制度和回避制度，不准泄露考试试题分情况、考察情况、党委（党组）讨论情况等。

第三十七条 对公开选拔工作要加强监督。必要时，成立由纪检机关（监察部门）等有关方面组成的监督小组，对公开选拔工作进行监督。

对公开选拔工作中的违纪行为，干部、群众可以向上级组织（人事）部门或者纪检机关（监察部门）检举、申诉。受理机关和部门应当按照有关规定认真核实处理。

第三十八条 对违反本规定第三十六条的，要按照有关规定给予相应的党纪政纪处分。

第七章 附 则

第三十九条 各省、自治区、直辖市党委组织部门可以根据本规定，结合本地实际，制定实施细则。

第四十条 公开选拔工会、共青团、妇联等人民团体的领导成员推荐人选和国有企业、事业单位的领导人员，可以参照本规定执行。

第四十一条 本规定由中共中央组织部负责解释。

第四十二条 本规定自发布之日起施行。

党政机关竞争上岗工作暂行规定

（中办发［2004］13号　2004年4月8日）

第一章　总　则

第一条　为进一步规范和完善党政机关领导干部选拔任用制度，推进干部工作的科学化、民主化、制度化，促使优秀人才脱颖而出，根据《党政领导干部选拔任用工作条例》、《国家公务员暂行条例》和有关法律、法规，制定本规定。

第二条　竞争上岗是党政领导干部选拔任用的方式之一。

本规定主要适用于选拔任用中央、国家机关内设的司局级、处级机构领导成员，县级以上地方各级党委、人大常委会、政府、政协、纪委、人民法院、人民检察院机关或者工作部门的内设机构领导成员。

涉及重要机密和国家安全的职位，按照法律、法规不宜公开竞争的职位，不列入竞争上岗的范围。

第三条　通过竞争上岗选拔党政机关内设机构领导成员，一般在本机关内部实施，也可根据需要允许所属机关、事业单位符合条件的人员参加。

第四条　竞争上岗工作必须坚持《党政领导子部选拔任用工作条例》规定的原则，坚持公开、公平、公正，坚持考试与考察相结合，坚持个人意愿与组织安排相结合。

第五条　竞争上岗必须在核定的编制和领导职数限额内进行。

第六条　竞争上岗一般应当经过下列程序：

（一）制定并公布实施方案；

（二）报名与资格审查；

（三）笔试、面试；

（四）民主测评、组织考察；

（五）党委（党组）讨论决定；

（六）办理任职手续。

笔试、面试与民主测评的操作顺序可根据实际情况确定。

第七条　党政机关竞争上岗工作在本单位党委（党组）领导下，由干部（人事）部门组织实施。

第二章　制定方案、报名与资格审查

第八条　竞争上岗应当制定实施方案。实施方案内容包括指导原则、竞争职位、任职条件、选拔范围、方法程序（含遴选方式）、时间安排、组织领导和纪律要求等。

实施方案应当征求干部群众的意见，由党委（党组）讨论决定。

第九条　实施方案确定后，应当将主要内容在本机关及所属有关单位公布。

第十条　参加竞争上岗人员的基本条件和资格应当符合《党政领导干部选拔任用工作

条例》的有关规定以及竞争职位的要求。

第十一条 报名参加竞争上岗的人员，自愿填报竞争职位，可只报一个志愿，也可兼报其他志愿。报名时应填写是否服从组织安排。

在报名过程中，应当允许报名人员查询各职位报名情况，报名人员可在规定时间内调整所报职位。仅有个别人报名，形不成有效竞争的职位，可不列入本次竞争上岗的范围，允许报考该职位人员改报其他职位。

第十二条 干部（人事）部门按照竞争上岗实施方案规定的条件，对报名人员进行资格审查并公布结果

第三章 笔试与面试

第十三条 竞争上岗应当进行笔试、面试并量化计分。笔试、面试可依据《党政领导干部公开选拔和竞争上岗考试大纲》命题。笔试、面试结束后应将成绩通知本人。

第十四条 笔试主要测试竞争者履行竞争职位职责所必备的基本知识以及调研综合、办文办事、文字表达等能力。

笔试一般由本单位组织实施。有条件的地方，可由党委组织部门和政府人事部门统一组织。

第十五条 面试主要测试竞争者履行竞争职位职责所必备的基本素质和能力，应当根据需要采取适当的测评方法进行。

第十六条 面试由面试小组实施。面试小组一般由本单位领导、干部（人事）部门和相关单位领导及专家组成，一般不得少于 7 人，其中外单位人员应占一定比例。

面试小组成员应当挑选公道正派、政策理论或者专业水平高、熟悉相关业务的人员担任。面试小组成员要实行回避制度。面试前应当对面试小组成员进行培训。

面试应当允许本单位人员旁听。

第四章 民主测评与组织考察

第十七条 对竞争上岗人员应当进行民主测评并量化计分。民主测评结果应当通知本人。

第十八条 民主测评主要对竞争者的德才表现及其对竞争职位的适应程度进行评价，地方党政机关一般在机关全体工作人员中进行，单位规模较大、竞争者所在内设机构人员较多的，可在该内设机构中进行；中央、国家机关一般以司局为单位进行。

参加民主测评的人数必须达到应参加人数的 80%以上。

第十九条 民主测评内容包括德、能、勤、绩、廉等项，每项可细分为若干要素，每个要素划分为若干档次，每档确定相应的分值，由参加测评人员无记名填写评价分数，由于部（人事）部门汇总计算每位竞争者的平均分第二十条 考察对象一般通过综合遴选的方式择优确即竞争者参加笔试、面试、民主测评各个环节的竞争，依据总分高低，按照一定比例择优确定考察对象并公布名单以及最低入围分数。笔试、面试成绩和民主测评结果应当按照一定比例计入总分。

参加竞争的人数较多时，可通过逐轮遴选的方式择优确定考察对象。采用逐轮遴选方式，应当公布每轮遴选入围者的名单以及最低入围分数。民主测评在笔试、面试之后的，

可与组织考察结合进行。确定考察对象时，可适当考虑竞争者的资历、学历（学位）及近年来年度考核情况等因素。

第二十一条　对民主测评分数过低的人员，可不列为考察对象。民主测评在笔试、面试之前的，对民主测评分数过低的人员，可取消其参加笔试、面试的资格。

第二十二条　列入考察对象的人选数，应当多于竞争职位数。

第二十三条　考察工作由干部（人事）部门组织进行。考察要坚持德才兼备原则，考察内容包括考察对象的德、能、勤、绩、廉情况及其政治业务素质与竞争职位的适应程度，注重考察工作实绩和群众公认程度。

第五章　任　职

第二十四条　党委（党组）根据竞争者笔试、面试、民主测评的结果和考察情况，集体讨论决定拟任人选。

决定人选拟任职位，应当尊重本人所报志愿。必要时，在听取本人意见的基础上，可由组织统一调剂。对没有合适人选的职位，党委（党组）可决定暂时空缺。

第二十五条　对拟任人选要按照任前公示的有关定进行公示。

第二十六条　对通过竞争上岗任职的人员，需要进行任职试用的，按任职试用期的有关规定办理。

第六章　纪律与监督

第二十七条　竞争上岗必须严格执行《党政领导干部选拔任用工作条例》及本规定，并遵守下列纪律：

（一）要确保竞争上岗的公开、公平、公正，不准事先内定人选；

（二）要严格执行竞争上岗实施方案不准在实施过程中随意更改；

（三）有关人员要严格遵守保密纪律不准泄露考试试题、考察情况、党委（党组）讨论情况等，

（四）面试小组成员要客观公正，不准打人情分；

（五）参加考察的人员要公道正派，不准隐瞒或者歪曲事实真相；

（六）参加竞争的人员要正确对待竞争，不准弄虚作假，搞拉票等非组织活动。

对竞争上岗工作中的违纪行为按照有关规定予以组织处理或者纪律处分。情节严重的，可宣布竞争上岗结果无效，并追究有关人员的责任。

第二十八条　党政机关竞争上岗工作必须接受上级党委及其组织（人事）部门的监督，接受上级纪检（监察）机关的监督，接受本单位机关党组织和纪检（监察）机构的监督，接受干部、群众的监督。干部、群众对竞争上岗工作中的违纪行为，有权向党组织或者组织（人事）部门、纪检（监察）机关检举、申诉。受理部门应当按照有关规定及时进行调查核实。

第七章　附　则

第二十九条　工会、共青团、妇联等人民团体机关及（镇、街道）机关、事业单位实施竞争上岗，可参照本规定执行。

第三十条 本规定由中共中央组织部商人事部解释。

第三十一条 本规定自发布之日起施行。过去有关规定与本规定不一致的，以本规定为准。

第 7 章　财政金融领域预防治理腐败

中华人民共和国反洗钱法

（2006 年 10 月 31 日第十届全国人民代表大会常务委员会第二十四次会议通过）

第一章　总　则

第一条　为了预防洗钱活动，维护金融秩序，遏制洗钱犯罪及相关犯罪，制定本法。

第二条　本法所称反洗钱，是指为了预防通过各种方式掩饰、隐瞒毒品犯罪、黑社会性质的组织犯罪、恐怖活动犯罪、走私犯罪、贪污贿赂犯罪、破坏金融管理秩序犯罪、金融诈骗犯罪等犯罪所得及其收益的来源和性质的洗钱活动，依照本法规定采取相关措施的行为。

第三条　在中华人民共和国境内设立的金融机构和按照规定应当履行反洗钱义务的特定非金融机构，应当依法采取预防、监控措施，建立健全客户身份识别制度、客户身份资料和交易记录保存制度、大额交易和可疑交易报告制度，履行反洗钱义务。

第四条　国务院反洗钱行政主管部门负责全国的反洗钱监督管理工作。国务院有关部门、机构在各自的职责范围内履行反洗钱监督管理职责。

国务院反洗钱行政主管部门、国务院有关部门、机构和司法机关在反洗钱工作中应当相互配合。

第五条　对依法履行反洗钱职责或者义务获得的客户身份资料和交易信息，应当予以保密；非依法律规定，不得向任何单位和个人提供。

反洗钱行政主管部门和其他依法负有反洗钱监督管理职责的部门、机构履行反洗钱职责获得的客户身份资料和交易信息，只能用于反洗钱行政调查。

司法机关依照本法获得的客户身份资料和交易信息，只能用于反洗钱刑事诉讼。

第六条　履行反洗钱义务的机构及其工作人员依法提交大额交易和可疑交易报告，受法律保护。

第七条　任何单位和个人发现洗钱活动，有权向反洗钱行政主管部门或者公安机关举报。接受举报的机关应当对举报人和举报内容保密。

第二章　反洗钱监督管理

第八条　国务院反洗钱行政主管部门组织、协调全国的反洗钱工作，负责反洗钱的资金监测，制定或者会同国务院有关金融监督管理机构制定金融机构反洗钱规章，监督、检查金融机构履行反洗钱义务的情况，在职责范围内调查可疑交易活动，履行法律和国务院规定的有关反洗钱的其他职责。

国务院反洗钱行政主管部门的派出机构在国务院反洗钱行政主管部门的授权范围内，对金融机构履行反洗钱义务的情况进行监督、检查。

第九条 国务院有关金融监督管理机构参与制定所监督管理的金融机构反洗钱规章，对所监督管理的金融机构提出按照规定建立健全反洗钱内部控制制度的要求，履行法律和国务院规定的有关反洗钱的其他职责。

第十条 国务院反洗钱行政主管部门设立反洗钱信息中心，负责大额交易和可疑交易报告的接收、分析，并按照规定向国务院反洗钱行政主管部门报告分析结果，履行国务院反洗钱行政主管部门规定的其他职责。

第十一条 国务院反洗钱行政主管部门为履行反洗钱资金监测职责，可以从国务院有关部门、机构获取所必需的信息，国务院有关部门、机构应当提供。

国务院反洗钱行政主管部门应当向国务院有关部门、机构定期通报反洗钱工作情况。

第十二条 海关发现个人出入境携带的现金、无记名有价证券超过规定金额的，应当及时向反洗钱行政主管部门通报。

前款应当通报的金额标准由国务院反洗钱行政主管部门会同海关总署规定。

第十三条 反洗钱行政主管部门和其他依法负有反洗钱监督管理职责的部门、机构发现涉嫌洗钱犯罪的交易活动，应当及时向侦查机关报告。

第十四条 国务院有关金融监督管理机构审批新设金融机构或者金融机构增设分支机构时，应当审查新机构反洗钱内部控制制度的方案；对于不符合本法规定的设立申请，不予批准。

第三章　金融机构反洗钱义务

第十五条 金融机构应当依照本法规定建立健全反洗钱内部控制制度，金融机构的负责人应当对反洗钱内部控制制度的有效实施负责。

金融机构应当设立反洗钱专门机构或者指定内设机构负责反洗钱工作。

第十六条 金融机构应当按照规定建立客户身份识别制度。

金融机构在与客户建立业务关系或者为客户提供规定金额以上的现金汇款、现钞兑换、票据兑付等一次性金融服务时，应当要求客户出示真实有效的身份证件或者其他身份证明文件，进行核对并登记。

客户由他人代理办理业务的，金融机构应当同时对代理人和被代理人的身份证件或者其他身份证明文件进行核对并登记。

与客户建立人身保险、信托等业务关系，合同的受益人不是客户本人的，金融机构还应当对受益人的身份证件或者其他身份证明文件进行核对并登记。

金融机构不得为身份不明的客户提供服务或者与其进行交易，不得为客户开立匿名账户或者假名账户。

金融机构对先前获得的客户身份资料的真实性、有效性或者完整性有疑问的，应当重新识别客户身份。

任何单位和个人在与金融机构建立业务关系或者要求金融机构为其提供一次性金融服务时，都应当提供真实有效的身份证件或者其他身份证明文件。

第十七条 金融机构通过第三方识别客户身份的，应当确保第三方已经采取符合本法要求的客户身份识别措施；第三方未采取符合本法要求的客户身份识别措施的，由该金融机构承担未履行客户身份识别义务的责任。

第十八条　金融机构进行客户身份识别，认为必要时，可以向公安、工商行政管理等部门核实客户的有关身份信息。

第十九条　金融机构应当按照规定建立客户身份资料和交易记录保存制度。

在业务关系存续期间，客户身份资料发生变更的，应当及时更新客户身份资料。

客户身份资料在业务关系结束后、客户交易信息在交易结束后，应当至少保存五年。

金融机构破产和解散时，应当将客户身份资料和客户交易信息移交国务院有关部门指定的机构。

第二十条　金融机构应当按照规定执行大额交易和可疑交易报告制度。

金融机构办理的单笔交易或者在规定期限内的累计交易超过规定金额或者发现可疑交易的，应当及时向反洗钱信息中心报告。

第二十一条　金融机构建立客户身份识别制度、客户身份资料和交易记录保存制度的具体办法，由国务院反洗钱行政主管部门会同国务院有关金融监督管理机构制定。金融机构大额交易和可疑交易报告的具体办法，由国务院反洗钱行政主管部门制定。

第二十二条　金融机构应当按照反洗钱预防、监控制度的要求，开展反洗钱培训和宣传工作。

第四章　反洗钱调查

第二十三条　国务院反洗钱行政主管部门或者其省一级派出机构发现可疑交易活动，需要调查核实的，可以向金融机构进行调查，金融机构应当予以配合，如实提供有关文件和资料。

调查可疑交易活动时，调查人员不得少于二人，并出示合法证件和国务院反洗钱行政主管部门或者其省一级派出机构出具的调查通知书。调查人员少于二人或者未出示合法证件和调查通知书的，金融机构有权拒绝调查。

第二十四条　调查可疑交易活动，可以询问金融机构有关人员，要求其说明情况。

询问应当制作询问笔录。询问笔录应当交被询问人核对。记载有遗漏或者差错的，被询问人可以要求补充或者更正。被询问人确认笔录无误后，应当签名或者盖章；调查人员也应当在笔录上签名。

第二十五条　调查中需要进一步核查的，经国务院反洗钱行政主管部门或者其省一级派出机构的负责人批准，可以查阅、复制被调查对象的账户信息、交易记录和其他有关资料；对可能被转移、隐藏、篡改或者毁损的文件、资料，可以予以封存。

调查人员封存文件、资料，应当会同在场的金融机构工作人员查点清楚，当场开列清单一式二份，由调查人员和在场的金融机构工作人员签名或者盖章，一份交金融机构，一份附卷备查。

第二十六条　经调查仍不能排除洗钱嫌疑的，应当立即向有管辖权的侦查机关报案。客户要求将调查所涉及的账户资金转往境外的，经国务院反洗钱行政主管部门负责人批准，可以采取临时冻结措施。

侦查机关接到报案后，对已依照前款规定临时冻结的资金，应当及时决定是否继续冻结。侦查机关认为需要继续冻结的，依照刑事诉讼法的规定采取冻结措施；认为不需要继续冻结的，应当立即通知国务院反洗钱行政主管部门，国务院反洗钱行政主管部门应当立即通知金融机构解除冻结。

临时冻结不得超过四十八小时。金融机构在按照国务院反洗钱行政主管部门的要求采取临时冻结措施后四十八小时内，未接到侦查机关继续冻结通知的，应当立即解除冻结。

第五章　反洗钱国际合作

第二十七条　中华人民共和国根据缔结或者参加的国际条约，或者按照平等互惠原则，开展反洗钱国际合作。

第二十八条　国务院反洗钱行政主管部门根据国务院授权，代表中国政府与外国政府和有关国际组织开展反洗钱合作，依法与境外反洗钱机构交换与反洗钱有关的信息和资料。

第二十九条　涉及追究洗钱犯罪的司法协助，由司法机关依照有关法律的规定办理。

第六章　法律责任

第三十条　反洗钱行政主管部门和其他依法负有反洗钱监督管理职责的部门、机构从事反洗钱工作的人员有下列行为之一的，依法给予行政处分：

（一）违反规定进行检查、调查或者采取临时冻结措施的；

（二）泄露因反洗钱知悉的国家秘密、商业秘密或者个人隐私的；

（三）违反规定对有关机构和人员实施行政处罚的；

（四）其他不依法履行职责的行为。

第三十一条　金融机构有下列行为之一的，由国务院反洗钱行政主管部门或者其授权的设区的市一级以上派出机构责令限期改正；情节严重的，建议有关金融监督管理机构依法责令金融机构对直接负责的董事、高级管理人员和其他直接责任人员给予纪律处分：

（一）未按照规定建立反洗钱内部控制制度的；

（二）未按照规定设立反洗钱专门机构或者指定内设机构负责反洗钱工作的；

（三）未按照规定对职工进行反洗钱培训的。

第三十二条　金融机构有下列行为之一的，由国务院反洗钱行政主管部门或者其授权的设区的市一级以上派出机构责令限期改正；情节严重的，处二十万元以上五十万元以下罚款，并对直接负责的董事、高级管理人员和其他直接责任人员，处一万元以上五万元以下罚款：

（一）未按照规定履行客户身份识别义务的；

（二）未按照规定保存客户身份资料和交易记录的；

（三）未按照规定报送大额交易报告或者可疑交易报告的；

（四）与身份不明的客户进行交易或者为客户开立匿名账户、假名账户的；

（五）违反保密规定，泄露有关信息的；

（六）拒绝、阻碍反洗钱检查、调查的；

（七）拒绝提供调查材料或者故意提供虚假材料的。

金融机构有前款行为，致使洗钱后果发生的，处五十万元以上五百万元以下罚款，并对直接负责的董事、高级管理人员和其他直接责任人员处五万元以上五十万元以下罚款；情节特别严重的，反洗钱行政主管部门可以建议有关金融监督管理机构责令停业整顿或者吊销其经营许可证。

对有前两款规定情形的金融机构直接负责的董事、高级管理人员和其他直接责任人员，反洗钱行政主管部门可以建议有关金融监督管理机构依法责令金融机构给予纪律处分，或者建议依法取消其任职资格、禁止其从事有关金融行业工作。

第三十三条　违反本法规定，构成犯罪的，依法追究刑事责任。

第七章　附　则

第三十四条　本法所称金融机构，是指依法设立的从事金融业务的政策性银行、商业银行、信用合作社、邮政储汇机构、信托投资公司、证券公司、期货经纪公司、保险公司以及国务院反洗钱行政主管部门确定并公布的从事金融业务的其他机构。

第三十五条　应当履行反洗钱义务的特定非金融机构的范围、其履行反洗钱义务和对其监督管理的具体办法，由国务院反洗钱行政主管部门会同国务院有关部门制定。

第三十六条　对涉嫌恐怖活动资金的监控适用本法；其他法律另有规定的，适用其规定。

第三十七条　本法自 2007 年 1 月 1 日起施行。

中华人民共和国政府采购法

（2002年6月29日第九届全国人民代表大会常务委员会第二十八次会议通过）

第一章 总 则

第一条 为了规范政府采购行为，提高政府采购资金的使用效益，维护国家利益和社会公共利益，保护政府采购当事人的合法权益，促进廉政建设，制定本法。

第二条 在中华人民共和国境内进行的政府采购适用本法。

本法所称政府采购，是指各级国家机关、事业单位和团体组织，使用财政性资金采购依法制定的集中采购目录以内的或者采购限额标准以上的货物、工程和服务的行为。

政府集中采购目录和采购限额标准依照本法规定的权限制定。

本法所称采购，是指以合同方式有偿取得货物、工程和服务的行为，包括购买、租赁、委托、雇用等。

本法所称货物，是指各种形态和种类的物品，包括原材料、燃料、设备、产品等。

本法所称工程，是指建设工程，包括建筑物和构筑物的新建、改建、扩建、装修、拆除、修缮等。

本法所称服务，是指除货物和工程以外的其他政府采购对象。

第三条 政府采购应当遵循公开透明原则、公平竞争原则、公正原则和诚实信用原则。

第四条 政府采购工程进行招标投标的，适用招标投标法。

第五条 任何单位和个人不得采用任何方式，阻挠和限制供应商自由进入本地区和本行业的政府采购市场。

第六条 政府采购应当严格按照批准的预算执行。

第七条 政府采购实行集中采购和分散采购相结合。集中采购的范围由省级以上人民政府公布的集中采购目录确定。

属于中央预算的政府采购项目，其集中采购目录由国务院确定并公布；属于地方预算的政府采购项目，其集中采购目录由省、自治区、直辖市人民政府或者其授权的机构确定并公布。

纳入集中采购目录的政府采购项目，应当实行集中采购。

第八条 政府采购限额标准，属于中央预算的政府采购项目，由国务院确定并公布；属于地方预算的政府采购项目，由省、自治区、直辖市人民政府或者其授权的机构确定并公布。

第九条 政府采购应当有助于实现国家的经济和社会发展政策目标，包括保护环境，扶持不发达地区和少数民族地区，促进中小企业发展等。

第十条 政府采购应当采购本国货物、工程和服务。但有下列情形之一的除外：

（一）需要采购的货物、工程或者服务在中国境内无法获取或者无法以合理的商业条件获取的；

（二）为在中国境外使用而进行采购的；

（三）其他法律、行政法规另有规定的。

前款所称本国货物、工程和服务的界定，依照国务院有关规定执行。

第十一条　政府采购的信息应当在政府采购监督管理部门指定的媒体上及时向社会公开发布，但涉及商业秘密的除外。

第十二条　在政府采购活动中，采购人员及相关人员与供应商有利害关系的，必须回避。供应商认为采购人员及相关人员与其他供应商有利害关系的，可以申请其回避。

前款所称相关人员，包括招标采购中评标委员会的组成人员，竞争性谈判采购中谈判小组的组成人员，询价采购中询价小组的组成人员等。

第十三条　各级人民政府财政部门是负责政府采购监督管理的部门，依法履行对政府采购活动的监督管理职责。

各级人民政府其他有关部门依法履行与政府采购活动有关的监督管理职责。

第二章　政府采购当事人

第十四条　政府采购当事人是指在政府采购活动中享有权利和承担义务的各类主体，包括采购人、供应商和采购代理机构等。

第十五条　采购人是指依法进行政府采购的国家机关、事业单位、团体组织。

第十六条　集中采购机构为采购代理机构。设区的市、自治州以上人民政府根据本级政府采购项目组织集中采购的需要设立集中采购机构。

集中采购机构是非营利事业法人，根据采购人的委托办理采购事宜。

第十七条　集中采购机构进行政府采购活动，应当符合采购价格低于市场平均价格、采购效率更高、采购质量优良和服务良好的要求。

第十八条　采购人采购纳入集中采购目录的政府采购项目，必须委托集中采购机构代理采购；采购未纳入集中采购目录的政府采购项目，可以自行采购，也可以委托集中采购机构在委托的范围内代理采购。

纳入集中采购目录属于通用的政府采购项目的，应当委托集中采购机构代理采购；属于本部门、本系统有特殊要求的项目，应当实行部门集中采购；属于本单位有特殊要求的项目，经省级以上人民政府批准，可以自行采购。

第十九条　采购人可以委托经国务院有关部门或者省级人民政府有关部门认定资格的采购代理机构，在委托的范围内办理政府采购事宜。

采购人有权自行选择采购代理机构，任何单位和个人不得以任何方式为采购人指定采购代理机构。

第二十条　采购人依法委托采购代理机构办理采购事宜的，应当由采购人与采购代理机构签订委托代理协议，依法确定委托代理的事项，约定双方的权利义务。

第二十一条　供应商是指向采购人提供货物、工程或者服务的法人、其他组织或者自然人。

第二十二条　供应商参加政府采购活动应当具备下列条件：

（一）具有独立承担民事责任的能力；

（二）具有良好的商业信誉和健全的财务会计制度；

（三）具有履行合同所必需的设备和专业技术能力；

（四）有依法缴纳税收和社会保障资金的良好记录；

（五）参加政府采购活动前三年内，在经营活动中没有重大违法记录；

（六）法律、行政法规规定的其他条件。

采购人可以根据采购项目的特殊要求，规定供应商的特定条件，但不得以不合理的条件对供应商实行差别待遇或者歧视待遇。

第二十三条 采购人可以要求参加政府采购的供应商提供有关资质证明文件和业绩情况，并根据本法规定的供应商条件和采购项目对供应商的特定要求，对供应商的资格进行审查。

第二十四条 两个以上的自然人、法人或者其他组织可以组成一个联合体，以一个供应商的身份共同参加政府采购。

以联合体形式进行政府采购的，参加联合体的供应商均应当具备本法第二十二条规定的条件，并应当向采购人提交联合协议，载明联合体各方承担的工作和义务。联合体各方应当共同与采购人签订采购合同，就采购合同约定的事项对采购人承担连带责任。

第二十五条 政府采购当事人不得相互串通损害国家利益、社会公共利益和其他当事人的合法权益；不得以任何手段排斥其他供应商参与竞争。

供应商不得以向采购人、采购代理机构、评标委员会的组成人员、竞争性谈判小组的组成人员、询价小组的组成人员行贿或者采取其他不正当手段谋取中标或者成交。

采购代理机构不得以向采购人行贿或者采取其他不正当手段谋取非法利益。

第三章 政府采购方式

第二十六条 政府采购采用以下方式：

（一）公开招标；

（二）邀请招标；

（三）竞争性谈判；

（四）单一来源采购；

（五）询价；

（六）国务院政府采购监督管理部门认定的其他采购方式。

公开招标应作为政府采购的主要采购方式。

第二十七条 采购人采购货物或者服务应当采用公开招标方式的，其具体数额标准，属于中央预算的政府采购项目，由国务院规定；属于地方预算的政府采购项目，由省、自治区、直辖市人民政府规定；因特殊情况需要采用公开招标以外的采购方式的，应当在采购活动开始前获得设区的市、自治州以上人民政府采购监督管理部门的批准。

第二十八条 采购人不得将应当以公开招标方式采购的货物或者服务化整为零或者以其他任何方式规避公开招标采购。

第二十九条 符合下列情形之一的货物或者服务，可以依照本法采用邀请招标方式采购：

（一）具有特殊性，只能从有限范围的供应商处采购的；

（二）采用公开招标方式的费用占政府采购项目总价值的比例过大的。

第三十条　符合下列情形之一的货物或者服务，可以依照本法采用竞争性谈判方式采购：

（一）招标后没有供应商投标或者没有合格标的或者重新招标未能成立的；

（二）技术复杂或者性质特殊，不能确定详细规格或者具体要求的；

（三）采用招标所需时间不能满足用户紧急需要的；

（四）不能事先计算出价格总额的。

第三十一条　符合下列情形之一的货物或者服务，可以依照本法采用单一来源方式采购：

（一）只能从唯一供应商处采购的；

（二）发生了不可预见的紧急情况不能从其他供应商处采购的；

（三）必须保证原有采购项目一致性或者服务配套的要求，需要继续从原供应商处添购，且添购资金总额不超过原合同采购金额百分之十的。

第三十二条　采购的货物规格、标准统一、现货货源充足且价格变化幅度小的政府采购项目，可以依照本法采用询价方式采购。

第四章　政府采购程序

第三十三条　负有编制部门预算职责的部门在编制下一财政年度部门预算时，应当将该财政年度政府采购的项目及资金预算列出，报本级财政部门汇总。部门预算的审批，按预算管理权限和程序进行。

第三十四条　货物或者服务项目采取邀请招标方式采购的，采购人应当从符合相应资格条件的供应商中，通过随机方式选择三家以上的供应商，并向其发出投标邀请书。

第三十五条　货物和服务项目实行招标方式采购的，自招标文件开始发出之日起至投标人提交投标文件截止之日止，不得少于二十日。

第三十六条　在招标采购中，出现下列情形之一的，应予废标：

（一）符合专业条件的供应商或者对招标文件作实质响应的供应商不足三家的；

（二）出现影响采购公正的违法、违规行为的；

（三）投标人的报价均超过了采购预算，采购人不能支付的；

（四）因重大变故，采购任务取消的。

废标后，采购人应当将废标理由通知所有投标人。

第三十七条　废标后，除采购任务取消情形外，应当重新组织招标；需要采取其他方式采购的，应当在采购活动开始前获得设区的市、自治州以上人民政府采购监督管理部门或者政府有关部门批准。

第三十八条　采用竞争性谈判方式采购的，应当遵循下列程序：

（一）成立谈判小组。谈判小组由采购人的代表和有关专家共三人以上的单数组成，其中专家的人数不得少于成员总数的三分之二。

（二）制定谈判文件。谈判文件应当明确谈判程序、谈判内容、合同草案的条款以及评定成交的标准等事项。

（三）确定邀请参加谈判的供应商名单。谈判小组从符合相应资格条件的供应商名单中确定不少于三家的供应商参加谈判，并向其提供谈判文件。

（四）谈判。谈判小组所有成员集中与单一供应商分别进行谈判。在谈判中，谈判的任何一方不得透露与谈判有关的其他供应商的技术资料、价格和其他信息。谈判文件有实质性变动的，谈判小组应当以书面形式通知所有参加谈判的供应商。

（五）确定成交供应商。谈判结束后，谈判小组应当要求所有参加谈判的供应商在规定时间内进行最后报价，采购人从谈判小组提出的成交候选人中根据符合采购需求、质量和服务相等且报价最低的原则确定成交供应商，并将结果通知所有参加谈判的未成交的供应商。

第三十九条 采取单一来源方式采购的，采购人与供应商应当遵循本法规定的原则，在保证采购项目质量和双方商定合理价格的基础上进行采购。

第四十条 采取询价方式采购的，应当遵循下列程序：

（一）成立询价小组。询价小组由采购人的代表和有关专家共三人以上的单数组成，其中专家的人数不得少于成员总数的三分之二。询价小组应当对采购项目的价格构成和评定成交的标准等事项作出规定。

（二）确定被询价的供应商名单。询价小组根据采购需求，从符合相应资格条件的供应商名单中确定不少于三家的供应商，并向其发出询价通知书让其报价。

（三）询价。询价小组要求被询价的供应商一次报出不得更改的价格。

（四）确定成交供应商。采购人根据符合采购需求、质量和服务相等且报价最低的原则确定成交供应商，并将结果通知所有被询价的未成交的供应商。

第四十一条 采购人或者其委托的采购代理机构应当组织对供应商履约的验收。大型或者复杂的政府采购项目，应当邀请国家认可的质量检测机构参加验收工作。验收方成员应当在验收书上签字，并承担相应的法律责任。

第四十二条 采购人、采购代理机构对政府采购项目每项采购活动的采购文件应当妥善保存，不得伪造、变造、隐匿或者销毁。采购文件的保存期限为从采购结束之日起至少保存十五年。

采购文件包括采购活动记录、采购预算、招标文件、投标文件、评标标准、评估报告、定标文件、合同文本、验收证明、质疑答复、投诉处理决定及其他有关文件、资料。

采购活动记录至少应当包括下列内容：

（一）采购项目类别、名称；

（二）采购项目预算、资金构成和合同价格；

（三）采购方式，采用公开招标以外的采购方式的，应当载明原因；

（四）邀请和选择供应商的条件及原因；

（五）评标标准及确定中标人的原因；

（六）废标的原因；

（七）采用招标以外采购方式的相应记载。

第五章 政府采购合同

第四十三条 政府采购合同适用合同法。采购人和供应商之间的权利和义务，应当按照平等、自愿的原则以合同方式约定。

采购人可以委托采购代理机构代表其与供应商签订政府采购合同。由采购代理机构以采购人名义签订合同的，应当提交采购人的授权委托书，作为合同附件。

第四十四条　政府采购合同应当采用书面形式。

第四十五条　国务院政府采购监督管理部门应当会同国务院有关部门，规定政府采购合同必须具备的条款。

第四十六条　采购人与中标、成交供应商应当在中标、成交通知书发出之日起三十日内，按照采购文件确定的事项签订政府采购合同。

中标、成交通知书对采购人和中标、成交供应商均具有法律效力。中标、成交通知书发出后，采购人改变中标、成交结果的，或者中标、成交供应商放弃中标、成交项目的，应当依法承担法律责任。

第四十七条　政府采购项目的采购合同自签订之日起七个工作日内，采购人应当将合同副本报同级政府采购监督管理部门和有关部门备案。

第四十八条　经采购人同意，中标、成交供应商可以依法采取分包方式履行合同。

政府采购合同分包履行的，中标、成交供应商就采购项目和分包项目向采购人负责，分包供应商就分包项目承担责任。

第四十九条　政府采购合同履行中，采购人需追加与合同标的相同的货物、工程或者服务的，在不改变合同其他条款的前提下，可以与供应商协商签订补充合同，但所有补充合同的采购金额不得超过原合同采购金额的百分之十。

第五十条　政府采购合同的双方当事人不得擅自变更、中止或者终止合同。

政府采购合同继续履行将损害国家利益和社会公共利益的，双方当事人应当变更、中止或者终止合同。有过错的一方应当承担赔偿责任，双方都有过错的，各自承担相应的责任。

第六章　质疑与投诉

第五十一条　供应商对政府采购活动事项有疑问的，可以向采购人提出询问，采购人应当及时作出答复，但答复的内容不得涉及商业秘密。

第五十二条　供应商认为采购文件、采购过程和中标、成交结果使自己的权益受到损害的，可以在知道或者应知其权益受到损害之日起七个工作日内，以书面形式向采购人提出质疑。

第五十三条　采购人应当在收到供应商的书面质疑后七个工作日内作出答复，并以书面形式通知质疑供应商和其他有关供应商，但答复的内容不得涉及商业秘密。

第五十四条　采购人委托采购代理机构采购的，供应商可以向采购代理机构提出询问或者质疑，采购代理机构应当依照本法第五十一条、第五十三条的规定就采购人委托授权范围内的事项作出答复。

第五十五条　质疑供应商对采购人、采购代理机构的答复不满意或者采购人、采购代理机构未在规定的时间内作出答复的，可以在答复期满后十五个工作日内向同级政府采购监督管理部门投诉。

第五十六条　政府采购监督管理部门应当在收到投诉后三十个工作日内，对投诉事项作出处理决定，并以书面形式通知投诉人和与投诉事项有关的当事人。

第五十七条 政府采购监督管理部门在处理投诉事项期间，可以视具体情况书面通知采购人暂停采购活动，但暂停时间最长不得超过三十日。

第五十八条 投诉人对政府采购监督管理部门的投诉处理决定不服或者政府采购监督管理部门逾期未作处理的，可以依法申请行政复议或者向人民法院提起行政诉讼。

第七章 监督检查

第五十九条 政府采购监督管理部门应当加强对政府采购活动及集中采购机构的监督检查。

监督检查的主要内容是：

（一）有关政府采购的法律、行政法规和规章的执行情况；

（二）采购范围、采购方式和采购程序的执行情况；

（三）政府采购人员的职业素质和专业技能。

第六十条 政府采购监督管理部门不得设置集中采购机构，不得参与政府采购项目的采购活动。

采购代理机构与行政机关不得存在隶属关系或者其他利益关系。

第六十一条 集中采购机构应当建立健全内部监督管理制度。采购活动的决策和执行程序应当明确，并相互监督、相互制约。经办采购的人员与负责采购合同审核、验收人员的职责权限应当明确，并相互分离。

第六十二条 集中采购机构的采购人员应当具有相关职业素质和专业技能，符合政府采购监督管理部门规定的专业岗位任职要求。

集中采购机构对其工作人员应当加强教育和培训；对采购人员的专业水平、工作实绩和职业道德状况定期进行考核。采购人员经考核不合格的，不得继续任职。

第六十三条 政府采购项目的采购标准应当公开。

采用本法规定的采购方式的，采购人在采购活动完成后，应当将采购结果予以公布。

第六十四条 采购人必须按照本法规定的采购方式和采购程序进行采购。

任何单位和个人不得违反本法规定，要求采购人或者采购工作人员向其指定的供应商进行采购。

第六十五条 政府采购监督管理部门应当对政府采购项目的采购活动进行检查，政府采购当事人应当如实反映情况，提供有关材料。

第六十六条 政府采购监督管理部门应当对集中采购机构的采购价格、节约资金效果、服务质量、信誉状况、有无违法行为等事项进行考核，并定期如实公布考核结果。

第六十七条 依照法律、行政法规的规定对政府采购负有行政监督职责的政府有关部门，应当按照其职责分工，加强对政府采购活动的监督。

第六十八条 审计机关应当对政府采购进行审计监督。政府采购监督管理部门、政府采购各当事人有关政府采购活动，应当接受审计机关的审计监督。

第六十九条 监察机关应当加强对参与政府采购活动的国家机关、国家公务员和国家行政机关任命的其他人员实施监察。

第七十条 任何单位和个人对政府采购活动中的违法行为，有权控告和检举，有关部门、机关应当依照各自职责及时处理。

第八章　法律责任

第七十一条　采购人、采购代理机构有下列情形之一的，责令限期改正，给予警告，可以并处罚款，对直接负责的主管人员和其他直接责任人员，由其行政主管部门或者有关机关给予处分，并予通报：

（一）应当采用公开招标方式而擅自采用其他方式采购的；

（二）擅自提高采购标准的；

（三）委托不具备政府采购业务代理资格的机构办理采购事务的；

（四）以不合理的条件对供应商实行差别待遇或者歧视待遇的；

（五）在招标采购过程中与投标人进行协商谈判的；

（六）中标、成交通知书发出后不与中标、成交供应商签订采购合同的；

（七）拒绝有关部门依法实施监督检查的。

第七十二条　采购人、采购代理机构及其工作人员有下列情形之一，构成犯罪的，依法追究刑事责任；尚不构成犯罪的，处以罚款，有违法所得的，并处没收违法所得，属于国家机关工作人员的，依法给予行政处分：

（一）与供应商或者采购代理机构恶意串通的；

（二）在采购过程中接受贿赂或者获取其他不正当利益的；

（三）在有关部门依法实施的监督检查中提供虚假情况的；

（四）开标前泄露标底的。

第七十三条　有前两条违法行为之一影响中标、成交结果或者可能影响中标、成交结果的，按下列情况分别处理：

（一）未确定中标、成交供应商的，终止采购活动；

（二）中标、成交供应商已经确定但采购合同尚未履行的，撤销合同，从合格的中标、成交候选人中另行确定中标、成交供应商；

（三）采购合同已经履行的，给采购人、供应商造成损失的，由责任人承担赔偿责任。

第七十四条　采购人对应当实行集中采购的政府采购项目，不委托集中采购机构实行集中采购的，由政府采购监督管理部门责令改正；拒不改正的，停止按预算向其支付资金，由其上级行政主管部门或者有关机关依法给予其直接负责的主管人员和其他直接责任人员处分。

第七十五条　采购人未依法公布政府采购项目的采购标准和采购结果的，责令改正，对直接负责的主管人员依法给予处分。

第七十六条　采购人、采购代理机构违反本法规定隐匿、销毁应当保存的采购文件或者伪造、变造采购文件的，由政府采购监督管理部门处以二万元以上十万元以下的罚款，对其直接负责的主管人员和其他直接责任人员依法给予处分；构成犯罪的，依法追究刑事责任。

第七十七条　供应商有下列情形之一的，处以采购金额千分之五以上千分之十以下的罚款，列入不良行为记录名单，在一至三年内禁止参加政府采购活动，有违法所得的，并处没收违法所得，情节严重的，由工商行政管理机关吊销营业执照；构成犯罪的，依法追究刑事责任：

（一）提供虚假材料谋取中标、成交的；

（二）采取不正当手段诋毁、排挤其他供应商的；

（三）与采购人、其他供应商或者采购代理机构恶意串通的；

（四）向采购人、采购代理机构行贿或者提供其他不正当利益的；

（五）在招标采购过程中与采购人进行协商谈判的；

（六）拒绝有关部门监督检查或者提供虚假情况的。

供应商有前款第（一）至（五）项情形之一的，中标、成交无效。

第七十八条 采购代理机构在代理政府采购业务中有违法行为的，按照有关法律规定处以罚款，可以依法取消其进行相关业务的资格，构成犯罪的，依法追究刑事责任。

第七十九条 政府采购当事人有本法第七十一条、第七十二条、第七十七条违法行为之一，给他人造成损失的，并应依照有关民事法律规定承担民事责任。

第八十条 政府采购监督管理部门的工作人员在实施监督检查中违反本法规定滥用职权，玩忽职守，徇私舞弊的，依法给予行政处分；构成犯罪的，依法追究刑事责任。

第八十一条 政府采购监督管理部门对供应商的投诉逾期未作处理的，给予直接负责的主管人员和其他直接责任人员行政处分。

第八十二条 政府采购监督管理部门对集中采购机构业绩的考核，有虚假陈述，隐瞒真实情况的，或者不作定期考核和公布考核结果的，应当及时纠正，由其上级机关或者监察机关对其负责人进行通报，并对直接负责的人员依法给予行政处分。

集中采购机构在政府采购监督管理部门考核中，虚报业绩，隐瞒真实情况的，处以二万元以上二十万元以下的罚款，并予以通报；情节严重的，取消其代理采购的资格。

第八十三条 任何单位或者个人阻挠和限制供应商进入本地区或者本行业政府采购市场的，责令限期改正；拒不改正的，由该单位、个人的上级行政主管部门或者有关机关给予单位责任人或者个人处分。

第九章 附 则

第八十四条 使用国际组织和外国政府贷款进行的政府采购，贷款方、资金提供方与中方达成的协议对采购的具体条件另有规定的，可以适用其规定，但不得损害国家利益和社会公共利益。

第八十五条 对因严重自然灾害和其他不可抗力事件所实施的紧急采购和涉及国家安全和秘密的采购，不适用本法。

第八十六条 军事采购法规由中央军事委员会另行制定。

第八十七条 本法实施的具体步骤和办法由国务院规定。

第八十八条 本法自 2003 年 1 月 1 日起施行。

中华人民共和国拍卖法

（1996年7月5日第八届全国人民代表大会常务委员会第二十次会议通过
根据2004年8月28日第十届全国人民代表大会常务委员会第十一次会议
《关于修改〈中华人民共和国拍卖法的决定〉修正》）

第一章　总　则

第一条　为了规范拍卖行为，维护拍卖秩序，保护拍卖活动各方当事人的合法权益，制定本法。

第二条　本法适用于中华人民共和国境内拍卖企业进行的拍卖活动。

第三条　拍卖是指以公开竞价的形式，将特定物品或者财产权利转让给最高应价者的买卖方式。

第四条　拍卖活动应当遵守有关法律、行政法规，遵循公开、公平、公正、诚实信用的原则。

第五条　国务院负责管理拍卖业的部门对全国拍卖业实施监督管理。

省、自治区、直辖市的人民政府和设区的市的人民政府负责管理拍卖业的部门对本行政区域内的拍卖业实施监督管理。

第二章　拍卖标的

第六条　拍卖标的应当是委托人所有或者依法可以处分的物品或者财产权利。

第七条　法律、行政法规禁止买卖的物品或者财产权利，不得作为拍卖标的。

第八条　依照法律或者按照国务院规定需经审批才能转让的物品或者财产权利，在拍卖前，应当依法办理审批手续。

委托拍卖的文物，在拍卖前，应当经拍卖人住所地的文物行政管理部门依法鉴定、许可。

第九条　国家行政机关依法没收的物品，充抵税款、罚款的物品和其他物品，按照国务院规定应当委托拍卖的，由财产所在地的省、自治区、直辖市的人民政府和设区的市的人民政府指定的拍卖人进行拍卖。

拍卖由人民法院依法没收的物品，充抵罚金、罚款的物品以及无法返还的追回物品，适用前款规定。

第三章　拍卖当事

第一节　拍卖人

第十条　拍卖人是指依照本法和《中华人民共和国公司法》设立的从事拍卖活动的企

业法人。

第十一条 拍卖企业可以在设区的市设立。设立拍卖企业必须经所在地的省、自治区、直辖市人民政府负责管理拍卖业的部门审核许可，并向工商行政管理部门申请登记，领取营业执照。

第十二条 设立拍卖企业，应当具备下列条件：

（一）有一百万元人民币以上的注册资本；

（二）有自己的名称、组织机构、住所和章程；

（三）有与从事拍卖业务相适应的拍卖师和其他工作人员；

（四）有符合本法和其他有关法律规定的拍卖业务规则；

（五）符合国务院有关拍卖业发展的规定；

（六）法律、行政法规规定的其他条件。

第十三条 拍卖企业经营文物拍卖的，应当有一千万元人民币以上的注册资本，有具有文物拍卖专业知识的人员。

第十四条 拍卖活动应当由拍卖师主持。

第十五条 拍卖师应当具备下列条件：

（一）具有高等院校专科以上学历和拍卖专业知识；

（二）在拍卖企业工作两年以上；

（三）品行良好。

被开除公职或者吊销拍卖师资格证书未满五年的，或者因故意犯罪受过刑事处罚的，不得担任拍卖师。

第十六条 拍卖师资格考核，由拍卖行业协会统一组织。经考核合格的，由拍卖行业协会发给拍卖师资格证书。

第十七条 拍卖行业协会是依法成立的社会团体法人，是拍卖业的自律性组织。拍卖行业协会依照本法并根据章程，对拍卖企业和拍卖师进行监督。

第十八条 拍卖人有权要求委托人说明拍卖标的的来源和瑕疵。

拍卖人应当向竞买人说明拍卖标的的瑕疵。

第十九条 拍卖人对委托人交付拍卖的物品负有保管义务。

第二十条 拍卖人接受委托后，未经委托人同意，不得委托其他拍卖人拍卖。

第二十一条 委托人、买受人要求对其身份保密的，拍卖人应当为其保密。

第二十二条 拍卖人及其工作人员不得以竞买人的身份参与自己组织的拍卖活动，并不得委托他人代为竞买。

第二十三条 拍卖人不得在自己组织的拍卖活动中拍卖自己的物品或者财产权利。

第二十四条 拍卖成交后，拍卖人应当按照约定向委托人交付拍卖标的的价款，并按照约定将拍卖标的移交给买受人。

第二节 委托人

第二十五条 委托人是指委托拍卖人拍卖物品或者财产权利的公民、法人或者其他组织。

第二十六条 委托人可以自行办理委托拍卖手续，也可以由其代理人代为办理委托拍卖手续。

第二十七条　委托人应当向拍卖人说明拍卖标的的来源和瑕疵。

第二十八条　委托人有权确定拍卖标的的保留价并要求拍卖人保密。

拍卖国有资产，依照法律或者按照国务院规定需要评估的，应当经依法设立的评估机构评估，并根据评估结果确定拍卖标的的保留价。

第二十九条　委托人在拍卖开始前可以撤回拍卖标的。委托人撤回拍卖标的的，应当向拍卖人支付约定的费用；未作约定的，应当向拍卖人支付为拍卖支出的合理费用。

第三十条　委托人不得参与竞买，也不得委托他人代为竞买。

第三十一条　按照约定由委托人移交拍卖标的的，拍卖成交后，委托人应当将拍卖标的移交给买受人。

第三节　竞买人

第三十二条　竞买人是指参加竞购拍卖标的的公民、法人或者其他组织。

第三十三条　法律、行政法规对拍卖标的的买卖条件有规定的，竞买人应当具备规定的条件。

第三十四条　竞买人可以自行参加竞买，也可以委托其代理人参加竞买。

第三十五条　竞买人有权了解拍卖标的的瑕疵，有权查验拍卖标的和查阅有关拍卖资料。

第三十六条　竞买人一经应价，不得撤回，当其他竞买人有更高应价时，其应价即丧失约束力。

第三十七条　竞买人之间、竞买人与拍卖人之间不得恶意串通，损害他人利益。

第四节　买受人

第三十八条　买受人是指以最高应价购得拍卖标的的竞买人。

第三十九条　买受人应当按照约定支付拍卖标的的价款，未按照约定支付价款的，应当承担违约责任，或者由拍卖人征得委托人的同意，将拍卖标的再行拍卖。

拍卖标的再行拍卖的，原买受人应当支付第一次拍卖中本人及委托人应当支付的佣金。再行拍卖的价款低于原拍卖价款的，原买受人应当补足差额。

第四十条　买受人未能按照约定取得拍卖标的的，有权要求拍卖人或者委托人承担违约责任。

买受人未按照约定受领拍卖标的的，应当支付由此产生的保管费用。

第四章　拍卖程序

第一节　拍卖委托

第四十一条　委托人委托拍卖物品或者财产权利，应当提供身份证明和拍卖人要求提供的拍卖标的的所有权证明或者依法可以处分拍卖标的的证明及其他资料。

第四十二条　拍卖人应当对委托人提供的有关文件、资料进行核实。拍卖人接受委托的，应当与委托人签订书面委托拍卖合同。

第四十三条　拍卖人认为需要对拍卖标的进行鉴定的，可以进行鉴定。

鉴定结论与委托拍卖合同载明的拍卖标的状况不相符的，拍卖人有权要求变更或者解除合同。

第四十四条 委托拍卖合同应当载明以下事项：

（一）委托人、拍卖人的姓名或者名称、住所；

（二）拍卖标的的名称、规格、数量、质量；

（三）委托人提出的保留价；

（四）拍卖的时间、地点；

（五）拍卖标的交付或者转移的时间、方式；

（六）佣金及其支付的方式、期限；

（七）价款的支付方式、期限；

（八）违约责任；

（九）双方约定的其他事项。

第二节 拍卖公告与展示

第四十五条 拍卖人应当于拍卖日七日前发布拍卖公告。

第四十六条 拍卖公告应当载明下列事项：

（一）拍卖的时间、地点；

（二）拍卖标的；

（三）拍卖标的展示时间、地点；

（四）参与竞买应当办理的手续；

（五）需要公告的其他事项。

第四十七条 拍卖公告应当通过报纸或者其他新闻媒介发布。

第四十八条 拍卖人应当在拍卖前展示拍卖标的，并提供查看拍卖标的的条件及有关资料。

拍卖标的的展示时间不得少于两日。

第三节 拍卖的实施

第四十九条 拍卖师应当于拍卖前宣布拍卖规则和注意事项。

第五十条 拍卖标的无保留价的，拍卖师应当在拍卖前予以说明。

拍卖标的有保留价的，竞买人的最高应价未达到保留价时，该应价不发生效力，拍卖师应当停止拍卖标的的拍卖。

第五十一条 竞买人的最高应价经拍卖师落槌或者以其他公开表示买定的方式确认后，拍卖成交。

第五十二条 拍卖成交后，买受人和拍卖人应当签署成交确认书。

第五十三条 拍卖人进行拍卖时，应当制作拍卖笔录。拍卖笔录应当由拍卖师、记录人签名；拍卖成交的，还应当由买受人签名。

第五十四条 拍卖人应当妥善保管有关业务经营活动的完整账簿、拍卖笔录和其他有关资料。

前款规定的账簿、拍卖笔录和其他有关资料的保管期限，自委托拍卖合同终止之日起计算，不得少于五年。

第五十五条 拍卖标的需要依法办理证照变更、产权过户手续的，委托人、买受人应当持拍卖人出具的成交证明和有关材料，向有关行政管理机关办理手续。

第四节　佣金

第五十六条　委托人、买受人可以与拍卖人约定佣金的比例。

委托人、买受人与拍卖人对佣金比例未作约定，拍卖成交的，拍卖人可以向委托人、买受人各收取不超过拍卖成交价百分之五的佣金。收取佣金的比例按照同拍卖成交价成反比的原则确定。

拍卖未成交的，拍卖人可以向委托人收取约定的费用；未作约定的，可以向委托人收取为拍卖支出的合理费用。

第五十七条　拍卖本法第九条规定的物品成交的，拍卖人可以向买受人收取不超过拍卖成交价百分之五的佣金。收取佣金的比例按照同拍卖成交价成反比的原则确定。

拍卖未成交的，适用本法第五十六条第三款的规定。

第五章　法律责任

第五十八条　委托人违反本法第六条的规定，委托拍卖其没有所有权或者依法不得处分的物品或者财产权利的，应当依法承担责任。拍卖人明知委托人对拍卖的物品或者财产权利没有所有权或者依法不得处分的，应当承担连带责任。

第五十九条　国家机关违反本法第九条的规定，将应当委托财产所在地的省、自治区、直辖市的人民政府或者设区的市的人民政府指定的拍卖人拍卖的物品擅自处理的，对负有直接责任的主管人员和其他直接责任人员依法给予行政处分，给国家造成损失的，还应当承担赔偿责任。

第六十条　违反本法第十一条的规定，未经许可登记设立拍卖企业的，由工商行政管理部门予以取缔，没收违法所得，并可以处违法所得一倍以上五倍以下的罚款。

第六十一条　拍卖人、委托人违反本法第十八条第二款、第二十七条的规定，未说明拍卖标的的瑕疵，给买受人造成损害的，买受人有权向拍卖人要求赔偿；属于委托人责任的，拍卖人有权向委托人追偿。

拍卖人、委托人在拍卖前声明不能保证拍卖标的的真伪或者品质的，不承担瑕疵担保责任。

因拍卖标的存在瑕疵未声明的，请求赔偿的诉讼时效期间为一年，自当事人知道或者应当知道权利受到损害之日起计算。

因拍卖标的存在缺陷造成人身、财产损害请求赔偿的诉讼时效期间，适用《中华人民共和国产品质量法》和其他法律的有关规定。

第六十二条　拍卖人及其工作人员违反本法第二十二条的规定，参与竞买或者委托他人代为竞买的，由工商行政管理部门对拍卖人给予警告，可以处拍卖佣金一倍以上五倍以下的罚款；情节严重的，吊销营业执照。

第六十三条　违反本法第二十三条的规定，拍卖人在自己组织的拍卖活动中拍卖自己的物品或者财产权利的，由工商行政管理部门没收拍卖所得。

第六十四条　违反本法第三十条的规定，委托人参与竞买或者委托他人代为竞买的，工商行政管理部门可以对委托人处拍卖成交价百分之三十以下的罚款。

第六十五条　违反本法第三十七条的规定，竞买人之间、竞买人与拍卖人之间恶意串通，给他人造成损害的，拍卖无效，应当依法承担赔偿责任。由工商行政管理部门对参与恶意串通的竞买人处最高应价百分之十以上百分之三十以下的罚款；对参与恶意串通的拍卖人处最高应价百分之十以上百分之五十以下的罚款。

第六十六条 违反本法第四章第四节关于佣金比例的规定收取佣金的，拍卖人应当将超收部分返还委托人、买受人。物价管理部门可以对拍卖人处拍卖佣金一倍以上五倍以下的罚款。

第六章 附 则

第六十七条 外国人、外国企业和组织在中华人民共和国境内委托拍卖或者参加竞买的，适用本法。

第六十八条 本法施行前设立的拍卖企业，不具备本法规定的条件的，应当在规定的期限内达到本法规定的条件；逾期未达到本法规定的条件的，由工商行政管理部门注销登记，收缴营业执照。具体实施办法由国务院另行规定。

第六十九条 本法自1997年1月1日起施行。

中华人民共和国招标投标法

（第九届全国人民代表大会常务委员会第十一次会议1999年8月30日通过）

第一章　总　则

第一条　为了规范招标投标活动，保护国家利益、社会公共利益和招标投标活动当事人的合法权益，提高经济效益，保证项目质量，制定本法。

第二条　在中华人民共和国境内进行招标投标活动，适用本法。

第三条　在中华人民共和国境内进行下列工程建设项目包括项目的勘察、设计、施工、监理以及与工程建设有关的重要设备、材料等的采购，必须进行招标：

（一）大型基础设施、公用事业等关系社会公共利益、公众安全的项目；

（二）全部或者部分使用国有资金投资或者国家融资的项目；

（三）使用国际组织或者外国政府贷款、援助资金的项目。

前款所列项目的具体范围和规模标准，由国务院发展计划部门会同国务院有关部门制订，报国务院批准。

法律或者国务院对必须进行招标的其他项目的范围有规定的，依照其规定。

第四条　任何单位和个人不得将依法必须进行招标的项目化整为零或者以其他任何方式规避招标。

第五条　招标投标活动应当遵循公开、公平、公正和诚实信用的原则。

第六条　依法必须进行招标的项目，其招标投标活动不受地区或者部门的限制。任何单位和个人不得违法限制或者排斥本地区、本系统以外的法人或者其他组织参加投标，不得以任何方式非法干涉招标投标活动。

第七条　招标投标活动及其当事人应当接受依法实施的监督。

有关行政监督部门依法对招标投标活动实施监督，依法查处招标投标活动中的违法行为。

对招标投标活动的行政监督及有关部门的具体职权划分，由国务院规定。

第二章　招　标

第八条　招标人是依照本法规定提出招标项目、进行招标的法人或者其他组织。

第九条　招标项目按照国家有关规定需要履行项目审批手续的，应当先履行审批手续，取得批准。

招标人应当有进行招标项目的相应资金或者资金来源已经落实，并应当在招标文件中如实载明。

第十条　招标分为公开招标和邀请招标。

公开招标，是指招标人以招标公告的方式邀请不特定的法人或者其他组织投标。

邀请招标，是指招标人以投标邀请书的方式邀请特定的法人或者其他组织投标。

第十一条 国务院发展计划部门确定的国家重点项目和省、自治区、直辖市人民政府确定的地方重点项目不适宜公开招标的，经国务院发展计划部门或者省、自治区、直辖市人民政府批准，可以进行邀请招标。

第十二条 招标人有权自行选择招标代理机构，委托其办理招标事宜。任何单位和个人不得以任何方式为招标人指定招标代理机构。

招标人具有编制招标文件和组织评标能力的，可以自行办理招标事宜。任何单位和个人不得强制其委托招标代理机构办理招标事宜。

依法必须进行招标的项目，招标人自行办理招标事宜的，应当向有关行政监督部门备案。

第十三条 招标代理机构是依法设立、从事招标代理业务并提供相关服务的社会中介组织。

招标代理机构应当具备下列条件：

（一）有从事招标代理业务的营业场所和相应资金；

（二）有能够编制招标文件和组织评标的相应专业力量；

（三）有符合本法第三十七条第三款规定条件、可以作为评标委员会成员人选的技术、经济等方面的专家库。

第十四条 从事工程建设项目招标代理业务的招标代理机构，其资格由国务院或者省、自治区、直辖市人民政府的建设行政主管部门认定。具体办法由国务院建设行政主管部门会同国务院有关部门制定。从事其他招标代理业务的招标代理机构，其资格认定的主管部门由国务院规定。

招标代理机构与行政机关和其他国家机关不得存在隶属关系或者其他利益关系。

第十五条 招标代理机构应当在招标人委托的范围内办理招标事宜，并遵守本法关于招标人的规定。

第十六条 招标人采用公开招标方式的，应当发布招标公告。依法必须进行招标的项目的招标公告，应当通过国家指定的报刊、信息网络或者其他媒介发布。

招标公告应当载明招标人的名称和地址、招标项目的性质、数量、实施地点和时间以及获取招标文件的办法等事项。

第十七条 招标人采用邀请招标方式的，应当向三个以上具备承担招标项目的能力、资信良好的特定的法人或者其他组织发出投标邀请书。

投标邀请书应当载明本法第十六条第二款规定的事项。

第十八条 招标人可以根据招标项目本身的要求，在招标公告或者投标邀请书中，要求潜在投标人提供有关资质证明文件和业绩情况，并对潜在投标人进行资格审查；国家对投标人的资格条件有规定的，依照其规定。

招标人不得以不合理的条件限制或者排斥潜在投标人，不得对潜在投标人实行歧视待遇。

第十九条 招标人应当根据招标项目的特点和需要编制招标文件。招标文件应当包括招标项目的技术要求、对投标人资格审查的标准、投标报价要求和评标标准等所有实质性要求和条件以及拟签订合同的主要条款。

国家对招标项目的技术、标准有规定的，招标人应当按照其规定在招标文件中提出相应要求。

招标项目需要划分标段、确定工期的，招标人应当合理划分标段、确定工期，并在招标文件中载明。

第二十条　招标文件不得要求或者标明特定的生产供应者以及含有倾向或者排斥潜在投标人的其他内容。

第二十一条　招标人根据招标项目的具体情况，可以组织潜在投标人踏勘项目现场。

第二十二条　招标人不得向他人透露已获取招标文件的潜在投标人的名称、数量以及可能影响公平竞争的有关招标投标的其他情况。

招标人设有标底的，标底必须保密。

第二十三条　招标人对已发出的招标文件进行必要的澄清或者修改的，应当在招标文件要求提交投标文件截止时间至少十五日前，以书面形式通知所有招标文件收受人。该澄清或者修改的内容为招标文件的组成部分。

第二十四条　招标人应当确定投标人编制投标文件所需要的合理时间；但是，依法必须进行招标的项目，自招标文件开始发出之日起至投标人提交投标文件截止之日止，最短不得少于二十日。

第三章　投　标

第二十五条　投标人是响应招标、参加投标竞争的法人或者其他组织。

依法招标的科研项目允许个人参加投标的，投标的个人适用本法有关投标人的规定。

第二十六条　投标人应当具备承担招标项目的能力；国家有关规定对投标人资格条件或者招标文件对投标人资格条件有规定的，投标人应当具备规定的资格条件。

第二十七条　投标人应当按照招标文件的要求编制投标文件。投标文件应当对招标文件提出的实质性要求和条件作出响应。

招标项目属于建设施工的，投标文件的内容应当包括拟派出的项目负责人与主要技术人员的简历、业绩和拟用于完成招标项目的机械设备等。

第二十八条　投标人应当在招标文件要求提交投标文件的截止时间前，将投标文件送达投标地点。招标人收到投标文件后，应当签收保存，不得开启。投标人少于三个的，招标人应当依照本法重新招标。

在招标文件要求提交投标文件的截止时间后送达的投标文件，招标人应当拒收。

第二十九条　投标人在招标文件要求提交投标文件的截止时间前，可以补充、修改或者撤回已提交的投标文件，并书面通知招标人。补充、修改的内容为投标文件的组成部分。

第三十条　投标人根据招标文件载明的项目实际情况，拟在中标后将中标项目的部分非主体、非关键性工作进行分包的，应当在投标文件中载明。

第三十一条　两个以上法人或者其他组织可以组成一个联合体，以一个投标人的身份共同投标。

联合体各方均应当具备承担招标项目的相应能力；国家有关规定或者招标文件对投标人资格条件有规定的，联合体各方均应当具备规定的相应资格条件。由同一专业的单位组成的联合体，按照资质等级较低的单位确定资质等级。

联合体各方应当签订共同投标协议，明确约定各方拟承担的工作和责任，并将共同投标协议连同投标文件一并提交招标人。联合体中标的，联合体各方应当共同与招标人签订合同，就中标项目向招标人承担连带责任。

招标人不得强制投标人组成联合体共同投标，不得限制投标人之间的竞争。

第三十二条 投标人不得相互串通投标报价，不得排挤其他投标人的公平竞争，损害招标人或者其他投标人的合法权益。

投标人不得与招标人串通投标，损害国家利益、社会公共利益或者他人的合法权益。

禁止投标人以向招标人或者评标委员会成员行贿的手段谋取中标。

第三十三条 投标人不得以低于成本的报价竞标，也不得以他人名义投标或者以其他方式弄虚作假，骗取中标。

第四章 开标、评标和中标

第三十四条 开标应当在招标文件确定的提交投标文件截止时间的同一时间公开进行；开标地点应当为招标文件中预先确定的地点。

第三十五条 开标由招标人主持，邀请所有投标人参加。

第三十六条 开标时，由投标人或者其推选的代表检查投标文件的密封情况，也可以由招标人委托的公证机构检查并公证；经确认无误后，由工作人员当众拆封，宣读投标人名称、投标价格和投标文件的其他主要内容。

招标人在招标文件要求提交投标文件的截止时间前收到的所有投标文件，开标时都应当当众予以拆封、宣读。

开标过程应当记录，并存档备查。

第三十七条 评标由招标人依法组建的评标委员会负责。

依法必须进行招标的项目，其评标委员会由招标人的代表和有关技术、经济等方面的专家组成，成员人数为五人以上单数，其中技术、经济等方面的专家不得少于成员总数的三分之二。

前款专家应当从事相关领域工作满八年并具有高级职称或者具有同等专业水平，由招标人从国务院有关部门或者省、自治区、直辖市人民政府有关部门提供的专家名册或者招标代理机构的专家库内的相关专业的专家名单中确定；一般招标项目可以采取随机抽取方式，特殊招标项目可以由招标人直接确定。

与投标人有利害关系的人不得进入相关项目的评标委员会；已经进入的应当更换。

评标委员会成员的名单在中标结果确定前应当保密。

第三十八条 招标人应当采取必要的措施，保证评标在严格保密的情况下进行。

任何单位和个人不得非法干预、影响评标的过程和结果。

第三十九条 评标委员会可以要求投标人对投标文件中含义不明确的内容作必要的澄清或者说明，但是澄清或者说明不得超出投标文件的范围或者改变投标文件的实质性内容。

第四十条 评标委员会应当按照招标文件确定的评标标准和方法，对投标文件进行评审和比较；设有标底的，应当参考标底。评标委员会完成评标后，应当向招标人提出书面评标报告，并推荐合格的中标候选人。

招标人根据评标委员会提出的书面评标报告和推荐的中标候选人确定中标人。招标人也可以授权评标委员会直接确定中标人。

国务院对特定招标项目的评标有特别规定的，从其规定。

第四十一条　中标人的投标应当符合下列条件之一：

（一）能够最大限度地满足招标文件中规定的各项综合评价标准；

（二）能够满足招标文件的实质性要求，并且经评审的投标价格最低；但是投标价格低于成本的除外。

第四十二条　评标委员会经评审，认为所有投标都不符合招标文件要求的，可以否决所有投标。

依法必须进行招标的项目的所有投标被否决的，招标人应当依照本法重新招标。

第四十三条　在确定中标人前，招标人不得与投标人就投标价格、投标方案等实质性内容进行谈判。

第四十四条　评标委员会成员应当客观、公正地履行职务，遵守职业道德，对所提出的评审意见承担个人责任。

评标委员会成员不得私下接触投标人，不得收受投标人的财物或者其他好处。

评标委员会成员和参与评标的有关工作人员不得透露对投标文件的评审和比较、中标候选人的推荐情况以及与评标有关的其他情况。

第四十五条　中标人确定后，招标人应当向中标人发出中标通知书，并同时将中标结果通知所有未中标的投标人。

中标通知书对招标人和中标人具有法律效力。中标通知书发出后，招标人改变中标结果的，或者中标人放弃中标项目的，应当依法承担法律责任。

第四十六条　招标人和中标人应当自中标通知书发出之日起三十日内，按照招标文件和中标人的投标文件订立书面合同。招标人和中标人不得再行订立背离合同实质性内容的其他协议。

招标文件要求中标人提交履约保证金的，中标人应当提交。

第四十七条　依法必须进行招标的项目，招标人应当自确定中标人之日起十五日内，向有关行政监督部门提交招标投标情况的书面报告。

第四十八条　中标人应当按照合同约定履行义务，完成中标项目。中标人不得向他人转让中标项目，也不得将中标项目肢解后分别向他人转让。

中标人按照合同约定或者经招标人同意，可以将中标项目的部分非主体、非关键性工作分包给他人完成。接受分包的人应当具备相应的资格条件，并不得再次分包。

中标人应当就分包项目向招标人负责，接受分包的人就分包项目承担连带责任。

第五章　法律责任

第四十九条　违反本法规定，必须进行招标的项目而不招标的，将必须进行招标的项目化整为零或者以其他任何方式规避招标的，责令限期改正，可以处项目合同金额千分之五以上千分之十以下的罚款；对全部或者部分使用国有资金的项目，可以暂停项目执行或者暂停资金拨付；对单位直接负责的主管人员和其他直接责任人员依法给予处分。

第五十条 招标代理机构违反本法规定，泄露应当保密的与招标投标活动有关的情况和资料的，或者与招标人、投标人串通损害国家利益、社会公共利益或者他人合法权益的，处五万元以上二十五万元以下的罚款，对单位直接负责的主管人员和其他直接责任人员处单位罚款数额百分之五以上百分之十以下的罚款；有违法所得的，并处没收违法所得；情节严重的，暂停直至取消招标代理资格；构成犯罪的，依法追究刑事责任。给他人造成损失的，依法承担赔偿责任。

前款所列行为影响中标结果的，中标无效。

第五十一条 招标人以不合理的条件限制或者排斥潜在投标人的，对潜在投标人实行歧视待遇的，强制要求投标人组成联合体共同投标的，或者限制投标人之间竞争的，责令改正，可以处一万元以上五万元以下的罚款。

第五十二条 依法必须进行招标的项目的招标人向他人透露已获取招标文件的潜在投标人的名称、数量或者可能影响公平竞争的有关招标投标的其他情况的，或者泄露标底的，给予警告，可以并处一万元以上十万元以下的罚款；对单位直接负责的主管人员和其他直接责任人员依法给予处分；构成犯罪的，依法追究刑事责任。

前款所列行为影响中标结果的，中标无效。

第五十三条 投标人相互串通投标或者与招标人串通投标的，投标人以向招标人或者评标委员会成员行贿的手段谋取中标的，中标无效，处中标项目金额千分之五以上千分之十以下的罚款，对单位直接负责的主管人员和其他直接责任人员处单位罚款数额百分之五以上百分之十以下的罚款；有违法所得的，并处没收违法所得；情节严重的，取消其一年至二年内参加依法必须进行招标的项目的投标资格并予以公告，直至由工商行政管理机关吊销营业执照；构成犯罪的，依法追究刑事责任。给他人造成损失的，依法承担赔偿责任。

第五十四条 投标人以他人名义投标或者以其他方式弄虚作假，骗取中标的，中标无效，给招标人造成损失的，依法承担赔偿责任；构成犯罪的，依法追究刑事责任。

依法必须进行招标的项目的投标人有前款所列行为尚未构成犯罪的，处中标项目金额千分之五以上千分之十以下的罚款，对单位直接负责的主管人员和其他直接责任人员处单位罚款数额百分之五以上百分之十以下的罚款；有违法所得的，并处没收违法所得；情节严重的，取消其一年至三年内参加依法必须进行招标的项目的投标资格并予以公告，直至由工商行政管理机关吊销营业执照。

第五十五条 依法必须进行招标的项目，招标人违反本法规定，与投标人就投标价格、投标方案等实质性内容进行谈判的，给予警告，对单位直接负责的主管人员和其他直接责任人员依法给予处分。

前款所列行为影响中标结果的，中标无效。

第五十六条 评标委员会成员收受投标人的财物或者其他好处的，评标委员会成员或者参加评标的有关工作人员向他人透露对投标文件的评审和比较、中标候选人的推荐以及与评标有关的其他情况的，给予警告，没收收受的财物，可以并处三千元以上五万元以下的罚款，对有所列违法行为的评标委员会成员取消担任评标委员会成员的资格，不得再参加任何依法必须进行招标的项目的评标；构成犯罪的，依法追究刑事责任。

第五十七条 招标人在评标委员会依法推荐的中标候选人以外确定中标人的，依法必须进行招标的项目在所有投标被评标委员会否决后自行确定中标人的，中标无效。责令改正，可以处中标项目金额千分之五以上千分之十以下的罚款；对单位直接负责的主管人员和其他直接责任人员依法给予处分。

第五十八条　中标人将中标项目转让给他人的，将中标项目肢解后分别转让给他人的，违反本法规定将中标项目的部分主体、关键性工作分包给他人的，或者分包人再次分包的，转让、分包无效，处转让、分包项目金额千分之五以上千分之十以下的罚款；有违法所得的，并处没收违法所得；可以责令停业整顿；情节严重的，由工商行政管理机关吊销营业执照。

第五十九条　招标人与中标人不按照招标文件和中标人的投标文件订立合同的，或者招标人、中标人订立背离合同实质性内容的协议的，责令改正；可以处中标项目金额千分之五以上千分之十以下的罚款。

第六十条　中标人不履行与招标人订立的合同的，履约保证金不予退还，给招标人造成的损失超过履约保证金数额的，还应当对超过部分予以赔偿；没有提交履约保证金的，应当对招标人的损失承担赔偿责任。

中标人不按照与招标人订立的合同履行义务，情节严重的，取消其二年至五年内参加依法必须进行招标的项目的投标资格并予以公告，直至由工商行政管理机关吊销营业执照。

因不可抗力不能履行合同的，不适用前两款规定。

第六十一条　本章规定的行政处罚，由国务院规定的有关行政监督部门决定。本法已对实施行政处罚的机关作出规定的除外。

第六十二条　任何单位违反本法规定，限制或者排斥本地区、本系统以外的法人或者其他组织参加投标的，为招标人指定招标代理机构的，强制招标人委托招标代理机构办理招标事宜的，或者以其他方式干涉招标投标活动的，责令改正；对单位直接负责的主管人员和其他直接责任人员依法给予警告、记过、记大过的处分，情节较重的，依法给予降级、撤职、开除的处分。

个人利用职权进行前款违法行为的，依照前款规定追究责任。

第六十三条　对招标投标活动依法负有行政监督职责的国家机关工作人员徇私舞弊、滥用职权或者玩忽职守，构成犯罪的，依法追究刑事责任；不构成犯罪的，依法给予行政处分。

第六十四条　依法必须进行招标的项目违反本法规定，中标无效的，应当依照本法规定的中标条件从其余投标人中重新确定中标人或者依照本法重新进行招标。

第六章　附　则

第六十五条　投标人和其他利害关系人认为招标投标活动不符合本法有关规定的，有权向招标人提出异议或者依法向有关行政监督部门投诉。

第六十六条　涉及国家安全、国家秘密、抢险救灾或者属于利用扶贫资金实行以工代赈、需要使用农民工等特殊情况，不适宜进行招标的项目，按照国家有关规定可以不进行招标。

第六十七条　使用国际组织或者外国政府贷款、援助资金的项目进行招标，贷款方、资金提供方对招标投标的具体条件和程序有不同规定的，可以适用其规定，但违背中华人民共和国的社会公共利益的除外。

第六十八条 本法自2000年1月1日起施行。

中华人民共和国防震减灾法

（1997年12月29日第八届全国人民代表大会常务委员会第二十九次会议通过
2008年12月27日第十一届全国人民代表大会常务委员会第六次会议修订）

第一章 总 则

第一条 为了防御和减轻地震灾害，保护人民生命和财产安全，促进经济社会的可持续发展，制定本法。

第二条 在中华人民共和国领域和中华人民共和国管辖的其他海域从事地震监测预报、地震灾害预防、地震应急救援、地震灾后过渡性安置和恢复重建等防震减灾活动，适用本法。

第三条 防震减灾工作，实行预防为主、防御与救助相结合的方针。

第四条 县级以上人民政府应当加强对防震减灾工作的领导，将防震减灾工作纳入本级国民经济和社会发展规划，所需经费列入财政预算。

第五条 在国务院的领导下，国务院地震工作主管部门和国务院经济综合宏观调控、建设、民政、卫生、公安以及其他有关部门，按照职责分工，各负其责，密切配合，共同做好防震减灾工作。

县级以上地方人民政府负责管理地震工作的部门或者机构和其他有关部门在本级人民政府领导下，按照职责分工，各负其责，密切配合，共同做好本行政区域的防震减灾工作。

第六条 国务院抗震救灾指挥机构负责统一领导、指挥和协调全国抗震救灾工作。县级以上地方人民政府抗震救灾指挥机构负责统一领导、指挥和协调本行政区域的抗震救灾工作。

国务院地震工作主管部门和县级以上地方人民政府负责管理地震工作的部门或者机构，承担本级人民政府抗震救灾指挥机构的日常工作。

第七条 各级人民政府应当组织开展防震减灾知识的宣传教育，增强公民的防震减灾意识，提高全社会的防震减灾能力。

第八条 任何单位和个人都有依法参加防震减灾活动的义务。

国家鼓励、引导社会组织和个人开展地震群测群防活动，对地震进行监测和预防。

国家鼓励、引导志愿者参加防震减灾活动。

第九条 中国人民解放军、中国人民武装警察部队和民兵组织，依照本法以及其他有关法律、行政法规、军事法规的规定和国务院、中央军事委员会的命令，执行抗震救灾任务，保护人民生命和财产安全。

第十条 从事防震减灾活动，应当遵守国家有关防震减灾标准。

第十一条 国家鼓励、支持防震减灾的科学技术研究，逐步提高防震减灾科学技术研究经费投入，推广先进的科学研究成果，加强国际合作与交流，提高防震减灾工作水平。

对在防震减灾工作中做出突出贡献的单位和个人，按照国家有关规定给予表彰和奖励。

第二章　防震减灾规划

第十二条　国务院地震工作主管部门会同国务院有关部门组织编制国家防震减灾规划，报国务院批准后组织实施。

县级以上地方人民政府负责管理地震工作的部门或者机构会同同级有关部门，根据上一级防震减灾规划和本行政区域的实际情况，组织编制本行政区域的防震减灾规划，报本级人民政府批准后组织实施，并报上一级人民政府负责管理地震工作的部门或者机构备案。

第十三条　编制防震减灾规划，应当遵循统筹安排、突出重点、合理布局、全面预防的原则，以震情和震害预测结果为依据，并充分考虑人民生命和财产安全及经济社会发展、资源环境保护等需要。

县级以上地方人民政府有关部门应当根据编制防震减灾规划的需要，及时提供有关资料。

第十四条　防震减灾规划的内容应当包括：震情形势和防震减灾总体目标，地震监测台网建设布局，地震灾害预防措施，地震应急救援措施，以及防震减灾技术、信息、资金、物资等保障措施。

编制防震减灾规划，应当对地震重点监视防御区的地震监测台网建设、震情跟踪、地震灾害预防措施、地震应急准备、防震减灾知识宣传教育等作出具体安排。

第十五条　防震减灾规划报送审批前，组织编制机关应当征求有关部门、单位、专家和公众的意见。

防震减灾规划报送审批文件中应当附具意见采纳情况及理由。

第十六条　防震减灾规划一经批准公布，应当严格执行；因震情形势变化和经济社会发展的需要确需修改的，应当按照原审批程序报送审批。

第三章　地震监测预报

第十七条　国家加强地震监测预报工作，建立多学科地震监测系统，逐步提高地震监测预报水平。

第十八条　国家对地震监测台网实行统一规划，分级、分类管理。

国务院地震工作主管部门和县级以上地方人民政府负责管理地震工作的部门或者机构，按照国务院有关规定，制定地震监测台网规划。

全国地震监测台网由国家级地震监测台网、省级地震监测台网和市、县级地震监测台网组成，其建设资金和运行经费列入财政预算。

第十九条　水库、油田、核电站等重大建设工程的建设单位，应当按照国务院有关规定，建设专用地震监测台网或者强震动监测设施，其建设资金和运行经费由建设单位承担。

第二十条　地震监测台网的建设，应当遵守法律、法规和国家有关标准，保证建设质量。

第二十一条　地震监测台网不得擅自中止或者终止运行。

检测、传递、分析、处理、存贮、报送地震监测信息的单位，应当保证地震监测信息的质量和安全。

县级以上地方人民政府应当组织相关单位为地震监测台网的运行提供通信、交通、电力等保障条件。

第二十二条　沿海县级以上地方人民政府负责管理地震工作的部门或者机构，应当加强海域地震活动监测预测工作。海域地震发生后，县级以上地方人民政府负责管理地震工作的部门或者机构，应当及时向海洋主管部门和当地海事管理机构等通报情况。

火山所在地的县级以上地方人民政府负责管理地震工作的部门或者机构，应当利用地震监测设施和技术手段，加强火山活动监测预测工作。

第二十三条　国家依法保护地震监测设施和地震观测环境。

任何单位和个人不得侵占、毁损、拆除或者擅自移动地震监测设施。地震监测设施遭到破坏的，县级以上地方人民政府负责管理地震工作的部门或者机构应当采取紧急措施组织修复，确保地震监测设施正常运行。

任何单位和个人不得危害地震观测环境。国务院地震工作主管部门和县级以上地方人民政府负责管理地震工作的部门或者机构会同同级有关部门，按照国务院有关规定划定地震观测环境保护范围，并纳入土地利用总体规划和城乡规划。

第二十四条　新建、扩建、改建建设工程，应当避免对地震监测设施和地震观测环境造成危害。建设国家重点工程，确实无法避免对地震监测设施和地震观测环境造成危害的，建设单位应当按照县级以上地方人民政府负责管理地震工作的部门或者机构的要求，增建抗干扰设施；不能增建抗干扰设施的，应当新建地震监测设施。

对地震观测环境保护范围内的建设工程项目，城乡规划主管部门在依法核发选址意见书时，应当征求负责管理地震工作的部门或者机构的意见；不需要核发选址意见书的，城乡规划主管部门在依法核发建设用地规划许可证或者乡村建设规划许可证时，应当征求负责管理地震工作的部门或者机构的意见。

第二十五条　国务院地震工作主管部门建立健全地震监测信息共享平台，为社会提供服务。

县级以上地方人民政府负责管理地震工作的部门或者机构，应当将地震监测信息及时报送上一级人民政府负责管理地震工作的部门或者机构。

专用地震监测台网和强震动监测设施的管理单位，应当将地震监测信息及时报送所在地省、自治区、直辖市人民政府负责管理地震工作的部门或者机构。

第二十六条　国务院地震工作主管部门和县级以上地方人民政府负责管理地震工作的部门或者机构，根据地震监测信息研究结果，对可能发生地震的地点、时间和震级作出预测。

其他单位和个人通过研究提出的地震预测意见，应当向所在地或者所预测地的县级以上地方人民政府负责管理地震工作的部门或者机构书面报告，或者直接向国务院地震工作主管部门书面报告。收到书面报告的部门或者机构应当进行登记并出具接收凭证。

第二十七条　观测到可能与地震有关的异常现象的单位和个人，可以向所在地县级以上地方人民政府负责管理地震工作的部门或者机构报告，也可以直接向国务院地震工作主管部门报告。

国务院地震工作主管部门和县级以上地方人民政府负责管理地震工作的部门或者机构接到报告后，应当进行登记并及时组织调查核实。

第二十八条 国务院地震工作主管部门和省、自治区、直辖市人民政府负责管理地震工作的部门或者机构，应当组织召开震情会商会，必要时邀请有关部门、专家和其他有关人员参加，对地震预测意见和可能与地震有关的异常现象进行综合分析研究，形成震情会商意见，报本级人民政府；经震情会商形成地震预报意见的，在报本级人民政府前，应当进行评审，作出评审结果，并提出对策建议。

第二十九条 国家对地震预报意见实行统一发布制度。

全国范围内的地震长期和中期预报意见，由国务院发布。省、自治区、直辖市行政区域内的地震预报意见，由省、自治区、直辖市人民政府按照国务院规定的程序发布。

除发表本人或者本单位对长期、中期地震活动趋势的研究成果及进行相关学术交流外，任何单位和个人不得向社会散布地震预测意见。任何单位和个人不得向社会散布地震预报意见及其评审结果。

第三十条 国务院地震工作主管部门根据地震活动趋势和震害预测结果，提出确定地震重点监视防御区的意见，报国务院批准。

国务院地震工作主管部门应当加强地震重点监视防御区的震情跟踪，对地震活动趋势进行分析评估，提出年度防震减灾工作意见，报国务院批准后实施。

地震重点监视防御区的县级以上地方人民政府应当根据年度防震减灾工作意见和当地的地震活动趋势，组织有关部门加强防震减灾工作。

地震重点监视防御区的县级以上地方人民政府负责管理地震工作的部门或者机构，应当增加地震监测台网密度，组织做好震情跟踪、流动观测和可能与地震有关的异常现象观测以及群测群防工作，并及时将有关情况报上一级人民政府负责管理地震工作的部门或者机构。

第三十一条 国家支持全国地震烈度速报系统的建设。

地震灾害发生后，国务院地震工作主管部门应当通过全国地震烈度速报系统快速判断致灾程度，为指挥抗震救灾工作提供依据。

第三十二条 国务院地震工作主管部门和县级以上地方人民政府负责管理地震工作的部门或者机构，应当对发生地震灾害的区域加强地震监测，在地震现场设立流动观测点，根据震情的发展变化，及时对地震活动趋势作出分析、判定，为余震防范工作提供依据。

国务院地震工作主管部门和县级以上地方人民政府负责管理地震工作的部门或者机构、地震监测台网的管理单位，应当及时收集、保存有关地震的资料和信息，并建立完整的档案。

第三十三条 外国的组织或者个人在中华人民共和国领域和中华人民共和国管辖的其他海域从事地震监测活动，必须经国务院地震工作主管部门会同有关部门批准，并采取与中华人民共和国有关部门或者单位合作的形式进行。

第四章　地震灾害预防

第三十四条　国务院地震工作主管部门负责制定全国地震烈度区划图或者地震动参数区划图。

国务院地震工作主管部门和省、自治区、直辖市人民政府负责管理地震工作的部门或者机构，负责审定建设工程的地震安全性评价报告，确定抗震设防要求。

第三十五条　新建、扩建、改建建设工程，应当达到抗震设防要求。

重大建设工程和可能发生严重次生灾害的建设工程，应当按照国务院有关规定进行地震安全性评价，并按照经审定的地震安全性评价报告所确定的抗震设防要求进行抗震设防。建设工程的地震安全性评价单位应当按照国家有关标准进行地震安全性评价，并对地震安全性评价报告的质量负责。

前款规定以外的建设工程，应当按照地震烈度区划图或者地震动参数区划图所确定的抗震设防要求进行抗震设防；对学校、医院等人员密集场所的建设工程，应当按照高于当地房屋建筑的抗震设防要求进行设计和施工，采取有效措施，增强抗震设防能力。

第三十六条　有关建设工程的强制性标准，应当与抗震设防要求相衔接。

第三十七条　国家鼓励城市人民政府组织制定地震小区划图。地震小区划图由国务院地震工作主管部门负责审定。

第三十八条　建设单位对建设工程的抗震设计、施工的全过程负责。

设计单位应当按照抗震设防要求和工程建设强制性标准进行抗震设计，并对抗震设计的质量以及出具的施工图设计文件的准确性负责。

施工单位应当按照施工图设计文件和工程建设强制性标准进行施工，并对施工质量负责。

建设单位、施工单位应当选用符合施工图设计文件和国家有关标准规定的材料、构配件和设备。

工程监理单位应当按照施工图设计文件和工程建设强制性标准实施监理，并对施工质量承担监理责任。

第三十九条　已经建成的下列建设工程，未采取抗震设防措施或者抗震设防措施未达到抗震设防要求的，应当按照国家有关规定进行抗震性能鉴定，并采取必要的抗震加固措施：

（一）重大建设工程；

（二）可能发生严重次生灾害的建设工程；

（三）具有重大历史、科学、艺术价值或者重要纪念意义的建设工程；

（四）学校、医院等人员密集场所的建设工程；

（五）地震重点监视防御区内的建设工程。

第四十条　县级以上地方人民政府应当加强对农村村民住宅和乡村公共设施抗震设防的管理，组织开展农村实用抗震技术的研究和开发，推广达到抗震设防要求、经济适用、具有当地特色的建筑设计和施工技术，培训相关技术人员，建设示范工程，逐步提高农村村民住宅和乡村公共设施的抗震设防水平。

国家对需要抗震设防的农村村民住宅和乡村公共设施给予必要支持。

第四十一条 城乡规划应当根据地震应急避难的需要，合理确定应急疏散通道和应急避难场所，统筹安排地震应急避难所必需的交通、供水、供电、排污等基础设施建设。

第四十二条 地震重点监视防御区的县级以上地方人民政府应当根据实际需要，在本级财政预算和物资储备中安排抗震救灾资金、物资。

第四十三条 国家鼓励、支持研究开发和推广使用符合抗震设防要求、经济实用的新技术、新工艺、新材料。

第四十四条 县级人民政府及其有关部门和乡、镇人民政府、城市街道办事处等基层组织，应当组织开展地震应急知识的宣传普及活动和必要的地震应急救援演练，提高公民在地震灾害中自救互救的能力。

机关、团体、企业、事业等单位，应当按照所在地人民政府的要求，结合各自实际情况，加强对本单位人员的地震应急知识宣传教育，开展地震应急救援演练。

学校应当进行地震应急知识教育，组织开展必要的地震应急救援演练，培养学生的安全意识和自救互救能力。

新闻媒体应当开展地震灾害预防和应急、自救互救知识的公益宣传。

国务院地震工作主管部门和县级以上地方人民政府负责管理地震工作的部门或者机构，应当指导、协助、督促有关单位做好防震减灾知识的宣传教育和地震应急救援演练等工作。

第四十五条 国家发展有财政支持的地震灾害保险事业，鼓励单位和个人参加地震灾害保险。

第五章 地震应急救援

第四十六条 国务院地震工作主管部门会同国务院有关部门制定国家地震应急预案，报国务院批准。国务院有关部门根据国家地震应急预案，制定本部门的地震应急预案，报国务院地震工作主管部门备案。

县级以上地方人民政府及其有关部门和乡、镇人民政府，应当根据有关法律、法规、规章、上级人民政府及其有关部门的地震应急预案和本行政区域的实际情况，制定本行政区域的地震应急预案和本部门的地震应急预案。省、自治区、直辖市和较大的市的地震应急预案，应当报国务院地震工作主管部门备案。

交通、铁路、水利、电力、通信等基础设施和学校、医院等人员密集场所的经营管理单位，以及可能发生次生灾害的核电、矿山、危险物品等生产经营单位，应当制定地震应急预案，并报所在地的县级人民政府负责管理地震工作的部门或者机构备案。

第四十七条 地震应急预案的内容应当包括：组织指挥体系及其职责，预防和预警机制，处置程序，应急响应和应急保障措施等。

地震应急预案应当根据实际情况适时修订。

第四十八条 地震预报意见发布后，有关省、自治区、直辖市人民政府根据预报的震情可以宣布有关区域进入临震应急期；有关地方人民政府应当按照地震应急预案，组织有关部门做好应急防范和抗震救灾准备工作。

第四十九条 按照社会危害程度、影响范围等因素，地震灾害分为一般、较大、重大和特别重大四级。具体分级标准按照国务院规定执行。

一般或者较大地震灾害发生后，地震发生地的市、县人民政府负责组织有关部门启动地震应急预案；重大地震灾害发生后，地震发生地的省、自治区、直辖市人民政府负责组织有关部门启动地震应急预案；特别重大地震灾害发生后，国务院负责组织有关部门启动地震应急预案。

第五十条　地震灾害发生后，抗震救灾指挥机构应当立即组织有关部门和单位迅速查清受灾情况，提出地震应急救援力量的配置方案，并采取以下紧急措施：

（一）迅速组织抢救被压埋人员，并组织有关单位和人员开展自救互救；

（二）迅速组织实施紧急医疗救护，协调伤员转移和接收与救治；

（三）迅速组织抢修毁损的交通、铁路、水利、电力、通信等基础设施；

（四）启用应急避难场所或者设置临时避难场所，设置救济物资供应点，提供救济物品、简易住所和临时住所，及时转移和安置受灾群众，确保饮用水消毒和水质安全，积极开展卫生防疫，妥善安排受灾群众生活；

（五）迅速控制危险源，封锁危险场所，做好次生灾害的排查与监测预警工作，防范地震可能引发的火灾、水灾、爆炸、山体滑坡和崩塌、泥石流、地面塌陷，或者剧毒、强腐蚀性、放射性物质大量泄漏等次生灾害以及传染病疫情的发生；

（六）依法采取维持社会秩序、维护社会治安的必要措施。

第五十一条　特别重大地震灾害发生后，国务院抗震救灾指挥机构在地震灾区成立现场指挥机构，并根据需要设立相应的工作组，统一组织领导、指挥和协调抗震救灾工作。

各级人民政府及有关部门和单位、中国人民解放军、中国人民武装警察部队和民兵组织，应当按照统一部署，分工负责，密切配合，共同做好地震应急救援工作。

第五十二条　地震灾区的县级以上地方人民政府应当及时将地震震情和灾情等信息向上一级人民政府报告，必要时可以越级上报，不得迟报、谎报、瞒报。

地震震情、灾情和抗震救灾等信息按照国务院有关规定实行归口管理，统一、准确、及时发布。

第五十三条　国家鼓励、扶持地震应急救援新技术和装备的研究开发，调运和储备必要的应急救援设施、装备，提高应急救援水平。

第五十四条　国务院建立国家地震灾害紧急救援队伍。

省、自治区、直辖市人民政府和地震重点监视防御区的市、县人民政府可以根据实际需要，充分利用消防等现有队伍，按照一队多用、专职与兼职相结合的原则，建立地震灾害紧急救援队伍。

地震灾害紧急救援队伍应当配备相应的装备、器材，开展培训和演练，提高地震灾害紧急救援能力。

地震灾害紧急救援队伍在实施救援时，应当首先对倒塌建筑物、构筑物压埋人员进行紧急救援。

第五十五条　县级以上人民政府有关部门应当按照职责分工，协调配合，采取有效措施，保障地震灾害紧急救援队伍和医疗救治队伍快速、高效地开展地震灾害紧急救援活动。

第五十六条　县级以上地方人民政府及其有关部门可以建立地震灾害救援志愿者队伍，并组织开展地震应急救援知识培训和演练，使志愿者掌握必要的地震应急救援技能，增强地震灾害应急救援能力。

第五十七条 国务院地震工作主管部门会同有关部门和单位，组织协调外国救援队和医疗队在中华人民共和国开展地震灾害紧急救援活动。

国务院抗震救灾指挥机构负责外国救援队和医疗队的统筹调度，并根据其专业特长，科学、合理地安排紧急救援任务。

地震灾区的地方各级人民政府，应当对外国救援队和医疗队开展紧急救援活动予以支持和配合。

第六章 地震灾后过渡性安置和恢复重建

第五十八条 国务院或者地震灾区的省、自治区、直辖市人民政府应当及时组织对地震灾害损失进行调查评估，为地震应急救援、灾后过渡性安置和恢复重建提供依据。

地震灾害损失调查评估的具体工作，由国务院地震工作主管部门或者地震灾区的省、自治区、直辖市人民政府负责管理地震工作的部门或者机构和财政、建设、民政等有关部门按照国务院的规定承担。

第五十九条 地震灾区受灾群众需要过渡性安置的，应当根据地震灾区的实际情况，在确保安全的前提下，采取灵活多样的方式进行安置。

第六十条 过渡性安置点应当设置在交通条件便利、方便受灾群众恢复生产和生活的区域，并避开地震活动断层和可能发生严重次生灾害的区域。

过渡性安置点的规模应当适度，并采取相应的防灾、防疫措施，配套建设必要的基础设施和公共服务设施，确保受灾群众的安全和基本生活需要。

第六十一条 实施过渡性安置应当尽量保护农用地，并避免对自然保护区、饮用水水源保护区以及生态脆弱区域造成破坏。

过渡性安置用地按照临时用地安排，可以先行使用，事后依法办理有关用地手续；到期未转为永久性用地的，应当复垦后交还原土地使用者。

第六十二条 过渡性安置点所在地的县级人民政府，应当组织有关部门加强对次生灾害、饮用水水质、食品卫生、疫情等的监测，开展流行病学调查，整治环境卫生，避免对土壤、水环境等造成污染。

过渡性安置点所在地的公安机关，应当加强治安管理，依法打击各种违法犯罪行为，维护正常的社会秩序。

第六十三条 地震灾区的县级以上地方人民政府及其有关部门和乡、镇人民政府，应当及时组织修复毁损的农业生产设施，提供农业生产技术指导，尽快恢复农业生产；优先恢复供电、供水、供气等企业的生产，并对大型骨干企业恢复生产提供支持，为全面恢复农业、工业、服务业生产经营提供条件。

第六十四条 各级人民政府应当加强对地震灾后恢复重建工作的领导、组织和协调。

县级以上人民政府有关部门应当在本级人民政府领导下，按照职责分工，密切配合，采取有效措施，共同做好地震灾后恢复重建工作。

第六十五条 国务院有关部门应当组织有关专家开展地震活动对相关建设工程破坏机理的调查评估，为修订完善有关建设工程的强制性标准、采取抗震设防措施提供科学依据。

第六十六条　特别重大地震灾害发生后，国务院经济综合宏观调控部门会同国务院有关部门与地震灾区的省、自治区、直辖市人民政府共同组织编制地震灾后恢复重建规划，报国务院批准后组织实施；重大、较大、一般地震灾害发生后，由地震灾区的省、自治区、直辖市人民政府根据实际需要组织编制地震灾后恢复重建规划。

地震灾害损失调查评估获得的地质、勘察、测绘、土地、气象、水文、环境等基础资料和经国务院地震工作主管部门复核的地震动参数区划图，应当作为编制地震灾后恢复重建规划的依据。

编制地震灾后恢复重建规划，应当征求有关部门、单位、专家和公众特别是地震灾区受灾群众的意见；重大事项应当组织有关专家进行专题论证。

第六十七条　地震灾后恢复重建规划应当根据地质条件和地震活动断层分布以及资源环境承载能力，重点对城镇和乡村的布局、基础设施和公共服务设施的建设、防灾减灾和生态环境以及自然资源和历史文化遗产保护等作出安排。

地震灾区内需要异地新建的城镇和乡村的选址以及地震灾后重建工程的选址，应当符合地震灾后恢复重建规划和抗震设防、防灾减灾要求，避开地震活动断层或者生态脆弱和可能发生洪水、山体滑坡和崩塌、泥石流、地面塌陷等灾害的区域以及传染病自然疫源地。

第六十八条　地震灾区的地方各级人民政府应当根据地震灾后恢复重建规划和当地经济社会发展水平，有计划、分步骤地组织实施地震灾后恢复重建。

第六十九条　地震灾区的县级以上地方人民政府应当组织有关部门和专家，根据地震灾害损失调查评估结果，制定清理保护方案，明确典型地震遗址、遗迹和文物保护单位以及具有历史价值与民族特色的建筑物、构筑物的保护范围和措施。

对地震灾害现场的清理，按照清理保护方案分区、分类进行，并依照法律、行政法规和国家有关规定，妥善清理、转运和处置有关放射性物质、危险废物和有毒化学品，开展防疫工作，防止传染病和重大动物疫情的发生。

第七十条　地震灾后恢复重建，应当统筹安排交通、铁路、水利、电力、通信、供水、供电等基础设施和市政公用设施，学校、医院、文化、商贸服务、防灾减灾、环境保护等公共服务设施，以及住房和无障碍设施的建设，合理确定建设规模和时序。

乡村的地震灾后恢复重建，应当尊重村民意愿，发挥村民自治组织的作用，以群众自建为主，政府补助、社会帮扶、对口支援，因地制宜，节约和集约利用土地，保护耕地。

少数民族聚居的地方的地震灾后恢复重建，应当尊重当地群众的意愿。

第七十一条　地震灾区的县级以上地方人民政府应当组织有关部门和单位，抢救、保护与收集整理有关档案、资料，对因地震灾害遗失、毁损的档案、资料，及时补充和恢复。

第七十二条　地震灾后恢复重建应当坚持政府主导、社会参与和市场运作相结合的原则。

地震灾区的地方各级人民政府应当组织受灾群众和企业开展生产自救，自力更生、艰苦奋斗、勤俭节约，尽快恢复生产。

国家对地震灾后恢复重建给予财政支持、税收优惠和金融扶持，并提供物资、技术和人力等支持。

第七十三条 地震灾区的地方各级人民政府应当组织做好救助、救治、康复、补偿、抚慰、抚恤、安置、心理援助、法律服务、公共文化服务等工作。

各级人民政府及有关部门应当做好受灾群众的就业工作，鼓励企业、事业单位优先吸纳符合条件的受灾群众就业。

第七十四条 对地震灾后恢复重建中需要办理行政审批手续的事项，有审批权的人民政府及有关部门应当按照方便群众、简化手续、提高效率的原则，依法及时予以办理。

第七章 监督管理

第七十五条 县级以上人民政府依法加强对防震减灾规划和地震应急预案的编制与实施、地震应急避难场所的设置与管理、地震灾害紧急救援队伍的培训、防震减灾知识宣传教育和地震应急救援演练等工作的监督检查。

县级以上人民政府有关部门应当加强对地震应急救援、地震灾后过渡性安置和恢复重建的物资的质量安全的监督检查。

第七十六条 县级以上人民政府建设、交通、铁路、水利、电力、地震等有关部门应当按照职责分工，加强对工程建设强制性标准、抗震设防要求执行情况和地震安全性评价工作的监督检查。

第七十七条 禁止侵占、截留、挪用地震应急救援、地震灾后过渡性安置和恢复重建的资金、物资。

县级以上人民政府有关部门对地震应急救援、地震灾后过渡性安置和恢复重建的资金、物资以及社会捐赠款物的使用情况，依法加强管理和监督，予以公布，并对资金、物资的筹集、分配、拨付、使用情况登记造册，建立健全档案。

第七十八条 地震灾区的地方人民政府应当定期公布地震应急救援、地震灾后过渡性安置和恢复重建的资金、物资以及社会捐赠款物的来源、数量、发放和使用情况，接受社会监督。

第七十九条 审计机关应当加强对地震应急救援、地震灾后过渡性安置和恢复重建的资金、物资的筹集、分配、拨付、使用的审计，并及时公布审计结果。

第八十条 监察机关应当加强对参与防震减灾工作的国家行政机关和法律、法规授权的具有管理公共事务职能的组织及其工作人员的监察。

第八十一条 任何单位和个人对防震减灾活动中的违法行为，有权进行举报。

接到举报的人民政府或者有关部门应当进行调查，依法处理，并为举报人保密。

第八章 法律责任

第八十二条 国务院地震工作主管部门、县级以上地方人民政府负责管理地震工作的部门或者机构，以及其他依照本法规定行使监督管理权的部门，不依法作出行政许可或者办理批准文件的，发现违法行为或者接到对违法行为的举报后不予查处的，或者有其他未依照本法规定履行职责的行为的，对直接负责的主管人员和其他直接责任人员，依法给予处分。

第八十三条 未按照法律、法规和国家有关标准进行地震监测台网建设的，由国务院地震工作主管部门或者县级以上地方人民政府负责管理地震工作的部门或者机构责令改正，采取相应的补救措施；对直接负责的主管人员和其他直接责任人员，依法给予处分。

第八十四条　违反本法规定，有下列行为之一的，由国务院地震工作主管部门或者县级以上地方人民政府负责管理地震工作的部门或者机构责令停止违法行为，恢复原状或者采取其他补救措施；造成损失的，依法承担赔偿责任：

（一）侵占、毁损、拆除或者擅自移动地震监测设施的；

（二）危害地震观测环境的；

（三）破坏典型地震遗址、遗迹的。

单位有前款所列违法行为，情节严重的，处二万元以上二十万元以下的罚款；个人有前款所列违法行为，情节严重的，处二千元以下的罚款。构成违反治安管理行为的，由公安机关依法给予处罚。

第八十五条　违反本法规定，未按照要求增建抗干扰设施或者新建地震监测设施的，由国务院地震工作主管部门或者县级以上地方人民政府负责管理地震工作的部门或者机构责令限期改正；逾期不改正的，处二万元以上二十万元以下的罚款；造成损失的，依法承担赔偿责任。

第八十六条　违反本法规定，外国的组织或者个人未经批准，在中华人民共和国领域和中华人民共和国管辖的其他海域从事地震监测活动的，由国务院地震工作主管部门责令停止违法行为，没收监测成果和监测设施，并处一万元以上十万元以下的罚款；情节严重的，并处十万元以上五十万元以下的罚款。

外国人有前款规定行为的，除依照前款规定处罚外，还应当依照外国人入境出境管理法律的规定缩短其在中华人民共和国停留的期限或者取消其在中华人民共和国居留的资格；情节严重的，限期出境或者驱逐出境。

第八十七条　未依法进行地震安全性评价，或者未按照地震安全性评价报告所确定的抗震设防要求进行抗震设防的，由国务院地震工作主管部门或者县级以上地方人民政府负责管理地震工作的部门或者机构责令限期改正；逾期不改正的，处三万元以上三十万元以下的罚款。

第八十八条　违反本法规定，向社会散布地震预测意见、地震预报意见及其评审结果，或者在地震灾后过渡性安置、地震灾后恢复重建中扰乱社会秩序，构成违反治安管理行为的，由公安机关依法给予处罚。

第八十九条　地震灾区的县级以上地方人民政府迟报、谎报、瞒报地震震情、灾情等信息的，由上级人民政府责令改正；对直接负责的主管人员和其他直接责任人员，依法给予处分。

第九十条　侵占、截留、挪用地震应急救援、地震灾后过渡性安置或者地震灾后恢复重建的资金、物资的，由财政部门、审计机关在各自职责范围内，责令改正，追回被侵占、截留、挪用的资金、物资；有违法所得的，没收违法所得；对单位给予警告或者通报批评；对直接负责的主管人员和其他直接责任人员，依法给予处分。

第九十一条　违反本法规定，构成犯罪的，依法追究刑事责任。

第九章　附　则

第九十二条　本法下列用语的含义：

（一）地震监测设施，是指用于地震信息检测、传输和处理的设备、仪器和装置以及配套的监测场地。

（二）地震观测环境，是指按照国家有关标准划定的保障地震监测设施不受干扰、能够正常发挥工作效能的空间范围。

（三）重大建设工程，是指对社会有重大价值或者有重大影响的工程。

（四）可能发生严重次生灾害的建设工程，是指受地震破坏后可能引发水灾、火灾、爆炸，或者剧毒、强腐蚀性、放射性物质大量泄漏，以及其他严重次生灾害的建设工程，包括水库大坝和贮油、贮气设施，贮存易燃易爆或者剧毒、强腐蚀性、放射性物质的设施，以及其他可能发生严重次生灾害的建设工程。

（五）地震烈度区划图，是指以地震烈度（以等级表示的地震影响强弱程度）为指标，将全国划分为不同抗震设防要求区域的图件。

（六）地震动参数区划图，是指以地震动参数（以加速度表示地震作用强弱程度）为指标，将全国划分为不同抗震设防要求区域的图件。

（七）地震小区划图，是指根据某一区域的具体场地条件，对该区域的抗震设防要求进行详细划分的图件。

第九十三条 本法自 2009 年 5 月 1 日起施行。

中华人民共和国建设部、中华人民共和国监察部、中华人民共和国国土资源部关于制止违规集资合作建房的通知

（建住房［2006］196号　2006年8月14日）

各省、自治区、直辖市人民政府，国务院各部委、各直属机构：

实行城镇住房制度改革后，为尽快改善城镇居民和一些行业职工住房紧张的状况，国家相继出台了一些政策，鼓励职工通过购买普通商品住房、经济适用住房（含集资合作建房），租赁住房等多种方式改善居住条件。但是，近年来，一些地区出现部分单位以集资合作建房名义，变相搞住房实物福利分配或商品房开发等问题。为维护住房制度改革成果、切实贯彻落实《国务院办公厅转发建设部等部门关于调整住房供应结构稳定住房价格意见的通知》（国办发［2006］37号）和《建设部、发展改革委、国土资源部、人民银行关于印发〈经济适用住房管理办法〉的通知》（建住房［2004］77号）等文件精神，经国务院同意，现就制止违规集资合作建房有关问题通知如下：

一、自本通知下发之日起，一律停止审批党政机关集资合作建房项目。严禁党政机关利用职权或其影响，以任何名义、任何方式搞集资合作建房，超标准为本单位职工牟取住房利益。

二、对已审批但未取得施工许可证的集资合作建房项目，房地产管理（房改）部门要会同有关部门重新审查，不符合《经济适用住房管理办法》和房改政策的，不得按集资合作建房项目开工建设。

三、已经开工建设的集资合作建房项目，房地产管理（房改）部门要会同有关部门重新审查项目供应对象、面积标准和集资款标准。对住房面积已经达到当地规定标准等不符合参加集资合作建房条件的职工，取消其资格。对虽然符合参加集资合作建房条件，但住房面积（以前已享受政府优惠政策的住房面积和新参加集资合作建房的面积合并计算）超过当地规定的，按照当地住房面积超标处理办法执行。对单位违规向职工提供集资建房补贴的，责令收回。

四、符合规定条件，经市、县人民政府批准进行集资合作建房的企业和单位，要严格执行《建设部、发展改革委、国土资源部、人民银行关于印发〈经济适用住房管理办法〉的通知》（建住房［2004］77号）和其他有关集资合作建房的规定。

五、集资合作建房必须符合土地利用总体规划和城市规划，列入当地本年度经济适用住房建设计划和年度土地利用计划，其建设标准、优惠政策、供应对象的审核等要严格按照经济适用住房的有关规定执行。建成的住房不得在经审核的供应对象之外销售。

六、各级监察机关要会同建设、国土等部门加强监督检查。对违反规定批准或实施集资合作建房的，要严肃追究有关责任人的责任。对利用职权及其影响，以“委托代建”、“定向开发”等方式变相搞集资合作建房，超标准为本单位职工牟取住房利益的，要追究

有关单位领导的责任。凡以集资合作建房名义搞商品房开发，对外销售集资合作建成的住房的，要没收非法所得，并从严处理有关责任人；构成犯罪的，移送司法机关追究刑事责任。

七、各省、自治区、直辖市人民政府可以根据本办法制订实施细则。

行政单位国有资产管理暂行办法

（财政部令第35号　2006年5月30日）

第一章　总　则

第一条　为了规范和加强行政单位国有资产管理，维护国有资产的安全和完整，合理配置国有资产，提高国有资产使用效益，保障行政单位履行职能，根据国务院有关规定，制定本办法。

第二条　本办法适用于各级党的机关、人大机关、行政机关、政协机关、审判机关、检察机关和各民主党派机关（以下统称行政单位）的国有资产管理行为。

第三条　本办法所称的行政单位国有资产，是指由各级行政单位占有、使用的，依法确认为国家所有，能以货币计量的各种经济资源的总称，即行政单位的国有（公共）财产。

行政单位国有资产包括行政单位用国家财政性资金形成的资产、国家调拨给行政单位的资产、行政单位按照国家规定组织收入形成的资产，以及接受捐赠和其他经法律确认为国家所有的资产，其表现形式为固定资产、流动资产和无形资产等。

第四条　行政单位国有资产管理的主要任务是：

（一）建立和健全各项规章制度；

（二）推动国有资产的合理配置和有效使用；

（三）保障国有资产的安全和完整；

（四）监管尚未脱钩的经济实体的国有资产，实现国有资产的保值增值。

第五条　行政单位国有资产管理的内容包括：资产配置、资产使用、资产处置、资产评估、产权界定、产权纠纷调处、产权登记、资产清查、资产统计报告和监督检查等。

第六条　行政单位国有资产管理活动，应当遵循以下原则：

（一）资产管理与预算管理相结合；

（二）资产管理与财务管理相结合；

（三）实物管理与价值管理相结合。

第七条　行政单位国有资产管理，实行国家统一所有，政府分级监管，单位占有、使用的管理体制。

第二章　管理机构及职责

第八条　各级财政部门是政府负责行政单位国有资产管理的职能部门，对行政单位国有资产实行综合管理。其主要职责是：

（一）贯彻执行国家有关国有资产管理的法律、法规和政策；

（二）根据国家国有资产管理的有关规定，制定行政单位国有资产管理的规章制度，并对执行情况进行监督检查；

（三）负责会同有关部门研究制定本级行政单位国有资产配置标准，负责资产配置事项的审批，按规定进行资产处置和产权变动事项的审批，负责组织产权界定、产权纠纷调处、资产统计报告、资产评估、资产清查等工作；

（四）负责本级行政单位出租、出借国有资产的审批，负责与行政单位尚未脱钩的经济实体的国有资产的监督管理；

（五）负责本级行政单位国有资产收益的监督、管理；

（六）对本级行政单位和下级财政部门的国有资产管理工作进行监督、检查；

（七）向本级政府和上级财政部门报告有关国有资产管理工作。

第九条 行政单位对本单位占有、使用的国有资产实施具体管理。其主要职责是：

（一）根据行政单位国有资产管理的规定，负责制定本单位国有资产管理具体办法并组织实施；

（二）负责本单位国有资产的账卡管理、清查登记、统计报告及日常监督检查等工作；

（三）负责本单位国有资产的采购、验收、维修和保养等日常管理工作，保障国有资产的安全完整；

（四）负责办理本单位国有资产的配置、处置、出租、出借等事项的报批手续；

（五）负责与行政单位尚未脱钩的经济实体的国有资产的具体监督管理工作并承担保值增值的责任；

（六）接受财政部门的指导和监督，报告本单位国有资产管理情况。

第十条 财政部门根据工作需要，可以将国有资产管理的部分工作交由有关单位完成。有关单位应当完成所交给的国有资产管理工作，向财政部门负责，并报告工作的完成情况。

第十一条 各级财政部门和行政单位应当明确国有资产管理的机构和人员，加强行政单位国有资产管理工作。

第三章 资产配置

第十二条 行政单位国有资产配置应当遵循以下原则：

（一）严格执行法律、法规和有关规章制度；

（二）与行政单位履行职能需要相适应；

（三）科学合理，优化资产结构；

（四）勤俭节约，从严控制。

第十三条 对有规定配备标准的资产，应当按照标准进行配备；对没有规定配备标准的资产，应当从实际需要出发，从严控制，合理配备。

财政部门对要求配置的资产，能通过调剂解决的，原则上不重新购置。

第十四条 购置有规定配备标准的资产，除国家另有规定外，应当按下列程序报批：

（一）行政单位的资产管理部门会同财务部门审核资产存量，提出拟购置资产的品目、数量，测算经费额度，经单位负责人审核同意后报同级财政部门审批，并按照同级财政部门要求提交相关材料；

（二）同级财政部门根据单位资产状况对行政单位提出的资产购置项目进行审批；

（三）经同级财政部门审批同意，各单位可以将资产购置项目列入单位年度部门预算，并在编制年度部门预算时将批复文件和相关材料一并报同级财政部门，作为审批部门预算的依据。未经批准，不得列入部门预算，也不得列入单位经费支出。

第十五条　经批准召开重大会议、举办大型活动等需要购置资产的，由会议或者活动主办单位按照本办法规定程序报批。

第十六条　行政单位购置纳入政府采购范围的资产，依法实施政府采购。

第十七条　行政单位资产管理部门应当对购置的资产进行验收、登记，并及时进行账务处理。

第四章　资产使用

第十八条　行政单位应当建立健全国有资产使用管理制度，规范国有资产使用行为。

第十九条　行政单位应当认真做好国有资产的使用管理工作，做到物尽其用，充分发挥国有资产的使用效益；保障国有资产的安全完整，防止国有资产使用中的不当损失和浪费。

第二十条　行政单位对所占有、使用的国有资产应当定期清查盘点，做到家底清楚，账、卡、实相符，防止国有资产流失。

第二十一条　行政单位应当建立严格的国有资产管理责任制，将国有资产管理责任落实到人。

第二十二条　行政单位不得用国有资产对外担保，法律另有规定的除外。

第二十三条　行政单位不得以任何形式用占有、使用的国有资产举办经济实体。在本办法颁布前已经用占有、使用的国有资产举办经济实体的，应当按照国家关于党政机关与所办经济实体脱钩的规定进行脱钩。脱钩之前，行政单位应当按照国家有关规定对其经济实体的经济效益、收益分配及使用情况等进行严格监管。

财政部门应当对其经济效益、收益分配及使用情况进行监督检查。

第二十四条　行政单位拟将占有、使用的国有资产对外出租、出借的，必须事先上报同级财政部门审核批准。未经批准，不得对外出租、出借。

同级财政部门应当根据实际情况对行政单位国有资产对外出租、出借事项严格控制，从严审批。

第二十五条　行政单位出租、出借的国有资产，其所有权性质不变，仍归国家所有；所形成的收入，按照政府非税收入管理的规定，实行“收支两条线”管理。

第二十六条　对行政单位中超标配置、低效运转或者长期闲置的国有资产，同级财政部门有权调剂使用或者处置。

第五章　资产处置

第二十七条　行政单位国有资产处置，是指行政单位国有资产产权的转移及核销，包括各类国有资产的无偿转让、出售、置换、报损、报废等。

第二十八条 行政单位需处置的国有资产范围包括：

（一）闲置资产；

（二）因技术原因并经过科学论证，确需报废、淘汰的资产；

（三）因单位分立、撤销、合并、改制、隶属关系改变等原因发生的产权或者使用权转移的资产；

（四）盘亏、呆账及非正常损失的资产；

（五）已超过使用年限无法使用的资产；

（六）依照国家有关规定需要进行资产处置的其他情形。

第二十九条 行政单位处置国有资产应当严格履行审批手续，未经批准不得处置。

第三十条 资产处置应当由行政单位资产管理部门会同财务部门、技术部门审核鉴定，提出意见，按审批权限报送审批。

第三十一条 行政单位国有资产处置的审批权限和处置办法，除国家另有规定外，由财政部门根据本办法规定。

第三十二条 行政单位国有资产处置应当按照公开、公正、公平的原则进行。资产的出售与置换应当采取拍卖、招投标、协议转让及国家法律、行政法规规定的其他方式进行。

第三十三条 行政单位国有资产处置的变价收入和残值收入，按照政府非税收入管理的规定，实行“收支两条线”管理。

第三十四条 行政单位分立、撤销、合并、改制及隶属关系发生改变时，应当对其占有、使用的国有资产进行清查登记，编制清册，报送财政部门审核、处置，并及时办理资产转移手续。

第三十五条 行政单位联合召开重大会议、举办大型活动等而临时购置的国有资产，由主办单位在会议、活动结束时按照本办法规定报批后处置。

第六章　资产评估

第三十六条 行政单位有下列情形之一的，应当对相关资产进行评估：

（一）行政单位取得的没有原始价格凭证的资产；

（二）拍卖、有偿转让、置换国有资产；

（三）依照国家有关规定需要进行资产评估的其他情形。

第三十七条 行政单位国有资产评估项目实行核准制和备案制。实行核准制和备案制的项目范围、权限由财政部门另行规定。

第三十八条 行政单位国有资产评估工作应当委托具有资产评估资质的资产评估机构进行。

第三十九条 进行资产评估的行政单位，应当如实提供有关情况和资料，并对所提供的情况和资料的客观性、真实性和合法性负责，不得以任何形式干预评估机构独立执业。

第七章　产权纠纷调处

第四十条 产权纠纷是指由于财产所有权、经营权、使用权等产权归属不清而发生的争议。

第四十一条　行政单位之间的产权纠纷，由当事人协商解决。协商不能解决的，由财政部门或者同级政府调解、裁定。

第四十二条　行政单位与非行政单位、组织或者个人之间发生产权纠纷，由行政单位提出处理意见，并报经财政部门同意后，与对方当事人协商解决。协商不能解决的，依照司法程序处理。

第八章　资产统计报告

第四十三条　行政单位应当建立资产登记档案，并严格按照财政部门的要求做出报告。

财政部门、行政单位应当建立和完善资产管理信息系统，对国有资产实行动态管理。

第四十四条　行政单位报送资产统计报告，应当做到真实、准确、及时、完整，并对国有资产占有、使用、变动、处置等情况做出文字分析说明。

财政部门与行政单位应当对国有资产实行绩效管理，监督资产使用的有效性。

第四十五条　财政部门应当对行政单位资产统计报告进行审核批复，必要时可以委托有关单位进行审计。

经财政部门审核批复的统计报告，应当作为预算管理和资产管理的依据和基础。

第四十六条　财政部门可以根据工作需要，组织开展资产清查工作。进行资产清查的实施办法，由县级以上人民政府财政部门另行制定。

第四十七条　财政部门可以根据国有资产统计工作的需要，开展行政单位国有资产产权登记工作。产权登记办法，由开展产权登记的财政部门制定并负责组织实施。

第九章　监督检查和法律责任

第四十八条　财政部门、行政单位及其工作人员，应当认真履行国有资产管理职责，依法维护国有资产的安全、完整。

第四十九条　财政部门、行政单位应当加强国有资产管理和监督，坚持单位内部监督与财政监督、审计监督、社会监督相结合，事前监督、事中监督、事后监督相结合，日常监督与专项检查相结合。

第五十条　财政部门、行政单位及其工作人员违反本办法的规定，擅自占有、使用、处置国有资产的，按照《财政违法行为处罚处分条例》处理。

违反国家国有资产管理规定的其他行为，按国家有关法律法规处理。

第十章　附　则

第五十一条　参照公务员制度管理的事业单位和社会团体的国有资产管理依照本办法执行。

第五十二条　行政单位所属独立核算的非公务员管理的事业单位执行事业单位国有资产管理的有关规定，独立核算的企业执行企业国有资产管理的有关规定，不执行本办法。

第五十三条　地方财政部门可以根据本办法及上级财政部门有关国有资产管理的规

定，制定本地区和本级行政单位国有资产管理的规章制度，并报上一级财政部门备案。

第五十四条 行政单位境外国有资产管理办法由财政部另行制定。

中央级行政单位的国有资产管理实施办法，由财政部会同有关部门根据本办法制定。

第五十五条 中国人民解放军等特定单位占有、使用的国有资产的管理办法，由解放军总后勤部等有关部门会同财政部另行制定。

第五十六条 本办法自2006年7月1日起施行。此前颁布的有关行政单位国有资产管理的规章制度，凡与本办法相抵触的，以本办法为准。

事业单位国有资产管理暂行办法

（财政部令第36号　2006年5月30日）

第一章　总　则

第一条　为了规范和加强事业单位国有资产管理，维护国有资产的安全完整，合理配置和有效利用国有资产，保障和促进各项事业发展，建立适应社会主义市场经济和公共财政要求的事业单位国有资产管理体制，根据国务院有关规定，制定本办法。

第二条　本办法适用于各级各类事业单位的国有资产管理活动。

第三条　本办法所称的事业单位国有资产，是指事业单位占有、使用的，依法确认为国家所有，能以货币计量的各种经济资源的总称，即事业单位的国有（公共）财产。

事业单位国有资产包括国家拨给事业单位的资产，事业单位按照国家规定运用国有资产组织收入形成的资产，以及接受捐赠和其他经法律确认为国家所有的资产，其表现形式为流动资产、固定资产、无形资产和对外投资等。

第四条　事业单位国有资产管理活动，应当坚持资产管理与预算管理相结合的原则，推行实物费用定额制度，促进事业资产整合与共享共用，实现资产管理和预算管理的紧密统一；应当坚持所有权和使用权相分离的原则；应当坚持资产管理与财务管理、实物管理与价值管理相结合的原则。

第五条　事业单位国有资产实行国家统一所有，政府分级监管，单位占有、使用的管理体制。

第二章　管理机构及其职责

第六条　各级财政部门是政府负责事业单位国有资产管理的职能部门，对事业单位的国有资产实施综合管理。其主要职责是：

（一）根据国家有关国有资产管理的规定，制定事业单位国有资产管理的规章制度，并组织实施和监督检查；

（二）研究制定本级事业单位实物资产配置标准和相关的费用标准，组织本级事业单位国有资产的产权登记、产权界定、产权纠纷调处、资产评估监管、资产清查和统计报告等基础管理工作；

（三）按规定权限审批本级事业单位有关资产购置、处置和利用国有资产对外投资、出租、出借和担保等事项，组织事业单位长期闲置、低效运转和超标准配置资产的调剂工作，建立事业单位国有资产整合、共享、共用机制；

（四）推进本级有条件的事业单位实现国有资产的市场化、社会化，加强事业单位转企改制工作中国有资产的监督管理；

（五）负责本级事业单位国有资产收益的监督管理；

（六）建立和完善事业单位国有资产管理信息系统，对事业单位国有资产实行动态管理；

（七）研究建立事业单位国有资产安全性、完整性和使用有效性的评价方法、评价标准和评价机制，对事业单位国有资产实行绩效管理；

（八）监督、指导本级事业单位及其主管部门、下级财政部门的国有资产管理工作。

第七条 事业单位的主管部门（以下简称主管部门）负责对本部门所属事业单位的国有资产实施监督管理。其主要职责是：

（一）根据本级和上级财政部门有关国有资产管理的规定，制定本部门事业单位国有资产管理的实施办法，并组织实施和监督检查；

（二）组织本部门事业单位国有资产的清查、登记、统计汇总及日常监督检查工作；

（三）审核本部门所属事业单位利用国有资产对外投资、出租、出借和担保等事项，按规定权限审核或者审批有关资产购置、处置事项；

（四）负责本部门所属事业单位长期闲置、低效运转和超标准配置资产的调剂工作，优化事业单位国有资产配置，推动事业单位国有资产共享、共用；

（五）督促本部门所属事业单位按规定缴纳国有资产收益；

（六）组织实施对本部门所属事业单位国有资产管理和使用情况的评价考核；

（七）接受同级财政部门的监督、指导并向其报告有关事业单位国有资产管理工作。

第八条 事业单位负责对本单位占有、使用的国有资产实施具体管理。其主要职责是：

（一）根据事业单位国有资产管理的有关规定，制定本单位国有资产管理的具体办法并组织实施；

（二）负责本单位资产购置、验收入库、维护保管等日常管理，负责本单位资产的账卡管理、清查登记、统计报告及日常监督检查工作；

（三）办理本单位国有资产配置、处置和对外投资、出租、出借和担保等事项的报批手续；

（四）负责本单位用于对外投资、出租、出借和担保的资产的保值增值，按照规定及时、足额缴纳国有资产收益；

（五）负责本单位存量资产的有效利用，参与大型仪器、设备等资产的共享、共用和公共研究平台建设工作；

（六）接受主管部门和同级财政部门的监督、指导并向其报告有关国有资产管理工作。

第九条 各级财政部门、主管部门和事业单位应当按照本办法的规定，明确管理机构和人员，做好事业单位国有资产管理工作。

第十条 财政部门根据工作需要，可以将国有资产管理的部分工作交由有关单位完成。

第三章 资产配置及使用

第十一条 事业单位国有资产配置是指财政部门、主管部门、事业单位等根据事业单位履行职能的需要，按照国家有关法律、法规和规章制度规定的程序，通过购置或者调剂等方式为事业单位配备资产的行为。

第十二条 事业单位国有资产配置应当符合以下条件：

（一）现有资产无法满足事业单位履行职能的需要；

（二）难以与其他单位共享、共用相关资产；

（三）难以通过市场购买产品或者服务的方式代替资产配置，或者采取市场购买方式的成本过高。

第十三条　事业单位国有资产配置应当符合规定的配置标准；没有规定配置标准的，应当从严控制，合理配置。

第十四条　对于事业单位长期闲置、低效运转或者超标准配置的资产，原则上由主管部门进行调剂，并报同级财政部门备案；跨部门、跨地区的资产调剂应当报同级或者共同上一级的财政部门批准。法律、行政法规另有规定的，依照其规定。

第十五条　事业单位向财政部门申请用财政性资金购置规定限额以上资产的（包括事业单位申请用财政性资金举办大型会议、活动需要进行的购置），除国家另有规定外，按照下列程序报批：

（一）年度部门预算编制前，事业单位资产管理部门会同财务部门审核资产存量，提出下一年度拟购置资产的品目、数量，测算经费额度，报主管部门审核；

（二）主管部门根据事业单位资产存量状况和有关资产配置标准，审核、汇总事业单位资产购置计划，报同级财政部门审批；

（三）同级财政部门根据主管部门的审核意见，对资产购置计划进行审批；

（四）经同级财政部门批准的资产购置计划，事业单位应当列入年度部门预算，并在上报年度部门预算时附送批复文件等相关材料，作为财政部门批复部门预算的依据。

第十六条　事业单位向主管部门或者其他部门申请项目经费的，有关部门在下达经费前，应当将所涉及的规定限额以上的资产购置事项报同级财政部门批准。

第十七条　事业单位用其他资金购置规定限额以上资产的，报主管部门审批；主管部门应当将审批结果定期报同级财政部门备案。

第十八条　事业单位购置纳入政府采购范围的资产，应当按照国家有关政府采购的规定执行。

第十九条　事业单位国有资产的使用包括单位自用和对外投资、出租、出借、担保等方式。

第二十条　事业单位应当建立健全资产购置、验收、保管、使用等内部管理制度。

事业单位应当对实物资产进行定期清查，做到账账、账卡、账实相符，加强对本单位专利权、商标权、著作权、土地使用权、非专利技术、商誉等无形资产的管理，防止无形资产流失。

第二十一条　事业单位利用国有资产对外投资、出租、出借和担保等应当进行必要的可行性论证，并提出申请，经主管部门审核同意后，报同级财政部门审批。法律、行政法规另有规定的，依照其规定。

事业单位应当对本单位用于对外投资、出租和出借的资产实行专项管理，并在单位财务会计报告中对相关信息进行充分披露。

第二十二条　财政部门和主管部门应当加强对事业单位利用国有资产对外投资、出租、出借和担保等行为的风险控制。

第二十三条　事业单位对外投资收益以及利用国有资产出租、出借和担保等取得的收入应当纳入单位预算，统一核算，统一管理。国家另有规定的除外。

第四章　资产处置

第二十四条　事业单位国有资产处置，是指事业单位对其占有、使用的国有资产进行产权转让或者注销产权的行为。处置方式包括出售、出让、转让、对外捐赠、报废、报损以及货币性资产损失核销等。

第二十五条　事业单位处置国有资产，应当严格履行审批手续，未经批准不得自行处置。

第二十六条　事业单位占有、使用的房屋建筑物、土地和车辆的处置，货币性资产损失的核销，以及单位价值或者批量价值在规定限额以上的资产的处置，经主管部门审核后报同级财政部门审批；规定限额以下的资产的处置报主管部门审批，主管部门将审批结果定期报同级财政部门备案。法律、行政法规另有规定的，依照其规定。

第二十七条　财政部门或者主管部门对事业单位国有资产处置事项的批复是财政部门重新安排事业单位有关资产配置预算项目的参考依据，是事业单位调整相关会计账目的凭证。

第二十八条　事业单位国有资产处置应当遵循公开、公正、公平的原则。

事业单位出售、出让、转让、变卖资产数量较多或者价值较高的，应当通过拍卖等市场竞价方式公开处置。

第二十九条　事业单位国有资产处置收入属于国家所有，应当按照政府非税收入管理的规定，实行“收支两条线”管理。

第五章　产权登记与产权纠纷处理

第三十条　事业单位国有资产产权登记（以下简称产权登记）是国家对事业单位占有、使用的国有资产进行登记，依法确认国家对国有资产的所有权和事业单位对国有资产的占有、使用权的行为。

第三十一条　事业单位应当向同级财政部门或者经同级财政部门授权的主管部门（以下简称授权部门）申报、办理产权登记，并由财政部门或者授权部门核发《事业单位国有资产产权登记证》（以下简称《产权登记证》）。

第三十二条　《产权登记证》是国家对事业单位国有资产享有所有权，单位享有占有、使用权的法律凭证，由财政部统一印制。

事业单位办理法人年检、改制、资产处置和利用国有资产对外投资、出租、出借、担保等事项时，应当出具《产权登记证》。

第三十三条　事业单位国有资产产权登记的内容主要包括：

（一）单位名称、住所、负责人及成立时间；

（二）单位性质、主管部门；

（三）单位资产总额、国有资产总额、主要实物资产额及其使用状况、对外投资情况；

（四）其他需要登记的事项。

第三十四条　事业单位应当按照以下规定进行国有资产产权登记：

（一）新设立的事业单位，办理占有产权登记；

（二）发生分立、合并、部分改制，以及隶属关系、单位名称、住所和单位负责人等产权登记内容发生变化的事业单位，办理变更产权登记；

（三）因依法撤销或者整体改制等原因被清算、注销的事业单位，办理注销产权登记。

第三十五条　各级财政部门应当在资产动态管理信息系统和变更产权登记的基础上，对事业单位国有资产产权登记实行定期检查。

第三十六条　事业单位与其他国有单位之间发生国有资产产权纠纷的，由当事人协商解决。协商不能解决的，可以向同级或者共同上一级财政部门申请调解或者裁定，必要时报有管辖权的人民政府处理。

第三十七条　事业单位与非国有单位或者个人之间发生产权纠纷的，事业单位应当提出拟处理意见，经主管部门审核并报同级财政部门批准后，与对方当事人协商解决。协商不能解决的，依照司法程序处理。

第六章　资产评估与资产清查

第三十八条　事业单位有下列情形之一的，应当对相关国有资产进行评估：

（一）整体或者部分改制为企业；

（二）以非货币性资产对外投资；

（三）合并、分立、清算；

（四）资产拍卖、转让、置换；

（五）整体或者部分资产租赁给非国有单位；

（六）确定涉讼资产价值；

（七）法律、行政法规规定的其他需要进行评估的事项。

第三十九条　事业单位有下列情形之一的，可以不进行资产评估：

（一）经批准事业单位整体或者部分资产无偿划转；

（二）行政、事业单位下属的事业单位之间的合并、资产划转、置换和转让；

（三）发生其他不影响国有资产权益的特殊产权变动行为，报经同级财政部门确认可以不进行资产评估的。

第四十条　事业单位国有资产评估工作应当委托具有资产评估资质的评估机构进行。事业单位应当如实向资产评估机构提供有关情况和资料，并对所提供的情况和资料的客观性、真实性和合法性负责。

事业单位不得以任何形式干预资产评估机构独立执业。

第四十一条　事业单位国有资产评估项目实行核准制和备案制。核准和备案工作按照国家有关国有资产评估项目核准和备案管理的规定执行。

第四十二条　事业单位有下列情形之一的，应当进行资产清查：

（一）根据国家专项工作要求或者本级政府实际工作需要，被纳入统一组织的资产清查范围的；

（二）进行重大改革或者整体、部分改制为企业的；

（三）遭受重大自然灾害等不可抗力造成资产严重损失的；

（四）会计信息严重失真或者国有资产出现重大流失的；

（五）会计政策发生重大更改，涉及资产核算方法发生重要变化的；

（六）同级财政部门认为应当进行资产清查的其他情形。

第四十三条 事业单位进行资产清查，应当向主管部门提出申请，并按照规定程序报同级财政部门批准立项后组织实施，但根据国家专项工作要求或者本级政府工作需要进行的资产清查除外。

第四十四条 事业单位资产清查工作的内容主要包括基本情况清理、账务清理、财产清查、损溢认定、资产核实和完善制度等。资产清查的具体办法由财政部另行制定。

第七章 资产信息管理与报告

第四十五条 事业单位应当按照国有资产管理信息化的要求，及时将资产变动信息录入管理信息系统，对本单位资产实行动态管理，并在此基础上做好国有资产统计和信息报告工作。

第四十六条 事业单位国有资产信息报告是事业单位财务会计报告的重要组成部分。事业单位应当按照财政部门规定的事业单位财务会计报告的格式、内容及要求，对其占有、使用的国有资产状况定期做出报告。

第四十七条 事业单位国有资产占有、使用状况，是主管部门、财政部门编制和安排事业单位预算的重要参考依据。各级财政部门、主管部门应当充分利用资产管理信息系统和资产信息报告，全面、动态地掌握事业单位国有资产占有、使用状况，建立和完善资产与预算有效结合的激励和约束机制。

第八章 监督检查与法律责任

第四十八条 财政部门、主管部门、事业单位及其工作人员，应当依法维护事业单位国有资产的安全完整，提高国有资产使用效益。

第四十九条 财政部门、主管部门和事业单位应当建立健全科学合理的事业单位国有资产监督管理责任制，将资产监督、管理的责任落实到具体部门、单位和个人。

第五十条 事业单位国有资产监督应当坚持单位内部监督与财政监督、审计监督、社会监督相结合，事前监督与事中监督、事后监督相结合，日常监督与专项检查相结合。

第五十一条 事业单位及其工作人员违反本办法，有下列行为之一的，依据《财政违法行为处罚处分条例》的规定进行处罚、处理、处分：

（一）以虚报、冒领等手段骗取财政资金的；

（二）擅自占有、使用和处置国有资产的；

（三）擅自提供担保的；

（四）未按规定缴纳国有资产收益的。

第五十二条 财政部门、主管部门及其工作人员在上缴、管理国有资产收益，或者下拨财政资金时，违反本办法规定的，依据《财政违法行为处罚处分条例》的规定进行处罚、处理、处分。

第五十三条 主管部门在配置事业单位国有资产或者审核、批准国有资产使用、处置事项的工作中违反本办法规定的，财政部门可以责令其限期改正，逾期不改的予以警告。

第五十四条 违反本办法有关事业单位国有资产管理规定的其他行为，依据国家有关法律、法规及规章制度进行处理。

第九章　附　则

第五十五条　社会团体和民办非企业单位中占有、使用国有资产的，参照本办法执行。参照公务员制度管理的事业单位和社会团体，依照国家关于行政单位国有资产管理的有关规定执行。

第五十六条　实行企业化管理并执行企业财务会计制度的事业单位，以及事业单位创办的具有法人资格的企业，由财政部门按照企业国有资产监督管理的有关规定实施监督管理。

第五十七条　地方财政部门制定的本地区和本级事业单位的国有资产管理规章制度，应当报上一级财政部门备案。

中央级事业单位的国有资产管理实施办法，由财政部会同有关部门根据本办法制定。

第五十八条　境外事业单位国有资产管理办法由财政部另行制定。中国人民解放军、武装警察部队以及经国家批准的特定事业单位的国有资产管理办法，由解放军总后勤部、武装警察部队和有关主管部门会同财政部另行制定。

行业特点突出，需要制定行业事业单位国有资产管理办法的，由财政部会同有关主管部门根据本办法制定。

第五十九条　本办法中有关资产配置、处置事项的“规定限额”由省级以上财政部门另行确定。

第六十条　本办法自2006年7月1日起施行。此前颁布的有关事业单位国有资产管理的规定与本办法相抵触的，按照本办法执行。

中华人民共和国企业国有资产法

（2008年10月28日第十一届全国人民代表大会常务委员会第五次会议通过）

第一章 总 则

第一条 为了维护国家基本经济制度，巩固和发展国有经济，加强对国有资产的保护，发挥国有经济在国民经济中的主导作用，促进社会主义市场经济发展，制定本法。

第二条 本法所称企业国有资产（以下称国有资产），是指国家对企业各种形式的出资所形成的权益。

第三条 国有资产属于国家所有即全民所有。国务院代表国家行使国有资产所有权。

第四条 国务院和地方人民政府依照法律、行政法规的规定，分别代表国家对国家出资企业履行出资人职责，享有出资人权益。

国务院确定的关系国民经济命脉和国家安全的大型国家出资企业，重要基础设施和重要自然资源等领域的国家出资企业，由国务院代表国家履行出资人职责。其他的国家出资企业，由地方人民政府代表国家履行出资人职责。

第五条 本法所称国家出资企业，是指国家出资的国有独资企业、国有独资公司，以及国有资本控股公司、国有资本参股公司。

第六条 国务院和地方人民政府应当按照政企分开、社会公共管理职能与国有资产出资人职能分开、不干预企业依法自主经营的原则，依法履行出资人职责。

第七条 国家采取措施，推动国有资本向关系国民经济命脉和国家安全的重要行业和关键领域集中，优化国有经济布局和结构，推进国有企业的改革和发展，提高国有经济的整体素质，增强国有经济的控制力、影响力。

第八条 国家建立健全与社会主义市场经济发展要求相适应的国有资产管理与监督体制，建立健全国有资产保值增值考核和责任追究制度，落实国有资产保值增值责任。

第九条 国家建立健全国有资产基础管理制度。具体办法按照国务院的规定制定。

第十条 国有资产受法律保护，任何单位和个人不得侵害。

第二章 履行出资人职责的机构

第十一条 国务院国有资产监督管理机构和地方人民政府按照国务院的规定设立的国有资产监督管理机构，根据本级人民政府的授权，代表本级人民政府对国家出资企业履行出资人职责。

国务院和地方人民政府根据需要，可以授权其他部门、机构代表本级人民政府对国家出资企业履行出资人职责。

代表本级人民政府履行出资人职责的机构、部门，以下统称履行出资人职责的机构。

第十二条 履行出资人职责的机构代表本级人民政府对国家出资企业依法享有资产收

益、参与重大决策和选择管理者等出资人权利。

履行出资人职责的机构依照法律、行政法规的规定，制定或者参与制定国家出资企业的章程。

履行出资人职责的机构对法律、行政法规和本级人民政府规定须经本级人民政府批准的履行出资人职责的重大事项，应当报请本级人民政府批准。

第十三条　履行出资人职责的机构委派的股东代表参加国有资本控股公司、国有资本参股公司召开的股东会会议、股东大会会议，应当按照委派机构的指示提出提案、发表意见、行使表决权，并将其履行职责的情况和结果及时报告委派机构。

第十四条　履行出资人职责的机构应当依照法律、行政法规以及企业章程履行出资人职责，保障出资人权益，防止国有资产损失。

履行出资人职责的机构应当维护企业作为市场主体依法享有的权利，除依法履行出资人职责外，不得干预企业经营活动。

第十五条　履行出资人职责的机构对本级人民政府负责，向本级人民政府报告履行出资人职责的情况，接受本级人民政府的监督和考核，对国有资产的保值增值负责。

履行出资人职责的机构应当按照国家有关规定，定期向本级人民政府报告有关国有资产总量、结构、变动、收益等汇总分析的情况。

第三章　国家出资企业

第十六条　国家出资企业对其动产、不动产和其他财产依照法律、行政法规以及企业章程享有占有、使用、收益和处分的权利。

国家出资企业依法享有的经营自主权和其他合法权益受法律保护。

第十七条　国家出资企业从事经营活动，应当遵守法律、行政法规，加强经营管理，提高经济效益，接受人民政府及其有关部门、机构依法实施的管理和监督，接受社会公众的监督，承担社会责任，对出资人负责。

国家出资企业应当依法建立和完善法人治理结构，建立健全内部监督管理和风险控制制度。

第十八条　国家出资企业应当依照法律、行政法规和国务院财政部门的规定，建立健全财务、会计制度，设置会计账簿，进行会计核算，依照法律、行政法规以及企业章程的规定向出资人提供真实、完整的财务、会计信息。

国家出资企业应当依照法律、行政法规以及企业章程的规定，向出资人分配利润。

第十九条　国有独资公司、国有资本控股公司和国有资本参股公司依照《中华人民共和国公司法》的规定设立监事会。国有独资企业由履行出资人职责的机构按照国务院的规定委派监事组成监事会。

国家出资企业的监事会依照法律、行政法规以及企业章程的规定，对董事、高级管理人员执行职务的行为进行监督，对企业财务进行监督检查。

第二十条　国家出资企业依照法律规定，通过职工代表大会或者其他形式，实行民主管理。

第二十一条　国家出资企业对其所出资企业依法享有资产收益、参与重大决策和选择管理者等出资人权利。

国家出资企业对其所出资企业，应当依照法律、行政法规的规定，通过制定或者参与制定所出资企业的章程，建立权责明确、有效制衡的企业内部监督管理和风险控制制度，维护其出资人权益。

第四章　国家出资企业管理者的选择与考核

第二十二条　履行出资人职责的机构依照法律、行政法规以及企业章程的规定，任免或者建议任免国家出资企业的下列人员：

（一）任免国有独资企业的经理、副经理、财务负责人和其他高级管理人员；

（二）任免国有独资公司的董事长、副董事长、董事、监事会主席和监事；

（三）向国有资本控股公司、国有资本参股公司的股东会、股东大会提出董事、监事人选。

国家出资企业中应当由职工代表出任的董事、监事，依照有关法律、行政法规的规定由职工民主选举产生。

第二十三条　履行出资人职责的机构任命或者建议任命的董事、监事、高级管理人员，应当具备下列条件：

（一）有良好的品行；

（二）有符合职位要求的专业知识和工作能力；

（三）有能够正常履行职责的身体条件；

（四）法律、行政法规规定的其他条件。

董事、监事、高级管理人员在任职期间出现不符合前款规定情形或者出现《中华人民共和国公司法》规定的不得担任公司董事、监事、高级管理人员情形的，履行出资人职责的机构应当依法予以免职或者提出免职建议。

第二十四条　履行出资人职责的机构对拟任命或者建议任命的董事、监事、高级管理人员的人选，应当按照规定的条件和程序进行考察。考察合格的，按照规定的权限和程序任命或者建议任命。

第二十五条　未经履行出资人职责的机构同意，国有独资企业、国有独资公司的董事、高级管理人员不得在其他企业兼职。未经股东会、股东大会同意，国有资本控股公司、国有资本参股公司的董事、高级管理人员不得在经营同类业务的其他企业兼职。

未经履行出资人职责的机构同意，国有独资公司的董事长不得兼任经理。未经股东会、股东大会同意，国有资本控股公司的董事长不得兼任经理。

董事、高级管理人员不得兼任监事。

第二十六条　国家出资企业的董事、监事、高级管理人员，应当遵守法律、行政法规以及企业章程，对企业负有忠实义务和勤勉义务，不得利用职权收受贿赂或者取得其他非法收入和不当利益，不得侵占、挪用企业资产，不得超越职权或者违反程序决定企业重大事项，不得有其他侵害国有资产出资人权益的行为。

第二十七条　国家建立国家出资企业管理者经营业绩考核制度。履行出资人职责的机构应当对其任命的企业管理者进行年度和任期考核，并依据考核结果决定对企业管理者的奖惩。

履行出资人职责的机构应当按照国家有关规定，确定其任命的国家出资企业管理者的薪酬标准。

第二十八条　国有独资企业、国有独资公司和国有资本控股公司的主要负责人，应当接受依法进行的任期经济责任审计。

第二十九条　本法第二十二条第一款第一项、第二项规定的企业管理者，国务院和地方人民政府规定由本级人民政府任免的，依照其规定。履行出资人职责的机构依照本章规定对上述企业管理者进行考核、奖惩并确定其薪酬标准。

第五章　关系国有资产出资人权益的重大事项

第一节　一般规定

第三十条　国家出资企业合并、分立、改制、上市，增加或者减少注册资本，发行债券，进行重大投资，为他人提供大额担保，转让重大财产，进行大额捐赠，分配利润，以及解散、申请破产等重大事项，应当遵守法律、行政法规以及企业章程的规定，不得损害出资人和债权人的权益。

第三十一条　国有独资企业、国有独资公司合并、分立，增加或者减少注册资本，发行债券，分配利润，以及解散、申请破产，由履行出资人职责的机构决定。

第三十二条　国有独资企业、国有独资公司有本法第三十条所列事项的，除依照本法第三十一条和有关法律、行政法规以及企业章程的规定，由履行出资人职责的机构决定的以外，国有独资企业由企业负责人集体讨论决定，国有独资公司由董事会决定。

第三十三条　国有资本控股公司、国有资本参股公司有本法第三十条所列事项的，依照法律、行政法规以及公司章程的规定，由公司股东会、股东大会或者董事会决定。由股东会、股东大会决定的，履行出资人职责的机构委派的股东代表应当依照本法第十三条的规定行使权利。

第三十四条　重要的国有独资企业、国有独资公司、国有资本控股公司的合并、分立、解散、申请破产以及法律、行政法规和本级人民政府规定应当由履行出资人职责的机构报经本级人民政府批准的重大事项，履行出资人职责的机构在作出决定或者向其委派参加国有资本控股公司股东会会议、股东大会会议的股东代表作出指示前，应当报请本级人民政府批准。

本法所称的重要的国有独资企业、国有独资公司和国有资本控股公司，按照国务院的规定确定。

第三十五条　国家出资企业发行债券、投资等事项，有关法律、行政法规规定应当报经人民政府或者人民政府有关部门、机构批准、核准或者备案的，依照其规定。

第三十六条　国家出资企业投资应当符合国家产业政策，并按照国家规定进行可行性研究；与他人交易应当公平、有偿，取得合理对价。

第三十七条　国家出资企业的合并、分立、改制、解散、申请破产等重大事项，应当听取企业工会的意见，并通过职工代表大会或者其他形式听取职工的意见和建议。

第三十八条　国有独资企业、国有独资公司、国有资本控股公司对其所出资企业的重大事项参照本章规定履行出资人职责。具体办法由国务院规定。

第二节　企业改制

第三十九条　本法所称企业改制是指：

（一）国有独资企业改为国有独资公司；

（二）国有独资企业、国有独资公司改为国有资本控股公司或者非国有资本控股公司；

（三）国有资本控股公司改为非国有资本控股公司。

第四十条 企业改制应当依照法定程序，由履行出资人职责的机构决定或者由公司股东会、股东大会决定。

重要的国有独资企业、国有独资公司、国有资本控股公司的改制，履行出资人职责的机构在作出决定或者向其委派参加国有资本控股公司股东会会议、股东大会会议的股东代表作出指示前，应当将改制方案报请本级人民政府批准。

第四十一条 企业改制应当制定改制方案，载明改制后的企业组织形式、企业资产和债权债务处理方案、股权变动方案、改制的操作程序、资产评估和财务审计等中介机构的选聘等事项。

企业改制涉及重新安置企业职工的，还应当制定职工安置方案，并经职工代表大会或者职工大会审议通过。

第四十二条 企业改制应当按照规定进行清产核资、财务审计、资产评估，准确界定和核实资产，客观、公正地确定资产的价值。

企业改制涉及以企业的实物、知识产权、土地使用权等非货币财产折算为国有资本出资或者股份的，应当按照规定对折价财产进行评估，以评估确认价格作为确定国有资本出资额或者股份数额的依据。不得将财产低价折股或者有其他损害出资人权益的行为。

第三节 与关联方的交易

第四十三条 国家出资企业的关联方不得利用与国家出资企业之间的交易，谋取不当利益，损害国家出资企业利益。

本法所称关联方，是指本企业的董事、监事、高级管理人员及其近亲属，以及这些人员所有或者实际控制的企业。

第四十四条 国有独资企业、国有独资公司、国有资本控股公司不得无偿向关联方提供资金、商品、服务或者其他资产，不得以不公平的价格与关联方进行交易。

第四十五条 未经履行出资人职责的机构同意，国有独资企业、国有独资公司不得有下列行为：

（一）与关联方订立财产转让、借款的协议；

（二）为关联方提供担保；

（三）与关联方共同出资设立企业，或者向董事、监事、高级管理人员或者其近亲属所有或者实际控制的企业投资。

第四十六条 国有资本控股公司、国有资本参股公司与关联方的交易，依照《中华人民共和国公司法》和有关行政法规以及公司章程的规定，由公司股东会、股东大会或者董事会决定。由公司股东会、股东大会决定的，履行出资人职责的机构委派的股东代表，应当依照本法第十三条的规定行使权利。

公司董事会对公司与关联方的交易作出决议时，该交易涉及的董事不得行使表决权，也不得代理其他董事行使表决权。

第四节 资产评估

第四十七条 国有独资企业、国有独资公司和国有资本控股公司合并、分立、改制，转让重大财产，以非货币财产对外投资，清算或者有法律、行政法规以及企业章程规定应当进行资产评估的其他情形的，应当按照规定对有关资产进行评估。

第四十八条　国有独资企业、国有独资公司和国有资本控股公司应当委托依法设立的符合条件的资产评估机构进行资产评估；涉及应当报经履行出资人职责的机构决定的事项的，应当将委托资产评估机构的情况向履行出资人职责的机构报告。

第四十九条　国有独资企业、国有独资公司、国有资本控股公司及其董事、监事、高级管理人员应当向资产评估机构如实提供有关情况和资料，不得与资产评估机构串通评估作价。

第五十条　资产评估机构及其工作人员受托评估有关资产，应当遵守法律、行政法规以及评估执业准则，独立、客观、公正地对受托评估的资产进行评估。资产评估机构应当对其出具的评估报告负责。

第五节　国有资产转让

第五十一条　本法所称国有资产转让，是指依法将国家对企业的出资所形成的权益转移给其他单位或者个人的行为；按照国家规定无偿划转国有资产的除外。

第五十二条　国有资产转让应当有利于国有经济布局和结构的战略性调整，防止国有资产损失，不得损害交易各方的合法权益。

第五十三条　国有资产转让由履行出资人职责的机构决定。履行出资人职责的机构决定转让全部国有资产的，或者转让部分国有资产致使国家对该企业不再具有控股地位的，应当报请本级人民政府批准。

第五十四条　国有资产转让应当遵循等价有偿和公开、公平、公正的原则。

除按照国家规定可以直接协议转让的以外，国有资产转让应当在依法设立的产权交易场所公开进行。转让方应当如实披露有关信息，征集受让方；征集产生的受让方为两个以上的，转让应当采用公开竞价的交易方式。

转让上市交易的股份依照《中华人民共和国证券法》的规定进行。

第五十五条　国有资产转让应当以依法评估的、经履行出资人职责的机构认可或者由履行出资人职责的机构报经本级人民政府核准的价格为依据，合理确定最低转让价格。

第五十六条　法律、行政法规或者国务院国有资产监督管理机构规定可以向本企业的董事、监事、高级管理人员或者其近亲属，或者这些人员所有或者实际控制的企业转让的国有资产，在转让时，上述人员或者企业参与受让的，应当与其他受让参与者平等竞买；转让方应当按照国家有关规定，如实披露有关信息；相关的董事、监事和高级管理人员不得参与转让方案的制定和组织实施的各项工作。

第五十七条　国有资产向境外投资者转让的，应当遵守国家有关规定，不得危害国家安全和社会公共利益。

第六章　国有资本经营预算

第五十八条　国家建立健全国有资本经营预算制度，对取得的国有资本收入及其支出实行预算管理。

第五十九条　国家取得的下列国有资本收入，以及下列收入的支出，应当编制国有资本经营预算：

（一）从国家出资企业分得的利润；

（二）国有资产转让收入；

（三）从国家出资企业取得的清算收入；

（四）其他国有资本收入。

第六十条 国有资本经营预算按年度单独编制，纳入本级人民政府预算，报本级人民代表大会批准。

国有资本经营预算支出按照当年预算收入规模安排，不列赤字。

第六十一条 国务院和有关地方人民政府财政部门负责国有资本经营预算草案的编制工作，履行出资人职责的机构向财政部门提出由其履行出资人职责的国有资本经营预算建议草案。

第六十二条 国有资本经营预算管理的具体办法和实施步骤，由国务院规定，报全国人民代表大会常务委员会备案。

第七章 国有资产监督

第六十三条 各级人民代表大会常务委员会通过听取和审议本级人民政府履行出资人职责的情况和国有资产监督管理情况的专项工作报告，组织对本法实施情况的执法检查等，依法行使监督职权。

第六十四条 国务院和地方人民政府应当对其授权履行出资人职责的机构履行职责的情况进行监督。

第六十五条 国务院和地方人民政府审计机关依照《中华人民共和国审计法》的规定，对国有资本经营预算的执行情况和属于审计监督对象的国家出资企业进行审计监督。

第六十六条 国务院和地方人民政府应当依法向社会公布国有资产状况和国有资产监督管理工作情况，接受社会公众的监督。

任何单位和个人有权对造成国有资产损失的行为进行检举和控告。

第六十七条 履行出资人职责的机构根据需要，可以委托会计师事务所对国有独资企业、国有独资公司的年度财务会计报告进行审计，或者通过国有资本控股公司的股东会、股东大会决议，由国有资本控股公司聘请会计师事务所对公司的年度财务会计报告进行审计，维护出资人权益。

第八章 法律责任

第六十八条 履行出资人职责的机构有下列行为之一的，对其直接负责的主管人员和其他直接责任人员依法给予处分：

（一）不按照法定的任职条件，任命或者建议任命国家出资企业管理者的；

（二）侵占、截留、挪用国家出资企业的资金或者应当上缴的国有资本收入的；

（三）违反法定的权限、程序，决定国家出资企业重大事项，造成国有资产损失的；

（四）有其他不依法履行出资人职责的行为，造成国有资产损失的。

第六十九条 履行出资人职责的机构的工作人员玩忽职守、滥用职权、徇私舞弊，尚不构成犯罪的，依法给予处分。

第七十条 履行出资人职责的机构委派的股东代表未按照委派机构的指示履行职责，

造成国有资产损失的，依法承担赔偿责任；属于国家工作人员的，并依法给予处分。

第七十一条　国家出资企业的董事、监事、高级管理人员有下列行为之一，造成国有资产损失的，依法承担赔偿责任；属于国家工作人员的，并依法给予处分：

（一）利用职权收受贿赂或者取得其他非法收入和不当利益的；

（二）侵占、挪用企业资产的；

（三）在企业改制、财产转让等过程中，违反法律、行政法规和公平交易规则，将企业财产低价转让、低价折股的；

（四）违反本法规定与本企业进行交易的；

（五）不如实向资产评估机构、会计师事务所提供有关情况和资料，或者与资产评估机构、会计师事务所串通出具虚假资产评估报告、审计报告的；

（六）违反法律、行政法规和企业章程规定的决策程序，决定企业重大事项的；

（七）有其他违反法律、行政法规和企业章程执行职务行为的。

国家出资企业的董事、监事、高级管理人员因前款所列行为取得的收入，依法予以追缴或者归国家出资企业所有。

履行出资人职责的机构任命或者建议任命的董事、监事、高级管理人员有本条第一款所列行为之一，造成国有资产重大损失的，由履行出资人职责的机构依法予以免职或者提出免职建议。

第七十二条　在涉及关联方交易、国有资产转让等交易活动中，当事人恶意串通，损害国有资产权益的，该交易行为无效。

第七十三条　国有独资企业、国有独资公司、国有资本控股公司的董事、监事、高级管理人员违反本法规定，造成国有资产重大损失，被免职的，自免职之日起五年内不得担任国有独资企业、国有独资公司、国有资本控股公司的董事、监事、高级管理人员；造成国有资产特别重大损失，或者因贪污、贿赂、侵占财产、挪用财产或者破坏社会主义市场经济秩序被判处刑罚的，终身不得担任国有独资企业、国有独资公司、国有资本控股公司的董事、监事、高级管理人员。

第七十四条　接受委托对国家出资企业进行资产评估、财务审计的资产评估机构、会计师事务所违反法律、行政法规的规定和执业准则，出具虚假的资产评估报告或者审计报告的，依照有关法律、行政法规的规定追究法律责任。

第七十五条　违反本法规定，构成犯罪的，依法追究刑事责任。

第九章　附　则

第七十六条　金融企业国有资产的管理与监督，法律、行政法规另有规定的，依照其规定。

第七十七条　本法自 2009 年 5 月 1 日起施行。

中华人民共和国节约能源法

（1997 年 11 月 1 日第八届全国人民代表大会常务委员会第二十八次会议通过
2007 年 10 月 28 日第十届全国人民代表大会常务委员会第三十次会议修订）

第一章　总　则

第一条　为了推动全社会节约能源，提高能源利用效率，保护和改善环境，促进经济社会全面协调可持续发展，制定本法。

第二条　本法所称能源，是指煤炭、石油、天然气、生物质能和电力、热力以及其他直接或者通过加工、转换而取得有用能的各种资源。

第三条　本法所称节约能源（以下简称节能），是指加强用能管理，采取技术上可行、经济上合理以及环境和社会可以承受的措施，从能源生产到消费的各个环节，降低消耗、减少损失和污染物排放、制止浪费，有效、合理地利用能源。

第四条　节约资源是我国的基本国策。国家实施节约与开发并举、把节约放在首位的能源发展战略。

第五条　国务院和县级以上地方各级人民政府应当将节能工作纳入国民经济和社会发展规划、年度计划，并组织编制和实施节能中长期专项规划、年度节能计划。

国务院和县级以上地方各级人民政府每年向本级人民代表大会或者其常务委员会报告节能工作。

第六条　国家实行节能目标责任制和节能考核评价制度，将节能目标完成情况作为对地方人民政府及其负责人考核评价的内容。

省、自治区、直辖市人民政府每年向国务院报告节能目标责任的履行情况。

第七条　国家实行有利于节能和环境保护的产业政策，限制发展高耗能、高污染行业，发展节能环保型产业。

国务院和省、自治区、直辖市人民政府应当加强节能工作，合理调整产业结构、企业结构、产品结构和能源消费结构，推动企业降低单位产值能耗和单位产品能耗，淘汰落后的生产能力，改进能源的开发、加工、转换、输送、储存和供应，提高能源利用效率。

国家鼓励、支持开发和利用新能源、可再生能源。

第八条　国家鼓励、支持节能科学技术的研究、开发、示范和推广，促进节能技术创新与进步。

国家开展节能宣传和教育，将节能知识纳入国民教育和培训体系，普及节能科学知识，增强全民的节能意识，提倡节约型的消费方式。

第九条　任何单位和个人都应当依法履行节能义务，有权检举浪费能源的行为。

新闻媒体应当宣传节能法律、法规和政策，发挥舆论监督作用。

第十条　国务院管理节能工作的部门主管全国的节能监督管理工作。国务院有关部门在各自的职责范围内负责节能监督管理工作，并接受国务院管理节能工作的部门的指导。

县级以上地方各级人民政府管理节能工作的部门负责本行政区域内的节能监督管理工作。县级以上地方各级人民政府有关部门在各自的职责范围内负责节能监督管理工作，并接受同级管理节能工作的部门的指导。

第二章　节能管理

第十一条　国务院和县级以上地方各级人民政府应当加强对节能工作的领导，部署、协调、监督、检查、推动节能工作。

第十二条　县级以上人民政府管理节能工作的部门和有关部门应当在各自的职责范围内，加强对节能法律、法规和节能标准执行情况的监督检查，依法查处违法用能行为。

履行节能监督管理职责不得向监督管理对象收取费用。

第十三条　国务院标准化主管部门和国务院有关部门依法组织制定并适时修订有关节能的国家标准、行业标准，建立健全节能标准体系。

国务院标准化主管部门会同国务院管理节能工作的部门和国务院有关部门制定强制性的用能产品、设备能源效率标准和生产过程中耗能高的产品的单位产品能耗限额标准。

国家鼓励企业制定严于国家标准、行业标准的企业节能标准。

省、自治区、直辖市制定严于强制性国家标准、行业标准的地方节能标准，由省、自治区、直辖市人民政府报经国务院批准；本法另有规定的除外。

第十四条　建筑节能的国家标准、行业标准由国务院建设主管部门组织制定，并依照法定程序发布。

省、自治区、直辖市人民政府建设主管部门可以根据本地实际情况，制定严于国家标准或者行业标准的地方建筑节能标准，并报国务院标准化主管部门和国务院建设主管部门备案。

第十五条　国家实行固定资产投资项目节能评估和审查制度。不符合强制性节能标准的项目，依法负责项目审批或者核准的机关不得批准或者核准建设；建设单位不得开工建设；已经建成的，不得投入生产、使用。具体办法由国务院管理节能工作的部门会同国务院有关部门制定。

第十六条　国家对落后的耗能过高的用能产品、设备和生产工艺实行淘汰制度。淘汰的用能产品、设备、生产工艺的目录和实施办法，由国务院管理节能工作的部门会同国务院有关部门制定并公布。

生产过程中耗能高的产品的生产单位，应当执行单位产品能耗限额标准。对超过单位产品能耗限额标准用能的生产单位，由管理节能工作的部门按照国务院规定的权限责令限期治理。

对高耗能的特种设备，按照国务院的规定实行节能审查和监管。

第十七条　禁止生产、进口、销售国家明令淘汰或者不符合强制性能源效率标准的用能产品、设备；禁止使用国家明令淘汰的用能设备、生产工艺。

第十八条　国家对家用电器等使用面广、耗能量大的用能产品，实行能源效率标识管理。实行能源效率标识管理的产品目录和实施办法，由国务院管理节能工作的部门会同国务院产品质量监督部门制定并公布。

第十九条 生产者和进口商应当对列入国家能源效率标识管理产品目录的用能产品标注能源效率标识，在产品包装物上或者说明书中予以说明，并按照规定报国务院产品质量监督部门和国务院管理节能工作的部门共同授权的机构备案。

生产者和进口商应当对其标注的能源效率标识及相关信息的准确性负责。禁止销售应当标注而未标注能源效率标识的产品。

禁止伪造、冒用能源效率标识或者利用能源效率标识进行虚假宣传。

第二十条 用能产品的生产者、销售者，可以根据自愿原则，按照国家有关节能产品认证的规定，向经国务院认证认可监督管理部门认可的从事节能产品认证的机构提出节能产品认证申请；经认证合格后，取得节能产品认证证书，可以在用能产品或者其包装物上使用节能产品认证标志。

禁止使用伪造的节能产品认证标志或者冒用节能产品认证标志。

第二十一条 县级以上各级人民政府统计部门应当会同同级有关部门，建立健全能源统计制度，完善能源统计指标体系，改进和规范能源统计方法，确保能源统计数据真实、完整。

国务院统计部门会同国务院管理节能工作的部门，定期向社会公布各省、自治区、直辖市以及主要耗能行业的能源消费和节能情况等信息。

第二十二条 国家鼓励节能服务机构的发展，支持节能服务机构开展节能咨询、设计、评估、检测、审计、认证等服务。

国家支持节能服务机构开展节能知识宣传和节能技术培训，提供节能信息、节能示范和其他公益性节能服务。

第二十三条 国家鼓励行业协会在行业节能规划、节能标准的制定和实施、节能技术推广、能源消费统计、节能宣传培训和信息咨询等方面发挥作用。

第三章 合理使用与节约能源

第一节 一般规定

第二十四条 用能单位应当按照合理用能的原则，加强节能管理，制定并实施节能计划和节能技术措施，降低能源消耗。

第二十五条 用能单位应当建立节能目标责任制，对节能工作取得成绩的集体、个人给予奖励。

第二十六条 用能单位应当定期开展节能教育和岗位节能培训。

第二十七条 用能单位应当加强能源计量管理，按照规定配备和使用经依法检定合格的能源计量器具。

用能单位应当建立能源消费统计和能源利用状况分析制度，对各类能源的消费实行分类计量和统计，并确保能源消费统计数据真实、完整。

第二十八条 能源生产经营单位不得向本单位职工无偿提供能源。任何单位不得对能源消费实行包费制。

第二节 工业节能

第二十九条 国务院和省、自治区、直辖市人民政府推进能源资源优化开发利用和合理配置，推进有利于节能的行业结构调整，优化用能结构和企业布局。

第三十条　国务院管理节能工作的部门会同国务院有关部门制定电力、钢铁、有色金属、建材、石油加工、化工、煤炭等主要耗能行业的节能技术政策，推动企业节能技术改造。

第三十一条　国家鼓励工业企业采用高效、节能的电动机、锅炉、窑炉、风机、泵类等设备，采用热电联产、余热余压利用、洁净煤以及先进的用能监测和控制等技术。

第三十二条　电网企业应当按照国务院有关部门制定的节能发电调度管理的规定，安排清洁、高效和符合规定的热电联产、利用余热余压发电的机组以及其他符合资源综合利用规定的发电机组与电网并网运行，上网电价执行国家有关规定。

第三十三条　禁止新建不符合国家规定的燃煤发电机组、燃油发电机组和燃煤热电机组。

第三节　建筑节能

第三十四条　国务院建设主管部门负责全国建筑节能的监督管理工作。

县级以上地方各级人民政府建设主管部门负责本行政区域内建筑节能的监督管理工作。

县级以上地方各级人民政府建设主管部门会同同级管理节能工作的部门编制本行政区域内的建筑节能规划。建筑节能规划应当包括既有建筑节能改造计划。

第三十五条　建筑工程的建设、设计、施工和监理单位应当遵守建筑节能标准。

不符合建筑节能标准的建筑工程，建设主管部门不得批准开工建设；已经开工建设的，应当责令停止施工、限期改正；已经建成的，不得销售或者使用。

建设主管部门应当加强对在建建筑工程执行建筑节能标准情况的监督检查。

第三十六条　房地产开发企业在销售房屋时，应当向购买人明示所售房屋的节能措施、保温工程保修期等信息，在房屋买卖合同、质量保证书和使用说明书中载明，并对其真实性、准确性负责。

第三十七条　使用空调采暖、制冷的公共建筑应当实行室内温度控制制度。具体办法由国务院建设主管部门制定。

第三十八条　国家采取措施，对实行集中供热的建筑分步骤实行供热分户计量、按照用热量收费的制度。新建建筑或者对既有建筑进行节能改造，应当按照规定安装用热计量装置、室内温度调控装置和供热系统调控装置。具体办法由国务院建设主管部门会同国务院有关部门制定。

第三十九条　县级以上地方各级人民政府有关部门应当加强城市节约用电管理，严格控制公用设施和大型建筑物装饰性景观照明的能耗。

第四十条　国家鼓励在新建建筑和既有建筑节能改造中使用新型墙体材料等节能建筑材料和节能设备，安装和使用太阳能等可再生能源利用系统。

第四节　交通运输节能

第四十一条　国务院有关交通运输主管部门按照各自的职责负责全国交通运输相关领域的节能监督管理工作。

国务院有关交通运输主管部门会同国务院管理节能工作的部门分别制定相关领域的节

能规划。

第四十二条 国务院及其有关部门指导、促进各种交通运输方式协调发展和有效衔接，优化交通运输结构，建设节能型综合交通运输体系。

第四十三条 县级以上地方各级人民政府应当优先发展公共交通，加大对公共交通的投入，完善公共交通服务体系，鼓励利用公共交通工具出行；鼓励使用非机动交通工具出行。

第四十四条 国务院有关交通运输主管部门应当加强交通运输组织管理，引导道路、水路、航空运输企业提高运输组织化程度和集约化水平，提高能源利用效率。

第四十五条 国家鼓励开发、生产、使用节能环保型汽车、摩托车、铁路机车车辆、船舶和其他交通运输工具，实行老旧交通运输工具的报废、更新制度。

国家鼓励开发和推广应用交通运输工具使用的清洁燃料、石油替代燃料。

第四十六条 国务院有关部门制定交通运输营运车船的燃料消耗量限值标准；不符合标准的，不得用于营运。

国务院有关交通运输主管部门应当加强对交通运输营运车船燃料消耗检测的监督管理。

第五节 公共机构节能

第四十七条 公共机构应当厉行节约，杜绝浪费，带头使用节能产品、设备，提高能源利用效率。

本法所称公共机构，是指全部或者部分使用财政性资金的国家机关、事业单位和团体组织。

第四十八条 国务院和县级以上地方各级人民政府管理机关事务工作的机构会同同级有关部门制定和组织实施本级公共机构节能规划。公共机构节能规划应当包括公共机构既有建筑节能改造计划。

第四十九条 公共机构应当制定年度节能目标和实施方案，加强能源消费计量和监测管理，向本级人民政府管理机关事务工作的机构报送上年度的能源消费状况报告。

国务院和县级以上地方各级人民政府管理机关事务工作的机构会同同级有关部门按照管理权限，制定本级公共机构的能源消耗定额，财政部门根据该定额制定能源消耗支出标准。

第五十条 公共机构应当加强本单位用能系统管理，保证用能系统的运行符合国家相关标准。

公共机构应当按照规定进行能源审计，并根据能源审计结果采取提高能源利用效率的措施。

第五十一条 公共机构采购用能产品、设备，应当优先采购列入节能产品、设备政府采购名录中的产品、设备。禁止采购国家明令淘汰的用能产品、设备。

节能产品、设备政府采购名录由省级以上人民政府的政府采购监督管理部门会同同级有关部门制定并公布。

第六节 重点用能单位节能

第五十二条 国家加强对重点用能单位的节能管理。

下列用能单位为重点用能单位：

（一）年综合能源消费总量一万吨标准煤以上的用能单位；

（二）国务院有关部门或者省、自治区、直辖市人民政府管理节能工作的部门指定的年综合能源消费总量五千吨以上不满一万吨标准煤的用能单位。

重点用能单位节能管理办法，由国务院管理节能工作的部门会同国务院有关部门制定。

第五十三条　重点用能单位应当每年向管理节能工作的部门报送上年度的能源利用状况报告。能源利用状况包括能源消费情况、能源利用效率、节能目标完成情况和节能效益分析、节能措施等内容。

第五十四条　管理节能工作的部门应当对重点用能单位报送的能源利用状况报告进行审查。对节能管理制度不健全、节能措施不落实、能源利用效率低的重点用能单位，管理节能工作的部门应当开展现场调查，组织实施用能设备能源效率检测，责令实施能源审计，并提出书面整改要求，限期整改。

第五十五条　重点用能单位应当设立能源管理岗位，在具有节能专业知识、实际经验以及中级以上技术职称的人员中聘任能源管理负责人，并报管理节能工作的部门和有关部门备案。

能源管理负责人负责组织对本单位用能状况进行分析、评价，组织编写本单位能源利用状况报告，提出本单位节能工作的改进措施并组织实施。

能源管理负责人应当接受节能培训。

第四章　节能技术进步

第五十六条　国务院管理节能工作的部门会同国务院科技主管部门发布节能技术政策大纲，指导节能技术研究、开发和推广应用。

第五十七条　县级以上各级人民政府应当把节能技术研究开发作为政府科技投入的重点领域，支持科研单位和企业开展节能技术应用研究，制定节能标准，开发节能共性和关键技术，促进节能技术创新与成果转化。

第五十八条　国务院管理节能工作的部门会同国务院有关部门制定并公布节能技术、节能产品的推广目录，引导用能单位和个人使用先进的节能技术、节能产品。

国务院管理节能工作的部门会同国务院有关部门组织实施重大节能科研项目、节能示范项目、重点节能工程。

第五十九条　县级以上各级人民政府应当按照因地制宜、多能互补、综合利用、讲求效益的原则，加强农业和农村节能工作，增加对农业和农村节能技术、节能产品推广应用的资金投入。

农业、科技等有关主管部门应当支持、推广在农业生产、农产品加工储运等方面应用节能技术和节能产品，鼓励更新和淘汰高耗能的农业机械和渔业船舶。

国家鼓励、支持在农村大力发展沼气，推广生物质能、太阳能和风能等可再生能源利用技术，按照科学规划、有序开发的原则发展小型水力发电，推广节能型的农村住宅和炉灶等，鼓励利用非耕地种植能源植物，大力发展薪炭林等能源林。

第五章　激励措施

第六十条　中央财政和省级地方财政安排节能专项资金，支持节能技术研究开发、节能技术和产品的示范与推广、重点节能工程的实施、节能宣传培训、信息服务和表彰奖励等。

第六十一条　国家对生产、使用列入本法第五十八条规定的推广目录的需要支持的节能技术、节能产品，实行税收优惠等扶持政策。

国家通过财政补贴支持节能照明器具等节能产品的推广和使用。

第六十二条　国家实行有利于节约能源资源的税收政策，健全能源矿产资源有偿使用制度，促进能源资源的节约及其开采利用水平的提高。

第六十三条　国家运用税收等政策，鼓励先进节能技术、设备的进口，控制在生产过程中耗能高、污染重的产品的出口。

第六十四条　政府采购监督管理部门会同有关部门制定节能产品、设备政府采购名录，应当优先列入取得节能产品认证证书的产品、设备。

第六十五条　国家引导金融机构增加对节能项目的信贷支持，为符合条件的节能技术研究开发、节能产品生产以及节能技术改造等项目提供优惠贷款。

国家推动和引导社会有关方面加大对节能的资金投入，加快节能技术改造。

第六十六条　国家实行有利于节能的价格政策，引导用能单位和个人节能。

国家运用财税、价格等政策，支持推广电力需求侧管理、合同能源管理、节能自愿协议等节能办法。

国家实行峰谷分时电价、季节性电价、可中断负荷电价制度，鼓励电力用户合理调整用电负荷；对钢铁、有色金属、建材、化工和其他主要耗能行业的企业，分淘汰、限制、允许和鼓励类实行差别电价政策。

第六十七条　各级人民政府对在节能管理、节能科学技术研究和推广应用中有显著成绩以及检举严重浪费能源行为的单位和个人，给予表彰和奖励。

第六章　法律责任

第六十八条　负责审批或者核准固定资产投资项目的机关违反本法规定，对不符合强制性节能标准的项目予以批准或者核准建设的，对直接负责的主管人员和其他直接责任人员依法给予处分。

固定资产投资项目建设单位开工建设不符合强制性节能标准的项目或者将该项目投入生产、使用的，由管理节能工作的部门责令停止建设或者停止生产、使用，限期改造；不能改造或者逾期不改造的生产性项目，由管理节能工作的部门报请本级人民政府按照国务院规定的权限责令关闭。

第六十九条　生产、进口、销售国家明令淘汰的用能产品、设备的，使用伪造的节能产品认证标志或者冒用节能产品认证标志的，依照《中华人民共和国产品质量法》的规定处罚。

第七十条　生产、进口、销售不符合强制性能源效率标准的用能产品、设备的，由产品质量监督部门责令停止生产、进口、销售，没收违法生产、进口、销售的用能产品、设备和违法所得，并处违法所得一倍以上五倍以下罚款；情节严重的，由工商行政管理部门吊销营业执照。

第七十一条 使用国家明令淘汰的用能设备或者生产工艺的，由管理节能工作的部门责令停止使用，没收国家明令淘汰的用能设备；情节严重的，可以由管理节能工作的部门提出意见，报请本级人民政府按照国务院规定的权限责令停业整顿或者关闭。

第七十二条 生产单位超过单位产品能耗限额标准用能，情节严重，经限期治理逾期不治理或者没有达到治理要求的，可以由管理节能工作的部门提出意见，报请本级人民政府按照国务院规定的权限责令停业整顿或者关闭。

第七十三条 违反本法规定，应当标注能源效率标识而未标注的，由产品质量监督部门责令改正，处三万元以上五万元以下罚款。

违反本法规定，未办理能源效率标识备案，或者使用的能源效率标识不符合规定的，由产品质量监督部门责令限期改正；逾期不改正的，处一万元以上三万元以下罚款。

伪造、冒用能源效率标识或者利用能源效率标识进行虚假宣传的，由产品质量监督部门责令改正，处五万元以上十万元以下罚款；情节严重的，由工商行政管理部门吊销营业执照。

第七十四条 用能单位未按照规定配备、使用能源计量器具的，由产品质量监督部门责令限期改正；逾期不改正的，处一万元以上五万元以下罚款。

第七十五条 瞒报、伪造、篡改能源统计资料或者编造虚假能源统计数据的，依照《中华人民共和国统计法》的规定处罚。

第七十六条 从事节能咨询、设计、评估、检测、审计、认证等服务的机构提供虚假信息的，由管理节能工作的部门责令改正，没收违法所得，并处五万元以上十万元以下罚款。

第七十七条 违反本法规定，无偿向本单位职工提供能源或者对能源消费实行包费制的，由管理节能工作的部门责令限期改正；逾期不改正的，处五万元以上二十万元以下罚款。

第七十八条 电网企业未按照本法规定安排符合规定的热电联产和利用余热余压发电的机组与电网并网运行，或者未执行国家有关上网电价规定的，由国家电力监管机构责令改正；造成发电企业经济损失的，依法承担赔偿责任。

第七十九条 建设单位违反建筑节能标准的，由建设主管部门责令改正，处二十万元以上五十万元以下罚款。

设计单位、施工单位、监理单位违反建筑节能标准的，由建设主管部门责令改正，处十万元以上五十万元以下罚款；情节严重的，由颁发资质证书的部门降低资质等级或者吊销资质证书；造成损失的，依法承担赔偿责任。

第八十条 房地产开发企业违反本法规定，在销售房屋时未向购买人明示所售房屋的节能措施、保温工程保修期等信息的，由建设主管部门责令限期改正，逾期不改正的，处三万元以上五万元以下罚款；对以上信息作虚假宣传的，由建设主管部门责令改正，处五万元以上二十万元以下罚款。

第八十一条 公共机构采购用能产品、设备，未优先采购列入节能产品、设备政府采购名录中的产品、设备，或者采购国家明令淘汰的用能产品、设备的，由政府采购监督管理部门给予警告，可以并处罚款；对直接负责的主管人员和其他直接责任人员依法给予处分，并予通报。

第八十二条 重点用能单位未按照本法规定报送能源利用状况报告或者报告内容不实的，由管理节能工作的部门责令限期改正；逾期不改正的，处一万元以上五万元以下罚款。

第八十三条 重点用能单位无正当理由拒不落实本法第五十四条规定的整改要求或者整改没有达到要求的，由管理节能工作的部门处十万元以上三十万元以下罚款。

第八十四条 重点用能单位未按照本法规定设立能源管理岗位，聘任能源管理负责人，并报管理节能工作的部门和有关部门备案的，由管理节能工作的部门责令改正；拒不改正的，处一万元以上三万元以下罚款。

第八十五条 违反本法规定，构成犯罪的，依法追究刑事责任。

第八十六条 国家工作人员在节能管理工作中滥用职权、玩忽职守、徇私舞弊，构成犯罪的，依法追究刑事责任；尚不构成犯罪的，依法给予处分。

第七章　附　则

第八十七条 本法自 2008 年 4 月 1 日起施行。

中华人民共和国企业所得税法

（2007年3月16日第十届全国人民代表大会第五次会议通过）

第一章　总　则

第一条　在中华人民共和国境内，企业和其他取得收入的组织（以下统称企业）为企业所得税的纳税人，依照本法的规定缴纳企业所得税。

个人独资企业、合伙企业不适用本法。

第二条　企业分为居民企业和非居民企业。

本法所称居民企业，是指依法在中国境内成立，或者依照外国（地区）法律成立但实际管理机构在中国境内的企业。

本法所称非居民企业，是指依照外国（地区）法律成立且实际管理机构不在中国境内，但在中国境内设立机构、场所的，或者在中国境内未设立机构、场所，但有来源于中国境内所得的企业。

第三条　居民企业应当就其来源于中国境内、境外的所得缴纳企业所得税。

非居民企业在中国境内设立机构、场所的，应当就其所设机构、场所取得的来源于中国境内的所得，以及发生在中国境外但与其所设机构、场所有实际联系的所得，缴纳企业所得税。

非居民企业在中国境内未设立机构、场所的，或者虽设立机构、场所但取得的所得与其所设机构、场所没有实际联系的，应当就其来源于中国境内的所得缴纳企业所得税。

第四条　企业所得税的税率为25%。

非居民企业取得本法第三条第三款规定的所得，适用税率为20%。

第二章　应纳税所得额

第五条　企业每一纳税年度的收入总额，减除不征税收入、免税收入、各项扣除以及允许弥补的以前年度亏损后的余额，为应纳税所得额。

第六条　企业以货币形式和非货币形式从各种来源取得的收入，为收入总额。包括：

（一）销售货物收入；

（二）提供劳务收入；

（三）转让财产收入；

（四）股息、红利等权益性投资收益；

（五）利息收入；

（六）租金收入；

（七）特许权使用费收入；

（八）接受捐赠收入；

（九）其他收入。

第七条 收入总额中的下列收入为不征税收入：

（一）财政拨款；

（二）依法收取并纳入财政管理的行政事业性收费、政府性基金；

（三）国务院规定的其他不征税收入。

第八条 企业实际发生的与取得收入有关的、合理的支出，包括成本、费用、税金、损失和其他支出，准予在计算应纳税所得额时扣除。

第九条 企业发生的公益性捐赠支出，在年度利润总额12％以内的部分，准予在计算应纳税所得额时扣除。

第十条 在计算应纳税所得额时，下列支出不得扣除：

（一）向投资者支付的股息、红利等权益性投资收益款项；

（二）企业所得税税款；

（三）税收滞纳金；

（四）罚金、罚款和被没收财物的损失；

（五）本法第九条规定以外的捐赠支出；

（六）赞助支出；

（七）未经核定的准备金支出；

（八）与取得收入无关的其他支出。

第十一条 在计算应纳税所得额时，企业按照规定计算的固定资产折旧，准予扣除。

下列固定资产不得计算折旧扣除：

（一）房屋、建筑物以外未投入使用的固定资产；

（二）以经营租赁方式租入的固定资产；

（三）以融资租赁方式租出的固定资产；

（四）已足额提取折旧仍继续使用的固定资产；

（五）与经营活动无关的固定资产；

（六）单独估价作为固定资产入账的土地；

（七）其他不得计算折旧扣除的固定资产。

第十二条 在计算应纳税所得额时，企业按照规定计算的无形资产摊销费用，准予扣除。

下列无形资产不得计算摊销费用扣除：

（一）自行开发的支出已在计算应纳税所得额时扣除的无形资产；

（二）自创商誉；

（三）与经营活动无关的无形资产；

（四）其他不得计算摊销费用扣除的无形资产。

第十三条 在计算应纳税所得额时，企业发生的下列支出作为长期待摊费用，按照规定摊销的，准予扣除：

（一）已足额提取折旧的固定资产的改建支出；

（二）租入固定资产的改建支出；

（三）固定资产的大修理支出；

（四）其他应当作为长期待摊费用的支出。

第十四条　企业对外投资期间，投资资产的成本在计算应纳税所得额时不得扣除。

第十五条　企业使用或者销售存货，按照规定计算的存货成本，准予在计算应纳税所得额时扣除。

第十六条　企业转让资产，该项资产的净值，准予在计算应纳税所得额时扣除。

第十七条　企业在汇总计算缴纳企业所得税时，其境外营业机构的亏损不得抵减境内营业机构的盈利。

第十八条　企业纳税年度发生的亏损，准予向以后年度结转，用以后年度的所得弥补，但结转年限最长不得超过五年。

第十九条　非居民企业取得本法第三条第三款规定的所得，按照下列方法计算其应纳税所得额：

（一）股息、红利等权益性投资收益和利息、租金、特许权使用费所得，以收入全额为应纳税所得额；

（二）转让财产所得，以收入全额减除财产净值后的余额为应纳税所得额；

（三）其他所得，参照前两项规定的方法计算应纳税所得额。

第二十条　本章规定的收入、扣除的具体范围、标准和资产的税务处理的具体办法，由国务院财政、税务主管部门规定。

第二十一条　在计算应纳税所得额时，企业财务、会计处理办法与税收法律、行政法规的规定不一致的，应当依照税收法律、行政法规的规定计算。

第三章　应纳税额

第二十二条　企业的应纳税所得额乘以适用税率，减除依照本法关于税收优惠的规定减免和抵免的税额后的余额，为应纳税额。

第二十三条　企业取得的下列所得已在境外缴纳的所得税税额，可以从其当期应纳税额中抵免，抵免限额为该项所得依照本法规定计算的应纳税额；超过抵免限额的部分，可以在以后五个年度内，用每年度抵免限额抵免当年应抵税额后的余额进行抵补：

（一）居民企业来源于中国境外的应税所得；

（二）非居民企业在中国境内设立机构、场所，取得发生在中国境外但与该机构、场所有实际联系的应税所得。

第二十四条　居民企业从其直接或者间接控制的外国企业分得的来源于中国境外的股息、红利等权益性投资收益，外国企业在境外实际缴纳的所得税税额中属于该项所得负担的部分，可以作为该居民企业的可抵免境外所得税税额，在本法第二十三条规定的抵免限额内抵免。

第四章　税收优惠

第二十五条　国家对重点扶持和鼓励发展的产业和项目，给予企业所得税优惠。

第二十六条　企业的下列收入为免税收入：

（一）国债利息收入；

（二）符合条件的居民企业之间的股息、红利等权益性投资收益；

（三）在中国境内设立机构、场所的非居民企业从居民企业取得与该机构、场所有实际联系的股息、红利等权益性投资收益；

（四）符合条件的非营利组织的收入。

第二十七条 企业的下列所得，可以免征、减征企业所得税：

（一）从事农、林、牧、渔业项目的所得；

（二）从事国家重点扶持的公共基础设施项目投资经营的所得；

（三）从事符合条件的环境保护、节能节水项目的所得；

（四）符合条件的技术转让所得；

（五）本法第三条第三款规定的所得。

第二十八条 符合条件的小型微利企业，减按20%的税率征收企业所得税。

国家需要重点扶持的高新技术企业，减按15%的税率征收企业所得税。

第二十九条 民族自治地方的自治机关对本民族自治地方的企业应缴纳的企业所得税中属于地方分享的部分，可以决定减征或者免征。自治州、自治县决定减征或者免征的，须报省、自治区、直辖市人民政府批准。

第三十条 企业的下列支出，可以在计算应纳税所得额时加计扣除：

（一）开发新技术、新产品、新工艺发生的研究开发费用；

（二）安置残疾人员及国家鼓励安置的其他就业人员所支付的工资。

第三十一条 创业投资企业从事国家需要重点扶持和鼓励的创业投资，可以按投资额的一定比例抵扣应纳税所得额。

第三十二条 企业的固定资产由于技术进步等原因，确需加速折旧的，可以缩短折旧年限或者采取加速折旧的方法。

第三十三条 企业综合利用资源，生产符合国家产业政策规定的产品所取得的收入，可以在计算应纳税所得额时减计收入。

第三十四条 企业购置用于环境保护、节能节水、安全生产等专用设备的投资额，可以按一定比例实行税额抵免。

第三十五条 本法规定的税收优惠的具体办法，由国务院规定。

第三十六条 根据国民经济和社会发展的需要，或者由于突发事件等原因对企业经营活动产生重大影响的，国务院可以制定企业所得税专项优惠政策，报全国人民代表大会常务委员会备案。

第五章　源泉扣缴

第三十七条 对非居民企业取得本法第三条第三款规定的所得应缴纳的所得税，实行源泉扣缴，以支付人为扣缴义务人。税款由扣缴义务人在每次支付或者到期应支付时，从支付或者到期应支付的款项中扣缴。

第三十八条 对非居民企业在中国境内取得工程作业和劳务所得应缴纳的所得税，税务机关可以指定工程价款或者劳务费的支付人为扣缴义务人。

第三十九条 依照本法第三十七条、第三十八条规定应当扣缴的所得税，扣缴义务人未依法扣缴或者无法履行扣缴义务的，由纳税人在所得发生地缴纳。纳税人未依法缴纳的，税务机关可以从该纳税人在中国境内其他收入项目的支付人应付的款项中，追缴该纳税人的应纳税款。

第四十条　扣缴义务人每次代扣的税款，应当自代扣之日起七日内缴入国库，并向所在地的税务机关报送扣缴企业所得税报告表。

第六章　特别纳税调整

第四十一条　企业与其关联方之间的业务往来，不符合独立交易原则而减少企业或者其关联方应纳税收入或者所得额的，税务机关有权按照合理方法调整。

企业与其关联方共同开发、受让无形资产，或者共同提供、接受劳务发生的成本，在计算应纳税所得额时应当按照独立交易原则进行分摊。

第四十二条　企业可以向税务机关提出与其关联方之间业务往来的定价原则和计算方法，税务机关与企业协商、确认后，达成预约定价安排。

第四十三条　企业向税务机关报送年度企业所得税纳税申报表时，应当就其与关联方之间的业务往来，附送年度关联业务往来报告表。

税务机关在进行关联业务调查时，企业及其关联方，以及与关联业务调查有关的其他企业，应当按照规定提供相关资料。

第四十四条　企业不提供与其关联方之间业务往来资料，或者提供虚假、不完整资料，未能真实反映其关联业务往来情况的，税务机关有权依法核定其应纳税所得额。

第四十五条　由居民企业，或者由居民企业和中国居民控制的设立在实际税负明显低于本法第四条第一款规定税率水平的国家（地区）的企业，并非由于合理的经营需要而对利润不作分配或者减少分配的，上述利润中应归属于该居民企业的部分，应当计入该居民企业的当期收入。

第四十六条　企业从其关联方接受的债权性投资与权益性投资的比例超过规定标准而发生的利息支出，不得在计算应纳税所得额时扣除。

第四十七条　企业实施其他不具有合理商业目的的安排而减少其应纳税收入或者所得额的，税务机关有权按照合理方法调整。

第四十八条　税务机关依照本章规定作出纳税调整，需要补征税款的，应当补征税款，并按照国务院规定加收利息。

第七章　征收管理

第四十九条　企业所得税的征收管理除本法规定外，依照《中华人民共和国税收征收管理法》的规定执行。

第五十条　除税收法律、行政法规另有规定外，居民企业以企业登记注册地为纳税地点；但登记注册地在境外的，以实际管理机构所在地为纳税地点。

居民企业在中国境内设立不具有法人资格的营业机构的，应当汇总计算并缴纳企业所得税。

第五十一条　非居民企业取得本法第三条第二款规定的所得，以机构、场所所在地为纳税地点。非居民企业在中国境内设立两个或者两个以上机构、场所的，经税务机关审核批准，可以选择由其主要机构、场所汇总缴纳企业所得税。

非居民企业取得本法第三条第三款规定的所得，以扣缴义务人所在地为纳税地点。

第五十二条 除国务院另有规定外，企业之间不得合并缴纳企业所得税。

第五十三条 企业所得税按纳税年度计算。纳税年度自公历 1 月 1 日起至 12 月 31 日止。

企业在一个纳税年度中间开业，或者终止经营活动，使该纳税年度的实际经营期不足十二个月的，应当以其实际经营期为一个纳税年度。

企业依法清算时，应当以清算期间作为一个纳税年度。

第五十四条 企业所得税分月或者分季预缴。

企业应当自月份或者季度终了之日起十五日内，向税务机关报送预缴企业所得税纳税申报表，预缴税款。

企业应当自年度终了之日起五个月内，向税务机关报送年度企业所得税纳税申报表，并汇算清缴，结清应缴应退税款。

企业在报送企业所得税纳税申报表时，应当按照规定附送财务会计报告和其他有关资料。

第五十五条 企业在年度中间终止经营活动的，应当自实际经营终止之日起六十日内，向税务机关办理当期企业所得税汇算清缴。

企业应当在办理注销登记前，就其清算所得向税务机关申报并依法缴纳企业所得税。

第五十六条 依照本法缴纳的企业所得税，以人民币计算。所得以人民币以外的货币计算的，应当折合成人民币计算并缴纳税款。

第八章 附 则

第五十七条 本法公布前已经批准设立的企业，依照当时的税收法律、行政法规规定，享受低税率优惠的，按照国务院规定，可以在本法施行后五年内，逐步过渡到本法规定的税率；享受定期减免税优惠的，按照国务院规定，可以在本法施行后继续享受到期满为止，但因未获利而尚未享受优惠的，优惠期限从本法施行年度起计算。

法律设置的发展对外经济合作和技术交流的特定地区内，以及国务院已规定执行上述地区特殊政策的地区内新设立的国家需要重点扶持的高新技术企业，可以享受过渡性税收优惠，具体办法由国务院规定。

国家已确定的其他鼓励类企业，可以按照国务院规定享受减免税优惠。

第五十八条 中华人民共和国政府同外国政府订立的有关税收的协定与本法有不同规定的，依照协定的规定办理。

第五十九条 国务院根据本法制定实施条例。

第六十条 本法自 2008 年 1 月 1 日起施行。1991 年 4 月 9 日第七届全国人民代表大会第四次会议通过的《中华人民共和国外商投资企业和外国企业所得税法》和 1993 年 12 月 13 日国务院发布的《中华人民共和国企业所得税暂行条例》同时废止。

中华人民共和国个人所得税法

（1980年9月10日第五届全国人民代表大会第三次会议通过
根据2007年12月29日第十届全国人民代表大会常务委员会第三十一次会议
《关于修改〈中华人民共和国个人所得税法〉的决定》第五次修正）

第一条　在中国境内有住所，或者无住所而在境内居住满一年的个人，从中国境内和境外取得的所得，依照本法规定缴纳个人所得税。

在中国境内无住所又不居住或者无住所而在境内居住不满一年的个人，从中国境内取得的所得，依照本法规定缴纳个人所得税。

第二条　下列各项个人所得，应纳个人所得税：

一、工资、薪金所得；

二、个体工商户的生产、经营所得；

三、对企事业单位的承包经营、承租经营所得；

四、劳务报酬所得；

五、稿酬所得；

六、特许权使用费所得；

七、利息、股息、红利所得；

八、财产租赁所得；

九、财产转让所得；

十、偶然所得；

十一、经国务院财政部门确定征税的其他所得。

第三条　个人所得税的税率：

一、工资、薪金所得，适用超额累进税率，税率为百分之五至百分之四十五（税率表附后）。

二、个体工商户的生产、经营所得和对企事业单位的承包经营、承租经营所得，适用百分之五至百分之三十五的超额累进税率（税率表附后）。

三、稿酬所得，适用比例税率，税率为百分之二十，并按应纳税额减征百分之三十。

四、劳务报酬所得，适用比例税率，税率为百分之二十。对劳务报酬所得一次收入畸高的，可以实行加成征收，具体办法由国务院规定。

五、特许权使用费所得，利息、股息、红利所得，财产租赁所得，财产转让所得，偶然所得和其他所得，适用比例税率，税率为百分之二十。

第四条　下列各项个人所得，免纳个人所得税：

一、省级人民政府、国务院部委和中国人民解放军军以上单位，以及外国组织、国际组织颁发的科学、教育、技术、文化、卫生、体育、环境保护等方面的奖金；

二、国债和国家发行的金融债券利息；

三、按照国家统一规定发给的补贴、津贴；

四、福利费、抚恤金、救济金；

五、保险赔款；

六、军人的转业费、复员费；

七、按照国家统一规定发给干部、职工的安家费、退职费、退休工资、离休工资、离休生活补助费；

八、依照我国有关法律规定应予免税的各国驻华使馆、领事馆的外交代表、领事官员和其他人员的所得；

九、中国政府参加的国际公约、签订的协议中规定免税的所得；

十、经国务院财政部门批准免税的所得。

第五条 有下列情形之一的，经批准可以减征个人所得税：

一、残疾、孤老人员和烈属的所得；

二、因严重自然灾害造成重大损失的；

三、其他经国务院财政部门批准减税的。

第六条 应纳税所得额的计算：

一、工资、薪金所得，以每月收入额减除费用二千元后的余额，为应纳税所得额。

二、个体工商户的生产、经营所得，以每一纳税年度的收入总额，减除成本、费用以及损失后的余额，为应纳税所得额。

三、对企事业单位的承包经营、承租经营所得，以每一纳税年度的收入总额，减除必要费用后的余额，为应纳税所得额。

四、劳务报酬所得、稿酬所得、特许权使用费所得、财产租赁所得，每次收入不超过四千元的，减除费用八百元；四千元以上的，减除百分之二十的费用，其余额为应纳税所得额。

五、财产转让所得，以转让财产的收入额减除财产原值和合理费用后的余额，为应纳税所得额。

六、利息、股息、红利所得，偶然所得和其他所得，以每次收入额为应纳税所得额。

个人将其所得对教育事业和其他公益事业捐赠的部分，按照国务院有关规定从应纳税所得中扣除。

对在中国境内无住所而在中国境内取得工资、薪金所得的纳税义务人和在中国境内有住所而在中国境外取得工资、薪金所得的纳税义务人，可以根据其平均收入水平、生活水平以及汇率变化情况确定附加减除费用，附加减除费用适用的范围和标准由国务院规定。

第七条 纳税义务人从中国境外取得的所得，准予其在应纳税额中扣除已在境外缴纳的个人所得税税额。但扣除额不得超过该纳税义务人境外所得依照本法规定计算的应纳税额。

第八条 个人所得税，以所得人为纳税义务人，以支付所得的单位或者个人为扣缴义务人。个人所得超过国务院规定数额的，在两处以上取得工资、薪金所得或者没有扣缴义务人的，以及具有国务院规定的其他情形的，纳税义务人应当按照国家规定办理纳税申报。扣缴义务人应当按照国家规定办理全员全额扣缴申报。

第九条　扣缴义务人每月所扣的税款，自行申报纳税人每月应纳的税款，都应当在次月七日内缴入国库，并向税务机关报送纳税申报表。

工资、薪金所得应纳的税款，按月计征，由扣缴义务人或者纳税义务人在次月七日内缴入国库，并向税务机关报送纳税申报表。特定行业的工资、薪金所得应纳的税款，可以实行按年计算、分月预缴的方式计征，具体办法由国务院规定。

个体工商户的生产、经营所得应纳的税款，按年计算，分月预缴，由纳税义务人在次月七日内预缴，年度终了后三个月内汇算清缴，多退少补。

对企事业单位的承包经营、承租经营所得应纳的税款，按年计算，由纳税义务人在年度终了后三十日内缴入国库，并向税务机关报送纳税申报表。纳税义务人在一年内分次取得承包经营、承租经营所得的，应当在取得每次所得后的七日内预缴，年度终了后三个月内汇算清缴，多退少补。

从中国境外取得所得的纳税义务人，应当在年度终了后三十日内，将应纳的税款缴入国库，并向税务机关报送纳税申报表。

第十条　各项所得的计算，以人民币为单位。所得为外国货币的，按照国家外汇管理机关规定的外汇牌价折合成人民币缴纳税款。

第十一条　对扣缴义务人按照所扣缴的税款，付给百分之二的手续费。

第十二条　对储蓄存款利息所得开征、减征、停征个人所得税及其具体办法，由国务院规定。

第十三条　个人所得税的征收管理，依照《中华人民共和国税收征收管理法》的规定执行。

第十四条　国务院根据本法制定实施条例。

第十五条　本法自公布之日起施行。

个人所得税税率表一

（工资、薪金所得适用）

级数	全月应纳税所得额	税率（%）
1	不超过500元的	5
2	超过500元至2 000元的部分	10
3	超过2 000元至5 000元的部分	15
4	超过5 000元至20 000元的部分	20
5	超过20 000元至40 000元的部分	25
6	超过40 000元至60 000元的部分	30
7	超过60 000元至80 000元的部分	35
8	超过80 000元至100 000元的部分	40
9	超过100 000元的部分	45

（注：本表所称全月应纳税所得额是指依照本法第六条的规定，以每月收入额减除费用二千元后的余额或者减除附加减除费用后的余额。）

个人所得税税率表二

（个体工商户的生产、经营所得和对企事业单位的承包经营、承租经营所得适用）

级数	全年应纳税所得额	税率（%）
1	不超过5 000元的	5
2	超过5 000元至10 000元的部分	10
3	超过10 000元至30 000元的部分	20
4	超过30 000元至50 000元的部分	30
5	超过50 000元的部分	35

（注：本表所称全年应纳税所得额是指依照本法第六条的规定，以每一纳税年度的收入总额，减除成本、费用以及损失后的余额。）

中华人民共和国道路交通安全法

（2003年10月28日第十届全国人民代表大会常务委员会第五次会议通过
根据2007年12月29日第十届全国人民代表大会常务委员会第三十一次会议
《关于修改〈中华人民共和国道路交通安全法〉的决定》修正）

第一章　总　则

第一条　为了维护道路交通秩序，预防和减少交通事故，保护人身安全，保护公民、法人和其他组织的财产安全及其他合法权益，提高通行效率，制定本法。

第二条　中华人民共和国境内的车辆驾驶人、行人、乘车人以及与道路交通活动有关的单位和个人，都应当遵守本法。

第三条　道路交通安全工作，应当遵循依法管理、方便群众的原则，保障道路交通有序、安全、畅通。

第四条　各级人民政府应当保障道路交通安全管理工作与经济建设和社会发展相适应。

县级以上地方各级人民政府应当适应道路交通发展的需要，依据道路交通安全法律、法规和国家有关政策，制定道路交通安全管理规划，并组织实施。

第五条　国务院公安部门负责全国道路交通安全管理工作。县级以上地方各级人民政府公安机关交通管理部门负责本行政区域内的道路交通安全管理工作。

县级以上各级人民政府交通、建设管理部门依据各自职责，负责有关的道路交通工作。

第六条　各级人民政府应当经常进行道路交通安全教育，提高公民的道路交通安全意识。

公安机关交通管理部门及其交通警察执行职务时，应当加强道路交通安全法律、法规的宣传，并模范遵守道路交通安全法律、法规。

机关、部队、企业事业单位、社会团体以及其他组织，应当对本单位的人员进行道路交通安全教育。

教育行政部门、学校应当将道路交通安全教育纳入法制教育的内容。

新闻、出版、广播、电视等有关单位，有进行道路交通安全教育的义务。

第七条　对道路交通安全管理工作，应当加强科学研究，推广、使用先进的管理方法、技术、设备。

第二章　车辆和驾驶人

第一节　机动车、非机动车

第八条　国家对机动车实行登记制度。机动车经公安机关交通管理部门登记后，方可上道路行驶。尚未登记的机动车，需要临时上道路行驶的，应当取得临时通行牌证。

第九条 申请机动车登记，应当提交以下证明、凭证：

（一）机动车所有人的身份证明；

（二）机动车来历证明；

（三）机动车整车出厂合格证明或者进口机动车进口凭证；

（四）车辆购置税的完税证明或者免税凭证；

（五）法律、行政法规规定应当在机动车登记时提交的其他证明、凭证。

公安机关交通管理部门应当自受理申请之日起五个工作日内完成机动车登记审查工作，对符合前款规定条件的，应当发放机动车登记证书、号牌和行驶证；对不符合前款规定条件的，应当向申请人说明不予登记的理由。

公安机关交通管理部门以外的任何单位或者个人不得发放机动车号牌或者要求机动车悬挂其他号牌，本法另有规定的除外。

机动车登记证书、号牌、行驶证的式样由国务院公安部门规定并监制。

第十条 准予登记的机动车应当符合机动车国家安全技术标准。申请机动车登记时，应当接受对该机动车的安全技术检验。但是，经国家机动车产品主管部门依据机动车国家安全技术标准认定的企业生产的机动车型，该车型的新车在出厂时经检验符合机动车国家安全技术标准，获得检验合格证的，免予安全技术检验。

第十一条 驾驶机动车上道路行驶，应当悬挂机动车号牌，放置检验合格标志、保险标志，并随车携带机动车行驶证。

机动车号牌应当按照规定悬挂并保持清晰、完整，不得故意遮挡、污损。

任何单位和个人不得收缴、扣留机动车号牌。

第十二条 有下列情形之一的，应当办理相应的登记：

（一）机动车所有权发生转移的；

（二）机动车登记内容变更的；

（三）机动车用作抵押的；

（四）机动车报废的。

第十三条 对登记后上道路行驶的机动车，应当依照法律、行政法规的规定，根据车辆用途、载客载货数量、使用年限等不同情况，定期进行安全技术检验。对提供机动车行驶证和机动车第三者责任强制保险单的，机动车安全技术检验机构应当予以检验，任何单位不得附加其他条件。对符合机动车国家安全技术标准的，公安机关交通管理部门应当发给检验合格标志。

对机动车的安全技术检验实行社会化。具体办法由国务院规定。

机动车安全技术检验实行社会化的地方，任何单位不得要求机动车到指定的场所进行检验。

公安机关交通管理部门、机动车安全技术检验机构不得要求机动车到指定的场所进行维修、保养。

机动车安全技术检验机构对机动车检验收取费用，应当严格执行国务院价格主管部门核定的收费标准。

第十四条 国家实行机动车强制报废制度，根据机动车的安全技术状况和不同用途，规定不同的报废标准。

应当报废的机动车必须及时办理注销登记。

达到报废标准的机动车不得上道路行驶。报废的大型客、货车及其他营运车辆应当在公安机关交通管理部门的监督下解体。

第十五条　警车、消防车、救护车、工程救险车应当按照规定喷涂标志图案，安装警报器、标志灯具。其他机动车不得喷涂、安装、使用上述车辆专用的或者与其相类似的标志图案、警报器或者标志灯具。

警车、消防车、救护车、工程救险车应当严格按照规定的用途和条件使用。

公路监督检查的专用车辆，应当依照公路法的规定，设置统一的标志和示警灯。

第十六条　任何单位或者个人不得有下列行为：

（一）拼装机动车或者擅自改变机动车已登记的结构、构造或者特征；

（二）改变机动车型号、发动机号、车架号或者车辆识别代号；

（三）伪造、变造或者使用伪造、变造的机动车登记证书、号牌、行驶证、检验合格标志、保险标志；

（四）使用其他机动车的登记证书、号牌、行驶证、检验合格标志、保险标志。

第十七条　国家实行机动车第三者责任强制保险制度，设立道路交通事故社会救助基金。具体办法由国务院规定。

第十八条　依法应当登记的非机动车，经公安机关交通管理部门登记后，方可上道路行驶。

依法应当登记的非机动车的种类，由省、自治区、直辖市人民政府根据当地实际情况规定。

非机动车的外形尺寸、质量、制动器、车铃和夜间反光装置，应当符合非机动车安全技术标准。

第二节　机动车驾驶人

第十九条　驾驶机动车，应当依法取得机动车驾驶证。

申请机动车驾驶证，应当符合国务院公安部门规定的驾驶许可条件；经考试合格后，由公安机关交通管理部门发给相应类别的机动车驾驶证。

持有境外机动车驾驶证的人，符合国务院公安部门规定的驾驶许可条件，经公安机关交通管理部门考核合格的，可以发给中国的机动车驾驶证。

驾驶人应当按照驾驶证载明的准驾车型驾驶机动车；驾驶机动车时，应当随身携带机动车驾驶证。

公安机关交通管理部门以外的任何单位或者个人，不得收缴、扣留机动车驾驶证。

第二十条　机动车的驾驶培训实行社会化，由交通主管部门对驾驶培训学校、驾驶培训班实行资格管理，其中专门的拖拉机驾驶培训学校、驾驶培训班由农业（农业机械）主管部门实行资格管理。

驾驶培训学校、驾驶培训班应当严格按照国家有关规定，对学员进行道路交通安全法律、法规、驾驶技能的培训，确保培训质量。

任何国家机关以及驾驶培训和考试主管部门不得举办或者参与举办驾驶培训学校、驾驶培训班。

第二十一条 驾驶人驾驶机动车上道路行驶前，应当对机动车的安全技术性能进行认真检查；不得驾驶安全设施不全或者机件不符合技术标准等具有安全隐患的机动车。

第二十二条 机动车驾驶人应当遵守道路交通安全法律、法规的规定，按照操作规范安全驾驶、文明驾驶。

饮酒、服用国家管制的精神药品或者麻醉药品，或者患有妨碍安全驾驶机动车的疾病，或者过度疲劳影响安全驾驶的，不得驾驶机动车。

任何人不得强迫、指使、纵容驾驶人违反道路交通安全法律、法规和机动车安全驾驶要求驾驶机动车。

第二十三条 公安机关交通管理部门依照法律、行政法规的规定，定期对机动车驾驶证实施审验。

第二十四条 公安机关交通管理部门对机动车驾驶人违反道路交通安全法律、法规的行为，除依法给予行政处罚外，实行累积记分制度。公安机关交通管理部门对累积记分达到规定分值的机动车驾驶人，扣留机动车驾驶证，对其进行道路交通安全法律、法规教育，重新考试；考试合格的，发还其机动车驾驶证。

对遵守道路交通安全法律、法规，在一年内无累积记分的机动车驾驶人，可以延长机动车驾驶证的审验期。具体办法由国务院公安部门规定。

第三章　道路通行条件

第二十五条 全国实行统一的道路交通信号。

交通信号包括交通信号灯、交通标志、交通标线和交通警察的指挥。

交通信号灯、交通标志、交通标线的设置应当符合道路交通安全、畅通的要求和国家标准，并保持清晰、醒目、准确、完好。

根据通行需要，应当及时增设、调换、更新道路交通信号。增设、调换、更新限制性的道路交通信号，应当提前向社会公告，广泛进行宣传。

第二十六条 交通信号灯由红灯、绿灯、黄灯组成。红灯表示禁止通行，绿灯表示准许通行，黄灯表示警示。

第二十七条 铁路与道路平面交叉的道口，应当设置警示灯、警示标志或者安全防护设施。无人看守的铁路道口，应当在距道口一定距离处设置警示标志。

第二十八条 任何单位和个人不得擅自设置、移动、占用、损毁交通信号灯、交通标志、交通标线。

道路两侧及隔离带上种植的树木或者其他植物，设置的广告牌、管线等，应当与交通设施保持必要的距离，不得遮挡路灯、交通信号灯、交通标志，不得妨碍安全视距，不得影响通行。

第二十九条 道路、停车场和道路配套设施的规划、设计、建设，应当符合道路交通安全、畅通的要求，并根据交通需求及时调整。

公安机关交通管理部门发现已经投入使用的道路存在交通事故频发路段，或者停车场、道路配套设施存在交通安全严重隐患的，应当及时向当地人民政府报告，并提出防范交通事故、消除隐患的建议，当地人民政府应当及时作出处理决定。

第三十条 道路出现坍塌、坑漕、水毁、隆起等损毁或者交通信号灯、交通标志、交通标线等交通设施损毁、灭失的，道路、交通设施的养护部门或者管理部门应当设置警示标志并及时修复。

公安机关交通管理部门发现前款情形，危及交通安全，尚未设置警示标志的，应当及时采取安全措施，疏导交通，并通知道路、交通设施的养护部门或者管理部门。

第三十一条　未经许可，任何单位和个人不得占用道路从事非交通活动。

第三十二条　因工程建设需要占用、挖掘道路，或者跨越、穿越道路架设、增设管线设施，应当事先征得道路主管部门的同意；影响交通安全的，还应当征得公安机关交通管理部门的同意。

施工作业单位应当在经批准的路段和时间内施工作业，并在距离施工作业地点来车方向安全距离处设置明显的安全警示标志，采取防护措施；施工作业完毕，应当迅速清除道路上的障碍物，消除安全隐患，经道路主管部门和公安机关交通管理部门验收合格，符合通行要求后，方可恢复通行。

对未中断交通的施工作业道路，公安机关交通管理部门应当加强交通安全监督检查，维护道路交通秩序。

第三十三条　新建、改建、扩建的公共建筑、商业街区、居住区、大（中）型建筑等，应当配建、增建停车场；停车泊位不足的，应当及时改建或者扩建；投入使用的停车场不得擅自停止使用或者改作他用。

在城市道路范围内，在不影响行人、车辆通行的情况下，政府有关部门可以施划停车泊位。

第三十四条　学校、幼儿园、医院、养老院门前的道路没有行人过街设施的，应当施划人行横道线，设置提示标志。

城市主要道路的人行道，应当按照规划设置盲道。盲道的设置应当符合国家标准。

第四章　道路通行规定

第一节　一般规定

第三十五条　机动车、非机动车实行右侧通行。

第三十六条　根据道路条件和通行需要，道路划分为机动车道、非机动车道和人行道的，机动车、非机动车、行人实行分道通行。没有划分机动车道、非机动车道和人行道的，机动车在道路中间通行，非机动车和行人在道路两侧通行。

第三十七条　道路划设专用车道的，在专用车道内，只准许规定的车辆通行，其他车辆不得进入专用车道内行驶。

第三十八条　车辆、行人应当按照交通信号通行；遇有交通警察现场指挥时，应当按照交通警察的指挥通行；在没有交通信号的道路上，应当在确保安全、畅通的原则下通行。

第三十九条　公安机关交通管理部门根据道路和交通流量的具体情况，可以对机动车、非机动车、行人采取疏导、限制通行、禁止通行等措施。遇有大型群众性活动、大范围施工等情况，需要采取限制交通的措施，或者作出与公众的道路交通活动直接有关的决定，应当提前向社会公告。

第四十条　遇有自然灾害、恶劣气象条件或者重大交通事故等严重影响交通安全的情形，采取其他措施难以保证交通安全时，公安机关交通管理部门可以实行交通管制。

第四十一条 有关道路通行的其他具体规定，由国务院规定。

第二节 机动车通行规定

第四十二条 机动车上道路行驶，不得超过限速标志标明的最高时速。在没有限速标志的路段，应当保持安全车速。

夜间行驶或者在容易发生危险的路段行驶，以及遇有沙尘、冰雹、雨、雪、雾、结冰等气象条件时，应当降低行驶速度。

第四十三条 同车道行驶的机动车，后车应当与前车保持足以采取紧急制动措施的安全距离。有下列情形之一的，不得超车：

（一）前车正在左转弯、掉头、超车的；

（二）与对面来车有会车可能的；

（三）前车为执行紧急任务的警车、消防车、救护车、工程救险车的；

（四）行经铁路道口、交叉路口、窄桥、弯道、陡坡、隧道、人行横道、市区交通流量大的路段等没有超车条件的。

第四十四条 机动车通过交叉路口，应当按照交通信号灯、交通标志、交通标线或者交通警察的指挥通过；通过没有交通信号灯、交通标志、交通标线或者交通警察指挥的交叉路口时，应当减速慢行，并让行人和优先通行的车辆先行。

第四十五条 机动车遇有前方车辆停车排队等候或者缓慢行驶时，不得借道超车或者占用对面车道，不得穿插等候的车辆。

在车道减少的路段、路口，或者在没有交通信号灯、交通标志、交通标线或者交通警察指挥的交叉路口遇到停车排队等候或者缓慢行驶时，机动车应当依次交替通行。

第四十六条 机动车通过铁路道口时，应当按照交通信号或者管理人员的指挥通行；没有交通信号或者管理人员的，应当减速或者停车，在确认安全后通过。

第四十七条 机动车行经人行横道时，应当减速行驶；遇行人正在通过人行横道，应当停车让行。

机动车行经没有交通信号的道路时，遇行人横过道路，应当避让。

第四十八条 机动车载物应当符合核定的载质量，严禁超载；载物的长、宽、高不得违反装载要求，不得遗洒、飘散载运物。

机动车运载超限的不可解体的物品，影响交通安全的，应当按照公安机关交通管理部门指定的时间、路线、速度行驶，悬挂明显标志。在公路上运载超限的不可解体的物品，并应当依照公路法的规定执行。

机动车载运爆炸物品、易燃易爆化学物品以及剧毒、放射性等危险物品，应当经公安机关批准后，按指定的时间、路线、速度行驶，悬挂警示标志并采取必要的安全措施。

第四十九条 机动车载人不得超过核定的人数，客运机动车不得违反规定载货。

第五十条 禁止货运机动车载客。

货运机动车需要附载作业人员的，应当设置保护作业人员的安全措施。

第五十一条 机动车行驶时，驾驶人、乘坐人员应当按规定使用安全带，摩托车驾驶人及乘坐人员应当按规定戴安全头盔。

第五十二条 机动车在道路上发生故障，需要停车排除故障时，驾驶人应当立即开启危险报警闪光灯，将机动车移至不妨碍交通的地方停放；难以移动的，应当持续开启危险报警闪光灯，并在来车方向设置警告标志等措施扩大示警距离，必要时迅速报警。

第五十三条　警车、消防车、救护车、工程救险车执行紧急任务时，可以使用警报器、标志灯具；在确保安全的前提下，不受行驶路线、行驶方向、行驶速度和信号灯的限制，其他车辆和行人应当让行。

警车、消防车、救护车、工程救险车非执行紧急任务时，不得使用警报器、标志灯具，不享有前款规定的道路优先通行权。

第五十四条　道路养护车辆、工程作业车进行作业时，在不影响过往车辆通行的前提下，其行驶路线和方向不受交通标志、标线限制，过往车辆和人员应当注意避让。

洒水车、清扫车等机动车应当按照安全作业标准作业；在不影响其他车辆通行的情况下，可以不受车辆分道行驶的限制，但是不得逆向行驶。

第五十五条　高速公路、大中城市中心城区内的道路，禁止拖拉机通行。其他禁止拖拉机通行的道路，由省、自治区、直辖市人民政府根据当地实际情况规定。

在允许拖拉机通行的道路上，拖拉机可以从事货运，但是不得用于载人。

第五十六条　机动车应当在规定地点停放。禁止在人行道上停放机动车；但是，依照本法第三十三条规定施划的停车泊位除外。

在道路上临时停车的，不得妨碍其他车辆和行人通行。

第三节　非机动车通行规定

第五十七条　驾驶非机动车在道路上行驶应当遵守有关交通安全的规定。非机动车应当在非机动车道内行驶；在没有非机动车道的道路上，应当靠车行道的右侧行驶。

第五十八条　残疾人机动轮椅车、电动自行车在非机动车道内行驶时，最高时速不得超过十五公里。

第五十九条　非机动车应当在规定地点停放。未设停放地点的，非机动车停放不得妨碍其他车辆和行人通行。

第六十条　驾驭畜力车，应当使用驯服的牲畜；驾驭畜力车横过道路时，驾驭人应当下车牵引牲畜；驾驭人离开车辆时，应当拴系牲畜。

第四节　行人和乘车人通行规定

第六十一条　行人应当在人行道内行走，没有人行道的靠路边行走。

第六十二条　行人通过路口或者横过道路，应当走人行横道或者过街设施；通过有交通信号灯的人行横道，应当按照交通信号灯指示通行；通过没有交通信号灯、人行横道的路口，或者在没有过街设施的路段横过道路，应当在确认安全后通过。

第六十三条　行人不得跨越、倚坐道路隔离设施，不得扒车、强行拦车或者实施妨碍道路交通安全的其他行为。

第六十四条　学龄前儿童以及不能辨认或者不能控制自己行为的精神疾病患者、智力障碍者在道路上通行，应当由其监护人、监护人委托的人或者对其负有管理、保护职责的人带领。

盲人在道路上通行，应当使用盲杖或者采取其他导盲手段，车辆应当避让盲人。

第六十五条　行人通过铁路道口时，应当按照交通信号或者管理人员的指挥通行；没有交通信号和管理人员的，应当在确认无火车驶临后，迅速通过。

第六十六条 乘车人不得携带易燃易爆等危险物品，不得向车外抛洒物品，不得有影响驾驶人安全驾驶的行为。

第五节 高速公路的特别规定

第六十七条 行人、非机动车、拖拉机、轮式专用机械车、铰接式客车、全挂拖斗车以及其他设计最高时速低于七十公里的机动车，不得进入高速公路。高速公路限速标志标明的最高时速不得超过一百二十公里。

第六十八条 机动车在高速公路上发生故障时，应当依照本法第五十二条的有关规定办理；但是，警告标志应当设置在故障车来车方向一百五十米以外，车上人员应当迅速转移到右侧路肩上或者应急车道内，并且迅速报警。

机动车在高速公路上发生故障或者交通事故，无法正常行驶的，应当由救援车、清障车拖曳、牵引。

第六十九条 任何单位、个人不得在高速公路上拦截检查行驶的车辆，公安机关的人民警察依法执行紧急公务除外。

第五章 交通事故处理

第七十条 在道路上发生交通事故，车辆驾驶人应当立即停车，保护现场；造成人身伤亡的，车辆驾驶人应当立即抢救受伤人员，并迅速报告执勤的交通警察或者公安机关交通管理部门。因抢救受伤人员变动现场的，应当标明位置。乘车人、过往车辆驾驶人、过往行人应当予以协助。

在道路上发生交通事故，未造成人身伤亡，当事人对事实及成因无争议的，可以即行撤离现场，恢复交通，自行协商处理损害赔偿事宜；不即行撤离现场的，应当迅速报告执勤的交通警察或者公安机关交通管理部门。

在道路上发生交通事故，仅造成轻微财产损失，并且基本事实清楚的，当事人应当先撤离现场再进行协商处理。

第七十一条 车辆发生交通事故后逃逸的，事故现场目击人员和其他知情人员应当向公安机关交通管理部门或者交通警察举报。举报属实的，公安机关交通管理部门应当给予奖励。

第七十二条 公安机关交通管理部门接到交通事故报警后，应当立即派交通警察赶赴现场，先组织抢救受伤人员，并采取措施，尽快恢复交通。

交通警察应当对交通事故现场进行勘验、检查，收集证据；因收集证据的需要，可以扣留事故车辆，但是应当妥善保管，以备核查。

对当事人的生理、精神状况等专业性较强的检验，公安机关交通管理部门应当委托专门机构进行鉴定。鉴定结论应当由鉴定人签名。

第七十三条 公安机关交通管理部门应当根据交通事故现场勘验、检查、调查情况和有关的检验、鉴定结论，及时制作交通事故认定书，作为处理交通事故的证据。交通事故认定书应当载明交通事故的基本事实、成因和当事人的责任，并送达当事人。

第七十四条 对交通事故损害赔偿的争议，当事人可以请求公安机关交通管理部门调解，也可以直接向人民法院提起民事诉讼。

经公安机关交通管理部门调解，当事人未达成协议或者调解书生效后不履行的，当事人可以向人民法院提起民事诉讼。

第七十五条　医疗机构对交通事故中的受伤人员应当及时抢救，不得因抢救费用未及时支付而拖延救治。肇事车辆参加机动车第三者责任强制保险的，由保险公司在责任限额范围内支付抢救费用；抢救费用超过责任限额的，未参加机动车第三者责任强制保险或者肇事后逃逸的，由道路交通事故社会救助基金先行垫付部分或者全部抢救费用，道路交通事故社会救助基金管理机构有权向交通事故责任人追偿。

第七十六条　机动车发生交通事故造成人身伤亡、财产损失的，由保险公司在机动车第三者责任强制保险责任限额范围内予以赔偿；不足的部分，按照下列规定承担赔偿责任：

（一）机动车之间发生交通事故的，由有过错的一方承担赔偿责任；双方都有过错的，按照各自过错的比例分担责任。

（二）机动车与非机动车驾驶人、行人之间发生交通事故，非机动车驾驶人、行人没有过错的，由机动车一方承担赔偿责任；有证据证明非机动车驾驶人、行人有过错的，根据过错程度适当减轻机动车一方的赔偿责任；机动车一方没有过错的，承担不超过百分之十的赔偿责任。

交通事故的损失是由非机动车驾驶人、行人故意碰撞机动车造成的，机动车一方不承担赔偿责任。

第七十七条　车辆在道路以外通行时发生的事故，公安机关交通管理部门接到报案的，参照本法有关规定办理。

第六章　执法监督

第七十八条　公安机关交通管理部门应当加强对交通警察的管理，提高交通警察的素质和管理道路交通的水平。

公安机关交通管理部门应当对交通警察进行法制和交通安全管理业务培训、考核。交通警察经考核不合格的，不得上岗执行职务。

第七十九条　公安机关交通管理部门及其交通警察实施道路交通安全管理，应当依据法定的职权和程序，简化办事手续，做到公正、严格、文明、高效。

第八十条　交通警察执行职务时，应当按照规定着装，佩带人民警察标志，持有人民警察证件，保持警容严整，举止端庄，指挥规范。

第八十一条　依照本法发放牌证等收取工本费，应当严格执行国务院价格主管部门核定的收费标准，并全部上缴国库。

第八十二条　公安机关交通管理部门依法实施罚款的行政处罚，应当依照有关法律、行政法规的规定，实施罚款决定与罚款收缴分离；收缴的罚款以及依法没收的违法所得，应当全部上缴国库。

第八十三条　交通警察调查处理道路交通安全违法行为和交通事故，有下列情形之一的，应当回避：

（一）是本案的当事人或者当事人的近亲属；

（二）本人或者其近亲属与本案有利害关系；

（三）与本案当事人有其他关系，可能影响案件的公正处理。

第八十四条 公安机关交通管理部门及其交通警察的行政执法活动，应当接受行政监察机关依法实施的监督。

公安机关督察部门应当对公安机关交通管理部门及其交通警察执行法律、法规和遵守纪律的情况依法进行监督。

上级公安机关交通管理部门应当对下级公安机关交通管理部门的执法活动进行监督。

第八十五条 公安机关交通管理部门及其交通警察执行职务，应当自觉接受社会和公民的监督。

任何单位和个人都有权对公安机关交通管理部门及其交通警察不严格执法以及违法违纪行为进行检举、控告。收到检举、控告的机关，应当依据职责及时查处。

第八十六条 任何单位不得给公安机关交通管理部门下达或者变相下达罚款指标；公安机关交通管理部门不得以罚款数额作为考核交通警察的标准。

公安机关交通管理部门及其交通警察对超越法律、法规规定的指令，有权拒绝执行，并同时向上级机关报告。

第七章 法律责任

第八十七条 公安机关交通管理部门及其交通警察对道路交通安全违法行为，应当及时纠正。

公安机关交通管理部门及其交通警察应当依据事实和本法的有关规定对道路交通安全违法行为予以处罚。对于情节轻微，未影响道路通行的，指出违法行为，给予口头警告后放行。

第八十八条 对道路交通安全违法行为的处罚种类包括：警告、罚款、暂扣或者吊销机动车驾驶证、拘留。

第八十九条 行人、乘车人、非机动车驾驶人违反道路交通安全法律、法规关于道路通行规定的，处警告或者五元以上五十元以下罚款；非机动车驾驶人拒绝接受罚款处罚的，可以扣留其非机动车。

第九十条 机动车驾驶人违反道路交通安全法律、法规关于道路通行规定的，处警告或者二十元以上二百元以下罚款。本法另有规定的，依照规定处罚。

第九十一条 饮酒后驾驶机动车的，处暂扣一个月以上三个月以下机动车驾驶证，并处二百元以上五百元以下罚款；醉酒后驾驶机动车的，由公安机关交通管理部门约束至酒醒，处十五日以下拘留和暂扣三个月以上六个月以下机动车驾驶证，并处五百元以上二千元以下罚款。

饮酒后驾驶营运机动车的，处暂扣三个月机动车驾驶证，并处五百元罚款；醉酒后驾驶营运机动车的，由公安机关交通管理部门约束至酒醒，处十五日以下拘留和暂扣六个月机动车驾驶证，并处二千元罚款。

一年内有前两款规定醉酒后驾驶机动车的行为，被处罚两次以上的，吊销机动车驾驶证，五年内不得驾驶营运机动车。

第九十二条 公路客运车辆载客超过额定乘员的，处二百元以上五百元以下罚款；超过额定乘员百分之二十或者违反规定载货的，处五百元以上二千元以下罚款。

货运机动车超过核定载质量的，处二百元以上五百元以下罚款；超过核定载质量百分之三十或者违反规定载客的，处五百元以上二千元以下罚款。

有前两款行为的，由公安机关交通管理部门扣留机动车至违法状态消除。

运输单位的车辆有本条第一款、第二款规定的情形，经处罚不改的，对直接负责的主管人员处二千元以上五千元以下罚款。

第九十三条　对违反道路交通安全法律、法规关于机动车停放、临时停车规定的，可以指出违法行为，并予以口头警告，令其立即驶离。

机动车驾驶人不在现场或者虽在现场但拒绝立即驶离，妨碍其他车辆、行人通行的，处二十元以上二百元以下罚款，并可以将该机动车拖移至不妨碍交通的地点或者公安机关交通管理部门指定的地点停放。公安机关交通管理部门拖车不得向当事人收取费用，并应当及时告知当事人停放地点。

因采取不正确的方法拖车造成机动车损坏的，应当依法承担补偿责任。

第九十四条　机动车安全技术检验机构实施机动车安全技术检验超过国务院价格主管部门核定的收费标准收取费用的，退还多收取的费用，并由价格主管部门依照《中华人民共和国价格法》的有关规定给予处罚。

机动车安全技术检验机构不按照机动车国家安全技术标准进行检验，出具虚假检验结果的，由公安机关交通管理部门处所收检验费用五倍以上十倍以下罚款，并依法撤销其检验资格；构成犯罪的，依法追究刑事责任。

第九十五条　上道路行驶的机动车未悬挂机动车号牌，未放置检验合格标志、保险标志，或者未随车携带行驶证、驾驶证的，公安机关交通管理部门应当扣留机动车，通知当事人提供相应的牌证、标志或者补办相应手续，并可以依照本法第九十条的规定予以处罚。当事人提供相应的牌证、标志或者补办相应手续的，应当及时退还机动车。

故意遮挡、污损或者不按规定安装机动车号牌的，依照本法第九十条的规定予以处罚。

第九十六条　伪造、变造或者使用伪造、变造的机动车登记证书、号牌、行驶证、检验合格标志、保险标志、驾驶证或者使用其他车辆的机动车登记证书、号牌、行驶证、检验合格标志、保险标志的，由公安机关交通管理部门予以收缴，扣留该机动车，并处二百元以上二千元以下罚款；构成犯罪的，依法追究刑事责任。

当事人提供相应的合法证明或者补办相应手续的，应当及时退还机动车。

第九十七条　非法安装警报器、标志灯具的，由公安机关交通管理部门强制拆除，予以收缴，并处二百元以上二千元以下罚款。

第九十八条　机动车所有人、管理人未按照国家规定投保机动车第三者责任强制保险的，由公安机关交通管理部门扣留车辆至依照规定投保后，并处依照规定投保最低责任限额应缴纳的保险费的二倍罚款。

依照前款缴纳的罚款全部纳入道路交通事故社会救助基金。具体办法由国务院规定。

第九十九条　有下列行为之一的，由公安机关交通管理部门处二百元以上二千元以下罚款：

（一）未取得机动车驾驶证、机动车驾驶证被吊销或者机动车驾驶证被暂扣期间驾驶机动车的；

（二）将机动车交由未取得机动车驾驶证或者机动车驾驶证被吊销、暂扣的人驾驶的；

（三）造成交通事故后逃逸，尚不构成犯罪的；

（四）机动车行驶超过规定时速百分之五十的；

（五）强迫机动车驾驶人违反道路交通安全法律、法规和机动车安全驾驶要求驾驶机动车，造成交通事故，尚不构成犯罪的；

（六）违反交通管制的规定强行通行，不听劝阻的；

（七）故意损毁、移动、涂改交通设施，造成危害后果，尚不构成犯罪的；

（八）非法拦截、扣留机动车辆，不听劝阻，造成交通严重阻塞或者较大财产损失的。

行为人有前款第二项、第四项情形之一的，可以并处吊销机动车驾驶证；有第一项、第三项、第五项至第八项情形之一的，可以并处十五日以下拘留。

第一百条 驾驶拼装的机动车或者已达到报废标准的机动车上道路行驶的，公安机关交通管理部门应当予以收缴，强制报废。

对驾驶前款所列机动车上道路行驶的驾驶人，处二百元以上二千元以下罚款，并吊销机动车驾驶证。

出售已达到报废标准的机动车的，没收违法所得，处销售金额等额的罚款，对该机动车依照本条第一款的规定处理。

第一百零一条 违反道路交通安全法律、法规的规定，发生重大交通事故，构成犯罪的，依法追究刑事责任，并由公安机关交通管理部门吊销机动车驾驶证。

造成交通事故后逃逸的，由公安机关交通管理部门吊销机动车驾驶证，且终生不得重新取得机动车驾驶证。

第一百零二条 对六个月内发生二次以上特大交通事故负有主要责任或者全部责任的专业运输单位，由公安机关交通管理部门责令消除安全隐患，未消除安全隐患的机动车，禁止上道路行驶。

第一百零三条 国家机动车产品主管部门未按照机动车国家安全技术标准严格审查，许可不合格机动车型投入生产的，对负有责任的主管人员和其他直接责任人员给予降级或者撤职的行政处分。

机动车生产企业经国家机动车产品主管部门许可生产的机动车型，不执行机动车国家安全技术标准或者不严格进行机动车成品质量检验，致使质量不合格的机动车出厂销售的，由质量技术监督部门依照《中华人民共和国产品质量法》的有关规定给予处罚。

擅自生产、销售未经国家机动车产品主管部门许可生产的机动车型的，没收非法生产、销售的机动车成品及配件，可以并处非法产品价值三倍以上五倍以下罚款；有营业执照的，由工商行政管理部门吊销营业执照，没有营业执照的，予以查封。

生产、销售拼装的机动车或者生产、销售擅自改装的机动车的，依照本条第三款的规定处罚。

有本条第二款、第三款、第四款所列违法行为，生产或者销售不符合机动车国家安全技术标准的机动车，构成犯罪的，依法追究刑事责任。

第一百零四条 未经批准，擅自挖掘道路、占用道路施工或者从事其他影响道路交通安全活动的，由道路主管部门责令停止违法行为，并恢复原状，可以依法给予罚款；致使通行的人员、车辆及其他财产遭受损失的，依法承担赔偿责任。

有前款行为，影响道路交通安全活动的，公安机关交通管理部门可以责令停止违法行为，迅速恢复交通。

第一百零五条　道路施工作业或者道路出现损毁，未及时设置警示标志、未采取防护措施，或者应当设置交通信号灯、交通标志、交通标线而没有设置或者应当及时变更交通信号灯、交通标志、交通标线而没有及时变更，致使通行的人员、车辆及其他财产遭受损失的，负有相关职责的单位应当依法承担赔偿责任。

第一百零六条　在道路两侧及隔离带上种植树木、其他植物或者设置广告牌、管线等，遮挡路灯、交通信号灯、交通标志，妨碍安全视距的，由公安机关交通管理部门责令行为人排除妨碍；拒不执行的，处二百元以上二千元以下罚款，并强制排除妨碍，所需费用由行为人负担。

第一百零七条　对道路交通违法行为人予以警告、二百元以下罚款，交通警察可以当场作出行政处罚决定，并出具行政处罚决定书。

行政处罚决定书应当载明当事人的违法事实、行政处罚的依据、处罚内容、时间、地点以及处罚机关名称，并由执法人员签名或者盖章。

第一百零八条　当事人应当自收到罚款的行政处罚决定书之日起十五日内，到指定的银行缴纳罚款。

对行人、乘车人和非机动车驾驶人的罚款，当事人无异议的，可以当场予以收缴罚款。

罚款应当开具省、自治区、直辖市财政部门统一制发的罚款收据；不出具财政部门统一制发的罚款收据的，当事人有权拒绝缴纳罚款。

第一百零九条　当事人逾期不履行行政处罚决定的，作出行政处罚决定的行政机关可以采取下列措施：

（一）到期不缴纳罚款的，每日按罚款数额的百分之三加处罚款；

（二）申请人民法院强制执行。

第一百一十条　执行职务的交通警察认为应当对道路交通违法行为人给予暂扣或者吊销机动车驾驶证处罚的，可以先予扣留机动车驾驶证，并在二十四小时内将案件移交公安机关交通管理部门处理。

道路交通违法行为人应当在十五日内到公安机关交通管理部门接受处理。无正当理由逾期未接受处理的，吊销机动车驾驶证。

公安机关交通管理部门暂扣或者吊销机动车驾驶证的，应当出具行政处罚决定书。

第一百一十一条　对违反本法规定予以拘留的行政处罚，由县、市公安局、公安分局或者相当于县一级的公安机关裁决。

第一百一十二条　公安机关交通管理部门扣留机动车、非机动车，应当当场出具凭证，并告知当事人在规定期限内到公安机关交通管理部门接受处理。

公安机关交通管理部门对被扣留的车辆应当妥善保管，不得使用。

逾期不来接受处理，并且经公告三个月仍不来接受处理的，对扣留的车辆依法处理。

第一百一十三条　暂扣机动车驾驶证的期限从处罚决定生效之日起计算；处罚决定生效前先予扣留机动车驾驶证的，扣留一日折抵暂扣期限一日。

吊销机动车驾驶证后重新申请领取机动车驾驶证的期限，按照机动车驾驶证管理规定办理。

第一百一十四条 公安机关交通管理部门根据交通技术监控记录资料，可以对违法的机动车所有人或者管理人依法予以处罚。对能够确定驾驶人的，可以依照本法的规定依法予以处罚。

第一百一十五条 交通警察有下列行为之一的，依法给予行政处分：

（一）为不符合法定条件的机动车发放机动车登记证书、号牌、行驶证、检验合格标志的；

（二）批准不符合法定条件的机动车安装、使用警车、消防车、救护车、工程救险车的警报器、标志灯具，喷涂标志图案的；

（三）为不符合驾驶许可条件、未经考试或者考试不合格人员发放机动车驾驶证的；

（四）不执行罚款决定与罚款收缴分离制度或者不按规定将依法收取的费用、收缴的罚款及没收的违法所得全部上缴国库的；

（五）举办或者参与举办驾驶学校或者驾驶培训班、机动车修理厂或者收费停车场等经营活动的；

（六）利用职务上的便利收受他人财物或者谋取其他利益的；

（七）违法扣留车辆、机动车行驶证、驾驶证、车辆号牌的；

（八）使用依法扣留的车辆的；

（九）当场收取罚款不开具罚款收据或者不如实填写罚款额的；

（十）徇私舞弊，不公正处理交通事故的；

（十一）故意刁难，拖延办理机动车牌证的；

（十二）非执行紧急任务时使用警报器、标志灯具的；

（十三）违反规定拦截、检查正常行驶的车辆的；

（十四）非执行紧急公务时拦截搭乘机动车的；

（十五）不履行法定职责的。

公安机关交通管理部门有前款所列行为之一的，对直接负责的主管人员和其他直接责任人员给予相应的行政处分。

第一百一十六条 依照本法第一百一十五条的规定，给予交通警察行政处分的，在作出行政处分决定前，可以停止其执行职务；必要时，可以予以禁闭。

依照本法第一百一十五条的规定，交通警察受到降级或者撤职行政处分的，可以予以辞退。

交通警察受到开除处分或者被辞退的，应当取消警衔；受到撤职以下行政处分的交通警察，应当降低警衔。

第一百一十七条 交通警察利用职权非法占有公共财物，索取、收受贿赂，或者滥用职权、玩忽职守，构成犯罪的，依法追究刑事责任。

第一百一十八条 公安机关交通管理部门及其交通警察有本法第一百一十五条所列行为之一，给当事人造成损失的，应当依法承担赔偿责任。

第八章 附 则

第一百一十九条 本法中下列用语的含义：

（一）“道路”，是指公路、城市道路和虽在单位管辖范围但允许社会机动车通行的地方，包括广场、公共停车场等用于公众通行的场所。

（二）“车辆”，是指机动车和非机动车。

（三）“机动车”，是指以动力装置驱动或者牵引，上道路行驶的供人员乘用或者用于运送物品以及进行工程专项作业的轮式车辆。

（四）“非机动车”，是指以人力或者畜力驱动，上道路行驶的交通工具，以及虽有动力装置驱动但设计最高时速、空车质量、外形尺寸符合有关国家标准的残疾人机动轮椅车、电动自行车等交通工具。

（五）“交通事故”，是指车辆在道路上因过错或者意外造成的人身伤亡或者财产损失的事件。

第一百二十条　中国人民解放军和中国人民武装警察部队在编机动车牌证、在编机动车检验以及机动车驾驶人考核工作，由中国人民解放军、中国人民武装警察部队有关部门负责。

第一百二十一条　对上道路行驶的拖拉机，由农业（农业机械）主管部门行使本法第八条、第九条、第十三条、第十九条、第二十三条规定的公安机关交通管理部门的管理职权。

农业（农业机械）主管部门依照前款规定行使职权，应当遵守本法有关规定，并接受公安机关交通管理部门的监督；对违反规定的，依照本法有关规定追究法律责任。

本法施行前由农业（农业机械）主管部门发放的机动车牌证，在本法施行后继续有效。

第一百二十二条　国家对入境的境外机动车的道路交通安全实施统一管理。

第一百二十三条　省、自治区、直辖市人民代表大会常务委员会可以根据本地区的实际情况，在本法规定的罚款幅度内，规定具体的执行标准。

第一百二十四条　本法自 2004 年 5 月 1 日起施行。

中华人民共和国银行业监督管理法

（2003年12月27日第十届全国人民代表大会常务委员会第六次会议通过
根据2006年10月31日第十届全国人民代表大会常务委员会第二十四次会议
《关于修改〈中华人民共和国银行业监督管理办法〉的决定》修正）

第一章 总 则

第一条 为了加强对银行业的监督管理，规范监督管理行为，防范和化解银行业风险，保护存款人和其他客户的合法权益，促进银行业健康发展，制定本法。

第二条 国务院银行业监督管理机构负责对全国银行业金融机构及其业务活动监督管理的工作。

本法所称银行业金融机构，是指在中华人民共和国境内设立的商业银行、城市信用合作社、农村信用合作社等吸收公众存款的金融机构以及政策性银行。

对在中华人民共和国境内设立的金融资产管理公司、信托投资公司、财务公司、金融租赁公司以及经国务院银行业监督管理机构批准设立的其他金融机构的监督管理，适用本法对银行业金融机构监督管理的规定。

国务院银行业监督管理机构依照本法有关规定，对经其批准在境外设立的金融机构以及前二款金融机构在境外的业务活动实施监督管理。

第三条 银行业监督管理的目标是促进银行业的合法、稳健运行，维护公众对银行业的信心。

银行业监督管理应当保护银行业公平竞争，提高银行业竞争能力。

第四条 银行业监督管理机构对银行业实施监督管理，应当遵循依法、公开、公正和效率的原则。

第五条 银行业监督管理机构及其从事监督管理工作的人员依法履行监督管理职责，受法律保护。地方政府、各级政府部门、社会团体和个人不得干涉。

第六条 国务院银行业监督管理机构应当和中国人民银行、国务院其他金融监督管理机构建立监督管理信息共享机制。

第七条 国务院银行业监督管理机构可以和其他国家或者地区的银行业监督管理机构建立监督管理合作机制，实施跨境监督管理。

第二章 监督管理机构

第八条 国务院银行业监督管理机构根据履行职责的需要设立派出机构。国务院银行业监督管理机构对派出机构实行统一领导和管理。

国务院银行业监督管理机构的派出机构在国务院银行业监督管理机构的授权范围内，履行监督管理职责。

第九条　银行业监督管理机构从事监督管理工作的人员，应当具备与其任职相适应的专业知识和业务工作经验。

第十条　银行业监督管理机构工作人员，应当忠于职守，依法办事，公正廉洁，不得利用职务便利牟取不正当的利益，不得在金融机构等企业中兼任职务。

第十一条　银行业监督管理机构工作人员，应当依法保守国家秘密，并有责任为其监督管理的银行业金融机构及当事人保守秘密。

国务院银行业监督管理机构同其他国家或者地区的银行业监督管理机构交流监督管理信息，应当就信息保密作出安排。

第十二条　国务院银行业监督管理机构应当公开监督管理程序，建立监督管理责任制度和内部监督制度。

第十三条　银行业监督管理机构在处置银行业金融机构风险、查处有关金融违法行为等监督管理活动中，地方政府、各级有关部门应当予以配合和协助。

第十四条　国务院审计、监察等机关，应当依照法律规定对国务院银行业监督管理机构的活动进行监督。

第三章　监督管理职责

第十五条　国务院银行业监督管理机构依照法律、行政法规制定并发布对银行业金融机构及其业务活动监督管理的规章、规则。

第十六条　国务院银行业监督管理机构依照法律、行政法规规定的条件和程序，审查批准银行业金融机构的设立、变更、终止以及业务范围。

第十七条　申请设立银行业金融机构，或者银行业金融机构变更持有资本总额或者股份总额达到规定比例以上的股东的，国务院银行业监督管理机构应当对股东的资金来源、财务状况、资本补充能力和诚信状况进行审查。

第十八条　银行业金融机构业务范围内的业务品种，应当按照规定经国务院银行业监督管理机构审查批准或者备案。需要审查批准或者备案的业务品种，由国务院银行业监督管理机构依照法律、行政法规作出规定并公布。

第十九条　未经国务院银行业监督管理机构批准，任何单位或者个人不得设立银行业金融机构或者从事银行业金融机构的业务活动。

第二十条　国务院银行业监督管理机构对银行业金融机构的董事和高级管理人员实行任职资格管理。具体办法由国务院银行业监督管理机构制定。

第二十一条　银行业金融机构的审慎经营规则，由法律、行政法规规定，也可以由国务院银行业监督管理机构依照法律、行政法规制定。

前款规定的审慎经营规则，包括风险管理、内部控制、资本充足率、资产质量、损失准备金、风险集中、关联交易、资产流动性等内容。

银行业金融机构应当严格遵守审慎经营规则。

第二十二条　国务院银行业监督管理机构应当在规定的期限，对下列申请事项作出批准或者不批准的书面决定；决定不批准的，应当说明理由：

（一）银行业金融机构的设立，自收到申请文件之日起六个月内；

（二）银行业金融机构的变更、终止，以及业务范围和增加业务范围内的业务品种，自收到申请文件之日起三个月内；

（三）审查董事和高级管理人员的任职资格，自收到申请文件之日起三十日内。

第二十三条 银行业监督管理机构应当对银行业金融机构的业务活动及其风险状况进行非现场监管，建立银行业金融机构监督管理信息系统，分析、评价银行业金融机构的风险状况。

第二十四条 银行业监督管理机构应当对银行业金融机构的业务活动及其风险状况进行现场检查。

国务院银行业监督管理机构应当制定现场检查程序，规范现场检查行为。

第二十五条 国务院银行业监督管理机构应当对银行业金融机构实行并表监督管理。

第二十六条 国务院银行业监督管理机构对中国人民银行提出的检查银行业金融机构的建议，应当自收到建议之日起三十日内予以回复。

第二十七条 国务院银行业监督管理机构应当建立银行业金融机构监督管理评级体系和风险预警机制，根据银行业金融机构的评级情况和风险状况，确定对其现场检查的频率、范围和需要采取的其他措施。

第二十八条 国务院银行业监督管理机构应当建立银行业突发事件的发现、报告岗位责任制度。

银行业监督管理机构发现可能引发系统性银行业风险、严重影响社会稳定的突发事件的，应当立即向国务院银行业监督管理机构负责人报告；国务院银行业监督管理机构负责人认为需要向国务院报告的，应当立即向国务院报告，并告知中国人民银行、国务院财政部门等有关部门。

第二十九条 国务院银行业监督管理机构应当会同中国人民银行、国务院财政部门等有关部门建立银行业突发事件处置制度，制定银行业突发事件处置预案，明确处置机构和人员及其职责、处置措施和处置程序，及时、有效地处置银行业突发事件。

第三十条 国务院银行业监督管理机构负责统一编制全国银行业金融机构的统计数据、报表，并按照国家有关规定予以公布。

第三十一条 国务院银行业监督管理机构对银行业自律组织的活动进行指导和监督。

银行业自律组织的章程应当报国务院银行业监督管理机构备案。

第三十二条 国务院银行业监督管理机构可以开展与银行业监督管理有关的国际交流、合作活动。

第四章 监督管理措施

第三十三条 银行业监督管理机构根据履行职责的需要，有权要求银行业金融机构按照规定报送资产负债表、利润表和其他财务会计、统计报表、经营管理资料以及注册会计师出具的审计报告。

第三十四条 银行业监督管理机构根据审慎监管的要求，可以采取下列措施进行现场检查：

（一）进入银行业金融机构进行检查；

（二）询问银行业金融机构的工作人员，要求其对有关检查事项作出说明；

（三）查阅、复制银行业金融机构与检查事项有关的文件、资料，对可能被转移、隐匿或者毁损的文件、资料予以封存；

（四）检查银行业金融机构运用电子计算机管理业务数据的系统。

进行现场检查，应当经银行业监督管理机构负责人批准。现场检查时，检查人员不得少于二人，并应当出示合法证件和检查通知书；检查人员少于二人或者未出示合法证件和检查通知书的，银行业金融机构有权拒绝检查。

第三十五条 银行业监督管理机构根据履行职责的需要，可以与银行业金融机构董事、高级管理人员进行监督管理谈话，要求银行业金融机构董事、高级管理人员就银行业金融机构的业务活动和风险管理的重大事项作出说明。

第三十六条 银行业监督管理机构应当责令银行业金融机构按照规定，如实向社会公众披露财务会计报告、风险管理状况、董事和高级管理人员变更以及其他重大事项等信息。

第三十七条 银行业金融机构违反审慎经营规则的，国务院银行业监督管理机构或者其省一级派出机构应当责令限期改正；逾期未改正的，或者其行为严重危及该银行业金融机构的稳健运行、损害存款人和其他客户合法权益的，经国务院银行业监督管理机构或者其省一级派出机构负责人批准，可以区别情形，采取下列措施：

（一）责令暂停部分业务、停止批准开办新业务；

（二）限制分配红利和其他收入；

（三）限制资产转让；

（四）责令控股股东转让股权或者限制有关股东的权利；

（五）责令调整董事、高级管理人员或者限制其权利；

（六）停止批准增设分支机构。

银行业金融机构整改后，应当向国务院银行业监督管理机构或者其省一级派出机构提交报告。国务院银行业监督管理机构或者其省一级派出机构经验收，符合有关审慎经营规则的，应当自验收完毕之日起三日内解除对其采取的前款规定的有关措施。

第三十八条 银行业金融机构已经或者可能发生信用危机，严重影响存款人和其他客户合法权益的，国务院银行业监督管理机构可以依法对该银行业金融机构实行接管或者促成机构重组，接管和机构重组依照有关法律和国务院的规定执行。

第三十九条 银行业金融机构有违法经营、经营管理不善等情形，不予撤销将严重危害金融秩序、损害公众利益的，国务院银行业监督管理机构有权予以撤销。

第四十条 银行业金融机构被接管、重组或者被撤销的，国务院银行业监督管理机构有权要求该银行业金融机构的董事、高级管理人员和其他工作人员，按照国务院银行业监督管理机构的要求履行职责。

在接管、机构重组或者撤销清算期间，经国务院银行业监督管理机构负责人批准，对直接负责的董事、高级管理人员和其他直接责任人员，可以采取下列措施：

（一）直接负责的董事、高级管理人员和其他直接责任人员出境将对国家利益造成重大损失的，通知出境管理机关依法阻止其出境；

（二）申请司法机关禁止其转移、转让财产或者对其财产设定其他权利。

第四十一条 经国务院银行业监督管理机构或者其省一级派出机构负责人批准，银行业监督管理机构有权查询涉嫌金融违法的银行业金融机构及其工作人员以及关联行为人的账户；对涉嫌转移或者隐匿违法资金的，经银行业监督管理机构负责人批准，可以申请司法机关予以冻结。

第四十二条 银行业监督管理机构依法对银行业金融机构进行检查时，经设区的市一级以上银行业监督管理机构负责人批准，可以对与涉嫌违法事项有关的单位和个人采取下列措施：

（一）询问有关单位或者个人，要求其对有关情况作出说明；

（二）查阅、复制有关财务会计、财产权登记等文件、资料；

（三）对可能被转移、隐匿、毁损或者伪造的文件、资料，予以先行登记保存。

银行业监督管理机构采取前款规定措施，调查人员不得少于二人，并应当出示合法证件和调查通知书；调查人员少于二人或者未出示合法证件和调查通知书的，有关单位或者个人有权拒绝。对依法采取的措施，有关单位和个人应当配合，如实说明有关情况并提供有关文件、资料，不得拒绝、阻碍和隐瞒。

第五章　法律责任

第四十三条 银行业监督管理机构从事监督管理工作的人员有下列情形之一的，依法给予行政处分；构成犯罪的，依法追究刑事责任：

（一）违反规定审查批准银行业金融机构的设立、变更、终止，以及业务范围和业务范围内的业务品种的；

（二）违反规定对银行业金融机构进行现场检查的；

（三）未依照本法第二十八条规定报告突发事件的；

（四）违反规定查询账户或者申请冻结资金的；

（五）违反规定对银行业金融机构采取措施或者处罚的；

（六）违反本法第四十二条规定对有关单位或者个人进行调查的；

（七）滥用职权、玩忽职守的其他行为。

银行业监督管理机构从事监督管理工作的人员贪污受贿，泄露国家秘密、商业秘密和个人隐私，构成犯罪的，依法追究刑事责任；尚不构成犯罪的，依法给予行政处分。

第四十四条 擅自设立银行业金融机构或者非法从事银行业金融机构的业务活动的，由国务院银行业监督管理机构予以取缔；构成犯罪的，依法追究刑事责任；尚不构成犯罪的，由国务院银行业监督管理机构没收违法所得，违法所得五十万元以上的，并处违法所得一倍以上五倍以下罚款；没有违法所得或者违法所得不足五十万元的，处五十万元以上二百万元以下罚款。

第四十五条 银行业金融机构有下列情形之一，由国务院银行业监督管理机构责令改正，有违法所得的，没收违法所得，违法所得五十万元以上的，并处违法所得一倍以上五倍以下罚款；没有违法所得或者违法所得不足五十万元的，处五十万元以上二百万元以下罚款；情节特别严重或者逾期不改正的，可以责令停业整顿或者吊销其经营许可证；构成犯罪的，依法追究刑事责任：

（一）未经批准设立分支机构的；

（二）未经批准变更、终止的；

（三）违反规定从事未经批准或者未备案的业务活动的；

（四）违反规定提高或者降低存款利率、贷款利率的。

第四十六条　银行业金融机构有下列情形之一，由国务院银行业监督管理机构责令改正，并处二十万元以上五十万元以下罚款；情节特别严重或者逾期不改正的，可以责令停业整顿或者吊销其经营许可证；构成犯罪的，依法追究刑事责任：

（一）未经任职资格审查任命董事、高级管理人员的；

（二）拒绝或者阻碍非现场监管或者现场检查的；

（三）提供虚假的或者隐瞒重要事实的报表、报告等文件、资料的；

（四）未按照规定进行信息披露的；

（五）严重违反审慎经营规则的；

（六）拒绝执行本法第三十七条规定的措施的。

第四十七条　银行业金融机构不按照规定提供报表、报告等文件、资料的，由银行业监督管理机构责令改正，逾期不改正的，处十万元以上三十万元以下罚款。

第四十八条　银行业金融机构违反法律、行政法规以及国家有关银行业监督管理规定的，银行业监督管理机构除依照本法第四十四条至第四十七条规定处罚外，还可以区别不同情形，采取下列措施：

（一）责令银行业金融机构对直接负责的董事、高级管理人员和其他直接责任人员给予纪律处分；

（二）银行业金融机构的行为尚不构成犯罪的，对直接负责的董事、高级管理人员和其他直接责任人员给予警告，处五万元以上五十万元以下罚款；

（三）取消直接负责的董事、高级管理人员一定期限直至终身的任职资格，禁止直接负责的董事、高级管理人员和其他直接责任人员一定期限直至终身从事银行业工作。

第四十九条　阻碍银行业监督管理机构工作人员依法执行检查、调查职务的，由公安机关依法给予治安管理处罚；构成犯罪的，依法追究刑事责任。

第六章　附　则

第五十条　对在中华人民共和国境内设立的政策性银行、金融资产管理公司的监督管理，法律、行政法规另有规定的，依照其规定。

第五十一条　对在中华人民共和国境内设立的外资银行业金融机构、中外合资银行业金融机构、外国银行业金融机构的分支机构的监督管理，法律、行政法规另有规定的，依照其规定。

第五十二条　本法自2004年2月1日起施行。

乳品质量安全监督管理条例

（国务院令第 536 号　2008 年 10 月 9 日）

第一章　总　则

第一条　为了加强乳品质量安全监督管理，保证乳品质量安全，保障公众身体健康和生命安全，促进奶业健康发展，制定本条例。

第二条　本条例所称乳品，是指生鲜乳和乳制品。

乳品质量安全监督管理适用本条例；法律对乳品质量安全监督管理另有规定的，从其规定。

第三条　奶畜养殖者、生鲜乳收购者、乳制品生产企业和销售者对其生产、收购、运输、销售的乳品质量安全负责，是乳品质量安全的第一责任者。

第四条　县级以上地方人民政府对本行政区域内的乳品质量安全监督管理负总责。

县级以上人民政府畜牧兽医主管部门负责奶畜饲养以及生鲜乳生产环节、收购环节的监督管理。县级以上质量监督检验检疫部门负责乳制品生产环节和乳品进出口环节的监督管理。县级以上工商行政管理部门负责乳制品销售环节的监督管理。县级以上食品药品监督部门负责乳制品餐饮服务环节的监督管理。县级以上人民政府卫生主管部门依照职权负责乳品质量安全监督管理的综合协调、组织查处食品安全重大事故。县级以上人民政府其他有关部门在各自职责范围内负责乳品质量安全监督管理的其他工作。

第五条　发生乳品质量安全事故，应当依照有关法律、行政法规的规定及时报告、处理；造成严重后果或者恶劣影响的，对有关人民政府、有关部门负有领导责任的负责人依法追究责任。

第六条　生鲜乳和乳制品应当符合乳品质量安全国家标准。乳品质量安全国家标准由国务院卫生主管部门组织制定，并根据风险监测和风险评估的结果及时组织修订。

乳品质量安全国家标准应当包括乳品中的致病性微生物、农药残留、兽药残留、重金属以及其他危害人体健康物质的限量规定，乳品生产经营过程的卫生要求，通用的乳品检验方法与规程，与乳品安全有关的质量要求，以及其他需要制定为乳品质量安全国家标准的内容。

制定婴幼儿奶粉的质量安全国家标准应当充分考虑婴幼儿身体特点和生长发育需要，保证婴幼儿生长发育所需的营养成分。

国务院卫生主管部门应当根据疾病信息和监督管理部门的监督管理信息等，对发现添加或者可能添加到乳品中的非食品用化学物质和其他可能危害人体健康的物质，立即组织进行风险评估，采取相应的监测、检测和监督措施。

第七条　禁止在生鲜乳生产、收购、贮存、运输、销售过程中添加任何物质。

禁止在乳制品生产过程中添加非食品用化学物质或者其他可能危害人体健康的物质。

第八条　国务院畜牧兽医主管部门会同国务院发展改革部门、工业和信息化部门、商务部门，制定全国奶业发展规划，加强奶源基地建设，完善服务体系，促进奶业健康发展。

县级以上地方人民政府应当根据全国奶业发展规划，合理确定本行政区域内奶畜养殖规模，科学安排生鲜乳的生产、收购布局。

第九条　有关行业协会应当加强行业自律，推动行业诚信建设，引导、规范奶畜养殖者、生鲜乳收购者、乳制品生产企业和销售者依法生产经营。

第二章　奶畜养殖

第十条　国家采取有效措施，鼓励、引导、扶持奶畜养殖者提高生鲜乳质量安全水平。省级以上人民政府应当在本级财政预算内安排支持奶业发展资金，并鼓励对奶畜养殖者、奶农专业生产合作社等给予信贷支持。

国家建立奶畜政策性保险制度，对参保奶畜养殖者给予保费补助。

第十一条　畜牧兽医技术推广机构应当向奶畜养殖者提供养殖技术培训、良种推广、疫病防治等服务。

国家鼓励乳制品生产企业和其他相关生产经营者为奶畜养殖者提供所需的服务。

第十二条　设立奶畜养殖场、养殖小区应当具备下列条件：

（一）符合所在地人民政府确定的本行政区域奶畜养殖规模；

（二）有与其养殖规模相适应的场所和配套设施；

（三）有为其服务的畜牧兽医技术人员；

（四）具备法律、行政法规和国务院畜牧兽医主管部门规定的防疫条件；

（五）有对奶畜粪便、废水和其他固体废物进行综合利用的沼气池等设施或者其他无害化处理设施；

（六）有生鲜乳生产、销售、运输管理制度；

（七）法律、行政法规规定的其他条件。

奶畜养殖场、养殖小区开办者应当将养殖场、养殖小区的名称、养殖地址、奶畜品种和养殖规模向养殖场、养殖小区所在地县级人民政府畜牧兽医主管部门备案。

第十三条　奶畜养殖场应当建立养殖档案，载明以下内容：

（一）奶畜的品种、数量、繁殖记录、标识情况、来源和进出场日期；

（二）饲料、饲料添加剂、兽药等投入品的来源、名称、使用对象、时间和用量；

（三）检疫、免疫、消毒情况；

（四）奶畜发病、死亡和无害化处理情况；

（五）生鲜乳生产、检测、销售情况；

（六）国务院畜牧兽医主管部门规定的其他内容。

奶畜养殖小区开办者应当逐步建立养殖档案。

第十四条　从事奶畜养殖，不得使用国家禁用的饲料、饲料添加剂、兽药以及其他对动物和人体具有直接或者潜在危害的物质。

禁止销售在规定用药期和休药期内的奶畜产的生鲜乳。

第十五条　奶畜养殖者应当确保奶畜符合国务院畜牧兽医主管部门规定的健康标准，并确保奶畜接受强制免疫。

动物疫病预防控制机构应当对奶畜的健康情况进行定期检测；经检测不符合健康标准的，应当立即隔离、治疗或者做无害化处理。

第十六条 奶畜养殖者应当做好奶畜和养殖场所的动物防疫工作，发现奶畜染疫或者疑似染疫的，应当立即报告，停止生鲜乳生产，并采取隔离等控制措施，防止疫病扩散。

奶畜养殖者对奶畜养殖过程中的排泄物、废弃物应当及时清运、处理。

第十七条 奶畜养殖者应当遵守国务院畜牧兽医主管部门制定的生鲜乳生产技术规程。直接从事挤奶工作的人员应当持有有效的健康证明。

奶畜养殖者对挤奶设施、生鲜乳贮存设施等应当及时清洗、消毒，避免对生鲜乳造成污染。

第十八条 生鲜乳应当冷藏。超过 2 小时未冷藏的生鲜乳，不得销售。

第三章 生鲜乳收购

第十九条 省、自治区、直辖市人民政府畜牧兽医主管部门应当根据当地奶源分布情况，按照方便奶畜养殖者、促进规模化养殖的原则，对生鲜乳收购站的建设进行科学规划和合理布局。必要时，可以实行生鲜乳集中定点收购。

国家鼓励乳制品生产企业按照规划布局，自行建设生鲜乳收购站或者收购原有生鲜乳收购站。

第二十条 生鲜乳收购站应当由取得工商登记的乳制品生产企业、奶畜养殖场、奶农专业生产合作社开办，并具备下列条件，取得所在地县级人民政府畜牧兽医主管部门颁发的生鲜乳收购许可证：

（一）符合生鲜乳收购站建设规划布局；

（二）有符合环保和卫生要求的收购场所；

（三）有与收奶量相适应的冷却、冷藏、保鲜设施和低温运输设备；

（四）有与检测项目相适应的化验、计量、检测仪器设备；

（五）有经培训合格并持有有效健康证明的从业人员；

（六）有卫生管理和质量安全保障制度。

生鲜乳收购许可证有效期 2 年；生鲜乳收购站不再办理工商登记。

禁止其他单位或者个人开办生鲜乳收购站。禁止其他单位或者个人收购生鲜乳。

国家对生鲜乳收购站给予扶持和补贴，提高其机械化挤奶和生鲜乳冷藏运输能力。

第二十一条 生鲜乳收购站应当及时对挤奶设施、生鲜乳贮存运输设施等进行清洗、消毒，避免对生鲜乳造成污染。

生鲜乳收购站应当按照乳品质量安全国家标准对收购的生鲜乳进行常规检测。检测费用不得向奶畜养殖者收取。

生鲜乳收购站应当保持生鲜乳的质量。

第二十二条 生鲜乳收购站应当建立生鲜乳收购、销售和检测记录。生鲜乳收购、销售和检测记录应当包括畜主姓名、单次收购量、生鲜乳检测结果、销售去向等内容，并保存 2 年。

第二十三条 县级以上地方人民政府价格主管部门应当加强对生鲜乳价格的监控和通报，及时发布市场供求信息和价格信息。必要时，县级以上地方人民政府建立由价格、畜牧兽医等部门以及行业协会、乳制品生产企业、生鲜乳收购者、奶畜养殖者代表组成的生鲜乳价格协调委员会，确定生鲜乳交易参考价格，供购销双方签订合同时参考。

生鲜乳购销双方应当签订书面合同。生鲜乳购销合同示范文本由国务院畜牧兽医主管部门会同国务院工商行政管理部门制定并公布。

第二十四条 禁止收购下列生鲜乳：

（一）经检测不符合健康标准或者未经检疫合格的奶畜产的；

（二）奶畜产犊 7 日内的初乳，但以初乳为原料从事乳制品生产的除外；

（三）在规定用药期和休药期内的奶畜产的；

（四）其他不符合乳品质量安全国家标准的。

对前款规定的生鲜乳，经检测无误后，应当予以销毁或者采取其他无害化处理措施。

第二十五条 贮存生鲜乳的容器，应当符合国家有关卫生标准，在挤奶后 2 小时内应当降温至 0—4℃。

生鲜乳运输车辆应当取得所在地县级人民政府畜牧兽医主管部门核发的生鲜乳准运证明，并随车携带生鲜乳交接单。交接单应当载明生鲜乳收购站的名称、生鲜乳数量、交接时间，并由生鲜乳收购站经手人、押运员、司机、收奶员签字。

生鲜乳交接单一式两份，分别由生鲜乳收购站和乳品生产者保存，保存时间 2 年。准运证明和交接单式样由省、自治区、直辖市人民政府畜牧兽医主管部门制定。

第二十六条 县级以上人民政府应当加强生鲜乳质量安全监测体系建设，配备相应的人员和设备，确保监测能力与监测任务相适应。

第二十七条 县级以上人民政府畜牧兽医主管部门应当加强生鲜乳质量安全监测工作，制定并组织实施生鲜乳质量安全监测计划，对生鲜乳进行监督抽查，并按照法定权限及时公布监督抽查结果。

监测抽查不得向被抽查人收取任何费用，所需费用由同级财政列支。

第四章 乳制品生产

第二十八条 从事乳制品生产活动，应当具备下列条件，取得所在地质量监督部门颁发的食品生产许可证：

（一）符合国家奶业产业政策；

（二）厂房的选址和设计符合国家有关规定；

（三）有与所生产的乳制品品种和数量相适应的生产、包装和检测设备；

（四）有相应的专业技术人员和质量检验人员；

（五）有符合环保要求的废水、废气、垃圾等污染物的处理设施；

（六）有经培训合格并持有有效健康证明的从业人员；

（七）法律、行政法规规定的其他条件。

质量监督部门对乳制品生产企业颁发食品生产许可证，应当征求所在地工业行业管理部门的意见。

未取得食品生产许可证的任何单位和个人，不得从事乳制品生产。

第二十九条 乳制品生产企业应当建立质量管理制度，采取质量安全管理措施，对乳制品生产实施从原料进厂到成品出厂的全过程质量控制，保证产品质量安全。

第三十条 乳制品生产企业应当符合良好生产规范要求。国家鼓励乳制品生产企业实施危害分析与关键控制点体系，提高乳制品安全管理水平。生产婴幼儿奶粉的企业应当实施危害分析与关键控制点体系。

对通过良好生产规范、危害分析与关键控制点体系认证的乳制品生产企业，认证机构应当依法实施跟踪调查；对不再符合认证要求的企业，应当依法撤销认证，并及时向有关主管部门报告。

第三十一条 乳制品生产企业应当建立生鲜乳进货查验制度，逐批检测收购的生鲜乳，如实记录质量检测情况、供货者的名称以及联系方式、进货日期等内容，并查验运输车辆生鲜乳交接单。查验记录和生鲜乳交接单应当保存2年。乳制品生产企业不得向未取得生鲜乳收购许可证的单位和个人购进生鲜乳。

乳制品生产企业不得购进兽药等化学物质残留超标，或者含有重金属等有毒有害物质、致病性的寄生虫和微生物、生物毒素以及其他不符合乳品质量安全国家标准的生鲜乳。

第三十二条 生产乳制品使用的生鲜乳、辅料、添加剂等，应当符合法律、行政法规的规定和乳品质量安全国家标准。

生产的乳制品应当经过巴氏杀菌、高温杀菌、超高温杀菌或者其他有效方式杀菌。

生产发酵乳制品的菌种应当纯良、无害，定期鉴定，防止杂菌污染。

生产婴幼儿奶粉应当保证婴幼儿生长发育所需的营养成分，不得添加任何可能危害婴幼儿身体健康和生长发育的物质。

第三十三条 乳制品的包装应当有标签。标签应当如实标明产品名称、规格、净含量、生产日期，成分或者配料表，生产企业的名称、地址、联系方式，保质期，产品标准代号，贮存条件，所使用的食品添加剂的化学通用名称，食品生产许可证编号，法律、行政法规或者乳品质量安全国家标准规定必须标明的其他事项。

使用奶粉、黄油、乳清粉等原料加工的液态奶，应当在包装上注明；使用复原乳作为原料生产液态奶的，应当标明“复原乳”字样，并在产品配料中如实标明复原乳所含原料及比例。

婴幼儿奶粉标签还应当标明主要营养成分及其含量，详细说明使用方法和注意事项。

第三十四条 出厂的乳制品应当符合乳品质量安全国家标准。

乳制品生产企业应当对出厂的乳制品逐批检验，并保存检验报告，留取样品。检验内容应当包括乳制品的感官指标、理化指标、卫生指标和乳制品中使用的添加剂、稳定剂以及酸奶中使用的菌种等；婴幼儿奶粉在出厂前还应当检测营养成分。对检验合格的乳制品应当标识检验合格证号；检验不合格的不得出厂。检验报告应当保存2年。

第三十五条 乳制品生产企业应当如实记录销售的乳制品名称、数量、生产日期、生产批号、检验合格证号、购货者名称及其联系方式、销售日期等。

第三十六条 乳制品生产企业发现其生产的乳制品不符合乳品质量安全国家标准、存在危害人体健康和生命安全危险或者可能危害婴幼儿身体健康或者生长发育的，应当立即停止生产，报告有关主管部门，告知销售者、消费者，召回已经出厂、上市销售的乳制品，并记录召回情况。

乳制品生产企业对召回的乳制品应当采取销毁、无害化处理等措施，防止其再次流入市场。

第五章　乳制品销售

第三十七条　从事乳制品销售应当按照食品安全监督管理的有关规定，依法向工商行政管理部门申请领取有关证照。

第三十八条　乳制品销售者应当建立并执行进货查验制度，审验供货商的经营资格，验明乳制品合格证明和产品标识，并建立乳制品进货台账，如实记录乳制品的名称、规格、数量、供货商及其联系方式、进货时间等内容。从事乳制品批发业务的销售企业应当建立乳制品销售台账，如实记录批发的乳制品的品种、规格、数量、流向等内容。进货台账和销售台账保存期限不得少于2年。

第三十九条　乳制品销售者应当采取措施，保持所销售乳制品的质量。

销售需要低温保存的乳制品的，应当配备冷藏设备或者采取冷藏措施。

第四十条　禁止购进、销售无质量合格证明、无标签或者标签残缺不清的乳制品。

禁止购进、销售过期、变质或者不符合乳品质量安全国家标准的乳制品。

第四十一条　乳制品销售者不得伪造产地，不得伪造或者冒用他人的厂名、厂址，不得伪造或者冒用认证标志等质量标志。

第四十二条　对不符合乳品质量安全国家标准、存在危害人体健康和生命安全或者可能危害婴幼儿身体健康和生长发育的乳制品，销售者应当立即停止销售，追回已经售出的乳制品，并记录追回情况。

乳制品销售者自行发现其销售的乳制品有前款规定情况的，还应当立即报告所在地工商行政管理等有关部门，通知乳制品生产企业。

第四十三条　乳制品销售者应当向消费者提供购货凭证，履行不合格乳制品的更换、退货等义务。

乳制品销售者依照前款规定履行更换、退货等义务后，属于乳制品生产企业或者供货商的责任的，销售者可以向乳制品生产企业或者供货商追偿。

第四十四条　进口的乳品应当按照乳品质量安全国家标准进行检验；尚未制定乳品质量安全国家标准的，可以参照国家有关部门指定的国外有关标准进行检验。

第四十五条　出口乳品的生产者、销售者应当保证其出口乳品符合乳品质量安全国家标准的同时还符合进口国家（地区）的标准或者合同要求。

第六章　监督检查

第四十六条　县级以上人民政府畜牧兽医主管部门应当加强对奶畜饲养以及生鲜乳生产环节、收购环节的监督检查。县级以上质量监督检验检疫部门应当加强对乳制品生产环节和乳品进出口环节的监督检查。县级以上工商行政管理部门应当加强对乳制品销售环节的监督检查。县级以上食品药品监督部门应当加强对乳制品餐饮服务环节的监督管理。监督检查部门之间，监督检查部门与其他有关部门之间，应当及时通报乳品质量安全监督管理信息。

畜牧兽医、质量监督、工商行政管理等部门应当定期开展监督抽查，并记录监督抽查的情况和处理结果。需要对乳品进行抽样检查的，不得收取任何费用，所需费用由同级财政列支。

第四十七条 畜牧兽医、质量监督、工商行政管理等部门在依据各自职责进行监督检查时，行使下列职权：

（一）实施现场检查；

（二）向有关人员调查、了解有关情况；

（三）查阅、复制有关合同、票据、账簿、检验报告等资料；

（四）查封、扣押有证据证明不符合乳品质量安全国家标准的乳品以及违法使用的生鲜乳、辅料、添加剂；

（五）查封涉嫌违法从事乳品生产经营活动的场所，扣押用于违法生产经营的工具、设备；

（六）法律、行政法规规定的其他职权。

第四十八条 县级以上质量监督部门、工商行政管理部门在监督检查中，对不符合乳品质量安全国家标准、存在危害人体健康和生命安全危险或者可能危害婴幼儿身体健康和生长发育的乳制品，责令并监督生产企业召回、销售者停止销售。

第四十九条 县级以上人民政府价格主管部门应当加强对生鲜乳购销过程中压级压价、价格欺诈、价格串通等不正当价格行为的监督检查。

第五十条 畜牧兽医主管部门、质量监督部门、工商行政管理部门应当建立乳品生产经营者违法行为记录，及时提供给中国人民银行，由中国人民银行纳入企业信用信息基础数据库。

第五十一条 省级以上人民政府畜牧兽医主管部门、质量监督部门、工商行政管理部门依据各自职责，公布乳品质量安全监督管理信息。有关监督管理部门应当及时向同级卫生主管部门通报乳品质量安全事故信息；乳品质量安全重大事故信息由省级以上人民政府卫生主管部门公布。

第五十二条 有关监督管理部门发现奶畜养殖者、生鲜乳收购者、乳制品生产企业和销售者涉嫌犯罪的，应当及时移送公安机关立案侦查。

第五十三条 任何单位和个人有权向畜牧兽医、卫生、质量监督、工商行政管理、食品药品监督等部门举报乳品生产经营中的违法行为。畜牧兽医、卫生、质量监督、工商行政管理、食品药品监督等部门应当公布本单位的电子邮件地址和举报电话；对接到的举报，应当完整地记录、保存。

接到举报的部门对属于本部门职责范围内的事项，应当及时依法处理，对于实名举报，应当及时答复；对不属于本部门职责范围内的事项，应当及时移交有权处理的部门，有权处理的部门应当立即处理，不得推诿。

第七章　法律责任

第五十四条 生鲜乳收购者、乳制品生产企业在生鲜乳收购、乳制品生产过程中，加入非食品用化学物质或者其他可能危害人体健康的物质，依照刑法第一百四十四条的规定，构成犯罪的，依法追究刑事责任，并由发证机关吊销许可证照；尚不构成犯罪的，由畜牧兽医主管部门、质量监督部门依据各自职责没收违法所得和违法生产的乳品，以及相关的工具、设备等物品，并处违法乳品货值金额15倍以上30倍以下罚款，由发证机关吊销许可证照。

第五十五条 生产、销售不符合乳品质量安全国家标准的乳品，依照刑法第一百四十三条的规定，构成犯罪的，依法追究刑事责任，并由发证机关吊销许可证照；尚不构成犯罪的，由畜牧兽医主管部门、质量监督部门、工商行政管理部门依据各自职责没收违法所得、违法乳品和相关的工具、设备等物品，并处违法乳品货值金额10倍以上20倍以下罚款，由发证机关吊销许可证照。

第五十六条 乳制品生产企业违反本条例第三十六条的规定，对不符合乳品质量安全国家标准、存在危害人体健康和生命安全或者可能危害婴幼儿身体健康和生长发育的乳制品，不停止生产、不召回的，由质量监督部门责令停止生产、召回；拒不停止生产、拒不召回的，没收其违法所得、违法乳制品和相关的工具、设备等物品，并处违法乳制品货值金额15倍以上30倍以下罚款，由发证机关吊销许可证照。

第五十七条 乳制品销售者违反本条例第四十二条的规定，对不符合乳品质量安全国家标准、存在危害人体健康和生命安全或者可能危害婴幼儿身体健康和生长发育的乳制品，不停止销售、不追回的，由工商行政管理部门责令停止销售、追回；拒不停止销售、拒不追回的，没收其违法所得、违法乳制品和相关的工具、设备等物品，并处违法乳制品货值金额15倍以上30倍以下罚款，由发证机关吊销许可证照。

第五十八条 违反本条例规定，在婴幼儿奶粉生产过程中，加入非食品用化学物质或其他可能危害人体健康的物质的，或者生产、销售的婴幼儿奶粉营养成分不足、不符合乳品质量安全国家标准的，依照本条例规定，从重处罚。

第五十九条 奶畜养殖者、生鲜乳收购者、乳制品生产企业和销售者在发生乳品质量安全事故后未报告、处置的，由畜牧兽医、质量监督、工商行政管理、食品药品监督等部门依据各自职责，责令改正，给予警告；毁灭有关证据的，责令停产停业，并处10万元以上20万元以下罚款；造成严重后果的，由发证机关吊销许可证照；构成犯罪的，依法追究刑事责任。

第六十条 有下列情形之一的，由县级以上地方人民政府畜牧兽医主管部门没收违法所得、违法收购的生鲜乳和相关的设备、设施等物品，并处违法乳品货值金额5倍以上10倍以下罚款；有许可证照的，由发证机关吊销许可证照：

（一）未取得生鲜乳收购许可证收购生鲜乳的；

（二）生鲜乳收购站取得生鲜乳收购许可证后，不再符合许可条件继续从事生鲜乳收购的；

（三）生鲜乳收购站收购本条例第二十四条规定禁止收购的生鲜乳的。

第六十一条 乳制品生产企业和销售者未取得许可证，或者取得许可证后不按照法定条件、法定要求从事生产销售活动的，由县级以上地方质量监督部门、工商行政管理部门依照《国务院关于加强食品等产品安全监督管理的特别规定》等法律、行政法规的规定处罚。

第六十二条 畜牧兽医、卫生、质量监督、工商行政管理等部门，不履行本条例规定职责、造成后果的，或者滥用职权、有其他渎职行为的，由监察机关或者任免机关对其主要负责人、直接负责的主管人员和其他直接责任人员给予记大过或者降级的处分；造成严重后果的，给予撤职或者开除的处分；构成犯罪的，依法追究刑事责任。

第八章　附　则

第六十三条　草原牧区放牧饲养的奶畜所产的生鲜乳收购办法，由所在省、自治区、直辖市人民政府参照本条例另行制定。

第六十四条　本条例自公布之日起施行。

国务院关于加强食品等产品安全监督管理的特别规定

（国务院令第 503 号　2007 年 7 月 26 日）

第一条　为了加强食品等产品安全监督管理，进一步明确生产经营者、监督管理部门和地方人民政府的责任，加强各监督管理部门的协调、配合，保障人体健康和生命安全，制定本规定。

第二条　本规定所称产品除食品外，还包括食用农产品、药品等与人体健康和生命安全有关的产品。

对产品安全监督管理，法律有规定的，适用法律规定；法律没有规定或者规定不明确的，适用本规定。

第三条　生产经营者应当对其生产、销售的产品安全负责，不得生产、销售不符合法定要求的产品。

依照法律、行政法规规定生产、销售产品需要取得许可证照或者需要经过认证的，应当按照法定条件、要求从事生产经营活动。不按照法定条件、要求从事生产经营活动或者生产、销售不符合法定要求产品的，由农业、卫生、质检、商务、工商、药品等监督管理部门依据各自职责，没收违法所得、产品和用于违法生产的工具、设备、原材料等物品，货值金额不足 5000 元的，并处 5 万元罚款；货值金额 5000 元以上不足 1 万元的，并处 10 万元罚款；货值金额 1 万元以上的，并处货值金额 10 倍以上 20 倍以下的罚款；造成严重后果的，由原发证部门吊销许可证照；构成非法经营罪或者生产、销售伪劣商品罪等犯罪的，依法追究刑事责任。

生产经营者不再符合法定条件、要求，继续从事生产经营活动的，由原发证部门吊销许可证照，并在当地主要媒体上公告被吊销许可证照的生产经营者名单；构成非法经营罪或者生产、销售伪劣商品罪等犯罪的，依法追究刑事责任。

依法应当取得许可证照而未取得许可证照从事生产经营活动的，由农业、卫生、质检、商务、工商、药品等监督管理部门依据各自职责，没收违法所得、产品和用于违法生产的工具、设备、原材料等物品，货值金额不足 1 万元的，并处 10 万元罚款；货值金额 1 万元以上的，并处货值金额 10 倍以上 20 倍以下的罚款；构成非法经营罪的，依法追究刑事责任。

有关行业协会应当加强行业自律，监督生产经营者的生产经营活动；加强公众健康知识的普及、宣传，引导消费者选择合法生产经营者生产、销售的产品以及有合法标识的产品。

第四条　生产者生产产品所使用的原料、辅料、添加剂、农业投入品，应当符合法律、行政法规的规定和国家强制性标准。

违反前款规定，违法使用原料、辅料、添加剂、农业投入品的，由农业、卫生、质检、商务、药品等监督管理部门依据各自职责没收违法所得，货值金额不足 5000 元的，并处2万元罚款；货值金额5000元以上不足1万元的，并处5万元罚款；货值金额1万元以上的，并处货值金额5倍以上10倍以下的罚款；造成严重后果的，由原发证部门吊销许可证照；构成生产、销售伪劣商品罪的，依法追究刑事责任。

第五条 销售者必须建立并执行进货检查验收制度，审验供货商的经营资格，验明产品合格证明和产品标识，并建立产品进货台账，如实记录产品名称、规格、数量、供货商及其联系方式、进货时间等内容。从事产品批发业务的销售企业应当建立产品销售台账，如实记录批发的产品品种、规格、数量、流向等内容。在产品集中交易场所销售自制产品的生产企业应当比照从事产品批发业务的销售企业的规定，履行建立产品销售台账的义务。进货台账和销售台账保存期限不得少于2年。销售者应当向供货商按照产品生产批次索要符合法定条件的检验机构出具的检验报告或者由供货商签字或者盖章的检验报告复印件；不能提供检验报告或者检验报告复印件的产品，不得销售。

违反前款规定的，由工商、药品监督管理部门依据各自职责责令停止销售；不能提供检验报告或者检验报告复印件销售产品的，没收违法所得和违法销售的产品，并处货值金额3倍的罚款；造成严重后果的，由原发证部门吊销许可证照。

第六条 产品集中交易市场的开办企业、产品经营柜台出租企业、产品展销会的举办企业，应当审查入场销售者的经营资格，明确入场销售者的产品安全管理责任，定期对入场销售者的经营环境、条件、内部安全管理制度和经营产品是否符合法定要求进行检查，发现销售不符合法定要求产品或者其他违法行为的，应当及时制止并立即报告所在地工商行政管理部门。

违反前款规定的，由工商行政管理部门处以1000元以上5万元以下的罚款；情节严重的，责令停业整顿；造成严重后果的，吊销营业执照。

第七条 出口产品的生产经营者应当保证其出口产品符合进口国（地区）的标准或者合同要求。法律规定产品必须经过检验方可出口的，应当经符合法律规定的机构检验合格。

出口产品检验人员应当依照法律、行政法规规定和有关标准、程序、方法进行检验，对其出具的检验证单等负责。

出入境检验检疫机构和商务、药品等监督管理部门应当建立出口产品的生产经营者良好记录和不良记录，并予以公布。对有良好记录的出口产品的生产经营者，简化检验检疫手续。

出口产品的生产经营者逃避产品检验或者弄虚作假的，由出入境检验检疫机构和药品监督管理部门依据各自职责，没收违法所得和产品，并处货值金额3倍的罚款；构成犯罪的，依法追究刑事责任。

第八条 进口产品应当符合我国国家技术规范的强制性要求以及我国与出口国（地区）签订的协议规定的检验要求。

质检、药品监督管理部门依据生产经营者的诚信度和质量管理水平以及进口产品风险评估的结果，对进口产品实施分类管理，并对进口产品的收货人实施备案管理。进口产品的收货人应当如实记录进口产品流向。记录保存期限不得少于2年。

质检、药品监督管理部门发现不符合法定要求产品时，可以将不符合法定要求产品的进货人、报检人、代理人列入不良记录名单。进口产品的进货人、销售者弄虚作假的，由质检、药品监督管理部门依据各自职责，没收违法所得和产品，并处货值金额3倍的罚款；构成犯罪的，依法追究刑事责任。进口产品的报检人、代理人弄虚作假的，取消报检资格，并处货值金额等值的罚款。

第九条　生产企业发现其生产的产品存在安全隐患，可能对人体健康和生命安全造成损害的，应当向社会公布有关信息，通知销售者停止销售，告知消费者停止使用，主动召回产品，并向有关监督管理部门报告；销售者应当立即停止销售该产品。销售者发现其销售的产品存在安全隐患，可能对人体健康和生命安全造成损害的，应当立即停止销售该产品，通知生产企业或者供货商，并向有关监督管理部门报告。

生产企业和销售者不履行前款规定义务的，由农业、卫生、质检、商务、工商、药品等监督管理部门依据各自职责，责令生产企业召回产品、销售者停止销售，对生产企业并处货值金额3倍的罚款，对销售者并处1000元以上5万元以下的罚款；造成严重后果的，由原发证部门吊销许可证照。

第十条　县级以上地方人民政府应当将产品安全监督管理纳入政府工作考核目标，对本行政区域内的产品安全监督管理负总责，统一领导、协调本行政区域内的监督管理工作，建立健全监督管理协调机制，加强对行政执法的协调、监督；统一领导、指挥产品安全突发事件应对工作，依法组织查处产品安全事故；建立监督管理责任制，对各监督管理部门进行评议、考核。质检、工商和药品等监督管理部门应当在所在地同级人民政府的统一协调下，依法做好产品安全监督管理工作。

县级以上地方人民政府不履行产品安全监督管理的领导、协调职责，本行政区域内一年多次出现产品安全事故、造成严重社会影响的，由监察机关或者任免机关对政府的主要负责人和直接负责的主管人员给予记大过、降级或者撤职的处分。

第十一条　国务院质检、卫生、农业等主管部门在各自职责范围内尽快制定、修改或者起草相关国家标准，加快建立统一管理、协调配套、符合实际、科学合理的产品标准体系。

第十二条　县级以上人民政府及其部门对产品安全实施监督管理，应当按照法定权限和程序履行职责，做到公开、公平、公正。对生产经营者同一违法行为，不得给予2次以上罚款的行政处罚；对涉嫌构成犯罪、依法需要追究刑事责任的，应当依照《行政执法机关移送涉嫌犯罪案件的规定》，向公安机关移送。

农业、卫生、质检、商务、工商、药品等监督管理部门应当依据各自职责对生产经营者进行监督检查，并对其遵守强制性标准、法定要求的情况予以记录，由监督检查人员签字后归档。监督检查记录应当作为其直接负责主管人员定期考核的内容。公众有权查阅监督检查记录。

第十三条　生产经营者有下列情形之一的，农业、卫生、质检、商务、工商、药品等监督管理部门应当依据各自职责采取措施，纠正违法行为，防止或者减少危害发生，并依照本规定予以处罚：

（一）依法应当取得许可证照而未取得许可证照从事生产经营活动的；

（二）取得许可证照或者经过认证后，不按照法定条件、要求从事生产经营活动或者生产、销售不符合法定要求产品的；

（三）生产经营者不再符合法定条件、要求继续从事生产经营活动的；

（四）生产者生产产品不按照法律、行政法规的规定和国家强制性标准使用原料、辅料、添加剂、农业投入品的；

（五）销售者没有建立并执行进货检查验收制度，并建立产品进货台账的；

（六）生产企业和销售者发现其生产、销售的产品存在安全隐患，可能对人体健康和生命安全造成损害，不履行本规定的义务的；

（七）生产经营者违反法律、行政法规和本规定的其他有关规定的。

农业、卫生、质检、商务、工商、药品等监督管理部门不履行前款规定职责、造成后果的，由监察机关或者任免机关对其主要负责人、直接负责的主管人员和其他直接责任人员给予记大过或者降级的处分；造成严重后果的，给予其主要负责人、直接负责的主管人员和其他直接责任人员撤职或者开除的处分；其主要负责人、直接负责的主管人员和其他直接责任人员构成渎职罪的，依法追究刑事责任。

违反本规定，滥用职权或者有其他渎职行为的，由监察机关或者任免机关对其主要负责人、直接负责的主管人员和其他直接责任人员给予记过或者记大过的处分；造成严重后果的，给予其主要负责人、直接负责的主管人员和其他直接责任人员降级或者撤职的处分；其主要负责人、直接负责的主管人员和其他直接责任人员构成渎职罪的，依法追究刑事责任。

第十四条 农业、卫生、质检、商务、工商、药品等监督管理部门发现违反本规定的行为，属于其他监督管理部门职责的，应当立即书面通知并移交有权处理的监督管理部门处理。有权处理的部门应当立即处理，不得推诿；因不立即处理或者推诿造成后果的，由监察机关或者任免机关对其主要负责人、直接负责的主管人员和其他直接责任人员给予记大过或者降级的处分。

第十五条 农业、卫生、质检、商务、工商、药品等监督管理部门履行各自产品安全监督管理职责，有下列职权：

（一）进入生产经营场所实施现场检查；

（二）查阅、复制、查封、扣押有关合同、票据、账簿以及其他有关资料；

（三）查封、扣押不符合法定要求的产品，违法使用的原料、辅料、添加剂、农业投入品以及用于违法生产的工具、设备；

（四）查封存在危害人体健康和生命安全重大隐患的生产经营场所。

第十六条 农业、卫生、质检、商务、工商、药品等监督管理部门应当建立生产经营者违法行为记录制度，对违法行为的情况予以记录并公布；对有多次违法行为记录的生产经营者，吊销许可证照。

第十七条 检验检测机构出具虚假检验报告，造成严重后果的，由授予其资质的部门吊销其检验检测资质；构成犯罪的，对直接负责的主管人员和其他直接责任人员依法追究刑事责任。

第十八条 发生产品安全事故或者其他对社会造成严重影响的产品安全事件时，农业、卫生、质检、商务、工商、药品等监督管理部门必须在各自职责范围内及时作出反应，采取措施，控制事态发展，减少损失，依照国务院规定发布信息，做好有关善后工作。

第十九条 任何组织或者个人对违反本规定的行为有权举报。接到举报的部门应当为举报人保密。举报经调查属实的，受理举报的部门应当给予举报人奖励。

农业、卫生、质检、商务、工商、药品等监督管理部门应当公布本单位的电子邮件地址或者举报电话；对接到的举报，应当及时、完整地进行记录并妥善保存。举报的事项属于本部门职责的，应当受理，并依法进行核实、处理、答复；不属于本部门职责的，应当转交有权处理的部门，并告知举报人。

第二十条　本规定自公布之日起施行。

国家发展改革委、监察部、建设部等关于印发贯彻落实2007年反腐倡廉工作任务进一步加强工程建设招投标监督管理工作意见的通知

（发改法规［2007］1399号　2007年6月28日）

近年来，各地区、各部门认真贯彻执行《国务院办公厅关于进一步规范招投标活动的若干意见》（国办发［2004］56号），在规范工程建设招投标活动方面做了大量工作，取得了一定成效。但是，工程建设招投标工作也还存在不少问题，突出表现在：规避招标、虚假招标、串通投标等违法违规现象仍然存在，招投标市场的行业垄断和地区封锁还未消除，招投标行政监管能力有待增强，投诉处理机制尚不完善等。为认真落实中央纪委第七次全会、国务院第五次廉政工作会议关于进一步做好工程建设招投标监督管理工作的部署，现就进一步加强2007年工程建设招投标监督管理工作提出以下意见。

一、主要工作任务

根据中央纪委《关于中央和国家机关贯彻落实2007年反腐倡廉工作的分工意见》（中纪发［2007］2号）要求，2007年工程建设招投标监督管理要进一步加强以下三个方面工作：一要完善工程建设项目招投标法律法规，二要强化对政府投资工程招投标的监督管理，三要规范和完善工程建设招投标举报投诉处理机制，认真查处投诉所反映的问题。

二、具体落实措施

（一）进一步完善工程建设项目招投标制度和法律法规。完善资格预审制度，研究科学合理的资格预审办法，最大限度地减少利用资格预审限制和排斥潜在投标人现象的发生，遏制利用资格预审搞假招标或围标串标。完善对评标专家的管理制度，加强对评标专家的定期培训、考核、评价和档案管理，国务院有关部门研究组建综合性评标专家库，逐步对现有分散的专家库进行整合，实现专家资源共享。实施招标师职业水平考评制度，条件成熟时，研究建立招标从业人员执业准入制度。国家发展改革委会同有关部门，研究建立招投标违法行为公告制度，逐步构建统一的招投标信息平台，实现招投标信息资源共享。

抓紧制定和上报《招投标法实施条例（草案）》。国家发展改革委等九部委联合发布实施《标准施工招标资格预审文件》和《标准施工招标文件》，建设、铁道、交通、信息产业、水利、民航等行业主管部门可以根据标准文件，结合本行业施工招标特点和管理需要，编制行业标准施工招标文件，重点对“专用合同条款”、“工程量清单”、“图纸”、“技术标准和要求”等作出具体规定。各地区和各相关部门要根据工作需要，结合本地区、本部门的实际，进一步完善规章制度，不断规范工程建设招标监督管理工作。

（二）强化对政府投资工程招投标的监督管理。各级发展改革、建设、铁道、交通、

信息产业、水利、商务、民航等部门要着重强化对政府投资工程招投标的监管。改变重事前审批、轻事后监管的倾向，加强对招标、投标、开标、评标、中标的全过程监管。对中标项目施工现场进行动态跟踪检查，加强对合同履行情况的监督管理。督促政府投资工程的业主方建立健全内部监控机制，努力形成行业主管部门的外部监管和业主方内部监控的监督合力。完善信息公开制度，实行招标事项核准、中标候选人、中标结果公示制度，及时将违法违规招投标行为的处理结果以及招投标活动当事人的不良行为记录等信息向社会公布，将行政监管与社会监督有机结合起来。加强电子政务建设，充分利用信息技术增强监管能力和效果。进一步规范各级各类工程交易场所，加强监督管理，创造公开、透明、竞争的市场环境。

今年，国家发展改革委、监察部将会同相关行业主管部门选取3个国家重大建设项目，对其招投标情况开展联合监督检查。建设部、铁道部、交通部、信息产业部、水利部、商务部、民航总局都要选择本部门主管的3至5个政府投资工程，挂牌对其招投标情况进行重点检查。各省（区、市）发展改革委、监察厅（局）要会同相关行业主管部门，选择3至5个本省（区、市）政府投资工程，对其招投标情况进行联合监督检查，重点抽查省级重大建设项目。

（三）规范和完善工程建设招投标举报投诉处理机制。各行业主管部门要建立健全举报投诉受理机构，向社会公布举报投诉电话、联系方式和电子邮箱，对符合规定条件的招投标举报投诉，要认真受理。建立工作档案，完善规章制度，严肃查处举报投诉所反映的问题。国家发展改革委、监察部将会同有关部门研究建立部门间受理和解决工程建设招投标举报投诉问题的沟通联系制度，对各地区和各相关部门规范和完善工程建设招投标举报投诉处理机制情况开展专项检查。

（四）严肃查处违纪违法问题。招投标行业监管部门要严肃查处规避招标、虚假招标、围标串标、违法违规评标、不按照评标结果确定中标人、招标人与中标人不按照招投标文件签订合同等违法违规问题，同时要加大对中标后转包、违法分包行为的查处力度。对在招投标中存在违法违规问题的项目，审批部门要根据情况依法暂停项目执行或者暂停资金拨付。监察机关要与有关行政主管部门建立关于工程建设招投标举报投诉处理中涉及违纪违法案件线索的移交制度，严肃查处领导干部利用职权违规干预和插手工程建设招投标等违纪违法案件，坚决查处和纠正违法设立涉及工程建设招投标的行政许可事项、实行行业垄断和地区封锁、不认真履行投诉处理职责等方面的问题。

三、工作要求

（一）统一思想，提高认识。当前，工程建设招投标领域仍然是腐败行为的高发领域。加强对工程建设招投标活动的监督管理，规范和完善工程建设招投标制度，不仅是完善社会主义市场经济体制的客观要求，是全面贯彻落实科学发展观、促进和谐社会建设的重要措施，也是从源头上防治腐败的治本之策。各地区和各相关部门要进一步统一思想，提高认识，通过加强教育、健全制度、强化监督、深化改革，进一步加大监督管理的力度，切实抓紧抓好工程建设招投标监督管理工作。

（二）加强配合，形成合力。要进一步完善部门联动机制。发展改革委应充分发挥指导协调作用，其他行政监督部门应按照职责分工，认真负责地完成好职责范围内的工作。

要加强部门间的沟通和协作，特别是在规则制定、执法监督、重大案件处理等方面加强协同配合，使招投标行政监督工作更加有效。各地要进一步建立和完善招投标工作联席会议，积极配合，形成合力。

（三）督促检查，务求实效。各级发展改革委、监察、建设、铁道、交通、信息产业、水利、商务、民航、法制办等部门要按照监管职责和党风廉政建设责任制的要求，结合本部门、本系统的实际安排部署工作，制定出针对性、操作性强的实施方案，进一步明确今年的工作任务、具体措施和进度要求，落实责任，积极开展工作。要加强对任务落实情况的监督检查，对工作进展缓慢的地区和部门要进行重点督导，保证工作的整体推进；要注意总结和推广好的经验和做法，加强长效机制建设，推动工程建设招投标监管体制机制制度的创新。

财政部、监察部关于印发《关于党政机关及事业单位用公款为个人购买商业保险若干问题的规定》的通知

（财金［2004］88号　2004年4月12日）

规范党政机关及事业单位用公款为个人购买商业保险的行为，维护财经纪律的严肃性，加强财政性资金的管理，进一步加强党风廉政建设和反腐败工作，现将有关问题规定如下：

一、本规定所称党政机关及事业单位用公款为个人购买商业保险，是指由单位缴付全部或部分保费，为干部职工购买商业保险公司提供的各类商业保险产品的行为。

二、本规定所称“党政机关及事业单位”区分为以下两类：

（一）党政机关和依照公务员管理的事业单位。其中：党政机关是指，各级党的机关、人大机关、行政机关、政协机关、审判机关、检察机关，以及各级工会、共青团、妇联等人民团体；依照公务员管理的事业单位是指，按照人事部和各地人事厅局有关文件确定的依照公务员管理的事业单位。

（二）不依照公务员管理的事业单位。

三、党政机关和依照公务员管理的事业单位用公款为干部职工购买商业保险，应严格遵守下列规定：

（一）购保的险种。仅限于旨在风险补偿的人身意外伤害险，包括公务旅行交通意外伤害险、特岗人员的意外伤害险，以及为援藏援疆等支援西部地区干部职工购买的人身意外伤害险。

（二）受保的人员范围。一般仅限于单位在职的干部职工，但离退休人员参加单位组织的集体活动、赴外就医的，可以购买交通意外伤害险。

（三）保费的财务列支渠道。公务旅行交通意外伤害险的费用在单位的差旅费中列支。特岗人员、援藏援疆等支援西部地区干部职工人身意外伤害险费用，应首先在单位按照规定计提的职工福利费中列支；职工福利费不足的，党政机关在人员经费中列支，事业单位在职工福利基金中列支。

四、不依照公务员管理的事业单位用公款为干部职工购买商业保险，应严格遵守下列规定：

（一）购保的险种。限于本规定第三条第一款规定的意外伤害险，以及与建立补充医疗保险相关的险种。购买补充医疗保险的只能是未享受公务员医疗补助或公费医疗的事业单位。

（二）受保的人员范围。意外伤害险受保人员的范围按本规定第三条第二款的规定执行；补充医疗保险受保人员的范围包括单位在职干部职工和离退休人员。

（三）保费的财务列支渠道。公务旅行交通意外伤害险、特岗人员以及援藏援疆等支援西部地区干部职工人身意外伤害险费用的财务列支渠道，按照本规定第三条第三款的规定处理。补充医疗保险费用在社会保障费中列支。

五、党政机关及事业单位为特岗人员购买人身意外伤害险的，对特岗人员的界定、具体的意外伤害险险种、以及购保资金的额度等，按照分级管理的原则，由省级政府和中央部门审批确定。其中，中央单位由部级机关审批确定，报财政部备案；地方单位由省级政府各部门及直属单位商省级财政部门报省政府审批确定，有关审批文件抄送省级财政部门。

六、不依照公务员管理的事业单位为干部职工建立补充医疗保险的，单位承担的年度购保资金额度不得超过上一年度工资总额的4%（工资总额按国家统计局的口径执行）；超出部分的购保资金，由受保人员自行承担，并由单位在其工资中代扣代缴。其他有关事项，按照《国务院关于印发完善城镇社会保障体系试点方案的通知》（国发［2000］42号）和有关法律、行政法规对企业建立补充医疗保险的规定执行。

七、党政机关及事业单位用公款为个人购买商业保险时，严禁下列行为：

（一）购买虽在本规定险种范围之内，但具有投资分红性质的商业保险；

（二）购买本规定险种范围之外其他任何形式的商业保险；

（三）为本规定受保人员范围之外的其他人员购买任何形式的商业保险；

（四）违反本规定的财务列支渠道，挤占、挪用其他资金购买商业保险，以及私设“小金库”购买商业保险等；

（五）利用行政隶属关系或行政管理职权，指使或接受主管范围以内的下属单位为单位领导干部或职工购买商业保险；

（六）利用职务之便，在购买商业保险的过程中收取“回扣”等谋取私利的行为。

八、党政机关及事业单位应严格按照以上条款的规定，认真清理本单位用公款为干部职工购买的商业保险，有关清退政策规定如下：

（一）清退范围的界定。对各单位用公款购买的商业保险，凡不符合上述规定的商业保险险种、受保的人员范围，以及用私设“小金库”或财政专款购买的商业保险，一律纳入清退范围。保险已经期满或失效，个人领取了年金、红利等收益的，以及在本规定下发之前已办理退保并由个人领取了退保金的，也必须全部清退。

在本规定下发时受保人员已经死亡或正在接受大病医疗保险的，可不列入清退的范围。

（二）退保资金的财务处理。对纳入清退范围的退保资金，属于用私设“小金库”或财政专款购买的商业保险，一律上缴同级财政部门；属于用职工福利费、职工福利基金、工会经费等其他资金购买的商业保险，由单位按原资金来源渠道收回。对于没有纳入清退范围，但财务列支渠道与本规定不一致的，可不再进行账务调整。

（三）保费的清退方式。各保险公司在向原投保单位支付退保资金时，对由单位缴付全部保费的商业保险，退保资金一律通过银行转账支付给单位，不得直接向受保人员支付现金或银行储蓄存单；对由单位和个人共同出资购买的商业保险，退保资金由单位和个人按缴费比例分配，退保损失也应按比例分摊，保险公司给单位的退保资金须通过银行转账支付。

（四）允许个人自愿买断。在受保人员自愿用个人资金补偿单位已缴保费的前提下，允许个人续保。采取个人自愿买断方式的，单位不得再以任何形式弥补个人应补偿给单位的款项或为个人续保提供赞助。

（五）清退时限及监督检查。各单位应由主要领导负责，高度重视清退工作，严格执行本规定的各项政策和要求，并将有关清退结果报同级纪检、监察和财政部门备案。各级纪检、监察和财政部门应加强对各单位清退工作的指导和监督，及时跟踪检查各单位清退工作的进度和质量，并对清退结果进行必要的抽查，切实保证各项清退政策的贯彻执行。各中央单位和省级财政部门应认真汇总《用公款为个人购买商业保险清退情况统计表》（附后），形成清退总结报告，并于2004年11月30日之前上报财政部。

九、各级党政机关及事业单位应严格按照现行财务规章制度及财政性资金管理的有关规定，加强自身内部财务管理，杜绝用公款违规为个人购买商业保险的行为。

单位在规定的清退期限内拒不自查自纠，甚至弄虚作假、隐瞒不报，以及在本规定下发后仍违规用公款为个人购买商业保险的，一经查出，购保资金一律没收并上缴同级财政部门；对单位主要领导等有关责任人员，按照党纪政纪的有关规定，给予相应的处理；构成犯罪行为的，依法追究刑事责任。

十、省级政府和中央部门可以结合实际情况，依据本规定明确的各项政策和原则要求，制定具体的落实措施和清退方案，并报财政部、监察部备案。

十一、本规定自印发之日起执行。各级政府和部门制定颁发的有关政策与本规定不一致的，以本规定为准。

中共中央纪律检查委员会驻建设部纪律检查组关于转发《关于领导干部利用职权违反规定干预和插手建设工程招标投标、经营性土地使用权出让、房地产开发与经营等市场经济活动，为个人和亲友谋取私利的处理规定》的通知

（驻建纪［2004］1号　2004年2月19日）

各省、自治区建设厅纪检组监察室，直辖市建委及有关部门纪检组监察室、建设纪工委，计划单列市建委（建设局）纪检组监察室，新疆生产建设兵团建设局，部机关各单位，部直属各单位：

为规范领导干部的从政行为，遏制领导干部干预和插手有关经济活动，为个人和亲友谋取私利，中央纪委监察部发出《关于印发〈中共中央纪委监察部关于领导干部利用职权违反规定干预和插手建设工程招标投标、经营性土地使用权出让、房地产开发与经营等市场经济活动，为个人和亲友谋取私利的处理规定〉的通知》（以下简称《规定》）。现将《规定》转发给你们，请严格遵照执行。

最近，曾培炎副总理专门针对当前一些地方领导干部存在违规干预和插手建设工程招投标活动比较严重的问题作出批示：要通过加强检查、媒体曝光，进一步严格和规范招投标活动，整顿建筑市场。

为认真贯彻执行《规定》，落实中央领导同志批示精神，进一步规范领导干部廉洁从政行为，提出如下要求：

一、各级建设纪检监察部门要组织全体纪检监察干部认真学习《规定》，准确把握和运用对违纪违规行为的处理尺度，提高政策水平和业务工作能力；协调、督促所在单位党政主要领导组织本单位领导干部学习《规定》，提高思想认识。

二、建筑市场、房地产市场中与贯彻执行《规定》相关的执法及有关机构，如招投标办、质量监督站、工程建设招标投标中心等单位，也要组织有关人员学习《规定》，进一步加强自身建设，增强法规意识，提高执法水平。

三、各级建设纪检监察部门要结合《规定》的贯彻落实，广泛进行宣传教育，进一步增强领导干部遵纪守法观念。对违反《规定》的案件，要认真查办，严肃处理，并将案件查办情况，按照《案件备案及涉案重大事项报告制度》的要求及时报告。

四、各省、自治区、直辖市、计划单列市的建设纪检监察部门，要加强对贯彻执行《规定》情况的督促检查，针对《规定》的有关内容，对照检查、分析研究本地区、本部门存在的问题，及时改进工作。请在今年底前，将《规定》执行情况书面报驻部纪检组监察局，执行过程中遇到的问题应随时上报。

附件：《中共中央纪委监察部关于领导干部利用职权违反规定干预和插手建设工程招

标投标、经营性土地使用权出让、房地产开发与经营等市场经济活动，为个人和亲友谋取私利的处理规定》。

中共中央纪律检查委员会驻建设部纪律检查组
二〇〇四年二月十九日

中共中央纪委监察部关于领导干部利用职权违反规定干预和插手建设工程招标投标、经营性土地使用权出让、房地产开发与经营等市场经济活动，为个人和亲友谋取私利的处理规定

第一条　为进一步规范领导干部廉洁从政行为，加强建设工程招标投标、经营性土地使用权出让、房地产开发与经营等市场经济活动的监督管理，根据《中国共产党纪律处分条例》及有关法律、法规，制定本规定。

第二条　本规定所称违反规定干预和插手，是指领导干部违反法律、法规及其他政策性规定或者议事规则等，利用职权向相关部门采取暗示、授意、打招呼、批条子、指定、强令等方式，影响正常市场经济活动的行为。

第三条　领导干部利用职权或者职务上的影响，违反规定干预和插手建设工程招标投标活动，为个人和亲友谋取私利，有下列情形之一的，按照本规定第六条进行处理：

（一）对依法必须进行招标的建设工程项目不招标，或者依法应当公开招标的建设工程项目实行邀请招标，以及将依法必须进行招标的建设工程项目化整为零，或者假借保密工程、抢险救灾等特殊工程的名义规避招标的；

（二）为招标人指定招标代理机构，强制招标人委托招标代理机构办理招标事宜的；

（三）操纵或者以暗示、授意、指定等方式影响建设工程招标投标活动中投标人资格的确定或者评标、中标结果，擅自变更建设工程项目中标人的；

（四）要求中标人分包、转包建设工程，或者指定使用工程建设材料、构配件、设备以及生产厂家、供应商的；

（五）有其他违反规定干预和插手建设工程招标投标活动行为的。

第四条　领导干部利用职权或者职务上的影响，违反规定干预和插手经营性土地使用权出让，为个人和亲友谋取私利，有下列情形之一的，按照本规定第六条进行处理：

（一）对应当实行招标拍卖挂牌出让的经营性土地使用权采用划拨方式或者协议出让方式供地，以及采用合作开发、招商引资、历史遗留问题等名义或者使用先行立项、先行选址定点确定用地者等手段规避招标拍卖挂牌出让的；

（二）操纵经营性土地使用权招标拍卖挂牌出让活动中申请人的确定或者招标拍卖挂牌出让结果的；

（三）土地使用权出让金确定后，擅自批准调整土地用途、容积率等规划设计条件或者减免土地使用权出让金的；

（四）对未按合同约定支付国有土地使用权出让金或者其他不具备发放国有土地使用证书条件，而为其发放国有土地使用证书的；

（五）有其他违反规定干预和插手经营性土地使用权出让活动行为的。

第五条 领导干部利用职权或者职务上的影响，违反规定干预和插手房地产开发与经营活动，为个人和亲友谋取私利，有下列情形之一的，按照本规定第六条进行处理：

（一）允许不具备房地产开发资质或者资质等级不相符的企业从事房地产开发与经营活动的；

（二）对不符合商品房预售条件的开发项目，为其发放商品房预售许可证的；

（三）对未经验收或者验收不合格的房地产开发项目，允许其交付使用的；

（四）有其他违反规定干预和插手房地产开发用地、立项、规划、建设和销售等行为的。

第六条 领导干部有本规定第三条至第五条行为之一，本人从中收受或者变相收受财物的，依照《中国共产党纪律处分条例》第八十五条处理。

领导干部有本规定第三条至第五条行为之一，其父母、配偶、子女及其配偶以及其他共同生活的家庭成员收受财物的，追究该领导干部的责任，依照《中国共产党纪律处分条例》第七十五条第一款、第三款处理。

领导干部有本规定第三条至第五条行为之一，并指定其他第三人从中收受财物的，追究该领导干部的责任，依照《中国共产党纪律处分条例》第七十五条第二款处理。

第七条 需要给予领导干部行政处分或者其他纪律处分，如有相应处分规定的，从其规定；没有相应处分规定的，参照本规定给予相应的处分。根据实际情况，必要时，还可以对其给予免职或者辞退等组织处理。

第八条 领导干部利用职权或者职务上的影响，干扰、妨碍有关部门对建设工程招标投标、经营性土地使用权出让、房地产开发与经营等市场经济活动中的违纪违法行为进行查处的，依照《中国共产党纪律处分条例》第一百六十三条处理。

第九条 本规定适用于党的机关、人大机关、行政机关、政协机关、审判机关、检察机关中副科级以上领导干部。人民团体、国有企业、事业单位中相当于副科级以上职务实行管理的领导干部参照执行本规定。

对建设工程招标投标、经营性土地使用权出让、房地产开发与经营等市场经济活动负有管理、监督职责的单位的其他干部参照执行本规定。

第十条 本规定由中共中央纪律检查委员会、监察部负责解释。

第十一条 本规定自发布之日起施行。

国务院关于投资体制改革的决定

（国发［2004］20号　2004年7月16日）

各省、自治区、直辖市人民政府，国务院各部委、各直属机构：

改革开放以来，国家对原有的投资体制进行了一系列改革，打破了传统计划经济体制下高度集中的投资管理模式，初步形成了投资主体多元化、资金来源多渠道、投资方式多样化、项目建设市场化的新格局。但是，现行的投资体制还存在不少问题，特别是企业的投资决策权没有完全落实，市场配置资源的基础性作用尚未得到充分发挥，政府投资决策的科学化、民主化水平需要进一步提高，投资宏观调控和监管的有效性需要增强。为此，国务院决定进一步深化投资体制改革。

一、深化投资体制改革的指导思想和目标

（一）深化投资体制改革的指导思想是：按照完善社会主义市场经济体制的要求，在国家宏观调控下充分发挥市场配置资源的基础性作用，确立企业在投资活动中的主体地位，规范政府投资行为，保护投资者的合法权益，营造有利于各类投资主体公平、有序竞争的市场环境，促进生产要素的合理流动和有效配置，优化投资结构，提高投资效益，推动经济协调发展和社会全面进步。

（二）深化投资体制改革的目标是：改革政府对企业投资的管理制度，按照“谁投资、谁决策、谁收益、谁承担风险”的原则，落实企业投资自主权；合理界定政府投资职能，提高投资决策的科学化、民主化水平，建立投资决策责任追究制度；进一步拓宽项目融资渠道，发展多种融资方式；培育规范的投资中介服务组织，加强行业自律，促进公平竞争；健全投资宏观调控体系，改进调控方式，完善调控手段；加快投资领域的立法进程；加强投资监管，维护规范的投资和建设市场秩序。通过深化改革和扩大开放，最终建立起市场引导投资、企业自主决策、银行独立审贷、融资方式多样、中介服务规范、宏观调控有效的新型投资体制。

二、转变政府管理职能，确立企业的投资主体地位

（一）改革项目审批制度，落实企业投资自主权。彻底改革现行不分投资主体、不分资金来源、不分项目性质，一律按投资规模大小分别由各级政府及有关部门审批的企业投资管理办法。对于企业不使用政府投资建设的项目，一律不再实行审批制，区别不同情况实行核准制和备案制。其中，政府仅对重大项目和限制类项目从维护社会公共利益角度进行核准，其他项目无论规模大小，均改为备案制，项目的市场前景、经济效益、资金来源和产品技术方案等均由企业自主决策、自担风险，并依法办理环境保护、土地使用、资源利用、安全生产、城市规划等许可手续和减免税确认手续。对于企业使用政府补助、转贷、贴息投资建设的项目，政府只审批资金申请报告。各地区、各部门要相应改进管理办

法，规范管理行为，不得以任何名义截留下放给企业的投资决策权利。

（二）规范政府核准制。要严格限定实行政府核准制的范围，并根据变化的情况适时调整。《政府核准的投资项目目录》（以下简称《目录》）由国务院投资主管部门会同有关部门研究提出，报国务院批准后实施。未经国务院批准，各地区、各部门不得擅自增减《目录》规定的范围。

企业投资建设实行核准制的项目，仅需向政府提交项目申请报告，不再经过批准项目建议书、可行性研究报告和开工报告的程序。政府对企业提交的项目申请报告，主要从维护经济安全、合理开发利用资源、保护生态环境、优化重大布局、保障公共利益、防止出现垄断等方面进行核准。对于外商投资项目，政府还要从市场准入、资本项目管理等方面进行核准。政府有关部门要制定严格规范的核准制度，明确核准的范围、内容、申报程序和办理时限，并向社会公布，提高办事效率，增强透明度。

（三）健全备案制。对于《目录》以外的企业投资项目，实行备案制，除国家另有规定外，由企业按照属地原则向地方政府投资主管部门备案。备案制的具体实施办法由省级人民政府自行制定。国务院投资主管部门要对备案工作加强指导和监督，防止以备案的名义变相审批。

（四）扩大大型企业集团的投资决策权。基本建立现代企业制度的特大型企业集团，投资建设《目录》内的项目，可以按项目单独申报核准，也可编制中长期发展建设规划，规划经国务院或国务院投资主管部门批准后，规划中属于《目录》内的项目不再另行申报核准，只须办理备案手续。企业集团要及时向国务院有关部门报告规划执行和项目建设情况。

（五）鼓励社会投资。放宽社会资本的投资领域，允许社会资本进入法律法规未禁入的基础设施、公用事业及其他行业和领域。逐步理顺公共产品价格，通过注入资本金、贷款贴息、税收优惠等措施，鼓励和引导社会资本以独资、合资、合作、联营、项目融资等方式，参与经营性的公益事业、基础设施项目建设。对于涉及国家垄断资源开发利用、需要统一规划布局的项目，政府在确定建设规划后，可向社会公开招标选定项目业主。鼓励和支持有条件的各种所有制企业进行境外投资。

（六）进一步拓宽企业投资项目的融资渠道。允许各类企业以股权融资方式筹集投资资金，逐步建立起多种募集方式相互补充的多层次资本市场。经国务院投资主管部门和证券监管机构批准，选择一些收益稳定的基础设施项目进行试点，通过公开发行股票、可转换债券等方式筹集建设资金。在严格防范风险的前提下，改革企业债券发行管理制度，扩大企业债券发行规模，增加企业债券品种。按照市场化原则改进和完善银行的固定资产贷款审批和相应的风险管理制度，运用银团贷款、融资租赁、项目融资、财务顾问等多种业务方式，支持项目建设。允许各种所有制企业按照有关规定申请使用国外贷款。制定相关法规，组织建立中小企业融资和信用担保体系，鼓励银行和各类合格担保机构对项目融资的担保方式进行研究创新，采取多种形式增强担保机构资本实力，推动设立中小企业投资公司，建立和完善创业投资机制。规范发展各类投资基金。鼓励和促进保险资金间接投资基础设施和重点建设工程项目。

（七）规范企业投资行为。各类企业都应严格遵守国土资源、环境保护、安全生产、城市规划等法律法规，严格执行产业政策和行业准入标准，不得投资建设国家禁止发展的项目；应诚信守法，维护公共利益，确保工程质量，提高投资效益。国有和国有控股企业应按照国有资产管理体制改革和现代企业制度的要求，建立和完善国有资产出资人制度、投资风险约束机制、科学民主的投资决策制度和重大投资责任追究制度。严格执行投资项目的法人责任制、资本金制、招标投标制、工程监理制和合同管理制。

三、完善政府投资体制，规范政府投资行为

（一）合理界定政府投资范围。政府投资主要用于关系国家安全和市场不能有效配置资源的经济和社会领域，包括加强公益性和公共基础设施建设，保护和改善生态环境，促进欠发达地区的经济和社会发展，推进科技进步和高新技术产业化。能够由社会投资建设的项目，尽可能利用社会资金建设。合理划分中央政府与地方政府的投资事权。中央政府投资除本级政权等建设外，主要安排跨地区、跨流域以及对经济和社会发展全局有重大影响的项目。

（二）健全政府投资项目决策机制。进一步完善和坚持科学的决策规则和程序，提高政府投资项目决策的科学化、民主化水平；政府投资项目一般都要经过符合资质要求的咨询中介机构的评估论证，咨询评估要引入竞争机制，并制定合理的竞争规则；特别重大的项目还应实行专家评议制度；逐步实行政府投资项目公示制度，广泛听取各方面的意见和建议。

（三）规范政府投资资金管理。编制政府投资的中长期规划和年度计划，统筹安排、合理使用各类政府投资资金，包括预算内投资、各类专项建设基金、统借国外贷款等。政府投资资金按项目安排，根据资金来源、项目性质和调控需要，可分别采取直接投资、资本金注入、投资补助、转贷和贷款贴息等方式。以资本金注入方式投入的，要确定出资人代表。要针对不同的资金类型和资金运用方式，确定相应的管理办法，逐步实现政府投资的决策程序和资金管理的科学化、制度化和规范化。

（四）简化和规范政府投资项目审批程序，合理划分审批权限。按照项目性质、资金来源和事权划分，合理确定中央政府与地方政府之间、国务院投资主管部门与有关部门之间的项目审批权限。对于政府投资项目，采用直接投资和资本金注入方式的，从投资决策角度只审批项目建议书和可行性研究报告，除特殊情况外不再审批开工报告，同时应严格政府投资项目的初步设计、概算审批工作；采用投资补助、转贷和贷款贴息方式的，只审批资金申请报告。具体的权限划分和审批程序由国务院投资主管部门会同有关方面研究制定，报国务院批准后颁布实施。

（五）加强政府投资项目管理，改进建设实施方式。规范政府投资项目的建设标准，并根据情况变化及时修订完善。按项目建设进度下达投资资金计划。加强政府投资项目的中介服务管理，对咨询评估、招标代理等中介机构实行资质管理，提高中介服务质量。对非经营性政府投资项目加快推行“代建制”，即通过招标等方式，选择专业化的项目管理单位负责建设实施，严格控制项目投资、质量和工期，竣工验收后移交给使用单位。增强投资风险意识，建立和完善政府投资项目的风险管理机制。

（六）引入市场机制，充分发挥政府投资的效益。各级政府要创造条件，利用特许经营、投资补助等多种方式，吸引社会资本参与有合理回报和一定投资回收能力的公益事业和公共基础设施项目建设。对于具有垄断性的项目，试行特许经营，通过业主招标制度，开展公平竞争，保护公众利益。已经建成的政府投资项目，具备条件的经过批准可以依法转让产权或经营权，以回收的资金滚动投资于社会公益等各类基础设施建设。

四、加强和改善投资的宏观调控

（一）完善投资宏观调控体系。国家发展和改革委员会要在国务院领导下会同有关部门，按照职责分工，密切配合、相互协作、有效运转、依法监督，调控全社会的投资活动，保持合理投资规模，优化投资结构，提高投资效益，促进国民经济持续快速协调健康发展和社会全面进步。

（二）改进投资宏观调控方式。综合运用经济的、法律的和必要的行政手段，对全社会投资进行以间接调控方式为主的有效调控。国务院有关部门要依据国民经济和社会发展中长期规划，编制教育、科技、卫生、交通、能源、农业、林业、水利、生态建设、环境保护、战略资源开发等重要领域的发展建设规划，包括必要的专项发展建设规划，明确发展的指导思想、战略目标、总体布局和主要建设项目等。按照规定程序批准的发展建设规划是投资决策的重要依据。各级政府及其有关部门要努力提高政府投资效益，引导社会投资。制定并适时调整国家固定资产投资指导目录、外商投资产业指导目录，明确国家鼓励、限制和禁止投资的项目。建立投资信息发布制度，及时发布政府对投资的调控目标、主要调控政策、重点行业投资状况和发展趋势等信息，引导全社会投资活动。建立科学的行业准入制度，规范重点行业的环保标准、安全标准、能耗水耗标准和产品技术、质量标准，防止低水平重复建设。

（三）协调投资宏观调控手段。根据国民经济和社会发展要求以及宏观调控需要，合理确定政府投资规模，保持国家对全社会投资的积极引导和有效调控。灵活运用投资补助、贴息、价格、利率、税收等多种手段，引导社会投资，优化投资的产业结构和地区结构。适时制定和调整信贷政策，引导中长期贷款的总量和投向。严格和规范土地使用制度，充分发挥土地供应对社会投资的调控和引导作用。

（四）加强和改进投资信息、统计工作。加强投资统计工作，改革和完善投资统计制度，进一步及时、准确、全面地反映全社会固定资产存量和投资的运行态势，并建立各类信息共享机制，为投资宏观调控提供科学依据。建立投资风险预警和防范体系，加强对宏观经济和投资运行的监测分析。

五、加强和改进投资的监督管理

（一）建立和完善政府投资监管体系。建立政府投资责任追究制度，工程咨询、投资项目决策、设计、施工、监理等部门和单位，都应有相应的责任约束，对不遵守法律法规给国家造成重大损失的，要依法追究有关责任人的行政和法律责任。完善政府投资制衡机制，投资主管部门、财政主管部门以及有关部门，要依据职能分工，对政府投资的管理进行相互监督。审计机关要依法全面履行职责，进一步加强对政府投资项目的审计监督，提高政府投资管理水平和投资效益。完善重大项目稽察制度，建立政府投资项目后评价制度，对政府投资项目进行全过程监管。建立政府投资项目的社会监督机制，鼓励公众和新闻媒体对政府投资项目进行监督。

（二）建立健全协同配合的企业投资监管体系。国土资源、环境保护、城市规划、质量监督、银行监管、证券监管、外汇管理、工商管理、安全生产监管等部门，要依法加强对企业投资活动的监管，凡不符合法律法规和国家政策规定的，不得办理相关许可手续。在建设过程中不遵守有关法律法规的，有关部门要责令其及时改正，并依法严肃处理。各级政府投资主管部门要加强对企业投资项目的事中和事后监督检查，对于不符合产业政策和行业准入标准的项目，以及不按规定履行相应核准或许可手续而擅自开工建设的项目，要责令其停止建设，并依法追究有关企业和人员的责任。审计机关依法对国有企业的投资进行审计监督，促进国有资产保值增值。建立企业投资诚信制度，对于在项目申报和建设过程中提供虚假信息、违反法律法规的，要予以惩处，并公开披露，在一定时间内限制其投资建设活动。

（三）加强对投资中介服务机构的监管。各类投资中介服务机构均须与政府部门脱钩，坚持诚信原则，加强自我约束，为投资者提供高质量、多样化的中介服务。鼓励各种投资中介服务机构采取合伙制、股份制等多种形式改组改造。健全和完善投资中介服务机构的行业协会，确立法律规范、政府监督、行业自律的行业管理体制。打破地区封锁和行业垄断，建立公开、公平、公正的投资中介服务市场，强化投资中介服务机构的法律责任。

（四）完善法律法规，依法监督管理。建立健全与投资有关的法律法规，依法保护投资者的合法权益，维护投资主体公平、有序竞争，投资要素合理流动、市场发挥配置资源的基础性作用的市场环境，规范各类投资主体的投资行为和政府的投资管理活动。认真贯彻实施有关法律法规，严格财经纪律，堵塞管理漏洞，降低建设成本，提高投资效益。加强执法检查，培育和维护规范的建设市场秩序。

第8章　专项预防治理腐败制度

中共中央办公厅、国务院办公厅关于转发财政部、国家发展计划委员会、监察部、公安部、最高人民检察院、最高人民法院、国家工商行政管理局关于加强公安、检察院、法院和工商行政管理部门行政性收费和罚没收入收支两条线管理工作的规定》的通知

（中办发［1998］14号　1998年6月19日）

为了进一步做好公安、检察院、法院和工商行政管理部门的行政性收费和罚没收入收支两条线管理工作，经党中央、国务院同意，现将《财政部、国家发展计划委员会、监察部、公安部、最高人民检察院、最高人民法院、国家工商行政管理局关于加强公安、检察院、法院和工商行政管理部门行政性收费和罚没收入收支两条线管理工作的规定》（以下简称《规定》）转发给你们，请遵照执行。

公安、检察院、法院和工商行政管理部门依据国家法律、法规和具有法律效力的规章而收取的行政性收费和罚没收入都是国家财政性资金。加强行政性收费和罚没收入管理工作，有利于依法行政和公正执法；有利于从源头上预防和治理腐败，加强勤政廉政建设；有利于建设高素质的执纪执法队伍；有利于整顿财政分配秩序，振兴国家财政，提高财政资金使用效益。各级党委和政府要进一步统一思想认识，从国家大局和人民利益出发，把加强行政性收费和罚没收入管理工作列入重要的议事日程，切实加强领导，抓好部门之间的协调配合工作。各级财政、计划（物价）、纪检监察、公安、检察院、法院和工商行政管理部门要在党委、政府的领导下，认真贯彻落实《规定》。各级政府及所属部门一律不准向司法机关和行政执法部门下达收费和罚款指标，违者要给予纪律处分。公安部、最高人民检察院、最高人民法院、国家工商行政管理局要根据《规定》精神制定实施细则。各级财政、计划（物价）、纪检监察部门要对《规定》的执行情况进行监督检查。对违反《规定》的，党的纪律检查机关和行政监察机关要视情节轻重追究直接责任人和有关领导的责任，直至给予党纪政纪处分；情节严重构成犯罪的，依法追究刑事责任。

财政部、国家发展计划委员会、监察部、公安部、最高人民检察院、最高人民法院、国家工商行政管理局关于加强公安、检察院、法院和工商行政管理部门行政性收费和罚没收入收支两条线管理工作的规定

为了进一步做好公安、检察院、法院、工商行政管理部门（以下简称公、检、法、工商部门）行政性收费、诉讼费（以下统称行政性收费）和罚没收入收支两条线管理工作，

按照中共中央和国务院的指示精神，根据《中华人民共和国预算法》、《国务院关于加强预算外资金管理的决定》、《罚款决定与罚款收缴分离实施办法》、《行政单位财务规则》和《关于对行政性收费、罚没收入实行预算管理的规定》等法律、法规，现就有关问题规定如下：

一、严格行政性收费的立项审批工作。公、检、法、工商部门的行政性收费项目和标准，必须严格按照党中央、国务院的有关规定执行，任何部门和单位不得擅自设立收费项目和提高收费标准。国家批准的行政性收费项目随文下发（见附件）。面向企业和农民实施的行政性收费，分别按照《中共中央、国务院关于治理向企业乱收费、乱罚款和各种摊派等问题的决定》、《中共中央、国务院关于切实做好减轻农民负担工作的决定》和《农民承担费用和劳务管理条例》的规定执行。法院诉讼费的收缴办法由最高人民法院商财政部、国家发展计划委员会后按法定程序修订；诉讼费的管理办法由最高人民法院商财政部修订。

公、检、法、工商部门设立或变更行政性收费项目、标准的申请及具体管理办法的制订，统一由本单位财务部门归口负责。

二、加强票据管理，严格执行罚款决定与罚款收缴相分离的规定。各级公、检、法、工商部门的各项收费、罚款，一律使用中央或省级财政部门统一印制或监制的票据，否则视同非法收费和罚款。收费、罚款票据由执收、执罚单位的财务部门统一向财政部门领取。各项行政罚款，要坚决贯彻执行《中华人民共和国行政处罚法》和国务院《罚款决定与罚款收缴分离实施办法》的规定，凡国家规定罚款决定与罚款收缴相分离的，要由当事人持行政处罚决定书到财政部门委托的代收机构缴纳罚款；按法律规定可以当场收缴罚款的，也必须向当事人出具省、自治区、直辖市财政部门统一制发的罚款收据，不得使用其他收据。法院、检察院对当事人所处的罚款，比照上述办法执行。要积极推行行政性收费收缴相分离的办法，逐步做到执收、执罚单位填写票据，被收单位或个人到财政部门指定的银行缴款。

公、检、法、工商部门的其他罚没财物管理，要严格按照国家有关规定执行。

三、加强行政性收费和罚没收入上缴国库和财政预算外资金专户的工作。各执收、执罚单位要严格按照批准的收费项目、罚没款项和上缴渠道，将收取的行政性收费和罚没收入按规定及时、足额分别缴入国库或财政预算外资金专户，做到应缴尽缴。按规定上缴上级主管部门的，上级主管部门要及时将集中的款项缴入同级国库或财政预算外资金专户。各级财政部门负责对本级公、检、法、工商部门解缴行政性收费收入和罚没收入的监缴工作。地方各级公、检、法、工商部门应缴国库或财政预算外资金专户的行政性收费收入和罚没收入，凡属于执收、执罚单位就地解缴入库的，由财政部驻各地财政监察专员办事机构就地监缴；凡采取逐级汇缴，由主管部门集中解缴中央国库的，由财政部监缴，财政部驻各地财政监察专员办事机构对汇缴情况进行监督。各级财政部门要进一步建立和完善有关收入的缴库（含财政预算外资金专户）制度、缴库单分送制度，认真履行监督、检查职责，根据公、检、法、工商部门行政性收费和罚没收入的执收、执罚和解缴情况，加强催缴和监缴，并建立稽查机制，堵塞漏洞，做到应收尽收。行政性收费和罚没收入的具体监缴办法由财政部商有关部门另行制定。

四、建立行政性收费和罚没收入统计报表制度。各级公、检、法、工商部门要按月填报行政性收费收入统计表和罚没收入统计表（有关统计表由财政部门另发），并于每月终了后7日内将统计表一式五份报送同级财政部门（地方公、检、法、工商部门执收、执罚收入，涉及解缴中央国库或中央财政预算外资金专户的，加报财政部驻当地财政监察专员办事机构一份）。省级财政部门于每季终了后20日内将汇总表上报财政部。财政部可根据需要将汇总数字分别通报给有关部门。

五、完善预算核定办法。各级公、检、法、工商部门的业务支出，由财政部门根据各单位业务支出范围、办案经费开支范围和有关装备项目及标准，按照预算内外资金结合使用的原则，统一核定。各级财政部门要进一步增强服务观念，提高工作效率，对公、检、法、工商部门的经费申请，在预算核定款额和上缴国库、财政专户总额内，及时审核拨付，不得拖延。在核定预算时，按照“零基预算”的要求，对编制内人员经费要优先予以保证；对公、检、法部门的公用经费，应按照高于当地一般行政机关一倍以上的标准安排；对工商行政管理部门正常运转所需的公用经费，应按照高于当地一般行政机关的标准妥善安排解决；对办案、装备和基础设施经费，要根据工作任务专项予以安排；对自筹基本建设支出，要从严控制，在优先保证人员和公用经费的前提下予以安排。各地要切实加强对财政专项经费的管理，专款专用，严禁挪作他用。

六、加强支出管理。公、检、法、工商部门的全部财务收支活动都必须由单位财务部门统一归口管理，在银行设立统一帐户。各部门的具体执收、执罚单位不得设立帐户，否则视同“小金库”处理。各单位财务部门对财政部门核拨的经费（包括从财政预算外资金专户核拨的经费）要切实加强支出管理，建立健全管理制度，严格执行国家规定的开支范围和开支标准，对违反财经纪律和财务制度规定的开支一律不得支付。不得将财政预算外资金专户核拨的经费转作单位“小金库”或用于国家规定以外的开支。对支出管理的薄弱环节，如人员、车辆、会议、电话等项目要切实采取有效措施，实施重点管理和控制，坚决杜绝铺张浪费行为。要深化支出管理改革，提高基础设施、信息、设备的综合利用率，提高资金使用效益。

七、加强监督检查工作。各级财政、计划（物价）、纪检监察部门要会同公、检、法、工商部门对现有收费项目和收费标准进行专项清理整顿。对越权设立收费项目，擅自提高收费标准的，要按照国家有关规定予以纠正。对清理整顿后的收费项目，要向社会公布，接受群众监督。要定期对行政性收费和罚没收入收支两条线管理的执行情况进行专项检查。对不按规定上缴国库或财政预算外资金专户的，同级财政部门相应核减其预算经费。对检查中发现的违法违纪问题，必须严格依法、依纪处理。凡法律、法规或行政规章规定应当给予行政处罚的，必须处罚；对违法违纪问题负有责任的领导人员和直接责任人员，按照有关党纪政纪规定予以严肃处理；情节严重构成犯罪的，移送司法机关依法追究刑事责任。

八、本规定由财政部负责解释。

九、本规定自发布之日起执行。过去有关规定与本规定不一致的，一律依照本规定执行。

中央治理商业贿赂领导小组
关于深入推进治理商业贿赂专项工作的意见

（中治贿发［2007］7号　2007年6月13日）

为贯彻落实中央纪委第七次全会、国务院第五次廉政工作会议精神，深入推进治理商业贿赂专项工作，现提出如下意见。

一、深化思想认识，把治理商业贿赂工作摆在突出的位置

开展治理商业贿赂专项工作以来，各地区各部门坚决贯彻中央的部署和要求，认真组织开展自查自纠，查找并纠正了在经营活动中违反商业道德和市场规则、影响公平竞争的一些不正当交易行为，以及行业监管方面存在的突出问题；紧紧围绕与人民群众切身利益密切相关、严重破坏市场秩序的问题，抓住容易发生商业贿赂的关键环节和重点岗位、重点人员，拓宽投诉举报渠道，排查案件线索，强化办案手段，突破了一批性质恶劣、情节严重、影响面大的案件，依法惩处了一批违法犯罪分子；结合落实惩治和预防腐败体系实施纲要，研究分析容易滋生商业贿赂的深层次原因，推进从源头上防治商业贿赂的体制改革和制度创新。经过各方面的共同努力，治理商业贿赂专项工作进展顺利，取得了重要的阶段性成果。

但也要清醒地看到，专项治理工作还存在一些不容忽视的问题。有的地方和部门对自查自纠工作重视不够，采取的措施不得力，个别的甚至消极应付、搞形式主义；有的地方和部门办案力度不大，对案件线索没有进行深入排查，有一些重点领域查办的商业贿赂案件很少；有的地方和部门对政策界限把握得不够准，执行政策存在偏差，有的政策没有得到落实；有的地区和部门提出的防治商业贿赂的措施和办法针对性、有效性不强，长效机制建设进展迟缓，等等。当前，商业贿赂在一些领域和行业仍然比较严重，手段方式更趋隐蔽多样；一些国家机关及其工作人员利用审批权、执法权谋取非法利益的现象比较突出；随着国际商务活动竞争的加剧，境外公司在内地行贿问题突出起来。治理商业贿赂的任务依然艰巨而繁重。

深入推进治理商业贿赂工作，是落实科学发展观、构建社会主义和谐社会的必然要求，是完善社会主义市场经济体制、规范市场秩序和交易行为、建设创新型国家的有效举措，是拓展从源头上防治腐败领域、推进党风廉政建设和反腐败斗争的重要任务。各地区各部门要从政治和全局的高度进一步深化对治理商业贿赂工作重要意义的认识，切实增强政治责任感和工作紧迫感，在深入推进上狠下工夫，思想上更加重视，态度上更加坚决，措施上更加有力，务求取得新的更加明显的成效。

二、进一步加大力度，努力取得治理商业贿赂工作的新进展

深入推进治理商业贿赂工作，要坚持以邓小平理论和“三个代表”重要思想为指导，全面贯彻落实科学发展观、构建社会主义和谐社会重大战略思想，把治理商业贿赂同构建

惩治和预防腐败体系、加强领导干部作风建设、纠正损害群众利益的不正之风等项工作紧密结合起来，坚持和完善已形成的领导体制和工作机制，进一步加大工作力度，突出重点，务求实效，推动经济社会又好又快发展。

（一）搞好自查自纠检查评估，着力解决突出问题。

要针对自查自纠中有的地区和部门存在的认识不到位、重视不够、成效不明显，甚至敷衍了事、“走过场”等问题，加强教育引导和督促指导，坚决予以纠正，必要的要进行“补课”，确保自查自纠工作不留死角和盲区。要督促企业事业单位转变经营理念，科学设定管理目标，健全激励和内控机制，改进生存发展方式。要坚持时间服从质量、进度服从效果，根据工作需要，可以适当延长自查自纠的时间。

要针对查找出的问题，研究提出具体的处理措施和办法。对涉及商业贿赂的人员，要根据事实、情节、后果以及认识态度等，依纪依法作出处理。对监管上存在的漏洞和不足，要制定切实可行的整改方案，明确整改重点，落实整改责任，能够立即整改的问题要马上进行整改，对暂时不能解决的问题要提出解决的时间表。

（二）突出查办大案要案，坚决惩治商业贿赂违法犯罪行为。

要继续围绕工程建设、土地出让、产权交易、医药购销、政府采购、资源开发和经销等领域，进一步加大查办商业贿赂案件的力度，着重查处国家公务员利用审批权、执法权和司法权搞官商勾结、索贿受贿的案件，着力查处严重损害群众切身利益的案件，严肃查处顶风违纪违法的案件。在坚决查办受贿的同时，要依法惩治行贿违法犯罪活动的单位和个人。

要认真落实有关移送和受理商业贿赂案件的规定，积极拓宽商业贿赂案件线索来源，强化案件线索的收集和管理，建立健全商业贿赂举报奖励制度、大案要案报备制度和查办案件定期通报制度。加强查办案件的组织领导和检查督导，对涉案金额大、涉案人员级别高、涉案范围广的重大复杂案件，要加强督办。上级机关要帮助下级机关协调解决工作中遇到的困难和问题，排除办案阻力和干扰，及时发现和纠正办案中的不当行为。对消极应付、工作不力的，要通报批评，限期改进；对瞒案不报、压案不查、有案不立和办人情案的，一经发现，要严肃处理；对以罚代刑、以纪代刑或者错误裁决的，要坚决纠正。

要综合运用司法、行政和纪律等多种手段严厉惩治商业贿赂行为，充分发挥经济处罚、降低或撤销资质、吊销证照等在遏制和惩戒商业贿赂方面的作用。

（三）创新监管方法，不断提高市场管理能力和水平。

要推进社会信用体系建设，逐步形成以道德为支撑、产权为基础、法律为保障的社会信用制度。加快建设以“经济户口”管理为基础的企业信用服务和评价体系，研究制定各类市场主体不良行为标准，把是否存在商业贿赂行为作为企业信用等级评价的重要指标。建立和完善行贿犯罪档案查询系统，对有不良行为记录的单位或个人，要依据有关规定及时处置，并将处置结果纳入“黑名单”，作为市场准入和退出管理的重要依据。整合各有关部门和行业信用信息资源，建立综合性的信用信息数据库，形成信用信息资源共享机制，逐步建立全国统一的市场监管平台。

要按照权力与责任挂钩、权力与利益脱钩的要求，落实行政执法责任制和执法过错追究制，加强和改善行政管理，提高行政效能，强化行政监督，规范执法行为，约束权力行使，防止和纠正地方保护主义和部门本位主义。相对集中行政处罚权，推进综合执法试点，建立权责明确、行为规范、监督有效、保障有力的执法体制，做到严格执法、公正执法、文明执法。

要支持和引导行业自律组织通过制定行规、行约以及行业标准，对会员行为进行约束和规范。建立评估评审机构责任追究制度，对弄虚作假出具不实报告的机构和责任人，要依照有关规定追究责任。

要探索通过报刊、广播、电视、网络等媒体定期向社会发布企业信用信息，支持和鼓励新闻媒体对商业贿赂问题进行舆论监督。

（四）推进体制改革，逐步完善防治商业贿赂的制度。

要以转变政府职能为核心，深入推进行政审批制度改革，进一步取消和调整一批行政审批项目，减少政府对微观经济活动的干预；要创新和完善行政审批的运行、管理和监督机制，通过逐步推行电子监察、网上审批等方式，规范审批行为。

要加快推进工程建设、土地出让、产权交易、医药购销、政府采购、资源开发和经销等领域的管理体制改革。针对建设单位擅自变更规划和施工单位围标、串标、高估冒算等问题，修订有关行政许可、行政裁决办法；加快土地出让和矿业权出让的市场机制建设，逐步缩小土地划拨和协议出让范围；推进无偿占有国家出资形成的探矿权、无偿取得的采矿权的有偿处置工作；加强企业国有产权交易信息监测系统建设，实现全国企业国有产权交易的动态监管；改进药品注册审批办法，推进药品流通体制改革，切实解决药品虚高定价等问题，形成合理的公立医疗机构补偿机制；严格政府采购方式审批，规范专家评标行为，逐步实现政府采购的电子化；建立和完善政府投资监管体系，强化政府投资项目审计监督，加强对重大项目的稽查；加快推进垄断行业改革，进一步放宽市场准入，引入竞争机制，实行投资主体和产权多元化；健全金融监管制度，加强票据管理，规范和减少商业活动中的现金交易，加大反洗钱力度。

要进一步完善政务公开制度，认真贯彻即将正式施行的《政府信息公开条例》，促进权力规范、透明运行。积极建立土地、矿业权市场信息公开制度；逐步实施重大政府投资项目从决策、审批到建设实施、后评估的公示制度；从群众最关心、反映最强烈的问题入手，切实推进学校、医院等公共事业单位办事公开制度。

要加强治理商业贿赂法制建设。各行业主管（监管）部门都要就制定有效遏制和打击商业贿赂的法规制度研究提出意见。要抓紧研究完善惩治行贿违法犯罪活动的法律规范，对有关法律提出修改建议；废止妨碍公平竞争、设置行政壁垒、排斥外地产品和服务的各种分割市场的规定，积极配合全国人大做好反垄断法的审议工作。

（五）打造健康的商业文化，切实增强自觉抵制商业贿赂的意识。

要围绕社会主义核心价值体系的建设，在全社会大力加强社会主义荣辱观教育，大力宣传先进典型的事迹，大力弘扬优秀的传统文化，加快建设以“质量为本、诚实守信、依法经营、互利共赢”为主要内容的商业文化。

要结合企业实际，加强企业思想道德和文化建设，使企业员工做到守法明理、廉洁经营、爱岗敬业、奉献社会，自觉抵制商业贿赂。

要按照“行为规范、公正透明、勤政高效、清正廉洁”的要求，加强机关思想政治工作和廉政文化建设，提升国家公务员素质，使其牢固树立法治理念和服务意识、责任意识，带头遵守宪法和法律，严格依法办事。

要创新文化载体，通过文艺作品、舞台艺术、展览展出、网站宣传、电影电视等群众喜闻乐见的形式，大力开展健康商业文化创建活动；充分运用信息技术和网络技术等现代化手段，提高健康商业文化建设的科技含量，扩大传播范围，使其更加贴近群众、贴近生活，更富有亲和力、吸引力、渗透力，使廉洁理念、廉政意识入脑入心，增强健康商业文化建设的社会效果。

三、采取有效措施，确保各项工作落到实处

各地区各部门要认真贯彻落实中央精神，紧密结合实际，把治理商业贿赂工作抓实、抓出成效。

要加强宣传工作。充分发挥新闻媒体的作用，大力宣传党和国家的方针政策和有关法律法规，大力宣传治理商业贿赂专项工作的进展，大力宣传治理商业贿赂在推动经济社会发展方面取得的成效，为专项治理工作营造良好的社会舆论氛围。运用多种形式开展典型示范教育，利用典型商业贿赂案例加强警示教育。

要加强政策法律和理论研究。针对自查自纠和案件查处中存在的问题，进一步明确政策法律界限。深入实际总结推广工作中的好经验、好做法，搞好工作指导。加强理论研究，并善于把研究成果转化为相关政策和制度。注意借鉴国际社会防治商业贿赂的做法，研究有关经济、行政和刑事法律的完善及有效衔接问题。抓紧提出打击跨国公司行贿的措施。

要加强对专项治理工作的组织领导。各级领导班子、领导干部要增强政治意识、大局意识和责任意识，按照党风廉政建设责任制的要求，高度重视并抓好治理商业贿赂工作。行业主管（监管）部门要按照“谁主管、谁负责”的原则，认真组织本部门、本系统和本行业深化自查自纠工作，加快防治商业贿赂长效机制建设，积极配合执纪执法机关严肃查办商业贿赂案件。司法机关和行政执法部门要切实履行职责，进一步加强沟通配合，搞好工作衔接，形成查处商业贿赂案件的合力。各级治理商业贿赂领导小组及其办公室要进一步搞好组织协调，认真开展督促检查，推动治理商业贿赂各项工作落到实处。

住房城乡建设部、国务院纠风办、监察部、财政部、中国人民银行、审计署、中国银监会关于印发《关于开展加强住房公积金管理专项治理工作的实施意见》的通知

（建保［2008］93号 2008年7月12日）

根据第十七届中央纪委第二次全会的总体部署和《国务院办公厅转发国务院纠正行业不正之风办公室关于2008年纠风工作的实施意见的通知》（国办发［2008］13号）的要求，2008年在全国集中开展加强住房公积金管理专项治理工作（以下简称“专项治理工作”），现提出如下实施意见：

一、指导思想

开展专项治理工作要以党的十七大和第十七届中央纪委第二次全会精神为指导，深入贯彻落实科学发展观，按照《住房公积金管理条例》（以下简称《条例》）、《国务院关于进一步加强住房公积金管理工作的通知》（国发［2002］12号），及国家审计署出具的审计报告和下达的审计决定的要求，坚持积极稳妥、依法治理、标本兼治、突出重点的原则，以落实审计整改工作，健全监管制度，加强内部管理，完善缴存使用政策，查处违纪违规行为为重点，堵塞监管漏洞，维护资金安全，改进工作作风，提高办事效率，为解决广大职工住房困难、促进社会主义和谐社会建设发挥积极作用。

二、工作目标和任务

通过开展专项治理工作，要实现的目标是：住房公积金监管力度明显增强，及时发现、纠正和查处违纪违规行为；内部管理和风险防范能力明显加强，资金运作风险得到有效控制；“控高保低”的缴存政策严格执行，缴存职工人数全面增长；服务质量和工作效率明显提高，群众反应强烈的办事程序复杂、工作效率低下等问题得到有效解决，社会满意度显著提高。

重点做好以下几方面工作：

（一）加强对住房公积金决策、管理制度执行情况的监督检查。督促对2006年全国住房公积金审计调查、2007年全国住房公积金审计后出具的审计调查报告、审计报告和下达的审计决定的执行和落实，检查其整改情况。加强对住房公积金管理委员会（以下简称“公积金管委会”）履行决策职责情况；住房公积金管理中心（以下简称“公积金中心”）内部管理制度建立和执行情况；执行财政、财务会计制度情况，依法提取风险准备金情况，管理费用和廉租住房建设补充资金实行“收支两条线”情况；廉租住房建设补充资金用于廉租住房建设情况；各监督部门履行监督职责情况；公积金监管信息系统建立和运行情况的监督检查。对违反《条例》规定的，坚决予以纠正。

（二）认真排查和处置住房公积金管理中存在的资金风险。对违规发放和逾期个人住房贷款情况进行全面排查分析，查找住房公积金存放和管理中的薄弱环节和管理漏洞，采取有效措施改进管理，防范资金风险；对发现的项目贷款、挤占挪用资金、逾期个人住房贷款及使用住房公积金购买国债出现风险的资金等坚决予以回收和妥善处置。

（三）切实纠正损害国家和职工利益的突出问题。严格清理和纠正不建不缴、少缴漏缴、超标缴纳以及骗提、骗贷住房公积金等损害职工权益、危害资金安全的行为；严格执行“控高保低”的缴存政策；进一步完善提取和贷款办法，优化业务流程，简化办事手续，解决职工提取难、贷款难等突出问题，畅通群众投诉渠道。

（四）严肃查处各类违纪违法行为。对违规发放贷款、挤占挪用资金等违纪违法问题，要认真整改。对拒不纠正、掩盖问题或造成资金严重损失的，要依纪依法实行责任追究；对涉嫌违法犯罪的，要移送司法机关处理。

三、工作方法和步骤

（一）第一阶段（2008 年 5—6 月）：部署安排、宣传发动

1. 成立专项治理工作机构。由住房和城乡建设部、国务院纠风办、监察部、财政部、中国人民银行、审计署、银监会等七部门组成全国加强住房公积金管理专项治理工作领导小组（以下简称“全国专项治理领导小组”），负责协调研究专项治理工作的重大问题和制度建设。住房和城乡建设部分管副部长任组长，其他相关部门分管领导任副组长，领导小组成员单位各委派一名司局级干部作为联络员。领导小组办公室设在住房和城乡建设部住房保障与公积金监督管理司（以下简称“全国专项治理办公室”），负责协调联络、分析汇总、检查指导等专项治理日常工作。

各省、自治区成立相应工作机构，具体负责本地区专项治理工作；各设区城市专项治理工作由城市人民政府负责，市住房公积金管委会要协助当地政府做好专项治理工作。

2. 全面部署专项治理工作，制定工作方案。各地区专项治理工作机构要按照本实施意见的要求，结合本地区实际，及时制定具体工作方案，并认真组织实施。

3. 加强宣传，自觉接受社会监督。各地区要广泛开展宣传活动，设立专门的举报投诉电话或信箱（包括电子信箱），自觉接受社会和群众的监督。

（二）第二阶段（2008 年 7—8 月）：自查自纠、边查边改

各级住房公积金监管机构、设区城市公积金管委会和公积金中心等单位，要根据国家政策法规和本方案要求，制定自查自纠工作方案，明确工作任务、要求和措施。要认真查找问题，深入分析原因，边查边改。对普遍存在的政策性问题及其他重大问题要向上级监管部门报告；对查处的严重违纪违法案件要及时向全国专项治理办公室报告。

9 月 15 日前，各省、自治区、直辖市要将本辖区自查自纠情况报送全国专项治理办公室。

（三）第三阶段（2008 年 9—10 月）：监督检查、推进整改

各省、自治区、直辖市专项治理工作机构，要针对各地自查自纠情况和群众举报投诉反映的问题进行明察暗访，加强监督检查，帮助各地完善相关制度，堵塞管理漏洞；对存在的问题，要及时下达整改意见书，责令限期整改；对整改仍不合格的，要予以通报批评；对拒不整改或问题严重的，要追究相关责任人的责任。全国专项治理办公室将组织对

各地区专项治理工作情况进行重点抽查。

10 月底前，各省级专项治理工作领导小组要将督促检查情况和专项治理工作总结报送全国专项治理办公室。

（四）第四阶段（2008 年 11—12 月）：总结分析、巩固成果

全国专项治理工作领导小组对专项治理总体情况进行汇总分析，于年底前将专项治理工作情况上报国务院。

各地区要通过专项治理工作，注意总结、推广住房公积金管理中好的做法和经验；针对查找出的问题，进一步健全、完善制度，逐步建立起加强住房公积金管理的长效机制。

四、几点要求

（一）统一思想，提高认识。建立和完善住房公积金制度是实现党的十七大提出的“住有所居”目标的一项重要举措，关系到广大职工的切身利益，各级政府相关部门和单位要深刻领会国务院关于开展专项治理工作的重要性和必要性，提高认识、统一思想、增强做好工作的自觉性，切实把专项治理工作的各项措施落到实处。

（二）加强领导，精心组织。按照第十七届中央纪委第二次全会和全国纠风工作会议的部署，住房公积金专项治理工作已纳入 2008 年党风廉政建设和反腐败的重点工作，各省、自治区、直辖市及其他设区城市也将其纳入当年政府议事日程和督办事项。各级相关主管部门主要领导要亲自挂帅，加强组织领导，落实工作责任制。各级专项治理工作机构要精心组织，认真谋划，周密安排，把握进程，及时处理工作中出现的问题。

（三）协调配合，有序推进。专项治理各相关部门要明确责任，各负其责，加强沟通，协调配合，齐抓共管，形成合力。住房和城乡建设部门要切实负起牵头和主管部门的责任，全面组织落实专项治理工作各项措施，研究和完善相关政策规定；监察和纠风部门要协调、督促相关部门落实各自职责，并加强对专项治理工作的监督检查；财政部门要加强对执行财政、财务会计核算制度情况的监督；人民银行要加强对住房公积金账户设立及利率政策执行情况的监管；审计部门要依法针对住房公积金突出问题进行审计，注意发现资金安全方面的问题；银监部门要强化对住房公积金受委托银行的监管，规范受委托银行的行为。

（四）加强研究，推动源头治理。要在查处问题、分析原因的同时，针对住房公积金管理中存在的漏洞和薄弱环节，深入研究，进一步完善住房公积金缴存、使用、管理以及增值收益分配等制度，从源头上推动住房公积金制度持续健康发展。

（五）定期通报、推广经验。各地区要通过工作简报、信息专报和定期报告的方式，及时向上级专项治理办公室报送工作进展情况；发现重大问题和查处的违纪违法案件要及时上报，不得瞒报、漏报、压报。全国专项治理办公室将编发《全国住房公积金专项治理工作简报》，刊发专项治理工作进展情况和各地经验，供全国交流借鉴。

国务院办公厅关于搞活流通扩大消费的意见

（国办发〔2008〕134号　2008年12月30日）

各省、自治区、直辖市人民政府，国务院各部委、各直属机构：

为贯彻落实中央经济工作会议精神，经国务院批准，现就搞活流通、扩大消费提出如下意见：

一、健全农村流通网络，拉动农村消费

（一）继续推进“万村千乡”市场工程。进一步扩大“万村千乡”市场工程农家店覆盖面，2009年、2010年再新建和改造一批农家店和农村商品配送中心。强化农村商品配送中心的商品采购、储存、加工、编配、调运、信息等功能，增加统一配送的商品品种，降低经营成本。推进“万村千乡”网络与供销、邮政、电信等网络的结合，提高农家店的综合服务功能。引导生产企业开发符合农民消费特点的产品，增加简包装、低成本、质量好的商品供给，进一步扩大农村消费。

（二）加快完善农产品流通网络。健全农业市场信息服务体系，强化信息引导和产销衔接，完善农产品运输绿色通道政策，降低农产品流通成本和损耗，着力解决农产品“卖难”问题，促进农民增收。继续实施“双百”市场工程和农产品批发市场升级改造工程，在重点销区和产区再新建或改造一批农产品批发市场和农贸市场，加强冷藏保鲜、卫生、质量安全可追溯、检验检测、物流等设施建设。积极推动“农超对接”，支持大型连锁超市、农产品流通企业与农产品专业合作社建立农产品直接采购基地，培育自有品牌，促进产销衔接。建设从鲜活农产品生产基地到超市的冷链系统、物流配送系统和快速检测系统，提高流通效率，保证产品质量和安全。

（三）完善农业生产资料流通体系。继续推进农业生产资料连锁经营，重点培育大型农业生产资料流通企业，加强农业生产资料现代物流设施建设，保障市场供应。加强农业生产资料市场调控和监管，促进市场竞争，降低流通成本，切实减轻农民负担。引导和鼓励农业生产资料流通企业为农民提供技术、农机具租赁等多样化服务。

（四）全面推进家电下乡工作。从2009年2月1日起，将家电下乡从12个省（区、市）推广到全国。同时，把摩托车、电脑、热水器（含太阳能、燃气、电力类）和空调等产品列入家电下乡政策补贴范围，由各省（区、市）根据当地需求从中选择增加部分补贴品种。地方人民政府要加强领导，精心组织，强化监管，确保下乡家电产品质量，搞好售后服务，严厉打击借家电下乡名义销售假冒伪劣产品行为，切实把家电下乡工作抓实抓好，扩大农民家电产品消费。

二、增强社区服务功能，扩大城市消费

（五）进一步完善城市社区便民服务设施。积极推进家政服务网络建设，鼓励大中城市依托大型服务企业建设家政服务网络中心，整合资源，提供安全便利的家政服务。实施标准化菜市场示范工程，在地级以上城市选择一批菜市场进行标准化改造，让城市居民便利消费、放心消费。倡导餐饮企业承担社会责任，开办早餐服务。鼓励餐饮龙头企业在地级以上城市发展主食加工配送中心，推进早餐经营规模化、规范化，为居民提供价廉物美、方便快捷、安全卫生的早餐服务。

（六）促进城市耐用品消费升级换代。正确处理扩大消费与可持续消费的关系，引导社会形成科学消费、循环消费的模式。健全旧货流通网络，在城市社区建立旧货收购点和慈善捐助站，在大中城市及城乡结合部建立旧货交易市场，满足低收入家庭和贫困群体消费需要。支持龙头企业通过连锁经营等形式，新建和改造一批统一规范的社区废旧物品回收站点、专业化分拣中心和跨区域集散市场。鼓励生产和零售企业开展“收旧售新”、“以旧换新”业务，带动新产品销售和资源节约。

（七）积极促进汽车消费。完善汽车品牌销售管理办法，促进汽车消费稳定增长。支持二手车市场改造，倡导汽车品牌经销商开展新旧汽车置换业务，建立二手车信息平台，升级改造二手车交易市场。加大对汽车报废更新的资金扶持，提高补贴标准，增加补贴范围，加快淘汰“黄标车”，促进汽车更新换代。对报废汽车回收拆解企业升级改造给予必要的支持，提高回收的技术水平。

三、提高市场调控能力，维护市场稳定

（八）健全居民生活必需品储备机制。尚未建立生活必需品地方储备的地区要尽快建立，已经建立的要增加品种扩大规模。加快完善地方成品粮油储备体系，地方政府特别是36个大中城市及粮油价格易波动地区，要建立地方成品粮油（含小包装粮油）应急储备制度，并确保10天以上的市场供应量。在加快中央储备糖库和储备冷库建设的同时，各地也要加快地方储备糖库和储备冷库的建设进度。探索建立商业代储制度，引导和鼓励企业保持适当库存水平。

（九）切实增强市场应急调控能力。完善城乡市场信息服务体系，加强市场监测，提高预测预警水平，增强调控的预见性。继续完善产销衔接、跨区调运、储备投放、进出口调剂等机制，增强应急保供的时效性和针对性。

四、促进流通企业发展，降低消费成本

（十）培育大型流通企业集团。通过股权置换、资产收购等方式，支持流通企业跨区域兼并重组，做大做强，尽快形成若干家有较强竞争力的大型流通企业和企业集团。支持流通企业加快创立自主品牌，发展销售和物流网络。鼓励流通企业发展连锁经营和电子商务等现代流通方式，形成统一规范管理、批量集中采购和及时快速配货的经营优势，降低企业经营成本和销售价格，让利于消费者，促进居民消费。

（十一）支持中小商贸企业发展。扶持和促进中小商贸企业发展，充分发挥其便利消费、稳定市场的作用。推动金融机构产品和服务方式创新，加大对符合条件的中小商贸企业融资支持力度。金融机构要根据商贸流通企业特点，制定差别化的授信条件，创新担保方式，通过动产、应收账款、仓单质押等方式，解决中小商贸企业贷款抵押问题；安排专项资金，支持符合条件的中小商贸企业发展。

（十二）实行商业与工业用电、用水同价政策。尽快落实对列入国家鼓励类的商业用电与工业用电同价政策，有条件的省份要在2009年内落实对列入国家鼓励类的商业用水与工业用水同价政策，切实减轻企业负担。

五、发展新型消费模式，促进消费升级

（十三）积极培育和发展新的消费热点。及时发布市场供求信息，引导企业调整产品结构，开发适销对路商品和服务，引导消费结构升级。拓展电子信息、通信产品、教育培训、家政服务、文化娱乐、体育健身、休闲旅游等消费。引导个性化、时尚化、品牌化消费，培育和发展定制类消费。开展“名品进名店”、“品牌产品下乡”等活动。推动特色商业街建设，扶持“老字号”的创新发展。配合安居工程建设，扩大和带动家具、家电、家纺、家饰等消费。

（十四）大力促进节假日和会展消费。利用节假日闲暇时间多、喜庆气氛浓、群众购买欲望强的特点，积极开展各类营销活动，扩大市场销售。2009年元旦、春节期间，在全国大中城市组织零售和服务企业开展“佳节购物季”活动。整合社会资源，因地制宜开展形式多样、内容丰富的消费促进活动。促进会展业发展，带动相关的住宿、餐饮、交通、通信等消费。

（十五）进一步促进银行卡使用。加强银商合作，提升电子结算水平，扩大银行卡使用范围，方便刷卡消费。完善对银行卡刷卡的配套支持政策，引导经营者采用银行卡结算，方便消费者使用银行卡支付。鼓励竞争，改善电子支付环境，进一步提高金融服务效率。

（十六）大力发展信用销售。积极推动国内贸易信用保险业务发展，促进和规范商业信用服务的发展，支持建立信用风险分担机制，有效防范信用风险，促进信用销售发展，缓解企业资金周转压力。

六、切实改善市场环境，促进安全消费

（十七）狠抓流通企业食品安全。完善流通领域市场信息系统和监管公共服务平台，加强对流通企业食品质量安全的监管。加快“放心肉”监管体系建设，严厉打击私屠滥宰；加强对定点屠宰企业无害化处理的监控，建立肉品质量信息可追溯体系；选择50家大型、1000家左右中小型肉类生产企业进行标准化改造，切实提高肉品安全保障水平。各地也要加大投入力度，加快食品安全的监管体系建设。

（十八）加强市场监管，改善交易环境。积极推动市场诚信体系建设，严厉打击销售假冒伪劣商品、商业欺诈等各类违法违规行为，维护良好的市场秩序和交易环境，提振消费信心，促进安全消费。

（十九）加快建立统一开放竞争有序的市场体系。打破地区封锁，维护公平竞争，保障商品自由流通。规范零售企业经营行为，加快制订零售商供应商公平交易管理法规，推广商品购销合同示范文本，取消对供应商的不合理收费。引导零售企业规范促销行为。

七、加大财政资金投入，支持流通业发展

（二十）加大财政资金投入。中央财政2009年要增加农村物流服务体系发展专项资金和促进服务业发展专项资金规模，以后年度要继续加大投入。采取以奖代补和贴息方式，调动地方和社会投入积极性，支持农村流通体系和城市服务体系发展。具体由商务部会同财政部落实。

国务院办公厅关于
促进房地产市场健康发展的若干意见

（国办发［2008］131号　2008年12月21日）

各省、自治区、直辖市人民政府，国务院各部委、各直属机构：

为贯彻落实党中央、国务院关于进一步扩大内需、促进经济平稳较快增长的决策部署，加大保障性住房建设力度，进一步改善人民群众的居住条件，促进房地产市场健康发展，经国务院同意，现提出以下意见：

一、加大保障性住房建设力度

（一）争取用3年时间基本解决城市低收入住房困难家庭住房及棚户区改造问题。一是通过加大廉租住房建设力度和实施城市棚户区（危旧房、筒子楼）改造等方式，解决城市低收入住房困难家庭的住房问题。二是加快实施国有林区、垦区、中西部地区中央下放地方煤矿的棚户区和采煤沉陷区民房搬迁维修改造工程，解决棚户区住房困难家庭的住房问题。三是加强经济适用住房建设，各地从实际情况出发，增加经济适用住房供给。

2009年是加快保障性住房建设的关键一年。主要以实物方式，结合发放租赁补贴，解决260万户城市低收入住房困难家庭的住房问题；解决80万户林区、垦区、煤矿等棚户区居民住房的搬迁维修改造问题。在此基础上再用两年时间，解决487万户城市低收入住房困难家庭和160万户林区、垦区、煤矿等棚户区居民的住房问题。到2011年年底，基本解决747万户现有城市低收入住房困难家庭的住房问题，基本解决240万户现有林区、垦区、煤矿等棚户区居民住房的搬迁维修改造问题。2009年到2011年，全国平均每年新增130万套经济适用住房。

在加大保障性住房建设力度的同时，积极推进农村危房改造，国家加大支持力度。住房城乡建设部等有关部门要抓紧制定规划。

（二）多渠道筹集建设资金。中央加大对廉租住房建设和棚户区改造的投资支持力度，对中西部地区适当提高补助标准。地方各级人民政府也要相应加大投入力度，按照国家的有关规定，多渠道筹集建设资金，增加保障性住房供给。对符合贷款条件的保障性住房建设项目，商业银行要加大信贷支持力度。同时，地方各级人民政府要确保保障性住房建设用地供应。

（三）开展住房公积金用于住房建设的试点。为拓宽保障性住房建设资金来源，充分发挥住房公积金的使用效益，选择部分有条件的地区进行试点，在确保资金安全的前提下，将本地区部分住房公积金闲置资金补充用于经济适用住房等住房建设。住房城乡建设部要会同有关部门抓紧制定试点方案。

二、进一步鼓励普通商品住房消费

（四）加大对自住型和改善型住房消费的信贷支持力度。在落实居民首次贷款购买普通自住房，享受贷款利率和首付款比例优惠政策的同时，对已贷款购买一套住房，但人均住房面积低于当地平均水平，再申请贷款购买第二套用于改善居住条件的普通自住房的居民，可比照执行首次贷款购买普通自住房的优惠政策。对其他贷款购买第二套及以上住房的，贷款利率等由商业银行在基准利率基础上按风险合理确定。

（五）对住房转让环节营业税暂定一年实行减免政策。将现行个人购买普通住房超过5年（含5年）转让免征营业税，改为超过2年（含2年）转让免征营业税；将个人购买普通住房不足2年转让的，由按其转让收入全额征收营业税，改为按其转让收入减去购买住房原价的差额征收营业税。

将现行个人购买非普通住房超过5年（含5年）转让按其转让收入减去购买住房原价的差额征收营业税，改为超过2年（含2年）转让按其转让收入减去购买住房原价的差额征收营业税；个人购买非普通住房不足2年转让的，仍按其转让收入全额征收营业税。

以上政策暂定执行至2009年12月31日。

三、支持房地产开发企业积极应对市场变化

（六）引导房地产开发企业积极应对市场变化。房地产开发企业要根据市场变化和需求，主动采取措施，以合理的价格促进商品住房销售。地方各级人民政府要做好2008年年底前房地产项目工程款结算、农民工工资发放等工作的监督检查。对于房地产开发企业调整住房销售价格过程中出现的纠纷，要努力做好化解工作，引导当事人依据合同约定通过法律途径解决。

（七）支持房地产开发企业合理的融资需求。商业银行要根据信贷原则和监管要求，加大对中低价位、中小套型普通商品住房建设特别是在建项目的信贷支持力度；对有实力有信誉的房地产开发企业兼并重组有关企业或项目，提供融资支持和相关金融服务。支持资信条件较好的企业经批准发行企业债券，开展房地产投资信托基金试点，拓宽直接融资渠道。

（八）取消城市房地产税。为进一步公平税负，完善房地产税收制度，按照法定程序取消城市房地产税，内外资企业和个人统一适用《中华人民共和国房产税暂行条例》。

四、强化地方人民政府稳定房地产市场的职责

（九）落实地方人民政府稳定房地产市场的职责。稳定房地产市场实行由省级人民政府负总责，市、县人民政府抓落实的工作责任制。各地区在执行中央统一政策的前提下，可以结合当地实际，进一步采取加大保障性住房建设力度、鼓励住房合理消费、促进房地产市场健康发展的政策措施。廉租住房建设以配建为主。要科学合理地确定土地供应总量、结构、布局和时序，保证房地产开发用地供应的持续和稳定。依法做好拆迁管理工作。严格建设程序管理，确保工程质量。

（十）因地制宜解决其他住房困难群体住房问题。在坚持住房市场化和对低收入住房困难家庭实行住房保障的同时，对不符合廉租住房和经济适用住房供应条件，又无力购买普通商品住房的家庭，要从当地实际出发，采取发展租赁住房等多种方式，因地制宜解决其住房问题。

五、加强房地产市场监测

（十一）继续加强房地产市场监测分析。各地区、各有关部门要建立健全房地产市场信息系统和统计制度，完善市场监测分析机制，准确把握房地产市场走势，及时发现市场运行中的新情况、新问题，提高调控措施的预见性、针对性和有效性。房地产市场各地情况不同、差异较大，要加强分类指导，并注意总结和推广各地好的经验和做法。

（十二）加强监督检查。国务院有关部门要按照各自职责，抓好加快保障性住房建设和促进房地产市场健康发展有关政策措施的落实和监督检查工作。住房城乡建设部要会同有关部门，加强对国家补助资金使用和建设工程质量的监督检查，特别要加强对棚户区改造工作的监督指导，确保改造工作顺利进行。

六、积极营造良好的舆论氛围

（十三）坚持正确的舆论导向。要以加快保障性住房建设，鼓励住房合理消费，促进房地产市场健康发展为基调，大力宣传中央出台的各项政策措施及其成效，着力稳定市场信心。对各种散布虚假信息、扰乱市场秩序的行为要严肃查处。同时，要加强市场经济条件下风险意识的宣传和教育工作。